V&R Academic

Bürgertum Neue Folge

Studien zur Zivilgesellschaft

Herausgegeben von
Manfred Hettling und Paul Nolte

Band 14

Vandenhoeck & Ruprecht

Richard Pohle

Platon als Erzieher

Platonrenaissance und Antimodernismus in Deutschland (1890–1933)

Vandenhoeck & Ruprecht

Bibliografische Information der Deutschen Nationalbibliothek

Die Deutsche Nationalbibliothek verzeichnet diese Publikation in der Deutschen Nationalbibliografie; detaillierte bibliografische Daten sind im Internet über http://dnb.d-nb.de abrufbar.

ISSN 2198-1418
ISBN 978-3-525-36854-1

Weitere Ausgaben und Online-Angebote sind erhältlich unter: www.v-r.de

Umschlagabbildung: © Archäologisches Institut der Universität Göttingen. Photo Stephan Eckardt

Das Werk wurde für die Veröffentlichung überarbeitet./
This dissertation has been revised for publication.

Gedruckt mit freundlicher Unterstützung der Geschwister Boehringer Ingelheim Stiftung für Geisteswissenschaften in Ingelheim am Rhein.

Satz: textformart, Göttingen | www.text-form-art.de
Druck und Bindung: Hubert & Co GmbH & Co. KG, Robert-Bosch-Breite 6, D-37079 Göttingen

Gedruckt auf alterungsbeständigem Papier.

Inhalt

Einleitung

»unter dem Zeichen Platons«

Bereits zu Weihnachten 1917, als Ulrich von Wilamowitz-Moellendorff, der damalige Nestor der deutschen Altertumswissenschaft, die Arbeit an seinem Platon-Buch abschloß, war er einigermaßen skeptisch, was die Wirkung dieser mit 1200 Seiten in zwei Bänden wahrhaft monumentalen Biographie des griechischen Philosophen anlangte. Zwar habe er, so schreibt er im Vorwort, versucht, das seine »so gut [zu] machen wie die draußen« und damit auch einen Beitrag zu diesem Krieg zu leisten, doch angesichts der allgemeinen »Erschütterungen des Krieges« befürchtete er, daß man dort »von Platon zur Zeit nichts hören« wolle.[1] Als dann ein knappes Jahr später im November 1918 zur Zeit der Drucklegung das Kaiserreich in Niederlage und Revolution untergegangen war und mit ihm eigentlich auch das Objekt, dessen politischer Erziehung Wilamowitz genauso dienen wollte wie der Wissenschaft, da schienen Buch wie Autor vollends zu einem Anachronismus geworden zu sein.[2] Wilamowitz schreibt selbst: »Ich habe die Selbstzerstörung, Selbstentmannung meines Volkes erleben müssen. In der Ochlokratie und unter den feigen oder feilen Schmeichlern, die sie in allen Ständen findet, ist für einen alten Mann, der sich seine Preußenehre von keinem Gott und keinem Menschen aus dem Herzen reißen läßt, kein Platz mehr. Er hat nur abzusterben.«[3] Doch Wilamowitz wäre wohl nicht der deutsche »praeceptor philologiae«, wenn er nicht in einer Mischung aus Stolz und Trotz noch hinzugefügt hätte: »Aber das Reich der ewigen Formen, das Platon erschlossen hat, ist unzerstörbar, und ihm dienen wir mit unserer Wissenschaft: in seinen reinen Äther dringen die Miasmen der Verwesung nicht; auch Haß und Neid soll ἔξω θείου χοροῦ bleiben. Unter dem Zeichen Platons werde ich fechten, solange ich atme.«[4]

Tatsächlich verströmte Wilamowitz' Platon-Biographie mit ihrem Historismus, ihrem Glauben an die Wissenschaft und ihrer stupenden, noch die gesamte Altertumswissenschaft überblickenden Gelehrsamkeit zunächst noch ganz den (für viele so unerträglichen) Atem des langen 19. Jahrhunderts, als dessen »Kulminationspunkt«, ja als dessen »Testament« sie denn auch betrach-

1 *Wilamowitz*, Platon I, S. 9.

2 Vgl. *Isnardi Parente*, Rileggendo, sowie *Canfora*, Wilamowitz, »Politik« in der Wissenschaft, S. 71 f.

3 *Wilamowitz*, Platon I, o. S. [Nachwort].

4 Ebd.

tet wurde.[5] Das leidenschaftliche Bekenntnis zu Platon aber und die Hoffnung, auch und gerade dessen politisches Leben die Deutschen wieder »lieben« lehren zu können,[6] war alles andere als aus der Zeit gefallen. Denn die bei Wilamowitz anzutreffende Verbindung von aristokratischem Geist und platonischer Gegenwelt, von bildungsreligiöser Emphase und antidemokratischem Fechten »unter dem Zeichen Platons« mußte nicht nur den Philologen wie ein »heilsamer Rückschlag« gegen die Zumutungen der Moderne vorkommen,[7] sie stellte auch weiten Teilen des Bildungsbürgertums ein komplexes Deutungsmuster zur Verfügung, unter dem diese sich mit der »allgemeinen Krise«[8] der 1920er Jahre auseinanderzusetzen konnten: Platon, das war fortan nicht mehr einfach der historisierbare »Ahnherr der Fachphilosophie«, durch den sich gefahrlos sogar in den Neukantianismus einführen ließ,[9] sondern das wurde nun die ersehnte Einheit von Leben und Geist, von Dichtung und Wissenschaft, ja von Persönlichkeit und politischem Führertum, kurz er wurde zum »Korrektiv der modernen Philosophie und Kultur« überhaupt.[10]

Nun ist es nicht so, daß es solch programmatische Besinnung auf Platon nicht auch vor dem Krieg schon an verschiedenen Stellen gegeben hätte. Vor allem im George-Kreis war Platon ja seit der Blätter-Monographie Heinrich Friedemanns und den in den *Jahrbüchern für die geistige Bewegung* (1910–1912) im Namen Platons geführten Angriffen gegen Positivismus, Historismus sowie gegen jegliche »Journalisierung« der Antike längst nicht mehr nur ein Anreger, sondern ebenfalls *das* geistige Vorbild geworden.[11] Doch daß es wohl nur Wilamowitz' gleichermaßen prominentes wie vehementes Eintreten für den »wirklichen«, und das hieß hier vor allem für den »politischen« Platon sein konnte, das angesichts der auf Krieg und Niederlage folgenden Orientierungskrise zum Auslöser einer »wahren Plato = Mode« werden würde,[12] ging auch seinen Gegnern im Kreis um George auf, selbst wenn sie an diesem »Platon für Dienstmädchen« sonst kaum ein gutes Haar ließen.[13]

5 Vom »absoluten Kulminationspunkt« der »philologischen Arbeit der letzten Generation« spricht *Hoffmann*, Der gegenwärtige Stand der Platonforschung, S. 1053, vom »Schlußstein« der hundertjährigen deutschen Platonforschung und dem »Testament für das deutsche Volk in den Monden seiner tiefsten Ermattung« *Petersen*, Platon (Hamburger Nachrichten).

6 *Wilamowitz*, Platon I, S. 1. Vgl. auch *ders.*, Der griechische und der platonische Staatsgedanke.

7 *Jaeger*, Platos Stellung, S. 139, der zunächst allerdings auf die (fruchtbaren) Zumutungen der neukantianischen Platondeutung zielte.

8 *Ders.*, Der Humanismus als Tradition und Erlebnis, S. 17.

9 Vgl. *Lembeck*, Platon in Marburg.

10 *Jaeger*, Platos Stellung, S. 139.

11 Vgl. *Weigand*, Von Nietzsche zu Platon, S. 72.

12 So Friedrich Gundolf an Kurt Hildebrandt in einem Brief vom 22.07.1919; zit. nach *Groppe*, Die Macht der Bildung, S. 642, Anm. 66.

13 Vgl. die Überlieferung bei *Wolters*, Stefan George und die Blätter für die Kunst, S. 487.

Für die Zeit der 1920er und noch der 1930er Jahre mit Gundolf von einer Platonmode zu sprechen, liegt in der Tat nahe und bildet gleichsam die Ausgangsbeobachtung dieser Untersuchung. Denn auch wenn sich die »Platon-Bücher« kaum quantifizieren und nur selten die Absatzzahlen vergleichen lassen – abzüglich aller Text- und Schulausgaben, Übersetzungen, Mehrfachveröffentlichungen etc. handelt es sich allein in den Jahren 1918–1933 um eine Größenordnung von etwa 360 selbständigen Veröffentlichungen zu Platon[14] – so dürften niemals zuvor ähnlich viel gelehrte wie populäre Abhandlungen, Einführungen und Biographien über und um Platon in vergleichbar kurzer Zeit erschienen sein. Und daß sich diese eben nicht mehr nur an die Spezialisten und Philologen an Schule und Universität richteten, sondern auf ein breiteres Publikum zielten, davon zeugen nicht zuletzt die teilweise außerordentlich hohe Zahl der Besprechungen, die diese Platon-Literatur abseits der üblichen Fachöffentlichkeit in Zeitungen und Zeitschriften jeglicher Ausrichtung erfuhr.[15] Die Einschätzung, von der der Philologe Walter Kranz 1929 »aus Buchhändlerkreisen« gehört haben wollte und nach der Platon »heute einer der am meisten gekauften ›wertvollen Autoren‹« sei, dürfte daher nicht ganz aus der Luft gegriffen worden sein.[16]

Dennoch beschreibt dies nur einen Aspekt des hier zu untersuchenden Phänomens. Im Kern nämlich, und darauf zielen auch jene zeitgenössischen Beobachter, die angesichts dieser Mode von einer neuerlichen »Platon-Renaissance« zu träumen begannen,[17] handelt es sich hier um mehr als eine Mode. Es ging, so die Hypothese dieser Arbeit, um nichts weniger als eine weltanschauliche Neuentdeckung und programmatische Neuinterpretation Platons, um einen spezifischen »Neoplatonismus« also, der seinen historischen Ort zwischen den Weltkriegen hatte und dort auf unterschiedliche Weise der bildungsbürgerlichen Orientierung und politischen (Des-)Integration diente.

Gekennzeichnet war diese Renaissance einmal durch ein neues, programmatisches *Engagement* in der Platoninterpretation. Ähnlich den Bemühungen um Platon während der Wende vom 18. zum 19. Jahrhundert, als dieser philosophisch und philologisch schon einmal neu entdeckt und in vielfacher Weise zum Anreger eigenen Denkens wurde,[18] begannen nun wiederum erst Philolo-

14 Vgl. unten S. 208, Anm. 6.

15 Für Kurt Singers »Platon der Gründer« lassen sich etwa zwischen 1927 und 1929 wenigstens dreißig Besprechungen nachweisen, davon allein 17 in regionalen und überregionalen Tageszeitungen.

16 *Kranz*, Platon am Gymnasium, S. 3.

17 Von einer »Platon-Renaissance« spricht zuerst *Stenzel*, Rez. Horneffer, u. *Wichmann*, Platon und Kant, S. 308. Siehe auch *Burckhardt*, Weltanschauungskrisis, S. 159, *Lebek*, Rez. Jaeger, S. 309 oder *Gronau*, Platons Ideenlehre, S. 146: »Wir stehen zurzeit, darüber kann kein Zweifel sein, inmitten einer umfassenden Platon-Renaissance, einer geistigen Gesamtbewegung auf die Idee hin.«

18 Vgl. *Asmuth*, Interpretation – Transformation, S. 13ff.

gen und Philosophen, dann aber auch weitere Kreise damit, Platon nicht mehr nur als Teil oder Besitz einer gebildeten Kultur zu verstehen, sondern sich ausgehend von je unterschiedlichen Gegenwartsproblemen von ihm anregen zu lassen, ihn zu entbanalisieren und als Autorität überhaupt wieder »ernst« zu nehmen.[19] Daß dies dann wie bei Wilamowitz sogar noch eine quasireligiöse Dimension bekommen konnte, war dabei keineswegs ungewöhnlich. Es lag vielmehr in der Konsequenz jener neuhumanistischen Bildungsreligion, die trotz schwindender Überzeugungskraft besonders für das Heer der (Schul-)Philologen zu einer lebensprägenden Weltanschauung geworden war, in der eine Neubewertung Platons eben nicht unter einer »Renaissance«, »Auferstehung« oder gar einer »Epiphanie« zu haben war.[20] Den Boden bereitet für die philosophische Rehabilitation Platons – ebenso übrigens wie für dessen religiös-mystische Überhöhung[21] – hatte bereits die philosophische Neulektüre Platons im Marburger Neukantianismus durch Hermann Cohen und Paul Natorp. Gegenüber den sprachstatistischen und allgemein werkgenetischen Fragen der Philologen hatten diese zum Ende des 19. Jahrhundert erstmals wieder eine ernsthaft philosophische Deutung der Dialoge vorgeschlagen und damit eine Tradition systematischer Platondeutung eröffnet, die über die 1960er Jahre hinaus bis zur Diskussion um Platons »ungeschriebene Lehre« reichte.[22]

Die unmittelbare Wirkung der Marburger Platondeutung war jedoch vorerst eine andere. Deren insgesamt hohes Reflexions-Niveau, vor allem aber die Gewaltsamkeit, mit der Platon hier in systematischer Absicht zu einem »unvollständigen Neukantianer«[23] gemacht wurde, führte nämlich zu einer Art Schockreaktion in der weitgehend philologisch dominierten Platonforschung und in deren Folge zu einer breiten Gegenbewegung, die zum zweiten Merkmal dieser Platon-Renaissance werden sollte. An die Stelle philosophischer Argumentation trat vielfach ein reflexionsarmer und darum besonders eingängiger *Biographismus*, der – ob nun noch historistisch oder bereits lebensphilosophisch grundiert – ein Einfallstor für die diversen *Irrationalismen* der Zwischenkriegszeit war. Wo sich nämlich wie bei Wilamowitz das Erkenntnisziel darauf beschränkte, den »Menschen« kennen und vor allem »lieben« zu lernen, der hinter dem großen Werk steckt und dieses überhaupt hat hervor-

19 *Jaeger*, Platos Stellung, S. 139, spricht in diesem Zusammenhang davon, daß Platon für den Humanismus überhaupt erst »wiedergewonnen« werden mußte.

20 Ganz ohne Ironie spricht etwa *Horneffer*, Der Platonismus und die Gegenwart, S. 137, von der kommenden »Epiphanie« Platons. Die gegenwärtige »Auferstehung« Platons sieht *Scharold*, Platonlektüre, S. 324.

21 Dies betrifft v. a. die Spätphilosophie Natorps, berühmt ist aber auch Hermann Cohens posthumes Bekenntnis zu Platon auf dessen Grabstein auf dem jüdischen Friedhoff in Berlin-Weißensee. Siehe unten S. 90, Anm. 16.

22 Vgl. *Lembeck*, Platon, S. 239 sowie 243 ff.

23 *Hartmann*, Der philosophische Gedanke, S. 16 Anm.

bringen können,[24] oder wo wie im George-Kreis die »Verehrung« der ewigen »Gestalt« Platons nicht nur zum Ziel, sondern gleich zur Voraussetzung allen Verstehens erhoben wird,[25] da hatten substantielle Analyse oder gar Kritik oftmals keinen Platz mehr, da eröffneten sich vielmehr zahllose Möglichkeiten für die Projektion unterschiedlichster Sehnsüchte. Daß diese Projektionen dabei durchgängig *modernitäts- und kulturkritisch* waren, daß die neue Platon-Verehrung also mitten hineingestellt war in die weltanschaulichen Auseinandersetzungen der Weimarer Republik, war schließlich das dritte und sicher markanteste Kennzeichen des Diskurses und wohl auch der entscheidende Grund für die weitreichende Wahrnehmung dieser Renaissance. Als Antwort auf das mit der gesellschaftlichen Differenzierung einhergehende Gefühl zunehmender Desintegration und damit als dezidiertes Gegenbild zur Moderne wurde Platon hier innerhalb weniger Jahre zu einem »Symbol der [...] Unzufriedenen«,[26] auf das sich nicht nur die diversen »neohumanistischen« Bewegungen[27] beziehen konnten, sondern das eben auch Anknüpfungsmöglichkeiten für verschiedenste politische, konfessionelle oder neuidealistische Strömungen des Weimarer Weltanschauungsspektrums bot.

Die Platon-Bilder, die hierbei entworfen wurden, waren denn auch ebenso vielfältig wie die politisch-gesellschaftlichen Programme und Projektionen, die mit ihm verknüpft wurden. Da gab es etwa die Wiederentdeckung bzw. überhaupt die Neulektüre Platons nicht nur als eines klassischen *politischen Denkers*, sondern als eines unmittelbar für die Gegenwart bedeutsamen *Führers* sowohl in den politischen Krisen der Weimarer Republik wie auch im Übergang und in der Konsolidierung der nationalsozialistischen Herrschaft. Die Bezugnahme auf Platon hatte einerseits die Funktion der Traditionsstiftung und also der Legitimierung unterschiedlichster politischer Ambitionen, wobei es vor allem ständische, neoaristokratische oder auch rassebiologische Konzepte waren, in denen Anschluß an Platon gesucht wurde. Gleichzeitig konnte dieser Rückbezug aber auch eine spezifische Distanz zur (Tages-)Politik herstellen helfen[28] oder aber diese »idealistisch« transzendieren, wie es immer noch dem Selbst- und Weltdeutungsbedürfnis der bildungsbürgerlichen »Mandarine« entsprach.[29] Von dieser politischen Dimension im engeren Sinne sind sodann die *kultur-pädagogischen* Zugriffe zu unterscheiden. In den zahlreichen

24 *Wilamowitz*, Platon, S. 3.

25 Vgl. beispielsweise *Hildebrandt*, Platonliteratur, S. 316.

26 So *Jaeger*, Stellung und Aufgaben der Universität, S. 82.

27 Zum Konzept vgl. *Groppe*, Neohumanismus.

28 Vgl. zur Strategie des George-Kreises *Kolk*, Literarische Gruppenbildung, S. 466f.

29 Zu dieser Form des »Vulgäridealismus« als spezifisch deutschem »Lebensgefühl« des ausgehenden Kaiserreichs vgl. noch immer *Stern*, The Political Consequences of the Unpolitical German, S. 122; *ders.*: Kulturpessimismus als politische Gefahr, S. 16ff. sowie *Ringer*, Die Gelehrten, S. 120ff.

Debatten, die vor und vor allem nach dem ersten Weltkrieg um die Neubestimmung des Erziehungsauftrages von Schule und Hochschule sowie allgemein um das Verhältnis von Wissenschaft und Bildung geführt wurden, war es nämlich wiederum Platon, der hier nicht nur eine konstante, sondern sogar herausragende Bezugsgröße darstellte. Gleich nämlich, ob man dessen erotisches Gemeinschafts- und Erziehungsmodell aufgriff, von dem ja das Selbstverständnis des George-Kreises ebenso bestimmt war wie Teile der ursprünglich humanistisch geprägten Jugendbewegung,[30] oder ob er und sein staatspädagogisches Programm als Ausdruck und Vollendung griechischer und zugleich allgemeinmenschlicher Paideia gefeiert und daher von einer breiten Strömung in Philologie und Pädagogik (Jaeger, Stenzel, Spranger, Becker u. a.) zum zentralen Bezugspunkt einer Erneuerung des Humanismus sowie die Wiederbelebung »objektiver Kulturwerte« erhoben wurden – auf Platon als eine (hinreichend unbestimmte) Zielutopie dessen, was Bildung sein und leisten sollte, konnte man sich hier leicht verständigen.

Im Zusammenhang mit den Versuchen, in und durch Platon »objektive« oder doch zumindest gültige Maßstäbe zu gewinnen, an denen man ein Erziehungsideal ausrichten könne, steht schließlich auch die Orientierung an Platon als dem *dichtenden Wissenschaftler* oder *philosophischen Weisen.* So erscheint er in den vielgestaltigen Debatten, die unter dem Eindruck der Erschütterung durch Nietzsche-Rezeption, Krieg und »Vermassung« der Universität um Nutzen und Nachteil der Wissenschaft für das Leben geführt wurden, als urbildliche Verkörperung jenes emphatisch-neuzeitlichen Bildungsbegriffes, dessen Heilsversprechen untrennbar mit der Verbindung von Poesie und Philosophie verknüpft war. Von Platon als dem Philosophen, der – anders als es die Neukantianer sahen – gerade kein geschlossenes System hinterließ, sondern dessen szenische Dialoggestaltung und mythische Dichtung auch »unmittelbare« Lektüreerlebnisse ermöglichte, versprachen sich Lehrende wie Lernende nicht nur jenes in Schule wie Universität gerade ausbleibende Bildungserlebnis, er selbst stand vielmehr Pate noch für ein neues Lebensmodell, das im »Dichter-Wissenschaftler« jenes Bildungsideal einzulösen und das »schöne Leben« auf Dauer zu stellen verhieß.[31] Schlußendlich lieferte Platon mit seiner in der »Idee des Guten« gipfelnden und darum normativ gebunden Ideenlehre dazu dann noch das philosophische Gegenmodell zu Positivismus und Rationalismus als

30 Nach *Kranz*, Platon am Gymnasium, S. 3 f. galt Platons Symposion zeitweise geradezu als »Evangelium« der Jugendbewegung, und besonders Hans Blüher, ihr erster Chronist, bezog sich immer wieder programmatisch auf Platon. Das Interesse an Platon hier allerdings nur als Chiffre und Camouflage eigener Homosexualität zu deuten, wie es *Karlauf*, Stefan George, S. 260 u. 401 ff. nahelegte, greift sicher zu kurz, wenn es auch um 1900 ein wichtiger homoerotischer Bezugspunkt unter anderen war. Siehe dazu Kap. 1.3.1.

31 Vgl. hierzu die Arbeiten von *Groppe*, Die Macht der Bildung, S. 50 ff. und *dies.*, Widerstand oder Anpassung?, S. 68 f.

den geistigen Grundlagen des 19. Jahrhundertsund konnte so unter ganz unterschiedlichen Aspekten zu jenem »Symbol« der Unzufriedenen werden, von dem Jaeger sprach.[32]

Gleich aber, ob in den so entworfenen Platon-Bildern mehr das Politische oder das Pädagogische, das tragisch-heroische Vorbild oder doch der dichtende Weise betont wurde – daß es nur mehr Platon sein konnte, von dem eine Antwort auf die diffus als krisenhaft empfundene Moderne erwartet, ja sogar eine Rettung aus ihr erhofft wurde,[33] war der eigentümliche Grundtenor eines Diskurses, in dem sich nicht nur die »orthodoxen Mandarine« mit der Krise des Historismus und dem beschleunigten Bedeutungsverlust klassischer Bildungsgehalte in Schule und Universität auseinandersetzten,[34] sondern der weit darüber hinaus zur einem Ort wurde, an dem die »großen« Fragen von Staat, Erziehung und neuem Menschenbild verhandelt und so spezifische Sinn- und Deutungsangebote für die Krise der Weimarer Republik ebenso wie dann für den Machtergreifung und die »Staatsbildung« des Nationalsozialismus geschaffen werden konnten.

Fragestellung und methodische Überlegungen

Die vorliegende Arbeit geht von der geschilderten Beobachtung aus, daß es in den Jahren nach dem ersten Weltkrieg und dann noch einmal um das Jahr 1933 herum zu einem sprunghaften Anstieg der Platon-Literatur verschiedenster Genres und Qualitäten gekommen ist, mit dem ein grundlegender, weil sowohl inhaltlicher wie methodischer und stilistischer Wandel der Bezugnahmen auf Platon einherging: *inhaltlich* durch die zunehmende Fokussierung auf »Politeia« und »Paideia«, also auf die politischen und pädagogischen Aspekte im Werk Platons, *methodisch* durch die biographische Verkürzung der Fragestellung, den programmatischen Gegenwartsbezug und den damit verbundenen Einfluß

32 Vgl. etwa *Horneffer*, Der Platonismus und die Gegenwart, S. 58: »Wenn man nach einer synthetischen Kraft Umschau hält, die als Gegengewicht und Gegenmacht gegen die moderne Zerklüftung und Widersprüchlichkeit in Anspruch genommen werden könnte, als erzieherisches Gegenbild, so vermag ich nur die bisher unerreichte Einheitlichkeit Platons [...] als hierfür geeignet und gegeben anzuerkennen.« Zur »Ideenlehre« vgl. *Gronau*, Platons Ideenlehre im Wandel der Zeit, S. 146: »Wir stehen zurzeit, darüber kann kein Zweifel sein, inmitten einer umfassenden Platon-Renaissance, einer geistigen Gesamtbewegung auf die Idee hin.«

33 So *Hildebrandt*, Das neue Platon-Bild, S. 190: Man sehe »in den letzten Jahren von allen Seiten Bemühungen, sich seiner [d.i. Platons] Gestalt zu bemächtigen, getragen von der Ahnung, daß gerade er ein *Vorbild des Retters in Zeiten der Auflösung und Zersetzung* ist« [Herv. R.P.]. Zum politischen Messianismus vgl. *Schreiner*, »Wann kommt der Retter Deutschlands?«.

34 Vgl. dagegen *Ringer*, Die Gelehrten, S. 243–263, der den Diskurs um Platon und den Humanismus weitgehend auf jene orthodoxen oder aber »gemäßigt orthodoxen« Mandarine begrenzt sah.

irrationalistischer oder bestenfalls lebensphilosophischer Prinzipien in Analyse und Darstellung sowie schließlich *stilistisch* etwa durch die Übernahme jenes ursprünglich im George-Kreis kultivierten prophetischen und apodiktischen Tons in weiten Teilen der Wissenschaft. Diese Prozesse in ihren Zusammenhang zu verstehen, also den komplexen Wandel eines Paradigmas oder eines wissenschaftlichen Denkstils in Beziehung zu setzen zu den gesellschaftlichen und politischen Umbrüchen der Zwischenkriegszeit und sie in ihrer Wechselwirkung verständlich zu machen, ist das erste Anliegen dieser Arbeit.

Da dieser zeitgenössisch vielfach als »Platon-Renaissance« wahrgenommene Zusammenhang zudem kein esoterischer Vorgang innerhalb der engeren Platon-Philologie war, sondern von einem breiten, weit über die Fachgrenzen hinausreichenden intellektuellen Diskurs getragen war, in dem Person und Philosophie Platons eng mit den kultur- und modernitätskritischen Debatten der Weimarer Jahre verknüpft wurden, liegt ein zweiter Schwerpunkt der Arbeit auf der Frage, inwiefern sich diese Renaissance, in der die unterschiedlichen Platon-Bilder immer auch konkurrierende Weltbilder und Programme darstellten, als ein bildungsbürgerlicher Selbstverständigungsdiskurs begreifen läßt. Um dies zu klären, ist also zu fragen, wie weit dieser Diskurs reichte, zu welchen Problemen und Debatten Platon in Beziehung gesetzt und was daher über ihn verhandelt wurde – oder kurz gefragt: Warum wurde ausgerechnet Platon der »Krisenphilosoph«[35] der Weimarer Republik, der Erzieher auf dem Weg ins »Neue Reich«, das dann das dritte werden sollte?

Daß sich Gesellschaften gerade in Umbruchsituationen auf die kanonischen Texte ihrer Wissenstradition beziehen, um sie unter aktuellen Fragestellungen neu zu vergegenwärtigen, ist natürlich keineswegs eine neue Erkenntnis. Unter dem Begriff der »Bildung« gehört dies vielmehr zur unablässigen Arbeit am kulturellen Gedächtnis[36] und ist als »Kernstück der Praxis unserer theoretischen Weltorientierung«[37] immer wieder auch selbst zum Gegenstand historischer Forschung geworden. Allerdings hat weder der Umstand, daß es in der europäischen Geistes- und Kulturgeschichte gerade während gesellschaftlicher Krisen und Umbrüche eher die Regel denn die Ausnahme war, die antiken Autoren und allen voran Platon zu Zwecken orientierender wie distanzierender Selbstvergewisserung heranzuziehen,[38] noch die Tatsache, daß die Jahre der Weimarer Republik als geradezu paradigmatisch-krisenhafte Umbruchsphase der Moderne unter vielfältigsten Aspekten untersucht wurde, dazu geführt, die vorerst letzte unter den Platon-Renaissancen eigens in den Blick zu

35 Vgl. Kap 3.1.

36 Vgl. nur die Geschichte der deutschen Bildungsidee bei *Assmann*, Arbeit am nationalen Gedächtnis.

37 *Lottes*, Neue Ideengeschichte, S. 262.

38 Daß gerade die Distanzierung von Platon für das moderne Denken (und seine Aporien) konstitutiv war, betont *Schmitt*, Die Moderne und Platon.

nehmen und mit den Instrumenten der neueren Ideengeschichte auf ihre spezifische Orientierungsleistung hin zu untersuchen. Zwar gibt es bereits einige Arbeiten, die sich der Platon-Rezeption auch des hier behandelten Zeitraums widmen, doch geschah dies bisher immer nur entweder unter bestimmten, fachlich und thematisch meist eng umgrenzten Aspekten (vor allem im Hinblick auf den George-Kreis, die »platonische Frage« der klassischen Philologie oder den Neukantianismus) oder aber unter einer sehr weiten, gleich die Moderne als ganze betreffenden Perspektive.[39] Eine interdisziplinäre Querstudie zu diesem Zeitraum aber, die nach der Orientierungsfunktion Platons und seiner Rolle als »Erzieher« in und, so die zeitgenössische Hoffnung, vor allem aus der Krise der Moderne fragt, fehlte bislang.

Grundlage dieser hier in Angriff genommenen ideengeschichtlichen Untersuchung, der es gerade um den Problem- und Programmgehalt solcher Vergegenwärtigungen geht, soll dabei einmal ein thematisch fokussierter Diskursbegriff sein – der »Platon-Diskurs« –, der, wie es Günther Lottes vorgeschlagen hat,[40] im Sinne der ursprünglichen Wortbedeutung von *discurrere* wieder stärker auf die Verhandlung von Sachverhalten und Problemen zielt. Statt in der Tradition Foucaults eine hintergründige Ordnung zu rekonstruieren, die die Produktion und Struktur von Aussagen kanalisiert und organisiert, soll es hier vielmehr darum gehen, auch dem Sprachhandlungswillen der Akteure und ihrer jeweiligen historischen Situation Rechnung zu tragen.[41] Wesentlich als Produkt der Sprecher in konkreten Handlungszusammenhängen aufgefaßt ist ein solcher (konkret-thematischer) Diskurs mit Habermas verstanden als eine »durch Argumentation gekennzeichnete Form der Kommunikation, in der problematisch gewordene Geltungsansprüche zum Thema gemacht und auf ihre Berechtigung hin untersucht werden.«[42] Wird hier also zwar den Problemen, Hoffnungen und Interessen der einzelnen Diskursteilnehmer ein hoher Stellenwert für die Gestaltung des Diskurses eingeräumt, so bedeutet dies wiederum nicht, daß er ihnen wie im Ideal des »herrschaftsfreien Diskurses« rational durchsichtig und verfügbar wäre. Vielmehr setzt die Teilnahme an einem Diskurs bereits voraus, daß sich die Teilnehmer über ein ganzes Set an Vorannahmen, Einstellungen und Weltdeutungen implizit einig sein müssen, da erst vor deren Hintergrund dann die Differenzen auftreten und die Probleme ar-

39 Vgl. ebd. oder *Lane*: Plato's Progeny.

40 *Lottes*, »The State of the Art«, bes. S. 44 f.

41 Auch die Kontextualisierung großer Texte in »politischen Sprachen«, wie sie die Cambridge School unternommen hat, läuft hier Gefahr, dies aus dem Blick zu verlieren, wenn sie sich allzu stark auf den »Metatext« kapriziert. Vgl. zur Kritik sowie für einen Überblick über die historischen Diskursbegriffe ebd., hier S. 39; *Schöttler*, Wer hat Angst vor dem »linguistic turn?«, S. 138 ff.; *Eder*, Historische Diskursanalysen; oder sehr instruktiv zu Foucault auch *Sarasin*, Geschichtswissenschaft und Diskursanalyse.

42 *Habermas*, Wahrheitstheorien, S. 131.

tikuliert werden können. Vollständig verfügbar sind diese Vorannahmen den Teilnehmern des Diskurses also zwar nicht, prinzipiell sind sie aber explizierbar und unterliegen schon daher wie der Diskurs selbst der Möglichkeit ihrer Veränderung.[43]

Um nun diese den Diskurs strukturierenden Bedingungen ebenso analysieren zu können wie seinen Wandel, also den beinahe paradigmatischen Einstellungswandel gegenüber Platon, aber auch dessen Ausdifferenzierung in unterschiedliche und konkurrierende Platonbilder, versucht die Arbeit ferner ein methodisches Konzept fruchtbar zu machen, das der polnische Mediziner und Wissenschaftstheoretiker Ludwik Fleck ursprünglich anhand der Geschichte der »Syphilis« entwickelt hat.[44] Dieses wissenssoziologische Modell der Verknüpfung von »Denkstil« und »Denkkollektiv« ist erst relativ spät aus dem Schatten Thomas Kuhns herausgetreten, ist dann aber aufgrund seiner größeren Flexibilität sowie seiner konstruktivistischen Erkenntnis- und Wissenschaftstheorie in den letzten Jahren immer stärker auch in einer diskursgeschichtlich geläuterten Ideen- und Historiographiegeschichte rezipiert worden.[45]

Flecks ursprünglicher Impuls zur Formulierung seiner »Lehre vom Denkstil und Denkkollektiv«, so der Untertitel seiner 1935 erschienenen Studie, war es, ein Modell zu gewinnen, das die Aporien der traditionell individualistischen Erkenntnistheorie ebenso wie die des logischen Empirismus seiner Zeit sowohl von der Seite der Gestaltpsychologie als auch von der einer Wissens- bzw. Wissenschaftssoziologie überwinden konnte. Ausgehend von seinen eigenen bakteriellen Forschungen war er nämlich davon überzeugt, daß es ein voraussetzungsloses Beobachten von »Tatsachen« (etwa unter dem Mikroskop) nicht geben könne, sondern erst die »denkstilgebundenen« Gewohnheiten und Voraussetzungen überhaupt »etwas« sehen und anderes nicht sehen lassen.[46] Ein »Denkstil« wird daher als ein »gerichtetes Wahrnehmen, mit entsprechendem gedanklichen und sachlichen Verarbeiten des Wahrgenommenen« definiert,[47] weshalb er nicht nur bestimmte Wahrnehmungsweisen und »Denkzwänge« umfaßt, sondern auch von spezifischen Stilen technischer oder literarischer Darstellung und ihrer Verknüpfung mit älteren Wissensbeständen, den »Prä-

43 Dies wäre nach dem Modell Foucaults so nicht möglich. Vgl. dazu *Maclean*, The Process of Intellectual Change, S. 166 sowie *Graf*, Die Mentalisierung des Nirgendwo, S. 147f.

44 Grundlegend hier ist *Fleck*, Entstehung und Entwicklung einer wissenschaftlichen Tatsache, sowie *ders.*, Erfahrung und Tatsache. Zur Kontextualisierung vgl. neuerdings auch *ders.*, Denkstile und Tatsachen.

45 Vgl. besonders die beiden Sammelbände, *Egloff*, Tatsache – Denkstil – Kontroverse, und *Chołuj/Joerden*, Von der wissenschaftlichen Tatsache zur Wissensproduktion. Methodische Fragen zum Konzept Flecks diskutieren ferner *Babich*, From Fleck's Denkstil to Kuhn's paradigm; Etzemüller, »Ich sehe was, was Du nicht siehst«, bes. S. 37ff.; *Pankow*, Stil als wissenschaftshistoriographische Kategorie; *Mößner*, Thought Styles and Paradigms.

46 *Fleck*, Entstehung, S. 121.

47 Ebd., S. 130.

ideen« begleitet wird. Über die These von der Theoriegebundenheit aller Beobachtung hinaus liegt die Pointe des Fleckschen Ansatzes darin, daß er die soziale – und darum für ihn auch nur mit psychologischen, soziologischen und historischen Methoden adäquat zu beschreibende – Verfassung aller Forschung und Erkenntnis betont. »Träger« und »Schöpfer« des Denkstils wie des in ihm generierten Wissens sei nämlich nicht das Individuum, sondern das »Denkkollektiv«, das gleichsam als drittes Beziehungsglied zu Subjekt und Objekt des Erkennens hinzutritt.[48] Das heißt nun nicht, daß »die selbständigen, sozusagen persönlichen Heldentaten« des Einzelforschers ausgeschlossen seien, sie lägen eben nur auf einer anderen Ebene, nämlich im relativ »selbständigen Konzentrieren geschichtlicher und zeitgenössischer Kollektiveinflüsse«.[49] Das Denkkollektiv, dessen Einfluß Fleck jedoch stärker betont, wird dabei eher funktional definiert als »Gemeinschaft der Menschen, die im Gedankenaustausch oder in gedanklicher Wechselwirkung stehen«, und kann von »momentanen« bis hin zu sehr stabilen Zuständen etwa denen einer Wissenschaft oder einer Religion reichen.[50] Ein solch relativ stabiles Denkkollektiv wie etwa eine wissenschaftliche Schule oder die an einem gemeinsamen Problem arbeitende Forschergruppe zeichnet sich dadurch aus, daß in ihm eine »gemeinsame intellektuelle Stimmung«, ja im Zentrum nicht selten eine »Stimmungskameradschaft« herrscht, in der bestimmte (denkstilgemäße) Erkenntnisse gemeinsam hervorgebracht werden und in der auch der Denkstil selbst spezifiziert und mit der Zeit zu einem stabilen »Meinungssystems« wird, weshalb Fleck diesen Prozeß mit Wilhelm Jerusalem auch auf den Begriff einer »sozialen Verdichtung« bringen kann.[51] Die Motive sowie der »Kitt« solcher Kollektive liegen dabei abgesehen vom »sanften Zwang« didaktischer Hinführungen sehr häufig in einer Reihe von Faktoren, die eher dem vor- und außerwissenschaftlichen Denken zuzurechnen sind (Fleck führt etwa das Motiv des »Völkerwettkampfs« an) oder aber aus den »populären« Kreisen des eigenen Denkkollektivs bereits wieder bestätigend zurückwirken.[52] Das Individuum gehört denn auch immer mehreren konkurrierenden Denkstilen und Denkkollektiven an, die in Abhängigkeit

48 Ebd., S. 54 f., 135 u. *ders.*, Erfahrung, S. 108. Torger Möller hat hier zu Recht auf die Unterbestimmtheit des Wissensbegriffs bei Fleck hingewiesen, da nicht klar ist, ob das Denkkollektiv nun Träger nur des Denkstils oder auch des Wissens ist. Vgl. *Möller*, Kritische Anmerkungen, bes. S. 398, Anm.3.

49 *Fleck*, Entstehung, S. 61.

50 Ebd., S. 54 u. 135.

51 Ebd., S. 64, 130, 140 u. *ders.*, Erfahrung, S. 108. Die Beziehungen zur Wissenssoziologie der 1920er Jahre (Max Scheler, Karl Mannheim, Wilhelm Jerusalem, aber auch zu Lévy-Bruhl oder Durkheim) sind denn auch vielfältig. Mannheim (Konservatismus) ist dabei in ähnlicher Weise von »Denkstilen« ausgegangen, hat diese allerdings gegen einen »Stilpluralismus« abgegrenzt. So reduzieren sich die Denkstile (konservativ, liberal, sozialistisch) letztlich auf drei Weltanschauungen.

52 *Ders.*, Entstehung, S. 90 u. 137.

von der jeweiligen Stellung des Einzelnen in ihnen – Fleck gebraucht einerseits ein konzentrisch-relationales Modell »esoterischer« (Spezialisten) und »exoterischer« (»Laien«) Kreise, andererseits rechnet er gerade mit »vielen sich überkreuzenden Kreisen«, ja im Einzelfall sogar mit bizentrischen Kollektiven (Künstler und Kritiker in der Musik) – dazu führen, daß sich ein reger inter- und intrakollektiver »Denkverkehr« einstellt, der entweder zur Verfestigung und Stabilisierung eines Denkstiles oder konkreten »Denkgebildes« (etwa eines bestimmten Interpretaments) führt oder aber zu dessen »Umstilisierung« beiträgt.[53] Trotz aller Beharrungstendenzen einmal geprägter Denkstile ist dabei gerade letzteres für Fleck eher die Regel denn die Ausnahme, schließlich führe jede solche »Gedankenwanderung« und der damit einhergehende »Stimmungswechsel« zu einer meist kaum merklichen Bedeutungsverschiebung, die (bis hin zur völligen Inkommensurabilität) um so stärker werden kann, je größer auch jene vorwissenschaftlichen Einflüsse sich auswirken.[54]

Fleck hat, wie schon mehrfach festgestellt wurde, keine völlig »ausgereifte Theorie« vorgelegt.[55] Vor allem die bis zuletzt unscharf bleibende Beziehung von Denkstil und Denkkollektiv, von diskursiver und sozialer Ebene ist systematisch durchaus problematisch, kommt sie doch in ihrer Begründung nicht über eine zirkuläre oder reziproke Verhältnisbestimmung hinaus. Die Frage danach, ob die »Entstehung einer wissenschaftlichen Tatsache« in einem Forschungsprozeß letztlich ein Effekt des Stils und damit von Formen des Denkens und Aussagens ist, oder ob nicht vielmehr gerade das Kollektiv dem Denken seinen Stil verleiht und so den entscheidenden Rahmen setzt, läßt sich daher mit Fleck – wie allerdings mit der gesamten konstruktivistisch orientierten Wissenschaftsgeschichte nach Kuhn[56] – nicht definitiv beantworten, weshalb es allenfalls – oder immerhin – darum gehen kann, mit ihm und durch konkrete Studien überhaupt erst in diesen Zirkel hineinzugelangen. Daß sich dieses Modell dabei in seinem Bemühen, die diskurs- oder kommunikationstheoretische Ebene mit einer wissenssoziologischen bzw. einer Akteursebene zu verbinden, heuristisch als durchaus fruchtbar erweisen kann, soll nicht zuletzt am hier zu untersuchenden Platon-Diskurs gezeigt werden:

53 Ebd., S. 138 u. *ders.*, Erfahrung, S. 96 u. 115.

54 *Ders.*, Entstehung 143. Vgl. auch ebd, S. 124, Anm. 4, wo Fleck denn auch auf den Zusammenhang von »Epochen allgemeiner sozialer Wirrnis« und »großen Denkstilumwandlungen« aufmerksam macht und ihm gerade Frührenaissance und »Nachweltkriegszeit« als Beispiele dienen.

55 Vgl. bereits *Schnelle*, Ludwik Fleck, S. 297, sowie zuletzt die Hinweise bei *Möller*, Kritische Anmerkungen und *Etzemüller*, »Ich sehe was, was Du nicht siehst«, S. 42 f., Anm. 38.

56 Im Unterschied zu Fleck waren sich Mannheim und Kuhn des zirkulären Problems der Zurechnung eines Denkstils zu seinen realen Trägern allerdings bewußt. Vgl. *Mannheim*, Konservatismus, S. 59 und (nachträglich) *Kuhn*, Die Struktur wissenschaftlicher Revolutionen (Postskriptum), S. 187. Vgl. dazu auch *Sarasin*, Infizierte Körper, S. 198 f. sowie *Mößner*, Thought Styles and Paradigms, S. 365.

1. Ein wesentlicher Vorteil der Fleckschen Denkkollektiv- und Denkstilanalyse ist es nämlich, daß hierdurch auch wissenschaftliche Diskurse im engeren Sinne über Disziplin- und Fächergrenzen hinaus in den Blick rücken. So können in der Vielfalt des großen Platon-Diskurses mit Fleck nicht nur einzelne *Denkstile* und *-gebilde* (die Platon-Bilder) unterschieden, sondern diese auch auf *kategorial* ganz *verschiedene Denkkollektive* bezogen werden, die nicht auf Institutionen, Fächer oder politische Lager festgelegt sein müssen und auch in generationellen Prägungen nicht aufgehen. Solche in ihren gemeinsamen Problemen, aber auch in ihren Grenzen und Übergängen jeweils näher bestimmbare Denkkollektive[57] sind etwa der zwar auf Universität und Wissenschaft bezogene, hierin allerdings gerade nicht aufgehende George-Kreis, sodann der »Dritte Humanismus« im Umkreis Werner Jaegers und der Zeitschrift »Die Antike« (eine exklusive kultur-pädagogische Bewegung), die Gruppe der humanistischen Philologen und Pädagogen der Gymnasialvereine (eine bildungspolitische Interessengruppe um das »Humanistische Gymnasium«), der Neukantianismus (eine philosophische Schule), der Euckenbund (eine neoidealistische Weltanschauungsgemeinschaft) sowie schließlich noch die Gruppe der Rassebiologen und Eugeniker.

2. Auch das mit der Binnenstruktur dieser Kollektive verbundene *Verhältnis von Esoterik und Exoterik*, also etwa von philologischem Spezialdiskurs und Populärdiskurs, von Spezialisten und Dilettanten ist dabei äußerst wichtig, läßt sich doch von hier aus nicht nur das Verhältnis etwa des George-Kreises zur Wissenschaft bzw. dessen eigene Soziologie adäquat beschreiben, sondern auch jener »Denkverkehr«, der sich aufspannt zwischen weiterhin voll anerkannten Spezialisten und wissenschaftlichen Autoritäten (man denke etwa an Wilamowitz oder Jaeger) und dem Heer an Popularisierern, tätigen Pädagogen und sonstigen »Humanisten«, die jenen kaum zu überblickenden Bereich an »mittlerer« oder mediokrer Literatur geschaffen haben, der nicht wenige der permanent mit der eigenen Inaktualität konfrontierten Philologen in einen regelrechten Relevanzrausch versetzt haben dürfte.[58]

3. Im Hinblick auf die zeitliche Dimension und den Prozeß der *Denkstilumwandlung*(en) erlaubt das Modell Flecks ebenfalls einen flexibleren Zugriff. Anders als das Kuhnsche Konzept »wissenschaftlicher Revolutionen«, dessen

57 Indizien zur Bestimmung der Denkkollektive liefern in erster Linie die durch Briefe, Widmungen und Nachrufe identifizierbaren Bekanntschafts- und Freundschaftskreise, die für gemeinsame Erfahrungen und Prägungen stehen können. Für die wissenschaftlichen Netzwerke und Schulzusammenhänge sind ferner die Analyse von Rezensions- und Zitationskreisen entscheidend, ebenso von gemeinsamen Publikationen und Publikationsorten sowie von Mitgliedschaften oder Auftritten in Vereinen und Gesellschaften. Letztlich bleiben solche Zuordnungen ebenso wie die Gruppenstrukturen selbst aber stets prekär. Vgl. zum Beispiel der Königsberger Sozialgeschichte auch *Etzemüller*, »Ich sehe was, was Du nicht siehst«, S. 44 f.

58 Vgl. schon mit Bezug auf die italienischen Altertumswissenschaften *Canfora*, Die klassische Antike, S. 206 f.

Übertragbarkeit auf geistes- und kulturwissenschaftliche Gegenstände ohnehin fraglich ist, unterstellt es den hier zu untersuchenden Platon-Diskurs nämlich nicht von vornherein einem linearen Fortschrittsbegriff und ist darum auch nicht genötigt, die Übergänge als Revolutionen und die Veränderungen in Kategorien von Fortschritt oder Rückschritt begreifen zu müssen.[59] Für den Platon-Diskurs ist dies deshalb entscheidend, weil hier ja gerade keine wissenschaftliche Revolution im engeren Sinne (ausgehend von einer innerwissenschaftlichen Krise, neuen Textfunden o. ä.) zu einem neuen und einheitlichen Paradigma geführt hätte, sondern sich zwar in ihrem Stil verwandte, aber sehr schnell ausdifferenzierende Weisen etablierten, auf Platon und die Antike bezug zu nehmen.[60] Hinzu kommt also, daß diese Denkstile auch *synchron* beschreibbar werden und, gleich ob sie nun untereinander konkurrieren oder sich aufgrund weit auseinanderliegender Weltbilder verständnislos gegenüberstehen, als ein vielfältiges Beziehungsgeflecht untersucht werden können. Gerade die Synchronizität solcher einerseits höchst unterschiedlichen, andererseits aber doch gemeinsam auf die Antike rekurrierender Denkstile ist bisher aber kaum in den Blick genommen worden.

4. Nimmt man ferner den Begriff des *Denkstils* als Analyseinstrument, so erweist sich dieser wiederum als äußerst aufschlußreich. Denn da sich der Begriff im Fleckschen Sinne nicht nur allein auf die Präsentation, sondern in gleicher Weise auch auf die prozessuale und praktische Produktion von Wissen bzw. Wissensansprüchen bezieht, steht er gleichsam quer zu den Kategorien von Inhalt und Form,[61] von Argument und Argumentationsweise und kann so ganz verschiedene Ebenen thematisieren. Die Analyse eines bestimmten Denkstils des Platondiskurses umfaßt daher die Argumente, Interpretamente (etwa: Platon als Politiker) und »Kampfrufe«[62] ebenso wie die Bevorzugung bestimmter Platontexte, die Wahl der Darstellungsmethoden oder die Weise, in der die »Präideen« aufgegriffen, also überlieferte Deutungsmuster aktualisiert werden. Gleichzeitig kann die Denkstilanalyse aber auch jene von Pierre Bourdieu

59 Gerade in der philologischen, aber auch in der philosophischen Fachhistoriographie hat man sich deshalb auch lange damit beholfen, diese Entwicklung und besonders natürlich die Jahre des Nationalsozialismus gleichsam als ein Interregnum des Irrationalismus zu begreifen. Vgl. nur *Patzig*, Furchtbare Abstraktionen. Demgegenüber setzt sich erst langsam die Einsicht durch, daß es aber gerade die Verfügbarkeit der Wissenschaft als Wissenschaft war, die ihre reibungslose Integration in das System des Nationalsozialismus erlaubte. Vgl. dazu *Klingemann*, Eine vergleichende Betrachtung, S. 193.

60 Vgl. auch die Arbeit von *Ebbersmeyer*, Homo agens, die das Flecksche Konzept aus ähnlichen Gründen auf den Frühhumanismus anwendet. Die Anerkennung des 7. platonischen Briefes, die eine solche »wissenschaftliche Revolution« hätte auslösen können, war so eher ein Katalysator der Denkstilumwandlung als deren Auslöser.

61 Vgl. *Werle*, Stil, Denkstil, Wissenschaftsstil, S. 13.

62 *Fleck*, Entstehung, S. 59. Solche Kampfrufe, deren »magische Kraft« sie nicht mehr nur durch, sondern oft auch gegen ihren logischen Sinn, nur durch bloße Gegenwart wirken läßt, wären etwa »Schau«, »Gestalt«, »Mythos« usw.

am Beispiel Heideggers nachgewiesene »Ambiguität« philosophischer Texte der Zwischenkriegszeit integrieren, die sich in der beständigen Oszillation zwischen philosophischer und philologischer Expertise einerseits und prophetischer Rede andererseits manifestiert und damit nicht nur der binären Matrix kulturkritischer Deutungsmuster entspricht (Kultur/Zivilisation, Reich/Republik, Volk/Masse),[63] sondern die besonders im Platon-Diskurs auch zu jenen eigentümlichen »Doppelbelichtungen« führt (Platon/George, Platon/Hitler, Athen/Weimar, Sophisten/Juden), deren »schlüpfrige« Semantik zuletzt Ulrich Raulff mit Bezug auf den George-Kreis untersucht hat.[64]

5. Die Relationalität des Denkstilbegriffes sowohl auf das jeweilige Denkkollektiv wie auf andere Denkstile eröffnet schließlich den Blick auf ein weiteres prägendes Moment des Diskurses, nämlich auf die immer wieder wahrgenommene *Inkommensurabilität* einzelner Denkstile und Platonbilder und die daraus erwachsenen Verständigungsprobleme und Polemiken. Während dies in den Quellen häufig als ein generationelles Problem (Kriegserlebnis als Trennscheide von den Methoden und Fragen des 19. Jahrhunderts) gedeutet wurde, erlaubt es das Konzept Flecks, noch diese (empirisch meist gerade nicht haltbare) Selbstthematisierung einzelnen Denkstilen als jeweils funktional notwendiges und »systemfähiges« Argument zur Behauptung von Geltungsansprüchen zuzuweisen. Gemäß dem lediglich relationalen Wahrheits- und Wissenschaftsbegriff Flecks (»stilgemäßer Denkzwang«) kann es also nicht darum gehen, diese Kontroversen sachlich oder interpretatorisch entscheiden oder auch nur Wissenschaft von »Pseudowissenschaft« unterscheiden zu wollen. Viel eher geht es darum, die Aussagen des Platon-Diskurses über deren unterschiedliche Denkstile überhaupt erst einmal einer »vergleichenden Erkenntnislehre« zugänglich zu machen, um dann differenzierte Aussagen über die sich verändernde Möglichkeit treffen zu können, sich miteinander über Platon bzw. mit Platon über die Gegenwart zu verständigen.[65]

Zum Aufbau der Arbeit

Um diesen Prozeß sich verändernder (Selbst-)Verständigung über Platon in der Zeit zwischen Jahrhundertwende und Nationalsozialismus untersuchen zu können und dabei die thematische Breite des Diskurses ebenso einzufangen wie dessen ›Tiefe‹, d.h. seine popularisierende und pädagogische Durchsetzung bis hinunter auf die Ebene der Schule, zeichnen sich drei Frageschritte ab:

63 Vgl. *Bourdieu*, Die politische Ontologie Martin Heideggers, S. 11 und *Kolk*, Literarische Gruppenbildung, S. 469.

64 *Raulff*, Kreis ohne Meister, S. 120ff.

65 *Fleck*, Entstehung, S. 41 u. 131.

Zunächst ist hier zu fragen, ob und inwiefern überhaupt sinnvoll von einer spezifischen Platon-Renaissance in Weimar oder auch nur von einem Wandel oder einer Ausdifferenzierung des Platon-Bildes zu sprechen ist – heißt solches doch, daß er zuvor keine oder doch eine ganz andere Rolle gespielt haben muß. Was für einen Stellenwert hatten Platon und die griechische Antike also im Kaiserreich? Unter welchen Rahmenbedingungen fand deren Rezeption statt und welche Fragen und Probleme waren dabei leitend? Gab es hier ferner so etwas wie *ein* kohärentes und konsensfähiges Bild Platons im Sinne einer weitgehend geteilten Gesamtinterpretation sowohl der platonischen Dialoge wie der historischen Figur, von dem man sich später ggf. distanzieren konnte, und wenn ja, wo hat es sich in Philologie und Philosophie, aber auch in Lehr- und Schulbüchern, also etwa in deren Textauswahl und Kommentierung niedergeschlagen? Zu überprüfen ist hier vor allem die in der Forschung lange verbreitete Annahme, daß es eine programmatische Auseinandersetzung mit Platon, die über philosophiegeschichtliche Referenzen oder philologische Einzelfragen hinausging, um die Jahrhundertwende nur in der neukantianischen Universitätsphilosophie gegeben habe und Platon hier wiederum fast ausschließlich als erkenntnistheoretischer Denker gewürdigt und interpretiert wurde[66] – eine noch immer weitgehend unhinterfragte Annahme, die nicht nur deshalb problematisch ist, weil sie zunächst einmal nur die Polemik der neuen Platoniker gegen das zu überwindende 19. Jahrhundert spiegelt, sondern auch, weil sie damit im markanten Widerspruch steht zu jener um 1900 ebenfalls einsetzenden Suche nach einer antiklassizistischen oder einfach »anderen Antike«.[67] Wo stand Platon hier also? War er bereits Teil der neohumanistischen Revolte gegen das »Apollinische«, oder verkörperte er als Erkenntnistheoretiker und humanistischer Schulautor nicht gerade das apollinische Prinzip Nietzsches und den nicht allein vom jungen Walter Benjamin verachteten Klassizismus mit all seinen »verstaubten Gefühlen«?

Die verschiedenen Wege, die aus diesem Spannungsfeld von Neukantianismus, Schul- und Neohumanismus heraus- und zu jenem programmatischen und im weitesten Sinne »weltanschaulichen« Interesse an Platon hinführen sollten, sind dann in einem zweiten Schritt zu untersuchen. Was waren also die Gründe für diesen einsetzenden Denkstilwandel? Welche Gruppen waren hieran beteiligt, und waren es neue Fragen, auf die Platon nun eine Antwort sein konnte, oder war es vielleicht doch ein neuer Platon, der nun auf die alten Fragen paßte?

Daß er diese Antwort sein sollte, war jedenfalls der gemeinsame Grundtenor der Platon-Renaissance der 1920er und frühen 1930er Jahre, die schließlich im

66 Vgl. *Oehler*, Der entmythologisierte Platon, S. 100; *Canfora*, Platon im Staatsdenken der Weimarer Republik, S. 138; *Sieg*, Aufstieg und Niedergang, S. 269, *Kolk*, Literarische Gruppenbildung, S. 472.

67 Vgl. *Aurnhammer/Pittrof*, »Mehr Dionysos als Apoll«.

dritten Teil untersucht werden soll. Auch hier geht es primär nicht darum, ob und wie den platonischen Schriften in diesem Prozeß der »Umstilisierung« jeweils hermeneutische »Gerechtigkeit« widerfahren sein mag oder nicht – darüber kann nur im Einzelfall und im Blick auf die Interpretation der jeweiligen Dialoge geurteilt werden –, sondern es stehen angesichts des vielfach (und oft schon im Titel) betonten Gegenwartsinteresses der Platondeutungen vor allem die sie dabei leitenden Motive und Strategien von Auswahl und Hervorhebung, von Aktualisierung oder Historisierung im Fokus der Untersuchung. Wenn also in erster Linie auf das »Wozu« im »Wie« der jeweiligen Interpretationen abgehoben werden soll, so ergibt sich auch hier wieder die zentrale Frage danach, welche Problemlagen es waren, die solche Aktualisierungen erforderlich machten. Was für Platon-Bilder wurden hier also von wem entworfen, und in welchen Zusammenhängen und unter Anknüpfung welcher Denkstile geschah solches? Gefragt werden soll außerdem nach den Publikationsformen, nach deren Reichweite, nach Querverbindungen zu anderen Debatten und »Renaissancen« der Zeit sowie schließlich auch hier wieder nach den Konsequenzen, die dieser Denkstilwandel auf der Ebene der Schule hatte, dort also, wo sich das verändernde Platon-Bild ganz praktisch bewähren mußte.

Statt die Renaissance Platons und den konstatierbaren Wandel des Platon-Bildes dabei ausschließlich im Hinblick auf den Nationalsozialismus und also primär als »Selbstfaschisierung der Altphilologie« zu fassen, wie es Teresa Orozco im Rahmen ihrer Untersuchung zur Rolle Hans Georg Gadamers im Nationalsozialismus unternahm,[68] wird hier so erstmals umfassend nach den Diskursen und Beziehungen gefragt werden, die sich durch den Deutungskampf um Platon entsponnen haben, läßt sich doch z. B. die hierbei in dessen Namen verhandelte Individualismus- und Rationalismuskritik gerade nicht auf organizistische Gemeinschaftsrhetorik oder einen »Edelfaschismus« reduzieren.[69] Da sich gleichwohl nicht wenige der Neoplatoniker (in allerdings wieder ganz verschiedener Weise) dem Nationalsozialismus als einer gleichsam wahlverwandten Bewegung angedient haben und aus dem ›Symbol der Unzufriedenheit‹ geradezu eines der Anpassung und Affirmation wurde, sollen, wo dies möglich ist, auch die Kontinuitäten und Anpassungen ihrer Platonbilder über 1933 hinaus beleuchtet und soll schließlich noch nach solchen Positionen gefragt werden, die sich dem »neuen« Platon in demokratischer, sozialistischer oder überhaupt republikanischer Absicht entgegengestellt haben.

68 *Orozco*, Die Platon-Rezeption in Deutschland um 1933, und *dies*, Platonische Gewalt.

69 So zuerst mit Bezug auf die Platondeutung des George-Kreises *Löwith*, Mein Leben in Deutschland, S. 20. Vgl. hierzu auch *Großheim*, Neuhumanismus als Individualismuskritik, S. 202f.

Forschungslage

Die vorliegende Arbeit bewegt sich mit ihrem Gegenstand und ihrem Fragehorizont im Schnittfeld verschiedener historischer Forschungsstränge, die bisher nur selten zusammengeführt wurden.

Abgesehen von den philologie- und philosophiegeschichtlichen Forschungen im engeren Sinne, die in den letzten 20 Jahren viel zur Fach- und Institutionsgeschichte beigetragen haben[70] und neben der politischen Dimension des Wirkens vor allem ihrer exponiertesten Fachvertreter vereinzelt auch deren Platon-Rezeption in den Blick genommen haben, sind hier die teils hagiographischen, teils aber auch kritischen Untersuchungen zum George-Kreis[71] und zum »Dritten Humanismus«[72] zu nennen sowie schließlich die im weitesten Sinne kultur- und ideengeschichtlichen Arbeiten, die nach den Diskursen, Mentalitäten und allgemein nach dem intellektuellen Klima des frühen 20. Jahrhunderts in Deutschland fragen.[73] Während nun die philosophie- und philologiegeschichtlichen Einzeluntersuchungen zur Platon-Rezeption diese tendenziell eher als solitäre, zumindest aber historisch kontingente Erscheinung behandeln, fand der Diskurs, der sich um das neue Platon-Bild entwickelte und in dem philologische Fragen weit weniger im Fokus des Interesses standen als solche nach der grundsätzlichen Bedeutung der Antike für die Gegenwart, nach deren aktuellem Bildungswert oder eben nach dem bereits bei Platon verhandelten Verhältnis von Rationalismus und Irrationalismus (bzw. von Wissenschaft und Leben), in den Studien zur geistigen und politischen Kultur der 20er und 30er Jahre bisher nur wenig Beachtung.[74]

70 Vgl. nur die Sammelbände: *Calder*, Wilamowitz nach 50 Jahren; *ders.*, Werner Jaeger reconsidered; *Flashar*, Altertumswissenschaft in den 20er Jahren.

71 Aus ganz unterschiedlichen Gründen problematisch sind etwa *Brecht*, Platon und der George-Kreis von 1929 oder die unter dem Einfluß Heideggers und seiner Hermeneutik entstandene Dissertation von *Starke*, Das Plato-Bild des George-Kreises. Kritischer sind dagegen *Weigand*, Von Nietzsche zu Platon, oder *Groppe*, Macht der Bildung, S. 640–650.

72 Einen Überblick über die Literatur gegeben hat unlängst *Landfester*, Dritter Humanismus. Siehe seitdem auch noch *Fritsch*, Ein kritischer Rückblick auf den Dritten Humanismus, oder *Follak*, Der »Aufblick zur Idee«.

73 Unter dem Aspekt der Antikenrezeption ist hier neben *Ringer*, Die Gelehrten, und *Marchand*, Down from Olympus, zuletzt v.a. die ausgezeichnete Studie von *Sünderhauf*, Griechensehnsucht und Kulturkritik, zu nennen.

74 Ausnahmen bilden hier die genannten Studien von Orozco, die jedoch in der Beschränkung auf die Analysekategorie der »Selbstfaschisierung« nicht befriedigen können, dann Marek Trojanowskis Dissertation (Platon jako Führer. Polityczny platonizm w Niemczech 1918–1945, Berlin 2006), die sich aber (auf zudem unzureichender Quellengrundlage) ganz auf die politische Dimension beschränkt, sowie die Überlegungen bei *Großheim*, Neuhumanismus als Individualismuskritik, der diesen Komplex erstmals als fächerübergreifende Debatte thematisiert hat.

Seit 2009 sind jedoch gerade im Umfeld der George-Forschung einige gewichtige Publikationen erschienen, die den Einfluß Platons nicht nur auf den Kreis wieder stärker betonen.[75] So hat Ulrich Raulff mit seiner Nachgeschichte des George-Kreises eine vielbeachtete Studie vorgelegt, die noch einmal eindringlich auf den Platonismus als das »geistige Gummiband« hinwies, das die nicht immer widerspruchsfreien Denkfiguren des Kreises zusammengehalten habe. Während Raulff es hier jedoch zumeist bei Andeutungen (etwa der kreisinternen Konflikte um Platon) belassen hat und diesen Spuren nicht konsequent nachgehen konnte, legt die vorliegende Untersuchung das Augenmerk gerade auch auf diese Binnendifferenzierungen. Eine andere, sich mit meiner Fragestellung vielfach überschneidende Untersuchung hat jüngst Barbara Stiewe vorgelegt.[76] Auch sie untersucht die kulturkritischen Bezugnahmen auf das antike Griechenland von Jahrhundertwende bis in die 1930er Jahre, wozu sie, allerdings wenig überzeugend,[77] den George-Kreis, Werner Jaeger und Eduard Spranger unter dem einen ideologischen Dach des »Dritten Humanismus« zusammenzufassen sucht, Platon dabei aber nur am Rande behandelt.

An dieser Stelle nun will die vorliegende Untersuchung ansetzen, indem sie über die differenzierte Beschreibung jenes grundlegenden neuen Verhältnisses zu Platon hinaus einerseits die im Platon-Diskurs verknüpften Problemlagen und Antwortversuche vor dem Hintergrund des die intellektuellen Debatten der Weimarer Zeit bestimmenden Krisen-Paradigmas analysiert[78] und den Diskurs selbst sowie die Stilisierung Platons zu einem antimodernen Gegenbild zugleich als einen Versuch des Umgangs mit dieser Krise begreift, der zwar vorderhand auf Breitenwirkung angelegt war und ja auch fächerübergreifend diskutiert wurde, der jedoch wesentlich auf einen bildungsbürgerlichen Rezipientenkreis zugeschnitten war und somit wiederum ganz spezifischen Ex- und Inklusionsbedürfnissen entsprach.

75 Vgl. *Pohle*, Rez. Gerstner, S. 257 sowie *ders.*, Rez. Köster.

76 *Stiewe*, Der »Dritte Humanismus«.

77 Vgl. ausführlicher *Pohle*, Rez. Stiewe, sowie auch schon *Kluck*, Rez. Stiewe.

78 Vgl. trotz der jüngsten Kritik am Emplotment bei *Föllmer/Graf*, Die »Krise« der Weimarer Republik, und *Graf*, Either-Or. The Narrative of »Crisis« in Weimar Germany and in Historiography, die noch immer klassische, wenn auch in ihrem generationsgeschichtlichen Ansatz nicht ganz überzeugende Darstellung von *Peukert*, Die Weimarer Republik.

1. Antikediskurs und Platonrezeption um 1900

1.1 Antike und Humanismus in der Defensive

Der Antike- und Humanismusdiskurs der Jahrhundertwende, dessen grundlegende Problemkonstellationen in der Platonrenaissance aufgenommen und verdichtet werden sollten, war wie die meisten der kultur- und geisteswissenschaftlichen Debatten um 1900 ein Krisendiskurs.[1] Unter dem Eindruck von überbordendem Fortschrittsoptimismus, sozialer Dynamik und den veränderten Anforderungen einer sich seit den 1880er Jahren beschleunigenden Gesellschaft gerieten nämlich nicht nur die im Neuhumanismus an der Antike entwickelten Deutungsmuster von (Selbst-)Bildung und Kultur, die bislang noch so paßgenau der bürgerlichen Leistungsethik entsprachen, in Widerspruch zur rauhen Wirklichkeit aus »Realpolitik«, einsetzender Massenkultur und bürgerlicher Qualifikationskrise.[2] Mit ihnen stand auch das kanonisierte Bild der Antike, zuweilen sogar diese selbst zur Disposition, an der als Medium sich diese Bildung ja vollziehen sollte – und deren zeitlose Idealität einem stetig wachsenden Philologenstand lange Zeit das Sozialprestige und nicht selten auch die Anstellung ersetzten mußte.[3] Zwar sahen sich Humanisten und die Wissenschaften vom Altertum gerade in bildungspolitischen Fragen schon seit den späten 1830er Jahren immer wieder Angriffen von verschiedenster Seite ausgesetzt, und auch aus den eigenen Reihen gab es seit Jakob Burckhardt und Nietzsche zunehmend Kritik am Zustand der Philologie, ihren Methoden und Zielen, doch als für die Gegenwart normativ-kultureller Referenzrahmen ernsthaft in Frage gestellt wurde die Antike erst nach 1890 im Anschluß an die berühmt-berüchtige Rede Wilhelms II. auf der preußischen Schulkonferenz in Berlin.

Nicht nur in der Debatte um das humanistische Gymnasium, sondern für den gesamten Antikediskurs markierte diese Rede eine gewichtige Zäsur.[4] In seinem denkwürdigen Auftritt hatte der junge Kaiser nämlich in einer für die versammelten Philologen und Schulmänner überraschend deutlichen Rede

1 Vgl. aus der reichen Literatur zur Krise um 1900 von den älteren Sammelbänden nur *vom Bruch*, Kultur und Kulturwissenschaften um 1900, sowie von den neueren *Hardtwig*, Ordnungen in der Krise. Einen Überblick über neuere Zugänge bietet auch *Eckel*, Deutsche Geschichtswissenschaften, u. *ders.*, Geist der Zeit.

2 Zu diesem Deutungsmuster und seiner Krise *Bollenbeck*, Bildung und Kultur, S. 225 ff.

3 Vgl. *Führ*, Gelehrter Schulmann.

4 Zu dieser Zäsur siehe besonders *Preuße*, Humanismus und Gesellschaft, S. 16 ff.

erstmals gleichsam offiziell die weitverbreiteten Vorbehalte eines nicht mehr akademisch, sondern zunehmend an Technik und Handel interessierten Bürgertums gegen die nur noch formale Gymnasialbildung formuliert und damit eine seit den 1870er Jahren teilweise schon scharf geführte Debatte befeuert, die nicht nur 1901 zur Abschaffung des faktischen Bildungsmonopols des humanistischen Gymnasiums führte, sondern auch die Perspektive bestimmen sollte, in der fortan nach Legitimitätsgründen für die Beschäftigung mit der Antike gesucht wurde. In seiner Rede zur Eröffnung der für die Schulpolitik des ganzen Reiches maßgeblichen Konferenz griff Wilhelm die Vertreter des humanistischen Gymnasiums scharf an.[5] Als »beati possidentes« hätten diese nach 1870 in ihren Gymnasien gesessen, sich auf ihren bloßen Lernstoff und eine formale »Gymnastik des Geistes« zurückgezogen und dabei die »Bildung des Charakters und die Bedürfnisse des Lebens« aus den Augen verloren. Durch solch falsche, das Nationale nicht genügend betonende Unterrichtsziele aber werde die in den Augen Wilhelms ohnehin bedenkliche »Ueberproduktion der Gebildeten« zu einer realen Gefahr, da sich gerade das »Abiturentenproletariat« allzu leicht durch die Heerschar »unklarer, konfuser Weltverbesserer« verführen lasse. Statt also von selbst das »Gefecht gegen die Sozialdemokratie« zu suchen oder zumindest die jungen Leute zu solchem »Material« zu formen, »mit dem Ich [Wilhelm II., R. P.] im Staate arbeiten könnte, um der Bewegung schneller Herr zu werden«, hielten die Gymnasien an nutzlosen Kenntnissen und an Institutionen wie dem lateinischen Aufsatz fest, den doch, wie Wilhelm aus eigener Anschauung zu berichten wisse, kaum einer »auf dem rechtem Wege« und ohne »Hülfsmittel« zu Stande gebracht habe:

»Wer selber auf dem Gymnasium gewesen ist und hinter die Coulissen gesehen hat, der weiß, wo es da fehlt. Und da fehlt es vor Allem an der nationalen Basis. Wir müssen als Grundlage für das Gymnasium das Deutsche nehmen; wir sollen nationale junge Deutsche erziehen und nicht junge Griechen und Römer.«

Die Vorwürfe des Kaisers mochten grobschlächtig und verkürzend, die kurze Rede in sich noch so widersprüchlich gewesen sein, daß sie ihre Wirkung nicht verfehlen sollte, hatte außer mit der kaiserlichen Autorität (und der unvorhersehbaren Dynamik der Konferenz[6]) auch damit zu tun, daß in ihr tatsächlich

5 Abgedruckt ist die Rede in: *Preußisches Ministerium der geistlichen, Unterrichts- und Medizinal-Angelegenheiten*, Verhandlungen, S. 70–76. Folgende Zitate ebd., S. 71 f.

6 Eigentlich sollte der »Gymnasialpartei« mit entsprechenden Berufungen durch Kultusminister von Gossler eine Mehrheit auf der Konferenz gesichert und diese in vorhersehbare Bahnen gelenkt werden. Diese Partei zerfiel jedoch unter dem Eindruck der Rede Wilhelms und unter dem zusätzlichen Druck der Vertreter des Kriegsministeriums, so daß sehr bald viele der Laienhumanisten auf die realistisch-nationale Linie Wilhelms einschwenkten. Vor allem der Umstand, daß die Kenntnis des Griechischen keine Vorausset-

einige der wesentlichen Konfliktlinien des Antike- und Humanismusdiskurses thematisiert und zugleich auf eine Weise verbunden wurden, die den Humanisten durchaus als bedrohlich erscheinen mußte.

1.1.1 Der Realismus und die Bildungskonkurrenz

Da ist zunächst der alte bildungspolitische Streit zwischen Humanisten und Realisten, also zwischen den Verteidigern des humanistischen Gymnasiums als einziger Form höherer allgemeiner Bildung und der sich dagegen formierenden Realbildungsbewegung, bei dem sich der Kaiser deutlich auf der Seite der Realisten positionierte. Dieser Streit, der seit der endgültigen Institutionalisierung einer an der Antike orientierten Nationalbildung in den 1830er Jahren geführt wurde, hatte sich in den beiden Jahrzehnten nach der Reichsgründung wieder verstärkt und war zu einem regelrechten »Schulkrieg« der unterschiedlichen Interessenverbände eskaliert, zu dessen Befriedung die beiden großen Schulkonferenzen der Jahre 1890 und 1900 dienen sollten.[7]

Die Liste der Vorwürfe, die in diesem erbitterten Streit gegen Antike und Humanismus vorgebracht wurden, war zwar lang,[8] kreiste aber immer um zwei Aspekte. Das, woran sich die Kritik zumeist entzündete, war die Dominanz des Lateinischen im Curriculum der oberen Klassen, das auch nach der preußischen Lehrplanreform von 1882, die beide alten Sprachen bereits um zusammen 10 Stunden reduziert hatte, in der Summe noch bei 52 (von 190) Wochenstunden lag, was bei insgesamt 32 Unterrichtsstunden pro Woche erst 9, später dann 8 Stunden Latein bedeutete. Dieser riesige Stundenanteil und die hierbei gestellten Anforderungen, vor allem der auch von Wilhelm II. kritisierte lateinische Aufsatz sowie das aktive Lateinsprechen, hatten tatsächlich schon länger kaum noch eine »reale« Bedeutung, denn auch an den Universitäten wurde nach 1848 das Latein erst als Medium der Eloquenz und dann als Sprache der Promotion und Habilitation zunehmend verdrängt, bis am Ende des Jahrhunderts tatsächlich nur noch das Rezept des Arztes in lateinischer Sprache ab-

zung für das Offizierskorps mehr war und im Kadettenkorps durch Kabinettsordre vom 13.02.1890 überhaupt »alles überflüssige Formale aus dem Lateinischen« zugunsten der Leibesübungen eingespart worden war, wurde zu einem gewichtigen Argument der Realisten. Vgl. zur Konferenz auch *Landfester,* Humanismus und Gesellschaft, S. 155 ff.

7 Zum »Schulkrieg« siehe zunächst *Paulsen,* Geschichte des gelehrten Unterrichts, S. 544 ff., 617 ff., 725 ff. u. 737 ff., sodann grundlegend *Führ,* Die preußischen Schulkonferenzen, und neuerdings *Vanca,* Schulkrieg. Zu den Verbänden vgl. *Apel/Bittner,* Humanistische Schulbildung, S. 46 f.

8 Vgl. dazu *Landfester,* Humanismus und Gesellschaft, S. 67 ff., 94 ff. u. 173 ff. sowie *Herrmann,* Pädagogisches Denken, S. 151 f.

gefaßt werden mußte.[9] Die Humanisten in Gymnasium und Schulbürokratie focht das allerdings kaum an, war doch die humanistischen Bildungsidee explizit als Gegenmodell zu einer ganz auf praktische Nützlichkeit ausgerichteten Bildung der Aufklärung entstanden.[10] Zudem hatte sich die Verteidigungslinie des Gymnasiums und speziell des Lateinunterrichts auf das durchaus moderne Formalismus-Argument verlegt, nach dem dieser Unterricht wie kein anderer zur »formalen« Schulung des Geistes und der Persönlichkeit (zu Ausdauer, Fleiß etc.) beitrage und daher einzig den sich ständig verändernden Anforderungen des Berufslebens gerecht werden könne.[11] Warum diese formale und »Charakterbildung« allerdings im Lateinischen vollzogen werden mußte und nicht durch andere Gegenstände ausgetauscht werden könnte, war zum Ende des Jahrhunderts längst nicht mehr überzeugend vermittelbar.[12] Und daß zuletzt selbst Altphilologen die »Studierfähigkeit« der Abiturienten ob mangelnder altsprachlicher Kenntnisse in Abrede stellten, verstärkte noch einmal das große Legitimationsdefizit der humanistischen Gymnasien, in denen die »formale« Bildung längst von bloßem Pauken abgelöst wurde.[13]

Für die Realisten, die sich als Träger des Fortschritts und Repräsentanten der öffentlichen Meinung fühlten,[14] verband sich damit ein zweiter, wesentlicher Aspekt. War der Stellenwert des Lateinischen schon unter Humanisten nie unumstritten, weil etwa das Griechische, das ja den kulturellen Kern der neuhumanistischen Bildungsreform ausmachte, in den drei oberen Klassen selbst mit »nur« 20 Wochenstunden auskommen mußte, so machte besonders das Verhältnis der alten Sprachen gegenüber den mathematisch-naturwissenschaftlichen Fächern (mit zusammen insgesamt 31 Wochenstunden) oder den modernen Fremdsprachen (15 Wochenstunden Französisch, kein Englisch) die Abkapselung von der technisch-industriellen Welt deutlich. Unter dem Eindruck der zunehmenden Bedeutung der Naturwissenschaften im Industrialisierungsprozeß aber, der Ausweitung des Dienstleistungssektors und der Entstehung immer neuer Berufsgruppen in Industrie und Handel verlangten die Kritiker auch

9 Vgl. dazu *Landfester*, Humanismus und Gesellschaft, S. 174 f.

10 Ebd., S. 98 f.

11 Ebd., S. 99f. und 177 ff.

12 Vgl. die Argumente ebd., S. 180 f. u. 209 f.

13 Vgl. *Wilamowitz*, Philologie und Schulreform, S. 98–119, bes. S. 99 f. sowie *Apel/Bittner*, Humanistische Schulbildung, S. 45 f.

14 Vgl. *Landfester*, Humanismus und Gesellschaft, S. 205 f., der allerdings auch auf den begrenzten Erfolg der Gegner des Humanismus nicht nur in Berechtigungsfragen hinweist. Tatsächlich behielt das humanistische Gymnasium auch unter Wirtschaftsbürgern noch lange nach der Jahrhundertwende ein hohes Sozialprestige und es waren auch zahlreiche Naturwissenschaftler und Ingenieure an den Technischen Universitäten, die – selbst Absolventen der humanistischen Gymnasien – ihren eigenen Erfolg auf eben diese Formalbildung zurückführten.

nach einer veränderten, den »realen Verhältnissen unserer gegenwärtigen sittlichen, wissenschaftlichen und praktischen Cultur« entsprechenden und daher erst »allgemein« zu nennenden Schulbildung,[15] verbunden mit einem durchlässigeren Weg zu einer sich ebenfalls ausdifferenzierenden technisch-naturwissenschaftlichen Universitätsbildung.

Wirklich »allgemeine Bildung« nämlich, so heißt es programmatisch im Central-Organ für die Interessen des Realschulwesens, »schreiben wir dem Manne zu, der im Stande ist die heutigen Staats- und Regierungsformen, gesellschaftlichen und politischen Zustände, aesthetischen und wissenschaftlichen Ansichten in ihrem Zusammenhange zu erfassen und nach ihrer Begründung zu verstehen.«[16] Zum Verständnis der »heutigen Cultur« sei nun aber nicht das Deklamieren von Homer und Horaz, sondern das Erlernen moderner Fremdsprachen, vorzugsweise des Englischen, unverzichtbar, ebenso die Fähigkeit,

»Galilei, Kepler, Newton, Watt, Humboldt, die Heroen der Naturwissenschaft, die Erforscher des Sternenhimmels, in ihrer Thätigkeit zu verstehen [...]. Alle diejenigen, welche die Wege bahnten, auf denen wir heutzutage die Natur beherrschen, müssen dem verständlich sein, welcher in der vollen Strömung des heutigen Lebens stehen und wirken will.«[17]

Es könne zudem nicht ohne Folgen für »Deutschlands Weltstellung in Frieden und Krieg« bleiben, so der selbstbewußte Verein deutscher Ingenieure (VDI) 1892, wenn nicht auch die »Wichtigkeit des höheren Schulwesens für die gewerblichen Kreise, für die Leistungsfähigkeit der deutschen Industrie« vom Gymnasium berücksichtigt würde, denn

»der auf der Vergangenheit, auf der Erlernung der lateinischen und griechischen Sprache beruhende und damit im wesentlichen nur für das Studium der Philologie und Theologie zweckmäßig angeordnete Lehrplan des Gymnasiums gibt nicht eine den Bedürfnissen der Gegenwart entsprechende allgemeine Bildung«.[18]

Die heiße Phase des Schulkriegs war nach den beiden Schulkonferenzen und der erreichten Gleichberechtigung der drei höheren Schulformen, also des Gymnasiums, des Realgymnasiums und der lateinlosen Oberrealschule, zwar beendet, beigelegt war die Debatte aber noch lange nicht. Denn hierfür standen sich nicht nur die Interessensverbände zu lange Zeit zu unversöhnlich gegenüber, auch der faktische Sieg der »realen« Bildung, der sich schon nach der Reform 1892 und der Möglichkeit zur Einrichtung eines gemeinsamen lateinlosen Unterbaus der verschiedenen Schulzweige (das war das sog. »Frankfurter Modell«) bereits an-

15 So etwa *Kaßner*, Die deutsche Realschule.

16 *Gieseke*, Die innere Berechtigung der Realschule, S. 6.

17 Ebd., S. 10.

18 *Verein Deutscher Ingenieure*, Die Reform des höheren Schulwesens, S. 556.

gedeutet hatte, verlangte von den Humanisten neue Abgrenzungs- und Rechtfertigungsstrategien, um sich in der spürbaren Verschiebung der Gewichte unter den Schularten behaupten zu können.[19]

1.1.2 Nationalismus als neues Leitbild

Daß der Humanismus gegenüber der Realbildung in die Defensive geriet und die Antike als Bezugspunkt der Bildungskonzepte an Gewicht verlor, lag jedoch auch daran, daß sich der Realismus bald mit dem neuen Nationalismus zu verbinden wußte, der im Kaiserreich zum stärksten Konkurrenten um das gesellschaftliche Leitbild werden sollte.

Die Rede Wilhelms und der darin zentrale Vorwurf, daß dem Gymnasium die »nationale Basis« fehle, markierte auch hier einen Wendepunkt des Antike- und Humanismusdiskurses.[20] Bis zur Reichsgründung war der »nationale Gedanke« auch für die meisten Humanisten zwar ein zentraler Bestandteil ihrer Argumentation, er blieb jedoch eingespannt in das alte Konzept neuhumanistischer Nationalbildung, das in erster Linie auf die kulturelle Einheit der Nation zielte. Während man diese nun im glücklichen Zusammenspiel von Antike und Weimarer Klassik als dem Gipfelpunkt deutscher Dichtung bereits vorweggenommen sah und als Vorstufe für die »Bildung der Menschheit« begriff, blieb die politische Einheit weitgehend unterbestimmt. In den zahlreichen historischen Analogien und imaginierten Verwandtschaften, die zur Begründung der kulturellen Einheit herangezogen wurden,[21] war so immer auch Raum für liberale oder gar republikanische Momente, selbst wenn diese nach 1848 zurückgingen und weitgehend einem monarchischen Grundkonsens wichen. Als dann die politische Einheit zumindest in kleindeutscher Lösung erreicht und die erste Welle des Patriotismus abgeebbt war, gelang es den Humanisten immer weniger, den nun erreichten Zustand überzeugend in ihr Geschichtsbild zu integrieren, fehlten ihnen in der Antike doch einfach die positiven Paradigmen

19 Dies ist ablesbar etwa an der Vorbildung aller Studierenden an preußischen Universitäten, bei der der Anteil des Gymnasiums von etwa 85 % zum Zeitpunkt der ersten Schulreformen 1892 auf 68 % im Jahre 1911/12 abgesunken war. Vgl. die Zahlen bei *Titze*, Das Hochschulstudium, S. 208 f. Vgl. Zum Sieg der Realbildung auch *Apel/Bittner*, Humanistische Schulbildung, S. 72.

20 Überraschend kam dieser Vorwurf freilich nicht, denn schon im Jahr zuvor hatte Wilhelm II. die Initiative zur Reformierung des Schulwesens in Preußen ergriffen und in einer allerhöchsten Kabinettsordre vom 1. Mai 1889 darauf gedrungen, durch die Pflege der »vaterländischen Geschichte« die höhere Schule »nutzbar zu machen, um der Ausbreitung sozialistischer und kommunistischer Ideen entgegenzuwirken.« Vgl. deren Abdruck in den Verhandlungen über Fragen des höheren Unterrichts von 1890, S. 3–5, Zitat S. 3.

21 Beispiele bei *Fuhrmann*, Querelle, *Rüegg*, Die Antike als Begründung, und *Landfester*, Griechen und Deutsche.

für eine gelungene nationale Einigung: während die vielen griechischen Poleis hierfür ohnehin wenig taugten – und bis dato sogar meist für das Gegenteil standen, nämlich für kulturelle Größe trotz fehlender politischer Einheit –,[22] bot auch die große Deutung des römischen Imperiums durch Theodor Mommsen, die noch am ehesten ein Beispiel weltgeschichtlicher Staatsgründung und -ordnung hätte geben können, zumindest in der Lesart des Publikums nicht mehr als eine Verfallsgeschichte Roms, die im Vergleich zum wiederentdeckten Arminius kaum positive Anknüpfungspunkte bereithielt.[23] Zwar hatte man mit Mommsen neben dem Einheits- nun auch das Machtprinzip als entscheidenden Faktor der Staatsbildung in Antike wie Moderne entdeckt und sich so als durchaus fortschrittlich präsentieren können,[24] allein die zunehmend chauvinistische Ausprägung des neuen Nationalismus war mit dem alten humanistischen Konzept der allgemeinen Menschenbildung durch Griechen und Römer – also durch fremde oder »wahlverwandte« Völker oder »Nationen« – vorerst noch kaum zu vereinbaren.[25] Als dann ab den 1880er Jahren der alldeutsche Nationalismus an Einfluß gewann und aus Sorge um die vermeintliche Unterminierung von Deutschlands »Weltstellung« im Innern auch die eigene kulturelle Tradition

22 Vgl. dazu *Pohle*, Das Deutschland des Altertums. Wenn denn doch »von des attischen Reiches Herrlichkeit« die Rede war, wie in Wilamowitz' gleichnamiger Rede zum Kaisergeburtstag von 1877, so konnte dies, wie er selbst später einräumte, zwar einen gewissen »Stimmungswert« für sich beanspruchen, allein der Wissenschaft hätte dies nicht gedient. Vgl. *Wilamowitz*, Von des attischen Reiches Herrlichkeit.

23 Zu den Gründen der verhinderten Rezeption der römischen Geschichte und Mommsens Deutung siehe *Landfester*, Humanismus und Gesellschaft, S. 140–143.

24 Ebd., S. 143f.

25 Bei aller zur Schau gestellten »Staatsnähe« betonten die Humanisten denn auch immer wieder das »Übernationale« ihres Bildungsauftrages, so etwa Oskar Jaeger bei der Rede zur Eröffnung der 43. Versammlung deutscher Philologen und Schulmänner am 25. September 1895 in Köln (*Jaeger*, Rede), der hervorhob, daß die alten Sprachen sehr wohl lebendige seien, da sie in den europäischen Sprachen fortlebten, und daß gerade sie daher das wertvollste Mittel der Verständigung unter sämtlichen Kulturnationen seien. Der Gymnasialverein nahm sich ab den späten 1890er Jahren dann verstärkt der Abwehr nationalistischer und rassistischer Strömungen an und druckte zahlreiche Erwiderungen etwa gegen das »blutrünstige Übermenschentum« Nietzsches und daran anschließenden Züchtungsphantasien, gegen das nichts mehr wappne als eben die Beschäftigung mit der Philosophie des klassischen Altertums auf dem Gymnasium. Vgl. *Wisenthal*, Friedrich Nietzsche und die griechische Sophistik. Hervorgehoben zu werden verdient zudem die Erwiderung auf die Losung »Los von Juda, Hellas, Rom« durch Ferdinand Friedensburg: »Und wenn Ihr's fertig brächtet, was bliebe übrig? Nichts anderes als Du, mythischer und mystischer Geselle, Pithecanthropus erectus, der Uraffe, der Du zugleich uralt und erzmodern, los von Juda, Hellas und Rom, nichts ahnend von Wissen und Kunst, von Bildungsideal und Schulreform, auf hohem Baume hocktest, vergnügt Deine Eicheln knackend. Nicht in Deinen kühnsten Träumen wäre es Dir eingefallen, daß Du einmal das Ideal ferner, ferner Enkel werden solltest.« Auch das Argument der »Veredelung« der deutschen Nation und Kultur durch Griechen und Römer wird weiter gegen die Ansprüche der Nationalisten verteidigt, so bei *Roethe*, Humanistische und nationale Bildung, S. 28f.

nach allem »Undeutschen« durchmustert wurde, nahm es nicht wunder, daß der Humanismus nun auch von dieser Seite immer stärker in Bedrängnis geriet. So wurden nicht nur die alten Vorwürfe des Kosmopolitismus wieder reaktiviert, auch die Weimarer Klassik, neben der Antike das zweite Fundament der neuhumanistischen Tradition, wurde zur Zielscheibe völkischer Angriffe und stand unter der Formel vom »Goethedienst als Götzendienst« (Julius Langbehn) selbst zur Disposition.[26]

Auf dem Feld der Schulpolitik schließlich, auf dem sich die Humanisten vornehmlich zu behaupten hatten, gab es gerade im Nachklang der Rede Wilhelms II. und noch stärker nach der Schulreform von 1900/1901 zahlreiche Realisten, die ihre Schulmodelle als besonders national oder einfach als »deutsch« auszeichneten und sich den Humanismus als Gegenbild vornahmen. Besonders aus dem Verband der »Deutschen Erzieher« taten sich hier (Reform-) Pädagogen wie Ludwig Gurlitt oder Arthur Schulz, der Herausgeber der »Blätter für deutsche Erziehung«, hervor, die eine »Einheitsschule« zur »Förderung deutscher und nationaler Größe« propagierten und dazu nach 1900 auch immer wieder auf den Kaiser rekurrierten.[27] So griffen sie dessen schon 1890 erhobene Forderung nach »Charakterbildung« auf und kehrten diese gegen das humanistische Gymnasium, das den Charakter durch ihre Gegenstände geradezu »verderbe«. Auch die Klage Wilhelms, daß die Gymnasien zu wenig künftige Soldaten und dafür nur kurzsichtige Brillenträger hervorbrächten,[28] war Wasser auf ihre nationalistischen Mühlen und bestärkte sie in der Meinung, die deutschen Schulen insgesamt für »gymnasial verseucht« zu halten. Daß sie sich schließlich mit ihrem auch antisemitisch grundierten Kampfruf »Los von Juda, Hellas, Rom!«[29] ebenfalls auf den Kaiser stützen konnten, machte dieser 1911 deutlich, als er erneut in die Debatte um ein zweckmäßiges Verständnis der Antike eingriff. So erklärte er vor Primanern seines Kasseler Gymnasiums nicht nur die Beschäftigung mit dem antiken politischen Leben eigentlich für überflüssig, da dieses sich gegenüber der »Jetztzeit« doch radikal verändert habe, sondern er empfahl

26 Vgl. *Langbehn*, Rembrandt als Erzieher, S. 30, wo beim Verhältnis von »Deutschthum und Alterthum« auf die Zwiespältigkeit der deutschen Bildung verwiesen wird, die sich wie bei Goethe allzu oft auf »das Fremde und vom deutschen Standpunkt aus Unnatürliche« verlege. Deshalb müsse man jedesmal genau unterscheiden: »Goethedienst kann Gottesdienst sein, aber er kann auch Götzendienst sein.« Ähnlich, mit Verweis auf die »unheilvollen Wege«, die Goethe mit der Wiederbelebung der Antike gewiesen habe, auch *Lange*, Reines Deutschtum, S. 291 u.ö. Zusätzliche Schärfe erhielten solche Angriffe dadurch, daß sie gerade bei den Realisten noch einen anderen Diskurs bedienten, in dem sich die Natur- von den Geisteswissenschaften absetzten und in dem Goethe und die Neuhumanisten ebenfalls ein prominentes Ziel abgaben. Vgl. etwa die berühmte Rektoratsrede von *du Bois-Reymond*, Goethe und kein Ende.

27 Vgl. dazu *Apel/Bittner*, Schulbildung, S. 59ff., dort auch die Nachweise.

28 Verhandlungen über Fragen des höheren Unterrichts von 1890, S. 75f.

29 Siehe oben Anm. 25.

ihnen darüber hinaus auch Houston Stewart Chamberlains »Grundlagen des 19. Jahrhunderts« als in seinen Augen treffende Deutung der Antike, ein Buch, das bekanntlich zu den antisemitischen und »rassetheoretischen« Schlüsseltexten der Jahrhundertwende zählte und diese Ideen auch in deutschnationalen Kreisen populär machte.[30] Bis zum Weltkrieg ließen die Angriffe auf Humanismus und antike Bildung also auch von dieser Seite nicht nach, und sie verklangen erst, als sich auch Altertumswissenschaftler und Vertreter der humanistischen Gymnasien im ersten Weltkrieg offen nationalistisch engagierten.[31]

1.1.3 Antike, Humanismus und Historismus

Zur Infragestellung der humanistischen Gymnasien und des dort besonders gepflegten normativen Verständnisses der griechischen Antike trug aber noch eine weiterer Aspekt bei, der in der Rede Wilhelms zwar nur eine Nebenrolle spielt, als Denkstil (im Sinne Flecks) jedoch auch dort tief verankert ist. Wo dieser nämlich darauf setzt, daß die jungen Abiturienten, wenn sie denn nur in »objektiver Weise« mit den Grundzügen der jüngsten vaterländischen Geschichte vertraut gemacht würden und wüßten, »wie unsere Zustände sich entwickelt haben«, sie auch ein Verständnis der gegenwärtigen Probleme (und der Lösungen Wilhelms und seiner Regierung) entwickeln würden,[32] dort argumentiert er ganz im Sinne jenes historistischen Paradigmas, an dessen Durchsetzung die expandierenden Altertumswissenschaften selbst maßgeblich beteiligt waren,[33] unter dessen Erfolgen jedoch das »Klassische« der Antike abhanden gekommen war, auf das sich Gymnasium und neuhumanistischer Bildungsgedanke stützten. So produktiv das von August Boeckh und seinen Schülern erhobene Totalitätsideal der philologischen Wissenschaften (»Erkenntnis des Erkannten«) für die Erschließung neuer Quellen und die Erarbeitung neuer Methoden auch gewesen sein mag und so beispiellos der Aufstieg der sich beim Ordnen der »Archive der Vergangenheit«[34] immer weiter ausdifferenzierenden Altertumswissenschaften – die Kosten dieser »Modernisierung« für Wissenschaft wie Schule waren zum Ende des Jahrhunderts unübersehbar. Die Diskussion einer univer-

30 Vgl. *Uhlig,* Die Ansprache des Kaisers, S. 78 f.

31 Vgl. *vom Brocke,* Wissenschaft und Militarismus.

32 Verhandlungen über Fragen des höheren Unterrichts von 1890, S. 73.

33 Historismus sei hier mit *Schnädelbach,* Philosophie in Deutschland, S. 51 f. zu verstehen sowohl als wertfreie, empirische Wissenschaftspraxis, sodann als philosophische Position des historischen Relativismus sowie schließlich im weitesten Sinne als ein Denkstil, der die Geschichte zum bestimmenden Prinzip erhebt und alle gesellschaftlichen und kulturellen Phänomene historisch zu verstehen und zu erklären sucht. Zum Historismus als Wissenschaftspraxis der Altertumswissenschaften vgl. *Rebenich,* Historismus, bes. Sp. 477 ff. mit weiterer Literatur.

34 *Mommsen,* Akademische Antrittsrede, S. 37.

sellen Methodologie und wissenschaftlichen Theorie etwa, die über ihre Fähigkeit zur Synthese oder die Normativität ihres Gegenstandes hätte reflektiert Auskunft geben können, war unter dem Eindruck des Siegeszuges eines analytisch-historischen Empirismus und seiner immer spezielleren quellenkritischen Operationen seit den 1840er Jahren nicht vorangekommen,[35] und die mit Nietzsches Bildungs- und Wissenschaftskritik eigentlich fällige Grundlagendiskussion wurde, nachdem dieser durch den jungen Wilamowitz als Philologe erledigt war,[36] weitgehend ignoriert und aufgeschoben.[37] Im arbeitsteiligen Großbetrieb der Altertumswissenschaften konnte zudem zwar deren Leistungsfähigkeit unter Beweis gestellt werden, Heuristik und Interpretation fielen jedoch immer stärker auseinander,[38] was auch die Kluft zwischen Universität und Gymnasium noch einmal vertiefte. An die Stelle des Gelehrten, der die gesamte Antike überblicken und in Schule wie Universität gleichermaßen vermitteln konnte, trat so ein neuer Wissenschaftlertyp, dessen Selbstbild eher dem des Kärrners oder gar des Arbeiters im Weinberg der Wissenschaft entsprach.[39] Die konsequente Historisierung

35 Eine Ausnahme ist vielleicht der Streit zwischen Wort- und Sachphilologie, der jedoch über Boeckh kaum hinausweist.

36 Vgl. die berühmte erste Abrechnung unter dem Titel »Zukunftsphilologie!«, zit. n. *Gründer,* Der Streit um Nietzsches »Geburt der Tragödie«, S. 27–55, hier der Schluß S. 55: »Ich glaube aber der beweis für die schweren vorwürfe der unwissenheit und des mangels an wahrheitsliebe ist gegeben [...]. eins aber fordere ich, halte hr. N. wort, ergreife er den thyrsos, ziehe er von Indien nach Griechenland, aber steige er herab vom katheder, auf welchem er wissenschaft lehren soll; sammle er tiger und panther zu seinen knieen, aber nicht Deutschlands philosophische jugend, die in der askese selbstverleugnender arbeit lernen soll, überall allein die wahrheit zu suchen, durch williges ergeben ihr urteil zu befreien, auf dass ihr das classische altertum jenes einzig unvergängliche gewähre, welches die gunst der Musen verheisst, und in dieser fülle und reinheit allein das classische altertum gewären kann [...].«

37 Daß die Grundlagen- und Theoriediskussion im Zeitalter des expandierenden Großbetriebs der Altertumswissenschaften – man denke nur an die vielen begonnenen Corpora, Monumenta und Thesauri – weitgehend ausblieb, bestätigt noch einmal die Beobachtung Kuhns und Flecks, nach der es hierzu der (innerwissenschaftlichen) Krise bedarf. Ausnahmen gab es zwar, man denke etwa an Hermann Useners vergleichende Studien zur Religionsgeschichte, doch wurden deren methodische Innovationen außer von seiner engeren Bonner Schule auch eher außerhalb der Philologie rezipiert (bei Max Weber, Ernst Cassirer oder Aby Warburg). Vgl. *Treiber,* Der »Eranos«.

38 Vgl. bereits Theodor Mommsens akademische Antrittsrede von 1858, die bei der Ordnung jener »Archive der Vergangenheit« die Sammlung des Quellenmaterials zum Selbstzweck erklärt: »Ob jedes Stück, das er aufhebt und aufheben muß, auch wirklich des Aufhebens wert sei, danach fragt der Archivar zunächst nicht. Wenn das weite Feld der lateinischen Inschriften einmal zu übersehen sein wird, so wird das taube Gestein unschädlich liegen bleiben, der wirklich fruchtbare Boden aber schon von denen, die es angeht, zu Acker- und Saatland umgebrochen werden.« Zit. nach *ders.,* Antrittsrede, S. 37f.

39 Berühmt sind wiederum die Äußerungen Mommsens zum Leibniztag 1885, zit. nach *ders.,* Ansprache, S. 196: »Die Wissenschaft allerdings schreitet unaufhaltsam und gewaltig vorwärts; aber dem emporsteigenden Riesenbau gegenüber erscheint der einzelne Arbeiter immer kleiner und geringer. [...] Unser Werk lobt keinen Meister und keines Meisters Auge

der griechischen Antike nahm ihr schließlich jede ästhetische oder ethische Idealität und stellte sie grundsätzlich auf eine Stufe mit allen anderen Epochen und Kulturen, weshalb Wilamowitz auf der Schulkonferenz von 1900 – polemisch gewiß, aber doch nicht ohne Stolz – verkünden konnte: »Die Antike als Einheit und Ideal ist dahin; die Wissenschaft selbst hat diesen Glauben zerstört.«[40]

Dieser besonders von Wilamowitz propagierte und in dessen »Griechischem Lesebuch« auch manifest gewordene Historismus konnte sich in den Gymnasien und bei den eher traditionalistischen Schulmännern vorerst allerdings nicht durchsetzen, wie die intensive Debatte um das Lesebuch zeigte.[41] Daß die »Historisten« in den bildungspolitischen Debatten dennoch selbst unter Vertretern des humanistischen Gymnasiums an Gewicht gewannen, hatte mit den schon skizzierten Rückzugsgefechten gegen Realisten und Nationalisten zu tun. Gerade gegenüber den Forderungen nach einer realistischeren Schulbildung erschien die Position einer weitgehenden Historisierung von Antike und Gegenwart nämlich als ein gangbarer Weg zur »Versöhnung« der beiden Lager,[42] der durch die enge Anbindung an die Altertumswissenschaften darüber hinaus auch noch die Modernität des humanistischen Gymnasiums zu unterstreichen half. Die Argumentation der Historisten bestand hier zumeist aus drei Schrit-

erfreut sich an ihm; denn es hat keinen Meister und wir sind alle nur Gesellen. [...] Wir klagen nicht und beklagen uns nicht, die Blume verblüht, die Frucht muß treiben. Aber die Besten von uns empfinden, daß wir Fachmänner geworden sind.« Vgl. zu Mommsen auch *Rebenich*, »Unser Werk lobt keinen Meister.« Ganz ähnlich, nur weniger nüchtern formuliert auch *Wilamowitz*, Philologie und Schulreform, S. 108f.: »Wenn der Philologe von seiner kleinlichen Werkeltagsarbeit das Auge aufschlägt zu der Majestät der Wissenschaft, dann wird ihm zumute wie in der heiligen Stille sternheller Nacht. Die Empfindung der Herrlichkeit und der Unendlichkeit und der Einheit des Allganzen zieht durch seine Seele. Demütig muß er sich sagen, ›Du armselig Menschenkind, was bist du? was kannst du?‹ Aber wenn tönend dann der junge Tag geboren wird, ruft der zu ihm, ›Steh auf, du Menschenkind, steh auf und wirke, was dein Tag von dir verlangt, wozu Gott in deine Seele die lebendige Schaffenskraft gelegt hat, erwirb dir durch Arbeit einen Anteil am Ewigen und Unendlichen. Beides, den Hochgenuß des demütigen Anschauens und den Stolz der hingebenden Arbeit, soll jeder Philologe, auch jeder Student der Philologie erfahren, erleben.«

40 *Wilamowitz*, Der griechische Unterricht auf den Gymnasien, S. 206f. Gelegentlich wird diesem Zitat noch der durchaus treffende, allerdings nirgends belegte Nachsatz beigefügt: »An die Stelle der ästhetischen ist die geschichtliche Betrachtung getreten.« So zuerst bei *Canfora*, Wilamowitz und die Schulreform, S. 101.

41 Prägnant etwa die Zurückweisung des Historismus bei *Aly*, Humanismus oder Historismus. Vgl. zur Debatte um das Lesebuch, die deutlich vom Ressentiment der Schulphilologen gegen den universitären Reformer geprägt ist, *Canfora*, Schulreform u. *Preuße*, Humanismus und Gesellschaft, S. 52–69.

42 Vgl. etwa *Arnim*, Bildungswert, S. 34: »Der geschichtliche Sinn aber ist die Versöhnung von Idealismus und Realismus«. Ähnlich auch *Riehl*, Humanistische Ziele, S. 29: »Humanismus und Realismus bilden heute keine Gegensätze mehr; sie haben sich wiedergefunden auf dem Boden der alten Kultur, aus dem sie wie alle anderen wesentlichen Besitztümer unseres geistigen Erbes erwachsen sind.«

ten.[43] Ausgehend von einem Verständnis historischen Geschehens als eines progressiven, »organischen« Zusammenhangs und der »eigenen Zeit als eines Produktes der Geschichte«[44] verwarfen sie zunächst die Vorstellung einer zeitlos klassischen Antike, ohne jedoch ganz auf deren Normativität verzichten zu wollen. An die Stelle des antiken Leitbildes trat daher die Vorstellung eines wissenschaftlich erforschbaren »Urbildes« aller folgenden, »mit dem Altertum durch tausend Fäden verbunden« gebliebenen Kultur, ohne das, so Wilamowitz in der Vorrede seines Lesebuchs, »wir nicht verstehen, was wir sind noch was wir sollen.«[45] Gerade ob der besseren Überschaubarkeit der Verhältnisse könne eine so verstandene Antike dann bestimmte Strukturen (»Fäden«) geschichtlich bedingter Gesellschaftsformen anzeigen und sie über typologische Analogien der historischen Kritik der Gegenwart ebenso zugänglich machen wie zur Bestätigung, ›daß wir's dann zuletzt so herrlich weit gebracht‹ – und auf beides verstand sich Wilamowitz wie kaum ein anderer.

Der weitgehenden Preisgabe des an der Antike Klassischen, die vom einstigen Leitbild tatsächlich nur noch so etwas wie ein »Leitfossil«[46] übrig ließ, folgt sodann ein zweiter, für die »Versöhnung« mit dem Realismus entscheidender Schritt. Nicht mehr nur die »klassische« griechische Antike des 5. und 4. Jahrhunderts solle nämlich im Unterricht verhandelt werden, sondern die ganze Periode des »Hellenismus«, das heißt hier jene tausend Jahre vom 6. vorchristlichen bis zum 4. nachchristlichen Jahrhundert, in der das Griechische das bestimmende Medium der Bildung gewesen sei. Dazu gehören dann nicht nur römische und christliche Textzeugnisse – die, das bleibt bei allen Kontroversen unbestritten, nur im Original unmittelbar »erlebt« würden –, sondern, und das ist die zweite Erweiterung, möglichst alle Aspekte des griechischen Lebens und Wissens, wobei die Schwerpunkte klar auf die Genese der Naturwissenschaften sowie auf die »sittlichen« und gemeinschaftsfördernden Kräfte des Staates gelegt werden. Ziel und Gewinn solchen Unterrichts, so könnte man schließlich den dritten Schritt umreißen, liege denn auch nicht mehr im Umgang und in der Pflege eines Kanons weniger klassischer Werke, sondern – und hier klingt bereits die gegenwärtige Kompetenzfixierung an – in der Ausbildung der Fähigkeit »geschichtlich zu sehen und das Gegenwärtige aus seinem Werden zu begreifen«, also in jenem historistischen Denkstil, dessen relativierende Konsequenz hier durchaus noch als dessen Vorzug, ja als entscheidender Schritt der modernen Wissenschaft über Platon und die Bildung der Antike hinaus angesehen wurde.[47]

43 Vgl. hierzu *Preuße*, Humanismus und Gesellschaft, S. 61, dort auch weitere Nachweise.

44 *Arnim*, Bildungswert, S. 29.

45 *Wilamowitz*, Griechisches Lesebuch, S. VI.

46 *Rüegg*, Die Antike als Leitbild, S. 104.

47 *Wilamowitz*, Griechisches Lesebuch, S. V f. Vgl. auch *Arnim*, Bildungswert, S. 32: »Ein Mensch, der gelernt hat, die Größe der antiken Helden und Dichter zu verstehen, obgleich diese

Der erzieherische Wert der klassischen Antike, den sich die Humanisten im Umgang mit eben jenen wenigen klassischen Autoren erhofften, blieb so freilich auf der Strecke und konnte durch den persönlich gepflegten Humanismus auch der Historisten zwar noch eine Weile verdeckt werden, der Anspruch, aus der Antike ein verpflichtendes gesellschaftliches Leitbild entwickeln zu können, ließ sich so jedoch schwerlich aufrechterhalten.

1.1.4 Soziale Dynamik und Qualifikationskrisen

Ebenfalls nur kurz gestreift wird in der Rede Wilhelms II. ein vierter, für den Diskurs um Humanismus, Gymnasium und Antike während der Jahrhundertwende allerdings bedeutsamer Aspekt, nämlich jene »allzustarke Ueberproduction der Gebildeten«, die ein Ausdruck der sozialen Dynamik des Kaiserreichs war und als »Qualifikationskrise« vielfach analysiert wurde.[48] In seiner neuhumanistischen Konzeption hatte das humanistische Gymnasium in Preußen ursprünglich die Funktion, eine neue Leistungselite für Staat, Verwaltung und Universität zu schaffen, die sich nicht mehr durch Herkunft und überkommene Geburtsrechte auszeichnete, sondern allein aufgrund von Bildung und individueller Bewährung in einen Zustand der »Freiheit zum Staat« versetzt werden sollte.[49] Dies schloß ein stufenweise gegliedertes, aber sozial doch halbwegs durchlässiges Bildungssystem ebenso ein wie die Normierung der Bildungsinhalte, die zu dieser Freiheit allein befähigen sollten und die für Humboldt wie für die meisten Bildungsreformer nach 1800 die griechische Kultur und Sprache waren. Ungeachtet des idealistischen Überschusses dieser Reformen, der sich schon früh am Verhältnis der beiden altsprachlichen Fächer sowie durch diverse Substitutionsmöglichkeiten der Sprachen an den einzelnen Schulen relativiert hatte, etablierte sich so ein Bildungs- und Berechtigungswesen, in dem das Gymnasium vielerorts zu einer Art »integrierten Gesamtschule« wurde.[50] Dieses bot einerseits Aufstiegschancen für die unteren Mittelschichten, andererseits aber schuf es auch ein elitär bildungsbürgerliches Bewußtsein bei all jenen,

Männer gar nicht groß und bewunderungswürdig wären, wenn sie das, was sie getan, geredet und geschrieben haben, gestern und vorgestern für uns getan, geredet und geschrieben hätten, der hat ein neues, helles Auge für die Welt, die ihn umgibt, der hat geschichtlichen Sinn erworben.«

48 Verhandlungen über Fragen des höheren Unterrichts von 1890, S. 74. Zu diesem Aspekt grundlegend *Müller,* Sozialstruktur und Schulsystem. Vgl. zum folgenden auch den instruktiven Aufsatz von *Groppe,* Diskursivierungen der Antikerezeption.

49 Zum Kontext dieses idealistischen Reformansatzes vgl. *Nipperdey,* Deutsche Geschichte, S. 33f.

50 Vgl. *Müller,* Qualifikationskrise und Schulreform, S. 13f. sowie *Jeismann,* Das preußische Gymnasium, S. 155, der sich zwar gegen den Terminus der »Gesamtschule« wendet, der Beschreibung sonst aber weitgehend zustimmt.

die nicht wie die große Mehrzahl aller Gymnasiasten früher abgingen und sich mit niedrigeren Patenten oder dem sog. »Einjährigen« zufrieden gaben, sondern die bis zum Abitur auf dem Gymnasium blieben. Ein Beispiel mag dies illustrieren:[51] Als der spätere Erziehungswissenschaftler Wilhelm Flitner in die drei Oberklassen seines Weimarer Realgymnasiums eintrat, mußte er nicht nur den Wandel von zwei Dritteln der Schülerschaft konstatieren, sondern er fand sich – als Sohn eines Bahnhofsvorstehers und damit eines mittleren Beamten – zusammen mit einigen anderen Schülern auch unversehens in die bürgerliche Elite »junger Herren« versetzt: »Die abgehenden waren Söhne von Post- und Bahnbeamten, Volksschullehrern, Großbauern und Bäckermeistern, die neuen hatten Bankiers, Fabrikanten, Gutsbesitzer, Schulrektoren, adlige Kammerherren zu Vätern.«

Diese zumindest also relativ offene, multifunktionale Struktur des preußischen Gymnasiums funktionierte nun so lange, als die zur Verfügung stehenden Berufspositionen noch den Berechtigungsansprüchen von Schul- und Hochschulabsolventen entsprechen konnten. Dadurch aber, daß die vielen neu geschaffenen Stellen im preußischen Staatsdienst mit eben jenen jungen Absolventen besetzt wurden, blieben sie auf lange Sicht für nachrückende Kohorten blockiert, was u. a. bei stockender Expansion des öffentlichen Sektors wie in den Jahren der Gründerkrise zu jenen Effekten führte, die zeitgenössisch als »akademische Proletarisierung« und »Überfüllung« diskutiert wurden.[52] Während das drohende »Abiturientenproletariat« durch den Kaiser nun aber lediglich als ein Reservoir unzufriedener Journalisten und »Weltverbesserer« problematisiert wurde, die seinen Kampf gegen die Sozialdemokratie behinderten und immerfort an der Regierung »herumnörgelten«, bedeutete es für das Bildungsbürgertum nicht weniger als die Angst vor Entwertung seiner Qualifikationen sowie die Bedrohung seiner schichtspezifischen Reproduktionsmöglichkeiten. In dem Maße nämlich, in dem die höheren Bildungspatente zur Voraussetzung immer höherer Berufspositionen erhoben wurden und sich daher die Nachfrage nach ihnen, sprich die Bereitschaft bis zum Abitur auf dem Gymnasium zu bleiben vergrößerte, verringerte sich natürlich deren soziales Prestige und mit ihm die elitebildende bzw. -erhaltende Funktion der Institution.[53]

Diese Eliteposition des Gymnasium innerhalb eines nun »versäulten« Gesamtsystems zu erhalten, wenn nicht gar auszubauen und durch die Einführung eines grundständigen Gymnasiums sowie formal gleichberechtigter, fak-

51 Das Beispiel stammt von *Groppe*, Diskursivierungen der Antikerezeption, S. 25, Anm. 10, dort auch das Zitat.

52 Zum komplexen Mechanismus des »Akademikerzyklus« vgl. grundlegend *Titze*, Der Akademikerzyklus.

53 *Müller/Zymek*, Sozialgeschichte und Statistik des Schulsystems, S. 51 machen dies am Beispiel des Postinspektors deutlich, für den 1870 noch die Tertia genügte, während 1880 bereits das Abitur notwendig war, um diesen Posten zu erhalten.

tisch aber doch selektiver Abschlüsse den Zugang zu den akademischen Berufen einzuschränken, war denn auch der Grundkonsens der beiden Schulkonferenzen und der Grund dafür, warum der »Schulkrieg« und die Debatten um Real- und Gymnasialbildung trotz ihrer ideologischen Schärfe doch relativ einmütig gelöst oder zumindest vorübergehend befriedet werden konnten.[54] Die Humanisten mußten also zwar hinnehmen, daß ihr Anspruch auf allgemeine Bildung beschnitten und der Einfluß ihrer Vertreter auf die Schulpolitik eingeschränkt wurde, sie taten es aber offenbar um so bereitwilliger, als sie dadurch auf längere Sicht die Altsprachendominanz im gymnasialen Lehrplan und in der Sozialisation der höheren Beamten sichern konnten. Für ihren Gegenstand, also die Bildung im Medium der (griechischen) Antike, die nach der Reform von 1900 sogar noch stärker die »Eigentümlichkeit« des humanistischen Gymnasiums herausstellen sollte, hieß dies, daß er noch stärker als vor den Bildungsreformen zu einem Distinktionsmerkmal und zum Ausweis der künftigen Führer der Nation erhoben werden konnte. Paul Natorp hat dies bereits kurz nach dem Erlaß des Kaisers im Januar 1901 in aller Deutlichkeit getan:

»Wer es als ein unabweisbares Bedürfnis der höheren Kultur unserer Nation, vielleicht das dringlichste im gegenwärtigen Augenblick, erkennt, daß dem rast- und beinahe schon ziellosen Drängen nach Vereinzelung und Sondergestaltung ein Gegengewicht geschaffen werde in zentraler Beherrschung […]; wer der Ansicht ist, daß die, denen die Leitung der Nation anvertraut wird, sehenden Auges und nicht als Blinde die Blin-

54 *Apel/Bittner*, Schulbildung, S. 56 f. konstatieren denn auch nach der Junikonferenz 1900 eine gewisse »Ermüdung« und »Nivellierung der Argumente«, ohne allerdings nach den Gründen zu fragen. Vgl. dagegen bereits *Müller*, Qualifikationskrise und Schulreform, S. 29 sowie die auf beiden Konferenzen immer wieder ganz unverhohlen protektionistisch argumentierenden Redebeiträge von Thiel (Verhandlungen über Fragen des höheren Unterrichts von 1890, S. 114), Albrecht (ebd., S. 734), Paehler (ebd., S. 412 u. 486) sowie von Hauck (Verhandlungen über Fragen des höheren Unterrichts von 1900, S. 11 ff.) oder Harnack (ebd., S. 17). Besonders der freimütige Bericht des Gymnasialdirektors Paehler verdient hier Beachtung, der angesichts der zunehmend auf sein Gymnasium drängenden Kinder von Handwerkern und niederen Beamten seine veränderte Praxis schilderte: »Ich sagte mir, Du mußt dem Einhalt gebieten. Kommt nun ein biederer Handwerksmann oder vielmehr die Frau desselben […], dann frage ich: Was ist ihr Mann? Die Frau antwortet: Schuhmachermeister! Ich entgegne ihr: Weshalb bringen Sie mir ihren Sohn? Die Frau antwortet: Mein Mann hat ein so abscheuliches Geschäft, wenn es auch einträglich ist; Der Junge soll was Besseres werden. Nun sehe ich mir die Zeugnisse an. Finde ich, daß er das Prädikat sehr gut und gut in allen Fächern hat, so lasse ich mit mir reden. Wenn dies nicht der Fall ist – in unendlich vielen Fällen hat er nur ein mittleres oder ein schlechtes Zeugnis –, so sage ich der Mutter: Das geht nicht, Du schadest Deinem Kinde. […] Es ist besser, das Kind geht weiter auf die Elementarschule.« Und einen Tag später (S. 486 f.) fügt er unfreiwillig deutlich hinzu, denn er wollte ja nicht als jemand mißverstanden werden, der sich gänzlich gegen die »geistige Erneuerung und Verjüngung der höheren Gesellschaftsschichten […] durch talentvolle Elemente aus den unteren Ständen« ausspreche: »dem möchte ich [doch] entgegentreten, daß fort und fort Handwerker und Unterbeamte aus thörichter Eitelkeit ihre Kinder in die ›vornehmen‹ Schulen bringen.«

den führen sollten; daß, nach dem großen Vermächtnis Platos, dem edlen Radikalismus der Wissenschaft und der Sittlichkeit die Lenkung der menschlichen Dinge gebührt [...], der glaube ich, wird mit uns der Meinung sein, daß wir der Schule der Griechen noch nicht entwachsen sind noch je entwachsen werden.«

Und weiter, die alten humanistischen Skrupel und die Idee einer alle Schichten umfassenden Nationalbildung beiseite schiebend, fügt er an, daß man zwar wünschen müsse,

»daß überhaupt jedem die Möglichkeit verschafft werde, von dem besten Bildungsgehalt, den man nur hat, so viel sich zu eigen zu machen als mit der Notarbeit des Berufs eines jeden vereinbar ist. Aber [...] ein wirklicher Kommunismus der Bildung auf der Basis des Griechischen ist absehbarer Weise nicht zu erreichen; in gewissem Maße behält immer die hellenistische Bildung einen aristokratischen Zug, ja es wird kaum vermeidlich sein, diesen Aristokratismus vorerst noch zu steigern.«[55]

Die Rahmenbedingungen der Antike-Rezeption hatten sich also nicht zuletzt durch die auf die soziale Dynamik reagierenden Schulreformen radikal verändert. Sich gleichwohl der eigenen »Auserwähltheit zur Bildung«[56] zu vergewissern und also nicht nur dem bildungsbürgerlichen Protektionismus, sondern ebenso den durch die Reformen ja nicht beseitigten Unsicherheiten der akademischen Karrieren einen höheren Sinn zu verleihen, wurde daher auch für die Humanisten immer wichtiger. Einen Vorgeschmack davon, in welche Richtung sich der hierzu geführte Elitediskurs später entwickeln sollte, nämlich die Orientierung an den Griechen zunehmend auf Platon zu verengen und das Heil in dessen »edlem Radikalismus« zu suchen, hat die Rede Natorps jedenfalls bereits gegeben.

1.2 Antwortversuche des Schulhumanismus

1.2.1 Gymnasialapologetik

Wilhelm II. hatte zu Beginn seiner Rede auf der Dezemberkonferenz noch betont, daß die Probleme, die er berühren wolle, keineswegs auf eine »politische Schulfrage« hinausliefen, sondern daß es sich allenfalls um technische oder pädagogische Maßnahmen handele. Ob er selbst daran glaubte? Den Humanisten und Gymnasialvertretern jedenfalls muß spätestens auf der Konferenz klar geworden sein, daß sich der gesellschaftliche und bildungspolitische Wind gedreht hatte,

55 *Natorp*, Was uns die Griechen sind, S. 16f. u. 19.f. Auch sonst sind die Platonbezüge auffallend, S. 9, 13f. u. 25.

56 *Groppe*, Diskursivierungen der Antikerezeption, S. 40. Carola Groppe hat dies als Projekt einer »Rekonstitution der Bildung« am Beispiel des George-Kreises bereits ausführlich untersucht. Vgl. besonders *dies.*, Die Macht der Bildung.

andernfalls hätten sie kaum deren weitreichende Beschlüsse mitgetragen, die ja nicht nur eine Reduktion des Lateinischen und Griechischen bedeuteten, sondern auch den Fortfall des lateinischen Aufsatzes sowie eine Stärkung des Deutschen und der »vaterländischen Geschichte« auf Kosten der Alten Geschichte. Auch daß sie sich erst relativ spät, dafür aber noch während der Konferenz (am 15.12.1890) zu einer gemeinsamen altsprachlichen Interessenvertretung, dem Gymnasialverein zusammenschlossen, unterstreicht, wie ernst sie die Lage plötzlich einschätzten. Davon, daß sie die Legitimationskrise des humanistischen Gymnasiums und der Antike als dessen bevorzugtem Bildungsgegenstand sehr wohl wahrnahmen, zeugen aber vor allem die unzähligen Vorträge der »Freunde des humanistischen Gymnasiums« und die daraus erwachsende Flut apologetischer Literatur, in denen um Argumente für das humanistische Gymnasium sowie um eine Neubegründung des Humanismus gerungen wurde.[57]

Die erste Neuerung, die in dieser Literatur schon unmittelbar nach der Dezemberkonferenz sichtbar wurde, war eine Art materielle Wende in der bildungspolitischen Argumentation.[58] Seit den 1850er Jahren hatte sich Gedanke der formalen und logischen Bildung durch die alten Sprachen zum Hauptargument für das humanistische Gymnasium entwickelt, galt die »geistige Gymnastik« als Königsweg bei der Einübung in die (staats-)bürgerlichen Tugenden sowie als das eigentliche, gelegentlich sogar amtlich festgeschriebene Bildungsziel der Gymnasien.[59] In der Schulwirklichkeit war es jedoch von solcher Gymnastik zu den

57 Wenn die Gymnasialvertreter und -apologeten hier als ein Denkkollektiv begriffen und als »Schulhumanisten« bezeichnet werden sollen, so ergibt sich der Zusammenhang recht deutlich nicht nur aus den gemeinsamen, im Gymnasialverein institutionalisierten und in dessen Verbandsorgan sowie im Zusammenhang der »Freunde des humanistischen Gymnasien« artikulierten Zielen und Interessen, sondern auch aus der beruflichen Position ihrer Vertreter, die eben zumeist beamtete Gymnasiallehrer oder wie Otto Immisch zwischen Schule und Universitätsphilologie stehende ἀμφίβιοι waren. Vgl. dessen Selbstcharakterisierung in: *Immisch*, Die Klassische Philologie als Schulwissenschaft, S. 243. Gleichzeitig greift diese Terminologie auch den späteren, teils resignativen, teils aber auch selbstbewußten Selbstzuschreibungen der 1920er Jahre vor, in denen es um eine Abgrenzung zum »Dritten Humanismus« Werner Jaegers ging. Siehe wiederum *Immisch*, Die Erneuerung des Humanismus, S. 1–15, aber auch die Auseinandersetzungen mit den »Schulhumanisten« etwa bei *Becker*, Das Erbe der Antike, S. 39 (»Humanismus der Professoren und Oberlehrer«). Die bei letzterem wie in der Bildungsgeschichtsschreibung überhaupt mit Blick auf den instrumentellen Spät- und Schulhumanismus des 16. und 17. Jahrhunderts häufig auftretende pejorative Konnotation sei hier mithin ausdrücklich ausgeschlossen.

58 *Landfester*, Humanismus und Gesellschaft, S. 156 spricht hier gar von einer »pädagogischen Revolution«, was angesichts des fehlenden Widerstandes gegen diese Revolution aber etwas hochgegriffen ist.

59 So hieß es etwa 1860 in einer Verfügung für die sächsischen Realschulen: »Die lateinische Sprache ist besonders geeignet, als Grundlage einer klaren und sicheren grammatikalischen Bildung zu dienen, und ist nicht allein als formales Bildungsmittel überhaupt und für die Einsicht in die allgemeinen logischen und grammatikalischen Sprachgesetze und Verhältnisse, sondern auch für die Erlernung der französischen und englischen Sprache von gro-

vielbeschriebenen Exzessen des Sprachunterrichts nicht weit. Sicher mochten die vielfach erinnerten und literarisch verarbeiteten Schauergeschichten über schrullige Gymnasialprofessoren wie Prof. Unrat und seine Kollegen Nehrkorn und Sittensauber ein Stück weit zur »Biographie des Bürgers« um 1900 gehört haben[60] und insofern oft klischeehaft überformt gewesen sein.[61] Doch auch unter Philologen gab es schon früh kritische Stimmen zu den Auswüchsen des Formalismus und selbst die preußischen Lehrpläne warnten bereits 1882, daß durch die einseitig grammatikalisch oder lexikalisch ausgerichtete Lektüre die »Achtung der Gymnasial-Einrichtung« selbst bei »denkenden Freunden derselben« ernsthaft gefährdet würde.[62] Unter diesen Umständen und erst Recht nach der Rede des Kaisers auf der Dezemberkonferenz wurde der Formalismus als Argument denn auch ohne große Widerstände fallengelassen, war fortan nicht mehr von »geistiger Gymnastik« die Rede, sondern allenfalls noch von »geistiger Zucht« zur Gewinnung loyaler Staatsbürger.[63] Die vom Kaiser geforderte »staatsbürgerliche Erziehung« war denn auch der Fokus, unter dem die nun wieder materiellen Bildungswerte und Unterrichtsziele diskutiert wurden und zu deren Zweck an die Stelle der bloß formalen nun wieder eine inhaltliche Orientierung an den großen Werken und Gestalten des Altertums bzw. an deren »typischem« Gehalt zu treten hatte.

ßer Wichtigkeit.« Und noch 1870 wurde in einem Regulativ für alle Gymnasien Sachsens der Zweck des »altclassischen Sprachunterrichts« in der »geistigen Gymnastik« festgeschrieben. Vgl. *Christ/Rang*, Fremdsprachenunterricht, Bd. 2, S. 72 u. Bd. 5, S. 250.

60 *Maurer*, Die Biographie des Bürgers. Für die Zeit um 1900 sind solche bürgerlichen Kollektivbiographien natürlich nicht mehr zu schreiben, hat sich das Bürgertum doch, um mit Max Weber zu sprechen, in eine Pluralität »bürgerlicher Klassen« aufgelöst, die höchstens noch das Eine gemeinsam haben, sich von der alten Bürgerlichkeit distanzieren zu müssen. Insofern die Anekdoten und Geschichten nun aber gerade die Deformation des Gymnasiums als der bürgerlichen Sozialisationsagentur ins Visier nahmen, waren sie durchaus wieder Teil dieser Distanzierung. Zum Bild des Gymnasialprofessors vgl. auch *Westphalen*, Hat »Unrat« wirklich gelebt?

61 Typische Anekdoten sowie Karikaturen aus dem Simplicissimus gesammelt hat *Fertig*, Zeitgeist und Erziehungskunst, S. 303, dort u. a. von Olaf Gulbransson das Bild des Gymnasialprofessors, der unter der Überschrift »Der Mörder« zu seinem Schüler spricht: »Seinen Vater hat er ins Grab gebracht, seine Mutter steht auch schon mit einem Fuße im Grabe, und nun setzt er *ut* mit dem Indikativ!« In einer anderen Karikatur von Rudolf Wilke (»Unglaublich«) wird ein Primaner wie folgt examiniert: »Sie kennen nicht einmal jenen wenn auch seltenen, so doch berühmten Versfuß, den Proceleusmaticus? Und Sie wollen in einigen Wochen das Gymnasium verlassen und in das praktische Leben hinaustreten?« Wie dagegen zeitgenössische Gymnasialklischees und politische Kampagnen gegen das humanistische Gymnasium die Erinnerung überformen können, hat *Landfester*, Humanismus und Gesellschaft, S. 179 u. 213f. ausgerechnet am Beispiel Wilhelms II. nachgewiesen, dessen auch auf der Dezemberkonferenz geschilderte Erinnerungen an seine Kasseler Gymnasialzeit schon zeitgenössisch als wenig authentisch in Frage gestellt wurden. Vgl. *Messer*, Reformbewegung, S. 116f., Anm. 4.

62 *Christ/Rang*, Fremdsprachenunterricht, Bd. 5, S. 91.

63 Ebd., S. 110.

Ein Anknüpfungspunkt war dabei die Abkehr von dem, was gemäß der kulturkritischen Polemik der Zeit reichlich unkonkret »Materialismus« genannt wurde und in der Folge zu einem Kampfbegriff auch der Schulhumanisten werden sollte.[64] In seiner kurzen Eröffnungsrede der dritten Generalversammlung des Gymnasialvereins im April 1893 betonte dessen Vorsitzender Wilhelm Schrader, daß es eben nicht mehr die »notwendigen mechanischen Bestandteile« des Unterrichts seien, die die Jugend von dem »in unser geistiges Leben, unsere Litteratur [sic] hereinbrechenden Materialismus« fernhielten, sondern daß es erst deren »Durchgeistigung« mit dem idealen griechischen und römischen »Bildungsstoff« sei, durch den »Geschmack, Sitte, Idealität und Liebe zum Vaterland« vermittelt würde.[65] Obschon die zur Bekräftigung zitierten Gewährsleute Schraders (Jean Paul und Ludwig Börne) nicht ganz dem geläufigen Kanon entsprachen, knüpft er damit noch unmittelbar am neuhumanistischen Bildungsideal an, »modernisiert« es aber insofern, als er es an die neuen Konfliktlinien anpaßt. Denn so unscharf der Materialismusvorwurf war, er zielte doch erkennbar einmal auf den »Realismus« in Literatur und bildungspolitischer Debatte[66] und zum anderen auf die alles »entweihende und unterwühlende« Sozialdemokratie, von den allgemein als schädlich empfundenen Einflüssen der modernen außerschulischen Erfahrungswelt ganz zu schweigen.[67] Entsprechend hält er dann noch einmal zur Jahrhundertwende seine Vereinsmitglieder an, noch mehr als bisher zur Reinigung von Kunst und Literatur, vor allem aber zur allgemeinen »Sittenreinigung« beizutragen, denn schließlich habe man doch »der Großthaten genug, um die Jugend in begeisterter Vaterlandsliebe zu halten.«[68]

Mehr jedoch als alle Abwehr des Formalismus oder des Materialismus, die zuweilen auch die Warnung vor einem Überhandnehmen naturwissenschaftlich-technischen Denkens einschloß und also auch auf die neue Konkurrenz der Fakultäten reagierte, war es das auch hier stets anklingende Bekenntnis zu Staat und Monarchie, war es die Versicherung, »die Liebe zu unserem Staate durch die idealen Bilder des Altertums zu klären und zu stärken«,[69] die im Mittelpunkt aller apologetischen Bemühungen stand. Oskar Jaeger, einer der umtriebigsten Gymnasialdirektoren dieser Zeit, konstatierte schon unmittelbar nach

64 Über den Bezichtigungswert des Begriffs nach dem »Materialismus-Streit« der Jahrhundertmitte vgl. *Braun*, Materialismus – Idealismus, bes. 1007 ff.

65 Dritte Generalversammlung des Gymnasialvereins, in: HG 4 (1893), S. 13 f.

66 Beide einte zwar nur der Name, für Schrader schien der literarische Realismus aber genug »Schmutz« zu bieten, daß auch der pädagogische etwas abbekommen mußte. Deutlicher wird dies noch in *Schrader*, Zum Jahreswechsel, S. 3.

67 Zum »Materialismus« als Schlagwort im Anschluß an Schrader vgl. auch *Apel/Bittner*, Schulbildung, S. 47 f.

68 *Schrader*, Jahreswechsel, S. 3

69 Ebd., S. 4.

der Dezemberkonferenz einen grundsätzlichen Wandel der Gymnasien in ihrem Verhältnis zum Staat:

»In meiner Jugendzeit war von einer Beziehung des Gymnasiums zum Staat überhaupt kaum jemals die Rede. Wir alle hatten vor der großen Krisis des Jahrhunderts, 1848, das Gefühl, daß Politisieren ungefähr so sündhaft sei, wie ins Wirtshaus Gehen. Man hörte wohl von Vaterlandsliebe im Allgemeinen, und vernahm oder sprach auch wohl dann und wann einige echauffierte Phrasen darüber; daß man aber dereinst in einem solchen wirklichen Vaterlande Wahlrechte oder Wahlpflichten auszuüben, im Tumulte aufgeregten Parteilebens politische Reden hören oder gar selbst werde halten müssen – davon war keine Ahnung. Wenn eine völlige Fernhaltung des Lehrstoffs vom wirklichen Leben Idealismus ist, so war das humanistische Gymnasiums damals sehr ideal. Dies hat sich gründlich geändert.«[70]

Tatsächlich war die Entdeckung des antiken »Staates« (und seiner modernen Parallelen) durch die Schulhumanisten eher noch als die Bezugnahme auf die »Nation« eine zweifellos attraktive Legitimationsmöglichkeit, konnte man so doch an der Antike als dem Zentrum des gymnasialen Unterrichts festhalten und gleichzeitig der Forderung nach lebensnäherer und eben »staatsbürgerlicher Erziehung« nachkommen.[71] Wie diese politische Aktualisierung aussehen könnte, demonstrierte schon kurz nach der Dezemberkonferenz der Althistoriker Robert Pöhlmann. Sein programmatischer Beitrag für die im Bildungsbürgertum vielgelesene Beilage der »Allgemeinen Zeitung« ist dabei nicht nur deshalb von großer Bedeutung, weil er bereits die wichtigsten Argumente entwickelte, derer sich die Gymnasialapologetik bis zum Ende des Kaiserreichs bedienen sollte.[72] Er steht paradigmatisch auch für die Verpflichtung der Humanisten auf das nach 1871 entwickelte Kulturstaatsideal, nach dem ein (hegelianisch verstandener) Staat seine »sittliche Hoheit«[73] in der Trias aus sozialem Ausgleich, monarchischer Organisationsform und staatlich garantierten Freiheitsrechten finden sollte.[74]

70 *Jaeger,* Bleibendes und Vergängliches, S. 75.

71 Dies betont hat bereits *Preuße,* Humanismus und Gesellschaft, S. 30.

72 *Pöhlmann,* Das klassische Altertum. Vgl. zu diesem Beitrag auch *Christ,* Von Gibbon zu Rostovtzeff, S. 241 f.; *Preuße,* Humanismus und Gesellschaft, S. 32 ff. sowie allgemein zu Pöhlmann *Christ,* Hellas, S. 125–150. Pöhlmann sollte sich noch verschiedentlich bei der Politisierung der alten Geschichte in der Schule samt konkreter ›Nutzanwendung‹ hervortun, besonders aber in: *ders.,* Die Bedeutung der Antike. Vom tatsächlich nicht zu unterschätzen Einfluß der apologetischen Beiträge und Argumente Pöhlmanns zeugen auch die zahlreichen Vorträge in den Gymnasialvereinen, in denen sie als Vorlage dienten, vgl. etwa *Bölte,* Das klassische Altertum und die höhere Schule, bes. S. 167 ff. Daß und wie seine Argumente auch im Unterricht ankamen, zeigen exemplarisch *Apel/Bittner,* Schulbildung, S. 95 ff.

73 *Pöhlmann,* Das klassische Altertum, S. 4, dort auch eine nicht nur unter Humanisten gängige Definition des »Kulturstaats« als »eine(r) höhere(n) über den Einzelnen stehende(n) Anstalt zur Erziehung des Menschengeschlechts«.

74 Vgl. zu den Debatten um den »Kulturstaat« um 1900 *vom Bruch,* Kulturstaat.

Ausgehend von den Vorwürfen des Kaisers und die bisherigen »Mängel einer einseitig sprachlich-litterarischen [sic] Bildung« durchaus eingestehend[75] geht es Pöhlmann darum nachzuweisen, daß trotz aller Kritik eben doch die »versunkene Welt von Hellas und Rom« wie kein anderer Bildungsstoff geeignet sei, der geforderten »staatsbürgerlichen Erziehung« zu entsprechen und einem »volleren Verständnis des Lebens und der Interessen der Gegenwart [zu] dienen«.[76] Das beginne schon beim neuen, vom »individualistischen Radikalismus« bekehrten Staatsideal.[77] Daß der Staat nämlich »die weit über das Bedürfnis der Sicherheit hinausgehende Aufgabe der positiven Förderung von Kultur, Wohlfahrt und Sittlichkeit seiner Bürger hat, daß seine Institutionen bestimmt sind, nicht nur die Erfüllung der formal rechtlichen, sondern auch höherer sozialer Verpflichtungen gegen den Nächsten zu erzwingen, die Bürger zu dieser höheren Art von Pflichterfüllung zu erziehen«, das hätten nicht eigentlich die Humanisten lernen müssen, sondern vielmehr erst wieder die deutsche Staatslehre, namentlich Lorenz von Stein, Rodbertus, Knies oder Roscher, die den sie prägenden Einfluß der in vielem so »gleichartigen« Antike und der »altklassischen Anschauungen« ja auch freimütig eingeräumt hätten. Und wenn nach dem Erlaß des preußischen Staatsministeriums

»künftig die Jugend belehrt werden soll über die sozialpolitische Bedeutung der Monarchie als der Verkörperung der ausgleichenden Gerechtigkeit und als einer festen Schutzwehr für Freiheit, Recht und Wohlstand aller Bürger, so möge uns doch alle Zeit bewußt bleiben, daß die Idee dieses sozialen Königtums zuerst den Hellenen aufgegangen ist.«

Das antike (griechische) Staatswesen und seine Theoretiker, allen voran Platon und Aristoteles, seien also einerseits Urbild oder Vorbild des in der deutschen Wissenschaft entwickelten und besonders von den gebildeten Schichten getragen neuen Staatsideals, andererseits hätten sie aber auch bei dessen Entstehung gleichsam Pate gestanden, hätten also – wie schon um 1800 – vermittelt durch den Humanismus entscheidenden Einfluß auf die Selbstfindung der Nation ausgeübt. Ein deutlicher Unterschied gegenüber der bisherigen, eher klassizistischen Argumentation macht sich aber auch hier geltend. Es ist nämlich nicht mehr in erster Linie die Vorbildhaftigkeit der antiken Staatstheorie oder gar der Staaten selbst, auf die Pöhlmann eigentlich abzielt – der Stand der Altertumswissenschaften, nicht zuletzt auch seine eigenen sozialgeschichtlichen Analysen

75 *Pöhlmann*, Das klassische Altertum, bes. S. 29ff. Die Absage an den »formalistischen Sinn« ist dort allerdings weniger Selbstkritik als vielmehr das selbstbewußte Plädoyer für das »wissenschaftliche Geschichtsstudium« und die historische Schulung auch der Philologen.

76 Ebd., S. 2.

77 Ebd., S. 4, dort auch die folgenden Zitate.

hätten ihn hier eines besseren belehrt.[78] Der größte »Bildungswert« des Altertums für die Erkenntnis und die Interessen der Gegenwart und damit das entscheidende Argument für eine so intensive Beschäftigung mit ihm liege vielmehr genau darin, daß hier so klar wie nirgends sonst »Begriff und Wesen der Gesellschaft« sowie die »Lebensgesetze der sozialen Organismen, Bewegungen und Kräfte« erkannt werden könnten.[79] Ob es um die Entstehung von Klassenherrschaft gehe, um die soziale Frage oder um die »inneren für den Republikanismus unlösbaren Widersprüche« von Freiheit und Gleichheit, es seien die gleichen »Lebensfragen« und »dieselben Probleme« wie in der Gegenwart, die auch die Gesellschaften und Denker der Antike umtrieben – nur seien sie und ihre Konsequenzen dort einfacher und klarer erkennbar, ja selbst im Untergang noch »wahrhaft typisch«.[80] Während für Pöhlmann wie für die meisten anderen Humanisten die historische oder typologische Kontinuität der Probleme oder gar ihre Parallelisierung keiner Erklärung bedurfte,[81] legt er nicht zuletzt wegen des merklichen Bedeutungsverlusts der alten Geschichte im gymnasialen Lehrplan großen Wert auf die Begründung des pädagogischen Vorzugs der Klarheit und Einfachheit des antiken Staatslebens gegenüber aller neueren, speziell vaterländischen Geschichte. Könne es denn, so Pöhlmann,

»für eine Erziehung, welche die Geister für die großen sozialen Bewegungen und Kämpfe des Jahrhunderts vorbereiten und ausrüsten will, ein wertvolleres Bildungsmittel geben, als diese Geschichte von Hellas und Rom, wo wir auf beschränktem Raume

78 In seiner 1893 erschienenen »Geschichte des antiken Kommunismus und Sozialismus« fehlt es denn auch nicht an einer überaus kritischen Einschätzung besonders der praktischen Seite an Platons Staat: »So richtig Plato das Endziel aller Politik erfaßt hat, wenn er das Ideal einer Regierung in der freiwilligen Unterordnung der Regierten, in der harmonischen Ausgleichung zwischen der Idee der Freiheit und der Notwendigkeit staatlichen Zwanges erblickt, – in den Mitteln zur Erreichung dieses Zieles hat er völlig fehlgegriffen.« Zit. nach *ders.*, Geschichte der sozialen Frage I, S. 143.

79 Ebd., S. 6.

80 Ebd., S. 7, 18 f. u. 21.

81 In der Vorrede zur ersten Auflage der »Geschichte des antiken Kommunismus und Sozialismus« heißt es mit Verweis auf den Ranke-Schüler Nitzsch ganz ähnlich, daß eine Darstellung des antiken Lebens erreicht werden müsse, die »die alte Welt von den selben Lebensfragen bis zum Grunde bewegt zeigt, welche noch heute zum Teil ungelöst jeden ehrlichen Manne beschäftigen.« *Pöhlmann*, Geschichte der sozialen Frage I, S. 5. Auch in *ders.*, Geschichte der Griechen, S. 320 f. wendet er sich gegen eine Überschätzung des Entwicklungsgedankens und verteidigt vehement die »Fülle von Parallelerscheinungen« sowie die »typischen Grundelemente und Grundformen«, die die Epochen der Universalgeschichte letztlich doch aufwiesen. Tatsächlich führt hier der Verweis auf die Ranke-Schule weiter. Dessen Konzept einer Weltgeschichte als einer Aufeinanderfolge verschiedener Kulturen oder Epochen bei gleichen Verlaufsformen und Strukturelementen, das zu historischen Analogien geradezu einlud, hatte im letzten Viertel des Jahrhunderts mehr und mehr die Hegelsche Konzeption abgelöst und bildete nicht nur bei Pöhlmann, sondern etwa auch bei Wilamowitz unverkennbar den geschichtsphilosophischen Hintergrund. Vgl. *Landfester*, Humanismus und Gesellschaft, S. 128 f.

in den einfachsten, durchsichtigsten Formen, in plastischer Anschaulichkeit und Klarheit, weil in voller Freiheit und Öffentlichkeit, die Faktoren und Kräfte sich entwickeln und am Werke sehen, deren Kenntnis und richtige Beurteilung die Grundbedingung des Verständnisses von Staat und Gesellschaft, die Voraussetzung aller politischen Bildung ist? Wie viel leichter kommen hier einem noch ungeschulten politischen Denken die Kausalzusammenhänge zum Bewußtsein, wo infolge der Kleinheit des Raumes das Spiel der staatlichen Kräfte in raschem Wechseln von Wirkung und Gegenwirkung sich bewegte und daher die zeitlichen Abstände von Ursachen und Wirkungen so viel geringer waren, als in unseren Großstaaten!«[82]

Aber nicht nur um die Größe und Durchsichtigkeit geht es, auch um historische Distanz. Denn die Geschichte der Hohenzollern gebe zwar ebenfalls eine Fülle prächtiger Anhaltspunkte für einen »vaterländischen Geschichtsunterricht« sowie Belege für den »unschätzbaren Wert eines starken, mit der Nation innig verwachsenen Königtums«. Doch weder könne man das, so Pöhlmann, ohne »einseitige panegyrische Geschichtsdarstellung« von allen Monarchen behaupten, noch seien, und das ist hier das entscheidende, die Konflikte zwischen König und Bürgertum bereits lang genug her: »die bitteren Erinnerungen der Kämpfe, welche das Bürgertum um die Anerkennung dieses [scil. individuellen, R.P.] Rechts und dieser Freiheit, um Verfassung und Befreiung von überlebter Bevormundung gegen dasselbe Königtum hat führen müssen,« seien eben noch immer zu lebendig, als daß »die Klasse der Besitzenden und Gebildeten, deren Elite ihre Schulung auf dem Gymnasium erhält« und die »naturgemäß zugleich die geborene Vertreterin der individuellen Freiheit« ist, darüber hinweg sehen könnte.[83] Selbst »der wohlmeinendste, einseitig auf gemütliche Regungen berechnete ›patriotische‹ Geschichtsunterricht« müsse bei den Schülern daher »den Eindruck der Tendenz machen und dadurch gerade bei den besten, d.h. selbständigen Köpfen die Gegentendenz herausfordern.«[84] Wie anders dagegen der Unterricht der Antike: hier, wo das Geschehen abgeschlossen und die Staatsideen nicht mehr vom »Kampf der Interessen und Leidenschaft verdunkelt« seien, wo aus der reichen historischen Anschauung die Wirkungen des einseitigen Individualismus ebenso leicht erkennbar würden wie die Grenzen des Staates in seiner Wirksamkeit für das Volk, nur hier also könnten die Schüler wirklich zur geistigen Freiheit gegenüber jeder Form des »politischen Doktrinarismus« erzogen werden: »Der Schüler der Antike wird auch hier das rechte Maß finden und sich niemals das rauben lassen, was uns zur Versöhnung der Gegensätze unserer Zeit nicht minder not thut: die hohe Achtung für die wahrhaft *freiheitliche* Gestaltung des Staatslebens.«[85]

82 *Pöhlmann,* Das klassische Altertum, S. 9.
83 Ebd., S. 10f.
84 Ebd., S. 23.
85 Ebd., S. 24. Hervorhebung im Original.

Pöhlmann gehörte zweifellos zu den liberalen Hochschullehrern des Kaiserreichs, und auch seine Apologie des humanistischen Gymnasiums zeugte immer wieder von dem Versuch, die unterschiedlichen Interessen von liberalem Bürgertum und Monarchie gegeneinander abzuwägen. Seine Antwort auf die Infragestellung der Antike und sein Angebot zur »Versöhnung der Gegensätze« – das freilich Sozialdemokratie und Konfessionalismus explizit ausschloß – war jedoch ebenso etatistisch wie das der meisten Humanisten nach ihm. Wo der Staat als Garant der Freiheit und als »eine höhere über den Einzelnen stehende Anstalt zur Erziehung des Menschengeschlechts« verherrlicht wird, ohne die »der Einzelne auf keinem Gebiete seine Lebensziele zu erreichen vermag«,[86] dort wird der Aspekt individueller Bildung über kurz oder lang verdrängt, geht humanistische Bildung ganz in politischer oder staatsbürgerlicher Erziehung im Medium der Antike auf. Wenn Pöhlmann schließlich fordert, daß auch und besonders der Philologe »die gesamte griechisch-römische Lektüre [...] zu einer Vorschule politischen Denkens zu machen« habe,[87] dann beschreibt das genau die alles politisierende Linie, auf der die Schulhumanisten fortan argumentieren sollten, um in der Bildungskonkurrenz zu bestehen.[88] Daß sie dadurch die eine Einseitigkeit des Formalismus unversehens durch eine neue eintauschen sollten, fiel dabei offenbar ebenso wenig ins Gewicht wie andere lang gepflegte Grundsätze, etwa der des Gegensatzes zwischen Griechentum und Römertum, der ebenfalls hintangestellt gestellt werden sollte: »Wir sind so frei, in diesem Umstande, daß in der griechischen und römischen Litteratur überall diese Majestät des Staates der Jugend mächtig entgegentritt, einen sehr schwer wiegenden Grund dafür zu erkennen, daß die intensive Beschäftigung mit diesen Litteraturen, wie sie das Princip unserer Gymnasialbildung fordert, die beste Grundlage höherer Erziehung auch für die Neuzeit oder die Gegenwart oder das moderne Bewußtsein ist.«[89]

1.2.2 Platon und das Gymnasium I

So ausgiebig die Schulhumanisten nun aber auch auf dem Altar der neuen Staatsideologie opferten, auf der Ebene der Gymnasialapologetik blieben ihre Bekenntnisse doch zumeist abstrakt und im Ungefähren, wurden sie greifbar nur in all zu schiefen historischen Analogien zwischen Athen und Preußen, zwischen dem Makedonien unter Alexander und dem deutschen Reich nach 1870 oder,

86 Ebd., S. 4.

87 Ebd., S. 31.

88 Vgl. etwa *Friedrich*, Die höheren Schulen, S. 14, der stolz darauf verweist, wie »die Werke der Griechen und Römer [...] auch in einer für uns unerhörten Weise von leidenschaftlicher Teilnahme am Staatsleben« künden.

89 So etwa bei *Jaeger*, Politik und Schule, S. 15.

wenn auch seltener, zwischen Perikles und Bismarck oder vom Stein.[90] Die rhetorische Verschwisterung von »Griechen und Römern«, immer wieder gepriesen als Reservoir historischer Erfahrung und idealistische Schutzwehr gegen Materialismus und Sozialdemokratie, entzog sich dagegen ob ihrer Allgemeinheit und Deutungsbreite offenbar all zu konkreter Indienstnahme und wurde nicht zuletzt durch die Altertumswissenschaft selbst immer stärker relativiert, so daß gerade den Philologen oftmals nicht mehr blieb als der Rückgriff auf deren gleichsam gnomische »Wahrheiten«, etwa auf das ebenso beliebte wie phrasenhafte »dulce et decorum pro patria mori«.[91]

Angesichts dieser inhaltlichen Leerstelle fällt es da um so mehr auf, daß auch in den im engeren Sinne staatsphilosophischen Angeboten antiker Philosophen, namentlich Platons oder Aristoteles', noch kaum aktuell werbendes Potential entdeckt wurde, im Gegenteil. Besonders Platon galt, bevor er ihn der Neukantianismus über die ihm eigentümliche Problemgeschichte wiederentdecken sollte,[92] philosophisch als ›toter Hund‹, begraben unter der werkgenetischen Fragestellung der Philologen[93] und im schlechtesten Sinne unzeitgemäß. Schon Pöhlmann, der als einer der ersten Althistoriker Platons Politeia nicht mehr nur als »Staatsroman«[94] behandelte, sondern als Sozialtheorie und sogar als politisches »Aktionsprogramm« ernstnahm,[95] griff zwar, wie gesehen, allgemein die Idee des »sozialen Königtums« auf und fand in diesem Zusammenhang auch immer wieder Anknüpfungspunkte für den modernen Kulturstaat, doch war

90 Vgl. *Wilamowitz*, Von des attischen Reiches Herrlichkeit, S. 65 oder *Cauer*, Wissenschaft und Schule, S. 22.

91 *Jaeger*, Politik und Schule, S. 14f. sieht denn auch alle andere Idealität als eben die Auffassung, »daß der Bürger für seinen Staat geboren ist, daß er seinen Wert für den Dienst am Staate erhält, und daß es eine selbstverständliche Sache ist, daß dieser Dienst von Jedem als ein sein Leben beherrschendes vorausgesetzt und der Tod in diesem Dienste ein Schönes, ein *dulce et decorum* ist,« als von der »realistisch gewordenen Geschichts- und Altertumswissenschaft« zerstört an, habe die doch gelehrt, »diese Dinge mit strengem, geschichtlichem Wahrheitssinn, mit ihren Licht- und Schattenseiten, also so wie sie in Wahrheit gewesen sind, zu betrachten und zu behandeln.« Vgl. bes. zur Ambivalenz des »dulce et decorum«, das ja durch die Flucht des Horaz aus der Schlacht bei Philippi schnell zu Phrase werden und als solche auch entlarvt werden konnte, auch *Landfester*, Humanismus und Gesellschaft, S. 161.

92 Zum Wiederaufleben philosophiegeschichtlicher Fragestellungen und zur Problemgeschichte im Neukantianismus vgl. *Hänel*, Problemgeschichte als Forschung. Siehe dazu auch unten Kap. 2.1.

93 Einen guten Eindruck von der Behandlung der »platonischen Frage« vermittelt *Immisch*, Zum gegenwärtigen Stande der platonischen Frage.

94 So zuerst, wenn auch einschränkend *Mohl*, Die Staatsromane, S. 27ff. Vgl. auch *Zeller*, Der platonische Staat, S. 123 sowie v.a. *Kleinwächter*, Die Staatsromane, bes. S. 36ff.

95 *Pöhlmann*, Geschichte der sozialen Frage II, S. 119, Anm.1. Gegenwartsbedeutung erhielt Platons Sozialtheorie deshalb, weil Pöhlmann davon überzeugt war, daß im Konflikt zwischen Individualismus und Sozialismus das 4. Jahrhundert v.Chr. bereits den Kampf »vorgekämpft« habe, »in welchem wir selbst mitteninnestehen« (ebd. I, S. 448).

dies zunächst noch die Ausnahme und zudem immer begleitet von fundamentaler Kritik etwa an der doktrinären Emanzipation der Frau, an der illusionären Idee allgemeiner Verbrüderung sowie insgesamt am unfreien »Geist der Schablone und Schematisierung«, die ihn letztlich das ganze Staatsmodell ablehnen ließen.[96]

Das gängige Urteil über den Wert Platons für die staatsbürgerliche Erziehung der Gegenwart war denn auch mehrheitlich kritisch bis ablehnend. Zwar unterbot kaum jemand das Niveau Friedrich Kleinwächters, der seiner eigenen Terminologie folgend die »ganz-communistischen Ideen« Platons als inhaltlich »– um keinen kräftigeren Ausdruck zu gebrauchen – anwidernd« empfand und an der Form des Dialogs die »für uns Kinder der Gegenwart geradezu ertötende Weitschweifigkeit und Langweiligkeit« tadelte, doch dessen Fazit, daß es sich bei Platons Philosophie letztlich um einen »wissenschaftlich überwundenen Standpunkt« handele,[97] war um 1900 eine durchaus verbreitete Überzeugung, die tief hinein sogar in die Gymnasialapologetik reichte.[98] So stießen sich etliche Schulmänner an den allzu rigiden, psychologisch wie pädagogisch verfehlten Erziehungsmethoden im platonischen Staat und kritisierten, daß in einer solchen »Zuchthausanstalt« die Werte der Familie unterminiert, persönliches Verantwortungs- und Pflichtgefühl ersterben und alle »Möglichkeit der Sittlichkeit zerstört« würden.[99] Platons Bemerkungen über den Staat, mehr aber noch der »platonische Kommunismus«, der nach Pöhlmanns Untersuchungen Gegen-

96 Vgl. auch ebd. II, S. 83, 131, 139 u. 155. Als Propheten des »Kulturstaates« sollte ihn etwas später auch Wilhelm Windelband interpretieren. Vgl. *ders.*, Platon, S. 183f.

97 *Kleinwächter*, Staatsromane, S. 40f. u. 149.

98 Der Philologe Max C.P. Schmidt, der sich mehrfach in die Debatte um Humanismus und Realismus versöhnend einzuschalten suchte, stellte etwa in seiner Schrift über »Realistische Stoffe im humanistischen Unterricht« (Leipzig 1900, S. 11) lakonisch fest: »Überwunden ist ja wohl auch Platons Philosophie und Ciceros Staatsweisheit vollkommen.«

99 Vgl. z.B. *Lengsteiner*, Plato als Erzieher o. *Schröder*, Platonische Staatserziehung. Ebenso einig wie in ihrer psychologischen und pädagogischen Kritik und in ihrem Kampf für die Autonomie der Familie (*Lengsteiner*, Plato, S. 14: »Es ist peinlich zu sehen, wie tief der ideale Plato hier in den Schlamm des Materialismus versinkt.«) sind beide übrigens im einzigen Punkt, den sie am platonischen Staat goutieren, nämlich bei der staatlichen Kunstzensur! Während Schröder (S.42) hier speziell die Jugend im Blick hat und deren »Lesewut von Romanen, Räuber- und Indianergeschichten« bannen sowie die »verführerischen Reize« Lenauscher Gedichte und so gefährlicher Klavierstücke wie denen von Chopin verdammen will, da sie die Jugend in »Schaden bringendes Chaos« stürzen würden, geht es Lengsteiner (S. 28) allgemein um die Gefahr der Frivolität in der Kunst, wenn er erklärt: »Ich nehme deshalb keinen Anstand, es rückhaltslos zu billigen, dass Plato die Leistungen der schönen Künste unter die Controlle des Staates stellt. Ich kann mir zwar durchaus nicht verhehlen, dass auch eine derartige Staatscensur, zumal wenn sie in unberufene Hände gelegt wird, ihre bedenklichen Schattenseiten hat. Aber am Ende ist es doch immer ein geringeres Unglück, wenn zuweilen eine wahrhaft gute Leistung unterdrückt wird, als wenn jedem unberufenen Wichte die unbeschränkte Befugnis ertheilt wird, mit seiner eigenen Gemeinheit ein ganzes Volk zu vergiften.«

stand zahlreicher Besprechungen wurde, galten im Vergleich zur modernen Staatswissenschaft bestenfalls als naiv.[100] Ein »Zurückgehen auf den Idealstaat Platons«, um durch ihn die »Schäden und Krankheiten unserer Zeit« zu heilen, schien daher auch dem Philosophen Paul Hensel absurd, selbst wenn er anerkannte, daß so manche anfänglich paradox erscheinenden Ideen Platons heute zu Selbstverständlichkeiten geworden seien – aber ein Zurück zu Platon? »Es genügt den Gedanken auszusprechen, um seine Unausführbarkeit einzusehen.«[101] Abgesehen also von einigen wenigen Versuchen, Platon und den griechischen Unterricht insgesamt staatsbürgerlich aufzuwerten,[102] blieb seine Rolle so lediglich die des »Vorläufers« der modernen Wissenschaften,[103] dienten seine Dialoge allenfalls der moralischen Erziehung der Jugend und ihrer Einübung in den Idealismus – wenn auch das gelegentlich nur unter Vorbehalt.

Nicht so sehr das kritische, wohl aber das weitgehend unpolitische Platonbild findet seine Bestätigung auch in der Lektürepraxis des griechischen Unterrichts an den Gymnasien. Soweit sich hier die wilhelminische Schulwirklichkeit rekonstruieren läßt,[104] scheint sich dieser Unterricht, obschon spätestens seit 1901 Alleinstellungsmerkmal der humanistischen Gymnasien und insofern dessen eigentliches Aushängeschild, der Tendenz zur »Staatsbürgerkunde« sowie einer

100 Vgl. *Adler*, Plato's Idealstaat oder *Gumplowicz*, Geschichte der Staatstheorien, S. 34f. u. 37, der Platon allenfalls »unklare Ahnungen« über das Wesen das Staates als »Naturprodukt« zugestehen will, weil »alle seine Ansichten über den Staat mehr aus Empfindungen und Gefühlen als aus unbefangenen Beobachtungen sich herleiten« und er auch sonst ewig Politik und individuelle Moral vermische.

101 *Hensel*, Die Bedeutung der antiken Philosophie, S. 52. Daß die »heutige Wissenschaft« die Mängel am System Platons erwiesen habe und dessen Abstand zur modernen Denkweise so groß geworden sei, daß man mit ihm in der Schule in die Philosophie nicht mal mehr einführen sollte, unterstreicht auch *Lehmann*, Philosophische Propädeutik, bes. S. 124f.

102 Vgl. z.B. *Schöber*, Das Staatsideal Platons o. *Liermann*, Politische und sozialpolitische Vorbildung, S. 32f. Allerdings liegt das Hauptaugenmerk Liermanns deutlich auf den lateinischen Autoren, während Platon lediglich in der Reihe zwischen Xenophon und Demosthenes behandelt wird. Hierzu bezieht er sich zwar auf Pöhlmann und die vielen Fragen, »die noch heute die Köpfe erhitzen«, doch die Reserve gegenüber diesem »Dichterphilosophen« und dessen »Dichtung und Wahrheit« bleibt spürbar.

103 So auch die Einschätzung eines Umschauartikels zur Platonliteratur in den Grenzboten 64 (1905), S. 411–419.

104 Vgl. *Apel/Bittner*, Schulbildung, bes. die methodischen Überlegungen S. 21ff. Diese Studie hat hier am Beispiel der preußischen Rheinprovinz Grundlegendes geleistet, indem sie nicht nur den pädagogischen Diskurs zum altsprachlichen Unterricht, die Quellen der Unterrichtsverwaltung (Lehrpläne, Richtlinien, Personalakten, Revisonsberichte etc.) und statistisches Material auf Grundlage des »Datenhandbuchs zur Bildungsgeschichte« sowie des für die Rheinprovinz einschlägigen berufsständischen »Kunze-Kalenders« heranzog, sondern diese mit Quellen aus einzelnen Schulen v.a. des Kölner Raums kontrastierte (Gymnasialprogramme, Lektürepläne, Protokollbücher der Lehrerkonferenzen, Seminararbeiten der Referendare, Unterlagen zu Abiturprüfungen, z.T. auch Erinnerungen an den Unterricht). Belastbarere Ergebnisse zur »Schulwirklichkeit« in den altertumskundlichen Fächern liegen bisher nicht vor und wären wohl methodisch auch nicht einholbar.

vordergründigen Politisierung weitgehend entzogen haben.[105] Für den »Gesinnungsmilitarismus« des Kaiserreichs, der besonders auf den Geschichts- und Lateinunterricht durchschlug und dort zu einer Militarisierung des Lehrstoffes führte, bieten die Quellen jedenfalls kaum Anhaltspunkte.[106] Was sich nach 1890 verändert hat und als Reaktion auf die schulpolitischen Auseinandersetzungen betrachtet werden muß, ist hingegen die stärker »kulturgeschichtliche« Ausrichtung des griechischen Unterrichts. Die Lehrpläne von 1901 wiesen etwa mit Nachdruck darauf hin, daß nach »grammatischer Gründlichkeit« nun doch verstärkt »Gedankeninhalt und Kunstform« der Literaturwerke im Mittelpunkt des Unterrichts stehen und dieser damit zu Hebung der allgemeinen und klassischen Bildung beitragen sollte.[107] Das Lesebuch von Wilamowitz, das eigens zu diesem Zweck konzipiert wurde, fand jedoch keine Berücksichtigung[108] und auch der Lektürekanon in den oberen Klassen blieb weitgehend unangetastet. Hier dominierte nach wie vor und über alle Klassen die Homerlektüre, hinzu kamen erst Xenophon und Herodot und ab der Prima ein Tragiker sowie schließlich neben Thukydides und Demosthenes – und gleichsam als Schlußstein der humanistischen Jugendbildung – auch wenigstens zwei Dialoge Platons.[109]

Art und Umfang der obligatorischen Platonlektüre lag weitgehend im Ermessen des Lehrers, üblich waren jedoch je nach Schule auch schon ab der Sekunda Apologie, Kriton und Auszüge aus dem Phaidon. Hinzu kam oft noch ein größerer Dialog, beispielsweise der Gorgias, möglich waren aber auch Teile der Politeia und sogar, wenn auch mit Auslassungen, das Symposion.[110] Der Schwerpunkt der

105 Ebd., S. 116f.

106 Zum »Gesinnungsmilitarismus« (Manfred Messerschmidt) vgl. auch *Wehler*, Gesellschaftsgeschichte III, S. 880ff. mit weiterer Literatur. *Landfester*, Humanismus und Gesellschaft, S. 146ff. u. 187 beschreibt zwar die Militarisierung des Lehrstoffes auch für die altertumskundlichen Fächer, in denen etwa »Soldatenbücher« zu lateinischen Vokabeln aus dem Kontext des Militärs angelegt wurden, Belege jedoch gibt auch er nur für den Geschichts- und Lateinunterricht. Wenige weitere Beispiele gibt *Eggerding*, Feuerprobe.

107 Zit. nach *Apel/Bittner*, Schulbildung, S. 108.

108 Wilamowitz hatte das Konzept für sein Lesebuch im Auftrag Friedrich Althoffs und der preußischen Schulverwaltung entwickelt und es wurde dort auch vorgestellt und angenommen. Da er es letztlich aber weder Althoff noch den Philologen recht machen konnte und wollte, weil er (gegen Althoff) nicht der Reduzierung des Griechischen entsprach und (gegen die Schulphilologen) den bis dahin gängigen Klassizismus durch rigiden Historismus ersetzen wollte, wurde das Lesebuch lediglich zum Gebrauch »empfohlen«, was bedeutete, daß die Provinzial-Schulkollegien über die Anträge der einzelnen Schulen dazu zu entscheiden hatten. Da der Erlaß des Ministeriums zudem mahnte, »die Gefahr einer unrichtigen oder der Aufgabe nicht gewachsenen Benutzung desselben [d.i. das Lesebuch, R.P.] unter allen Umständen fernzuhalten«, blieb die Wirkung trotz zahlreicher Neuauflagen (bis 1917 sechs, bis 1929 zwölf Auflagen) doch erst einmal begrenzt. Vgl. auch zum Erlaß ebd., S. 107f.

109 Ebd., S. 75 u. 109ff. Von Platon gekrönt sieht die humanistische Jugendbildung *Bock*, Stoffauswahl für die Platolektüre, S. 1.

110 *Apel/Bittner*, ebd., S. 114f. betonen die auffällige Übereinstimmung in der Dialogauswahl, die auf interne Absprachen schließen lasse. Der Beobachtung, daß der Gorgias im Un-

Lektüre lag aber eindeutig auf Leben und Sterben der Figur des Sokrates sowie auf den »ethischen Inhalten« der Philosophie Platons, die somit zugleich so etwas wie philosophische Propädeutik bieten sollte.[111] Was das bedeutete, läßt sich den Erläuterungen und Lektürehilfen entnehmen, die nach der Jahrhundertwende in großer Zahl entstanden und damit offenbar auf die kulturkundliche Neuausrichtung des Faches und das Bedürfnis der Philologen reagierten, auch dem »Gedankeninhalt« der Dialoge gerecht werden zu müssen.[112] Ziel aller Lektüre war demnach, den Schülern durch die Lektüre Platons eine »ideale Richtung« zu geben, ihnen in der Figur des Sokrates ein Vorbild, ja einen Freund fürs Leben anzuempfehlen, der sie »aus der Sintflut des Materialismus und Mammonismus unserer Gegenwart auf die Bergeshöhe der Ideale« rette.[113] In Apologie und Kriton sollten sie diesen Sokrates zunächst kennenlernen, ohne noch die allzu »kunstvoll verschlungenen Gedankengänge« nachvollziehen zu müssen.[114] Wichtiger sei bei der Platonlektüre ohnehin, daß sie den Eindruck einer Persönlichkeit hinterlasse, die den Schülern aus einer ebenso festen wie »festigenden Weltanschauung« heraus direkt zurufe: »seid männlich und seid stark«.[115] Der Inhalt dieser »Weltanschauung«, derer die Gegenwart so entrate und zu der Platon ein Wegweiser sei, könne dagegen, so das Urteil der meisten Kommentare, am besten am Gorgias und seiner »Widerlegung des Evangeliums der Antimoral« gewonnen wer-

terricht der untersuchten Schulen äußerst selten herangezogen worden sei, widerspricht allerdings schon *Aly*, Humanismus oder Historismus, S. 12f.: »Selbst wenn wir von Demosthenes und Thukydides absehen, so ist doch Platon selbst in der trüben Zeit von 1892–1901 auf allen preußischen Gymnasien gelesen worden, zum wenigsten die Apologie, Kriton und meist auch die erzählenden Teile des Phädon. Daneben ist in allen grösseren Anstalten noch ein grösserer Dialog gelesen, und wenn Wilamowitz Phädon, Gorgias und das erste Buch vom Staate fordert, so verlangt er damit nicht Neues und bestätigt den bisherigen Gebrauch.« Auch *Martens*, Die Platonlektüre im Gymnasium, S. 28ff. spricht sich aus eigener Erfahrung für den Gorgias aus, ebenso *Schenkl*, Der Kanon der altsprachlichen Lektüre, S. 59. Die seriell vorliegenden Jahresberichte vornehmlich preußischer Gymnasien, die über die geleistete altsprachliche Lektüre aller Klassen Aufschluß geben, zeigen hier tatsächlich eine größere Bandbreite als von Apel und Bittner an ihren Quellen festgestellt.

111 So fordern es auch die »Lehraufgaben« von 1901, zit. nach *Apel/Bittner*, Schulbildung, S. 108. In der Praxis gab es dagegen jedoch vielfach Bedenken sowohl von philosophischer wie pädagogischer Seite, war die Meinung *Bocks*, Stoffauswahl für die Platolektüre, S. 4 weitverbreitet, der festhielt: »Nur was der allgemein Gebildete über ihn wissen sollte, jene Lehren, die sich in den interessanteren, einfacheren Dialogen finden, sei Gegenstand der Unterweisung.«

112 Diese finden sich vielfach als Beilage zu in der Forschung bisher nur unzureichend ausgewerteten Schulprogrammen. Vgl. *Schöber*, Staatsideal; *Martens*, Platonlektüre; *Müller*, Phädon als Schullektüre; *Bock*, Stoffauswahl u.a. Siehe außerdem *Müller*, Platon und die philosophische Propädeutik; *Wendland*, Die griechische Literatur und die Schullektüre; *Petersen*, Plato und Aristoteles im Unterricht, S. 388–392. Zu Gattung der Schulprogramme und ihrem nicht unbeträchtlichen Leserkreis siehe *Haubfleisch/Ritzi*, Schulprogramme.

113 *Bock*, Stoffauswahl, S. 3 u. *Martens*, Platonlektüre, S. 1 u. 6f.

114 *Bock*, Stoffauswahl, S. 4.

115 Ebd. u. *Müller*, Platon und die philosophische Propädeutik, S. 67.

den.[116] Sowohl die dort angesprochenen Themen (Oberflächlichkeit und Scheinwissen, Schuld und Sühne, Natur und Kultur) als auch die Szenerie, die drei Typen des Sophisten als Gesprächspartner auftreten und an Sokrates scheitern läßt, schienen offenbar besonders geeignet, die Primaner gegen »Vielwisserei« und Selbstüberschätzung, vor allem aber gegen die moderne Sophistik, namentlich gegen die »Modephilosophie« Nietzsche zu wappnen.[117] Die dabei angebotenen Deutungen blieben jedenfalls ganz im Rahmen konventioneller bürgerlicher Leistungsethik und Moral, liefen sie doch stets darauf hinaus, den Schülern den rechten Weg aus »gründliche[r], die Treue im Kleinen bewährende[r] Arbeit«, Rechtschaffenheit und Frömmigkeit zu weisen.[118] Von politischer oder staatsbürgerlicher Erziehung war in den Lektürehilfen dagegen noch keine Rede. Da auch politische Aktualisierungen nur sehr sparsam verwendet wurden, verstärkt sich so noch einmal der Eindruck der vorübergehenden Ausnahme des griechischen Unterrichts und mit ihm Platons von der Politisierung des (Schul-) Humanismus, ohne daß sich dadurch allerdings etwas an jenem allgemeinen »Zwecktaumel« geändert hätte, den Walter Benjamin in einem frühen, unter dem Eindruck Gustav Wynekens entstanden Aufsatz eben auch den »Freunden des humanistischen Gymnasiums« und ihrem geradezu »furchtbaren« Bemühen attestierte, den Nutzen des Griechischen allerorten vor sich her zu tragen.[119]

Festzuhalten bleibt aber, daß trotz der schulpolitischen Gigantomachie jener Jahre um Bildungswert und Stellung des humanistischen Gymnasiums die übergroße Mehrheit der Abiturienten auch am Vorabend des Krieges noch immer wenigstens zwei platonische Dialoge ganz und weitere Dialoge wenigstens in Auszügen gelesen hatte, Platon also weiterhin zum Kanon dessen gehörte, was der »allgemein Gebildete« gelesen und als Referenz präsent hatte.[120] Daß diese Lektüre, sofern sie am Gymnasium geschah, für die Schüler zunehmend unbefriedigend blieb, weil ihnen wie beim jungen Benjamin die angestrebte »idealistische Gesinnung« allzusehr nach den »verstaubten Gefühlen« der Väter roch und es sie statt nach Erbaulichem aus Phaidon oder Apologie nach dem dionysischen Taumel des ungekürzten Symposions verlangte,[121] verweist dabei

116 *Wendland*, Die griechische Literatur und die Schullektüre, S. 196.

117 Ebd. u. *Martens*, Platonlektüre, S. 28 ff. Die Verbreitung solcher Deutungen war die Voraussetzung für das Funktionieren der Sophistik auch als wissenschaftspolitischer Chiffre, wie sie *Laube*, Platon und die Sophisten, beschrieben hat.

118 *Martens*, Platonlektüre, S. 1 f. und 64 f. Dem entspricht auch die Textauswahl in den gängigen Schülerausgaben. Vgl. etwa das von *Schneider* für den Schulgebrauch herausgegebene Lesebuch aus Platon.

119 *Benjamin*, Gymnasium, S. 40. Zu Benjamin und seinem Verhältnis zu Wyneken und zur Jugendbewegung vgl. die Anm. der Herausgeber, GS II/1, S. 824 ff. Zu Benjamins Nietzsche- und Antikerezeption siehe *Cancik*, Der Einfluß Nietzsches und *ders.*, Hellenisches bei Walter Benjamin.

120 *Bock*, Stoffauswahl, S. 4.

121 *Benjamin*, Gymnasium, S. 41.

auf einen anderen, wiederum spezifisch wilhelminischen Strang der Antikerezeption, von dem nach 1900 die eigentlichen Impulse zur Erneuerung des Humanismus und auch der Neulektüre Platons ausgehen sollten.

1.3 Die Suche nach einer »anderen Antike«

Der Einfluß des Schulhumanismus auf die gymnasiale Bildung blieb trotz des Schulkrieges und der sukzessiven Gleichstellung der höheren Schulformen noch lange beträchtlich, bestimmte das altsprachliche Gymnasium bis zum Krieg die Vorbildung des weitaus größten Teils aller Studenten.[122] Möglicherweise war dieser Einfluß unter dem äußeren Druck sogar noch einmal größer geworden, schließlich entfalteten der Gymnasialverein und die diversen lokalen Vereine der »Freunde des humanistischen Gymnasiums« erst nach den großen Schulkonferenzen ihre Aktivitäten und schufen über das Verbandsorgan (»Das humanistische Gymnasium« erschien ab 1890) sowie in unzähligen Versammlungen und Vorträgen überhaupt erst ein einheitliches Bewußtsein von der Bedrohung des Humanismus und der Notwendigkeit, den Bildungswert der Antike in Schule und Öffentlichkeit zu verteidigen.[123] So zahlreich aber auch diese Veröffentlichungen waren und so bemüht die Versuche, den Humanismus dem Bedürfnis nach moderner »Weltanschauung« anzupassen, ja ihn vordergründig sogar mit Nietzsche zu versöhnen,[124] argumentativ blieb der Schulhumanismus stets in der Defensive, weil er strukturell niemals das Odium schulpolitischer Besitzstandswahrung ablegen konnte und auch mit seinem inhaltlichen Angebot aus Modernisierung oder Politisierung der Antike doch immer nur fremden Zwecken nachjagte, statt nach eigenen Antworten auf die allenthalben fühlbare Krise des Historismus zu suchen.

Nicht nur in den Augen des jungen Benjamin bot solch ein »verwaschener Humanismus« jedenfalls wenig Anziehendes. Längst hatten an den Rändern der immer noch weitgehend »klassischen« Altertumswissenschaften Autoren wie Bachofen, Nietzsche, Rohde oder Burckhardt den Blick auf eine »dunklere und wilde Antike«[125] freigelegt, ließen Nietzschekult und Jugendbewegung nicht nur junge Philologen, sondern auch die Schüler und Absolventen der humanisti-

122 Vgl. oben Kap. 1.2.2, Anm. 19.

123 Einen Überblick über Mitgliederzahlen (1916, ca. 3200) und Zweigvereine sowie über Aktivitäten und diskutierte Themen gibt *Bucherer*, Jubiläum.

124 Vgl. etwa *Friedensburg*, Der Humanismus als Weltanschauung, oder *Immisch*, Das Erbe der Alten, S. 3. Immisch war es auch, der immer wieder Brücken auch zu dem »auf die Modernen so einflußreichen Nietzsche« zu schlagen suchte, um so nachzuweisen, daß der humanistische Philologe keinesfalls ein Nachzüglern sei, sondern sich zur »fröhlichen Avantgarde« zählen dürfe. *Immisch*, Wie studiert man klassische Philologie?, S. 17.

125 *Hofmannsthal*, Augenblicke in Griechenland, S. 629.

schen Gymnasien noch eine ganz »andere Antike« erahnen, als sie in Schule und Universität vermittelt wurde.[126] Das kurze Gegenprogramm, oder besser die Vision eines von dieser »anderen Antike« geprägten Gymnasiums, die Benjamin seinem Angriff folgen ließ, belegt dies eindrucksvoll:

»Und dennoch haben wir wohl eine Sehnsucht, manche vielleicht eine Vorstellung sogar von dem, was unser Gymnasium sein sollte. Kein Gymnasium sei es, in dem (günstigstenfalles) Winckelmannsches Griechentum begriffen wird (denn schon lange ist die ›edle Einfalt und stille Größe‹ zum fatalen Inventar der höheren Töchterbildung geworden). Unser Gymnasium sollte sich berufen auf Nietzsche und seinen Traktat ›Vom Nutzen und Nachteil der Historie‹. Trotzig, im Vertrauen auf eine Jugend, die ihm begeistert folgt, sollte es die kleinen modernen Reformpädagogen überrennen. Anstatt modernistisch zu werden und aller Ecken eine neue, geheime Nützlichkeit des Betriebs zu rühmen. Das Griechentum dieses Gymnasiums sollte nicht ein fabelhaftes Reich der ›Harmonien‹ und ›Ideale‹ sein, sondern jenes frauenverachtende und männerliebende Griechentum des Perikles, aristokratisch; mit Sklaverei; mit den dunklen Mythen des Aeschylos. All dem sollte unser humanistisches Gymnasium ins Gesicht sehen. [...] Wie gesagt – wir kennen oder ahnen ein humanistisches Gymnasium, das wir lieben würden. In dieser Schule wäre griechische Plastik mehr als ein schmutziger Pappdruck, der gelegentlich für vier Wochen im Schulzimmer hängt. Solches Gymnasium könnte uns zum mindesten helfen. Die Pädagogen mögen sich fragen, ob sie uns diese Schule schaffen dürfen, die gegenwartsfeindlich, undemokratisch, hochgemut sein müßte und keine bequemen Kompromisse mit Oberrealschule, Realgymnasium, Reformgymnasium eingehen würde! Wenn wir aber im Namen der beiden Jahrtausende nach Christus solche Schule nicht haben dürfen, dann nehmen wir einen schweren, gefaßten Abschied vom Gymnasium.«[127]

Die Hoffnungen Benjamins auf ein »anderes« humanistisches Gymnasium währten indes nicht lang. Schon bald sollte er sich mit Wyneken überwerfen und dessen schulreformerischen Ideale ebenso ablegen wie den davon kaum zu trennenden jugendbewegten Nietzscheanismus. Als Symptom bleibt dessen »Ahnung« dennoch bedeutsam, steht sie doch für eine Antike-Dynamik eigener Art, die zwar ebenfalls auf einem emphatisch-neuhumanistischen Bildungsbegriff ruhte und insofern einige Berührungspunkte mit der Diskussion um das humanistische Gymnasium aufwies, die sonst aber kaum etwas mit dem klassizistischen Schulhumanismus gemein hatte, ja erst aus der Abgrenzung gegen diesen selbst Kontur gewann. Otto Immisch, der spätere Vorsitzende des Gymnasialvereins, hat 1910 als einer der ersten die Differenz dieser »neuerwachten Liebe zum Al-

126 Vgl. auch die Erinnerung des Philologen und Wilamowitz-Schülers Karl Reinhardt daran, welchen Eindruck die Lektüre des Briefwechsels zwischen Nietzsche und Erwin Rohde bei ihm hinterlassen hatte: »Es schien noch eine andere Antike als die durch die Universität vermittelte zu geben.« *Reinhardt,* Akademisches aus zwei Epochen, S. 381. Zum Eindruck Nietzsches gerade auch auf die Schülergeneration von Wilamowitz vgl. den Sammelband *Calder/Flashar/Lindken,* Wilamowitz nach 50 Jahren.

127 *Benjamin,* Gymnasium, S. 40f.

tertum« gegenüber Schule und »berufener Altertumswissenschaft« thematisiert und mit Nietzscherezeption und dem »nicht unbedenklichen Ästhetentum«, aber auch mit Blick auf die sich verändernden Reise- oder Rezeptionsmöglichkeiten in Museen und Ausstellungen bereits sehr treffend einige der Gründe ausgemacht, die zu diesem Einstellungswandel geführt haben – nicht ohne freilich die »Mißverständnisse« zu betonen, die mit diesem einhergingen.[128] In der Forschung gebührt Carola Groppe das Verdienst, dieses spezifische, vom überlieferten Neuhumanismus sich abgrenzende Rezeptionsphänomen als »Neohumanismus« treffend auf den Begriff gebracht und dabei wesentliche Dimensionen bereits skizziert zu haben.[129] Wenn hier nun weitgehend an dieses Konzept angeschlossen werden soll, so ist allenfalls anzumerken, daß ihre Beschreibung des Neohumanismus als einer »Bewegung« zunächst irreführend sein mag, sofern diese anders als analytisch verstanden wird.[130] Um dies zu vermeiden, aber auch um die Breite und Mehrdimensionalität dieses Einstellungswandels stärker noch als bei Groppe zu betonen, sei hier noch einmal auf Flecks Kategorien des »Denkstils« und des »Denkstilwandels« verwiesen, die dem Neohumanismus und den von ihm ausgehenden Veränderungen im Rezeptionsverhalten gegenüber der Antike und nicht zuletzt auch gegenüber Platon wesentlich besser entsprechen dürften.

1.3.1 Impulse des Neohumanismus

Dichtung – Mythos – Archaik

Die spezifische Umformung der Antikerezeption, für die der Neohumanismus steht, war zunächst ein typisches Phänomen des Fin de Siècle. Ihren Ursprung hatte sie, wie schon von Immisch angedeutet, im Kontext des literarischen Ästhetizismus, in dem schon früh die gesellschaftlichen Veränderungen der wilhelminischen Zeit als Autonomie- und Sinnverlust wahrgenommen und in der

128 Vgl. von Seiten des Schulhumanismus *Immisch*, Das Erbe der Alten, S. 7ff.

129 *Groppe*, Neohumanismus. Vgl. aber auch schon *Preuße*, Humanismus und Gesellschaft, S. 80ff., die ebenfalls bereits die »modernen Antikebegegnungen« der Jahrhundertwende eigens in den Blick genommen hat.

130 Der Ansatz von *Stiewe*, Humanismus, begeht m. E. genau diesen Fehler, wenn sie, abgesehen noch von den sich ergebenden terminologischen Unklarheiten, die sich ergeben, wenn man ein Teil für das Ganze erklärt, dasselbe Phänomen unter dem Begriff des »Dritten Humanismus« zu fassen sucht, dabei aber unversehens substantiell vorgeht und diesen ursprünglich noch als heuristischen Rahmen eingeführten »Dritten Humanismus« zu einer manifesten »Weltanschauung« macht, bei der dann ohnehin nur noch untersucht wird, wer »sich selbst schon als Vertreter des ›Dritten Humanismus‹ verstanden« hat (ebd., S. 15). Daß dabei dann noch »*eine* Gesamtanschauung« herauskommen soll, zu der George und sein Kreis ebenso zuzurechnen sei wie Eduard Spranger oder Werner Jaeger und »seine Mitstreiter« von Friedländer bis Immisch (?), führt denn auch zu heilloser Verwirrung.

Dichtung als Sprach- und Darstellungskrise thematisiert wurden. Autoren wie Stefan George oder Hugo von Hofmannsthal versuchten hier, zunächst noch dem Vorbild französischer oder englischer »décadence« folgend,[131] mit dem historischen Spiegel der römischen Spätantike (Algabal-Zyklus) oder der Spätrenaissance (Chandos-Brief) die eigene, ebenfalls als »dekadent« empfundene Gegenwart zu deuten und zuallererst poetische Auswege aus ihr zu beschreiben, die durch Kritik und Reflexion auch zu einer neuen Autonomie der Dichtung und des Lebens führen sollten.[132] Wenn George etwa den Kaiser Algabal, der gemäß der spätantiken Überlieferung nicht nur in einer kristallinen Kunstwelt gelebt und zuweilen brutal geherrscht, sondern auch einen neuen Kult einzuführen versucht haben soll, in einem schwarzen »Unterreich« darüber sinnieren läßt, wie er dort, in einem Garten, »den ich mir selber erbaut«, die »Dunkle grosse schwarze blume« zeugen könne,[133] dann hatten solche Bezüge auf die »dekadente« römische Spätzeit unzweifelhaft programmatischen Charakter:[134] Wo deren Kunst gefeiert wird, weil sie zugleich »die Tiefe ihrer Zerrüttung und die Vollkommenheit ihrer Form« zeige,[135] da stellte man sich nicht nur bewußt gegen den klassizistischen Kanon und erweiterte ihn. Man entwarf auch eine nicht mehr historisch, wohl aber ästhetisch begründete Gegennorm, die gegenüber der zur Schau getragenen »Robustheit« des Wilhelminismus[136] einen Zusammenhang gerade von gesellschaftlich-politischem Verfall und künstlerischer Blüte herstellte.

War so die größtmögliche Distanz zur Alltagswelt hergestellt, mithin die schöpferische Souveränität der Poesie wiedererlangt, schien auch das andere große Projekt der Jahrhundertwende wieder möglich, nämlich die Wiedergewinnung eines einheitsstiftenden und die Atomisierung des 19. Jahrhunderts überwindenden Mythos.[137] Den gleichsam priesterlichen Anspruch hierauf reklamierten Poesie und Literatur eigentlich seit der Romantik, formuliert erstmals im sog. »Ältesten Systemprogram des deutschen Idealismus«.[138] Vor dem Hintergrund der frühromantischen Kritik an einer alles auflösenden Rationalität formulierten der oder die Verfasser die Idee einer »neuen Mythologie«, die die Vernunft an die sie fundierende Synthese erinnern und so vor ihrer Selbstaufhebung bewahren sollte. Als »Mythologie der Vernunft« konnte sie da-

131 Vgl. zum Kontext *Döpp*, Spätrömische Literatur.

132 *Groppe*, Neohumanismus, Sp.886 f.

133 *George*, Hymnen, Pilgerfahrten, Algabal. GA 2, S. 63.

134 Vgl. zu den Deutungsansätzen *Jacob*, Hymnen, Pilgerfahrten, Algabal, S. 118 ff.

135 So Walter Pater in seinem 1885 erschienenen Roman *Marius the Epicurean. His Senseations and Ideas*, zit. nach *Döpp*, Spätrömische Literatur, S. 301.

136 Vgl. etwa *Ziegler*, Strömungen, S. 676 ff.

137 *Frank*, Dionysos, S. 11 ff. Vgl. zu den verschiedenen Remythisierungsprojekten *Aurnhammer/Pittrof*, »Mehr Dionysos als Apoll«.

138 Zitiert nach *Hegel*, Werke I, S. 234–237.

bei freilich nicht mehr einfach der tradierten Religion entnommen werden, war diese nach der Kritik der Aufklärung doch so weit desavouiert, daß »sich der Philosoph ihrer schämen« mußte. Gleichzeitig war aber auch die Philosophie, der andere prädestinierte Spieler auf dem Feld des Mythen- und Sinnerzeugens, in den Augen der Verfasser insgesamt zu wenig »sinnlich«, als daß das »Volk«, also in erster Linie das bürgerliche Publikum an ihr ein Interesse haben könnte. Was blieb, war ein Gedanke, der über Schlegel und Schelling auf der einen sowie Wagner und Nietzsche auf der anderen Seite das Selbstverständnis der meisten Dichter und Künstler bis über die Jahrhundertwende hinweg mitbestimmten sollte und nach dem nun also sie selbst als Hüter des Sinns und eigentliche Erzieher des Volks auserkoren seien.[139] Angelpunkt der neuen Mythologie, so noch einmal die Verfasser des Systemprogramms, könne nämlich nur die eine »Idee« sein, »die alle vereinigt, die Idee der Schönheit, das Wort in höherem platonischen Sinne genommen.« Da also der »höchste Akt der Vernunft, [...] indem sie alle Ideen umfaßt, ein ästhetischer Akt ist«, müsse daher die Poesie wieder in ihr Recht gesetzt werden, das sie in Form der Tragödie ja bereits einmal ausgefüllt habe: »Die Poesie bekommt dadurch eine höhere Würde, sie wird am Ende wieder, was sie am Anfang war – *Lehrerin der Menschheit.*«

Als Kunstwerk, Gottesdienst und nicht zuletzt auch als politische Selbstdarstellung hatte die Tragödie ursprünglich tatsächlich diese gesellschaftliche Aufgabe erfüllt und mit der Legitimation des Mythos immer auch die gesellschaftliche Synthese der Polis gesichert. Nun, auf der Schwelle zum neuen Jahrhundert, wo nicht nur das Fehlen jener Synthese beklagt wurde, sondern wo sich auch noch Naturwissenschaft und Technik selbstgewiß anschickten, die Welterklärung in die eigene Hand zu nehmen, schien deshalb die Zeit gekommen, den alten Anspruch der Poesie auf dieses hohe Amt zu erneuern. Hofmannsthal dazu:

> »Wie der innerste Sinn aller Menschen Zeit und Raum und die Welt der Dinge um sie her schafft, so schafft er [scil. der Dichter, R. P.] aus Vergangenheit und Gegenwart, aus Tier und Mensch und Traum und Ding, aus Groß und Klein, aus Erhabenem und Nichtigem die Welt der Bezüge.«[140]

Hierfür freilich war die Welt der Spätantike nicht mehr die richtige Bezugsgröße, und auch die Antike des Klassizismus fiel als »verbürgerlichte« Repräsentationskunst des 19. Jahrhunderts erst einmal aus. Auf der Suche nach Vorbildern sowohl der Form wie des Mythos selbst gelangte man daher unweigerlich – und zwar nicht nur unter dem Eindruck von Nietzsches Tragödienschrift, sondern ebenso durch die Rekonstruktionen von Archäologie und Geschichtswissenschaft – zurück zum Kult des Dionysos und der Welt der grie-

139 Vgl. auch *Langbehn*, Rembrandt als Erzieher, S. 6 u. 8.
140 *Hofmannsthal*, Der Dichter und diese Zeit, S. 68.

chischen Archaik.[141] In größtmöglichem Kontrast zur »edlen Einfalt und stillen Größe« Winkelmanns wurde hier von verschiedenster Seite eine barbarische, vitalistische und dionysisch-rauschhafte Antike gesucht und gefunden, die einerseits von erregender Fremdheit war und doch – noch Benjamin zeugt davon – der modernen Seele so verwandt erschien. Am deutlichsten greifbar wurde dieser Umschwung, der in den 1890er Jahren einsetzte, wiederum bei George. So veröffentlichte er in den »Blättern für die Kunst« nicht nur die archaisierenden Dichtungen Karl Wolfskehls, auch seine »Bücher der Hirten- und Preisgedichte« von 1895 signalisierten eine neue, von Hofmannsthal mit der frühesten griechischen Dichtung, besonders mit Pindar in Verbindung gebrachte Einfachheit und Urtümlichkeit, die zum Symbol der Erneuerung der Kultur werden sollte. Gegenüber dem eher schwülstigen, beinahe alexandrinischen »Algabal« war hier ein gänzlich neuer Ton angeschlagen, der zwar immer noch, so Hofmannsthal, im besten Sinne »unzeitgemäß« und vom alltäglichen Leben entfernt sei, dabei aber doch »erfüllt mit dem Reiz der Jugend. Es ist die gehaltene Anmut antiker Knabenstatuen darin«.[142] Während George und Hofmannsthal also angeregt unter anderem durch die frühgriechische Lyrik den »Triumph der Jugend« zelebrierten,[143] lernten andere wie Rudolf Borchardt den Vorzug archaischen Stils schätzen[144] und wieder andere reisten trotz – oder gerade wegen – der noch immer beschwerlichen Verkehrsbedingungen gleich nach Griechenland, um sich wie Eugen Diederichs, Gerhart Hauptmann oder nach auch ihnen auch Hofmannsthal vor Ort auf die Suche nach dem »Ursprünglichen« der griechischen Religiosität und dem dionysisch-düsteren Urgrund der Tragödien zu begeben.[145] Untrennbar damit verbunden war, daß auch in Archäologie und Kunstgeschichte, angestoßen nicht zuletzt durch die spektakulären Grabungen Schliemanns in Troja und Mykene in den 1870er Jahren, ein Prozeß der Neubewertung der archaischen Kunst in Gang kam, der den gefundenen und zunehmend auch öffentlich ausgestellten Plastiken nicht nur eine eigene Ästhetik zugestand, sondern auch das Bild einer eigenen Kultur-

141 Zur Renaissance des Dionysos schon in der Romantik sowie nach Nietzsche vgl. noch einmal *Frank*, Dionysos, bes. S. 13ff. u.ö. Zur Entdeckung der Archaik um 1900 vgl. wiederum den Sammelband von *Aurnhammer/Pittrof*, Antiklassizistische Antike-Rezeption, sowie *Most*, Die Entdeckung der Archaik.

142 *Hofmannsthal*, Gedichte von Stefan George, S. 8.

143 Ebd.: »Die lieblichsten Schüler des Sokrates schweben ungenannt vorüber, Menexenes, Apollodoros, Charmides, Lysis; man ahnt, wie sie sich bewegt haben, man erinnert sich, wie schnell sie erröten. Es ist fast keine Zeile in dem Buch [scil. der Hirten- und Preisgedichte, R. P.], die nicht dem Triumph der Jugend gewidmet wäre.«

144 *Borchardt*, Nachwort zu Joram.

145 Zu den Griechenlandreisenden um 1900 und ihren Berichten siehe v.a. *Meid*, Griechenland-Imaginationen. Einen Überblick über die Rezeption der vorwiegend griechischen Antike in der Literatur der Jahrhundertwende geben auch *Herzog*, Antike-Ursupationen u. *Riedel*, Antikenrezeption, S. 266–317.

epoche prägte, die bald ein fast unwiderstehliches Pathos der Ursprünglichkeit ausstrahlte.[146] Griechische Kunst war nun nichts weniger als »gleichgültig und langweilig«, hatte, wie der Archäologe Adolf Furtwängler 1905 schrieb, nichts mehr von jener »blassen, kraft- und blutlosen Gestalt, welche der neuere Klassizismus aus mißverstandener Nachahmung der Antike sich gebildet hatte.«[147] Als »ganz einzig glückliche Mischung von lebendigster Naturwahrheit und wirkungsvollstem Stilisieren« komme sie vielmehr wie keine andere dem Bedürfnis »unsere Künstler« nach Form und Stil ebenso entgegen wie ihrem Verlagen nach Kraft und »gesunder, echter Kunst«, weshalb Furtwängler das 20. Jahrhundert auch geradezu enthusiastisch einer »Periode neuer und höchster Schätzung der Antike« entgegen gehen sah.[148]

Diese Prognose mag im Nachhinein zwar weit übertrieben und zum Teil dem Aufmerksamkeitsbedürfnis auch der Archäologie geschuldet gewesen sein, tatsächlich aber verband sich mit der Archaik und einem von dort aus ebenso vitalistisch verstandenen Griechentum für ein bis zwei Jahrzehnte ein ungeheurer künstlerischer wie gesellschaftlicher Imperativ, für den Rilkes Apollon-Gedichte von 1907/08 mit ihrem »Du mußt dein Leben ändern« den treffenden Ausdruck gefunden haben. Der Impuls, der von dieser »anderen Antike« ausging und für dessen Artikulation der Neohumanismus weit über die Jahrhundertwende hinaus sorgte, beruhte allerdings nicht nur auf dem ästhetischen Reiz des Archaisch-Fremden oder dem damit eng verbundenen bürgerlichen »Gegenweltbedarf«.[149] Wesentlich dazu beigetragen haben dürften noch einige weitere Aspekte.

Nietzsche und die »historische Krankheit«

Da ist zunächst die von Nietzsche vermittelte andere Art des Zugangs zu dieser Antike. Während die Gymnasien zwar Anteil am wissenschaftlichen Fortschritt nahmen, sonst aber im oben beschrieben Maße ihrem pädagogischen Klassizismus treu blieben, hatte auf den Universitäten der Historismus der Geisteswissenschaften die Sicht auf die Antike tiefgreifend verändert. Als ein Zeitalter unter anderen hatte sie hier ihre Funktion als Vorbildepoche weitgehend

146 Vgl. *Most*, Entdeckung, S. 26ff.

147 *Furtwängler*, Über griechische Kunst, S. 45.

148 Ebd., S. 50, 55 u. 59. Es liegt übrigens nahe, daß Furtwängler hierbei sehr konkret auch an George gedacht haben mag. Denn obschon ihm selbst nach dem Zeugnis Ludwig Curtius' kunsttheoretische oder ästhetische Gespräche doch eher »widerwärtig« gewesen sein sollen, mußte er über seine Frau Addy, die eine Freundin von Sabine Lepsius und Karl Wolfskehl war, einen tieferen Einblick bekommen haben in den »Kampf um die neuen Ideale der Kunst, den Stefan George eröffnet hatte« und an dem auch sie »wortreich« Anteil nahm. Vgl. *Curtius*, Deutsche und antike Welt, S. 130.

149 Zur Dialektik von »Gegen-« und »Normalwelt« im Bürgertum vgl. *Nipperdey*, Wie das Bürgertum die Moderne fand, S. 85ff.

eingebüßt und diente allenfalls noch der Spiegelung eigener Modernität.[150] Zum Gegenstand der Forschung wurde das Einzelne, dieses aber nicht länger als mehr oder weniger gelungene Repräsentation eines Allgemeinen (der Idee der Antike, eines epochenspezifischen Denk- oder Kunststils). Ungeachtet ihrer jeweiligen Qualität waren die Gestalten, Texte und Artefakte der Antike vielmehr um ihrer selbst willen wert erforscht zu werden, und sei es als winzige Puzzleteile einer historischen Entfaltung, als Bestätigung des wissenschaftstheoretisch dominierenden Entwicklungsbegriffs, ganz gleich ob dieser nun linear, zyklisch oder »organisch« gedacht war. Methodisch führte das zur oben beschriebenen Konzentration auf Quellensammlung und Textkritik sowie zur Vernachlässigung genuin philosophischer oder ästhetischer Fragen an die Antike – wenngleich diese hinter dem stupenden wissenschaftlichen Apparat natürlich immer wieder auftauchten und, wie bei Wilamowitz, zu einem unreflektierten Nebeneinander von Positivismus und persönlichem Humanismus führten.[151]

Gegenüber einer so völlig philosophiefrei gewordenen Disziplin, der als Bewertungsmaßstab nichts als die eigene, mit dem Appell an die zeitlos gleiche Menschennatur noch als Objektivität getarnte Subjektivität blieb,[152] war nun der durch Nietzsche inspirierte antihistoristische und antiklassizistische Zugang zur Antike ebenso provokativ wie attraktiv. Antiklassizistisch war dieser Zugang dabei gar nicht so sehr, weil er das in Nietzsches Terminologie »Dionysische«, die rauschhaft-entgrenzende Dimension des griechischen Mythos und seines Kults entdeckt oder eigens betont hätte – noch die dionysischen Kostümfeste »Wahnmochings« beruhten letztlich auf den religionshistorischen Forschungen der Altertumswissenschaft. Das eigentlich beunruhigende und den Klassizismus in Frage Stellende war hier vielmehr, daß dieses »Dionysische« mit

150 So deutlich etwa auch bei *Curtius,* Die Antike und wir, S. 129: »Weder als bloße Historiker noch romantisch wollen wir die Griechen betrachten, sondern als moderne, ringende Menschen [...] Die antike Kultur ist das größte Anschauungsmittel für die Fragen der menschlichen Kultur überhaupt. Sie ist der Spiegel, in dem wir uns selbst, das Wesen und die Aufgabe menschlicher Kultur erst deutlicher gewahr werden. Sie ist nicht die höchste Norm, aber sie ist das größte Exempel.«

151 Vgl. auch *Hölscher,* Ulrich von Wilamowitz-Moellendorff, S. 29, der diesem Polyhistor letztlich und zu Recht fehlenden »geschichtlichen Sinn« bescheinigte: »Indem Wilamowitz das Geschichtliche in seinen wirklichen Bedingungen zu erkennen sucht, das Wirkliche aber sich nach seinen eigenen Erfahrungen, und das heißt, nach dem ihm Zugänglichen bemißt, wird er sich des Zeitbedingten und zuweilen absurd Persönlichen seiner Historisierung nicht bewußt.«

152 *Landfester,* Nietzsches Geburt der Tragödie, S. 94 u. 97f. Vgl. auch *Curtius,* Antike, S. 140: »Wie die homerische Welt jeden Tag noch die unsere sein kann, so auch die der Apollines. Je komplizierter die moderne Kultur wird, desto notwendiger ist ihr die Verbindung mit jenem naiven Ethos homerischer Helden und ältester griechischer Figuren, die nichts weiter sagen wollen als, ›Voila, un homme.‹ Mit den Apollines greift die griechische Kultur die Entwicklung zu einem reineren Menschendasein da auf, wo der Orient sie unvollendet gelassen hatte.«

dem »Apollinischen« dialektisch verknüpft blieb, die apollinische Schönheit aus Harmonie und Ordnung also nur noch als »gezähmter Schrecken« in Geltung bleiben sollte, nicht aber als Ausdruck jener »naiven« Menschlichkeit, durch die sich, so Eugen Diederichs Diagnose von 1908, die »unruhige Seele des Kulturbürgers« angesichts des »beginnenden Maschinenzeitalters« noch immer so gern beruhigen lassen wollte.[153]

Am Kern des Selbstverständnisses der Altertumswissenschaften rührte solches allerdings noch nicht. Das vermochte erst der dezidiert antihistoristische Zugang des Neohumanismus zur Antike, und auch hier kamen die entscheidenden Impulse von Nietzsche. Schon in der Tragödienschrift hatte dieser das historistische Erkenntnisprinzip kritisiert, wonach aktuelle Wertsetzungen möglichst ausgeschaltet und Vergangenheit allein aus der Vergangenheit, also etwa Homer nur aus Homer verstanden bzw. erklärt werden sollte. Solches nämlich führe, so Nietzsche auch in der »Zweiten unzeitgemäßen Betrachtung« »Vom Nutzen und Nachtheil der Historie für das Leben«, nur zu fruchtloser Wissensanhäufung, zu »Belehrung ohne Belebung« und löse also weder einen gesellschaftlichen oder künstlerischen Impuls aus noch gar die anfangs erhoffte Wiedergeburt der Tragödie.[154] Wie anders dagegen die Griechen! Sie erscheinen bei Nietzsche wie nach ihm bei den Neohumanisten als das wahrhaft gebildete Volk. Ihre »plastische Kraft« und ihr wahrhaft »unhistorischer Sinn« hätten Geschichte und Leben noch versöhnen können und in jene hohe Kultur überführt, an der es der Gegenwart so mangele.[155] Zwei Konsequenzen daraus zeichneten sich ab und fielen auf denkbar fruchtbaren Boden. Da ist einmal die von Nietzsche selbst bald verworfene, gleichwohl naheliegende Möglichkeit einer neuen »aesthetischen Wissenschaft«, die »logische Einsicht« mit »unmittelbarer Anschauung« verbinden und es unternehmen sollte, wie es im »Versuch einer Selbstkritik« zur Tragödienschrift heißt, »die Wissenschaft unter der Optik des Künstlers zu sehn, die Kunst aber unter der des Lebens.«[156] Eine solcher-

153 *Landfester*, Nietzsches Geburt der Tragödie, S. 106f. Zur Diagnose des unruhigen »Kulturbürgers« und dem verlegerischen Angebot darauf siehe *Diederichs*, Wege zu deutscher Kultur, S. 77. Daß solch klassizistische »Beruhigung« allerdings auch noch die vorsichtige Integration des Dionysischen vertrug, zeigt Alexander von Gleichen-Rußwurm, der Urenkel Schillers und spätere »Mäusebaron«, der einen Überblick über »Die Antike in der modernen Welt« (Der Kunstwart 21,2 (1908), S. 269–279) wie folgt schließen läßt: »Nicht Abwesenheit des Schmerzes, nicht leichtes Darüberhinweggleiten und Tändeln kennzeichnen hellenisches Wesen, sondern die befreiende Fähigkeit, aus Schmerz und schmerzlicher Erkenntnis Schönes zu schaffen. Der Ekel des Lebens wird durch den Zauberspruch der Kunst ferngehalten, das Friedliche der Natur verklärt, vermenschlicht, um das Grauen vor dem Unbegreiflichen zu mildern. Wir flüchten zur Antike wie zu einer erlösenden Macht und wenden uns, Schönheit suchend, aufs Neue, als Schutzflehende, zu den Altären ihrer Götter.«

154 *Nietzsche*, KSA 1, S. 245.

155 Ebd., S. 251, 273ff., 333f. u.ö.

156 *Nietzsche*, KSA 1, S. 14 u. 25.

art »neue Wissenschaft«, die nicht nur das Verhältnis von Historie, Kunst und Leben neu bestimmen sollte, sondern ebenso einen anderen Zugang zur Antike versprach, wurde denn auch eines der zentralen Fragen des Neohumanismus und wirkte tief hinein bis in die universitäre Philologie.[157] Die andere, radikalere, für Leute wie den jungen Benjamin freilich charmantere Konsequenz zielte dagegen auf die Umgestaltung der gesamtgesellschaftlichen Bildungsprozesse und setzte dabei auf eine neue jugendliche Elite, die noch nicht vom Übermaß der Historie erdrückt sei.[158] Es sei die »Mission« dieser Jugend, vermittels der Griechen wieder einen »überhistorischen Sinn« zu erlangen, die überkommenen Begriffe der »Bildung« zu zerschlagen und, statt historischer Gerechtigkeit gegen alles und jeden zu üben, wieder das Typische und Bedeutsame erkennen zu lernen. Nur bei einer solchen Jugend jedenfalls, so die Vision Nietzsches, könne in der Zukunft überhaupt noch auf eine Kultur gehofft werden.

Diese beiden Heilmittel gegen das Leiden an der »historischen Krankheit«[159] – zusammengerührt aus den Wirkstoffen der Jugend, des Lebens und der Kunst und dabei jeweils noch versetzt mit einem guten Schuß jener anderen Antike, die an den Gymnasien so bisher nicht vorkam – fanden nach 1900 regen Absatz und wurden wiederum in unzählige bildungs- und lebensreformerische Programme überführt. Daß ihnen diese Heil- oder Wunderkräfte aber zugeschrieben werden konnten, daß also gleichsam das Bedürfnis dafür vorhanden war, sich wiederum an einer spezifisch ästhetisch-philosophischen Graecophilie zu laben, verweist auf einen sozialgeschichtlichen Aspekt des Neohumanismus und die Antwort, die er auf die bürgerliche Bildungskrise um 1900 zu geben versprach.

Antwort auf die Bildungskrise

Wie oben beschrieben fand der Schulhumanismus in den bildungspolitischen Auseinandersetzungen der 1890er Jahre erst spät zu einer eigenen Position, die mehr wollte, als berufsständische Interessen zu verteidigen. Auf das diesen Bildungsdebatten zugrundeliegende Problembündel, also die massive Expansion der Schülerzahlen, die Qualifikationskrise in den akademischen Berufen sowie die Angst der bildungsbürgerlichen Eliten, mit der (relativen) Exklusivität des humanistischen Gymnasiums eine seiner wichtigsten Distinktionsmöglichkeiten zu verlieren, hatte er jedoch lange Zeit keine Antwort – und er mußte es zu-

157 Am bekanntesten sind wohl die Bemühungen des George-Kreises um eine »scienza nouva«, allen voran *Kahler,* Der Beruf der Wissenschaft. Siehe dazu auch *Pohle,* Krise, S. 41 ff. Zur Wirkung von Nietzsches Kritik am Historismus in der Philologie vgl. den Sammelband von *Flashar,* Altertumswissenschaft in den 20er Jahren, darin besonders die Beträge von *Hölscher,* Strömungen der deutschen Gräzistik, und *Henrichs,* Philologie und Wissenschaftsgeschichte.

158 *Nietzsche,* KSA 1, S. 324 ff.

159 Etwa ebd., S. 329, vgl. auch schon S. 246, wo vom »historischen Fieber« die Rede ist.

nächst ja auch nicht, schließlich gab es ja den von ihm letztlich mitgetragenen Versuch des Staates, die aufstiegswilligen bürgerlichen Mittelschichten durch die Verbreiterung und Versäulung des höheren Schulwesens auf andere Zweige desselben abzulenken. Da die soziale Durchmischung der Gymnasien jedoch anhielt und auch auf den Universitäten ein fundamentaler Wandel der Studentenschaft im Hinblick auf Frequenz, Verteilung auf die Fakultäten und Sozialstruktur stattfand, bedurfte es im etablierten Bürgertum »feinerer« Distinktionsstrategien. Eine solche war nun das eben auch bei Benjamin zu findende demonstrative Festhalten an einer unmodernen, ja »gegenwartsfeindlichen« Antike sowie einer Schulbildung, die keine »bequemen Kompromisse« mit der realen Welt der Arbeit (und der auf sie vorbereitenden Schulformen) machen sollte, eben weil man – z. B. zum assimiliert-jüdischen Großbürgertum in Berlin-Grunewald gehörend – selbst solche Kompromisse nicht eingehen zu müssen glaubte. Dies war natürlich ein Trugschluß, erst recht im Hinblick auf die mehr denn je umkämpften akademischen Berufspositionen, fügt sich aber doch ein in jenen Kontext aus Jugendmythos und elitären Gruppenbildungen, in dem der Neohumanismus gedieh.[160] Die Berufung auf die »Jugend« als einem höchsten und paradoxerweise statischen Ideal hatte unter anderem auch die Funktion, den gerade im akademischen Raum schlecht oder unbezahlten Phasen vor der ersehnten Berufung ein mehr als materielles Versprechen auf die Zukunft abzuringen, ja dieser beruflichen Warteposition, von der noch nicht einmal sicher war, ob sie überhaupt enden würde, einen Eigenwert zu geben. Und ganz ähnlich konnte die Bildung elitärer Gemeinschaften und Bünde, zusammengehalten vom Charisma eines Dichters wie George oder eines Pädagogen wie Wyneken, dazu dienen, das eigene, über tatsächliche Berufspositionen gerade nicht einzulösende bildungsbürgerliche Selbstverständnis zu stabilisieren, nach dem man nämlich einer, wenn nicht der eigentlichen Aristokratie angehöre.[161] Unter dieser Perspektive war der hierbei allgegenwärtige Bezug auf die Antike, deren kulturelle Jugendlichkeit und aristokratische Ideale also alles andere als kontingent, er trug vielmehr dazu bei, die Identität und soziale Position des Bildungsbürgertums sichern zu helfen.[162]

Jugendbewegung

Der Zusammenhang von neuerlicher Antikerezeption, Jugendmythos und bürgerlicher Identitätssuche begegnet aber auch noch unter einem weiteren Aspekt, nämlich dem der Jugendbewegung und des Wandervogels. Obgleich dieser Zu-

160 *Groppe*, Neohumanismus, Sp. 885 f.

161 Ebd. Zu diesem Selbstverständnis nicht nur der Jugend vgl. z. B. das trotz allem enthusiastische Lob des »deutschen Beamten-, Lehrer- und Geistlichen-Stand[es]« als der »berechtigste[n] Form der Aristokratie« bei *Schmoller*, Rez. zu Georges Blondel, S. 613.

162 *Groppe*, Diskursivierungen der Antikerezeption, S. 40.

sammenhang bisher noch kaum untersucht wurde,[163] so ist doch unstrittig, daß die Anfänge dieser bürgerlich-jugendlichen Laboratorien einer »anderen Moderne«[164] ebenfalls an den Berliner Gymnasien des Kaiserreichs lagen und die Protagonisten über einige, oft hervorragende Kenntnisse der Antike und ihrer Literatur verfügten. Wäre es da nicht naheliegend, daß auch die »andere Antike« in diesen Ideenkosmos aufgenommen wurde? Berührungspunkte zwischen dem hier gepflegten Jugendmythos, dem männerbündischen oder »dorischen« Leben sowie einer nicht nur durch die Schule, sondern ebenso durch Hölderlin, Nietzsche und George vermittelten Antike waren jedenfalls vorhanden, einschließlich einiger bündischer Fahrten ins »Hellas der Deutschen«.[165] In ihrem Einfluß auf Jugendbewegung und Wandervogel kaum zu unterschätzen ist zudem die neue Körperkultur, die ebenfalls im Reformmilieu jener Jahre entstanden ist.[166] Mit dem von ihr propagierten Zusammenhang von Jugendlichkeit und naturnaher, noch nicht entfremdeter Kultur, dem erneuerten Körperbewußtsein, erst recht aber mit ihrer Ästhetik der – alle sexuellen Implikationen negieren wollenden – Nacktheit knüpften ihre Protagonisten direkt an klassisch-antiken genauso wie an griechisch-archaischen Kulturelementen an. In illustrierten Zeitschriften wie »Deutsch-Hellas« (1907–1908), »Kraft und Schönheit« (1901–1928) oder der von Karl Vanselow herausgegebenen »Die Schönheit« (1902–1932) wurde das neue Ideal, das sich ebenso aus biologistischen, völkisch-rassistischen oder sexualreformerischen Quellen speiste, als ein vermeintlich altes und als Rückbesinnung auf griechische Vorbilder präsentiert und so für weitere bürgerliche Kreise akzeptabel und für deren wandernde Söhne zugänglich gemacht. Fidus' »Lichtgebet« – ein nackter, androgyner Jüng-

163 Abgesehen von den Rückblicken der 1920er Jahre bei Hans Blüher, Eduard Spranger oder Alfred Schmid ist dem Thema bisher kaum nachgegangen worden. Erst *Cancik,* Jugendbewegung und klassische Antike, hat sich ihm wieder ansatzweise genähert, betonte aber selbst das Lückenhafte und Hypothetische seiner Folgerungen, ja selbst seiner Fragen. Seitdem hat offenbar nur noch *Sünderhauf,* Griechensehnsucht und Kulturkritik, S. 139ff. den Themenkomplex berührt, dies allerdings unter dem Fokus der Lebensreformbewegung.

164 Für die Jugendbewegung gilt hier, was Florentine Fritzen für die Lebensreformbewegung festgehalten hat, nämlich daß diese alles andere als »antimodern« war, sondern mit ihrer im Ganzen doch sehr gemäßigten Kritik an den Zwängen des bürgerlichen »Berufsmenschentums«, dem kalkulierten (und noch von den Eltern goutierten) Ausbruch daraus und der Suche nach einer »anderen Moderne« wiederum zu einem Motor eben dieser Modernität werden konnte. *Fritzen,* Gesünder leben, S. 34–36.

165 *Cancik*, Jugendbewegung, S. 118–127 beschreibt drei Fahrten jeweils älterer Gruppen (Abiturienten und Studenten) aus den 1920er Jahren (zwei nach Griechenland, eine nach Paestum), wobei er betont, daß dies nicht Bildungsreisen im engeren Sinne waren, sondern, folgt man den stilisierten Fahrten- und Erinnerungsbüchern, geradezu »Weltanschauungs-(Wall-)Fahrten«.

166 Vgl. die einschlägigen Artikel in *Krebs/Reulecke*, Handbuch der deutschen Reformbewegungen, bes. »Freikörperkultur« (S. 103–114) sowie, den Bezug zur Antike herausstellend, *Sünderhauf,* Griechensehnsucht und Kulturkritik, S. 139ff.

ling in Rückenansicht – wurde geradezu zur Ikone der frühen Jugendbewegung und prägte, das zeigen zahlreiche Photographien dieser Pose, unmittelbar auch deren Körperbild.

Vor diesem Hintergrund gab es in den 1920er Jahren denn auch einige Versuche, diese »humanistische« Seite der Jugendbewegung stärker zu betonen, so etwa bei Eduard Spranger, der neben der »deutschtümelnden Bewegung« eben noch eine weitere Gruppe mit anderen historischen Anknüpfungspunkten ausgemacht haben wollte:

»Sie sagen von sich: ›Wir sind Hellenen.‹ Und sie denken dabei an Körperkultur mit stark ästhetischer Betonung, an Schönheit des Leibes und der Seele. Sie denken an das ›Gymnasium‹ im alten ursprünglichen Sinne des Wortes; d.h. sie wollen das Griechentum nicht bloß als Literatur, sondern als Lebensstil. Ihnen wird die griechische Kultur zu einem Vorbild der Kultur überhaupt.«[167]

Ganz ähnlich, wenn auch mit je anderen Absichten versuchten der Wandervogel und »Erotiker« Hans Blüher oder der aus der bündischen Jugend Basels kommende Naturwissenschaftler Alfred Schmid die Jugendbewegung zu deuten. Während dieser an ihr die »Sprengung« des bürgerlichen Bewußtsein und die »Auferstehung im Geiste dorischer Jugend« feierte, wollte Blüher an den hier entstandenen »Männerbünden« das Wirken des »pädagogischen Eros« entdeckt haben, den er wiederum unter Heranziehung verschiedenster antiker Traditionen zu rechtfertigen suchte.[168] Ob und, wenn ja, welche solcher antiken Traditionen bei der Genese oder Existenz der einzelnen Jugendbünde tatsächlich eine Rolle spielten, ist aufgrund der Quellenlage, vor allem aber ob ihrer großen Heterogenität kaum zu sagen, ganz unbedeutend dürfte ihre Rolle zumindest nicht gewesen sein. Ebenso sind konkrete Abhängigkeiten oder Einflüsse, an denen die Vermittlung antiker Themen sichtbar würde, zwar anzunehmen, aber eben doch nur schwer nachzuweisen. Von der Wirkung Georges etwa, um nur das bekannteste Beispiel zu nennen, wird so zwar immer wieder berichtet, sollen Gedichte aus dem »Siebenten Ring« oder dem »Stern des Bundes« ebenso zum Kanon der Jugendbewegung gehört haben wie dessen »Hellas ewig unsere Liebe« als eine ihrer Losungen. Gleichzeitig gab es beiderseitig aber doch auch »erhebliche Verkehrsschwierigkeiten«, erschien der George-Kreis mit seiner »antikischen Kühle« den Jugendbewegten als geistig zu prätentiös und diese wiederum George als zu ungebildet und roh, als daß ein – noch gar öffentliches – Aufeinanderzugehen möglich gewesen wäre.[169] Ganz ähnlich

167 *Spranger,* Humanismus und Jugendpsychologie, S. 24.

168 Siehe *Cancik*, Jugendbewegung, S. 127ff.

169 Zur Wirkung der Lyrik Georges wie auch zu den Vorbehalten gegenüber seinem Kreis vgl. etwa *Busse-Wilson,* Stufen der Jugendbewegung, S. 124ff. Die »Verkehrsschwierigkeiten« betont auch *Ziemer,* Verhältnis Jugendbewegung und Stefan George, S. 8. Eine Untersuchung

verhielt es sich auch mit anderen selbsternannten »Führern« der Jugendbewegung wie Wyneken oder eben Hans Blüher, die ihrerseits zwar stark mit antikisierend-reformpädagogischen Versatzstücken argumentierten, von denen aber ebenfalls unklar ist, inwieweit sie tatsächlich die überaus heterogene Jugendbewegung geprägt haben.[170]

Aufgrund vergleichbarer Unsicherheiten und notgedrungen hypothetischer Annahmen hat Carola Groppe das pädagogische Reformmilieu jener Jahre ebenfalls eher zurückhaltend als ein »gemeinsames Diskursnetz« beschrieben, in dem man zwar im Rahmen der Kulturkritik dieselben Gegner bekämpfte und sich dazu auf dieselben Autoritäten (v.a. auf Platon) berief, in dem das eigentlich Verbindende aber die gegenseitige Ablehnung und Konkurrenz im Kampf um die bürgerliche Jugend war.[171] Im »Diskursnetz« der Jugendbewegung nun, das sich mit dem der Reformpädagogik vielfach überschnitt, dürften Bezugnahmen auf die Antike ebenfalls eine solch allgemein autoritative Funktion gehabt haben, ohne daß sie jedoch wie die Bezüge auf die Romantik für die Bewegung konstitutiv geworden wären. Die Jugendbewegung bot also eher eine Art Resonanzraum für den ähnlich kulturkritisch gestimmten Neohumanismus, der aber immerhin doch so groß war, daß ihm auch Eugen Diederichs, gleichsam »der« Verleger der Jugendbewegung, ab 1908 mit einem eigenen Programmschwerpunkt Rechnung trug.

der Wirkung Georges auf die Jugendbewegung ist, obwohl vielfach unterstellt, allerdings noch immer ein Desiderat. Vgl. bisher abgesehen von den kurzen Bemerkungen bei Ziemer sowie bei *Riegger/Weise*, Stefan George und die Jugendbewegung, noch *Würffel*, Wirkungswille, bes. S. 51–79 und exemplarisch zum »Weißen Ritter« *Kolk*, Literarische Gruppenbildung, S. 441–449. Um den Einfluß bzw. zunächst einmal die Lektüre der Gedichte Georges oder antiker Autoren zu ermessen, könnte es sich allerdings als vielversprechend erweisen, die zahlreichen Alben und »Nestbücher« der einzelnen Jugendbünde genauer zu untersuchen, die im Archiv der deutschen Jugendbewegung, Burg Ludwigstein, gesammelt sind und in denen die gemeinsamen Lektüren oft sorgsam festgehalten wurden.

170 Eine Szene während des Treffens der Freideutschen Jugend auf dem Hohen Meißner 1913 mag dies zumindest in Frage stellen. Wyneken, der eigentlich unumstrittene Star des Treffens, war hier mit entsprechend großem Wickersdorfer Gefolge angereist und wollte dort seine reformpädagogischen Ideen anpreisen. Obwohl aber als einer der Hauptredner vorgesehen, fand er kaum mehr als vierhundert Zuhörer, während der große Rest seine Freiheit auf dem Festplatz genoß und von dort der immer gleiche Refrain von »Tanzen sieben Zwerge, simserimsimsim« hinüberschallte. Noch tagelang soll Wyneken von einem nicht enden wollenden »Bummsfallera, bummsfallera!« in den Ohren gepeinigt und um den Schlaf gebracht worden sein. Vgl. *Walter*, Tanzen sieben Zwerge, bummsfallera, S. 7, der diese Szene schildert und die Bedeutung der emotionalen Momente (das sich aufhellende Wetter nach dem Aufstieg, die Flirts!) ohnehin über die der Vorträge stellt.

171 *Groppe*, Stefan George, S. 311 f. Bestätigung findet das auch schon bei *Busse-Wilson*, Stufen der Jugendbewegung, S. 129, die dem »Geheimgut« des George-Kreises jede Exklusivität abspricht, es vielmehr zum »Gesamtsehnen einer ganzen Generation Deutscher seit der Jahrhundertwende« erklärt.

Frauenverachtendes und männerliebendes Griechentum

Die Entdeckung einer »anderen Antike« wurde schließlich aber noch unter einem weiteren Aspekt bedeutsam, ohne den weder die anfängliche Genese noch die Reichweite des neohumanistischen Diskurses zu erklären wäre und der somit auch in Benjamins kurzem »Gymnasialprogramm« nicht fehlen durfte. Wenn dieser nämlich den Klassizismus Winckelmanns zum »fatalen Inventar der höheren Töchterbildung« erklärt, das Gymnasium auf das »frauenverachtende und männerliebende Griechentum des Perikles« gründen oder aber das platonische Symposion zur zentralen Unterrichtslektüre machen will, dann mochte daran zwar manches noch der spätpubertären Lust an der Provokation geschuldet gewesen sein, es spiegeln sich darin aber eben auch einige der Frontlinien des Geschlechter- und Homosexuellendiskurses der Jahrhundertwende und mit ihnen ein spezifisch homoerotischer Zugang zur Antike, der sich mit dem programmatischen Antike-Bezug des Neohumanismus in mehrfacher Hinsicht verband.

Mit den 1890er Jahren hatte sich das Verhältnis der Geschlechter noch einmal in einer bis dahin ungeahnten Weise verändert: höhere Schulen und Universitäten begannen sich nun auch Frauen zu öffnen, die Erwerbstätigkeit von Frauen nahm zu und verlagerte sich von den traditionellen Bereichen in Landwirtschaft, Haus und Wohlfahrt hin zu modernen Sektoren der Industrie, des Handels und des Verkehrs. Damit einher ging sodann nicht nur ein zunehmender Organisationsgrad der Frauen in allen Arten von Berufs- und allgemeinen Interessenverbänden, die verbesserte Ausbildung und die Erwerbschancen zunächst noch privilegierter bürgerlicher Frauen führte auch dazu, daß sich erstmals in größerem Umfang Alternativen zur traditionellen Versorgungsehe auftaten, mithin die »Frauenfrage« zu einer Infragestellung auch des traditionellen Geschlechterverhältnisses wurde. Im ideologischen Antifeminismus des Kaiserreichs, in dem diese Entwicklung als ein weiterer »Ordnungsverlust« wahrgenommen und darum oft mit fundamentaler Modernitätskritik verbunden wurde, entwickelten sich um die Jahrhundertwende denn auch zahlreiche Ansätze, um diesen Problemen »Herr« zu werden und also den »natürlichen Unterschied« zwischen den Geschlechtern wiederherzustellen.[172] Neben die politischen oder institutionellen Abwehrstrategien traten hierbei die intellektuellen Konstruktionen dualer Geschlechtscharaktere, konnte etwa Heinrich von Treitschke vor großem Publikum über den Zusammenhang von weiblichen und männlichen Epochen schwadronieren[173] oder Julius Langbehn in seinem Musterbuch des bürgerlich-antiliberalen Kulturpessimismus den vermeintlichen Niedergang der Gegenwartskunst mit dem Überhandnehmen eines »weiblichen

172 Vgl. nur *Planert*, Antifeminismus im Kaiserreich, und *dies.*, Kulturkritik und Geschlechterverhältnis.

173 *Treitschke*, Politik, S. 241 ff.

Tons« in ihr in Zusammenhang bringen.[174] Ein anderer, radikalerer Weg, dieser »Krise der Männlichkeit« zu begegnen, fand sich dagegen im Umfeld der männerbündischen Gemeinschaften, die sich in Jugendbewegung und George-Kreis bildeten und die nach der Jahrhundertwende auch ihre theoretische Begründung fanden.[175] Noch bevor diese homosoziale Vergemeinschaftungsform durch den Ersten Weltkrieg und die Erfahrung der Schützengrabengemeinschaft gesellschaftlich geadelt und zu einem breiten politischen Phänomen werden sollte, wurde über das verbreitete antifeministische Ressentiment hinaus ein Kult der Männlichkeit und des männlichen Eros kultiviert, der nicht nur die Brücke zum Homosexuellendiskurs schlug, sondern der sich auch durch ein besonderes Maß an neuerlicher Graecophilie auszeichnete.

Vorreiter hierbei war die von Adolf Brand seit 1896 herausgegebene Zeitschrift »Der Eigene«, die noch vor der Jahrhundertwende von einem anarchistisch-individualistischen »Blatt für Alle und Keinen« zum Sprachrohr einer Bewegung für »männliche Kultur« avancierte. Dieser Bewegung, zu der auch »Maskulinisten« wie Gustav Jäger oder Benedikt Friedländer gezählt werden können,[176] ging es um zweierlei: angesichts der immer weiter fortschreitenden und als bedrohlich empfundenen Emanzipation der Frau hielten sie es grundsätzlich für geboten, nun auch für die »Emanzipation des Mannes« einzutreten.[177] Dazu gehörte, die angeblich »weibliche Vorherrschaft« des dekadenten Geschmacks zu brechen und die »männliche Schönheit« nicht nur als gleichberechtigt anzuerkennen, sondern sie der weiblichen als gesünder, moralischer und reiner, kurz als »klassischer« gegenüberzustellen.[178] Während sie nun mit dem Deutungsmuster gesunder

174 *Langbehn*, Rembrandt, S. 312f.

175 Siehe zu diesem Komplex zuletzt v.a. *Bruns,* Politik des Eros, und *dies.*, Eros, Macht und Männlichkeit, sowie dann noch *Reulecke,* Das Jahr 1902; *Sombart,* Männerbund und Politische Kultur; *Widdig,* Männerbünde um 1900. Zur »Krise der Männlichkeit« vgl. *Mosse,* Das Bild des Mannes, bes. S. 107–142.

176 Vgl. *Bruhns*, Politik des Eros, S. 138–162 sowie zum Begriff der »Maskulinismus« auch *Hewitt,* Die Philosophie des Maskulinismus, S. 37f. u. *ders.*, Political Inversions, S. 79–129.

177 *Kupffer,* Lieblingsminne, S. 182f.

178 Ebd., S. 187 u. *Graevell,* Die Bedeutung des Griechentums, S. 134, der gegenüber der »männlichen Periode« Griechenlands in der Gegenwart das »unwürdige Kriechen vor dem Weibe« beklagt: »Heute schämt sich ein Mann, wenn er schön genannt wird; denn nur ein Weib darf schön sein. [...] Platon sagt freilich, der Mann sei schöner als das Weib, weil das Edle naturgemäss eine vollkommenere Erscheinung zur Schau tragen müsse.« Immerhin, so Graevell weiter, »waren damals offenbar beide schön«, dem heutigen »Weib« fehle es dagegen ganz an Scham und Zurückhaltung: »Sollte es nicht auch von den züchtigen Griechinnen lernen können?« Der Text erschien so gleichzeitig übrigens auch in den Bayreuther Blättern (Jg. 28 (1905), S. 31–45), und ist, zumal er noch für eine »strenge Rassenkultur« eintritt, neben Benedict Friedländer und Hans Blüher eine weiteres Beispiel für den eigenartigen homosexuellen »Zurück-nach-Hellas-Antisemitismus«. Vgl. dazu auch *Keilson-Lauritz,* Hellas und Jerusalem. S. 78f. Zu Männerkult und Schönheitsdiskurs siehe auch *Sünderhauf,* Griechensehnsucht und Kulturkritik, S. 196ff.

Männlichkeit und dekadenter Weiblichkeit am antifeministischen Konsens anschließen konnte, ging die zweite Forderung dieser Bewegung, die auf die »Gerechtigkeit griechischer Tage« und die »Wiedergeburt hellenischer Schönheitsideale« zielte,[179] klar über diesen hinaus. Mit solchen Formulierungen immer haarscharf an den strafrechtlichen Bestimmungen des § 175 entlang sollte Homosexualität nämlich nicht einfach nur legalisiert, sondern dem »mann-männlichen Eros« als einem natürlichen Trieb und zentralen Faktor jeder Kultur- und Staatsbildung auch darüber hinaus gesellschaftliche Anerkennung verschafft werden. Im Gegensatz zu Magnus Hirschfelds Wissenschaftlich-humanitärem Komitee und dessen Zwischenstufentheorie setzte man hierbei nicht auf das Mitleid mit einem nun einmal unheilbar veranlagten »dritten Geschlecht«, hielt man, wie Elisar von Kupffer bündig formulierte, alle noch so sexualwissenschaftlich vorgetragenen Argumente schlicht für »Krankheitsgedusel«.[180] Statt dessen wurden gleich einem »Sonnenstrahl aus der Wirklichkeit unserer historischen Entwicklung« vom demselben Autor die besonderen Kulturleistungen homosexueller Männer seit der Antike beleuchtet,[181] wurde der (sublimierte) männliche Eros zum Ausgangspunkt aller über die Familie hinaus gehender Sozialformen erklärt und, so vor allem Blühers Mantra, der männliche Freundschaftsbund zu dem Ort stilisiert, an dem die männliche Elite des Volkes erst zur vollen schöpferischen Tätigkeit befreit würde.[182] Nicht als »Effiminierte« oder eben als verweichlichtes »drittes Geschlecht« sollten mannliebende Männer betrachtet werden, sondern im Gegenteil gerade als Repräsentanten einer hypermännlichen und darum besonders staatstragenden Kultur.[183]

In dieser dezidiert historisch-kulturellen Argumentationsstrategie spielte die griechische Antike als Legitimationsepoche von Anfang an eine herausragende Rolle. Denn einerseits erlaubte die Sublimierung von Homoerotik und Homosexualität zu »griechischer Liebe« die im wilhelminischen Deutschland gesellschaftlich unabdingbare Maskierung der eigenen sexuellen Disposition, machte die antike Ästhetik möglich, was sonst der Zensur anheimgefallen wäre. Andererseits bot sie aber auch die Möglichkeit, hieran ein eigenes Signalsystem festzumachen, über das dann eben doch entsprechende Themen relativ offen verhandelt werden konnten.[184] Vor allem jedoch – denn homosexuelle Bildungs-

179 *Brand,* Über unsere Bewegung, S. 100 f.

180 *Kupffer,* Lieblingsminne, S. 184 f.

181 Ebd. Vgl. besonders dessen hierauf folgende Anthologie über »Lieblingsminne und Freundesliebe in der Weltliteratur« (Leipzig 1900).

182 *Blüher,* Führer und Volk, S. 8.

183 Vgl. *Bruns,* Der homosexuelle Staatsfreund, S. 106. Zum Verhältnis der beiden Lager siehe im selben Band auch den Beitrag von *Keilson-Lauritz,* Tanten, Kerle und Skandale.

184 Siehe hierzu *Keilson-Lauritz,* Maske und Signal – Textstrategien der Homoerotik; *dies.,* Maske und Signal. Ein Modell homoerotischen Schreibens und Lesens, sowie zur Funktion Griechenlands als Signal *dies.,* Hellas und Jerusalem, S. 70–72. Daß dieser Hellas-Code kei-

bürger blieben immer noch Bildungsbürger – bedeutete die Selbstthematisierung als »neue Hellenen« auch eine nicht zu unterschätzende historische Selbstvergewisserung, bot sie einer tatsächlich durch das Strafrecht und vermeintlich durch die Frauenbewegung gefährdeten Identität Halt durch das Bewußtsein, daß es zumindest in der Antike doch einmal »anders« gewesen war.[185] Die Verteidigung des »*idealen* Freundschaftskultes im Sinne der alten Griechen«[186] war für die »Maskulinisten« daher ebenso zentral wie die Bezüge auf berühmte antike Freundespaare oder homoerotische Konstellationen, die sich als Beispiele eines »(ächten) Patriotismus und (ungeheuchelter) allgemeiner Menschenliebe« anführen ließen, also etwa auf Harmodios und Aristogeiton, auf Sokrates und Alkibiades oder auf die »heilige Schar« der Thebaner.[187] Wenn man sich nun vergegenwärtigt, wie stark dieser Hellas-Code bereits um 1900 ausgeschrieben war, welchen Signalcharakter also »Griechentum«, »Hellas« und die »neuen Hellenen« im entsprechenden Kontext besaßen, so erscheint es in der Tat wenig plausibel anzunehmen, daß nicht auch einige der um 1900 formulierten Losungen oder, um mit Fleck zu sprechen, der »Kampfrufe« des Neohumanismus – besonders Georges »Hellas ewig unsere Liebe« oder die Vision, »dass ein Strahl von Hellas auf uns fiel…« – auf eben diesen Code rekurrierten.[188] Zwar war ge-

neswegs nur in Deutschland notwendig und gebräuchlich war, zeigt *Dowling*, Hellenism and homosexuality.

185 So etwa in dem programmatischen Gedicht »Die neuen Hellenen« (1898) von Josef Kitir, hier zit. nach der hymnischen Rezension von Roessler in: Der Eigene 2 (1898), S. 98 f.: »Wie noch spät im Herbstesweben / Falter durch die Lüfte schweben / Aus des Lenzes Seligkeit, / Kreuzen Menschen meine Bahnen, / Die mich wunderbar gemahnen / An der Menschheit Frühlingszeit. / Schön gepaart dem männlich harten, / Seh ich einen milden, zarten, / Weiblich sanftgestimmten Sinn, / Doppelseelen, voll und echter, / An der Grenze der Geschlechter / Wandeln schwankend sie dahin. […] Aber wie auf hohen Firnen / Liegt's auf ihren Götterstirnen / Wie ein Sonnenblick des Ruhms, / Wie ein Zug, ein alltagsscheuer, / Wie ein heiliger, ein neuer, / *Hoher Strahl des Griechentums.*« [Herv. R. P.] Vgl. auch Kitirs Gedicht »Eros im Bordell«, in: Der Eigene NF 1 (1899), S. 10 f., in dem der Eros, der »schon in Platos Götterhaupte« wohnte und »aus Shakespeares und aus Platens Mund« gesprochen habe, nun auch ein Männerpaar der Gegenwart sich im Bordell »erkennen« ließ und das wie folgt schließt: »Doch sieh', der Tag bricht an, und ins Gedränge / Geh'n wir hinaus, traumselig, wie geweiht, / Und schreiten hin durch der Barbaren Menge / Gleich einem Paar aus Hellas schönster Zeit!«

186 *Bab*, Frauenbewegung und männliche Kultur. Bab ist übrigens eine der wenigen Stimmen, die ihr Hohelied der männlichen Kultur nicht mit der Ablehnung der Frauenemanzipation verbinden, weil für ihn die »Verachtung des Weibes« nur die Kehrseite des ungelösten »geschlechtlichen Problems« darstelle, zu der eben auch die Verkennung der »Lieblingsminne« gehöre (ebd., S. 399 f.).

187 Vgl. *Friedländer*, Die Renaissance des Eros Uranios, S. X. *Kupffer*, Lieblingsminne, S. 185 ff. bringt noch weitere Beispiele.

188 Vgl. die Spurensuche bei *Keilson-Lauritz*, Hellas und Jerusalem, S. 70–72 sowie *dies.*, Maske und Signal. Ein Modell homoerotischen Schreibens und Lesens. Zum Losungscharakter vgl. den Rückblick auf die neue geistige, an der Antike anknüpfende Bewegung durch

rade George stets sehr darauf bedacht, sich von der Homosexuellenbewegung abzugrenzen, ließ er jeden, der wie Blüher unter Berufung auf Platon und ihn selbst das erotische Ideal der Jugenderziehung verkündete, schroff als einen »Süchtling« brandmarken, der diese hohen Ideale »zu persönlichen Reizungen« mißbrauche.[189] Gleichwohl sind die diskursiven Affinitäten und die gemeinsamen Rezeptionsformen mehr als augenfällig,[190] fügt sich nicht zuletzt auch der homoerotisch aufgeladene, darin aber längst nicht aufgehende Kult des Jünglings (bei George konkretisiert im Kult um »Maximin«) in genau dieses Rezeptionsmuster:[191] Beflügelt durch die archaischen Jünglingsdarstellungen und deren Verknüpfung mit kulturellen Frühlingsvorstellungen wurde dieser zur Symbolgestalt unterschiedlichster künstlerischer oder religiöser Erneuerungsbestrebungen genauso wie der homosexuellen Emanzipationsbewegung, verkörperte er das Wiederaufleben eines spezifisch deutschen Idealismus und der ihm verschwisterten klassizistischen Ästhetik, aber eben auch die »ästhetische Sublimation des Erotischen«, durch die der Zwang zum Verschweigen des »offenen Geheimnisses« unterlaufen werden konnte.[192]

So ähnlich sich die Rezeptionsformen solch »neuerwachter Liebe zum Altertum« aber auch waren und so eng verwoben das diskursive Feld zwischen Neohumanismus und den diversen sich auf die Antike beziehenden Erneuerungsbewegungen der Jahrhundertwende, außer der auch bei Benjamin anklingenden »Ahnung«, daß sich aus einer anderen Antike als der des »verwaschenen Schulhumanismus« auch eine andere Gegenwart erschließen ließe, hatten diese thematisch doch noch recht wenig gemein, war gar von einem einheitlichen Denkstil kaum zu reden. Daß sich dies nun möglicherweise mit Platon verändern könnte, daß sich durch ihn ein neues Bild der Antike, vor allem aber neue Perspektiven auf die Probleme der Gegenwart gewinnen ließen, dafür hatte wiederum als einer der ersten der Verleger Eugen Diederichs das richtige Gespür.

Kranz, Die neue Pforte, S. 1: »Man hat ihr wohl gelegentlich den Namen ›Junghumanismus‹ gegeben und als ihr Kennwort kann man den Spruch des Dichters Stefan George bezeichnen, der verkündet, Eine kleine schar zieht stille bahnen / Stolz entfernt vom wirkenden getriebe / Und als losung steht auf ihren fahnen, / Hellas ewig unsre liebe.«

189 *Wolters,* George, S. 519f.

190 So zuletzt noch einmal *Bisno,* Stefan George's Homoerotic Erlösungsreligion.

191 Zum Kult des Jünglings zwischen Jahrhundertwende und HJ siehe besonders *Sünderhauf,* Griechensehnsucht und Kulturkritik, S. 211–239.

192 So *Detering,* Das offene Geheimnis, S. 333.

1.3.2 Platon für die Gegenwart

Diederichs war im Oktober 1902 zu einer lang ersehnten Griechenlandreise aufgebrochen, die ihn in vierzehn Tagen über Wien und Budapest und sodann über Fiume, Triest und Korfu nach Athen brachte.[193] Er versprach sich von dieser Reise, wie so manch anderer Südeuropareisende in dieser Zeit, eine Beruhigung seiner »Nerven«. Nach eigener Auskunft fand er »im pantheistischen Naturgefühl der Griechen« dann tatsächlich so etwas wie ein seelisches Ideal, zumindest zeigte er sich aber nachhaltig beeindruckt von der griechischen »Phantasie«, die »die Erscheinungen u. Wirkungen der Natur zu göttlichen Personen gestaltete u. sie so der menschlichen Empfindung nahe brachte.« Nach der Rückkehr und von den Eindrücken der Reise ebenso beflügelt wie vom ökonomischen Erfolg seines Verlages mit Maurice Maeterlincks symbolistischen Drama »Monna Vanna« ging Diederichs nun sofort daran, auch sein eigenes Programm für »Religiöse Kultur« mit entsprechenden Ausgaben zu unterfüttern, die beides, also griechische »Religion« und ästhetischen Anspruch zu verbinden versprachen. Angeregt durch die beiden Philosophen Leopold Ziegler und Erwin Kirchner, mit denen er in engem brieflichen Kontakt stand, kam er dabei sehr schnell auf Platon zurück und zog diesen allen anderen angedachten philosophischen Neuausgaben seines Verlages vor. Der Erfolg des Maeterlinck zeige ihm einfach, so Diederichs mehrfach, »daß jetzt der Boden für Platon da ist«.[194] In einem Buchhandelsprospekt von 1903 verkündet er denn auch bereits: »Die platonischen und stoischen [das sind Marc Aurels »Selbstbetrachtungen«, R. P.] Ideenkreise durch künstlerische Ausgaben ohne alles philologische Beiwerk wieder lebendig zu machen, bedeutet dem individuellen religiösen Leben fruchtbare philosophische Ideen zuzuführen.«[195] Daß es sich hierbei keinesfalls um fachphilosophische oder philologische Ausgaben handeln dürfe, hatte schon Kirchner angemahnt: »Es fehlt [längst] an einer guten Übertragung und etwas wie die Liebesmystik des Symposion oder der Phädros würde alle Künstler entzücken.«[196] Kirchner war es auch, der mit Diederichs die möglichen Übersetzer einer solchen Vergegenwärtigung oder »Verdeutschung« Platons diskutierte und dazu neben dem ablehnenden Wilamowitz – diesem, so Kirchner, in der Gegenwart »auf griechischem Gebiet einzigen den Schlegels kongenia-

193 Zu den biographischen Details und den Schilderungen in seiner autobiographischen Skizze »Lebensaufbau« vgl. die umfangreiche Studie von *Heidler*, Eugen Diederichs und seine Welt, S. 54 f. sowie *Werner*, Moderne in der Provinz, S. 63 ff.

194 Vgl. den Brief an Arthur Drews vom 21.01.1903, in: *Diederichs*, Leben und Werk, S. 72.

195 Zit. nach *Heidler*, Eugen Diederichs, S. 329.

196 Brief an Eugen Diederichs vom 15.02.1903, zit. nach *Heidler*, Eugen Diederichs, S. 329.

len Übersetzer«![197] – auch Rudolf Kassner vorschlug, der sich schließlich bereit fand und zum Glücksfall für den Verlag werden sollte. Zwischen 1903 und 1906 erschienen also von Kassner »verdeutscht« die ersten vier von elf Bänden der neuen Platonausgabe,[198] das Gastmahl, der Phaidros, die Dialoge Ion, Lysis und Charmides sowie der Phaidon und Diederichs ist ganz begeistert: »Seit Schleiermacher versucht nach ca. 100 Jahren zum ersten Mal wieder die Kassner'sche Platonübersetzung dem großen Publikum nahezukommen, [...] er vermeidet jedes Philologische und fußt auf dem feinsten künstlerischen Sprachgefühl, so daß man seine Übertragungen Umdichtungen nennen kann.«[199] Tatsächlich schien Diederichs mit solcherlei Platon-»Umdichtungen« den Nerv eines breiten bildungsbürgerlichen Publikums getroffen zu haben, boten sie doch relativ preiswerte und zugleich typographisch ansprechende Leseausgaben, die zudem auf alles Oberlehrerhafte verzichteten.[200] Zwar liegen für die ersten Jahre keine Absatzzahlen vor, doch selbst noch nach 1917, also 15 Jahre nach Erscheinen der ersten Ausgaben, werden immer noch jährlich weit über 1000 Exemplare des Symposion abgesetzt, so daß die Gesamtauflage allein dieses Bandes bis zum Ende der 1920er Jahre auf über 35.000 Stück steigen wird.[201]

Während die etablierte Fachöffentlichkeit hierüber die Nase rümpfte und immer wieder das »verzückte Gestammel« der Übersetzung sowie den Mangel an

197 Ebd. Vgl. auch den Brief an Ulrich von Wilamowitz-Moellendorf vom 24.02.1903, in: *Diederichs*, Leben und Werk, S. 74, der betont, daß die »Verdeutschung« Platons »nicht philologisch, sondern künstlerisch« sein solle.

198 Zwischen 1908 und 1910 folgen dann die übrigen Ausgaben, übersetzt von Karl Preisendanz und Otto Kiefer.

199 So Diederichs selbst in: Der Verlag Eugen Diederichs in Jena, Verlagskatalog 1904, S. 10.

200 Besonders deutlich wird dies im Kontrast zu den zeitgleich erhältlichen und insgesamt textgetreueren Neuübersetzungen des Symposions von Oskar Linke (Halle 1901) oder Arthur Jung (Leipzig 1880/^{2}1900). Beide distanzieren sich schon im Vorwort von Platon, weil sie ihn vom Standpunkt des Realismus aus philosophisch für überwunden halten (Jung) oder sich ihnen ob seines »Grundirrtums«, nämlich Männerfreundschaft mit Liebe verwechselt zu haben, ein »himmelweiter Abgrund« des »Gemütslebens« auftat (Linke). Linkes Übersetzung richtet sich zudem ausdrücklich an jene Leser, die ihr »Hellenisch« mit der Zeit vergessen haben, die aber noch einmal in den ästhetisch-philosophischen Genuß dieses »unsterblichen« Gastmahls gelangen wollen.

201 Die anderen Platonbände fielen dagegen zwar deutlich ab, in den zwei »Erfolgsjahren« 1920/21 kamen auch sie aber auf einen Absatz von jeweils über 1000 Exemplaren pro Jahr. Der Preis der Bände betrug jeweils 2 Mark, es gab jedoch auch numerierte Vorzugsausgaben auf japanischem Büttenpapier, gebunden in Glanzpergament für 20 Mark – und auch die wurden zum Leidwesen Constantin Ritters (Jahresbericht über die Fortschritte der klassischen Altertumswissenschaft 47 (1921), S. 2 f.) gekauft: »So zieren in der Tat die schrecklichen Büchlein die schönwissenschaftliche Bibliothek so manchen reichen Hauses.« Zu den Absatzzahlen siehe *Heidler*, Eugen Diederichs, S. 332, Anm. 553 u. *Triebel*, Der Eugen Diederichs Verlag, S. 408 f.

Geschmack, Stilgefühl und vor allem an »philologischer Schulung« beklagte,[202] waren die Reaktionen unter den »künstlerisch veranlagten Menschen«, auf die Diederichs zielte,[203] durchweg positiv. Nicht nur Thomas Mann zählte sie ausdrücklich zu den besten Ausgaben, die der Büchermarkt hergebe, auch Kurt Hildebrandt lobte sie im Rahmen des ihm Möglichen und gab ihnen sogar im Namen jenes »Kreises von Gebildeten«, der bereit und »fähig ist, die platonische Welt sich einzugliedern,« das gleichsam offizielle Placet des George-Kreises.[204] Daß diese Ausgaben dann, wie Blüher später behauptete, auch in der Jugendbewegung geradezu »verschlungen« wurden,[205] war insofern nicht ganz unwahrscheinlich, immerhin gibt auch ein Tagebucheintrag Franz Rosenzweigs aus dem Jahre 1906 einen Eindruck von deren Stellenwert unter jungen Intellektuellen: »Seit Wochen bin ich geil auf die neuen Diederichschen Platondialoge: Ion, Lysis, Charmides. [...] Platon verdanke ich – als reines Geschenk – die Ästhetik, ich meine: die Lehre vom Schönen, die mich völlig befriedigt.«[206]

Der Nachsatz Rosenzweigs war dabei symptomatisch. Denn die Perspektive, unter der Platon hier verlegt und größtenteils auch rezipiert wurde, war doch noch überwiegend ästhetisch, weshalb anfangs selbst Kassner und Diederichs skeptisch blieben, was die Ausgabe etwa der Politeia anbelangte.[207] Hierzu paßt auch, daß Platon im Verlagsprogramm zunächst sehr offensiv von den Vorlesungen des englischen Ästhetizisten Walter Pater flankiert wurde. Dessen

202 So die Rezensionen von *Gomperz*, Deutsche Literatur, oder rückblickend *Ritter*, Jahresbericht, S. 2f.

203 So im Brief Eugen Diederichs an Otto Immisch (und nicht an Jimmisch!) vom 23.09.1910, zit. nach *Diederichs*, Selbstzeugnisse und Briefe von Zeitgenossen, S. 191. Immisch hatte sich bei Diederichs erkundigt, warum er sich verlegerisch für die Antike engagiere und wie sich das Publikum dazu verhalte. Diederichs hob daraufhin neben dem Interesse für Mystik besonders den Einfluß Nietzsches hervor, machte aber für das Interesse an Platon noch einen anderen Grund geltend: »Von Platon geht besonders das Gastmahl, was sicher mit auf ein großes Interesse der Homosexuellen zurückzuführen ist. Ich habe überhaupt die Meinung, daß diese Kreise bei Plato sehr interessiert sind, so daß ich auch bei ihm von einem Erfolg reden kann.« Obschon er Diederichs Verlagstätigkeit wenig später als einen Faktor für die neuerliche Antikenrezeption anführte, griff *Immisch*, Das Erbe der Alten, S. 30 diesen Grund – natürlich möchte man sagen – nicht auf.

204 *Hildebrandt*, Plato für die Gegenwart, bes. S. 451ff. Vgl. auch die Antwort Manns auf eine Umfrage vom 14.11.1911 bei *Heidler*, Eugen Diederichs, S. 333: »Unter den Neuerscheinungen auf philosophisch-religiösem Gebiet sind weitaus die schönsten die ältesten, Plato's herrliche Dichtungen nämlich, – das ›Gastmahl‹, der ›Phaidros‹, um die mir nächsten und teuersten zu nennen, in der schönen, unendlich dankenswerten Übersetzung von Rudolf Kassner, erschienen bei Eugen Diederichs in Jena. Das sind ›wirklich gute Bücher unseres heutigen Büchermarktes‹ – mehr noch, es sind die besten.«

205 *Blüher*, Die Nachfolge Platons, S. 594.

206 *Rosenzweig*, Briefe und Tagebücher, S. 45.

207 Vgl. den Brief Kassners an Diederich vom 30.11.1907, zit. nach *Diederichs*, Selbstzeugnisse, S. 169. Die Ausgabe kam dann so auch nicht zustande, die Übersetzung übernahm Karl Preisendanz.

Vorlesungen unter dem Titel »Plato und der Platonismus« wollten ausdrücklich nichts »neues« zur Platonforschung beitragen, wollten keine strittigen Fragen der Platonkritik lösen, sondern diesem ›lediglich‹ eine neue »Form« geben, einen Eindruck verschaffen von der ästhetisch ebenso eindrucksfähigen wie ausdrucksstarken Persönlichkeit Platons und seiner daher stets reizvollen und niemals bloß theoretischen Idealgestalten. Was Pater vor allem faszinierte, war das scheinbar Paradoxe dieser Persönlichkeit: »Er, der das Sinnliche liebte, wird ein Liebhaber des Unsichtbaren, aber Liebhaber bleibt er wie zuvor, und überträgt alle Ideenverbindungen der sichtbaren Welt auf die Welt des intellektuellen Schauens, der θεωρία.«[208] Im Kampf der »Lebensmächte« habe bei ihm nicht das sokratische Asketentum die Oberhand gewonnen, sondern die Empfindlichkeit seiner Sinne und die Feinheit seiner Beobachtung:

»Das Auge, das unaufhaltsam, scharf und lebhaft die physischen Erscheinungen beobachtet hat, wirkt fort, und weil Plato so vermöge seiner eignen Aufnahmefähigkeit für die Sinnenwelt das manichäische oder puritanische Element in Sokrates eingeschränkt hat, konnte der Platonismus ein bedeutender Beitrag und eine mächtige Ermunterung werden zur Befreiung des Stoffes, der Welt der Sinne, durch die Künste, durch jede Art von richtiger Erziehung, durch die Glaubenssätze und den Dienst der christlichen Kirche – ein Beitrag und eine Ermunterung zur Ehrenrettung der Würde des Körpers.«[209]

Platonismus, die Dogmen der christlichen Kirche und die Befreiung der Sinne und des Köpers – dies alles positiv in einem Satz unterzubringen, war um 1900 nur wenigen vergönnt und wäre ohne die besondere englische Tradition der Cambridge Platonists auch kaum denkbar.[210] Es gelang aber eben auch deshalb, weil Pater auf eine konsequente Ästhetisierung setzte, weil bei ihm alles auf die platonische Schönheitslehre zulief und von dort aus seine Rechtfertigung erhielt. Ως φιλοσοφίας μεν οὔσης μεγίστης μουσικῆς (»Weil die Philosophie die höchste Kunst ist«) – das Motto des Buches, das Pater dem platonischen Phaidon entnahm, deutet dessen gewollte Einseitigkeit schon an: seine Darstellung Platons als eines künstlerisch empfänglichen Romantikers auf dem Philosophenthrone[211] und die Reduktion des Platonismus auf eine spezifische »Gemütsart«, »auf eine besondere Art und Weise zu denken, zu fühlen und zu sprechen«,[212] wollte nicht Wissenschaft oder Philosophie im herkömmlichen Sinne liefern, noch gar deren »Historie«. Paters Vorlesungen waren vielmehr,

208 *Pater*, Plato und der Platonismus, S. 168.

209 Ebd., S. 169.

210 Vgl. zum Kontext *Glucker*, Plato in England.

211 Ebd., S. 232. Die Romantik kommt dabei ins Spiel auch durch die Rezeption von Karl Ottfried Müllers Buch über »Die Dorer« (2. Aufl 1844), auf das Pater mehrfach im Lakedämon-Kapitel verweist und das auch seiner Dorer-Ionier-Unterscheidung im Charakter Platons zugrunde liegt.

212 Ebd., S. 174.

wie es auch der Übersetzer Hans Hecht im Vorwort schrieb,[213] ein »Glaubensbekenntnis« an Platon und die Schönheit und dabei in sich so geschlossen und voller Liebe zu ihrem Gegenstand, daß sich dem selbst so mancher Fachgelehrter nicht entziehen konnte.[214]

Für Diederichs hatte dieses Bekenntnis aber noch eine andere Seite, und auf die setzte er ebenso wie auf den Ästhetizismus. Für ihn offenbarten Paters Vorlesungen nämlich bereits jene neue »Stellung zum Griechentum«, von der auch er sich zeitweise einen Ausweg aus der »heutigen Misere der deutschen Kultur« erhoffte – oder mit der er doch immerhin »Stimmung für die Aufnahme des Kommenden« machen konnte.[215] »Griechentum«, so wie es auch Diederichs vorschwebte, »ist für Walter Pater Platonismus. Platonismus ist ihm die überwundene Wissenschaft, das Leben im Schauen als Primat der Schönheit.« Die Überwindung der Wissenschaft, etwas kryptisch unter den Primat der Schönheit gestellt, war fester Bestandteil des neuromantischen Programms des Verlages wie überhaupt des gesamten kulturkritischen Ideenkosmos um 1900. Mit Kirche und Schule gehörte sie zu den »Mächten«, deren Erstarrung für Diederichs dem Aufbau einer neuen deutschen Kultur besonders im Weg stehe, weil sie, so ein Verlagsprospekt von 1904, »das Gefühl der Zusammengehörigkeit mit dem Leben verloren hat und die Herrschaft der Ideenwelt nicht anerkennt.«[216] War es dann nicht tatsächlich naheliegend, mit Platon an den Ursprung jener vernachlässigten Ideenwelt zurückzukehren, noch dazu wo kaum ein philosophisches Genre mehr Lebensnähe und künstlerische Durcharbeitung versprach als eben dessen Dialoge? Diederichs, der wie er selbst einräumte, nur geringe philosophische Vorbildung besaß, ließ hier wie so oft sein »Unbewußtes« entscheiden,[217] und das sagte ihm offenbar zu, nicht nur die Neuausgabe der Dialoge in Angriff zu nehmen, sondern daraus ein ganzes Programm, ein »Platon für die Gegenwart« zu entwickeln.[218] Bereits 1903 schrieb er denn auch an Wilamowitz mit Bezug auf dessen mögliche Platonüberset-

213 Ebd., Einleitung, S. II.

214 Vgl. *Gomperz*, Deutsche Literatur, S. 517f. oder *Schneider*, Rez. Pater. Auch Rudolf Borchardt bezog sich in seinem »Gespräch über Formen und Platons Lysis Deutsch« von 1905 im Vorwort auf Pater.

215 Zitate aus *Diederichs*, Wege zu deutscher Kultur, S. 77 u. 84. Vgl. auch *Ulbricht*, Weltanschauung und Verlagsprogramm, bes. S. 340f.

216 *Diederichs*, Der Verlag Eugen Diederichs in Jena, o.S. (Die Ziele des Verlags).

217 Vgl. den Brief an Leopold Ziegler 23.12.1902, in: *Diederichs*, Leben und Werk, S. 68.

218 So heißt es in einem Sammelprospekt von 1909 und hierauf bezieht sich auch Hildebrandt in seiner oben zitierten Rezension für Die Grenzboten. In diesen Umkreis gehören außer den Schriften Paters (neben »Platon und der Platonismus« noch dessen »Griechische Studien«, Jena 1904) noch *Wundt*, Platons Leben, das 1914 als Einleitung in die Gesamtausgabe gedacht war, sowie für die Verklammerung mit dem religiösen Programm Diederichs *Gomperz*, Lebensauffassung der griechischen Philosophen, und *Hasse*, Von Plotin zu Goethe. Vgl. auch *Heidler*, Eugen Diederichs, S. 330.

zung: »Ich habe das Gefühl, daß seine Ideenwelt in den nächsten Jahren Bedeutung für unser geistiges Leben bekommen wird.«[219] Im Blick hatte Diederichs hierbei nicht nur die eigenen religiös-mystischen Vorstellungen, die ihn selbst über Plotin zum Platonismus geführt hatten, sondern und vor allem das mannigfaltige »Problem der Kultur«, also das vornehmlich bürgerliche Leiden am Verlust einer gemeinsamen »Ideenwelt«, das unter den Stichworten der »Verflachung« oder »Amerikanisierung« weithin diskutiert wurde. Besonders deutlich macht er dies in den »Wegen zu deutscher Kultur«, dem programmatischen Verlagsprogramm von 1908, das der »unruhigen Seele des Kulturbürgers« das »antike Denken« geradezu als eine Art Vademekum anempfahl: Ob es dessen Umgang mit dem Individualismus betraf oder eine »religiöse Krisis«, ob seine Unsicherheit über die »soziale Welle« oder den »als drückend empfunden Mangel an einer einheitlichen Geisteskultur« – in der »Heimat Platons«, so der Tenor, finde sich für jeden etwas, garantiert aber bei Platon selbst, der aufgrund seines Stils und der »Ähnlichkeit seiner Probleme« die Modernen stets angezogen habe und der schließlich auch Diederichs den Bogen zur Gegenwart schlagen ließ: »Das deutsche Volk wächst in den Amerikanismus hinein. Will es seine philosophische Würde bewahren, darf es seinen Platonismus nicht verschachern. Platon ist ein ewiger Imperativ.«[220]

Persönliche Bekenntnisse zu Platon waren gerade unter Philologen auch im 19. Jahrhundert beileibe nichts Ungewöhnliches. Der Ton jedoch, in dem Diederichs noch bis 1914 »Platons Mission für die Gegenwart« beschwor,[221] war neu und ebenso das verlegerische Engagement, das damit verbunden war. Fiel es aber auch auf fruchtbaren Boden? War der Grund, den Diederichs hier so eifrig beackerte, also tatsächlich schon bereit für eine neue Wirkung Platons, wie er selbst es glauben wollte? Betrachtet man nur den ökonomischen Erfolg der Platonausgaben, und auf den kam es einem Kulturverleger wie Diederichs eben auch an, so muß man ihm durchaus Recht geben, dies zumal, da sich ja auch das Prestige, das mit seinen Übersetzungen verbunden war, durchaus sehen lassen konnte. Aber war das bereits jene »Renaissance« Platons, von der in den 1920er Jahren so viel die Rede sein sollte? Gab es zwischen Jahrhundertwende und Weltkrieg außerhalb der Diederichschen Kampagne also tatsächlich bereits jene neuen programmatischen Bemühungen um Platon, die den neuen, hohen Ton rechtfertigten, den Diederichs anschlug?

219 Brief an Ulrich von Wilamowitz-Moellendorf vom 24.02.1903, in: *Diederichs*, Leben und Werk, S. 74.

220 *Diederichs*, Wege zu deutscher Kultur, S. 78 f. u. 84.

221 Beiblatt zur Tat. Verlagsbericht von Eugen Diederichs für April 1914, in: Die Tat 6 (1914), o. S. Ebenfalls 1914 gehörte Platon auch zu den phototechnisch reproduzierten »Baumeistern« an den Wänden der »Halle der Kultur«, mit der sich Diederichs auf der Bugra präsentierte. Vgl. *Werner*, Moderne in der Provinz, S. 310 f.

Zunächst wenigstens mochte es nicht so erscheinen. Weder in den um Pathos ja nicht verlegenen Schriften und Reden des Schulhumanismus noch in der Philologie war nach dem mühsam befriedeten »Schulkrieg« ein gesteigerter Programmbedarf auszumachen. Selbst der junge Werner Jaeger, der 1914 mit bereits 26 Jahren nach Basel und auf den ehemaligen Lehrstuhl Nietzsches berufen wurde und von dem wie von keinem anderen erwartet wurde, daß er dereinst der Nachfolger seines Mentors Wilamowitz werden sollte, verzichtete in seiner Antrittsvorlesung darauf, ein dezidiert humanistisches Programm zu entwickeln, und beschränkte sich vielmehr auf das weitgehend traditionelle »verehrende Verstehen« der Griechen und Römer.[222] Und wenn er sich dann doch noch als einen »Anbeter platonischer Wahrheit« bezeichnete, so blieb auch das noch ganz im Rahmen humanistischer Rhetorik, war jedenfalls ein »Programmhumanismus« mit Platon im Zentrum, wie er ihn nach 1918 vorantreiben sollte, noch nicht auszumachen. Nicht viel anders verhielt es sich anfangs auch mit den oben beschriebenen neohumanistischen Bemühungen um eine »andere Antike«. Verhieß die Entdeckung der Archaik und des Mythos auf literarischem Gebiet eher eine Renaissance Homers, Pindars oder Hölderlins als dessen kongenialem Vermittler,[223] so ließ sich auch die Faszination am Barbarisch-Dionysischem mit Platon – außer vielleicht mit dessen Symposion – kaum befriedigen.

Hierzu kam sodann der kaum zu überschätzende Einfluß Nietzsches nach der Jahrhundertwende, der einer positiven Platonrezeption zunächst ebenfalls eher im Wege stand. Zu bekannt war dessen plakative Ablehnung Platons als eines der bürgerlichen Götzen seiner Epoche, war ihm Platons »Erfindung vom reinen Geiste und vom Guten an sich« der »schlimmste, langwierigste und gefährlichste aller Irrthümer«.[224] Die Dialektik der Dialoge erschien ihm als »entsetzlich selbstgefällig und kindlich«, stilistischen Reiz konnte er nirgends erblicken und überhaupt war Platon in seinen Augen der »erste décadent« und dabei auch noch ertötend »langweilig«.

»Zuletzt geht mein Misstrauen bei Plato in die Tiefe: ich finde ihn so abgeirrt von allen Grundinstinkten der Hellenen, so vermoralisirt, so präexistent-christlich – er hat bereits den Begriff ›gut‹ als obersten Begriff –, dass ich von dem ganzen Phänomen Plato eher das harte Wort ›höherer Schwindel‹ oder, wenn man's lieber hört, Idealismus – als irgend ein andres gebrauchen möchte.«[225]

222 *Jaeger*, Philologie und Historie.

223 Mit Ausnahme Homers, der erst 1927 verlegt wurde, fanden übrigens Pindar (1911 u. 1912) und Hölderlin (ab 1905) genauso ihren Platz bei Diederichs wie die Vorsokratiker (1908). Daß auch Platon ein ausgewiesener Mythologe war, wurde indes erst durch *Reinhardt*, Platons Mythen (1927), wieder stärker ins allgemeine Bewußtsein gehoben. Vgl. auch den Überblick zu Urteilen über Platons Mythen bei *Dönt*, Platon und der Mythos, sowie *Janka/Schäfer*, Platon als Mythologe.

224 *Nietzsche*, Jenseits von Gut und Böse (KSA 5), S. 12.

225 *Ders.*, Götzen-Dämmerung. Was ich den Alten verdanke (KSA 8), S. 155 f.

Es ist mittlerweile viel über das ambivalente Verhältnis Nietzsches zu Platon und über die letztendlich unauflösliche Abhängigkeit seines »umgekehrten Platonismus« von eben diesem nachgedacht worden[226] und es soll dem hier nichts hinzugefügt werden außer eben der Bemerkung, daß eine genuine Renaissance Platons auszulösen Nietzsche immerhin nicht wirklich geeignet war.

Was ihn dennoch zumindest unter die notwendigen Faktoren einer solchen Renaissance fallen läßt, ist abgesehen von den Anstrengungen, die zur Überwindung des Gegensatzes zwischen ihm und Platon etwa im George-Kreis unternommen wurden,[227] sein Anstoß nicht allein zur produktiven Wiederbegegnung mit der Antike, sondern auch zur Denkmöglichkeit ihrer Wiederholung in der Gegenwart. Wenn nämlich Diederichs von »Platons Mission in der Gegenwart« redete oder wenig später allerlei platonische Wiedergeburtsphantasien zu blühen begannen, so war das ja überhaupt erst durch Nietzsches Kritik am Historismus und dessen ästhetisch-philosophische Überwindung möglich oder wenigstens diskussionswürdig geworden. Ähnlich sind auch die Impulse einzuschätzen, die über Nietzsche zur frühen Lebensphilosophie führten. Auch hier ist der direkte Weg weiter zu Platon als dem, wie er noch zumeist verstanden wurde, ersten philosophischen Rationalisten zwar zunächst versperrt, wohl aber leistete die Entdeckung des »Lebens« als philosophischer Kategorie ebenfalls ihren Beitrag zur Überwindung des »himmelweiten Abgrundes« zwischen Antike und Gegenwart,[228] verband ein ›tiefer‹, weil metaphysisch irrationaler »Lebensstrom«, was auf der ›Oberfläche‹ des bloß Vernünftigen oder historisch Erklärbaren als disparat oder trennend schien.[229] Die Tendenz zu einem irrationalen Biographismus jedenfalls, die sich auf allen Ebenen des Platondiskurses bemerkbar machen sollte und der auch bei Diederichs schon mit »Platons Leben und Werk« von Max Wundt bedient werden sollte, hat hier zumindest einen ihrer Gründe.

Was schließlich die »neuen Hellenen« betrifft, auf die Diederichs ja ebenfalls zielte, so kann auch bei ihnen von einer besonderen Stellung Platons im »homosexuellen Kanon« kaum die Rede sein. So gab es zwar eine aus dem 19. Jahrhundert kommende Tradition, sich über Platon und das Symposion dem Thema zu nähern bzw. sich hierüber der eigenen Identität zu vergewissern,[230] die dann

226 Siehe hierzu mit aller älteren Literatur besonders *Bremer,* Platonisches, Antiplatonisches, sowie zuletzt nur *Müller,* Die Griechen im Denken Nietzsches.

227 *Hildebrandt,* Nietzsches Wettkampf, versucht denn auch, Sokrates und Platon säuberlich zu trennen, um letzteren zusammen mit Nietzsche retten zu können: »Plato ist das, was Nietzsche unbewußt oder bewußt sein wollte, darum steht er in Verehrung und Neid mit dem wirklichen Plato, dem ewigen und mythischen, im Wettkampf« (S. 113). Vgl. zu diesem Komplex auch *Weigand,* Von Nietzsche zu Platon.

228 Vgl. oben Anm. 200.

229 Vgl. *Schnädelbach,* Philosophie, S. 174ff.

230 Vgl. das Fragment aus den Sexualitätsstudien (1866ff.) von *Kertbeny,* Platonismus, oder die Fallschilderungen Richard von Krafft-Ebings aus den 1880er Jahren, in denen die Patien-

in der frühen homosexuellen Emanzipationsbewegung auch aufgegriffen und etwa von Benedikt Friedländer als Signal relativ offen kommuniziert wurde, doch mehr als ein Teil dieses Kanons war Platon lange Zeit wohl nicht, kam er über die Funktion als historisches Hilfsargument in diesem ansonsten ohnehin physiologisch und psychologisch geprägten Diskurs nie hinaus.[231] In den Schriften der »Maskulinisten« schließlich, die sich diesem Diskurs weitgehend zu entziehen suchten, tauchte Platon zwar stärker auf, für die argumentative Verknüpfung von hyperviriler männlicher Kultur und ihrer staatstragenden Bedeutung machte er jedoch noch wenig Sinn, war er doch, solange er nicht als »Staatsmann« wahrgenommen wurde, eben nur einer unter vielen Künstlern und Philosophen. Die lange homosexuelle Ahnenreihe Elisar von Kupffers, die das Männlich-Moralisch-Gesunde der eigenen Bewegung unterstreichen sollte, verzichtet denn auch schon fast demonstrativ auf ihn, um statt dessen ethisch-politisch ›wirksame‹ Vorbilder vorzuführen: aus der Antike nämlich Sophokles (der ja außer Tragödiendichter auch Stratege war), Alexander den Großen sowie die beiden zu »Ehren des Vaterlandes« wirkenden Theognis und Pindar, aus der Neuzeit dann Shakespeare, Friedrich den Großen – den »männlichsten Mann der That« – sowie den in solchen Aufzählungen unverzichtbaren Grafen August von Platen, der hier wie stets dem »cynischen Frauendichter« und Juden Heine gegenübergestellt wurde.[232] Nachdem dann aber nach 1918 und nicht zuletzt durch Wilamowitz' Biographie das Bild Platons als eines tragisch verhinderten Staatsmannes aufkam, gewann er bezeichnenderweise auch hier wieder

ten oder diejenigen, die ihm ihre Autobiographien zusandten, immer wieder historische Anspielungen und Vergleiche zogen, um ihre »Perversion« zu verstehen oder zu rechtfertigen. In diesem Zusammenhang spielte dann auch Platon (hier die Rede des Aristophanes vom »Kugelmenschen« im Symposion) eine Rolle, der, so formulierte es der in die Klinik eingelieferte Dr. phil. G., »doch gewiß kein Schweinehund war«. Zuvor hatte dieser jedoch auch schon auf Voltaire, Friedrich den Großen, Eugen von Savoyen oder Platen verwiesen, Platon also wiederum als Teil des homosexuellen Kanons herangezogen. *Krafft-Ebing*, Zur »conträren Sexualempfindung«, S. 216. Zu Krafft-Ebing siehe auch *Oosterhuis*, »Plato war doch gewiß kein Schweinehund«.

231 Friedländers Schriften beziehen sich im Titel zwar durchaus auf Platon, gehen auf diesen aber nur am Rande ein. Vgl. *Friedländer*, Renaissance des Eros Uranios, wo es lediglich einen Zusatz zum *Symposion* gibt, in dem er sich über einen Kommentator lustig macht, der die »unzüchtigen« Avancen des Alcibiades wegzuerklären sucht. Friedländer tritt statt dessen dafür ein, die Sache beim Namen zu nennen (ebd., Zusätze, S. 55–57). Auch die gesammelten kleineren Schriften Friedländers, die nach seinem Tod unter dem Titel »Die Liebe Platons im Lichte der modernen Biologie« (Treptow bei Berlin 1909) herausgegeben wurden, sind hier wenig ergiebig.

232 *Kupffer*, Lieblingsminne, S. 185–187. Eine Ausnahme stellt dagegen der unter dem Pseudonym »Konradin« erschienene Tagebuch-Roman »Ein jünger Platos, aus dem Leben eines Entgleisten« (Leipzig [1914]) dar, der die »Lieblingsminne« zwar auch anhand der bekannten Freundespaaren entwickelt, bei dem aber auch die gemeinsame Platon-Lektüre und die Orientierung am Symposion eine herausgehobene Rolle spielt.

größere Bedeutung und wurde bei Blüher, diesem letzten Propagandisten des Männerbundes und des invertierten »Männerhelden«, zur zentralen Referenz der Antike.[233]

»Von nichts Vergangenem redet, wer heute an Platon erinnert«.[234] Die Worte, mit denen der bereits erwähnte Straßburger Philosoph Max Wundt 1914 sein kurzes Platonbuch und mit ihm die Diederichssche Gesamtausgabe einleitete, mögen angesichts der skizzierten Um- und Widerstände gegen eine neue Wirkung Platons selbst im Kontext von Schul- und Neohumanismus zunächst erstaunen oder lediglich wie eine Verlängerung der verlegerischen Kampagne wirken. Dennoch war es alles andere als abwegig, wenn Wundt bereits vor dem Krieg den Geist Platons »unter uns wieder zum Leben erwacht« sah. Denn so disparat die bisherigen Faktoren auch sein mochten und so begrenzt die weitere Ausstrahlungskraft eines ästhetischen Platonbildes nach 1914, zusammengenommen trugen sie doch dazu bei, das überkommene, durch die Schule geprägte Bild Platons aufzuweichen, ihn den Zettelkästen der Philologen zu entreißen und wieder als einen Gegenstand der Kultur und ihrer Kritik zu etablieren. Für die später sogenannte »Renaissance« Platons sollte das allein zwar nicht genügen, bedurfte es weiterer Faktoren und vor allem programmatischer Anstrengungen, doch ohne sie hätte auch diesen wenn nicht die Anregung, so doch ein beträchtlicher Resonanzraum gefehlt, in dem die weitere Aufwertung Platons vollzogen werden konnte.

233 Die Zeitschrift »Der Eigene« dagegen hatte sich nach 1921 ohnehin gewandelt, hier gibt es keine programmatischen Aufsätze mehr, finden sich fast ausschließlich Prosa, Lyrik und Bilder. Die Ästhetik und die »Hellas-Signale« (Socrates als Pseudonym, griechische Lyrik) sind zwar noch da, treten aber zurück. Platon taucht hier selbst unter griechischen Autoren ebenfalls kaum noch auf (Socrates, Paidophilia in der modernen Literatur, in: Der Eigene 6 (1921/23), S. 62–63), er wird gar als Moralist und Rationalist noch hinter Aristophanes zurückgesetzt. Vgl. St. Ch. Waldecke [Pseud. für Ewald Tscheck], Die Erosphilosophie des Aristophanes, in: ebd., S. 324–332, wo Platon vorgeworfen wird, als erster »Christ« und Moralist stets gegen die Sinnlichkeit Partei ergriffen zu haben; wie anders dagegen Aristophanes, dessen »Lehre« im platonischen Symposion »wahrheitsgemäß« wiedergegeben worden sein soll (326).

234 *Wundt,* Platons Leben, S. 1, dort auch das folgende Zitat.

2. Neue Wege zu Platon

2.1 Platon und der Marburger Neukantianismus

»Von nichts Vergangenem redet, wer heute an Platon erinnert« – noch einmal sei das Diktum Wundts aufgegriffen. Denn bevor es in den 1920er Jahren beinahe zu einem geflügelten Wort werden sollte,[1] hatte es auch noch einen konkreten Sinn, der von seinem engeren philosophiegeschichtlichen Kontext erhellt wird und ins Zentrum unserer Frage nach den entscheidenden Faktoren der »Renaissance« Platons führt. Wundt konnte man vor seiner Politisierung und völkischen Orientierung im Krieg seiner philosophischen Herkunft nach noch zum erweiterten Kreis des südwestdeutschen Neukantianismus hinzurechnen, also jener Schule Wilhelm Windelbands, deren Rückkehr zu Kant in seiner wertphilosophischen Erweiterung bestand.[2] Anders aber als es der Name suggerierte, war Kant in den (wenigstens) sieben Varianten des Neukantianismus, die die Universitätsphilosophie des Kaiserreichs so stark prägten, keineswegs der einzige, noch gar immer der wichtigste Bezugspunkt.[3] Schon in den frühen 1880er Jahren mit der bei vielen Neukantianern zu beobachtenden Abkehr vom Kritizismus und der Wende zur praktischen Philosophie Kants hatte sich auch deren Rezeptionsverhalten verändert, lösten bei ihnen wie an sämtlichen deutschsprachigen Universitäten Platon-Vorlesungen nicht nur den bis dahin vielbehandelten Aristoteles ab, sondern überflügelten sie auch die entsprechenden Vorlesungen über Kant. Am Beispiel Windelbands ist diese »Wende zu Platon« (Köhnke) um das Jahr 1879 herum und der Schwenk von der Kritik der Form- und Wertbegriffe hin zu einer ›positiven‹ Philosophie der Systembildung mit unangreif-

1 So zumindest im philosophisch bald mehr berüchtigten denn berühmten Kontext der Universität Jena, an der Wundt zwischen 1920 und 1929 ebenfalls lehrte. Vgl. *Günther*, Platon als Hüter des Lebens, S. 56 und die Rezension dieses – man kann es nicht anders sagen – Pamphletes durch Bruno Bauch (Rez, S. 143), in der Bauch sich rühmt, schon seit Jahren die Verwunderung seiner Zuhörer, daß schon Platon sich mit so »aktuellen Fragen« wie der Eugenik befaßt habe, mit dem Diktum Wundts zu beantworten. Auch in den übrigen, meist völkisch gestimmten Rezensionen Günthers fehlt nie die Bestätigung Wundts, so in den Bayerischen Blättern für das Gymnasial-Schulwesen 67 (1931), S. 201 oder in: Deutschlands Erneuerung 12 (1928), S. 555 – in letzterer waren Wundt und Günther zugleich Mitherausgeber.

2 Zu Wundts Position im Neukantianismus siehe zeitgenössisch *Oesterreich*, Die deutsche Philosophie des 19. Jahrhunderts, S. 520, der ihn allerdings etwas unentschlossen dem Neoidealismus zuschlägt, sowie *Sieg*, Aufstieg und Niedergang, S. 380f. Zu seiner Politisierung im Krieg siehe *Hoeres*, Krieg der Philosophen, S. 401.

3 Zur Unterscheidung siehe *Oesterreich*, Philosophie, S. 417.

barem Apriorismus und ausgreifenden Pflicht- und Wertlehren in einen Zusammenhang mit der »konservativen Wende« Bismarcks und dem an den Universitäten verbreiteten Klima der inneren Neugründung des Reiches nach den Kaiserattentaten gebracht worden, weil Platon, so die These, nun nicht nur wieder als Metaphysiker dienstbar erschien, sondern vor allem auch eine auf Stabilität zielende politische Philosophie zu bieten hatte.[4] Schon hier ist allerdings zu konstatieren, daß Platon bei dem Programm Windelbands zur Erneuerung der Philosophie im Zeichen Kants gerade keine nachhaltigen Spuren hinterlassen hatte, daß er genauso wie bei Alois Riehl, dem wichtigsten Vertreter des sog. realistischen Neukantianismus, systematisch überhaupt nicht ins Gewicht fiel. Er taugte hier wie dort zwar für »populär-wissenschaftliche« Vorträge und sogar für vereinzelte Gegenwartsdiagnosen,[5] die kühle Distanz der Philosophiehistorie, die auch Helmut Holzhey ausgemacht hatte, war jedoch nicht zu übersehen.[6]

Wie anders verhielt es sich da mit dem Marburger Neukantianismus – denn der war es, den Wundt bei seinem Diktum im Sinn gehabt haben dürfte.[7] Kaum ein anderes philosophisches Etikett führt hier so in die Irre wie das des Marburger Neukantianismus: denn obschon man sich, zumindest was die transzendentale Methodik anbetrifft, durchaus Kant verpflichtet fühlte, lagen nicht in diesem, sondern in Platon Anfang und Mittelpunkt des systematischen Philosophierens sowohl bei Hermann Cohen, dem eigentlichen »Schulgründer«, als auch bei dessen Freund und Mitstreiter Paul Natorp.[8] Während Cohen noch im Rückblick von 1915 das Verständnis der platonischen Idee als Hypothesis als sein

4 So zuerst mit der Auswertung der Vorlesungsdaten *Köhnke*, Entstehung und Aufstieg, S. 404ff., bes. S. 408f. und zuletzt *Sieg*, Geist und Gewalt, S. 47ff.

5 *Riehl*, Plato und *Windelband*, Ueber Sokrates.

6 So besonders bei *Windelband*, Platon, der Platon sehr abgewogen und der Reihe (Fromanns Klassiker der Philosophie) gemäß als Klassiker behandelt, sich abgesehen von einer Tendenz zur Teleologisierung der Ideen moderner Deutungen jedoch gänzlich enthält. Siehe dazu auch *Holzhey*, Platon im Neukantianismus, S. 227f.

7 Wundts Interpretation des Platonismus als einer idealistischen Lehre, die den Menschen in religiösen Krisenzeiten wie der Spätantike, der Reformation oder der Romantik Orientierung biete und die auch der gegenwärtigen Lage wieder eine Versöhnung des Subjekts mit den Mächten des Lebens verheiße, war zwar erkennbar eher am Interesse Diederichs als am wissenschaftlichen Philosophieverständnis der Marburger Neukantianer orientiert, die einzelnen Interpretamente (v.a. die logische Auffassung der Idee als Geltungswert und Hypothesis) und der problemgeschichtliche Aufriß lassen jedoch eine Abhängigkeit von eben dem Marburger Platon erkennen, die auch Natorp bei seiner im Ganzen doch positiven Rezension des Buches nicht entgangen war. Vgl. *Natorp*, Rez. Max Wundt. Zum politischen wie philosophischen Ärgernis dürfte Wundt erst mit dem Krieg und über die Frage der Nachfolge Natorps geworden sein. Vgl. dagegen *Sieg*, Aufstieg und Niedergang, S. 380f.

8 Entgegen allen philosophiegeschichtlichen Klischees betonen den Primat Platons auch *Edel*, Kantianismus oder Platonismus?, *Schulthess*, Platon, und vor allem *Lembeck*, Platon in Marburg, S. 9, 28 u.ö.

»eigenstes Lebenswerk« betrachtete,[9] sah auch Natorp den gemeinsamen Boden ihrer »Logik der reinen Erkenntnis« vor allem beim griechischen Philosophen:

»In dieser ganzen Charakteristik des reinen Denkens als der reinen Erkenntnis, mithin in der ganzen Fassung der logischen Aufgabe, finde ich mich mit Cohen vollständig auf einem Boden. Die gemeinsame Quelle, aus der wir beide diese Auffassung trotz oftmaligen direkten Austauschs doch größtenteils unabhängig von einander geschöpft haben, ist *Plato.*«[10]

Tatsächlich findet sich verstreut über das ganze Werk Cohens und Natorps eine kaum zu überblickende Fülle an Interpretationen und Bezugnahmen auf Platon, die – bei Cohen mehr noch als bei Natorp – nicht lediglich ein vergangenes Denken philologisch sezierten, sondern die in einer »historisch-philologischen Herangehensweise an die philosophischen Probleme« Platons diese systematisch und methodisch und vor allem über Kant hinaus weiterzuentwickeln suchten.[11] Daß die Konzentration auf eine primär erkenntnistheoretische Fragestellung dabei nicht selten interpretatorische Härten bedeutete, daß überhaupt die philosophische Rehabilitation der Philosophiegeschichte sehr fragmentarisch, wenn nicht gar willkürlich verlief, sei an dieser Stelle nur angemerkt.[12] Für die Außenwahrnehmung genauso wie für die interne Schulbildung der Marburger Neukantianer war die hierdurch erreichte Einheitlichkeit des Platonbildes hingegen kaum zu überschätzen,[13] bedeutete noch der zeitgenössische Spott über Natorp als dem »Platorp«[14] letztlich eine Anerkennung der problemgeschichtlichen Wiedergewinnung Platons für die Philosophie, an der sich wenn schon nicht anzuschließen, so doch immerhin wieder zu reiben lohnte.[15]

Was zeichnete diesen Platon nun aber aus und warum konnte er sich neben oder gar noch vor Kant behaupten? Sollte die These Kühns und Siegs vom Zusammenhang der »Wende zu Platon« mit der konservativen Wende des Kaiser-

9 *Cohen*, Der deutsche Idealismus, S. 157.

10 Siehe die unveröffentlichte Rezension zu Cohens Logik bei *Holzhey*, Cohen und Natorp II, S. 11.

11 *Cohen*, Kontroverse, S. 270 f. Einen guten Überblick über die einschlägigen Belege für die große Wertschätzung Platons gibt *Schulthess*, Platon, S. 56 ff.

12 Vgl. *Lembeck*, Platon in Marburg, S. 18 f.

13 So schon *Marx*, Entwicklung, S. 86: »Das Selbstverständnis der Marburger Schule als einer auf gemeinsamem Grunde stehenden Forschungsrichtung ist am unmittelbarsten in der Plato-Rezeption zu begreifen.«

14 Vgl. *Wolzogen*, Schöpferische Vernunft.

15 Vgl. nur die Liste derjenigen, die laut *Natorp*, Platon, S. 152 in Fragen Platons »wesentlich die gleiche Auffassung vertreten«, nämlich Karl Vorländer, Walter Kinkel, oder Nicolai Hartmann, hinzuzurechnen wären auch noch Ernst Cassirer, Eugen Kühnemann oder Heinrich Barth. Zur fruchtbaren Einseitigkeit siehe *Hoffmann*, Stand der Platonforschung, S. 1065 f. sowie *Jaeger*, Julius Stenzel †, der ebenfalls den »frischen Impuls« der Marburger Platonforschung nicht nur für Stenzel betont.

reichs plausibel sein, wo wenn nicht an den »Neuplatonikern« unter den Neukantianern sollte sie sich sonst bewähren: an Cohen, der »den göttlichen Platon« aus der philosophischen Versenkung geholt und nicht nur zeitlebens verehrt hat, sondern ihm sogar noch über den Tod hinaus verpflichtet blieb,[16] und genauso an Natorp, der wie kein anderer für die Popularisierung dieser Sicht gesorgt hat. Gerade hier sind jedoch erhebliche Zweifel angebracht und zwar sowohl, was ihren eigentümlichen Platonismus und dessen Genese anbelangt, als auch im Hinblick auf die von der These implizierte gesellschaftlich-politische Absicht der Wiederentdeckung Platons.

2.1.1 Mit Platon über Kant hinaus: Der kritische Idealismus Cohens und Natorps

Der philosophische Werdegang Cohens ist gerade im Hinblick auf sein Kant- und Platonverständnis bereits umfassend untersucht worden, so daß hier einige Stichworte genügen sollten, um zu zeigen, daß dessen »Wende zu Platon« nicht nur erheblich vor den ominösen Wendejahren 1878/79 gelegen haben muß, sondern daß es vielmehr gar keiner Wende bedurfte.[17] Zunächst war der junge Cohen nämlich alles andere als ein Kantianer, im Gegenteil war er, wie er später bekannte, »wie der größere Theil der Jüngeren, welche der Philosophie obliegen, [...] in der Meinung aufgewachsen, daß Kant überwunden, historisch geworden sei.«[18] Bevor er nun erkannt zu haben glaubte, daß dieser vermeintlich überwundene Kant kaum etwas mit dessen eigentlicher Lehre zu tun gehabt habe und er nach seiner idealistischen Seite – sprich: auf die platonische Idee – hin entwickelt letztlich doch wieder »Recht behalte«,[19] war Cohen bereits über die Völkerpsychologie sowie über seinen philosophischen Lehrer Friedrich

16 Die deutsche Inschrift auf Cohens Grabmahl in Berlin-Weißensee, die wie die hebräische vom Frankfurter Rabbiner und ersten Talmud-Lehrer Cohens Nehemia Anton Nobel stammt, lautet: »Platons strahlende Welt und Kants erleuchtete Tiefe / Strahlten dir, Großer, in eins, musisch erklangen sie dir. / An der prophetischen Glut entbrannte die lodernde Fackel, / Sterbliches bargen wir hier, lodere heller, o Glut.« Die auch in der jüngeren Literatur zu findenden Varianten des ersten Verses, in denen Kants Tiefe mal »erdunkelnd« mal »erschauernd« sein soll, sind zumeist Übersetzungsfehler und gehen zurück auf *Nobel*, Denken und Halakhah, S. 45.

17 Vgl. außer der oben in Anm. 8 genannten Literatur noch *Lembeck*, Platon-Deutung, u. *Follak*, Aufblick, S. 54ff., die jedoch dem Irrtum unterliegt, den frühen psychologischen Cohen für den Ganzen zu nehmen und daher auch Natorp für dessen »radikaleren« Fortsetzer halten muß.

18 *Cohen*, Kants Theorie der Erfahrung, S. IX.

19 Ebd., S. X. Wie dann wiederum der Stellenwert Kants gegenüber Platon über die drei Auflagen des Buches von 1871 bis 1918 zurückgenommen wurde, zeigt anhand der Vorworte *Edel*, Kantianismus, S. 71, Anm. 19.

August Trendelenburg auf Platon gekommen. Unter dem Einfluß von Heymann Steinthal und Moritz Lazarus entstand darum schon sehr früh (1866) eine erste psychologische Deutung der platonischen Ideenlehre, deren Grundmotiv, nämlich die Idee etymologisch von der Seite des ἰδεῖν als eine Tätigkeit der Anschauung aufzufassen, auch später noch wirksam sein sollte, wenn die Hypothesis ebenfalls als ein solcher Vollzug des Grundlegens verstanden wird.[20] Der Einfluß Trendelenburgs ist ebenfalls kaum zu überschätzen, lassen sich hier doch zahlreiche Anregungen nicht nur für Cohens Programm einer Transzendentalphilosophie und seinen Ausgang von den »Fakta der Wissenschaft« nachweisen, sondern vor allem auch für dessen »idealistisches« Kant-Verständnis. Dieses war schon bei Trendelenburg nämlich dadurch gekennzeichnet, daß Kant bei der Idee ausdrücklich an Platon »angeknüpft« und ihn insofern »bewahrt« habe, daß er der »Fortsetzer Platons« gewesen sei, dieser wiederum das »a priori vorweggenommen« habe und wie die Formulierungen noch lauteten.[21] Die verschlungenen Wege nachzuzeichnen, die Cohen in der Folge von einem psychologischen und »Trendelenburgschen« Platon zu einer spezifischen Aneignung der theoretischen Philosophie Kants und von dort wieder zurück zur platonischen Ideenlehre führte, soll nun nicht Aufgabe dieser Untersuchung sein und ist ja auch von Karl-Heinz Lembeck in aller Differenziertheit bereits dargelegt worden.[22] Klar geworden dürfte allerdings sein, daß die intensive Auseinandersetzung Cohens mit Platon weit vor 1878/79 begonnen hat und daß man bei ihm, anders als es in der Polemik der 1920er Jahre üblich wurde, eher von einer spezifisch platonisch geprägten Auslegung Kants sprechen müßte als davon, daß er zunächst »an Kants Werken [...] denken gelernt« und dann Platon mit dessen Augen gelesen und in seinem Geiste verstanden habe, weshalb er für den »wahren« Platon denn auch »recht gründlich verdorben« gewesen sei.[23]

Will man nun statt der Genese gleichsam grosso modo das philosophische Programm des Marburger Neukantianismus umreißen und die Stellung Platons darin bestimmen, so ist zunächst auszugehen von den beiden konstitutiven Momenten des »erkenntniskritischen Idealismus«, durch den Cohen und Natorp selbst ihre Position immer beschrieben haben.[24] In seiner Schrift über »Das Prinzip der Infinitesimal-Methode und seine Geschichte« von 1883 erläutert Cohen in einer berühmten Passage, daß die Wissenschaftlichkeit ihrer Philoso-

20 *Cohen*, Ideenlehre psychologisch.

21 Siehe hierzu *Schulthess*, Platon, S. 59ff. sowie allgemein zur Rolle Trendelenburgs für den Neukantianismus *Köhnke*, Entstehung und Aufstieg, S. 23ff.

22 *Lembeck*, Platon in Marburg, S. 13–166.

23 *Leisegang*, Platondeutung, S. 68.

24 Bei Natorp ablesbar oft schon an den Untertiteln seiner Bücher. Das große Platon-Buch der Marburger, »Platos Ideenlehre« von 1902, verstand sich im Untertitel als eine »Einführung in den Idealismus« und auch sein »Philosophie. Ihr Problem und ihre Probleme« von 1911 wurde als »Einführung in den kritischen Idealismus« angezeigt.

phie darin begründet sei, daß sie zum einen am »constructiven Charakter des *Denkens*« festhalte, daran also,

»dass die Welt der Dinge auf dem Grunde der Gesetze des Denkens beruht; dass die Dinge nicht schlechthin als solche gegeben sind, wie sie auf unsere Sinne einzudringen scheinen; dass vielmehr die Grundgestalten unseres denkenden Bewusstseins zugleich die Bausteine sind, mit denen wir die sogenannten Dinge in und aus letzten angeblichen Stofftheilchen zusammensetzen, und die Normen, mit denen wir die Gesetze und Zusammenhänge jener entwerfen und als Gegenstände wissenschaftlicher Erfahrung beglaubigen. Das ist das Bestimmende der *Idee* im Idealismus: keine Dinge anders als in und aus Gedanken.«[25]

Um den so verstandenen Idealismus oder erkenntnistheoretischen Konstruktivismus gegen den »Schein des Subjektivismus« und die Gefahr des Psychologismus zu wappnen, – gegen die Vorstellung also, daß die Dinge dann eben auch *nur* in den Ideen und Gehirnen der Menschen existierten und dort allenfalls in ihren Entstehungsbedingungen analysiert werden könnten – kommt nun eine zweite, die kritische Bestimmung hinzu, die – und das ist die deutliche Abkehr von Kants Antwort auf dieses Problem[26] – gerade nicht die Hinzunahme des sinnlichen Bewußtseins als zweite Erkenntnisquelle ist, sondern die Bindung des Denkens eben an die *Wissenschaft*, »in welcher *allein* [Herv., R. P.] Dinge gegeben und für die philosophischen Fragen angreifbar vorhanden sind.« Konkret heißt das für Cohen:

»nicht am Himmel sind Sterne *gegeben*, sondern in der Wissenschaft der *Astronomie* bezeichnen wir diejenigen Gegenstände als gegebene, welche wir von, wenngleich ernstlich gemeinten, Erzeugungen und Bearbeitungen des *Denkens* als in der Sinnlichkeit gegründet unterscheiden. Nicht im Auge liegt die Sinnlichkeit, sondern in den raisons de l'astronomie.«[27]

Sofern Cohen die Vernunftkritik nun nicht mehr am (transzendentalen) Bewußtsein üben will, sondern einzig nach den Gültigkeitsbedingungen *wissenschaftlicher* Erkenntnis fragt – das ist die »transzendentale Methode«, von der er seit 1877 spricht[28] –, hält er zwar noch immer an Kants (Teil-)Anliegen einer transzendentalen Wissenschaftsbegründung fest, auf dem Weg ihrer Realisierung

25 *Cohen*, Infinitesimal-Methode, S. 125 f.

26 Vgl. *Edel*, Kantianismus, S. 60 ff., der die ganze Tragweite dieser Abkehr vom Kantischen Zweistämmigkeitstheorem entfaltet. Noch deutlicher wird *Cohen*, Kants Theorie der Erfahrung, S. 733: »Kritik [der Vernunft, R. P.] ist nicht Untersuchung der Erkenntnisvermögen, – das könnte vielleicht auch als Psychologie aufgefasst werden – sondern objektiv der Wissenschaft, der reinen Vernunft, als reiner Wissenschaft.«

27 *Cohen*, Infinitesimal-Methode, S. 127.

28 Und wie ernst die Abkehr von der Bewußtseinsphilosophie Kants gemeint war, unterstreicht *Cohen*, Logik, S. 43, wo klipp und klar gesagt wird: »Das Denken gilt uns hier nicht als menschliches Denken.«

über eine Logik der reinen Erkenntnis, sprich: über den Aufweis der Wissensbedingungen als rein logische Grundlegungen, tut sich dagegen, wie Geert Edel es formulierte, eine »abgrundtiefe Distanz zwischen Cohen und Kant« auf, für die in der Folge immer dezidierter Platon einstehen wird.[29] Zwei Aspekte sind es, die für diese »platonische« Begründung der transzendentalen Methode vor allem zu berücksichtigen sind. Da ist zunächst, der Reihenfolge ihrer üblichen Bestimmung nach, der Ausgang von dem »Faktum der Wissenschaften«, namentlich von der Mathematik, die für Platon wie für Cohen die wissenschaftlichen Paradedisziplin darstellte und die zudem noch die Gefahr jeglicher psychologischer Urteilszergliederung bannen sollte.[30] Für die These vom Ursprung des Wissens im reinen Denken nimmt Cohen Platons Unterscheidung der Wahrnehmungen in Anspruch, ein Satz, den er »für den fundamentalsten in der gesamten Geschichte der Erkenntnistheorie erklären möchte.«[31] Platon zeigt dort, daß es in der Wahrnehmung (αἴσθησις) einiges gibt, das die Vernunft herausfordert, und einiges, das ihrer nicht bedarf. Was nun die Vernunft zur Betrachtung herbeiruft, ist solches, das zugleich als etwas und als sein Gegenteil erscheint, also etwa der Zeigefinger in Größenrelation zum Mittel- und kleinen Finger oder auch einfach die Eins, die ja etwas ist und nicht nichts bzw. die immer schon größer oder kleiner als etwas ist. Um hier überhaupt und sei es nach Einheit und Vielheit differenzieren zu können, bedarf es nach Platons Erklärung basaler mathematischer Erkenntnisfunktionen, etwa der Relation oder des Zahlbegriffs, dieses ersten »Führers zur Wahrheit« (ἀγογα προς ἀλήθειαν) wie er ihn nennt. Indem nun die Zahlen in den Bereich des Denkbaren (τὸ νοητόν) gehören, zugleich aber auch alle Wahrnehmungen begleiten, können sie für Cohen den für jeden Idealismus problematischen Hiat zwischen dem Wahrnehmbaren und dem Denkbaren überbrücken, denn:

»ebenso wie einerseits das Objekt des mathematischen Denkens mit dem Sinnlichen der gemeinen Wahrnehmung verwandt ist, ebenso auch tritt es andererseits mit dem Erkenntnisswerth der Ideen in Zusammenhang, und kann somit die Vermittelung zwischen diesen beiden äussersten Enden des Seienden, dem ὄν und dem ὄντως ὄν bewirken.«[32]

Wenn nun aber alle Erkenntnis, will sie allgemein und notwendig sein, nicht ohne die Inanspruchnahme einfachster mathematischer Operationen möglich

29 *Edel*, Kantianismus, S. 63.

30 Vgl. auch zum folgenden *Lembeck*, Platon in Marburg, S. 79 ff.

31 *Cohen*, Platons Ideenlehre, S. 351 f. Gemeint ist Resp. 523a ff., hier in der Übersetzung von Cohen: »Ich zeige Dir also, wenn Du es siehst, in den Wahrnehmungen einiges, was gar nicht die Vernunft zur Betrachtung herbeiruft, als werde es schon durch die Wahrnehmung nach einem zureichenden Kriterium bestimmt […], Anderes hingegen, was auf alle Weise jene zu untersuchen auffordert, da die Wahrnehmung dabei nichts Gesundes ausrichte.«

32 Ebd., S. 353.

ist, ja dasjenige in den Wahrnehmungen, was Zahlen zu denken Anlaß gibt, überhaupt erst »der Paraklet, der Wecker des Denkens« ist,[33] dann, so schließt Cohen, kann und muß sich auch die logische Analyse des reinen Denkens auf die anerkannten Ergebnisse und Methoden der Mathematik bzw. aller mathematisch begründeter Naturwissenschaft stützen, da diese ihre Gegenstände ja ebenfalls mittels mathematischer Methoden a priori konstruiere. Gedacht ist hierbei in erster Linie an eben das analytische Verfahren, das an der Geometrie begründet und durchgesetzt zu haben, ebenfalls Platons Verdienst sei.[34] Analytisch meint, daß ein Gesuchtes als gegeben zugrunde gelegt wird und diese Grundlegung oder Hypothesis dann so weit zergliedert und auf ihre Bedingungen hin untersucht wird, bis man auf Bekanntes trifft, von dem her sich dann das Gesuchte auf synthetischem Wege »wiederfinden« läßt. Dieses Verfahren ist nun für Cohen der methodische Königsweg der Mathematik und wird durch die Gründung des Erkenntnisproblems auf Fragen der *mathematica* dort in gleicher Weise nicht nur zur methodischen Richtschnur, sondern zur Form der auch der Mathematik als Erkenntnis zugrundeliegenden Ideen selbst – und das wiederum bedeutet nicht weniger, als daß damit die apriorischen Geltungsprinzipien aller wissenschaftlichen Erkenntnis aufgewiesen seien.

Damit ist der zweite zentrale Aspekt der Marburger Platondeutung schon berührt, nämlich die Deutung der Idee als Hypothesis. Darüber, was die platonische Idee bzw. die »Ideenlehre« eigentlich sei, gingen und gehen die Meinungen seit ihrer Kritik bei Aristoteles bekanntlich weit auseinander, ist ihre Deutung immer auch abhängig vom Stellenwert, der den Aussagen der Dialoge, ihrem genetischen oder systematischen Zusammenhang und nicht zuletzt der sog. »ungeschriebenen Lehre« beigemessen wird. In der zweiten Hälfte des 19. Jahrhunderts dominierte hier Schlegels und Schleiermachers Vorstellung von Platon als dem »philosophischen Künstler«, dessen Dialoge nicht eigentlich ein, noch gar zurückgehaltenes System darstellten, sondern durch die besondere Verschränkung von Form und Inhalt sowie den »natürlichen Zusammenhang« ihrer Genese selbst zum (letztlich unendlichen) Philosophieren anregen sollten.[35] Während nun die von Schlegel herkommende asystematische Tendenz dieses Bildes vermittelt durch Friedrich Ast und vor allem durch Sören Kierkegaard erst im 20. Jahrhundert und im Gefolge Heideggers zur vollen Wirkung gelangen sollte, war der gleichermaßen romantische wie kantische Infinitismus, also etwa die Vorstellung von der Idee als »unendlicher Aufgabe«, auch in der Cohenschen Deutung der Ideenlehre bestimmend. Ihren Ausgang nimmt diese Deutung bei der Unterscheidung vom sokratischen Begriff, dessen bloße Allgemeinheit von

33 Ebd., S. 352.

34 Ebd., S. 360 f.

35 Vgl. hierzu *Krämer*, Infinitismus in der Platondeutung, bes. S. 610 ff. sowie *Szlezák*, Schleiermacher und das Platonbild.

vornherein eine Identität mit den Ideen ausschließe. Aber auch als »aparte Wesenheiten« will Cohen sie keineswegs verstanden wissen, fristeten sie in diesem Falle doch, so das Argument in der Tradition der aristotelischen Kritik am chorismos, allenfalls »ein ewiges, für keinen ›Schuhmacher‹ irgend nützliches Dasein«.[36] Im Anschluß an Hermann Lotze wird das Sein der platonischen Idee vielmehr an deren *Geltung* festgemacht, daran also, daß sie wie ein bejahendes Urteil einerseits »wirklich wahr« sei, dies aber, so Holzheys richtige Betonung der ersten Pointe in der Cohenschen Auslegung, auch nur in bezug auf das zu Bejahende, eben als dessen Hypothesis: »Es wird nur dasjenige als Idee gedacht, was als zureichende Voraussetzung gesetzmäßigen Seins gedacht wird, wie diese selbst nur in der methodischen Verknüpfung der Gedanken, als deren Wurzel fruchtbares Dasein gewinnen kann.«[37] Ideen vermitteln demnach also zwischen Denken und Sein, weil sie einerseits in ihrer logischen Funktion der Grundlegung von Seinserkenntnis als Erkenntnis von dessen Gesetzmäßigkeit selbst das transzendentale Apriori allen Seins sind, andererseits haben sie selbst ihr Dasein aber auch nicht als subjektive Vorstellung oder aparte Wesenheit, sondern als »Wurzel« und Ursprung der »methodischen Verknüpfung« der Geltungsprinzipien, d. h. nur im Vollzug der Grundlegung selbst. Cohen stützt diese Interpretation der Idee als Hypothesis auf eine Passage des Phaidon, wo Platon ausführt:

»[...] indem ich jedesmal den Vernunftgrund voraussetze, den ich als den stärksten beurtheile, so setze ich, was mir mit diesem übereinzustimmen scheint, als wahr, sowohl in Betreff der Ursachen, wie alles Andern, was aber nicht, als nicht wahr. [...] Ich gehe nun also daran und versuche dir die Art von Ursache, mit der ich mich beschäftigt habe, aufzuzeigen, und komme wiederum auf jene vielbeschwätzten Dinge zurück, und mache den Anfang mit Jenem, indem ich die Hypothesis mache [...], es sei ein Schönes an und für sich und ein Gutes und Grosses und so alles Andere, woraus, wenn Du mir zugiebst, und einräumst, dass es sei, ich hoffe, Dir die Ursache aufzeigen und ausfindig machen zu können, dass die Seele unsterblich ist.«[38]

Wenn Cohen hier nun bereits »in deutlichsten Worten die Idee als Hypothesis bezeichnet« findet, ja diese beiden gleichsetzt und darauf späterhin sein »System der Philosophie« stützten wird, dann mochte er selbst diesen Grundgedanken zwar ausdrücklich als »platonisch« bezeichnen, die Reduktion der Idee auf ihre logische Funktion in einem Begründungsverfahren wird dem platonischen Textbestand jedoch schwerlich gerecht[39] – weshalb hier denn auch die vorsichtige, aber entscheidende Kritik Cohens ansetzt.

36 *Cohen*, Platons Ideenlehre, S. 344.

37 Ebd., S. 362. Vgl. *Holzhey*, Platon im Neukantianismus, S. 232 f.

38 Die Übersetzung von Phd 100a-b folgt *Cohen*, Platons Ideenlehre, S. 362.

39 Dies betrifft bereits die zitierte Phaidon-Stelle, die, wie *Lembeck*, Platon in Marburg, S. 91 f., gezeigt hat, alles andere als von der »Sicherheit des Systembesitzes« und der von Cohen

Bei Platon hatte die Hypothesis ursprünglich kaum mehr als eine Setzung des Verstandes bezeichnet, die am Anfang eines jeden theoretischen Diskurses steht und in der folgenden Reflexion auf ihre Voraussetzungen erst ihre Rechtfertigung finden muß. Während solche Rechtfertigung nun in den »Künsten« und damit auch in den mathematischen Wissenschaften bestimmte Grundlegungen prinzipiell nicht übersteigen kann, weil sie ihrer als axiomatische Anfänge bedürfen (und darum zwar viel, aber eben auch nur zweitklassiges Wissen hervorbringen), dringt die dialektische Ideenforschung bis zum Anhypotheton vor, zur voraussetzungslosen »Idee des Guten« also, die selbst nicht wieder vom Denken gesetzt ist, sondern in der alle Voraussetzungen aufgehoben sind. Dieser Abschluß aber ist es, der die Kritik Cohens auf sich zieht. Denn er könne zwar verstehen, »wie Platon, getrieben von dem Drange, die Ethik zu befestigen, [...] nicht das Klarwerden über die Voraussetzungen, sondern das Ueberwinden derselben zur Aufgabe der Dialektik macht«, die »rein theoretische Untersuchung über die logischen Principien der Wissenschaften« dürfe sich damit jedoch nicht bescheiden.[40]

Statt also die »Idee des Guten« zu einem metaphysischen Absoluten zu machen, könne auch diese wieder nur als eine Hypothesis begriffen werden, so daß alle Ideen durch ein und denselben Methodenbegriff charakterisiert würden, weshalb Cohen denn auch später apodiktisch behaupten kann: »Die Idee selbst ist daher in ihrem tiefsten Grunde nichts Anderes als Grundlegung.«[41] Während bei Platon die Reflexion des Denkens also eines absoluten Anfangs bedarf, der ihre Gewißheit garantiert, hält Cohen die Hypothesis qua Hypothesis für unüberwindbar und die Reflexion auf diese deshalb auch für prinzipiell unabschließbar.[42] Das Denken selbst ist, wenn man so will, sein Ursprung, ganz ohne metaphysische oder ontologische Sicherheiten: »Das Denken bildet mit der Idee einen ursprünglichen und gegenüber dem nichtigen der bloßen Wahrnehmung *neuen* Inhalt, der sich *ausschließlich* dem Denken verdankt. Dessen Geltungswert, und nur dieser, gewährleistet die Realität der Dinge.«[43]

Die Einsicht in die Ursprünglichkeit des grundlegenden Denkens selbst, der Verzicht auf ein, und sei es in »gewaltiger Resignation« eingeführtes unbedingtes Anhypotheton[44] sowie schließlich die Offenheit eines sich hieraus ergebenden philosophischen Kategoriensystems, das war es, was nach Cohen die Wis-

spezifisch-interpretierten Ideenlehre geprägt ist, sondern neben anderen Einschränkungen auch diese nur als eine relativ sichere Hypothesis zur Annahme von Gründen der Teilhabe von Einzeldingen am Sein einführt.

40 *Cohen*, Platons Ideenlehre, S. 365.

41 *Cohen*, Einleitung, S. 18.

42 Vgl. *Edel*, Kantianismus, S. 75.

43 So *Lembeck*, Platon in Marburg, S. 97.

44 So mit Bezug auf Platon *Cohen*, Logik, S. 88.

senschaftlichkeit des Denkens und der Philosophie sichern sollte. Wer dagegen mehr wolle als ein solches »Klarwerden über die Voraussetzungen« des Denkens und der Wissenschaft, ziele, so seine Warnung, auf etwas gänzlich anderes, nämlich auf Metaphysik und Religion, ja »die Philosophie wird zur Frivolität, wenn vom A priori orakelt wird« und man sich dabei »über den sachlichen Sinn und Inhalt der reinen Grundlagen [...] kein Gewissen macht.«[45]

Klingt dies nun aber nach den besagten metaphysischen Gewißheiten, die man sich – die »innere Reichsgründung« vor Augen – von Platon versprochen haben sollte? Zumindest bei Cohen kann davon kaum die Rede sein. Eher trifft es da schon Helmut Holzhey, der im Hinblick auf die Platonauslegung Cohens von der »metaphysischen Bodenlosigkeit des reinen Denkens« spricht, aus der sich abgesehen von der Behauptung, solch methodologischer Infinitismus sei auch noch philologisch korrekt an Platon aufzuweisen,[46] dann auch die massive Ablehnung des Cohenschen Ansatzes ergibt.[47] Schon Natorp hatte ja auf das Fehlen einer Letztbegründung hingewiesen, indem er mit Bezug auf Cohens Religionsphilosophie bündig notierte: »Aber wo bleibt das Anhypotheton?«[48] Und tatsächlich liegt hier auch der entscheidende Unterschied zwischen den beiden sonst in vielen Fragen *in platonici* übereinstimmenden Marburger Schulhäuptern. Während Cohen alles daran setzte, noch dem letzten Ursprung des Denkens den Anschein des Absoluten zu nehmen,[49] bereitet dies Natorp weniger Probleme. Zwar konstatiert auch er die Abhängigkeit Platons vom »antiken Finitismus« und eine hieraus verständliche »Scheu vor der Unendlichkeit«,[50] der Rückgang Platons auf das Anhypotheton hat für ihn jedoch einen anderen

45 Ebd., S. 599 f.

46 Siehe bes. den Angriff auf die »Einseitigkeit und Mangelhaftigkeit der bloß philologischen Forschung« in *Cohen*, Einleitung, S. 25 f.: »An unzählig vielen Stellen beschreibt, bestimmt, erläutert und veranschaulicht Platon die Idee als Hypothesis. Und nun suche man in Geschichtsbüchern der alten Philosophie, ob sie diese quellenmäßige Bezeichnung anführen, geschweige herausheben und in den Mittelpunkt der Darstellung einsetzen. [...] Man sagt, diese Ansicht von Platon sei unhistorisch. Das sagt man im allgemeinen Chorus, wie in einem Satyrspiel. Was heißt denn das aber? Man sollte doch zuerst sagen, sie sei unphilologisch. Das könnte man freilich nicht sagen, ohne die zahlreichen Stellen zu bestreiten, aus der Welt zu schaffen, an denen Platon selbst seine Idee als Hypothesis erfindet, erläutert und begründet. Anstatt diese Stellen nach philologischer Methode zu untersuchen und daraufhin ein philologisches Urteil zu bilden, bedient man sich des Ausdrucks ›historisch‹, und macht diesen wissenschaftlichen Ausdruck zweideutig, insofern man dem historischen Urteil den philologischen Grund entzogen hat. Oder sollte der Ausdruck historisch hier auf die Tendenz hinweisen, welche angegriffen wird, Platon auf Kant hin verständlich zu machen? Das Unrecht bezüglich der philologischen Urkundlichkeit bliebe dasselbe, aber die Ansicht vom historischen Urteil würde so doch wenigstens einigermaßen erklärlich.«

47 *Holzhey*, Platon im Neukantianismus, S. 235 u. 240.

48 *Natorp*, Zu Cohens Religionsphilosophie, in: *Holzhey*, Cohen und Natorp II, S. 109.

49 Vgl. *Edel*, Kantianismus, S. 80 f.

50 *Natorp*, Über Platos Ideenlehre, S. 31 und *ders.*, Platon, S. 123.

Sinn, weil es hier nicht um ein letztes logisches Prinzip gehe, sondern um das »Prinzip des Logischen selbst«.[51] Den »voraussetzungsfreien Anfang«, den die »Idee des Guten« als ein »oberster Methodenbegriff« bezeichne, interpretiert er als Aufstieg »von den relativen Grundsätzen der besonderen konkreten Wissenschaften zu den letzten, völlig reinen Denkgrundlagen«, die wiederum in einem »deduktiven Zusammenhang« zu ersteren stehen. Das Anhypotheton Platons, das Cohen wiederum bloß als Voraus*setzung* aufzulösen suchte, bedeutet nun für Natorp das »Hinausgehen über das Verfahren der Voraussetzungen«, es ist also gleichsam das letzte Gesetz dieses Zusammenhangs, das »Gesetz des Gesetzes selbst«, das von Natorp dann ebenfalls in leichter Differenz zu Cohen als das Gesetz der deduktiven Ausfaltung der synthetischen Einheit des Mannigfaltigen gefaßt wird.[52]

Was auch immer man nun gegen Natorps ›Übersetzung‹ sowohl der Ideenlehre Platons als auch der Platoninterpretation Cohens[53] anführen mag – schon der Hauptpunkt, nämlich die Deutung der Ideen im Sinne moderner Naturgesetze hat berechtigte Kritik hervorgerufen und eine weitere Rezeption maßgeblich verhindert[54] –, eine metaphysische oder gar mystische Ausdeutung der Philosophie Platons war mit der rein logischen Fassung des Erkenntnisproblems und dem optimistischen, weil ganz dem Fortschritt verschriebenen Marburger Wissenschaftsideal auch bei Natorp jedenfalls *noch* nicht zu vereinbaren.[55] Noch, und das heißt vor dem Krieg und dem Ende des Marburger Schulzusammenhanges im engeren Sinne, beschrieb die Metaphysik allenfalls den Raum des noch nicht wissenschaftlich-methodisch Erkannten, wurden die normativen Implikationen der »Idee des Guten« lediglich im Imperativ der Forschung zu methodischer Weiterarbeit an der unendlichen Erkenntnisaufgabe gese-

51 *Natorp,* Platons Ideenlehre, S. 194.

52 Ebd., S. 195. Vgl. auch die Wendungen in *ders.*, Platon, S. 120f., wo er die Idee des Guten als »transzendentales Gesetz« bzw. das Anhypotheton als das »Gesetz der Gesetzlichkeit« beschreibt.

53 In der Rezension »Zu Cohens Logik« (*Holzhey,* Cohen und Natorp II, S. 12) würdigt Natorp dessen großes Verdienst, nämlich den »methodischen Idealismus« in Platon wiedererkannt zu haben, räumt jedoch ein: daß »die allgemeine Anerkennung dieses Verdienstes, abgesehen von allem, was ihr sonst im Wege ist, durch die Vortragsart Cohens nicht gerade erleichtert« werde.

54 Vgl. zur Rezeption *Sieg,* Aufstieg und Niedergang, S. 267ff.

55 Vgl. *Natorp,* Über Platons Ideenlehre, S. 25 u. 27f., wo er zwar die Notwendigkeit der Ergänzung seines Platon-Buches nach der Seite der »psychologischen Voraussetzungen« des Logischen einräumt, den Primat des Logischen bei Platon aber gegen Kritik verteidigt und bekennt, daß er es als »Plato-Interpret« doch vorziehe, »mich an das sicher Erweisliche zu halten und die Verfolgung jener mystischen Linie in Plato solchen zu überlassen, die ›weiser‹ sind als ich, d.h. denen Begründung und Rechenschaft weniger Bedürfnis ist als mir.« Vgl. dagegen *Lembeck,* Platon in Marburg, S. 323, der hierin noch kein Indiz für eine »Reformulierung Platons« sieht.

hen, und selbst der Eros des platonischen Symposion, dieser Bezugspunkt aller schwärmerischen Platonverehrer, galt in seinem unaufhörlichen Sterben und Wiederaufleben allenfalls als

»schlagendes Gleichnis für das ewige Schicksal der Forschung – und allen menschlichen Fortschritts: daß jede Lösung, die ein Problem bewältigt, wiederum eine neue, nur größere hervortreibt und auch der bereits festgestellte Besitz unter dem neuen Gesichtspunkt wieder fraglich wird, aber eben zum ewigen Fortschritt der Menschheit, zur stetigen Erhöhung des Menschheitsbewußtseins.«[56]

Im Laufe, aber eben nicht nur unter dem Eindruck des Krieges sollte sich diese Perspektive Natorps ändern, war die schon 1914 avisierte Korrektur des einseitigen Marburger Platon zu einer fundamentalen »Metakritik« geworden, die im Nachtrag der zweiten Auflage des Platon-Buches von 1920 zwar nicht die These von der Idee als Gesetz und Hypothesis preisgab, die dafür aber den »letzten Einheitsgrund der Ideenwelt« nicht mehr nur in der logisch-theoretischen Sphäre suchte, sondern ihn im Sinne einer »allgemeinen Logik« auf ein jetzt tatsächlich nur noch mystisch zu fassendes »Urlebendiges«, »Urkonkretes« oder einen nicht weniger unscharfen »Allzusammenhang« bezog.[57]

So radikal diese Korrektur aber auch scheinen mochte und so groß die Zustimmung derer, die den Marburger Platon ohnehin für ein Relikt des 19. Jahrhunderts hielten,[58] auch vor 1914 gab es noch einen anderen Marburger Zugang zu Platon, der zwar ebenfalls unter dem Primat der Theorie stand, der jedoch auch die normativ-praktische Seite der Philosophie Platons aufgriff und kritisch in die Gegenwart zu übersetzen suchte.

2.1.2 Mit Platon zum Sozialismus: Der platonische Erziehungsstaat und die Idee der Sozialpädagogik

Ähnlich wie bei Cohen kann auch bei Natorp die Hinwendung zu Platon recht genau verfolgt und diesmal auf die zweite Hälfte der 1880er Jahre datiert werden. In dieser Zeit setzte bei ihm eine intensive Beschäftigung mit dem griechischen Philosophen und der platonischen Frage ein, also der Frage nach Echtheit und Reihenfolge der Dialoge, die sich in einer Reihe von Rezensionen und Auf-

56 Vgl. die »Konstruktion« der Antwort auf die Frage, warum Platon sein Anhypotheton als »Idee des Guten« bezeichnet hat, bei *Natorp,* Platons Ideenlehre, S. 195 ff. und *Holzhey,* Platon im Neukantianismus, S. 238.

57 *Natorp,* Platons Ideenlehre (Metakritischer Anhang), S. 467 u. 469.

58 Vgl. die ausführliche Rezension bei *Philippson,* Platon-Literatur, S. 170 ff., der die »Selbstauflösung der Marburger Platondeutung« in Richtung der Mystik ausdrücklich begrüßte, sowie zur Neulektüre Platons in der Spätphilosophie Natorps auch *Lembeck,* Platon in Marburg, S. 323 ff.

sätzen, aber auch in zahlreichen Lehrveranstaltungen sowie einer ersten Ausarbeitung des späteren Platon-Buches von 1903 niederschlug.[59] Neben dem Einfluß Cohens, den Natorp selbst immer wieder hervorhob, lassen sich hierfür noch zwei weitere Motive ausmachen, die zusammen unmittelbar in die politische Pädagogik Natorps führen. Das eine ist die verstärkte Orientierung an dem zu dieser Zeit vieldiskutierten politischen Idealismus und Kommunismus Platons,[60] der natürlich eine ungleich größere Verwandtschaft zur sozialistischen Tendenz seiner eigenen Ethik aufwies als der bis dahin von Natorp vornehmlich als Zeuge für seine sozialphilosophische Argumentation herbeizitierte Aristoteles. Dieser Wechsel des Traditionsbezuges unterstützte dabei aber nicht nur seine Profilierung zum philosophischen resp. »wissenschaftlichen« Kritiker der politischen Zustände,[61] sondern sie diente vor allem der Konkretisierung der eigenen Position in Richtung eines ethisch begründeten, nicht aber proletarischen Sozialismus, für den Natorp auch öffentlichkeitswirksam immer wieder eintrat.[62] Das andere, damit eng verbundene Motiv bestand darin, daß er in Platon einen Theoretiker vorfand, der »die Einheit der *Staatskunst* mit der ethischen Erziehung lehrte«,[63] der also auch den spezifisch sozialpädagogischen Ambitionen Natorps entsprach. Schon in den Jahren vor 1893, wo er den Marburger Lehrstuhl für Philosophie *und* Pädagogik antrat, hatte Natorp nämlich in der Sozialpädagogik ein Feld entdeckt, das ihm eine gewisse Eigenständigkeit gegenüber Cohen und der Marburger »Schulphilosophie« im engeren Sinne erlaubte und auf dem er seine Gedanken des fundierenden Zusammenhangs von Philosophie und Pädagogik entfalten oder, wie nicht wenige meinten, die philosophische Auflösung der Pädagogik betreiben konnte.[64] Die

59 Siehe hierzu *Jegelka*, Paul Natorp, S. 19 f. sowie das Schriftenverzeichnis Natorps aus dieser Zeit ebd., S. 352.

60 Siehe oben Kap 2.2.

61 Vgl. *Natorp*, Platon, S. 94: Platon erhielt sich »die volle Freiheit, an ihrem [d. i. Athens] politischen Zustand strenge, wissenschaftlich begründete Kritik zu üben. Man darf sagen, aus der Energie seiner Staatsgesinnung ist die Philosophie in Platon geboren, denn eben diese seine kräftige Staatsgesinnung forderte für die Politik eine wissenschaftliche Grundlegung.« Im Unterschied zu Nietzsche, der in Marburg mit seiner »Gefühlsphilosophie« eine persona non grata war, lag die Betonung stets auf der »Wissenschaftlichkeit« der Kritik, weshalb die Stimme Natorps selbst noch im von ihm leidenschaftlich befürworteten ersten Weltkrieg stets relativ zivil blieb und er etwa unter Verweis auf die Prinzipien individueller sittlicher Verantwortung die Annahme einer »Kollektivschuld« als unhaltbar ablehnte. Vgl. dazu auch *Sieg*, Realitätsferner Utopismus, S. 268 f.

62 Siehe hierzu und bes. zum »Fall Natorp« *Jegelka*, Paul Natorp, S. 27 ff. u. 38 ff.

63 Ebd., S. 20.

64 Vgl. *Lembeck*, Platon in Marburg, S. 285, dort auch die Hinweise auf die Kritik etwa schon von Max Frischeisen-Köhler. Im Übrigen ist der Kritik Lembecks an Natorps Pädagogik im engeren Sinne wenig hinzuzufügen: »Natorps artifizieller Lebens-Begriff, seine aufs Methodologische verkürzte Auffassung vom Problem des Subjektiv-Individuellen, die recht hilflos wirkende Vorstellung vom sogenannten pädagogischen ›Takt‹ und nicht zuletzt auch

Themen, um die diese gleichermaßen pädagogische wie politische Sozialphilosophie kreiste, betrafen dabei immer zugleich Fragen der Erziehung und der Bildung sowie solche der Gemeinschaft und des Sozialismus, letztendlich zielten sie aber auf eine weitreichende Demokratisierung der Bildung, was, da auch an Kritik der politischen, sozialen und kulturellen Realität des Kaiserreichs nicht gespart wurde, durchaus dazu angetan war, Natorp zu einem der führenden ›Reformpädagogen‹ der Jahrhundertwende werden zu lassen.

Die Nähe zu Platon spielte hierbei nun eine ebenso zentrale Rolle wie in den Fragen der Erkenntnistheorie. Programmatisch entfaltet wird sie erstmals 1895 in dem Aufsatz über »Platos Staat und die Idee der Sozialpädagogik«.[65] Hierin entwickelt Natorp seine Vorstellung von der Sozialpädagogik über die beiden konstitutionellen Begriffe der Bildung und der Gemeinschaft. Bildung, so die – heute vermutlich eher an Aristoteles denn an Platon gemahnende[66] – Ausgangsthese, funktioniere nur in und aus der Gemeinschaft heraus, müsse sich alle Individualpädagogik immer dem »ungleich mächtigeren erziehenden Einfluß, den das Leben der Gemeinschaft auf alle an ihm teilnehmenden übt, unterordnen.«[67] Die Gemeinschaft wiederum steht – obzwar der Zwangsgewalt des Staates widersprechend und diese nicht selten kritisch, bisweilen revolutionär bekämpfend – doch auf eben dessen Boden, entwickelt sich »unter der schützenden Hülle« der staatlichen Ordnung

> »in steigender Klarheit das Bewußtsein, daß wahre, innere Gemeinschaft unter den Menschen sein sollte, ja dauernd gar nicht entbehrt werden kann, wo erst nur der äußere Zwang des Miteinanderlebens und Sichvertragens sie zusammenhielt.«[68]

Weil so die »sittliche Idee der Gemeinschaft die festeste, die allein unerschütterliche Grundlage staatlicher Ordnung überhaupt, insofern die eigentlich staatserhaltende Kraft« sei, müsse also der Staat, wolle er sich erhalten, »ausnahmslos in allen seinen Einrichtungen auf die mögliche sittliche Bildung seiner Bürger, auf ihre Bildung zum Geiste der Gemeinschaft berechnet sein.«[69] Für Natorp ist dies der Kern der sozialpädagogischen Idee des Staates, und da sie, wie er meinte, »ihren klassischen Ausdruck durch Plato gefunden« habe, könne auch eine Weiterentwicklung dieser Idee nur entlang seiner Staatslehre geschehen.[70]

seine aus der Logik derivierte ethische Konzeption scheinen kaum dazu angetan, pädagogisch relevante Einsichten zu vermitteln oder gar praktikable Erziehungsmuster nahezulegen, die mehr wären als idelle Entwürfe nach dem Leitfaden eines schematisierten Menschenbildes.« Siehe ebd., S. 292.

65 *Natorp*, Platos Staat.

66 Vgl. zu den Wegen und Umwegen der praktischen Philosophie des Aristoteles *Gutschker*, Aristotelische Diskurse.

67 *Natorp*, Platos Staat, S. 1.

68 Ebd., S. 3.

69 Ebd., S. 4.

70 Ebd.

Die folgende Auseinandersetzung mit dieser Lehre, die ja eine Auseinandersetzung um die richtige »Idee der Sozialpädagogik« sein soll, dreht sich nun um die Frage, inwiefern beiden der Idealismus – also das Aufstellen einer »allgemeingültigen *Idee* des Staates« oder wie bei Natorp in dieser Zeit auch die normative »Idee des Menschentums« – zum Vorwurf gereichen könne, sei dieser doch, so der Verweis auf die zeitgenössische Diskussion um die Staatslehre Platons, »in den Augen der Meisten« bereits ein schlagendes Gegenargument. Für Natorp nun hat die Antwort auf solche Vorwürfe schon Platon selbst gegeben, indem er nämlich die Gegenposition der vermeintlich realistischen »Empiriker der Staatslehre« etwa in der Gestalt des Protagoras nicht nur zu Wort kommen läßt, sondern ihre zynische Beschreibung der »Natur des *wirklichen* Staates« als einer auf Ungleichheit und Macht beruhenden Einrichtung zur Erarbeitung der Existenzmittel sogar noch überbietet, weil er mit Worten »fast wie aus einer heutigen sozialistischen Predigt entnommen« auch diese Theorien noch als Produkte derselben »herrschenden Staats- und Gesellschaftsordnung«, also der des herrschenden Bürgertums Athens, demaskiere und ihre desaströsen sozialen und politischen Folgen aufzeigen könne.[71] Wenn Platons Einsicht in die »realen Faktoren des Staatslebens«, seine Machtstrukturen und die ihnen zugrundeliegende Wirtschaftsordnung aber wenigstens so fundiert ist wie die seiner Gegner, ja wenn sie sogar tiefer gehe als die der heutigen Sozialisten, warum entwirft er dann ein »weiteres ideologisches Wahngebilde des Staates«, in das man sich vor der Wirklichkeit doch allenfalls flüchten könne: »Was hilft uns die ›Idee‹, daß es anders sein sollte!«[72] Die Antwort darauf ist für Natorp ziemlich einfach, weil wiederum erkenntnistheoretisch begründet: »Erfahrung ist jederzeit bedingte Erkenntnis; der Ausspruch eines Erfahrungssatzes als eines unbedingt gültigen ist also dem Grundgesetz der Erfahrung selbst entgegen« – würde also einen philosophisch geradezu »pöbelhaften« Fehlschluß vom notwendig partikularen und begrenzten Erfahrungswissen auf ein Sollen bedeuten.[73] Unbedingte Geltung dagegen könne allein die Idee beanspruchen, weil nur hier an diesem »unendlichen fernen Richtpunkt« dem Willen überhaupt eine Aufgabe gestellt werden könne, die über das bisher Erfahrene herausreiche: »Der Aufblick zur Idee bedeutet nicht ein Verlassen des Weges der Empirie, sondern vielmehr die Wegräumung jeder absoluten Schranke, die dem *unbegrenzten Fortschritt* der Erfahrung erst freie Bahn schafft.«[74]

Diesen Zusammenhang habe Platon als erster erkannt und mit der »Idee des Guten« einen letzten, aber, so heißt es hier noch, gerade nicht mystischen, sondern eigentlich ganz schlichten Richtpunkt angegeben, an dem sich alle Er-

71 Ebd., S. 5 ff. u. 9.
72 Ebd., S. 10.
73 Ebd.
74 Ebd., S. 11.

fahrung, mithin alle staatliche Ordnung, sofern sie Ordnung sein will, immer schon orientieren müsse. Natorps Interpretation der platonischen Idee als Gesetz kommt dabei voll zum Tragen. Denn was ist diese »Idee des Guten« für ihn? »Nichts anderes als die Idee der Idee selbst, das Gesetz der Gesetzlichkeit überhaupt, das Gesetz, welches die gesetzmäßige Verfassung eines jeden Gegenstandes als die wahre, seinsollende ausspricht.« Dieses Prinzip der Gesetzlichkeit, das für Platon im »harmonischen« und möglichst reinen Zusammenwirken aller Teile eines solchen Gegenstandes zu der ihm zugeschriebenen Funktion besteht und in dem bekanntlich auch der Grund der jeweiligen Gerechtigkeit liegt, gelte so aber natürlich auch für den Staat, in dem die »rein sittliche Gestaltung der Gemeinschaftsordnung« ebenfalls nur durch das Prinzip der Gesetzlichkeit eingelöst werden könne.[75] Diese Idee zu erkennen und zu ihr zu erziehen sei wiederum Aufgabe der Philosophen, denn

> »darin liegt der positive Kerngedanke der platonischen Staatslehre: das Heil der Staaten, ja der Menschheit hängt schließlich ab von der wissenschaftlich-sittlichen *Erziehung* und der Regierung der so Erzogenen; denn es ruht nicht auf den nur dienenden Künsten der Lebenserhaltung, nicht auf Heer, Flotte und Festungen, sondern auf der Erkenntnis der ewigen Gesetze, von denen die innere, physische und geistige Gesundheit des sozialen Körpers abhängt, und der friedlichen Herrschaft, die solche Erkenntnis sich, durch keine andere Macht als die der Wahrheit, zu erringen im Stande ist.«[76]

Die Idee des Staates zu erkennen und zu ihr zu erziehen – dieses zugleich sozialpädagogische Credo Natorps mochte vielleicht idealistisch sein, eine »bloß akademische Erörterung« sei es sicher nicht. Schon Platon, so versucht er nachzuweisen, habe sich außer vielleicht in seinen frühen Dialogen nicht mit der negativen, bloß kritischen Seite der Ideenerkenntnis, also der Feststellung der »notwendigen Inkongruenz« zwischen Sein und Sollen, zwischen Erfahrung und Idee zufrieden geben wollen. Im Gegenteil sei es ihm überaus ernst damit gewesen, die »revolutionäre Kraft der Idee« ins Positive und Staatsbildende zu wenden, habe er die Akademie gegründet »in der bestimmten Absicht, die notwendige Staatsreform anbahnen zu helfen durch die wissenschaftlich-sittliche Erziehung *regierungsfähiger Männer*,« allein die politischen Umstände waren dem nicht gewogen, habe er trotz zahlreicher Kompromisse und Zugeständnisse an die Wirklichkeit »keinen tauglichen Staat gefunden«, an dem er sein Reformprogramm umsetzen konnte.[77]

Was den Inhalt dieses Programms angeht, so hebt Natorp drei Punkte hervor, die er zum »bleibend wertvollsten Bestandteil« der Staatstheorie erklärt und an die es auch nach ihm weiter anzuknüpfen gelte. Da sei einmal der von ihm als platonisch gekennzeichnete Ansatz, die wirtschaftliche Grundlage des Staa-

75 Ebd., S. 12f.
76 Ebd., S. 14.
77 Ebd., S. 15, 18 u. 20.

tes »realistisch« aufzufassen, sprich: die Wirtschaftsordnung gleichermaßen als Wurzel der »sittlichen« Übel wie als »Hebel des Kulturfortschritts« zu begreifen, weshalb er, so Natorps philologisch kühne Deutung, den »echten, wirtschaftlichen Kommunismus als wahre Konsequenz seiner Voraussetzungen wohl erkannt« habe, allein aus »Rücksicht auf die praktische Durchführbarkeit [...] in seinen Forderungen nicht so weit zu gehen gewagt [habe], da er das derzeitige Geschlecht dazu nicht reif glaubte.«[78] Die Beschränkung des Kommunismus auf die Oberklasse, die für Natorp also allenfalls ein erster Schritt sein dürfe, weise zudem auf den zweiten Punkt der Staatslehre, nämlich die psychologische Ableitung der drei Grundfunktionen (nicht der Stände oder Klassen) des Staatslebens. Auch hier übernimmt Natorp – trotz der leichter Abschwächungen der Konsequenzen – den platonischen Gedanken des sozialen Körpers samt seiner geistesaristokratischen Implikationen und ebenso die Analogie von individuellem Bildungsgang und gemeinschaftlicher Lebensordnung, weil sich nur so, und das ist der dritte Punkt, das gemeinsame Wollen des Guten erreichen lasse, die für den Erhalt des Staates notwendige »höchste, innerlichste Gemeinschaft – im Aufblick zu Idee«.[79]

Wie sehr sich Natorp in diesen drei Punkten Platon verpflichtet fühlte, zeigt noch seine Kritik an ihm, die lediglich eine an dessen Inkonsequenz ist und insofern die Grundlagen dieser Philosophie nicht erschüttert. Denn weder die scharfe Trennung der Menschen in die drei Klassen des platonischen Staates, die doch den Zwiespalt zur Norm erhebe und ihn in der ungleichen Bildung bzw. der ungleichen Förderung der jeweiligen Seelenvermögen nicht nur fortschreibe, sondern überhaupt nur »verstümmelte Menschen« hervorbringe, noch die damit einhergehenden Beschränkung des Kommunismus nur auf die beiden oberen Klassen folgten nach Natorp aus den fundamentalen Voraussetzungen seiner Theorie. Fasse man deren Prinzipien nämlich nur »richtig« auf, dann führe sie zu nichts anderem als zur »Ausdehnung des Kommunismus auf das ganze Gemeinwesen« – oder zumindest doch, da dieser Zwischenschritt einstweilen noch notwendig sei, zu einem von Natorp propagierten »Sozialismus der Bildung«.[80] Daß Natorp »seinen« Platon hierbei aber zu allererst gegen sich selbst in Schutz nehmen muß[81] und die Gründe seiner Inkonsequenz nicht in der Theorie, sondern einzig an Platons gar noch zu großem, weil zu sehr auf die Gegebenheiten seiner athenischen Gegenwart zielenden Realismus sucht, macht deutlich, auf welch wackeligem Boden diese Argumentation steht. Gleichwohl

78 Ebd., S. 23 f., Anm.

79 Ebd., S. 27 f.

80 Ebd., S. 32 u. 36.

81 Vgl. bes. ebd., S. 31 f. Anm. u. 32: »Das Prinzip allerdings, daß im Wirtschaftsleben so gut wie im Heer oder Beamtenstand einer für alle, alle für einen stehen sollten, ergibt sich aus der platonischen Deduktion mit zwingender Logik – auch gegen Plato selbst.« Daß Platon trotz der vorsichtigen Kritik Natorps »sozialistischer Held« bleibe, betont auch *Follak*, Aufblick, S. 90.

entspricht sie damit aber doch ganz dem hermeneutischen Verfahren, das die Marburger, allen voran Cohen, auch in Fragen der Erkenntnistheorie befolgten, nämlich einige vermeintlich »idealistische« Prinzipien Platons zu isolieren und systematisch so weit auszubauen, daß durch sie auch gegenläufige Passagen oder Theoreme Platons dort, wo sie nicht ignoriert werden konnten, als metaphorische Einkleidung oder eben als Zugeständnisse an die »gegebenen Bedingungen« schlechterdings weginterpretiert werden konnten. Den Ernst freilich, mehr mit als gegen Platon den ethischen Sozialismus zu befördern und zu einer Theorie der Sozialpädagogik zu gelangen, kann man Natorp keineswegs absprechen, ja er hinterließ in seinem nur wenige Jahre später erscheinenden sozialpädagogischen Hauptwerk vielleicht noch tiefere Spuren.[82]

Ferdinand Tönnies, der nicht nur politisch ein Weggefährte Natorps war, sondern sich auch der Marburger Schule, wie er im Vorwort der zweiten Auflage seines Grundlagenwerkes »Gemeinschaft und Gesellschaft« bekannte, durch »innige Sympathie« verbunden fühlte,[83] wies in einer umfangreichen Rezension auf genau diesen Umstand hin. Natorps Buch, so hieß es da, sei »in seiner inneren Anlage und in einzelnen Zügen« eine »Erneuerung der Republik des Plato, die es mit allem Ernste auszulegen, aber auch zu berichtigen sich angelegen sein läßt.«[84] Tatsächlich sind die Platonbezüge und die Analogien zur Politeia frappierend: Ob es die parallelen Bildungsgesetze von Individuum und Gemeinschaft sind, die er behauptet,[85] oder die daraus abgeleitete Systematik der Tugenden,[86] ob es um die Dreiteilung der Grundfunktionen der Gemeinschaft geht[87] oder um die schon zuvor behauptete Gemeinsamkeit des politischen Ziels einer allgemeinen Vergemeinschaftung und Versittlichung,[88] stets bildet Platon die Folie, auf der die

82 *Natorp*, Sozialpädagogik.

83 *Tönnies*, Gemeinschaft und Gesellschaft, S. XXV, Anm. 1.

84 *Ders.*, Rez. Paul Natorp, S. 445.

85 *Natorp*, Sozialpädagogik, S. 96.

86 Ebd., S. 102 ff.

87 Ebd., S. 163 ff.

88 Ebd., S. 220 f.: »Das ferne Ziel aber, das uns vor Augen steht, ist, Vergemeinschaftung und damit Versittlichung des ganzen Lebens eines Volks. [...] *Das Ziel ist also, mit andern Worten, das von Plato längst gezeigte* [Herv. R. P.], dass die Erziehung sich in den Dienst der Gemeinschaft stellt, das Leben der Gemeinschaft in seinen mancherlei Richtungen ganz der Erziehung dienstbar wird; dass alles zugleich, die wirtschaftlich-rechtliche Verfassung, eine sehr systematische Pflege der Wissenschaft, eine an wohlerkannte, zugleich sittlich zuträgliche Gesetze gebundene, nicht minder das ganze Leben der Gemeinschaft durchdringende, selbst zum Leben gewordene Kunst, und als Folge aus dem allen eine einstimmige Ordnung auch des häuslichen Lebens bis selbst zum Verkehr der Geschlechter und der Aufzucht der Kinder, zu einem und demselben Ende, der reinen Gemeinschaft im Erkennen und Wollen des einen, ewigen Guten zusammenwirkt; so dass auch, wer nicht bis zur höchsten Stufe (der »Philosophie«, wie Plato sagt) durchdringt, doch durch den ganzen Zug des Lebens in solcher Gemeinschaft gleichsam mitfortgetragen und durch Sitte und richtigen Instinkt zu einer Lebensführung geleitet wird, wie sie den höchsten Zwecken der Gesamtheit entspricht oder doch nicht widerspricht.«

Theorie der Sozialpädagogik entfaltet wird.[89] Und sogar, wenn es darum geht, den individuellen Bildungsgang – am humanistischen Gymnasium[90] – praktisch werden zu lassen, ist es wieder die Platonlektüre, die als besonders geeignet gilt, zur Philosophie und damit »zur sicheren Hinleitung auf das ewige Endziel, die Idee« zu führen.[91] Was hingegen die »Berichtigungen« angeht, auf die Tönnies ebenfalls hingewiesen hatte, so sind diese, was die systematische Herleitung oftmals im Ergebnis ähnlicher Theoreme angeht, zwar teilweise noch gravierender als die positiven Bezugnahmen auf Platon,[92] sie werden jedoch, wie schon Lembeck betonte, von Natorp weitgehend kaschiert, sticht die neukantianische Furcht vor der Aporie den redlichen Umgang mit den philosophiegeschichtlichen Quellen aus.[93] Übrig bleibt dann die bekannte, wenn auch nach wie vor zurückhaltende Kritik Natorps etwa an der »Verkrüppelung des Menschen« durch Platons Psychologie oder der immer noch wachsweich formulierte Vorwurf, Platon habe die »Bedeutung des wirtschaftlichen sowohl als des politischen Faktors des sozialen Lebens, namentlich anfangs, nicht in vollem Umfang erkennen können.«[94]

Erst in dem Platonaufsatz von 1911 für den von Ernst von Aster herausgegebenen Band der »Großen Denker« wird Natorp konkreter, faßt er die Einseitig-

89 *Lembeck*, Platon in Marburg, S. 291 f. führt den von Natorp behaupteten unmittelbaren Zusammenhang zwischen der Philosophie Platons und der eigenen sehr ähnlich auf ein Verhältnis von Frage und Antwort zurück, wobei die Frage Platons zwar gewisse Freiheiten der Antwort, aber eben auch nicht jede zulasse.

90 Daß sich der »Sozialismus der Bildung« durchaus mit dem Bildungsaristokratismus des Schulhumanismus verträgt, zeigte Natorp schon im Aufsatz von 1895, noch eindringlicher aber in der oben, Kap 1.1 zitierten Apologie des Gymnasiums, *ders.*, Was uns die Griechen sind, bes. S. 20.

91 Vgl. *ders.*, Sozialpädagogik, S. 262: »Die Schule der Sokratik thut diesem Alter not; die in Plato sich aufs schönste verbindet mit der sicheren Hinleitung auf das ewige Endziel, die Idee. Wenigstens ein Vorschmack von Philosophie sollte keinem vorenthalten bleiben. Für die, denen zum tieferen Eindringen die Voraussetzungen fehlen, sollte man ein philosophisches Lesebuch zusammenstellen, das auf jeden Fall einige grosse Stücke aus Plato, das Fasslichste aus der Ethik Kants, Auszüge etwa aus Fichtes freier gehaltenen Schriften, aus Pestalozzi mit manchem Gleichartigen oder dazu Vorbereitenden in wohlbedachter Anordnung, nicht ohne die notwendigen Erläuterungen, enthielte. Oder es sollte der Lehrer des Deutschen oder Griechischen in Prima (denn leider nur an die höheren Schulen ist unter den gegebenen Voraussetzungen zu denken) in freien Kursen ausser der Schule denen, die den Trieb dazu haben, das Beste und Notwendigste davon zugänglich machen.«

92 *Lembeck*, Platon in Marburg, S. 293 ff. hat dies an der Tugendlehre vorgeführt, die unter Vorgabe einer lediglich marginalen »Verbesserung« den gesamten Argumentationsgang Platons nahezu auf den Kopf stellt.

93 Vgl. ebd., S. 291 f.

94 Ebd., S. 162 u. 221. Die Exkulpation folgt allerdings sogleich, weil Platon den »Fehler« ja selbst noch eingesehen und »berichtigt« habe. Da er jedoch als Gedanke nun einmal in der Welt ist, müsse auch hier auf ihn hingewiesen werden, da zwar nicht Platon wohl aber »das mittelalterliche Christentum, das unter uns ja immer noch über eine ungeheure Macht gebietet, ihn wiederholt und noch verschärft« habe (ebd., S. 221).

keit Platons und dessen Gründe schärfer. Auch hier beschreibt Natorp das platonische Staatsideal noch als den großartigen, unbedingt ernstgemeinten und »ganz positiven Reformplan für das staatliche, ja für das gesamte Kulturleben der Menschheit«, im Unterschied zu den früheren Darstellungen überwiegen jedoch die Zweifel. Das beginnt schon mit der Vorstellung des Staates als eines sozialen Körpers, dessen sozialer Differenzierung nach dem Prinzip der Arbeitsteilung Natorp zwar grundsätzlich zustimmt, dessen »biogenetische« Methode er aber ebenso wie die Schroffheit ihrer Durchführung für problematisch hält.[95] Denn ebenso wie er die Psychologie Platons zu stark in Richtung einer alles disziplinierenden Vernunft entwickelt sieht, die doch nur den inneren Konflikt der seelischen Kräfte befeuert, statt sie harmonisch zusammenwirken zu lassen, so kommt auch der Staat über die Einseitigkeit seines Zuschnitts auf die Erziehung einer kleinen Minderheit nicht hinaus. Zwar sei es richtig, daß ohne die höchste Kraft der Vernunft und »die Lenkung der ›Idee‹ [...] dem sozialen wie dem individualen Leben gleichsam der Kopf« und die »Zieleinheit« fehle, allein wie auch die anderen, das soziale Leben wesentlich mitkonstituierenden Faktoren der Wirtschaft und der Politik (bzw. analog die physische Kraft und der Trieb, der »Thymos«) vernunftgemäß eingerichtet sein könnten, das werde von Platon nicht gezeigt, stehen sich Regierende und Regierte weiter unversöhnlich gegenüber: »So ist aber ein natürliches Gleichgewicht der Kräfte, also nicht eine wirkliche, innerlich begründete Einheit des Staates erreicht.«[96]

Die Korrekturen und »Modifikationen« Platons an dieser Einseitigkeit, die er in den *Nomoi* für seinen »zweitbesten Staat« vornimmt, würdigt Natorp dabei natürlich, dienen sie ihm doch als Ausweis von dessen realistischen und ganz und gar ernsthaften Absichten. Das Grundübel jedoch, das, »was uns den platonischen Staat, den besten wie den zweitbesten, schließlich doch als eine unerträgliche Zwangsanstalt, als Vergewaltigung aller berechtigten Individualität empfinden läßt«, werde damit nicht behoben.[97] Natorp meint damit noch nicht einmal den Umstand, daß auch in diesem Entwurf »der Mensch verstaatlich wird bis zum äußersten«, denn ihm komme ja auch die »Vermenschlichung des

95 *Natorp*, Platon, S. 143f.

96 Ebd., S. 146. Sogar die Analogie von Mensch und Staat, also die Grundlage des platonischen Staatsentwurfs, wird hier mit Kritik am angeblichen Zwiespalt zwischen Sinnlichkeit und Vernunft in der Einzelseele in Frage gestellt: »Zerfiele der einzelne Mensch wirklich sozusagen in drei Menschen, einen unter sinnliche Arbeit und sinnliches Genießen hoffnungslos geknechteten, einen, dem die Wissensdisziplin: und einen, dem die leitende Einsicht zufällt, so müßten doch die Menschen aller sozialen Klassen an allen drei Funktionen teilhaben, es dürfte nicht, zumal in ganzen Klassen, eine Kraft gänzlich auf Kosten der übrigen ausgebildet sein. Das gibt verstümmelte Menschen, nicht weniger verstümmelt, wenn das Triebleben, als wenn die Wissenschaft oder die Kraft der Einsicht vergewaltigt ist.« Es paßt jedoch gut ins harmonisierende Marburger Platonbild, daß solch eigentlich fundamentale Kritik wieder nur beiläufig geäußert wird.

97 Ebd., S. 149f. dort auch die folgenden Zitate.

Staates« entgegen, werde dieser nicht nur in den Augen Platons »mit der ›Natur‹ des Menschen in reinen Einklang gebracht«. Nicht die »enge und sozusagen absolute Korrelation von Individuum und Gemeinschaft« ist es also, die ihm an Platons Staat »anstößig« wird, sondern vielmehr die »Starrheit des gezeichneten Ideals«, das Fehlen jeder Möglichkeit zur Entwicklung und Weiterbildung jenseits des geschlossenen Kreislaufs von Verschlechterung und Rückwendung zum Besseren:

»Dächte man sich das weg, die Entwicklung in keiner Weise eingeengt, vielmehr in jeder Hinsicht vorausgesetzt und planmäßig überall mitberücksichtigt, so würde damit von selbst auch die Individualität zu ihrem Recht kommen, ohne daß von der Strenge der Wechselbeziehung zwischen Individuum und Gemeinschaft irgend etwas nachgelassen zu werden brauchte. Es wäre dann eben beides, das Leben des Individuums wie der Gemeinschaft, in ihrer unaufheblichen Wechselbeziehung, von jener Schranke der Endlichkeit, die allein all jene Unfreiheit bedingt, erlöst und auf der Bahn einer Entwicklung gestellt, die ins Unendliche weist.«

Dies aber sei nun einmal »die Schranke des platonischen Denkens« wie überhaupt des ganzen wissenschaftlichen Denkens der Antike, daß sie sich den Problemen des Unendlichen nicht haben stellen können und hieraus resultierten dann die »schwersten Fehler« auch dieses Staatsideals – Fehler freilich, die nicht zwangsläufig wären, denn immerhin sei es doch Platon gewesen, der »in der ›Idee‹ den von Kant entscheidend hervorgehobenen Sinn der unendlichen Aufgabe im Grundsatz nicht verkannt und in seinen tiefsten theoretischen Erwägungen auch voll beachtet« habe.[98] Mit der so angedeuteten Abspaltung des theoretischen vom praktischen Platon, die bei Natorp zwischen 1895 und 1911 immer deutlicher wird, steht dieser jedoch nicht allein. Denn auch bei Cohen findet sich genau diese Unterscheidung zwischen dem »göttlichen Platon«, dem Begründer der Ideenlehre und »Hüter der wissenschaftlichen Erkenntnis als des einzigen untrüglichen Hortes der Wahrheit«, und den, gerade was das soziale Ideal angeht, dunklen »Schatten im Platonismus«,[99] und auch hier sind es wieder die der Ideenlehre nach Marburger Lesart widerstreitende »Enge des hellenischen Standpunktes« sowie der »antike Finitismus«, die als wesentliche Gründe dafür ausgemacht wurden.

Doch Cohen läßt es dabei nicht bewenden. Seine Kritik geht wesentlich tiefer als diejenige Natorps und sie erschließt durch den Vergleich Platons mit den jüdischen Propheten ein fatales Vorurteil des griechischen Philosophen, das in der ganzen nachfolgenden Debatte als Problem überhaupt nicht mehr erkannt, sondern allenfalls fortgeschrieben werden sollte. Cohen fragt nämlich, warum

98 Ebd., S. 150f.
99 *Cohen*, Das soziale Ideal, hier S. 314.

der Kernsatz der platonischen Staatslehre, nachdem entweder die Könige zu philosophieren beginnen oder die Philosophen Könige werden sollten,[100] denn überhaupt plausibel sein soll. Was zeichnet diejenigen, die zur Philosophie resp. zur Wissenschaft befähigt sind, eigentlich als Regenten gegenüber denen aus, denen das, wie es bei Platon heißt, »ihrer Natur nach« nicht zukomme? Bei Platon ist es bekanntlich die Vernunft, die im Menschen wie im Staate regieren soll, doch was begründet eigentlich die behauptete Identität von wissenschaftlicher und sittlicher Vernunft? Und haben nicht alle Menschen auch bei Platon zumindest an letzterer gleichermaßen Anteil? Indem Cohen in diese Richtung weiter fragt, entdeckt er den platonischen Intellektualismus als ein Problem, das nicht einfach nur eine Überspannung des sokratischen Leitgedankens von der Identität von Tugend und Wissen darstellt, sondern das grundsätzlicher auf das Fehlen eines einheitlichen Menschenbildes, einer Idee nicht des intelligiblen Guten, wohl aber des Menschen bei Platon zurückgeht:

»Denn ohne den Grundgedanken von der Gleichartigkeit der Vernunft in allen Menschenköpfen kann kein einheitlicher Begriff vom Menschen entstehen, und ohne diesen einheitlichen Begriff kann auch der Glaube an die Verwirklichung der Sittlichkeit im Menschengeschlechte nicht aufkommen. Was ist aber aller wissenschaftliche Idealismus ohne diesen Abschluß, den die Erkenntnis von der Einheit des Menschengeschlechts bildet, von der Einheit aller Stände in jeglichem Staatswesen, von der Einheit aller Menschen in der Bestimmung zum Guten und demgemäß in der Fähigkeit zum Guten – was bedeutet aller Idealismus ohne die Idee des Guten in jedem Menschengeiste?«[101]

Das Fehlen jener Idee des Menschen aber, das der Prophetismus trotz seines Mangels an wissenschaftlicher Begründung niemals ertragen hätte,[102] ist für Cohen der letzte Grund all der »Lücken und Schäden« im sozialen Idealismus Platons:[103] dies beginnt bereits bei der Darstellung seiner Staatslehre, die aufgrund solcher »Unsicherheit in der Grundlegung« niemals die Unruhe und den inneren Wechsel ablegen könne und ständig zu Anpassungen an die politische Wirklichkeit genötigt sei.[104] Es erkläre sodann die schon von Jakob Burckhardt beklagte Entindividualisierung des Volkes, das lediglich als grob ständisch gegliederte Masse erscheine, sowie die eigenartige Fixierung Platons auf den Kriegerstand, der nicht aus der Idee, sondern aus der politischen Wirklichkeit entnommen, die Ungleichheit zwischen Regierenden und Regierten, zwischen Wissenden und Unwissenden sichern helfen müsse – und dies mit all den Nebenfolgen für die Geringschätzung der Familie, die Rechtfertigung der Sklave-

100 Resp. 473c-d.
101 *Cohen*, Das soziale Ideal, S. 316.
102 Ebd.
103 Ebd., S. 321 f.
104 Ebd., S. 318.

rei und die auch sittliche Isolierung des dritten Standes.[105] Dem prophetischen Denken, das zwar keinen Begriff vom Menschen, wohl aber eine Vorstellung der Gleichheit aller vor Gott habe, bliebe es dagegen gänzlich »fremd und unbegreiflich, daß der Kriegerstand der ideale, mithin für alle Zukunft fortbestehende Untergrund und Lebensquell des staatlichen Daseins, des sittlichen Menschenlebens sein könne.«[106] Das Fehlen eines Menschenbildes habe, so Cohen weiter, außerdem jene eigenartige Dynamik in der Analogiebildung zwischen Einzelseele und Staat, die aus dem Vorhandensein eines dritten, beherrschten Standes auch die bei Platon gar nicht notwendige Dreiteilung der Seele ergab, zumindest nicht unterbunden,[107] und auch die Vorstellung einer unendlichen und offenen Zukunft, an der nicht nur der Entwicklungsbegriff hängt, sondern ebenso das Bewußtsein von der Möglichkeit einstmals besserer Zeiten, sei ohne die Vorstellung einer Einheit des Menschengeschlechts auch über die Gegenwart und Grenzen der Polis hinweg eben nur schwer denkbar.[108]

Die Liste der »Schäden«, die der noch unaufgeklärte Menschenbegriff bei Platon gezeitigt haben soll, ließe sich noch verlängern, doch schon so ist die Klarheit und Entschiedenheit beeindruckend, mit der Cohen die politischen Schattenseiten des Platonismus bloßlegt. Nicht minder beeindruckend ist aber auch, daß dies in den Augen Cohens wie schon bei Natorp darum doch gerade keine Diskreditierung Platons bedeutete. Denn obgleich das mit dem Intellektualismus einhergehende Fehlen eines positiven, für alle gültigen Menschenbildes politisch fatale Folgen gehabt hätte und Cohens politisch-pädagogischen Ideale erkennbar in eine andere Richtung, nämlich in die des Sozialismus und der Einheitsschule gingen, allein die Tatsache, daß Platon die Wissenschaftlichkeit auch der sozialen Ethik begründet habe, macht ihn für Cohen zu einem ewigen »Geistesführer des Menschengeschlechts«, ohne den – allerdings nur zusammen mit den Propheten – das Ziel des sozialen Ideals nicht erreichbar wäre.[109]

Die lange politische Mängelliste Cohens macht so aber auch noch etwas anderes deutlich. Die eingangs diskutierte These von der »Wende zu Platon« verband sich ja mit der Vorstellung, daß sich mit Platon eine eher konservative, auf die politische Stabilität des Kaiserreichs zielende Philosophie gewinnen ließe. Das aber war, zumindest was den Marburger Neukantianismus in seinen beiden Hauptvertretern betrifft, deutlich nicht der Fall, war Platon anfangs besonders bei Natorp ja gerade der philosophische Gewährsmann eines, wenn auch nichtmarxistischen Kommunismus sowie das Beispiel für die alles revolutionie-

105 Ebd., S. 319ff. u. 329. Burckhardts »Griechische Kulturgeschichte« ist hier übrigens die zentrale Quelle für Cohens sozialpolitisches Bild der griechischen Polis.

106 Ebd., S. 320.

107 Ebd., S. 323ff.

108 Ebd., S. 326f. Auch hier wieder steht Burckhardt Pate, der ja ebenfalls die »Stillstellung der griechischen Kultur« durch Platon getadelt hatte. Vgl. die Nachweise ebd.

109 Ebd., S. 335.

rende und erst danach aufbauende Kraft der Ideen. Und wenn die Staatslehre Platons in der Folge dann kritischer beurteilt wurde, so geschah dies offensichtlich ebenfalls nicht aus konservativen Motiven heraus.

Das oftmals konstatierte Ausbleiben einer Wirkung des Marburger Neukantianismus und erst recht des für sie konstitutionellen Platonbildes hatte ganz unterschiedliche Gründe. Dazu zählte in erster Linie der historisch-kritisch nicht überzeugende Umgang mit den Quellen, der aus dem spezifisch problemorientierten Umgang mit der Philosophiegeschichte herrührte und sich vielfach quer zum philologischen Mainstream stellte. Hinzu kam, daß die systemorientierte Philosophie des Neukantianismus schon unmittelbar nach dem Krieg als überwunden und, besonders was ihren Wissenschaftsoptimismus betraf, als ein fernes Relikt des 19. Jahrhunderts galt. Ihrer Wirkung abträglich mag nicht zuletzt aber eben auch gewesen sein, daß hier eine politische Auslegung und Aktualisierung Platons versucht wurde, die erkennbar linksliberal und sozialistisch ausgerichtet war und die, das zeigt vor allem die Entwicklung bei Natorp, letztlich doch am, wenn man so will, »Vetorecht« des politischen Intellektualismus Platons scheitern sollte. Für die »Renaissance« Platons hat diese Deutung gleichwohl einen entscheidenden Beitrag geleistet. Denn es war ja nicht allein die gewaltsame Einseitigkeit des Marburger Platon und der »Schock«, den diese besonders unter Philologen hinterließ, der von hier aus zur Intensivierung der Platonforschung und zu dessen auch philosophischer Neuentdeckung führte. Das entscheidende Novum war vielmehr, daß sich überhaupt wieder positiv auf Platon berufen und er in den Mittelpunkt systematischen Philosophierens gestellt wurde. Daß dies dann auch noch mit einer ersten Politisierung und politischen Aktualisierung einherging, mag, was die unmittelbare Rezeption betraf, zunächst zu vernachlässigen gewesen sein, zeigten sich auch in der Weimarer Zeit von ihr höchstens homöopathische Spuren. Doch immerhin hatte Platon durch die Neukantianer, denen auch in der Forschung oftmals eine bloß erkenntnistheoretische Auseinandersetzung mit ihm unterstellt wurde, wieder den Eingang in die politische Argumentation gefunden, und davon sollte im weiteren Kontext dann ja rege Gebrauch gemacht werden.

2.2 Die Wiedergeburt Platons aus dem Geiste Georges

Unter den geistesgeschichtlichen Phänomenen des frühen 20. Jahrhunderts hatte der Kreis um Stefan George ganz gewiß eine herausragende, wenn nicht sogar singuläre Stellung. Im Umfeld der Schwabinger Bohème als ein noch loser Bund zur Erneuerung der deutschen Dichtung entstanden zog dieser Kreis teils durch das Wirken des »geistigen Eros«, teils durch ebenso umsichtige wie undurchsichtige »Kreispolitik« eine nicht geringe Anzahl der intellektuellen Begabungen der Zeit in seinen Bann und entwickelte sich dabei – je nach Sichtweise – entweder zum Idealtyp einer charismatischen Intellektuellensekte oder aber zu jenem »Dichterstaat« und Hort des »geheimen Deutschlands«, dessen – und sei es nur imaginierte – Existenz noch weit über den Tod des »Meisters« hinaus und bis in der Bundesrepublik hinein für bildungsgeschichtliche Nachbeben sorgen sollte.[110] Untrennbar verbunden mit dieser Entwicklung und maßgeblicher Grund dafür, daß dieser Kreis die meisten der lebensreformerischen und -philosophischen Projekte des frühen 20. Jahrhunderts nicht nur überleben, sondern schon früh aus ihnen hervorragen sollte, war die besondere Rolle, die die Platonrezeption des Kreises nach innen wie nach außen spielte.[111] Spätestens seit den zeitkritischen Jahrbüchern für die geistige Bewegung (1910–1912) übernahm Platon nämlich die Funktion des historisch legitimierenden »Kronzeugen« des Kreises, bediente man sich zentraler platonischer Kategorien zur Ordnung des bis dahin wenig homogenen Weltbildes und begann auch die Selbstbeschreibung des Kreises immer stärker auf platonische Vorbilder zurückzugreifen.[112] Für das Binnenverhältnis des Kreises zentral war dabei das im platonischen Sokrates präfigurierte erotisch-pädagogische Meister/Jünger-Modell, genauso aber auch die »Vergottung« des schönen (Jünglings-)Leibes in Anlehnung an Phaidros und Symposion, der in Gestalt des »Maximin« zur kultischen Mitte des Kreises werden sollte.[113] Man feierte darüber hinaus auch selbst ebensolche Symposien,[114] griff bei der Gründung weiterer »Kreise« an den Wirkungsstätten der älteren Jünger auf das platonische Modell der Pflanzschulen zurück und stellte den Kreis auch sonst ganz bewußt in die Tradition der platonischen Akademie, die wiederum als ein Ort zur Bildung eines »neuen Reiches« verstanden wurde, das je nach Lichteinfall und wiederum ganz ähnlich der platonischen Politeia im-

110 Die Forschung insbesondere zur Soziologie und Ideengeschichte des George-Kreises ist in den letzten Jahren sprunghaft angestiegen, eine erste Summe liegt jetzt vor in: *Aurnhammer/Braungart/Breuer/Oelmann*, George-Handbuch. Vgl. auch die wichtigen Studien von *Breuer*, Ästhetischer Fundamentalismus; *Groppe*, Die Macht der Bildung; *Kolk*, Literarische Gruppenbildung; *Norton*, Secret Germany; *Karlauf*, Stefan George; *Raulff*, Kreis ohne Meister; sowie die Sammelbände *Heftrich/Klussman/Schrimpf*, Stefan-George-Kolloquium; *Braungart/Boeschenstein*, Werk und Wirkung; *Mattenklott/Philipp/Schoeps*, Verkannte Brüder; *Schlieben/Schneider/Schulmeyer*, Geschichtsbilder im George-Kreis; *Boeschenstein/Egyptien/Schefold/Graf Vitzthum*, Wissenschaftler im George-Kreis; *Köster/Plumpe/Schefold/Schönhärl*, Das Ideal des schönen Lebens; *Lane/Ruehl*, A Poet's Reich.

111 So bereits *Weigand*, Von Nietzsche zu Platon, S. 69 und zuletzt *Oestersandfort*, Antike-Rezeption, S. 670. Die herausragende Rolle Platons für den George-Kreis untersucht haben außer den genannten Einzelstudien und Sammelbänden auch *Brecht*, Platon und der George-Kreis, *Starke*, Plato-Bild, und *Rebenich*, »Dass ein strahl von Hellas auf uns fiel«.

112 *Kolk*, Literarische Gruppenbildung, S. 465 ff.

113 Vgl. *Gundolf*, George, S. 204 ff.

114 Am bekanntesten ist sicher das Pfingsttreffen 1919 in der Heidelberger Villa Lobstein, das von Percy Gothein in Analogie zu Platons Akademie beschrieben wurde. Vgl. *ders.*, Das Seelenfest, bes. S. 29. Auch im Niederschönhausener Kreis um Kurt Breysig und Friedrich Wolters wurden solche auf Betreiben Hildebrandts gefeiert, vgl. *Hildebrandt*, Erinnerungen, S. 28.

mer beides sein konnte: das »geistige Reich« des Dichters oder der konkrete künftige Staat, geboren aus dem Geiste und »Staate« Georges.[115] Die Identifikation Georges mit Platon, die in gleicher Weise eine »Platonisierung Georges« wie eine »Georgiesierung Platons« war, ging hierbei so weit, daß manche Passagen der platonischen Dialoge im Kreis geradezu »als Schilderungen eigenen Erlebens« gelesen, ja solches, so trivial es auch sein mochte, den Darstellungen Platons noch angepaßt wurde.[116] Hans Brasch ist hierfür ein gutes Beispiel, weil er ein für die Zeit nach den »Jahrbüchern« vielleicht typisches Erlebnis eines George-Jüngers im anfänglichen Zusammensein mit dem »Meister« schildert:

»Erst später ging mir die ähnlichkeit dieser stunden mit der schwingenden luft der gespräche Platons auf, in denen oft kleine Abschweifungen den gewaltigen kern von inbrunst und liebe verraten. Wie Sokrates auf einmal das haar eines freundes streichelt oder von wein und mahl spricht oder die schattige kühle eines platzes am bach preist, das war genau wie wenn George den griechischen tabak lobte, bevor er mit großer kunstfertigkeit eine zigarette drehte, oder von einer landschaft sprach oder vom schwimmen in südlicher bucht.«[117]

Ist die Fähigkeit, selbst dem Banalen und Unscheinbaren einen Sinn sowie die Gloriole der Außeralltäglichkeit zu verleihen, Ausfluß jenes vielfach bezeugten und von niemand geringerem als Max Weber selbst anerkannten Charismas Georges,[118] so erlaubte der Platonismus des Kreises dessen Auslegung, boten die Dialoge Platons den Jüngern eine Möglichkeit zur Deutung und, folgt man Weber, auch der Rationalisierung und Verstetigung dieses regelmäßig als tiefe Erschütterung empfundenen Geschehens.

Doch nicht nur von innen, auch von außen war der Wandel vom Dichterkreis der »Blätter für die Kunst« zum platonisierenden Dichterstaat unübersehbar. Am deutlichsten erkennbar war es an jener mit den Jahrbüchern einsetzenden, durch den Krieg lediglich kurz unterbrochenen Welle von Übersetzungen und Deutungen Platons, die alle anderen »Ahnen« des Kreises von Pindar bis Hölderlin weit in den Schatten stellen sollte. Folgt man der gängigen Zählung Eugen Starkes, so sind im Kreis und dessen unmittelbarem Umfeld in drei Jahr-

115 Vgl. zur Rolle von Friedrich Wolters bei der Einführung der Staatsterminologie *Groppe*, Die Macht der Bildung, S. 247 ff.

116 *Wolters*, Stefan George, S. 430. Vgl. auch *Karlauf*, Stefan George, S. 404 f. sowie als ein zwar spätes, aber immer noch treffendes Beispiel für die Identifikation Georges mit Platon bzw. seines Kreises mit der platonischen Welt *Boehringer*, Ewiger Augenblick, der nicht nur zahlreiche Platon betreffende Diskussionen wiedergibt, sondern dies ganz konsequent auch gleich in Form eines platonischen Dialogs schildert. Siehe ebd., S. 33 auch zum vorhergehenden den »Forder« (d. i. Wolters) in den Mund gelegten Ausspruch: »Wenn wir staat sagen, ist er [scil. Platon, RP] mit im raum.«

117 *Brasch*, Bewahrte Heimat, S. 26.

118 Vgl. *Weber*, Wirtschaft und Gesellschaft, S. 140 ff. sowie *Karlauf*, Stefan George, S. 410 ff., dessen Biographie sich ja wesentlich auf das Theorem Webers stützt.

zehnten mindestens 26 Werke über Platon veröffentlicht worden, wenn auch nur zwei von ihnen »intra muros«, also an den gleichsam offiziellen Publikationsorten des Kreises.[119] Zählt man noch die Zeitungs- und Zeitschriftenartikel hinzu, die sich in der Überschrift oder in der Hauptsache mit Platon befassen, kommt man bei konservativer Zählung auf wenigstens 50 einschlägige Titel, die zahlreichen unveröffentlichten Übersetzungen und Platonstudien noch gar nicht eingerechnet.[120] Gemeinsam war diesen Platondeutungen, daß sie wie alle

119 Das ist einmal *Friedemann*, Platon, 1914 gleichsam als viertes Jahrbuch in der selben Aufmachung wie diese im Verlag der Blätter für die Kunst erschienen, sowie *Hildebrandt*, Platon, das 1933 als letztes der mit dem Blätter-Signet versehenen und noch von George selbst betreuten »Geistbücher« bei Bondi verlegt wurde,

120 Vgl. *Starke*, Plato-Bild, S. 9 u. 221. Da die weitaus größere Zahl der Titel »extra muros«, und also zwar nicht gegen den Willen Georges, aber oft doch ohne dessen Imprimatur erschien ist die Frage des Zugehörigkeitskriteriums schwierig, dies zumal in einem »Kreis«, in dem Statusfragen selbst bei sog. »Staatsstützen« dauernd fragil gehalten wurden. Starke übernimmt deshalb (ebd., S. 9) folgende, allerdings ebenso vage Definition von Kurt Hildebrandt für seine, seitdem offenbar nie in Zweifel gezogene Zählung: »›gegeben ist die tatsache, dass nur wer den heros gegenwärtig im schaffen sah, durch die jahrhunderte zurückschreitend, den heros deuten kann und darf.‹ Nur wer in diesem Sinne schreibt – und das sind ausschließlich die Jünger Georges – vermag, durch ein neues Erlebnis des Meisters getrieben, auf die Darstellung des Plato-Bildes Einfluß zu nehmen.« Doch wer ist ein »Jünger« und wer bloß »Georgine«?

Nur zwei Beispiele: zu den Platonschriften des Kreises zählt Starke (S. 8 f.) auch Josef Liegles nicht veröffentlichte (allerdings auch nicht, wie von ihm behauptet, verbrannte) Preisschrift für den Landmannpreis 1933 über den Mythos des *Politikos*, obschon sich George zu dieser Zeit längst wieder von Liegle gelöst hatte. Die Dissertation Liegles (Untersuchungen zu den platonischen Lebensformen, Diss. Heidelberg 1923), an deren Entstehen der Kreis dagegen sogar noch finanziell beteiligt war, weil extra für Liegles Unterhalt gesammelt wurde, fehlt hingegen in der Liste. Ein anderer Fall, der gemeinhin auch nicht zu den Platonschriften des Kreises gezählt wird, dort aber unbedingt hineingehört, ist die Dissertation von Walther Tritsch aus dem Marburger Kreis um Friedrich Wolters (Das künstlerische Element in der platonischen Philosophie als erste der drei idealistischen Formen des Daseinsproblems, Diss. Jena 1916/17). Seine Arbeit über Platon bekennt sich nämlich als eine der ersten offen zum neuen Platonbild Friedemanns und Hildebrandts, der sie in der dritten Auflage seines Gastmahls (Leipzig 1920, S. 112) denn auch lobend erwähnt. Den Umkreis von Wolters und Georges bestätigen auch *Friedländer*, Platon, S. 20 f., Anm. und in der Erinnerung *Gadamer*, Philosophische Lehrjahre, S. 16 sowie nicht zuletzt die späteren Rezensionen Tritschs zu einschlägigen Büchern in der Vossischen Zeitung oder *ders.*, Erneuerung einer Nation, wo die Wiedergeburt Deutschlands aus dem Geiste des »geheimen Deutschlands« und der Sprache Georges beschworen wird. Ein anderer bei Starke nicht berücksichtigter Fall sind Robert Boehringers Bücher über die Platonbildnisse, die sich ebenfalls um eine, diesmal ganz plastische Gestaltdeutung des »Genius« bemühen. Vgl. *Boehringer*, Platon u. *ders.*, Das Antlitz des Genius. Zieht man dazu noch die Wieder- und Neuauflagen vor allem von Friedemann und Hildebrandts Gastmahl-Übertragung in Betracht sowie die bei Starke eher enge Auslegung der Frage, ab wann Platon denn »Thema« eines Werkes sein soll (was ist etwa mit den die *Nomoi* aktualisierenden Norm-Büchern Hildebrandts?), so ist seine Zählung also höchstens noch als konservativ zu betrachten. Mehr Klarheit über den Umfang der Platonschriften und das noch unveröffentlichte Material verspricht das Bielefelder Projekt von Christian Oestersandfort über die spezifische Platon-Deutung des George-Kreises. Ein Bsp. größerer, bislang

anderen »Geistbücher« des Kreises perspektivisch stets auf George ausgerichtet waren, man also als Leser nie nur einen »historischen« Platon präsentiert bekam, sondern immer mit einer eigentümlichen »Doppelbelichtung« Platons und Georges zu rechnen hatte, die je nach Lichteinfall oder Interesse mehr den einen oder den anderen hervortreten ließ.[121]

Ein erster Hinweis auf diese besonderen ›Lichtverhältnisse‹ im Kreis findet sich nun ausgerechnet bei Hugo von Hofmannsthal. Mochte die Korrespondenz zwischen ihm und George auch seit 1906 abgebrochen sein, so blieben beide doch in wechselseitiger Traumatisierung weiterhin eng verbunden und arbeiteten sich literarisch immer wieder aneinander ab.[122] Die kurze Platonpassage in den um 1914 entstandenen »Augenblicken in Griechenland« zeigt dies deutlich an dem für George und den Kreis in dieser Zeit zentralen Bezugspunkt. Wie oben erwähnt hatte sich Hofmannsthal 1908 zusammen mit Harry Graf Kessler und Aristide Maillol auf eine jener gerade in Mode gekommenen Griechenlandreisen begeben, die hier jedoch ebenfalls von Anfang an von Mißverständnissen und unterschiedlichen Erwartungen belastet war und die Hofmannsthal darum auch nach 10 Tagen wieder abbrach.[123] Die Aufsätze der »Augenblicke in Griechenland«, die daraufhin entstanden, waren denn auch, wie er an Paul Zifferer schrieb, nur »scheinbar« Reiseberichte.[124] Tatsächlich führten sie »vom starren Außen bis ins glühende Innerste« des Autors, und da gehörte George noch immer hinein, diesmal allerdings in der Gestalt Platons, der ihm nach einem enttäuschenden Besuch auf der Akropolis als Phantom erschien:

»Tiefer mußte die Sonne gesunken sein: länger zogen die Schatten sich hin: da traf mich – kam es von außen oder von innen? – ein Blick; tief und zweideutig, wie von einem Vorübergehenden. Er ging und war mir schon halb abgewandt, halb abgewandt verachtungsvoll auch dieser Stadt, seiner Vaterstadt. Sein Blick enthüllte mir mich selbst und ihn, es war Platon. Um die Lippen des Mythenerfinders, des Verächters der Götter spielten der Hochmut und geisterhafte Träume. In einem prunkvollen, unbefleckten Gewand, das lässig den Boden streifte, ging er hin: der Unbürger, der Königliche; er schwebte vorüber, wie Geister, die mit geschlossenen Füßen wehen. Verachtend streifte er die Zeit und den Ort, er schien von Osten herzukommen und nach dem Westen zu entschwinden.«[125]

nicht veröffentlichter Platonstudien stellen die Arbeiten Helmut von den Steinens dar. Siehe hierzu *Hartmann*, von den Steinen, sowie die unlängst begonnene Neuausgabe seiner »Platonica« durch Torsten Israel, von der bisher zwei Bände vorliegen.

121 So *Raulff*, Kreis ohne Meister, S. 121 f. *Groppe*, Die Macht der Bildung, S. 630, spricht im Anschluß an Ernst Osterkamp ganz ähnlich von »Krypto-Biographien«.

122 Vgl. *Koch*, Hofmannsthal, S. 1447–1454.

123 Vgl. *Volke*, Unterwegs mit Hofmannsthal, S. 87 und dort den Brief Kesslers an seine Schwester Wilma vom 1.6.1908: »Hofmannsthal in Greece was a failure [...] After ten days of moral sufferings, he left us, to our mutual contentment.«

124 *Hofmannsthal/Zifferer*, Briefwechsel, S. 35, dort auch das folgende Zitat.

125 Vgl. *Hofmannsthal*, Augenblicke, S. 619.

Von George ist hier vorderhand noch nicht die Rede, mit einer platonisch-georgeanischen Doppelbelichtung bzw. einem ersten kritischen Kommentar darauf hat man es gleichwohl zu tun. Schon die Entstehungszeit um 1914 und die lange und skrupolöse Arbeit an diesem Text lassen nämlich eine Auseinandersetzung mit dem George/Platon zwischen Jahrbuchzeit und Heinrich Friedemanns »Platon« wahrscheinlich werden,[126] und erst recht das hier skizzierte Bild Platons, das eher das »Phantom« George in Hofmanntshal selbst trifft als jenen. Der ebenso tiefe wie zweideutige Blick des »Vorübergehenden« hatte Hofmannsthal bekanntlich gleich zu Beginn der für beide Seiten verstörenden Bekanntschaft getroffen, und nun kommt noch der neue, platonisch gewandete George hinzu: wer anders als dieser wäre denn der hochmütige, die Welt verachtende »Unbürger«, der seit »Maximin« auch äußerlich sichtbare »Mythenerfinder«, vor allem aber derjenige, dessen Gewand, sprich: dessen Sprache ebenso »prunkvoll« wie »unbefleckt« ist, also peinlich genau jede offensichtlich homosexuelle Festlegung zu vermeiden sucht? Bei genauerer Durchsicht ließen sich sicher noch weitere Verweise finden,[127] diese Deutung paßt v.a. aber auch zur eigentlichen Frage des Textes nach den Möglichkeiten und Unmöglichkeiten neuerlicher Antike-Begegnung, wo nun neben die bildungsbürgerliche Projektion (Sophokles) und die reflektierte Distanz im Bewußtsein der Konstruiertheit aller Tradition (Hofmannsthal im Museum) eben auch noch jene spezielle geisterhafte Beziehung zu Hellas tritt, aus der der George-Kreis lebte, die aber, das macht Hofmannsthal im Anschluß deutlich, erst recht eine »unmögliche Antike« ist. Denn trotz aller »Weihe«, die sie versprach und die durch die platonische Inszenierung Georges in der kommenden Zeit noch stärker betont werden sollte, für ihn zurück blieb schon hier nur »der Geschmack der Lüge auf der Zunge.«[128]

Mit der wachsenden Zahl der Platonschriften wurde das Prinzip der Kippfigur Platon/George, das Hofmannsthal mit Blick noch auf die Jahrbücher allenfalls andeutete, dann aber immer deutlicher sichtbar, und so wußte auch Franz Josef Brecht in einer ersten umfassenderen Analyse des Platonbildes im Kreis: »Die Auffassung Georges als des königlichen Herrschers seines geistigen Reiches gibt das konkret apriorische Schema ab für die historische Deutung Pla-

126 Wahrscheinlicher zumindest als die Bezugnahme auf Erwin Rohde, die *Schings*, Hier oder nirgends, S. 378f. in Anspielung an das dort gezeichnete Bild vom weltflüchtigen Asketen vorschlägt, zu dem aber schon das prunkvolle Gewand nicht recht passen will. Vgl. zur Entstehung auch *Meid*, Griechenland-Imaginationen, S. 85.

127 Platon als der weiter nach »Westen« gezogene, der aber (anders als Hofmannsthal) die »Vaterstadt« und ihre weltlichen Bezüge verachtet; Platon als wehender Geist ähnlich George im ersten Widmungsgedicht; die Weihe, die er der Stätte gibt, die sich aber doch als leer erweist usw.

128 *Hofmannsthal*, Augenblicke, S. 621.

tons und seines Kreises.«[129] Doch was war die rechte Auffassung Georges? Wo wie hier die Konvergenz beider »Meister« zum eigentlichen Programm und das jeweilige Bild Georges zum apriorischen Schema der Platondeutung wurde, dort mußten über kurz oder lang auch die Wandlungen, Differenzen und nicht zuletzt auch die politischen Spannungen sichtbar werden, die den Kreis über all die Jahre begleiteten.[130] Die große Zahl der Platonschriften aus dem Kreis, die, wie schon Julius Stenzel bemerkte,[131] der »gestalthaften« Deutung ja eigentlich entgegen standen, gilt es deshalb auch als Versuche zu lesen, das Bild der beiden »Meister« jeweils neu zu justieren und an die sich verändernden Zeit- und »Kreisläufe« anzupassen.

Von außen sichtbar war zudem noch etwas anderes. Der Weg zu Platon, den der Kreis mit den Jahrbüchern eingeschlagen hatte, war nämlich alles andere als folgerichtig, gab es zwar die durch Nietzsche inspirierte Begeisterung für das archaische Sparta oder die dorische Strenge Pindars, doch bis zu Platon wäre es von hier aus noch einmal ein ganzes Stück zu gehen gewesen, wie das Beispiel der »Kosmiker« um Ludwig Klages und Alfred Schuler zeigte, die anders als George an ihrem »Haß« gegen den »Verchristlicher der Seele« unbedingt festhielten.[132] Schon 1911 hatte Otto Immisch daher auf den »folgenschweren Widerspruch« hingewiesen, den es bedeutete, wenn George und die Seinen als den »Burckhardt-Griechen und den Nietzsche-Griechen [...] zu gleicher Zeit nicht Platohasser, sondern leidenschaftliche Platojünger sein wollen.«[133] Und selbst Friedrich Wolters kam in seiner offiziösen Blättergeschichte nicht umhin, das dem Kreis aufgehende »Wunder Platons« als eine heilsgeschichtlich notwendige Abkehr von den »Feuerworten Nietzsches« zu deuten, das dann in Heinrich Friedemanns genialischem Jugendwerk ihren ewig gestalthaften Ausdruck gefunden habe.[134] Will man nun solche und andere in diesem Kontext entstandene Legenden nicht fortschreiben, sondern den Ursachen dieser Neuorientierung nachgehen, die ja schon für sich eine genuine »Platon-Renaissance« einleiten sollte,[135] so muß gerade bei den frühen Platondeutungen des Kreises, also bei Kurt Hildebrandt, Wilhelm Andreae und natürlich Friedemann, differenziert nach den unterschiedlichen Zugängen gefragt werden.

129 *Brecht*, Platon und der George-Kreis, S. 34. Vgl. auch schon *Wandrey*, Stefan George und sein Kreis, der sechs Parallelen aufmacht, oder die Auseinandersetzung mit dem Kreis bei Johann Baptist Schoemann unter dem sprechenden Titel »Stefan George verdeutlicht durch Kurt Singers Platon«.

130 Vgl. *Raulff*, Kreis ohne Meister, S. 366, dort allerdings aus der Perspektive des posthumen Kampfes um George.

131 *Stenzel*, Rez. Singer.

132 *Wolters*, Stefan George, S. 427.

133 *Immisch*, Erbe, S. 24.

134 Vgl. *Wolters*, Stefan George, S. 427 f. u. 431.

135 So nur mit Blick auf den Kreis auch *Hildebrandt*, Erinnerungen, S. 104, Anm. 3.

2.2.1 Entdeckungen im George-Kreis

George und Friedrich Gundolf

Was war es also, das im Kreis zu Platon führte? »Nun, auf Platon braucht man nicht zu stoßen.«[136] Das Diktum Weigands, das das im Kaiserreich trotz allen beginnenden Gymnasialreformen noch weitgehend Selbstverständliche des bildungsbürgerlichen Umgangs mit wenigstens einigen Dialogen Platons betonte, ist insofern sicher richtig, als auch George und ein großer Teil wenigstens der älteren Kreismitglieder humanistische Gymnasien besucht und dort zumindest den Platon des Griechisch-Unterrichts kennen gelernt hatten.[137] Auf dem Darmstädter Gymnasium, das, wie ein Mitschüler Georges schrieb, die »humanistische Tradition in aller Strenge« pflegte,[138] machte George das erste Mal Bekanntschaft mit den üblichen, auf dem Lehrplan der Oberklassen stehenden Dialogen Platons, also mit Apologie, Kriton und Teilen des Phaidon, die jeweils »im Hinblick auf den pädagogisch bedeutsamen ethischen Gehalt« hin gelesen wurden. Bei dem Schüler George hinterließen diese Dialoge allerdings zunächst wenig Eindruck.[139] So soll er zwar, wie Kurt Breysig berichtet, auch zuvor schon und in Vorbereitung einer möglichen Priesterlaufbahn privat Griechisch und Hebräisch gelernt haben,[140] von einer intensiven Kenntnis Platons »von früh auf« oder gar der Lektüre der »wesentlichen Schriften der Antike und des Christentums im Urtext«, wie es von Wolters behauptet wurde, kann jedoch nicht die Rede sein, zumal George selbst später einräumen sollte, »daß er früher kein Verhältnis zu Platon hatte« und erst durch Kassners Übersetzungen, d. h. kei-

136 *Weigand*, Nietzsche, S. 70.

137 Daß sich dies im Laufe der Jahre änderte, bezeugt *Salin*, Um Stefan George, S. 291, der selbst »von der Schule eine gute Kenntnis der alten Sprachen und auch ein wenig gymnasialen Bildungsdünkel mitbrachte«, um dann zu erfahren, wie wenig der »vollbepackte Schulsack« des »Neulings« doch galt: »Mit Erstaunen erfuhr er dann, daß Gundolf den Platon fast nur in Übersetzung las, und sein Erstaunen wuchs, als er vernahm, daß manche der älteren und viele der jüngeren Freunde Griechisch nicht konnten oder nicht lernten. George, der selbst die ›toten‹ wie die lebenden Sprachen beherrschte, gab auf eine frühe Frage nur die kurze Antwort, ›Es gibt heute viele Wege zum griechischen Wunder‹.« Zu (fast) allen biographischen Fragen des George-Kreises siehe jetzt auch das Personenlexikon des George-Handbuches.

138 *Meyer*, Stefan George als Gymnasiast, S. 368.

139 In Georges nachgelassener Bibliothek erhalten sind allerdings nicht die Schulausgaben dieser Dialoge – und eben auch keine sonstigen griechischen Ausgaben der Dialoge –, sondern lediglich die Schleiermachersche Übertragung des Phaidon aus dem Reclam-Verlag. Vgl. *Eidemüller*, Bibliothek, S. 45. *Meyer*, George als Gymnasiast, S. 368 berichtet zwar von einigen Übersetzungen des literarischen Schülerzirkels Georges, diese beschränkten sich aber auf Englisch, Französisch und Norwegisch (wegen einer Darmstädter Hoftheateraufführung Ibsens) sowie auf eine eigene, analog zur damals vielbeworbenen »Weltsprache« Volapük gebildete Sprache.

140 Vgl. *Breysig*, Begegnungen, S. 13.

nesfalls vor 1903 sein Interesse überhaupt geweckt worden sei.[141] Die vereinzelten platonischen Spuren im dichterischen Frühwerk Georges, namentlich im »Teppich des Lebens« von 1899, dürften daher auch eher durch allgemeines Bildungsgut und die in der Tradition des Platonismus entwickelten Motive vermittelt worden sein, als daß sie bereits auf eine genuine Platonrezeption schließen lassen.[142]

Hierzu paßt, daß auch die frühe Begeisterung Friedrich Gundolfs für Platon, die sich 1901 – ausgerechnet, mag man sagen – an einer »sehr schönen und feurigen Vorlesung des Wilamowitz« entzündet hatte, bei ihm noch auf keinerlei Resonanz stieß.[143] Während Gundolf in einem Brief an George überschwenglich die Kraft Platons wie des Hellenentums überhaupt pries und meinte, nur ihre »lodernde und glühende Flamme« vermöge den heutigen Gelehrten die »alte Deutschbürgerlichkeit« auszubrennen, ging George in seinen Antworten hierauf gerade nicht ein, was ersterer offenbar als Hinweis verstand, seinen diesbezüglichen Enthusiasmus zu zügeln.[144] In den Briefen an Roderich Huch und Karl Wolfskehl aus dieser Zeit sprach Gundolf dagegen noch länger von seiner Beschäftigung mit Platon, klar wird aber auch, daß es vorrangig ästhetische Motive waren, die ihn fesselten. So schrieb er an Huch, daß er Platons Politeia wegen dessen »ewiger beweglicher Frische« durchzuarbeiten gedenke[145] und an Wolfskehl gerichtet führt er eine Woche später aus:

»Gelesen: Platos Staat: Mit ist wertvoller daran die Art, der Akt des Denkens als die Gedanken: Welch eine Technik der Überleitung, als ob er das Gras wachsen hörte. Wie weiss er dem Hörer [...] das Gefühl zu regen, dass er meint das Blut des Gedankenleibes perlen zu hören, und dass er fast fühlt, wie dieser leib in uns wächst und sich streckt und befiedert wird [...], ein Mythos geworden unveränderlich und ewig.«[146]

141 *Wolters*, Stefan George, S. 427 u. *Hildebrandt*, Erinnerungen, S. 79. Kassners Phaidros-Übersetzung soll, wie *Norton*, Secret Germany, S. 425 f. schreibt, auch zu den wenigen Büchern gehört haben, die im »Kugelzimmer« der Münchner Wohnung von Karl Wolfskehl zugelassen waren.

142 Vgl. dagegen *Oestersandfort*, Platonisches im ›Teppich des Lebens‹. Das methodische Problem des Aufsatzes ist jedoch, daß Platons Phaidros ausgerechnet in der späteren Übersetzung Kurt Hildebrandts zur Folie wird, auf der dann, wie soll es anders sein, auch frühe Formulierungen Georges wiederzuerkennen sind. Anders argumentiert er denn auch in *ders.*, Antike-Rezeption, wo stärker das eklektizistische und oft über sekundäre Bildungsgüter vermittelte Rezeptionsverhalten betont wird.

143 Brief von Gundolf an George vom 8. Juni 1901, in: *George/Gundolf*, Briefwechsel, S. 93.

144 Vgl. auch *Lane*, Platonic Politics, S. 137.

145 Brief an Roderich Huch, undatiert (wohl Mitte Juli 1901), in: Gundolf, Briefe, S. 20. Vgl. auch den folgenden Brief Gundolfs, ebenfalls aus dem Juli 1901, in dem er die »Herrlichkeit Platons« der »zunehmenden Öde Berlins« gegenüberstellt.

146 Brief an Karl Wolfskehl vom 20. Juli 1901, in: *Wolfskehl/Wolfskehl*, Briefwechsel, S. 125–128, hier S. 125 f. Besonders deutlich wird an dieser Stelle auch, daß es die Interpretationslinie Schleiermachers ist, die hier aufgegriffen wird.

Während ihm die meisten anderen Philosophen bloß dogmatisch entgegenträten, sei bei Platon alles »noch rein und frei« von ästhetischen und logischen Verwirrungen, und wo bei Schopenhauer und Nietzsche alles nur ein »Aufschrei« einsamer und unbefreiter Gemüter sei, bewundere er an Platon die stilistische Freiheit und die geradezu »goethische Heiterkeit«, die dieser selbst bei den höchsten und leidenschaftlichsten Themen bewahre und die außer eben bei Goethe und George »in Deutschland außerordentlich selten« sei.[147]

Bei George selbst verfing solche Bewunderung zunächst lange nicht. Zwar gab es auch und gerade bei ihm die durch Nietzsche ebenso wie durch die »Neuen Hellenen« genährte Faszination für jene oben beschriebene »andere Antike«, gab es das glühende Bekenntnis aus dem »Vorspiel« zum »Teppich des Lebens«, in dem jenes »Hellas ewig unsere Liebe« beschworen wurde, doch so allumfassend war diese Griechenliebe zunächst gar nicht. Während George sich für die archaischen Rundplastiken über alle Maßen begeistern konnte, fiel die griechische Dichtung demgegenüber schon merklich ab, sei sie doch wenigstens im Deutschen immerhin erreichbar.[148] Ähnlich verhielt es sich mit der griechischen Philosophie und mit Platon, der vor der Jahrbuchzeit bei ihm kaum eine Rolle spielte[149] und der ihm auch hernach nicht von der Seite der Philosophie

147 Ebd., S. 126f.

148 Vgl. *Landmann*, Nachwort, S. 518. Zu Georges Bewunderung der griechischen Kouroi vgl. *Karlauf*, Stefan George, S. 402f.

149 Das ostentative Nichtverhältnis Georges zu Platon mag auch noch einen anderen, bisher m. E. nicht in Erwägung gezogen Grund gehabt haben, nämlich die angespannte Beziehung zu Rudolf Borchardt. Borchardt hatte 1901 bzw. 1905 eine Lysis-Übertragung vorgelegt (Das Gespräch über Formen und Platons Lysis deutsch, Leipzig 1905), die abgesehen von der Kritik an den Übersetzungen von Wilamowitz stark von Walter Paters Ästhetizismus sowie der Vorstellung von der staatsschaffenden Kraft des Ästhetischen geprägt war. Da nun Borchardt in Platon bereits lange Zeit vor dem Kreis die Referenz für den von ihm ebenfalls postulierten Führungsanspruch des Dichters auf ästhetischem wie ethischem Gebiet gefunden zu haben meinte, wäre es aus Sicht Georges »textpolitisch« schwierig gewesen, diesen Bezug ohne weiteres aufzunehmen. Erst der im Namen Platons geführte und im Vergleich zu Borchardt ungleich schärfere Angriff Kurt Hildebrandts auf Wilamowitz mochte sodann aus dieser Verlegenheit befreit haben, und es ist alles andere als ein Zufall, daß dieser dann im Zentrum der als Gegenprojekt zu Hofmannsthals *Hesperus* konzipierten Jahrbücher stand, war dort doch gerade Borchardts aus Sicht des Kreises »pöbelhafte Besprechung« des *Siebten Rings* erschienen, mit der der Konflikt zwischen beiden Gruppen eine neue Stufe erreicht hatte. Noch die Gastmahl-Übertragung Hildebrandts wiederholt in den ersten Auflagen (*Hildebrandt*, Gastmahl, S. 111) deutlich diese immer auch mit zu denkende Gegnerschaft oder Tendenz des Jahrbuch-Platonismus: »Wenn man aber eine allgemeine Tendenz aus meiner Arbeit herauslesen will, so kann sie nur auf der Gegenseite liegen: Gegen das Ästhetentum, Literatentum, Geschmäcklertum. (Darin fühle ich mich ganz einig mit Wilamowitz.)« Und weiter heißt es mit unverkennbarem Bezug auf Borchardts Dialog über die ästhetische Erfahrung der Platonlektüre: »Nichts ist giftiger als ein solcher blasser Ästhet, der abgestumpft von allen raffinierten Reizungen nun die Platonische Prosa als letzten ästhetischen Reiz genießt. Wer in Plato nicht das strenge Gebot zur Formung des Lebens ehrt, ist ein Feind Platos.« Zum Jahrbuch und der Konstellation im literarischen Feld siehe *Kolk*, Literarische Gruppenbildung, S. 304f.

her, sondern, wie er 1916 im Gespräch mit Edith Landmann erläuterte, richtig »erst aus der Plastik heraus lebendig geworden« sei.[150] Daß er sich um 1909/10 herum aber überhaupt Platon ernsthaft zuzuwenden begann und sogar daran ging, zusammen mit Ernst Gundolf große Teile Platons im Griechischen zu studieren, geht in erster Linie wohl auf Kurt Hildebrandt zurück, den Nervenarzt, späteren Philosophen und, wäre die Rolle nicht eigentlich schon an George vergeben, den »Plato redivivus« (Ulrich Raulff) des Kreises.[151]

Kurt Hildebrandt

Der Einfluß Hildebrandts auf die Platondeutung des Kreises ist in jüngerer Zeit mehrfach herausgestellt worden und kann auch in unserem Zusammenhang nicht hoch genug veranschlagt werden.[152] Er, der nie »reichsunmittelbar« und in engster Fühlung zum »Meister« war und der, das zeigen noch die Erinnerungen, sich stets bemühte, dies zu kompensieren,[153] war als ausgemachter Polemiker und nimmermüder Platonforscher so etwas wie der erste Sekretär des spezifisch georgeanischen Neoplatonismus, der mit seinen eigenen Platonschriften, mehr aber noch mit seinen Korrekturen, Rezensionen und Zeitschriftenbeiträgen dafür sorgte, daß dessen Gestalt im Kreis lebendig und nach innen wie nach außen halbwegs kohärent blieb.[154] Aus dem Niederschönhausener bzw. Lichterfelder Kreis um Kurt Breysig kommend und dort bereits mit den Brüdern Andreae, Friedrich Wolters und Berthold Vallentin in engem Kontakt stehend, hatte er sein platonisches Erweckungserlebnis bereits hinter sich, als er auf George traf: »Nietzsches *Geburt der Tragödie* hatte ich im 16. Lebensjahr als Erweckungs-

150 *Landmann*, Gespräche, S. 41, dort auch zum Verhältnis von bildenden Künsten und Dichtung. Vgl. in diesem Zusammenhang auch den Brief Georges an Gundolf vom 11. Juli 1910 (*Gundolf/George*, Briefwechsel, S. 202): »In Nietzsche steht doch ziemlich alles. Er hat die wesentlichen grossen dinge verstanden, nur hatte er den PLASTISCHEN GOTT nicht (daher sein missverstehen der Griechen besonders Platons).« Nur wenig später dürfte der 1914 in den *Blättern für die Kunst* und dann wieder 1919 im *Neuen Reich* erschienene Spruch *Leib und Seele* (ebd., S. 110) entstanden sein, in dem Platon – »der Göttliche«, wie es schon seit Aristoteles hieß – ebenfalls im Zusammenhang der Einheit von Leib und Seele erwähnt wird.

151 *Raulff*, Kreis ohne Meister, S. 136.

152 Vgl. bes. ebd., S. 120–139 u. *Lane*, Platonic Politics.

153 Vgl. die Nachweise bei *Raulff*, Kreis ohne Meister, S. 126 sowie *Weber*, Die Bedeutung Nietzsches, S. 183 ff., der Hildebrandt ebenfalls zwar dem Kreis, dabei aber höchstens seiner Peripherie zurechnet.

154 Hildebrandt rezensierte u.a. in den Grenzboten und den Preußischen Jahrbüchern, der Österreichischen Rundschau, im Ring und den Blättern für Deutsche Philosophie. Zur Bedeutung der Rezensionen von anderen Kreismitgliedern als eine Form der Öffentlichkeitsarbeit siehe auch *Kolk*, Literarische Gruppenbildung, S. 416 ff. Das hier ausgemachte Prinzip solcher kreisinternen Rezensionen, nämlich Differenzen durch rhetorische Verschmelzung von Rezensent und rezensiertem Werk weitgehend zu nivellieren, ist bei Hildebrandt dagegen nicht zu beobachten, werden auch Platondeutungen aus dem Kreis wie die Kurt Singers teilweise harsch kritisiert.

rausch empfunden und danach wurde mir Platon zum Erlebnis.«[155] Unter dem Dach der »Academia urbana« getauften Vortragsgemeinschaft hatte man denn auch gemeinsam unter anderem platonische Dialoge gelesen und gefeiert, hatte sich gegenseitig aus eigenen Übersetzungen vorgelesen und Ausschau gehalten nach jenen Dichtern und Propheten, die die jungen Akademiker in ihrer Distanz zu den »gesalbten« Berliner Ordinarien, mithin also auch zur insgesamt wenig aussichtsreichen Welt des Berufs bestätigen konnten.[156] Für Hildebrandt wirkte die erste Bekanntschaft mit George im Jahre 1905 so dann noch einmal wie ein Katalysator seines dort bereits gepflegten Enthusiasmus: »Ich war begeistert von Platons Gestalt und von da lernte ich George durch Platon und Platon immer mehr durch George verstehen«[157] – eine hermeneutische Figur, die in der Folge immer wieder begegnen sollte, ja zum eigentlichen Prinzip der georgeanischen Platonauslegung wurde.[158]

An näherer Verwendung Hildebrandts für den Meister mangelte es jedoch noch einige Jahre, blieb er, der selbst nicht dichtete und daher auch an der Vorbereitung der Blätterbände nicht beteiligt war, etwa bei den Lesungen des Kreises höchstens Zuschauer, so er denn überhaupt zugegen sein durfte. Erst in der Jahrbuchzeit sollte seine Stunde schlagen, und man kann den Eindruck gewinnen, daß das lang ersehnte Glück, endlich »in diesem geistigen Staat ein sinnvolles Sein« gefunden zu haben,[159] den Wartenden nur um so fester mit dieser – im Kreis nicht unumstrittenen – »Kampfzeit« verband,[160] ja diese bei ihm gleichsam auf Dauer stellte. Der Plan der zeitkritischen Jahrbücher bestand zu dieser Zeit zwar schon länger, Hildebrandts Polemik gegen Wilamowitz, den Stil seiner Übersetzungen und den wissenschaftlichen Geist des 19. Jahrhunderts, die er zunächst mehrfach im Kreis vorgetragen und dann als eigenständiges Pamphlet zu publizieren gedachte, dürfte jedoch den endgütigen Anstoß dazu gegeben haben, und dies nicht zuletzt auch deshalb, weil ein solcher

155 *Hildebrandt*, Erinnerungen, S. 28.

156 Vgl. ebd. u. S. 34ff.

157 Ebd., S. 31. Vgl. auch S. 20, wo er die Suche Georges nach »geeigneten jungen Männern« im Umfeld Breysigs mit dem Werben des Sokrates im Vorspiel des Charmides vergleicht.

158 Vgl. bes. *Gundolf*, George, S. 3, 23 u. 40, der hierin keine Analogie sehen will, sondern jeweils die Verkörperung des gleichen »ewigen Menschentums«. Platons Werk sei das einzig »brüderliche« der Antike und daher auch George von hier aus leichter zu fassen als von aller neueren Literatur aus (S. 52 u. 244). Zugrunde liegt dem das seit Empedokles bekannte, v.a. über Goethe und den jungen Nietzsche weiter in den Kreis transportierte Theorem von der Erkenntnis des Gleichen nur durch Gleiche. Vgl. *Eckermann*, Gespräche mit Goethe, S. 676 (Goethe zu Eckermann am 11.3.1828): »Das gleiche kann nur vom gleichen erkannt werden, und nur ein Fürst, der selber große Fähigkeiten besitzt, wird wiederum große Fähigkeiten in seinen Untertanen und Dienern gehörig erkennen und schätzen.«

159 *Hildebrandt*, Erinnerungen, S. 48: »Das war seit vielen Jahren mein glücklichster Augenblick, auch ich habe in diesem geistigen Staat ein sinnvolles Sein.«

160 Vgl. *Salin*, Um George, S. 187, der die Jahrbücher treffend als »Kampfschriften« beschrieb.

größtmögliche Aufmerksamkeit versprach.[161] Selbst wenn man den Stellenwert der Hildebrandtschen Texte in den jeweiligen Jahrbüchern dann doch nicht so hoch veranschlagen wollte, weil hier andere Texte tatsächlich zunächst gewichtiger waren,[162] für die neue, auf George und seinen »geistigen Staat« hin ausgerichtete Platondeutung des Kreises wurden hier die ersten und entscheidenden Weichen gestellt.

In »Hellas und Wilamowitz«, dem Beitrag zum ersten Jahrbuch, ist es neben den Tragödienübersetzungen die kurze, zuweilen tatsächlich leicht hemdsärmelige Darstellung Platons durch Wilamowitz in der Reihe der »Kultur der Gegenwart«,[163] an der sich sein Widerspruch entzündet und von der her Platon nur all zu leicht zu einem natürlichen Bundesgenossen gegen solcherart »moderne Wissenschaft« werden konnte. Denn wenn sich Wilamowitz trotz allem Bekenntnis zum »Göttlichen« in Platon über dessen Stillosigkeit, die lässlichen poetischen Spielereien und zuletzt noch darüber mokierte, daß man den Philosophen leider nicht im »Schlafrock« kennengelernt habe und auch »die Sonne seiner Wissenschaft nur [!] im farbigen Abglanze des Dialogs«, dann, so Hildebrandt, mangele es ihm und seiner Wissenschaft schon an den Grundlagen zum Verständnis Platons:

»Im grunde sieht er doch nur den wissenschaftler in ihm, fremd ist ihm der dichter und priester geblieben, fremd auch der erzieher. Weiss er nicht vom Phädros, in dem Plato die μανία preist und die aufklärung und selbst das schreiben verhöhnt? Plato fehlt ganz die wahllosigkeit moderner wissenschaft, nur das schöne will er schauen und zeugen. Niemand der die luft eines Platonischen dialogs geatmet hat, wird im wesen des Plato die kunst für ein zufälliges halten. Mit blossem wissen ist ihm nicht beizukommen, wenn nicht die seele über jahrtausende hinweg zur seele spricht.«[164]

Der Kampf gegen die historistische und positivistische Wissenschaft, der hier eröffnet wird und der deren »kleinarbeit« und Urteilslosigkeit ebenso angreift wie die falschen oder fehlenden Maßstäbe, so sie denn wie bei Wilamowitz mit dem Anspruch, »das weitere leben zu bilden und zu bereichern«, aus ihrem engeren Bezirk heraustritt,[165] wird mit den Jahrbüchern zu einem der zentralen

161 So auch *Raulff*, Kreis ohne Meister, S. 128. Daß es George bei Hildebrandts Polemik nicht zuletzt um den Aufmerksamkeitsgewinn ging, den ein solcher Angriff auf den bekanntesten und angesehensten Exponenten der Altertumswissenschaften mit sich brachte, zeigt auch der Umstand, daß Hildebrandt das Manuskript von »Hellas und Wilamowitz« bereits den »Grenzboten« angeboten und es dort dann auch trotz anfänglicher Bedenken Georges gekürzt veröffentlichen sollte, um »auf diese Weise die Aufmerksamkeit auf das Jahrbuch zu lenken.« Siehe *Hildebrandt*, Erinnerungen, S. 55 sowie *Hildebrandt*, Hellas und Wilamowitz (Grenzboten).

162 So etwa *Norton*, Secret Germany, S. 432 ff.

163 *Wilamowitz*, Die griechische Literatur des Altertums, S. 1–236, bes. S. 76 ff.

164 *Hildebrandt*, Hellas und Wilamowitz (Jahrbuch), S. 111.

165 Ebd., S. 64 u. 113.

Topoi des George-Kreises. Durch Hildebrandts Berufung auf Platon und die scharfe Grenzziehung zwischen denen, die nur Wissen mehren wollten, und jenen, denen Platon zuerst der »geliebte heilige« sei, dem es mit Verehrung zu dienen gelte, wurde die Platonauslegung dabei von Begin an zur wichtigsten Arena dieses Kampfes, und noch die Auseinandersetzung mit Max Weber, die dann als eigentlicher »Wissenschaftsstreit« eine breitere Öffentlichkeit erreichte, geschah von Seiten des George-Kreises vor dem Hintergrund dieser »neuen«, an Platon ausgerichteten Wissenschaft.[166]

Doch auch noch in anderer Hinsicht war der frühe Beitrag Hildebrandts wegweisend. Der Vorwurf an Wilamowitz, aus Platon nur den »kahlen wissenschaftler destillieren« zu wollen, war verknüpft mit dem oben ebenfalls anklingenden Hinweis gerade auf die Vielfalt der Rollen, die Platon spielen bzw. die seine »Gestalt« verkörpern sollte. Nicht als Wissenschaftler und bezeichnender Weise nicht einmal als Philosoph galt ihm Platon – oder doch nicht in erster Linie –, sondern eben als Erzieher, als »priester und dichter, könig im reich der seelen und schöpfer einer welt«,[167] im zweiten Jahrbuchbeitrag dann auch noch als berauschter Jünger des Eros und »geborener geistiger herrscher«.[168] Für all diese Rollen gibt es nun in den Dialogen Platons durchaus Anhaltspunkte, erst recht aber bieten sie die platonischen Briefe mit ihren Schilderungen der politischen Ambitionen Platons, der Rolle der Akademie hierbei und der bald als paradigmatisch eingestuften Freundschaft Platons zu Dion, weshalb diese Briefe von den Georgeanern denn auch früher als von manch anderen Philologen für echt gehalten wurden.[169] Entscheidender aber ist, daß diese Rollen und ihre Einheit in Platon wie gemacht waren, um dem nach dem »Siebenten Ring« (1907) ebenfalls um eine neue Rolle ringenden George als Modell zu dienen, in dem er sowohl sich selbst wie den veränderten, mehr und mehr mit jungen Akademikern bevölkerten Kreis einen Rahmen geben konnte.[170] Daß er sich den Kreis zu dieser Zeit tatsächlich nach dem Bild der platonischen Akademie mit sich selbst im Zentrum vorstellte, ist zwar nur bei Hildebrandt belegt,[171] die Analogie wird

166 Vgl. dazu *Pohle*, Krise, S. 39f. u. 45ff.

167 *Hildebrandt*, Hellas und Wilamowitz (Jahrbuch), S. 112.

168 *Hildebrandt*, Romantisch und Dionysisch, S. 94.

169 Natorp etwa und lange auch Wilamowitz hielten die Briefe für unecht. Vgl. dagegen bes. die Arbeiten von *Andreae*, Probleme, u. *ders.*, Platons Staatsschriften I, sowie *Hildebrandt*, Erinnerungen, S. 218, der Georges Eintreten für den 7. Brief schon auf 1912 datiert. Die Bedeutung der Freundschaft zu Dion als des von Platon ausgesuchten »Täters« unterstreicht 1934 noch einmal *Schelia*, Dion. Im Gegensatz zu Hildebrandt formuliert sie allerdings schon sehr deutlich den »bange[n] Zweifel: ist's End', ist's Beginn?« (ebd., S. VIII).

170 Die Bedeutung Platons als Rollenmodell hebt auch *Lane*, Platonic Politics, S. 143 hervor.

171 *Hildebrandt*, Erinnerungen, S. 72. In einem von mehreren Gesprächen mit Wolters, Vallentin und Hildebrandt im Januar 1911 habe George gesagt: »Wünschenswert aber sei für uns ein Kloster, eine Platonische Akademie, wohin wir uns zu geistiger Tätigkeit zurückziehen könnten, wie es der junge Nietzsche plante.« Die von *Lane*, Platonic Politics, S. 143 an-

aber genauso wie die sonst bei keinem anderen historischen Ahnen des Kreises präfigurierte Einheit der Rollen und Attribute in allen späteren Platonschriften des Kreises ebenfalls geradezu topisch wiederkehren.[172]

Hildebrandt selbst lag indes gar nicht so sehr an der Vielfalt der Rollen. Ihm ging es mehr um ihre Zuspitzung auf die des geistigen Dichter-Herrschers, der sich dereinst auch zum staatlichen Herrscher aufschwingen solle:

»mit aller wucht der tatsächlichkeit beweist sein leben und seine aufs leben gerichtete lehre, dass es seinem rausch nicht angemessen war, in musikalischer stimmung oder gelöster begrifflichkeit zu verschweben, sondern dass er immer wieder zur erde zurückkehrte, um seine gesichte in körperliche wirklichkeit zu formen. In der Akademie schuf er sich den lebendigen geistigen staat und wer eng genug ist, hierin nur die flucht vor dem bestehenden staat zu sehen, der ist widerlegt durch die drei sicilischen reisen. Nachdem er von den ersten beiden kaum leben und freiheit gerettet hatte, unternahm er als greis noch die dritte und zeigte der welt, dass ihm die verwirklichung selbst mehr galt, als die erforschung der wirklichkeit.«[173]

Doch so weit war es noch nicht, mußte selbst Hildebrandt noch bis 1933 warten, um dann aber um so lauter von der Möglichkeit einer solchen staatlichen »Verwirklichung« sprechen zu können. In der Jahrbuchzeit stand bei ihm denn auch ein anderer Aspekt im Vordergrund, nämlich das Wirklichwerden oder die Inkarnation der »Idee« in einer »lebendigen Gestalt« und die Folgen, die dieses »lebendige Wunder« sowohl für Platon wie für George und die seinen gehabt habe.[174] Dieses ebenfalls zentrale Motiv der frühen Platondeutung, das Hildebrandt in seiner 1912 bei Felix Meiner erscheinenden Einleitung zum Platonischen Symposium für den Kreis vorbildhaft ausführen sollte, war untrennbar verbunden mit dem, was man den Erlebniskomplex »Maximin« nennt, also die Begegnung Georges mit dem jungen Schüler Maximilian Kronberger, dessen jäher Tod und die daraufhin einsetzende kultische Verarbeitung dieses Geschehens im Kreis.[175]

Im Mittelpunkt dieses »Kultes«, dessen erster Jünger und Priester George selbst war, stand die Verehrung des schönen (Jünglings-)Leibes, die Vorstellung seiner »Vergottung« sowie umgekehrt die der »Verleiblichung« des Gottes in

gebrachten Zweifel am Quellenwert der Erinnerungen Hildebrandts sind grundsätzlich zwar berechtigt und im Einzelnen stets im Lichte der von *Raulff*, Kreis ohne Meister, S. 351 ff. geschilderten Memorialkämpfe zu sehen, über jeden Zweifel erhaben dürfte aber doch die von George als eigentlichem Herausgeber der Jahrbücher abgesegnete Beschreibung der platonischen Akademie als eines »lebendigen geistigen Staats« sein, die Hildebrandt im zweiten Jahrbuch-Beitrag (S. 93) vornimmt.

172 Vgl. auch noch die analoge Schilderung Georges zu dessen 60. Geburtstag bei *Gundolf*, Stefan George, S. 235: »er ist zugleich und mit der lautersten Wucht Künstler, Priester, Prophet und Herrscher«. Es folgt dann der schon obligatorische Hinweis auf Platon.

173 *Hildebrandt*, Romantisch, S. 93.

174 Ebd., S. 91.

175 Vgl. schon *Weigand*, Nietzsche, S. 80.

ihm, wie es im *Siebenten Ring* paradigmatisch formuliert war. Gemäß der griechischen Vorstellung von der Kalokagathia als einer Einheit von körperlicher, geistiger und sozialer Vorrangstellung wurde der schöne Leib zu einem zeitenthobenen Ideal gemacht und, so Gundolf in den Jahrbüchern, in die »mitte zwischen der entkörperten sachlichkeit und der entkörperten geistigkeit« gestellt, wo er »weder geist noch materie, sondern die synthese – nicht die summe – beider« sein sollte.[176] Erst in diesem Leib nun würde, so die vom Maximin-Erlebnis ausgehende Vorstellung, der »Gott« oder die »Idee« für den Menschen faßbar werden, oder, wie es wieder Gundolf in seinem George-Buch von 1920 ausführen sollte: »Nur wem Ein schöner Mensch Gott werden kann hat Augen für die Göttlichkeit des schönen Alls. Nur wem Gott wirklich Mensch werden kann für den ist das Himmelreich, die Liebe Gottes zum Menschen keine Phrase.«[177] Der Mittler solcher »Vergottung« sei dabei der Eros, der sich am schönen Leib entzündet und als »weltschaffende Liebe« zu geistiger Zeugung inspiriert:

»Die griechische Liebe ist ihrem Ursprung wie ihren Wirkungen nach (zu denen die dorische Gesetzgebung, die attische Plastik, die platonische Philosophie gehören) nicht ein blind zielender und spielender Naturtrieb, sondern die geistige Zeugung im Sinnenstoff selbst, die Schau, ja die Erschaffung des schönen Leibes und die Verleibung des Gottes. Dieselbe Weltkraft die sich bekundet in schönen Leibern, Eros, drängte die Männer dies wahrgenommene Schöne zu besitzen, zu verewigen und zu verherrlichen: der schöne Männerleib regte den geistigen Zeugungstrieb, den plastischen Formtrieb, den heroischen Tatentrieb in derselben Weise an wie der schöne Frauenleib den natürlichen Zeugungstrieb. [...] Vergöttern ist vorstellen, vergotten ist darstellen. Nur wo gestaltige Schönheit entsteht aus der Anbetung männlichen Leibes da waltet Eros, der geistig zeugende, der weltschaffende Dämon.«[178]

Eine solche Form diesseitiger Metaphysik, die nicht nur eine unverhohlene Anknüpfung an das Konzept griechischer Pädarastie war, sondern aus der noch ein ganzes pädagogisches Programm abgeleitet werden sollte,[179] war möglich geworden durch die Wiederentdeckung und Rehabilitierung Platons als des erotischen Erziehers, für die im Kreis noch vor Friedemann wiederum Hildebrandt verantwortlich zeichnete. In scharfer Abgrenzung sowohl zum bloß »begrifflichen Denken« der Wissenschaft wie auch zur christlichen Traditionslinie, die vom Phaidon herkommend die reine Transzendenz und Leibfeindlichkeit Platons betonte,[180] lag ihm daran, das »neue Lebensgefühl« zu feiern, das in

176 *Gundolf*, Wesen und Beziehung, S. 18.

177 *Gundolf*, George, S. 203.

178 Ebd., S. 202.

179 Vgl. bes. *Groppe*, Die Macht der Bildung, S. 412 ff. sowie *Andres*, Pädagogik.

180 Vgl. *Hildebrandt*, Romantisch, S. 92 f. Auch George soll den Phaidon darum abgelehnt haben, wie *Glöckner*, Begegnung, S. 63, nach Gesprächen mit dem »Meister« über das »Sokrates-Problem« im Jahr 1915 in sein Tagebuch notierte: »Und wiederum, George mag das Buch [den Phaidon, R. P.] nicht. Er findet es äußerst schwach und unangenehm.«

Symposion und Phaidros sich ausdrücke. Vor allem die Einleitung zur Gastmahl-Übersetzung geht hier deutlich über alles bisherige hinaus, und selbst George soll verwundert gewesen sein, »daß der Verleger so etwas ohne weiteres drucke.«[181] Das platonische Symposion, wie Hildebrandt es verstanden wissen wollte, sei ein Mythos, den es zu verehren und zu ergreifen gelte: »das Gastmahl will nicht begrifflich analysiert, es will gefeiert sein,« und noch einmal:

»wer hier nicht eine ganz andere Wirkung spürt als die Vermehrung des Wissens, wer nicht selbst den Willen gefühlt hat, sich zu solcher Feier zu bekränzen, der mag ein Philosophie-Gelehrter sein, ein Platoniker ist er nicht.«[182]

Zur Feier des Eros, auf den die Teilnehmer der platonischen Szenerie bekanntlich ihre Reden halten, trägt auch Hildebrandt das Seinige bei, indem er an vielen Stellen nicht weniger dithyrambisch als diese den »geistigen Eros« und seine Verleiblichung in Sokrates als das Zentrum des Mythos preist:[183]

»Sokrates strahlt ein neues Lebensgefühl aus, das er selbst als philosophisch und zugleich als erotisch bezeichnet; es ist kein wissenschaftliches Interesse, sondern geistiger Eros. Wer das Erotische hier nur als ›künstlerische Metapher‹ begreift, dem ist nicht zu helfen. Erst durch die Idee des lebendigen geistigen Reiches, im Gegensatz zum politischen Staat wie zur abstrakten Wissenschaft ist das Gastmahl ganz verständlich. Das Erotische, das Dämonische ist die Substanz dieses Reiches und hier ist zu ahnen, warum Sokrates aller Orten die Knabenliebe begünstigt.«[184]

Die für den Kreis auch strafrechtlich durchaus »heikle« Frage der Knabenliebe wurde hierbei also keineswegs ausgeklammert, vielmehr wurde sie genauso wie der nicht minder kontrovers diskutierte Rang der Frauen im geistigen Reich gerade ins Zentrum der Einleitung gerückt, um dort »platonisch« gelöst, sprich: von allen »pathologischen Abweichungen« unterschieden und um der rein »geistigen Zeugung« willen gerechtfertigt zu werden.[185]

So wichtig die »Einleitung« schon zur Klärung solcher, für das Binnenverhältnis des Kreises entscheidender Fragen gewesen sein mochte, eine durchaus

181 *Hildebrandt*, Erinnerungen, S. 91.

182 *Hildebrandt*, Platons Gastmahl (Einleitung), S. 12 u. 36.

183 Ebd., S. 22.

184 Ebd., S. 32.

185 Ebd., S. 21–31. Vgl. auch den bekannten Brief Gundolfs an die »Teuerste Frau Sabine« Lepsius vom 3.8.1910, in: *Gundolf*, Briefe, S. 63–71, hier S. 67f., in dem er ihre Kritik an der Behandlung der Frauenfrage im ersten Jahrbuch ebenfalls unter Verweis auf Platon beiseite schiebt: »Abermals und abermals, weder unsre ›Frauenfrage‹ noch unsre ›Jünglingsliebe‹ hat mit Sexuellem, Emancipation, Mutterschutz, Eulenburg, § 175 usw. irgendwas zu schaffen, sondern ist das Bemühen um die Erhaltung und Weckung weltschaffender (kosmischer) Kräfte. […] Wenn Sie wirklich wissen oder wenigstens ahnen wollen, um was es sich hier handelt, dann rate ich Ihnen, immer noch eher Plato zu lesen als die Harden-Prozesse«.

charakteristische Wendung hatte auch diese noch, klang auch hier schon »Hildebrands Lied« (Raulff) durch. Denn bezeichnender Weise bleibt die Deutung nicht bei der Verherrlichung des nach immer neuen Liebhabern suchenden (historischen) Sokrates stehen, werden dessen begrenzter Rationalismus, seine bisweilen bieder-bürgerliche Religiösität, vor allem aber »sein Leben neben dem Staate her« sogar ausdrücklich abgelehnt.[186] Ein solcher Sokrates, noch dazu einer, der bereits zur offen homosexuellen Chiffre geworden war,[187] paßte nicht in das Bild des geistigen Dichter-Herrschers Stefan George, auf das Hildebrandt alles zulaufen lassen wollte, weshalb am Ende eben noch einmal eine entscheidende Verschiebung hin zu Platon deutlich gemacht werden mußte:

»Im Gastmahl ist die Verwandlung geschehen, das Geschöpf wurde zum Schöpfer, der Jünger zum Meister: Plato erkennt mit hohem Selbstbewußtsein in sich den König des geistigen Reiches. Die Kluft zwischen Sokrates und Plato ist nicht zu überbrücken. Sokrates' Lebensgefühl hat keine unmittelbare Beziehung zur politischen Wirksamkeit, es bleibt in der allgemeinen Betrachtung.«[188]

Bei Platon dagegen finde sich die hier noch fehlende »große politische Leidenschaft«, und wenn er in Athen auch keine unmittelbare Betätigung mehr finden konnte, so habe er dennoch mehr für das »Menschentum« getan als jener, weil er »das geistige Leben rein und ungemischt in seinem Kreise, der Akademie, bewahrt«, es nicht »verschleudert« und, so wäre zu ergänzen, deshalb sein Wiedererwachen im »geistigen Reich« der Gegenwart überhaupt erst möglich gemacht habe.[189]

Der Weg Hildebrandts unter dem Doppelgestirn Platon/George war mit den Jahrbüchern keineswegs zu Ende, er ging vielmehr weiter in der Richtung, Platons Bedeutung als des ersten Gründers des »geistigen Reiches« auszubauen und von daher die Normen des Staates ebenso wie die zunehmend in »rassischen« Kategorien gefaßten Normen des Menschen zu begründen.[190] Der Rang des ersten Platonikers im Kreis war Hildebrandt dennoch lange nicht sicher, gab es andere, vor allem Friedemann, die sogar »noch Tolleres in petto« hatten als er.[191] Hinzu kam, daß er sich Teilen des Kreises durch die stark polarisierenden Normbücher entfremden sollte, die er zwar eigens auf Georges Anregung hin ausarbeitete, die dann aber ebenso wie die 1922 bei Natorp angefertigte zweite,

186 Ebd., S. 36 u. 38.

187 Siehe oben Kap. 1.3.1 und Stümke, Homosexuelle in Deutschland, S. 30. Vgl. dagegen die Argumentation *Steinhaußens*, Aristokraten, S. 282 ff., der diesen Unterschied ignoriert und so die peinlich genaue Abgrenzung des Kreises zur Homosexuellenbewegung unterschlägt.

188 *Hildebrandt*, Einleitung, S. 36.

189 Ebd., S. 36 f.

190 Vgl. *ders.*, Norm und Entartung, u. *ders.*, Norm und Verfall.

191 So fragte George Hildebrandt schon nach der Einleitung des Gastmahls. Vgl. *Hildebrandt*, Erinnerungen, S. 91.

nun philosophische Dissertation über den verlorenen »Wettkampf Nietzsches mit Sokrates und Platon« doch nicht die letzte Zustimmung und vor allem die Imprimatur des »Meisters« bekamen[192] – und wie sehr ihm daran doch gelegen war, zeigen wiederum seine Erinnerungsbücher, in denen er unter Verweis auf sein späteres, 1933 dann endlich bei Bondi erschienenes und, wie stets in solchen Fällen, von George persönlich betreutes Platon-Buch nicht nur immer wieder die exklusive Kreisunmittelbarkeit seines Bildes unterstreicht, sondern sich auch zum großen Anreger der anderen Platonarbeiten des Kreises und selbst noch derjenigen des späten Natorps aufbläst.[193] Obwohl solche Behauptungen mehr über das umkämpfte Nachleben des Kreises aussagen als über tatsächliche Abhängigkeiten, so ist daran doch immerhin so viel richtig, daß er mit seinen Jahrbuchbeiträgen und der Gastmahl-Einleitung tatsächlich einige der zentralen Motive des spezifisch georgeanischen Neoplatonismus formuliert und im Lichterfelder Kreis auch eine durchaus produktive »platonische« Freundschaft zu Wilhelm Andreae begonnen hat.

Wilhelm Andreae

Wie Hildebrandt aus Magdeburg kommend, wo er wie dieser am altsprachlichen Pädagogium zum Kloster Unser Lieben Frauen das Abitur ablegte, gehörte auch Wilhelm Andreae anfänglich zu jenen (im besten Sinne) dilettierenden Platonikern des Kreises, die mit ihren zunächst weitgehend auf schulischer Vorbildung basierenden Arbeiten über Platon sowohl auf Selbstverständigung im Kreis selbst wie natürlich auch auf eine breitere Öffentlichkeit zielten.[194] Andreae hatte schon als Schüler die Politeia übersetzt, dann aber zunächst eine

192 Vgl. *Salin*, Um George, S. 255 u. *Hildebrandt*, Erinnerungen, S. 107 ff., der sich gerade bei der Aufnahme der Normbücher im Kreis einem »Gegenschlag« jener jüdischen oder »sozialistischen« Anhänger Georges ausgesetzt fühlte, die – gemeint waren v. a. Salin und das Ehepaar Landmann, aber auch Robert Boehringer, Ernst Morwitz und Karl Wolfskehl – seine »naturwissenschaftliche« Herangehensweise abgelehnt und aus ihrer »Überempfindlichkeit« gegen den »Rasse«-Begriff (ebd., S. 121) eine positivere Aufnahme hintertrieben hätten. Im selben Kontext hielt er es dann aber auch 1965 noch für völlig unproblematisch, seine damalige Warnung vor der »Vernegerung der weißen Völker« aufrechtzuerhalten (ebd., S. 124). Vgl. hierzu bes. die vorbildliche Abwägung der Gründe und Abgründe bei *Breuer*, Ästhetischer Fundamentalismus und Eugenik.

193 Siehe *Hildebrandt*, Erinnerungen, S. 36, 90 f., 101, 104, 144 f. u. 218.

194 Zu ihnen zählte noch der ebenfalls aus Magdeburg stammende Kurt Singer sowie in gewisser Weise auch Edgar *Salin*, der freilich eine sehr viel breitere Universitätsbildung anschloß. Das Magdeburger Pädagogium, an dem auch Andreaes älterer Bruder Friedrich zusammen mit Hildebrandt Abitur gemacht hatte, spielte hierbei offenbar nur eine untergeordnete Rolle. Zwar kam Hildebrandt (Erinnerungen, S. 56) auch auf den Propst und Direktor Urban zu sprechen, dessen Enthusiasmus für Platon und Goethe ihn noch Hildebrandts späteren Angriff auf Wilamowitz verzeihen ließ, doch insgesamt unterschied sich der Unterricht wohl kaum von anderen humanistischen Gymnasien. Das Pensum des Griechischen lag zwar etwas höher als üblich (ab der Tertia 6 Stunden pro Woche bei 7 Stunden Latein), die

kaufmännische Tätigkeit angestrebt, bevor er doch noch Soziologie und Philosophie, nach dem Krieg in Berlin auch Philologie studieren sollte. Im Lichterfelder Kreis, zu dem er über seinen älteren Bruder kam, freundete er sich um 1908 mit dem dort schon als Platoniker bekannten Hildebrandt an, las ihm aus seinen Übersetzungen vor und war auch zugegen, als dieser 1912 seine Einleitung zum Symposion vortrug, die ihn offenbar tief beeindruckte. Hildebrandt dazu: »Wilhem Andreae schrieb mir später aus Niepölzig, auch ihm sei der Platonische Sokrates nur durch das Erlebnis George klar geworden und erst meine Einleitung habe ihm diese Möglichkeit gezeigt.«[195]

Etwa zur selben Zeit, vielleicht sogar schon zwei Jahre früher, begann auch Andreae mit der Arbeit an der platonischen »Ausmöblierung« des George-Kreises,[196] die dann zwar nicht mehr im Jahrbuch erschien, dafür aber das Jahrbuch selbst ins rechte platonische Licht zu rücken suchte.[197] In einer dreiteiligen 1913 in der Magdeburger Zeitung erschienenen Artikelfolge faßt Andreae das Programm des Jahrbuchs noch einmal in »platonischer Terminologie« zusammen und bringt es, um die Geschlossenheit zu unterstreichen, auf drei wesentliche Punkte: »Erhöhung der dunklen Triebe zur lebendigen Idee, Überwindung der Poikilia, Bildung zur Kallokagathie.«[198] Der erste Punkt meint nun zwar

tatsächliche Lektüre war aber, was auch Platon anging, höchst konventionell auf die wenigen »pädagogischen« Dialoge (Apologie, Kriton, Teile des Phaidon sowie ein weiterer wechselnder Dialog in der Oberprima) beschränkt. Vgl. das Jahrbuch des Pädagogiums zum Kloster Unser Lieber Frauen in Magdeburg, Magdeburg NF 64 (1900) sowie die vorhergehenden.

195 *Hildebrandt*, Erinnerungen, S. 91, vgl. auch ebd., S. 35 f.: »Bei seinem heftigen, auf schnelle Tätigket drängenden Temperament, das George durchaus schätzte, ließ er sich durch mich für Besinnlichkeit und gründliche Genauigkeit bei Übersetzungen Platons und Sophokles gewinnen. Mir aber, der zu sehr der Schreibtischarbeit verbunden war, öffnete er den Weg in volleres, ganzheitliches Leben, Schwimmen, Bootfahren, gemeinsame Hochtouren, Reisen nach Italien, Athen, Peloponnes, – edle Weine, russisches Ballett.« Man kann auch sagen, Andreae machte den Pastorensohn, der wegen des relativ frühen Todes des Vaters auf den Brotberuf als Arzt angewiesen war, mit der gehobenen Bürgerlichkeit jener Künstler und ›Rentnerexistenzen‹ (Max Weber) bekannt, die den Kreis vor Krieg und Inflation hauptsächlich bevölkerten.

196 So der außer auf Diederichs »Warenhaus der Weltanschauungen« sicher auch auf den George-Kreis und den Maximin-Mythos gemünzte Spott Max Webers über das Bedürfnis »manch moderner Intellektueller […], sich in ihrer Seele sozusagen mit garantiert echten, alten Sachen auszumöblieren, und sich dabei dann noch daran erinnern, daß dazu auch die Religion gehört hat, die sie nun einmal nicht haben, für die sie aber eine Art von spielerisch mit Heiligenbildchen aus aller Herren Länder möblierter Hauskapelle als Ersatz sich aufputzen oder ein Surrogat schaffen in allerhand Arten des Erlebens, denen sie die Würde mystischen Heiligkeitsbesitzes zuschreiben und mit dem sie – auf dem Büchermarkt hausieren gehen. Das ist einfach, Schwindel oder Selbstbetrug.« *Weber*, Wissenschaft als Beruf, S. 610.

197 *Andreae*, Platons Poikilia. Vgl. zur angedachten Verwendung Andreaes schon für die Jahrbücher sowie zur Entstehung und kreisinternen Zirkulation des Poikilia-Aufsatzes die Briefe vom 20.1. und 17.02.1910 sowie vom 26.11.1912 in: *Gundolf/Wolters*, Ein Briefwechsel, S. 43, 52 u. 78.

198 *Andreae*, Platons Poikilia, S. 263 f., dort auch die folgenden Zitate.

nichts weiter, als daß überhaupt wieder so etwas wie ein gemeinsamer Standpunkt gegen die »Poikilia«, die schillernde Oberflächlichkeit modernen Lebens eingenommen werde, doch schon hier erweise sich für Andreae »der lebendigen Zusammenhang mit Platon«, lebe »allenthalben der Geist von Hellas in diesem Werke.« Das Gemeinsame, »die natürliche Bindung: Hellas und Jahrbuch« laufe also auf den Willen hinaus, das Leben gestalten und sich dazu einer »Idee« unterordnen zu wollen, die zuletzt eine des »Menschen im platonischen Sinne« sei, das »Abbild eines Urbildes«, die möglichst reine, unvermischte Entsprechung der »Idee des Menschentums«. Was diese Idee ausmacht, wird schnell klar, wenn zweitens die Poikilia skizziert werden, gegen die sie sich wenden soll. Poikilia, das meint hier den Fortschritt, »den ärgsten Feind des Lebens«, das meint die fortschreitende Zivilisation mit der Steigerung aller Kenntnisse und Bedürfnisse, mit dem Hervorbringen der »Vielwisser und Vielkönner«, der »Individuen und Sonderlinge«, sprich: mit dem unorganischen Wachstum vieler Einzelkräfte, was in der platonischen Logik sowohl im Menschen selbst wie in den »gemeinen Städteniederlassungen« zuverlässig in die Knechtschaft führe. Das ebenfalls platonische Gegenbild hierzu erfülle sich demgegenüber drittens in der Idee der Kalokagathie, der Idee des ganzen, musisch und leiblich gebildeten, keinesfalls aber »überbildeten« Menschen, der von der Leidenschaft zum göttlichen Eros wie zum Staat erfüllt und darum dann auch der berufene Herrscher sei.

Auf diese letztlich doch schlichte Dichotomie aus schillernder, wahlloser Moderne und einer Maß, Ganzheit und Geistigkeit versprechenden »Idee« werden nun die Beiträge des Jahrbuchs bezogen und, wo dies nicht schon wie bei Hildebrandt geschehen ist, mit einschlägigen Platonzitaten aus Nomoi und Politeia noch einmal für den »lebendigen Krieg« aufmunitioniert. Wie im Jahrbuch selbst rücken hierfür wieder der »nervöse Hofmannsthal und der banale Wilamowitz«, diese beiden »Kinder des Fortschritts«, ins Zentrum der Kritik, hatten sich beide zwischenzeitlich doch auch noch mit antiken Stoffen für die Bühne Max Reinhardts, im Falle Wilamowitz sogar für deren Aufführung im Zirkus hergegeben, und sich aus Sicht des Kreises also noch weiter desavouiert:[199] »Der Zeitgeist fortschrittlicher Überhebung hat die Ehrfurcht vor den Heroen vernichtet und jede Empfindung für tiefe Kraft und wirkliche Größe ausgerottet«, Platons Wort und Vorbild, das einzige, das zusammen mit George aus diesen Poikilia zum geistigen Reich führen könne, bleibe solch »heutigen Reinhardten« denn auch auf ewig verschlossen.[200] Die Strafpredigt Andreaes, der wie ja auch Hildebrandt nicht umsonst eine »streng evangelische« Schule durchlaufen

199 Vgl. die Schilderungen des Vortrags von Wilamowitz im Zirkus Busch anläßlich der Orestie-Inszenierung Reinhardts bei *Adler*, Modernes Theater, S. 636. Zu den Inszenierungen unter Wilamowitz' Beteiligung siehe auch ausführlich *Flashar*, Aufführungen.

200 Ebd., S. 271 f. u. 279 f.

hatte,[201] endet jedoch nicht ohne den Hinweis und das Hoffnungszeichen, daß das neue Reich gleichwohl unter uns schon angebrochen sei:

»Das Jahrbuch ist nicht theoretische Forderung, sondern praktische Betätigung, nicht bloße Erkenntnis des Mangels, Forderung des schöneren und stärkeren Lebens, sondern ist schon dieses Leben selber ein Anfang der Wirklichwerdung seiner Forderungen. Wo nämlich fand sich in unserer Zeit eine Gruppe Männer, wie die Schöpfer des Jahrbuchs, von so verschiedener Herkunft, Gebärde, Mitteln in einer lebendigen Mitte, um von ihr verwandelt und erhöht wieder auszugehen, in sich tragend eine neue Einheit der Welt, von einem Glauben durchblutet und beglückt?«[202]

Solch eifriger Glaube wurde im Kreis besonders bei Wolters wohlwollend registriert, wollte sich dieser bei George auch für die Veröffentlichung der übersetzten Platon-Briefe einsetzen, die Andreae um dessen »lebendiger Gestalt« willen und wohl auf Anraten Hildebrandts noch 1913 angefertigt hatte.[203] Doch daraus wurde vorerst nichts, verhinderten andere Platonstudien Andreaes etwa über dessen Verhältnis zu den Dichtern, vor allem aber der Krieg eine Veröffentlichung. Erst in den 1920er Jahren kam Andreae wieder auf die Briefe zurück, promovierte er 1921 noch ganz unter dem Eindruck des georgeanischen Platonbildes über »Platons Philosophie in seinen Briefen« und veröffentlichte in diesem Zusammenhang auch noch einige offenbar auf die früheren Studien zurückgehende Aufsätze.[204] Eine entscheidende Wende bedeutete dann jedoch die Begegnung mit Othmar Spann 1922/23, dessen universalistische Lehre er sich bald ganz zu eigen machte, bei dem er 1925 auch habilitierte und in dessen Schriftenreihe »Die Herdflamme« er die Briefe und die Staatsschriften Platons in zweisprachigen und kommentierten Ausgaben herausbrachte.[205] Damit war der Übertritt vom George- zum mehr politisch orientierten Spann-Kreis zwar faktisch vollzogen, die Freundschaft zu Hildebrandt blieb jedoch und ebenso die Verbundenheit mit dem im Kreis gepflegten Platonbild, das sich in und nach dem Krieg ja in ähnlicher Weise politisieren, d. h. vom geistigen Reich in Richtung seiner Verwirklichung als oder im Staat verschieben sollte.[206]

201 So *Hildebrandt*, Erinnerungen, S. 56.

202 *Andreae*, Platons Poikilia, S. 280.

203 Vgl. den Brief von Wolters an Friedrich Gundolf vom 17.06.1913, in: Gundolf/Wolters, Briefwechsel, S. 82 sowie *Hildebrandt*, Erinnerungen, S. 218, Anm.21.

204 *Andreae*, Die philosophischen Probleme, u. *ders.*, Die Staatsidee.

205 *Andreae*, Platons Staatsschriften. 3 Teile in 4 Bänden, Text und Übersetzung mit Einleitung und Erläuterungen, Jena 1923–1925 (Die Herdflamme 5, 6, 13).

206 Andreae rezensierte Hildebrandt noch mehrfach und widmete ihm auch die Ausgabe des Staates (»Kurt Hildebrandt einem Lehrer der Norm«), unübersehbar sind zudem die häufigen Bezugnahmen auf Werke anderer Kreismitglieder. Vgl. hierzu auch *Breuer*, Andreae, S. 1255 f. Die von ihm übersetzten Staatsschriften standen übrigens noch in der nachgelassenen Bibliothek Georges zwischen denen der übrigen »Staatsstützen«, wurden also auch hier weiter hinzugezählt. Siehe hierzu *Eidemüller*, Bibliothek, S. 36.

Heinrich Friedemann

Entscheidenden Anteil an dieser Verschiebung hatte abgesehen von Hildebrandts unablässiger Platon-Propaganda das tatsächlich nicht anders als genialisch[207] zu nennende Platon-Buch des gerade 26 jährigen Philosophen und Philologen Heinrich Friedemann. Ihm, der erst nach der Lektüre des ersten Jahrbuchs zum Kreis gestoßen war, gelang hier das einzigartige Kunststück, mit einer Art Bewerbungsschreiben für den Kreis gleich dessen kommende »Verfassungsschrift« vorzulegen, um dann doch, nachdem er immerhin deren Druck noch erlebte, gleich wieder kometenhaft zu verglühen oder, prosaischer ausgedrückt, Anfang 1915 in der Winterschlacht in den Masuren zu fallen.[208] Friedemann, der nach seinen ersten Briefen an Gundolf bald nicht nur mit George, sondern auch mit den anderen Platonikern im Kreis, also mit Hildebrandt und Andreae in engem Kontakt stand, hatte unter anderem bei Cohen und Natorp in Marburg studiert, zu deren Methode er sich noch 1911 in seiner bei Paul Hensel in Erlangen angefertigten Dissertation über »Das Formproblem des Dramas« ausdrücklich bekannte.[209] Das ein Jahr später anschließende Staatsexamen legte er dann aber bereits über »Platons Auffassung von der Bedeutung der Kunst, besonders ihrer Stellung im Staate« ab, so daß man bei seinem im November 1914 – als einzigem der »Geistbücher« noch unter der Lechter-Urne direkt im Verlag der Blätter für die Kunst – erschienenen Buch »Platon. Seine Gestalt« durchaus von einer Verlängerung (und Umformung) dieser Interessen in den Kreis hinein sprechen kann.[210] Während nämlich der zugrundeliegende Gestaltbegriff deutlich auf Gundolf und Wolters, die Passagen zum Eros, Mythos sowie zum Verhältnis von Sokrates und Platon wesentlich auf Hildebrandt zurückgingen,[211] liegt Friedemann mit seinen Überlegungen zur platonischen Ideenlehre sowie zur Integration des geistigen Reichs in das platonische Staatsmodell genau auf der angezeigten Linie und fügt dem georgeanischen Neoplatonismus damit – abgesehen noch von der nicht zu gering zu veranschlagenden synthetischen Lei-

207 *Raulff*, Kreis ohne Meister, S. 135 spricht gar von einer »genialischen Jugendsünde«.

208 Vgl. zu den biographischen Angaben *Merklin*, Friedemann.

209 Vgl. hierzu vor allem gegen das noch immer etwa bei *Lane*, Platonic Politics, S. 144, kursierende Gerücht, Friedemann habe bei Natorp promoviert, *Kolk*, Literarische Gruppenbildung, S. 474.

210 *Friedemann*, Platon. Da die Auflage von 300 Exemplaren nach dem frühen Tod und der Heroisierung im Kreis bald nicht mehr ausreichte, erschien 1931 ein Nachdruck bei Bondi, diesmal mit Swastika. Das Nachwort hierzu (S.140–142) steuerte Hildebrandt bei, der die Biographie Friedemanns selbst als platonischen Mythos aus wissenschaftlichem Aufstieg, Erleuchtung und Wiedergeburt durch Schau zuletzt der kultischen Idee sowie dem Abstieg zur »Tat« in jenen »denkwürdigen Augusttagen« und im heldenhaften Tod inszenierte.

211 Vgl. den Brief Friedemanns an Hildebrandt vom 30.12.1914 (Stefan George-Archiv Stuttgart, Nachlaß Kurt *Hildebrandt* I–IV), zit. nach *Kolk*, Literarische Gruppenbildung, S. 475, Anm. 225: »Ihr brief hat mir grosse freude gemacht, gerade von ihnen meinen Plato anerkannt zu hören, war wesentlich, weil ich so sehr auf Ihren eigenen arbeiten aufgebaut habe.«

stung – die Motive hinzu, die mit zu seiner philosophischen und später dann auch politischen Satisfaktions- oder Anschlußfähigkeit beitragen sollten.

Seine Deutung der Ideenlehre entwickelt Friedemann in Auseinandersetzung mit derjenigen der »gründlichen aber gestaltzersetzenden« Marburger Schule, wobei es jedoch nur Natorp ist, der von ihm auch zitiert wird.[212] »Gestaltzersetzend« an dieser Interpretation sei, so der Hauptvorwurf, daß sie die Idee einseitig nur als (Denk-)Gesetz oder Methodenbegriff verstehe. Da nach diesem formalen Verständnis nämlich jeder gleichermaßen an ihnen Anteil hätte, es also keines Ranges, keiner Initiation usw. zu ihrer Erkenntnis mehr bedürfe, verlören sie gerade das sie auszeichnende Vorbildliche, ist diese »prostitution des maaßbegriffes« der Grund, warum die Marburger Schule für Friedemann zum Platzhalter für die Sophistik und alle Entartungen des Rationalismus werden konnte.[213] Daß ihr Friedemann mit der logischen Fassung der Ideenlehre als dem Ausgangs- und Angelpunkt seiner eigenen Darstellung gleichwohl eng verbunden blieb, konnte die vordergründige Polemik nicht überdecken und ist auch im Kreis mit durchaus gemischten Gefühlen wahrgenommen worden. Denn daß die Idee bei Platon ursprünglich, wenn auch nicht im modernen Sinne Hypothese war, anerkennt auch Friedemann, wenngleich er den Sinn dieser Idee schon bei Sokrates, erst recht aber bei Platon in ihrer begrenzenden, maßgebenden Funktion sieht:

> »Es gilt gegenüber der flucht der zeit aus der sie begrenzend unvergänglichen form entgegen der Sophistischen meidung jedes gesetzlichen zwanges und jeder überpersönlichen not den erscheinungen einen ›Halt am sein‹ zu bieten [...] Diese leistung ist die aufgabe der Platonischen idee.«[214]

In der Form mochte die Idee daher Hypothese sein – »nicht eine aussermenschlich gegebene grundlage vielmehr jedesmal wiederholbare grundlegung« –, doch nicht jede begründete, mit Rechenschaft verbundene Grundlegung sei deshalb auch schon eine Idee, wie es der (frühe platonische) Sokrates noch in der Not gegen das protagoräische »Aller Dinge maas ist der mensch« als »allzu statisches maas verkündet« habe. Hier liege nämlich der entscheidende nächste Schritt des noch »grösseren Jüngers«, Platons also, der erst »in der hinschau auf den meister die richtige synthese« habe treffen können:

> »der grosse mensch, der inhaber herrscherlichen willens ist im steigen und fallen der zeiten das jedesmal sein zeitreich führende maass; denn alles maass ist hypothese des größeren geistes und gültig, solange es zum göttlichen hinaufführt.«[215]

212 *Friedemann,* Platon, S. 31. Die ansonsten spärlichen Anmerkungen verweisen außerdem nur noch auf Simmel und Rohde sowie auf Hildebrandt und Wolters, aus der philosophiegeschichtlichen Platonforschung lediglich auf Eduard Zeller und John Alexander Stewart.

213 Ebd., S. 8, 12 u. 24. Vgl. zum zeitgenössischen Topos der Sophistik auch *Laube*, Platon und die Sophisten.

214 *Friedemann,* Platon, S. 22, vgl. aber auch schon S. 16 u. 21.

215 Ebd., S. 28.

Nur in der Zusammenschau mit dem »großen« Menschen also, durch Setzung des geistigen Herrschers und dessen Verdichtung der Hypothese zur »kultlichen gestalt« bekämen die Ideen ihr jetzt auch wieder normatives Sein und die Entdeckung des Idealismus, daß nichts ist, was nicht im Geist des Menschen ist, ihren tieferen Sinn – oder wie Friedemann es in blühenden Expressionismus übersetzen sollte:

»dieses urlicht, kernhaft der hypothetischen idee entstrahlend, hebt ihren gedanklichen meister in solche schauer, dass er, der sänger der göttlichen mania, diesen rausch zum lebenszeugenden samen zusammenballend das eben gedanklich entdeckte mit dem drange des ungeteilten ganzlebens füllt und die nun um das gerippe der gedanken rund gewachsene gestalt zu feier und sinn eines kultes weiht. Keine überzeugung und kein grund hat zu dieser erhöhung geführt, nur dies einfache und urlebendige, die tiefsten schauer der gedanklichen entdeckung aus der verschwimmenden fliessenden stimmung zur hellsten bestimmung zu führen und dem gottschaffenden augenblick des einzelnen im kulte ein dauerndes sein zu sichern, das rings um die neue gestalt kreise der gleichen ergriffenheit zieht. Die ideen die der denker hypostasierte, um nichts als ein gültiges urteil zu gewinnen, legt der weltbildner des Timäus der schöpfung als urbilder zugrunde, sie wandeln im Phädrus, göttliche gestalten, über das himmelsgewölbe, und der Eros wird von der priesterin als die kraft geheiligt, die im kulte der ideen dient.«[216]

Mögen solche Beschreibungen, wie Weigand treffend formulierte, mit Platon so sehr übereinstimmen »wie die Pferdebilder von Marc und Macke mit den Pferden«,[217] so ist die Richtung, in die diese »Argumentation« mehr mitzureißen als zu überzeugen sucht, doch klar. Nicht prinzipiell jedem, sondern nur dem geistigen Herrscher, dem »gottmenschen« sei es gegeben, die Ideen im »Kairos«, in der »höchsten schöpferischen stunde« zu empfangen, sie zu »maass« und Kult, zu Mythos und Reich zu gestalten und sie durch den Bezug auf das Agathon und die Kalokagathie, oder, wie Friedemann dies übersetzt, die »menschliche Lebensfülle« hin zu rechtfertigen.[218] Geschieht dies alles noch im Rahmen der (dichterischen) Sprache, so sei die letzte Hypothesis, die, die keiner Rechenschaft mehr bedarf, sondern in den Gott selbst »einmündet«, sprachlich oder gar begrifflich nicht mehr zugänglich, sondern, wie man im Kreis meinte, nur noch ganz »griechisch« und das heißt »leiblich« zu fassen:

»der gott ist nicht als ein jenseitiges ziel getrennt, mit dem der mensch mystisch sehnend die einswerdung erstrebe, sondern stellt aus der reinsten menschlichen flamme ausgestrahlt die menschliche höchstform als erreicht und seiend dar. Platons gott ist nicht erschaffen noch ersonnen, sondern ausgestrahltes bild der spannung mensch-

216 Ebd., S. 32.
217 *Weigand*, Von Nietzsche zu Platon, S. 71.
218 *Friedemann*, Platon, S. 34 f. u. 40 f.

lichen leibes [...] der hohlspiegel, der die vom leiblich geformten weil schönen geiste ausschiessenden stahlen zur dichtesten hellsten und wärmsten einheit des Einen strahles bindet.«[219]

Der hier beschriebene Weg vom ersten Bilden der Hypothesen über deren schöne Gestaltung bis hin zur Schau der letzten göttlichen Idee im Kaloskagathos, in dem sich der Gott verleibt und der Leib vergottet hat, ist »rational« natürlich kaum nachvollziehbar und stützt sich denn auch mehr auf die platonische Mania und die kultschaffende Kraft des Eros als auf den Logos. Dennoch war diese Deutung keineswegs ganz aus der Luft gegriffen, machte sie eine neben der begrifflich-methodischen eben auch vorhandene religiös-normative Dimension der Ideenlehre wieder sichtbar, die in der »Zeit des logischen Turnens«[220] tatsächlich vernachlässigt und erst spät auch von Natorp ja wieder beachtet wurde. Für Friedemanns Argumentation war dieser Zusammenhang aber noch aus einem anderen Grund wichtig, ruhte hierauf doch, in Anlehnung an das platonische Vorbild selbst, das nun folgende, streng hierarchisch auf den »Einen« hin gefaßte Gefüge von »Herrschaft und Dienst«, das die Rede von Platon als dem bloßen »Dichterphilosophen« noch nicht das letzte Wort Friedemanns sein lies.[221]

Erst im Kult um den Tod des Sokrates, in dem sein Schüler Platon das mythische Geschehen der Ideenschau im Schönen auch den nachlebenden Jüngern noch durch den Umgang in der Akademie sowie die Dialoge »verleiblicht« habe, erhöhe sich dieser nämlich, so Friedemann, zum Herrscher des von jenem begründeten geistigen Reiches und schaffe so eine der paulinischen auf den ersten Blick nicht unähnliche »leibliche Gemeinschaft« der Jünger.[222] In diesem »geistigen Leib« zähle nicht Wahrheit oder logisches »geplänkel« – man könnte sagen, hier sind nicht die »Geistesgaben« entscheidend –, sondern es eint einzig die liebende Nähe zum Zentrum und die Bereitschaft, sich nach dem Maß adligen Menschentums umbilden zu lassen: »was fruchtbar ist allein ist wahr«, wie Friedemann Goethe zitiert.[223] Im Unterschied zur paulinischen Oikumene hat dieses Reich nun jedoch betont enge, durch die Reichweite des Eros und die Möglichkeit erfüllten Daseins im leiblichen Beisammensein bestimmte Grenzen, in denen auch nicht Gleichheit oder Allheit regiert, sondern die »gewachsene« Spannung von »Herrschaft und Dienst«.[224] In diesem Kreis, Friedemann spricht auch ganz offen von Platons »oligarchie«, herrsche der »Eine« ohne Gesetze – »dem steigenden fallenden leben würde der logos des gesetzes den atem

219 Ebd., S. 48.
220 *Wolters*, Richtlinien, S. 145.
221 *Friedemann*, Platon, S. 105.
222 Ebd., S. 112. Zur Nähe zu Paulus vgl. auch ebd., S. 109.
223 Ebd., S. 114.
224 Ebd., S. 114 u.116.

drücken« –, nur nach der Maßgabe seines Herrscherseins und seiner Nähe zur »göttlichen mitte«, während alle Beziehungen und »leiblichen ordnungen« um ihn herum durch den »sang des Eros« bestimmt würden.[225]

All diese Vorstellungen haben mit Friedemanns Bild vom Kreis um George viel, mit Platon jedoch kaum etwas zu tun, erst recht nicht mit dessen Politeia, und es ist Friedemann zu gute zu halten, daß er dies immerhin auch eingesteht: »Und so mag die Politeia die gesetze zum Heiligsten wohl heran- aber nicht hineinführen und schweigt wo das bild der kultlichen gemeinschaft anhebt.«[226] Was er aus diesem Schweigen der Politeia dann aber macht, ist die eigentliche Pointe seiner Interpretation und wohl der Grund, warum George, den eigenen Dichterstaat im Blick, so große Stücke auf sie hielt. Legitimiert durch die Verehrung des »ganzen von Platons gestalt«, die »gewaltsamkeit« der Interpretation gleichwohl ahnend,[227] trägt Friedemann nämlich das ihn bisher leitende »bild des Gastmahls in das gefüge der Politeia hinüber, um das ganze des reiches in Einer überschau zu geniessen« und ihm, dem geistigen Reich, zugleich den staatlichen Rang zu geben, den es bis dahin vermissen ließ.[228] Ging dieses bei

225 Ebd., S. 116–118.

226 Ebd., S. 117.

227 Den sich aufdrängenden »vorwurf der gewaltsamkeit« versucht Friedemann (ebd., S. 122) mehr recht als schlecht erst durch den zeitlichen Zusammengang der Dialoge abzuwehren, dann zwar »blumiger«, aber weil dann eben doch nur wie in einer Blütenlese, kaum weniger überzeugend durch die unterschiedliche Anlage der Dialoge: »Die knospe des keimenden geistigen reiches verlangt im Gastmahl ihre eigene wurzelstätte und kann im Staate, der die gesetze als früchte gibt, verborgen zwar drängen doch nicht zur entfaltung kommen; denn Platons gespräche sind gewächse, die unaufhaltsam in die zeiten hinein weiterwachsen, ewig blühend oder ewig fruchtend, und so ist zu verstehen dass der herbstliche baum ›Politeia‹ zwischen den fallreifen früchten die linde blüte des Gastmahls nicht tragen kann. Wer aber das ganze von Platons gestalt verehrend umfassen will, der darf wohl den ganzen garten durchwandernd tief im stamm des früchtebaumes die keimkraft ewiger frühlingsblüten ahnen, und so mag uns auch jene eindeutung verstattet sein.« Das Provokative solcher »Eindeutung« wird deutlich, wenn man dem den etwa zeitgleichen Vortrag von Wilamowitz (Über das Symposion des Platon, in: Sitzungsberichte der königlich preussischen Akademie der Wissenschaften 21 (1912), S. 333) entgegenhält, der, ganz sicher als Antwort auf Hildebrandts Gastmahl-Übertragung, in der Rede der Diotima nichts als Poesie erkennen kann, auf keinen Fall aber Platons »wissenschaftliche Überzeugung«.

228 Dieses Vorgehen und die Nichtbeachtung der systematischen Aussparungsstellen der platonischen Dialoge spricht im übrigen auch gegen die in der Forschung zuweilen geäußerte Behauptung, der »esoterische« Platon habe im George-Kreis eine besondere Rolle gespielt. Siehe etwa *Orozco*, Platon-Rezeption, S. 171 u. *dies.*, Platonische Gewalt, S. 37 f. Gerade die Übertragung des aus Friedemanns Sicht Fehlenden aus einem anderen Dialog unterstreicht vielmehr die Auslegungstradition Schleiermachers, den ganzen Platon in seinem Werk finden zu wollen. Eine bewußt zurückgehaltene »ungeschriebene Lehre« hätte zwar tatsächlich einen gewissen Reiz entfalten können, weil sie die Stufen der Erkenntnis oder das Initiationsprinzip unterstützen würde, es ist von ihr jedoch nirgends die Rede, weil sie erstens – das wußte man seit Aristoteles – auf eine noch formalere Lehre der Idealzahlen hinauslief, deren

Wolters nämlich noch ganz im Werk Georges auf, verwirklicht schon im »Siebenten Ring«, bezog Friedemann es erstmals konkret auf die Verwirklichung im Kreis lebender Menschen, auf die erzieherische »Tat« erst im kleinen, dann im großen, staatlichen Umkreis. Die »eindeutung des eroskultes und des geistigen reiches in das philosophenzentrum des staates«, so Friedemann selbst sein zentrales Anliegen zusammenfassend, gab der Rede vom geistigen Reich also endlich konkrete Substanz und dem Kreis eine Art staatlichen Überbau, der nicht nur zahlreiche Muster zur Selbstbeschreibung und damit auch zu seiner Verstetigung und Fixierung bereithielt – nicht zufällig sprach George fortan in Anlehnung an die platonischen Wächter von seinen »Staatsstützen« –, sondern der darüber hinaus auch flexibel genug war, beide in der Vorstellung des geistigen Reiches angelegten Tendenzen im Verhältnis zur »Außenwelt«, also die »Tat« sowohl wie den Rückzug der »kleinen Schar« vom »wirkenden getriebe«, von Platon her offen halten zu können – und wie sehr George gerade daran gelegen war, sollte sein ambivalentes, sich nie festlegendes Verhältnis zur Politik bis nach 1933 erweisen.[229]

Daß von keinem anderen als Platon hierfür die Vorlage kommen konnte, zeigte sich Friedemann indes überzeugt, wenn auch mit der für das eben nicht naive, sondern den historischen Abstand immer mitbedenkende »monumentalische« Antikeverständnis des Kreises so wichtigen Einschränkung:

»Heute wo die formenden kräfte des griechischen kosmos erstorben sind, ist eine unmittelbare nachfolge der Platonischen verlebendigung, der rückziehung unlebendigen gestänges in den lebendigen strudel des kairos zwar unmöglich, heute bedarf es der setzung eines novums als leib, aber in der ausbreitung dieses neuen reiches wird der hier so gesehene Platon zum unersetzlichen führer werden.«[230]

Gesetzt immerhin war dieses Novum in Maximin, so daß Platon nun in »kleinerem uns bescherten kreise« wieder das »versunkene leben« wecken und statt »kenntnis mehren [..] das leben verwandeln« helfen könne, »wo es noch fähig ist wahrhaft platonisch zu werden.«[231]

Vorläufer schon im Parmenides oder Philebos bei den Kreisautoren kein Interesse fand, und weil man zweitens, würde man sie annehmen, aber nicht erklären, das eigene Erkenntnisprinzip widerlegen würde, das ja Platons Gestalt gerade ganz und nicht nur teilweise aus George zu verstehen vorgab.

229 Vgl. auch *Raulff,* Kreis ohne Meister, S. 72, der George daher auch zutreffend als »Dezisionist der Ambiguität« beschreibt.

230 *Friedemann,* Platon, S. 66. Vgl. zum an Nietzsche entwickelten Geschichtsbild des Kreises v. a. den Jahrbuchaufsatz von *Gundolf,* Vorbilder, bes. S. 5 u. 8 f. sowie den Sammelband *Schlieben/Schneider/Schulmeier,* Geschichtsbilder im George-Kreis.

231 *Friedemann,* Platon, S. 139.

2.2.2 Ein Platon für den Kreis

Von George wird berichtet, er sei bei der ersten Lektüre des Friedemann-Manuskriptes ganz hingerissen gewesen und habe es dann in ein oder zwei Nächten, auf jeden Fall aber »mit größerer Spannung gelesen als einen Sherlock-Holmes-Roman.«[232] Auch später noch habe er es immer mit größtem Nachdruck verteidigt, was sicher mit dem frühen Tod Friedemanns zusammenhing, aber eben auch damit, daß Friedemann ihm hier einen neuen Weg und dem Kreis eine neue, staatliche Idee seiner selbst gezeigt hatte. »Das Neue Reich« formuliert es deutlich:

»Dein kühner geist • sein eigener befeurer • / Hiess nächst und fernste zirkel sein gebiet. / So setzt den fuss aufs land der abenteurer / Der es entdeckt und ganz als eignes sieht.«[233]

Hildebrandt und Wolters, denen ebenfalls sehr an der platonischen Verstaatlichung des Kreises und der Verstetigung des »Jahrbuch-Geistes« gelegen war,[234] übernahmen diese Sicht Georges sofort und stilisierten Friedemann zu jenem Erneuerer der Platondeutung, an dem, wie es später in der Blättergeschichte heißen sollte, »im geistigen Deutschland keiner mehr vorübergehen konnte, ohne von ihm die Richtung oder Gegenrichtung zu nehmen. Von nun an gibt es eine Platonsicht vor und nach seinem Werke, ob man es nennt oder feig verschweigt.«[235]

Gemünzt war solches bereits auf die noch kommende Auseinandersetzung mit Werner Jaeger und seinem ebenfalls auf Platon sich gründenden »Dritten Humanismus«. Es trifft aber genauso, wenn nicht noch viel eher die unmittelbaren Reaktionen im Kreis selbst, die, nimmt man den »Stamme Wolters«[236] aus, von Friedemann und dem neuen Platonbild eher die »Gegenrichtung« nahmen oder sich doch wenigstens nicht von Georges Enthusiasmus hierfür anstecken ließen. Ernst Glöckner etwa, der zu dieser Zeit zu den engsten Vertrauten

232 *Glöckner*, Begegnung, S. 83 u. *Hildebrandt*, Erinnerungen, S. 101. Im Gespräch mit Berthold Vallentin 1927 war es dann in Georges Erinnerung nur noch eine Lektürenacht, vgl. *Vallentin*, Gespräche, S. 94.

233 *George*, Das Neue Reich (GA 9), S. 115.

234 Vgl. schon den Brief von Wolters an Gundolf vom 24.04.1914, in: *Gundolf/Wolters*, Briefwechsel, S. 102 f., in dem er die Lektüre des Friedemann-Manuskriptes mit der Idee verknüpft, Andreae auf die Bearbeitung antiker und moderner Gesetzgebung zu verweisen, ihn also die nächsten Schritte der Verstaatlichung gehen zu lassen. Zum »Jahrbuch-Geist«, als dessen reinsten Vertreter sie Friedemann ausgemacht hatten, siehe *Hildebrandt*, Erinnerungen, S. 102.

235 *Wolters*, Stefan George, S. 431.

236 *Hildebrandt*, Erinnerungen, S. 89.

Georges gehörte, schrieb im Oktober 1915 an Ernst Bertram: »Schade, daß das Platonwerk so kreismäßig sich bewegt. Diese Prosa wird sehr schnell ungenießbar und wird später noch weniger wirken als heute, wo doch wenigstens einige durch Georges Art auf diese seine Unlebendigkeit eingestellt sind.«[237] Dasselbe Unbehagen teilten offenbar auch Robert Boehringer, der sich schon gegen Hildebrandts Gastmahlübertragung bestenfalls »gleichgültig« gezeigt hatte,[238] oder aber Walter Wenghöfer, denen beiden der Stil eindeutig zu »über-Woltert« war.[239] Wieder andere wie Berthold Vallentin hielten das Buch von vornherein für ein »Anschoppung« von Wolters und standen als »Gegner aller philosophischen ›Knaupeleien‹« einer Anknüpfung an Platon ohnehin skeptisch gegenüber.[240] Öffentlich äußern sollte sich vorerst aber nur Edith Landmann, von der 1915 überhaupt die einzige Rezension des Friedemannschen Buches erschien.[241] In den »Preußischen Jahrbüchern«, in denen schon im Jahr zuvor ein anderer der Wolters-Freunde die Gastmahl-Übertragung Hildebrandts und das »Zurück zu Plato« der Jahrbücher gerühmt hatte,[242] stellte auch sie nun ausführlich Intention und Gegnerschaft des Buches gegen die »moderne Kultur als Ganze« sowie im besonderen gegen Philologie und Philosophie heraus und vermutet unter Verweis auf die vielen unterschiedlichen Platonbilder: »Es muß das ganze System moderner Begriffe sein, welches uns den Weg zu Platon versperrt.«[243] Hiergegen habe Friedemann nun als erster nicht eine weitere Hypothese zur Deutung vorgestellt, sondern ein einheitliches, der Größe Platons erstmals entsprechendes Bild entworfen:

237 *Glöckner*, Begegnung, S. 63.

238 *Hildebrandt*, Erinnerungen, S. 98, vgl. auch ebd., S. 107, wo er das »eiserne Schweigen« Boehringers beim Verlesen des Kapitels *Der normale Staat* aus den Normbüchern konstatierte.

239 *Boehringer*, Mein Bild I, S. 135.

240 Vgl. *Vallentin*, Gespräche, S. 94 u. *Hildebrandt*, Erinnerungen, S. 71. Kritisch noch den kommenden Platonbüchern gegenüber zeigen sollte sich später auch Michael *Landmann*, Erinnerungen, S. 41: »Als freilich während meiner Studienzeit meine eigene wissenschaftliche Arbeit an Platon begann, war ich betrübt, in den zahlreichen Platonbüchern des George-Kreises keine Anknüpfungspunkte zu finden. Die Enttäuschung über diese Platon-Bücher teilte ich mit meinem Lehrer Hermann Schmalenbach. Hier war Platon Staatsdenker und Dichter, Sokrates Meister im Kreis geliebter Jünger, und darüber, dass er die Unsterblichkeit der Seele lehrte, sah man hinweg. Ich suchte einen ganz anderen Platon.«

241 *Landmann-Kalischer*, Rez. Friedemann. Genauso verhielt es sich mit der Neuausgabe Friedemanns 1931, die trotz Hildebrandts beständigem Werben ebenfalls kaum Beachtung und eine Rezension wieder nur aus dem Umfeld des Kreises bekam, diesmal vom Kieler Wolters-Schüler Fritz *Cronheim*, Rez. Friedemann.

242 *Petersen*, Lehre, S. 407. Der später maßgeblich am »Handwörterbuch des Grenz- und Auslandsdeutschtums« (1933–1938) beteiligte Petersen gehörte hier bereits zum Kreis um Wolters, mit dem zusammen und in dessen Reihe der »Werke der Schau und Forschung aus dem Kreise der Blätter für die Kunst« er später noch einiges veröffentlichen sollte. Siehe hierzu den biographischen Artikel *Breuer*, Carl Petersen, S. 1578 f.

243 *Landmann*, Rez. Friedemann, S. 332 f., dort auch das folgende Zitat.

»Unser Buch [sic] stellt Platons Wesen dar als Lebensform gegenüber bloßer Wissenschaft, als herrscherlich-religiösen Willen gegenüber kühler Lehre. Platon erscheint hier nicht als der Philosoph, dem es in erster und letzter Linie um Erkenntnis zu tun ist, auch nicht als der Dichterphilosoph, welcher abstrakt Gedachtes mit phantastischem oder liebenswürdigem Bildschmuck umgibt, sondern er ist hier der mythische Führer, der Stifter eines neuen Kultes, der Menschenbildner, dessen tiefstes Schauen sich anders als dichterisch garnicht darstellen läßt, und der noch die höchste Erkenntnis und die höchste dichterische Kraft in den Dienst des einen großen Zieles stellt: der Heranbildung eines adligen Menschentumes.«

Wie solches bei Friedemann über den kleinen vom Eros regierten Kreis bis hin zum platonischen Staat entfaltet wird, stellt Landmann ausführlich vor und drückt auch ihr »Erstaunen« aus über solche »Interpretation im großen Sinne der klassischen Philologie«, die bis hierhin ohne Vorbild sei. Um so schärfer wirkt dann jedoch die anschließende Kritik, die ähnlich wie die übrigen den Stil des Buches angreift und ihm »in der Darstellung wie in der Durchführung der Ideengänge [...] eine jugendliche Unreife, einen Mangel vor allem an Maß und Takt« vorwirft, »der in auffallendem Gegensatz zu der verherrlichten Lehre steht, und der uns« – immerhin – »unwillkürlich nach der Schule, nach dem Meister fragen läßt, auf den diese Ideen zurückgehen.«[244]

Wer hier so »geheimnisvoll offenbar hinter diesem Platonbuche steht,« ist dann natürlich alles andere als überraschend:

»Platon konnte so nicht verstanden werden, bevor George existierte. Wem aber bei der Lektüre der Politeia die Züge Stefan Georges vor Augen stehen, der hat den Schlüssel in der Hand, die ihm die Intentionen des Platonischen Geistes erschließt. Denn hier ist innerste Verwandtschaft: der Denker und der Dichter sind eines Blutes.«[245]

Derart verpackte Kritik lies sich der »Meister« zwar durchaus gefallen, das im Kreis verbreitete Unbehagen gegenüber dem Stil Friedemanns aber, das dort, wo die Einheit von Inhalt und Darstellung ein hohes Prinzip war, immer auch mehr meinte als bloßen Ausdruck, dürfte ihm kaum entgangen sein. Dennoch hielt er seine Verteidigung aufrecht, und es kam ihm hierbei durchaus zupaß, daß sich der Philologe Werner Jaeger nach der Besprechung Landmanns nur brieflich an sie gewandt hatte mit seinem Vorwurf, daß Platon in Friedmanns Buch ja ausschließlich »von einer modernen Erscheinung her gesehen und also verkannt wäre.«[246] Unter diesen Umständen nämlich brauchte sich George ebenfalls nur halböffentlich erklären und konnte doch davon ausgehen, daß es bei den richtigen Adressaten ankam, wenn er Landmann entgegenhielt: »mir ist

244 Ebd., S. 340.
245 Ebd., S. 341.
246 *Landmann*, Gespräche, S. 22f. (September/Oktober 1915), dort auch die folgenden Zitate.

ein jugendlicher Überschwang immer noch lieber als alle philologenhafte Klarheit«, und wenn einer wenigstens ein »Erlebnis« gehabt habe wie Friedemann, es aber nicht dichterisch auszudrücken vermöge, dann rechtfertige dies wie bei Wolters »Herrschaft und Dienst« eben auch einmal einen Stil zwischen Wissenschaft und Dichtung. Und auf das hermeneutische Prinzip Friedemanns bezogen: »Woher soll Platon denn erkannt werden, wenn nicht aus einer bestimmten Realität und Gegenwart aus? Wenn man, wie Jaeger meint, lieber gar nichts vom Wesen der Dinge sagen soll, so ist die Antike ein vermauerter Tempel.«

So und ähnlich lauteten die Antworten Georges und sie waren ein deutliches Signal nach innen, wo sich seit den Jahrbüchern erste Bruchlinien im Kreisgefüge zwischen denen gezeigt hatten, die auf eine weltanschauliche Vereinheitlichung oder gar auf eine »Verstaatlichung« drängten, und denen, die dies zugunsten eines freieren, ganz auf die Dichtung konzentrierten Kreises ablehnten.[247] George entschied sich mit dem Festhalten an Friedemann und dessen Platon nun also zugunsten des Dichter*staates*, und langfristig, das zeigen die kommenden Platonbücher von Andreae, Singer und Hildebrandt, zum Teil aber auch das von Salin, sollte sich diese Sicht im Kreis durchsetzen.

Zweifellos gab es daneben noch andere Zugänge zu Platon. So beschritten nicht nur Josef Liegles während des ersten Weltkriegs in englischer Gefangenschaft begonnenen Platonstudien und seine Dissertation von 1922 über die »platonischen Lebensformen« thematisch andere Wege,[248] auch die spätere Beschäftigung Robert Boehringers mit den Bildnissen Platons und dem »Antlitz des Genius« betonte mehr die »urbaneren« und zarten Züge des Philosophen, dessen staatliches Wirken außerhalb der engen Grenzen des eigenen »Erziehungsstaates« er dagegen strikt ausgeschlossen wissen wollte.[249] Erst recht ist in dieser Reihe aber die schon 1916 eingereichte Dissertation von Walter Tritsch zu nennen,[250] in der dieser sich bei dem Versuch, eine Platon und George verbindende Ästhetik zu begründen, zwar maßgeblich an Friedemann, Wolters und Hildebrandt orientierte, deren »staatliche« Perspektive jedoch ganz außer acht gelassen hatte. Auf Resonanz bei den ›orthodoxen‹ Platonikern konnten solche

247 Dies entspricht in etwa auch der Bruchlinie, die Salin und ihm folgend auch *Karlauf*, Stefan George, S. 430 ff. zwischen Gundolf und Wolters, zwischen echten Anhängern und der Schar der wortgläubig eifernden »Pfaffen« verlaufen sah.

248 Vgl. *Liegle*, Untersuchungen, wo er nachweisen will, daß die Literatur der Charakterbilder nicht erst bei Theophrast einsetzt oder gar ihren Höhepunkt erreicht, sondern daß dies bereits bei Platon der Fall war, der mit der Trilogie Sophistes, Politikos und Philosophos »Urbilder« der jeweiligen Lebensform aufgestellt haben wollte. Die übrigen Arbeiten betreffen den Phaidros, den sonst völlig vernachlässigten Parmenides sowie eine Übersetzung und Deutung des Mythos im Politikos. Vgl. hierzu *Kerkhecker*, Joesef Liegle, S. 19–24.

249 *Boehringer*, Antlitz, hier S. 19.

250 *Tritsch*, Element. Siehe zu Tritsch außer oben Anm. 11 auch noch *Helbing/Bock/Kluncker*, Dokumente, S. 255 f.

Schriften allerdings kaum stoßen, so daß die Arbeiten Liegles und Tritschs nicht nur unvollendet, sondern auch weitgehend unbeachtet blieben. Lag dies bei Liegle hauptsächlich wohl an dem eher liberalen Baseler Freundschaftsnetz, das mit demjenigen von Wolters wenig Berührungen hatte,[251] so kamen bei Tritsch noch inhaltliche Gründe und Inkonsistenzen hinzu. Denn während er sich bei seiner »Methode« und seinem »Bekenntnis« zu Platon ganz auf der Höhe Friedemanns bewegte und sich auch nachdrücklich auf ihn berief,[252] konnte weder seine Suche nach einer »Philosophie der Kunst« noch die These von einer »überzeitlichen« – bei Platon und den Griechen ganz aus der Mania kommenden und erst in der Moderne und bei George der formenden Objektivierung oder »Gestaltung« der Idee im Kairos bedürftigen – Kunst angesichts eben des »Meisters« Vorliebe für die strenge griechische Plastik und die Betonung des platonischen »maasses« auf positive Resonanz hoffen.[253] Wichtig bleiben diese Arbeiten dennoch nicht bloß als eine erste Rezeptionsstufe des georgeanischen Neoplatonismus. Denn gerade weil sich ihre vorwiegend ästhetische Fragestellung nicht gegen die kommenden Kreis- und Zeitläufe durchsetzen sollte, erlauben sie bereits hier einen Blick nicht nur auf die Haupt-, sondern auch auf die Nebengleise des im Kreis gepflegten Platonismus, machen sie also auf die durchaus vorhandenen Differenzen auch und gerade bei diesem für den Kreis so wichtigen »Ahnen« aufmerksam.

Die Antwort auf die eingangs gestellte Frage danach, was den Kreis zu Platon führte, kann vor diesem Hintergrund also nur differenziert ausfallen und weder auf die bloße Rechtfertigung der Pädarastie noch auf rein politische oder gar »präfaschistische« Beweggründe reduziert werden.[254] Offensichtlich ist, daß der

251 Vgl. auch *Hildebrandt*, Erinnerungen, S. 104, wo er einräumt, die gegen Wolters auch Aristoteles stärker verteidigenden Arbeiten Liegles nicht zu kennen, sowie allgemein zu Liegle noch *Raulff*, Kreis ohne Meister, S. 468.

252 Siehe nur die doppelte Nennung *Tritsch*, Element, S. 12 f. Der Text selbst gleicht einem Florilegium des Jahrbuchplatonismus. So gibt es den Vergleich des platonischen »Denkbildes« mit den Zeitströmungen der Gegenwart, d. h. mit Sensualismus, Formalismus, Impressionismus, Naturalismus und den Wiener »Großstadtkünstlern« (ebd., S. 6), das Zurückstellen aller Kritik hinter das Bekenntnis (7), die Betonung des Mangelhaften aller bisherigen Platonforschung bis auf Friedemann (15 ff.), das Einklagen von Gestalt und Schau und die Hoffnung auf Platon nicht als unmittelbarem Führer, sondern Vorbild und Helfer für eine neue Schönheitslehre (19), die Betonung der unaufhebbaren Differenz zu Platon, wobei dennoch nur er zum eigenen Weg (zurück zum »Gesamtmenschlichen«) führen könne (21, 38–40), die Rede von Platon als dem Gründer eines geistigen Reiches und seiner Akademie als geistiger Gemeinschaft (40 f.), die Interpretation der Ideenlehre auf ihren »kultlichen Keim« hin (40), die Überzeugung, daß Platon die Einheit von Seele und schönem Leib in der schöpferischen Vereinigung des Kairos gelehrt habe (52) etc.

253 Ebd., S. 40 u. 62 ff.

254 Vgl. *Scott*, Tragödie, S. 34, dort der lakonische Verweis auf die Knabenliebe, oder *Orozsco*, Platon-Rezeption, S. 171.

unmittelbare Einfluß Georges entgegen der Schilderung bei Wolters zunächst wohl nur sekundär war,[255] daß die frühen Platoniker des Kreises ihre Platonbegeisterung jeweils bereits mitbrachten und allenfalls darin bestärkt wurden. Andererseits trafen sie hiermit dann aber auch auf die Bereitschaft und Fähigkeit Georges, sich auf die platonischen Kategorien und die damit einhergehende Rationalisierung einzulassen und, das zeigen die gefeierten Symposien ebenso wie die »sokratischen« Gespräche mit den einzelnen Jüngern, sich auch in ihnen zu inszenieren. Mochten ihn also die Schriften durchaus überrascht und wie im Falle Friedemanns ganz neue platonische Welten eröffnet haben, daß er selbst die »Platonische Gestalt« war, deren Erlebnis dies erst ermöglicht habe, bestimmte bald auch sein eigenes Selbstverständnis.[256] Für George bot die Orientierung an Platon, seinen Dialogen und seiner Rolle in der Akademie insofern ganz deutlich ein historisch legitimiertes Rollenmodell, das den veränderten Anforderungen des Kreises, also seiner Vergrößerung ebenso wie seiner Akademisierung gerecht werden konnte. Daß auch dichterische Mania und (Maximin-)Mythos, vor allem aber die kleinen und großen Geheimnisse des Kreises, sprich: Homosexualität und Politik in diesem platonischen Modell ihren gesicherten, vor allem aber gesellschaftlich akzeptierten Platz hatten, kam verstärkend hinzu.[257] Traditionsstiftend wirkte Platon schließlich für die Idee des Dichterstaates, der, wie George gegenüber Edith Landmann einräumte, von Nietzsche her für ihn nicht aufzubauen war, weil dieser zwar als Kämpfer und Orator und damit zur Absonderung von der Gegenwart eine Zeit lang hilfreich gewesen sei, dann aber selbst doch keine eigenen Schüler herangezogen und so nicht aus dem Leben auf das Leben gewirkt habe, wie er es für notwendig gehalten habe.[258]

Was demgegenüber den Platonismus seiner eigenen »Schüler« betraf, so dürfen zwei weitere Aspekte nicht unterschätzt werden. Schüler waren diese nämlich oft noch im Wortsinne, wenn sie auf George oder dieser auf sie aufmerksam wurde, ihre prägenden Erfahrungen mit dem Kreis machten sie dann meist als Studenten oder junge Akademiker. Ebenso wichtig wie die programmatischen Anknüpfungspunkte, die Platons »Erziehungsstaat« für das Programm des Kreises zu einer umfassenden Rekonstitution der Bildung bot,[259] dürfte daher auch das Bildungserlebnis gewesen sein, das der Kreis bedeutete: die zumeist jahrelang erfahrene humanistische Bildung, das tiefe und gesellschaftlich zunehmend kritisch beäugte Eintauchen in Sprache und Welt der Griechen und

255 *Wolters*, Stefan George, S. 427 ff.

256 Vgl. *Vallentin*, Gespräche, S. 94.

257 Vgl. zu den offenbaren Geheimnissen des Kreises *Raulff*, Kreis ohne Meister, S. 219 ff.

258 *Landmann*, Gespräche, S. 100. Was für George aber vielleicht sogar noch schlimmer wog: »Nietzsche hat Wagner verraten. Wollen sie diesen Treuebruch rechtfertigen?« Vgl. *Salin*, Um George, S. 284.

259 Vgl. *Groppe*, Die Macht der Bildung, sowie *Andres*, Pädagogik.

Römer, welches lehrplangemäß oftmals auf Platon als seinen Gipfelpunkt zulief, zählte nämlich plötzlich nicht mehr nur im Hinblick auf das zu erlangende Patent, war nicht mehr nur schönes Beiwerk auf dem Weg ins ›richtige‹, ins bürgerliche Leben, sondern dies alles schien im »hohen Leben« um George wirklich weiter lebendig zu sein, war der verehrende Umgang mit dessen »Ahnen«, war die Beschäftigung mit Platon und Pindar, mit Hölderlin und Dante gleichermaßen Bildung des Einzelnen und des Kreises selbst. Die in großem Umfange betriebenen Platonstudien waren darum ebenso wie die zahlreichen Übersetzungen und Auszüge von diesem und anderen kanonischen Autoren immer auch Ausdruck der erhofften oder tatsächlichen Zugehörigkeit zum Kreis, bestätigten sie den Jünger in seiner Gefolgschaft und ließen ihn hoffen, damit dereinst wieder das Ohr des kaum je gesehen Meisters zu erreichen.[260] Daß aus dieser großen Bildungsveranstaltung dann wiederum Bücher und akademische Karrieren erwuchsen, ist wenig überraschend, zumal ja der antiakademische Habitus Georges – »Von mir aus führt kein Weg zur Wissenschaft«[261] – ebenso wie der neue Stil der Kreisbücher mit ihrem Verzicht auf Anmerkungen und philologische Kritik im engeren Sinne, vor allem aber mit ihrer »hohen« Sprache und der eigenwilligen Groß- und Kleinschreibung mehr die Differenz zum aus ihrer Sicht entleerten Bildungs- und Wissenschaftsbetrieb betonten als eine fundamentale Abkehr hiervon.

Neben diesen gleichsam performativen Aspekt der Platonforschung tritt aber noch ein zweiter, programmatischer hinzu. In den »Blättern für die Kunst« hatte George 1901 verkündet: »Die lehre machen die jünger.«[262] Mit der Entdeckung Platons als neuem und in der Folge wichtigstem Bezugspunkt des Kreises wurde diese Lehre nun um ein zentrales Element erweitert, dem folglich erst noch die rechte »Gestalt« gegeben werden mußte. Für die jungen Platoniker um Wolters bedeutete dies nun, daß sie unmittelbar Einfluß auf die »Weltanschauung« des Kreises nehmen und auf diesem Feld auch den untergründig schwelenden Konflikt zwischen Wolters und Gundolf austragen konnten, der sich aus den beiden gegenläufigen Konzepten von »Herrschaft und Dienst« auf der einen sowie von »Gefolgschaft und Jüngertum« auf der anderen Seite ergab. Daß sich Wolters

260 Vgl. den Brief Friedemanns an Gundolf vom 05.05.1912, in dem er diesen bittet, »dafür zu sorgen, dass George mich nicht vergisst,« und mit der Hoffnung schließt: »Vielleicht runden sich meine Plato-Studien zu einer wahren Umfassung, dass mir so ein Rückweg gelänge zu Ihrem Aufmerken.« Zitiert nach *Helbing/Bock/Klucker*, Dokumente, S. 49f. Ein anderes Beispiel des Werbens um den Kreis durch eigene Platonübertragungen bot W.O. Gerhard Klamp, dessen schließlich 1924 auch erschienene Übersetzung des Symposions er eigentlich Gundolf widmen wollte in der Hoffnung, daß »*das* der Platon ist, der Ihnen vorschwebt«. Gundolf beschied ihm jedoch, Platon durch den »Wilamowitzschen materialistisch-philologischen Zeitgeist entwichtigt« zu haben und erteilte eine entsprechende Absage. Vgl. den Brief Gundolfs an Klamp vom 17.09.1924, in: *Gundolf*, Briefe, S. 198.

261 So das bei *Salin*, Um George, S. 73, 256 u. 258 überlieferte Diktum Georges.

262 Zit. nach *Landmann*, Einleitungen, S. 28.

in der Außendarstellung des Kreises schließlich durchsetzen und Gundolf, der erste Jünger, aus diesem herausgedrängt werden sollte, hatte zwar noch andere Gründe, die Übertragung des Woltersschen Konzepts auf die Politeia und die Durchsetzung dieses Bildes, das ausgerechnet von Friedemann, einem der Freunde Gundolfs, seinen Ausgang nahm, dürfte daran jedoch einen nicht unbeträchtlichen Anteil gehabt haben.

Die »Geistbücher« seien seine Art von Politik, soll George einmal gesagt haben,[263] und er meinte damit, daß es jenseits der »realen« oder der Gelehrtenpolitik noch eine fundamentalere Art »geistigen« Staatsaufbaus gebe, der er sich vor allem verschrieben habe. Das Modell hierfür, so viel sollte aus dem Vorangegangen deutlich geworden sein, stammte aus den platonischen Dialogen und Briefen, die Verfassungsschrift im engeren Sinne aber, die beide »Staaten« so miteinander verwob, daß an beider Spitze der »Eine«, der Dichterherrscher stehen konnte, lieferte Friedemann. Wer dabei wem den Anstoß gegeben und das »Erlebnis« George mit der »Gestalt« Platons vermittelt hatte, ist im Einzelnen zwar vergleichsweise detailliert, zuweilen taggenau nachvollziehbar[264] und hier in Ansätzen geschildert, andererseits aber ist gerade die reiche Erinnerungsliteratur, die die maßgebliche Quelle hierfür bildet, in Bezug auf das Thema Platon wenigstens ebenso sehr durch Mythen sowie kreis- und tagespolitische Absichten gefiltert und geschönt wie bei den anderen »heiklen« Fragen des Kreises von der Homoerotik über die internen Positionskämpfe bis hin zum Verhältnis der kleinen Kreis- zur großen Realpolitik. Während solches aber die Rekonstruktion der unterschiedlichen Wege zu Platon erschwert und gerade im Falle Georges teilweise auch im Dunkeln läßt, so unterstreicht es gleichzeitig doch noch einmal den Stellenwert Platons im Kreis, wo seine Auslegung, wie Ulrich Raulff es treffend formulierte hat, das »geistige Gummiband« bildete, das genau diese Themen und Positionen zusammenhielt.[265]

Daß dieser spezifische Neoplatonismus, der zunächst also eher ein Medium der Selbstdeutung und -verständigung, ja nicht zuletzt auch der Selbsterhöhung war, von außen anfangs noch weitgehend ignoriert wurde, ist kaum verwunderlich.[266] Ändern sollte sich das aber in den 1920er Jahren, wo das »das neue

263 *Salin*, Um George, S. 253.

264 Vgl. *Seekamp/Ockenden/Keilson-Lauritz*, Zeittafel, sowie den sich hierauf vor allem stützenden Beitrag von *Lane*, Platonic Politics.

265 *Raulff*, Kreis ohne Meister, S. 126.

266 Sieht man vom Brief Jaegers ab, betraf die einzige Rezension des neuen Platonbildes die Gastmahl-Übertragung Hildebrandts: *Pavlu*, Rez. Kurt Hildebrandt, wo es aber auch keinen Hinweis auf den George-Kreis gibt. Blickt man auf die Rolle, die Wilamowitz später bei der Verhinderung der Berliner Habilitation von Kurt Hildebrandt spielen sollte, so ist allerdings auch nicht ganz unwahrscheinlich, was dieser über den »Wink« an einen ungenannten Verleger schreibt, durch den Wilamowitz die Veröffentlichung der Platon-Briefe durch Andreae verhindert bzw. deutlich verzögert hätte. Vgl. *Hildebrandt*, Erinnerungen, S. 218, Anm.21.

Platon-Bild« auch außerhalb des engen Zirkels zu wirken begann und dort verstärkt noch durch den Krieg und seine Folgen wesentlich zur Neuorientierung nicht nur, aber vor allem der Klassischen Philologie beitrug.[267]

2.3 Ein Kriegsphilosoph?

Den »lebendigen Krieg«, den der George-Kreis im Namen Platons gegen das 19. Jahrhundert führen wollte, trennten vom Ersten Weltkrieg nur ein paar Jahre, und auch die semantische Wegstrecke bis zum »Krieg der Geister«[268] war nicht so weit, als daß sich nicht auch im Kreis um George einige fanden, die sich angesichts ihres »Augusterlebnisses« und des vermeintlich begonnenen Kampfes zwischen Kultur und Zivilisation ebenfalls durch »aufdringliche Kriegspropaganda«[269] hervortuen sollten und solches auch von ihrem »Meister« erhofften. Während dieser jedoch versuchte, die Bedeutung des Krieges herunterzuspielen und sich abgesehen von der Sorge um seine Jünger einer entschiedenen Stellungnahme zu entziehen – »Am streit wie ihr ihn fühlt nehm ich nicht teil«[270] –, war der Eindruck des Krieges hier wie dort gewaltig und erschütternd zugleich, markierten das je unmittelbare Erlebnis des Krieges, seine publizistische »Enthegung«[271] durch Intellektuelle und Professoren aller Fakultäten sowie schließlich das Scheitern der militärischen ebenso wie der volksgemeinschaftlichen Illusionen einen tiefen Bruch im politischen und gesellschaftlichen Selbstverständnis, und das besonders bei jenen Eliten, die in den »Ideen von 1914« die ersehnte Vollendung der Einheit Deutschlands und die Wiederkehr des Idealismus gefeiert hatten. Einer von ihnen war Paul Natorp, der in einer später unter dem Titel »Student und Weltanschauung« erschienenen Rede an die Marburger Studenten zum Sommersemester 1918 bekannte:

»Es hat mich förmlich überfallen mit dem furchtbaren Ereignis dieses Krieges, ich kann fast sagen, genau seit dem 1. August 1914, und hat mich seitdem keinen Tag, fast keine Stunde mehr losgelassen. Ich fragte mich: Was treibst du doch all die Zeit?

267 Vgl. dagegen *Hartmann*, Klassische Philologie, bes. S. 1085ff., dessen Meinung, daß keines der Platon-Bücher des Kreises die klassisch-philologische Forschung auch nur in geringem Maße beeinflußt habe, sich offenbar auf einen sehr engen Begriff von klassisch-philologischer Forschung stützt, andernfalls er sich anschließend, wo er gerade die Umorientierungen der »Meisterschüler« von Wilamowitz beschreibt, selbst widersprochen hätte.

268 *Kellermann*, Der Krieg der Geister.

269 So mit Bezug auf Kurt Hildebrandt der Brief Gundolfs an George vom 25.09.1914, in: *George/Gundolf*, Briefwechsel, S. 261. Zur Kriegsbegeisterung im Kreis siehe die beiden Beiträge in der Frankfurter Zeitung von *Gundolf*, Tat und Wort im Krieg, und *Wolfskehl*, Offener Brief an Romain Rolland. Vgl. dazu *Egyptien*, Die Haltung Georges.

270 *George*, Der Krieg, Vers 24.

271 Vgl. zum Begriff *Münkler*, Krieg und Frieden.

Kann es denn dir, kann es denen, auf die du wirken sollst, genügen? Erkenntnistheorie, immer wieder Erkenntnistheorie, Plato und Kant, und Kant und Plato; kaum die Nachkantianer, und die Vorkantianer, die Alten fast nur in Rücksicht auf Kant und Plato, Plato und Kant und – Erkenntnistheorie. Das ist deine Welt! Das heißt eine Welt! Dein so begrenztes akademisches Wirken – und das noch fraglichere außerakademische, du nennst es ›Sozialpädagogik‹ – ist das denn wirklich diese unablässige, atemlose Arbeit eines ganzen Lebens wert? Erwarten, verlangen die, die jetzt wohl mehr als früher und vertrauender zu dir kommen, nicht im Grunde ganz anderes von dir?«[272]

Die Schilderung Natorps, der wie viele andere auch im August 1914 vom Kulturkritiker zum »Kulturkrieger« wurde,[273] zeugt bereits vor Ende des Krieges von einer tiefgreifenden Verunsicherung und Desillusionierung, die nach Niederlage und Revolution noch weiter um sich greifen sollte. Was sie zugleich aber auch andeutet, ist, was Reinhard Koselleck den Zusammenhang von Erfahrungswandel und Methodenwechsel genannt hat, also die Infragestellung und Umlagerung auch der wissenschaftlichen Erkenntnisinteressen und -methoden, ja des ganzen bisherigen »Denkstils« aufgrund eines von außen, durch die abzusehende Niederlage oder die Erfahrungen des gänzlich unheroischen Massensterbens schon im Krieg selbst »aufgenötigten Erfahrungsgewinnes«.[274] Die »philosophische Kehrtwendung«, die dies bei Natorp auslöste oder, wie die schon vor 1914 angedachte Überarbeitung seines Platon-Buches nahelegt, zumindest verstärkte,[275] findet sich ähnlich nämlich auch an vielen anderen Stellen der kommenden »Platon-Renaissance« geschildert, wo der neue Zugang zu Platon ebenfalls und in ganz unterschiedlichen Dimensionen auf die Erfahrung von Krieg und Niederlage zurückgeführt werden sollte.

Die »Auferstehung« Platons aus dem Kriegserlebnis?

Eduard Spranger griff 1922 Berichte über die Platonlektüre im Stellungskrieg auf, um das neuerliche Erwachen des platonischen Erosgedankens und die »Ewigkeitsbedeutung« des Symposion zu untermauern.[276] Aus dem 29. Kriegsheft der »Führerzeitung der deutschen Wandervogelführer« von 1917 zitiert er dazu einen für ihn symptomatischen Feldpostbrief:

272 *Natorp*, Student und Weltanschaunng, S. 7.

273 Vgl. *Bruhn*, Kulturkrieger.

274 *Koselleck*, Erfahrungswandel und Methodenwechsel. Hier ist freilich einzuschränken, daß Kosellecks Überlegungen sich weder als eine allgemeine Theorie des »Denkstilwandels« (Fleck) noch als eine des (natur-)wissenschaftlichen »Paradigmenwechsels« (Kuhn) verstanden, sondern sich trotz ihrer zuweilen anthropologischen Züge ganz auf die Historiographie der Niederlage beschränkt wissen wollten.

275 *Sieg*, Aufstieg und Niedergang, S. 437 u. *Natorp*, Platos Ideenlehre, S. 25.

276 *Spranger*, Humanismus und Jugendpsychologie, S. 30f.

»Der Krieg gab viel Zeit zum Denken über sich und andere. Und doch, man las natürlich nicht viel. Im Stellungskrieg grub ich die alten Griechen wieder aus. Homer und Antigone, und mit meinem besten Freund las ich zuletzt vor seinem Tode noch Platons Gastmahl ›Über die Liebe‹. Warum das wohl so viele taten? Wir haben eben doch etwas von diesen Alten gehabt. Goethe allein genügte uns nicht, das griechische Ideal ist doch dem deutschen Wesen nächstverwandt.«[277]

Für Spranger war es das enge Nebeneinander von Freundschaft, Tod und einer ganz in der humanistischen Tradition stehenden Klassikerlektüre, aus dem das spezifisch neue »Eroserlebnis« und somit auch ein neuer Zugang zu Platon erwachsen sei, weshalb er Symposion und Phaidros kurzerhand zum »Brevier einer ganzen Lebensepoche«, genauer: einer durch Gymnasium, Jugendbewegung und Krieg geprägten Generation erklären wollte.[278]

Ebenfalls auf das Kriegserlebnis führt Paul Friedländer seine neue Platonsicht zurück, diesmal allerdings schon in direktem Zusammenhang mit einer methodischen Umorientierung. Im Vorwort seines Platonbuches von 1928 schreibt er:

»Wer die Jahre des Krieges hindurch in den Gräben vor Ypern und in russischen Hütten oft mit den platonischen Werken allein war, dem mußten diese Dramata, diese Welt von Philia und Neikos, mit bisher unbekannter Kraft lebendig werden. An irgendwelche wissenschaftliche Arbeit wurde dabei nicht von ferne gedacht, wo jede Zukunft, und nun gar wissenschaftliche Zukunft, im Ungewissen verschwamm. Aber es war alles andere eher als Zufall, daß auf der wirren Grenze von Krieg und Frieden Platon der Führer wurde und an dieser nunmehr in wissenschaftliche Wege einlenkenden Arbeit die Rückkehr zur Wissenschaft überhaupt gelang.«[279]

Daß dies trotz der Widmung an seinen akademischen Lehrer – »WILAMOWTZ – MOELLENDORFF : ΤΩΙ : ΔΑΙΜΟΝΙΩΙ« – allerdings nicht mehr der Weg der positivistischen Wissenschaft war, bezeugt bereits der berühmte Brief an Wilamowitz vom 4. Juli 1921, der nicht von ungefähr sein erstes, den Stil des George-Kreises adaptierendes Platon-Buch zum Anlaß hatte[280] und damit auch in dieser Hinsicht das von William Calder III. sogenannte »Credo of a new generation« darstellte.[281] Er schreibt dort:

277 Ebd. Vgl. den Brief von *Hagen*, Entwicklung und Bücher, S. 84–86.

278 *Spranger*, Humanismus und Jugendpsychologie, S. 31.

279 *Friedländer*, Platon, S. VII f.

280 *Friedländer*, Der Grosse Alcibiades, versehen mit dem programmatischen Untertitel »Ein Weg zu Plato«. Der 1923 nachgeschobene »Zweite Teil«, der die »Kritische Erörterung«, also die im ersten Teil ausgesparten Anmerkungen enthält, bestätigt dies noch, sind ihm doch trotz aller überbetont trockenen, sogar stilometrischen Analyse ganz im Stile der »Geistbücher« je ein Goethe und ein Nietzsche-Zitat vorangestellt. Daß das Buch für Wilamowitz wie ein »Affront« und sein Ansatz ihm geradezu »widerwärtig« sein müsse, schickt Friedländer selbst voraus.

281 *Calder/Huss*, »The Wilamowitz in me«, S. 141–151, die folgenden Zitate S. 142 f. u. 144 f.

»Viel von dem Besten was ich habe, habe ich durch Sie. Aber was ich jetzt geworden bin – und das ist nun die Kehrseite – bin ich seit vielen Jahren im Kampfe gegen Sie oder vielleicht besser gegen den Wilamowitz in mir geworden. Hätte ich mich Ihnen früher nicht so stark ergeben, so wäre die Lösung nicht so schmerzlich gewesen. Soll ich die Namen nennen die diese Wandlung brachten, so sind das (›natürlich‹ werden Sie mit Recht bei den meisten sagen): Nietzsche [...], dann Wölfflin und hinter ihm Burckhardt. [...] Es sind noch andere verwandelnde Kräfte zu nennen, im allgemeinen die ›Philosophie‹. Und in den letzten Jahren ist es George der die größte Erschütterung und die stärkste Umlagerung aller Kräfte gebracht hat.«

Zu dieser inneren Auseinandersetzung mit den philosophisch-weltanschaulichen Angeboten des Kaiserreichs (Leben, Stil, Dichtung) kam dann jedoch noch die letztlich entscheidende Erfahrung des Krieges, der, so Friedländer weiter,

»mich doch sehr verwandelt [hat] und ich konnte nicht wie andere 1919 da einsetzen wo ich 1914 aufgehört hatte. Ich stelle jetzt viel höhere Anforderungen an die Notwendigkeit, die die Dinge für mich haben müssen. Auch mochte ich nichts mehr sagen was nicht in sich rund ist und Gewicht hat, mochte nicht Miscellen und Aufsätze schreiben, weil gerade der Zufall mir irgend eine Beobachtung in den Weg geworfen hat, mag nicht irgendwo ›in die Debatte eingreifen‹ also darum als C mich äußern weil A und B sich geäußert haben. [...] Und was das Edieren anlangt, so reichen meine Kräfte nicht, mein Leben ist einfach zu knapp, dass ich Peripherisches ediere um des Edierens willen.«

Einen Führer nicht aus dem so endgültig desavouierten Großbetrieb der Altertumswissenschaften, sondern aus der problematisch gewordenen geistigen, bürgerlichen und politischen Existenz überhaupt verband schließlich eine dritte große Gruppe mit Platon. So sah man im neoidealistischen Kreis um Rudolf Eucken durch das Erleben der Kriegs- und Nachkriegszeit erst wieder das Bedürfnis nach sinnhafter, idealistischer Orientierung und die Frage nach dem Wert des Staates geweckt, weshalb »die Abkehr von dem Geist der vorhergehenden Epoche und die beteiligte Stellungnahme zur Staatsphilosophie Platons« nicht nur »sachgegeben«, sondern die Wandlung in der Schätzung des Philosophen als dem »Führer zur Erneuerung des staatsbürgerlichen Lebens« auch aus der Sicht des »Euckenbundes« sehr zu begrüßen gewesen sei.[282] Und auch Werner Jaeger sah in Krieg und Niederlage nicht weniger als die letzte Erschütterung der geistigen Grundlagen Deutschlands und den endgültigen und »ungeheuersten Bruch mit aller Tradition«, aus der seiner Meinung nach vorerst nur eine erneuerte Altertumswissenschaft als berufene Repräsentantin der antiken Tradition sowie dann ein neuer, ganz auf Platon ausgerichteter Humanismus führen könne.[283]

282 *Hagen*, Platon als ethischer Erzieher, S. 9ff. u. *Hippel*, Sinn, S. 8.
283 *Jaeger*, Die geistige Gegenwart der Antike, hier bes. S. 165ff.

So unterschiedlich nun diese Bezugnahmen auf Krieg und Niederlage auch sein mochten, in den Erzählungen von der, so Jaeger, beispiellosen »Auferstehung« Platons[284] und im Hinblick auf das sich dabei wandelnde Platonbild tauchte beides immer wieder als kausaler oder katalysierender, in jedem Fall aber als ein entscheidender Faktor auf. An dieser Stelle ist jedoch Vorsicht geboten, sollte gerade das Stereotype dieser Schilderungen aufmerken lassen. Denn natürlich gehörten solche und ähnliche Erzählungen zum Standardrepertoire des weitverbreiteten »Niederlagendenkens« (Jan Eckel), das nach 1918 die für viele unverständliche Kriegsniederlage zu deuten und dem Bedürfnis nach neuerlicher Sinngebung zu entsprechen suchte.[285] Was hier für Historiker oder Zeitdiagnostiker á la Spengler die Debatte um die Neubewertung der deutschen Geschichte als eines zyklischen, sich also auch wieder wendenden Katastrophengeschehens war, entsprach bezogen auf die jeweils gefeierte Wiederentdeckung Platons dem Gedanken von der Notwendigkeit nicht weniger als der größten nationalen Katastrophe, aus der erst die »Umwendung« sowohl des wissenschaftlichen Selbstverständnisses wie des gesamten Verhältnisses zur Antike, oder, wie es von Hippel zusammenfaßte, erst wieder die wirklich »beteiligte Stellungnahme« zu ihr erwachsen konnte.[286]

Kaum weniger stereotyp verhielt es sich mit den bei Natorp oder Friedländer angedeuteten epistemologischen Konsequenzen, also dem von Koselleck sogenannten Methodenwechsel. Sicher verschärfte der Krieg hier die Wahrnehmung und die Bewertung der seit der Jahrhundertwende diskutierten »Krise des Historismus«, wurde das Krisennarrativ zur alles erfassenden und beherrschenden Formel gerade in den Geisteswissenschaften. Ursache solcher Orientierungskrisen war der Krieg jedoch nur in den wenigsten Fällen, waren auch die nun geführten Debatten um die »Krise der Wissenschaft« oder die »Krise der Wirklichkeit« eher wieder Zuspitzungen schon zuvor gestellter Diagnosen, genauso übrigens wie ihre nach Ganzheit und Synthese strebenden Antworten, die, das zeigt Friedländers Credo sehr schön, noch sämtlich dem um die Jahrhundertwende entwickelten Begriffs- und Methodenangebot entsprangen.[287] Die methodische »Innovation« des Krieges bestand denn auch vor allem darin, daß sein »Erlebnis« selbst zum Argument, oder besser zu einer Art »Begründungshülse« (Oliver Lepsius) avancierte, daß also die eigene Fronterfahrung dafür einstehen sollte, daß eine Interpretation nicht einfach nur erdacht oder »ergrübelt«, sondern wie in diesem Falle Platon im Krieg auch wirklich tief »erlebt« wurde – ohne daß freilich je expliziert würde oder werden könnte,

284 Ebd., S. 168. Mit Bezug auf Jaeger so auch *Scharold*, Platonlektüre, S. 323.

285 Vgl. *Eckel*, Geist der Zeit, S. 44f. sowie *Ulrich/Ziemann*, Krieg im Frieden.

286 *Hippel*, Sinn, S. 8.

287 Vgl. hierzu v.a. *Oexle*, Krise des Historismus sowie *Pohle*, Krise, u. *Eckel*, Geist der Zeit, S. 46f.

was das Erlebnis der begrifflichen Analyse genau voraus habe.[288] Daß sich dieselbe Denkfigur außerdem auch auf der Ebene der Interpretation wiederfinden sollte, wo es zu einem festen Topos wurde, Platon zu attestieren, daß er die Not des Staates oder den Eros selbst wirklich »erlebt« und ihn darum auch mehr als nur »begriffen« habe,[289] verringert die Skepsis gegenüber jedwedem als ›wirklich‹ behaupteten und darum mit Geltungsansprüchen verbundenen »Platonerlebnis« jedenfalls auch nicht.

Die Möglichkeit besonderer Lektüreerlebnisse im Graben oder in der Etappe des Krieges, wie sie Spranger und Friedländer hervorgehoben hatten, soll damit nicht ausgeschlossen werden – im Gegenteil. Bedenkt man den oft abrupten Übergang gerade der kriegsfreiwilligen Primaner und Obersekundaner von einer intensiven altsprachlichen Schullektüre zur existentiellen Ausnahmesituation des Krieges, sind sie dort sogar eher wahrscheinlich. Allein, sie lassen sich aufgrund der Quellenlage eben nicht bestätigen, geschweige denn verallgemeinern. Denn abgesehen von all jenen, die weder bereit noch fähig waren, in dieser Situation überhaupt einen platonischen Dialog zu lesen, geben selbst die wenigen Bemerkungen dazu, die sich etwa in Feldpostbriefen finden, natürlich ebenfalls kein ›authentisches‹ Erleben wieder. Vielmehr spiegeln auch und gerade diese Briefe eine, wie die Forschung zu dieser Quellengattung gezeigt hat, durch das jeweilige »soziale Wissen« hochgradig geformte Erfahrung wieder,[290] weshalb in den Briefen Friedemanns an seine Freunde die Schützengrabenexistenz eben auch noch ganz von platonisch-georgeanischen Denkfiguren durchzogen sein konnte,[291] während der Wandervogelführer mehr das existentielle

288 Vgl. zu den juristischen Begriffs- und den philosophischen Begründungshülsen *Lepsius*, Die gegensatzaufhebende Begriffsbildung, S. 374ff. u. *ders.*, Erkenntnisgegenstand, S. 304f.

289 Vgl. außer *Friedländer*, Platon, S. 19, *Andreae*, Staatsschriften I, S. Xff. oder dem orthodoxen George-Bewunderer *Scheller*, Platon, der Wirkliche, auch schon den methodischer Revolutionen unverdächtigen *Stählin*, Grundfragen, S. 3f.

290 Zu Feldpostbriefen als Quelle vgl. v.a. den an Koselleck, Schütz und Luhmann entwickelten erfahrungsgeschichtlichen Ansatz von *Latzel*, Vom Kriegserlebnis zur Kriegserfahrung, sowie *Ulrich*, Die Augenzeugen. In der bekanntesten Sammlung von Feldpostbriefen, den von Philipp Witkop herausgegebenen »Kriegsbriefen gefallener Studenten« (Leipzig 1916 u.ö., hier zitiert nach der umfangreichsten Volksausgabe von 1933), finden sich anders als etwa von *Verhey*, Der »Geist von 1914«, S. 173 wahrgenommen, kaum konkrete Bezüge zu den »Vorstellungen der Griechen und Römer von Ehre und Vaterlandsliebe«, von antiken Klassikerlektüren bis auf eine aus Homer (*Witkop*, Kriegsbriefe, S. 242f) ganz zu schweigen. Die spartanische Titelvignette der Ausgabe von 1918 war also alles andere als Programm und fiel darum später wohl auch wieder weg, ging es Witkop doch um das »nationale Dokument« dieses Krieges – möglich, daß der Germanist Witkop unter dieser Perspektive und angesichts des wieder entflammten »Schulkrieges« die Briefe auch entsprechend redigiert hat, doch gibt es dafür keinen Beleg außer dem offensichtlichen Fehlen angehender Altphilologen in der Sammlung. Vgl. zu Witkop auch *Hettling/Jeismann*, Der Weltkrieg als Epos.

291 Vgl. *Raulff*, Kreis ohne Meister, S. 134, Anm. 57.

Moment der gemeinsamen freundschaftlichen Lektüre betonte. Und wenn die Briefe an ehemalige Gymnasiallehrer, für die »Das humanistische Gymnasium« eine eigene Rubrik eingerichtet hatte, die frische Erinnerung an die schulische Platonlektüre und das dort geweckte »ideale Fühlen« hervorhoben oder von den griechischen Klassikern einer geplünderten Bibliothek schwärmten, so hatte auch solches wohl in erster Linie mit dem Bedürfnis nach emotionaler Verankerung in der vertrauten Welt des Friedens zu tun sowie mit dem Bemühen, auch die Adressaten an der »Heimatfront« nicht am Sinn ihres Dienstes zweifeln zu lassen.[292]

Wo die Frage nach der existentiell-neuen Platonlektüre im Graben also nicht weiter führt, bieten vielleicht die Kriegsausgaben festere Anhaltspunkte. Anders als im Zweiten Weltkrieg gab es hier zwar noch keine expliziten Feldpost- oder von der Reichswehr bestellten Ausgaben, unter den bei Diederichs erscheinenden »Flugblättern an die deutsche Jugend«, die, so der Herausgeber im Rückblick, »wertvolle ausgewählte Kapitel aus den Werken *unserer* Denker handlich« machen und somit auch »ernsthafte Kost in die Schützengräben liefern« sollten,[293] gab es aber tatsächlich als eine der ersten Ausgaben einen kurzen Auszug aus dem 5. Buch der Politeia, der das Ideal der »königlichen Philosophen«, genauso aber ihre Herkunft aus dem Stand der Wächter oder Krieger vor Augen führen wollte.[294] Doch auch hier bleibt natürlich ungewiß, von wem und erst recht wie dieser »Kriegsplaton« gelesen wurde. Zwar sollte diese Ausgabe als eine der wenigen der Reihe, zu der sonst noch Auszüge aus Fichte, Kleist oder Ernst Moritz Arndt zählten, noch im Krieg eine 2. Auflage erreichen und also zumindest einen gewissen Absatz gefunden haben, die Verkaufszahlen blieben jedoch auch nach dem Krieg in etwa gleich, was, ohne hier vom späteren aufs frühere schließen zu wollen, doch darauf hindeutet, daß es eben doch eher die idealistische »Heimatfront« war, an der dieser Platon seinen Dienst tat.[295] In dieselbe Richtung zielte nämlich auch die bis heute lieferbare Übersetzung sämtlicher Dialoge in der Philosophischen Bibliothek des Meiner-Verlages. Diese startete zwar schon ein paar Jahre zuvor unter anderem mit Hildebrandts Gastmahl-Übertragung, der Großteil der Übersetzungen Otto Apelts erschien aber allen verlegerischen Schwierigkeiten zum Trotz während des Krieges, weil der Verleger es gerade in einer des »Idealismus« so sehr bedürftigen, aber »der Kenntnis des Griechischen immer mehr verlustig gehenden Zeit« für besonders wichtig er-

292 Vgl. die ab 1915 laufende Rubrik »Im Zeichen des Krieges«, hier in: HG 26 (1915), S. 167, 27 (1916), S. 64 oder 28 (1917), S. 232. Zum komplexen Verhältnis zur »Heimatfront« siehe auch *Krumeich*, Kriegsfront – Heimatfront.

293 *Diederichs*, Aus meinem Leben, S. 65 [Herv. R. P.].

294 *Joel*, Platon.

295 Mit der 2. Auflage sollten 9000 Exemplare in den Handel gelangt sein, von denen dann aber noch in den 1920er Jahren zahlreiche verkauft wurden. Vgl. die Absatzzahlen bei *Triebel*, Diederichs-Verlag, Anhang, S. XLIIIff. (Tabelle 5).

achtete, »durch eine philologisch und philosophisch einwandfreie Übertragung die Grundlage für fruchtbringende Beschäftigung mit dem Vater des Idealismus« zu schaffen.[296]

Idealismus und Krieg

Kann man hier also doch noch von einem spezifischen Zugang zu Platon während des Krieges sprechen, gar von seiner Mobilisierung im unter neuidealistischen Vorzeichen geführten »Krieg der Philosophen«?[297] Zuständig für einen terminologisch unspezifischen Idealismus in der Platondeutung zeichnete seit je her die Schule verantwortlich und auch im Krieg wollte und sollte sie hier nicht zurückstehen. Schon bald nach Kriegsbeginn wurden in den meisten Schulen Direktiven zur Verknüpfung des Unterrichts mit der gegenwärtig »großen Zeit« erlassen, hinzu kamen zahlreiche administrative Verfügungen vornehmlich zur militärischen Vorbildung der Schüler.[298] Die »Aktualisierung« der Unterrichtsstoffe und ihre Militarisierung variierte dabei je nach Fach weiter sehr stark: während im Deutschen oder Lateinischen auf die gerade aktuelle Kriegslage verstärkt Rücksicht genommen wurde und, wo es keine passenden lateinischen Texte gab, Lehreraufsätze, aber auch Tagesbefehle und sogar ministerielle Druckschriften zur Übersetzungsgrundlage herangezogen wurden, scheint dies im Griechischen wie schon zuvor nur eine untergeordnete Rolle gespielt zu haben.[299] Das Spektrum der Autoren für schriftliche Arbeiten blieb gleich (Xenophon, Isokrates und Thukydides), Platon kam hier weiterhin nur als Lektüre der beiden Oberklassen vor, wobei auch diese oftmals ausfiel, weil gerade deren Schüler schon 17 Jahre alt waren und sich also freiwillig zur Front melden konnten und dies vielerorts auch taten.[300]

296 So die »Verlagschronik 1914–1918« aus einem Verlagskatalog von 1919, abgedruckt in *Bast*, Die Philosophische Bibliothek, S. 172.

297 *Hoeres*, Krieg der Philosophen.

298 Vgl. *Apel/Bittner*, Schulbildung, S. 143 f.

299 Ebd., S. 144 f. Die Autoren der Studie räumen allerdings ein, daß ihre Quellenlage in diesem Punkt besonders schlecht war. Eine zusätzlich vergleichende Stichprobe der Jahresberichte von 25 vornehmlich preußischen Gymnasien über die geleistete altsprachliche Lektüre ergab zumindest auf Platon bezogen für die Jahre 1912 bis 1915 aber ebenfalls keine nennenswerten Verschiebungen, d.h. es blieb bei der ja ohnehin »idealen« Dialogauswahl. Für die Zeit nach 1915 ist die Quellenlage aber auch hier wieder schwieriger, weil die meisten Jahresberichte kriegsbedingt entweder eingestellt, reduziert oder auch nur handschriftlich weitergeführt wurden.

300 Laut der mit dem Krieg und dem Bruch des schulpolitischen »Burgfriedens« wieder aufkommenden Gymnasialapologetik waren es an den humanistischen Gymnasien besonders viele Freiwillige, z. T. auch ganze Klassen, die sich gemeldet hätten. Vgl. *Fritsch*, Das Gymnasium und der Krieg, oder *Eggerding*, Die Feuerprobe des humanistischen Gymnasiums. Siehe zur Apologetik auch *Preuße*, Humanismus und Gesellschaft, S. 92 f. sowie zu den Freiwilligen, die zwar weit unter den kolportierten Zahlen lagen, im Verhältnis aber tatsächlich viele Schulabgänger und Studenten zählten, *Verhey*, Der »Geist von 1914«, S. 167 ff.

Die Auswahl der Dialoge änderte sich dabei kaum, zugespitzt haben dürfte sich allerdings auch hier der Fokus der Lektüre. In den pädagogischen Überlegungen zur Platonlektüre im Krieg wurden weiterhin Apologie und Kriton empfohlen, wo die »Bürgertugenden des Sokrates«, seine Pflichtreue sowie die »Liebe zum Vaterland« beschworen würden, außerdem der Laches, »wo schon Platon aus dem Wesen der Tapferkeit das Animalische, Tierische, Wilde ausschaltet, als das unsere Feinde den Mut unserer Heere beschimpften«, oder das erste Buch der Politeia, in dem »wir uns selbst wiederfinden« könnten, »weil auch für Platon Politik nur ein Teil des sittlichen Lebens ist.«[301] Im »Deutschen Philologen-Blatt«, das regelmäßig »Aus dem Unterricht der Kriegszeit« berichtete, verwies man ebenfalls auf diese Dialoge und plädierte außerdem dafür, Platon für alle Schüler als den »Philosoph der Prima« zu behandeln, denn »der platonische Sokrates ist kein Weichling« und »die Plato-Lektüre überhaupt [...] ein Stahlbad der Seele.«[302] Daß der platonische »Idealismus« dabei ganz auf die Erlösung des Menschen von den »Fesseln des Körpers«, gar auf ein »Stirb und Werde!« zielen sollte,[303] war im Kontext des Krieges natürlich bittere Propaganda, solches hatte allerdings weniger mit der allgemeinen Linie des Schulhumanismus zu tun als vielmehr mit dem weitverbreiteten Neu- und Vulgäridealismus des Kaiserreichs.

Denn während die Humanisten – unbeschadet aller patriotischen Überzeugungen von einem eigenen deutschen Sieg – in ihrer Apologetik in erster Linie den Gedanken einer gesamteuropäischen Kulturentwicklung im Blick hatten und im Laufe des Krieges die europäische Verständigungs- und Versöhnungsfunktion ihrer Bildung immer stärker in den Mittelpunkt rücken sollten,[304] war es eher jene »vulgäre« Variante des Idealismus, die mit ihrem Antimaterialismus, der Verehrung der großen Männer und Helden im Gegensatz zu den Händlern des »Westens«[305] sowie nicht zuletzt mit ihrem »unpolitischen« Arrangement mit der Machtpolitik für die Kriegsbegeisterung auch unter den Humanisten und Lehrern beitrug, ja die so etwas wie das Sediment der auch hier vielbeachteten »Ideen von 1914« bildete.[306] Hinzu kam, daß auch vom philosophisch reflektierteren und ebenfalls schon nach der Jahrhundertwende sich formierenden Neuidealismus ein erheblicher Impuls ausging zur Abkehr von neukantianischem Methodendenken und zur Hinwendung zu einem zwar noch undeutlichen, dafür aber um so stärker bellizistisch argumentierenden »Tatden-

301 Karl Hönn, Die alten Sprachen, S. 100f. Beteiligt an dem zugrundeliegenden Band war auch Witkop, der schon hier den Wert der Feldpostbriefe für den Deutschunterricht herausstellt.

302 *Biese*, Aus dem Unterricht in Kriegszeit.

303 Ebd., S. 396.

304 Vgl. die Nachweise bei *Preuße*, Humanismus und Gesellschaft, S. 89ff., bes. S. 99f.

305 Auf den Punkt gebracht hat diesen Gegensatz bekanntlich *Sombart*, Händler und Helden.

306 Vgl. *Nipperdey*, Arbeitswelt und Bürgergeist, S. 818ff.

ken«. Ob im Neufichteanismus, Neuhegelianismus oder Neuschellingianismus, die geschichtsphilosophische Affirmation des Krieges und die Integration des Einzelnen in ein metaphysisches Ganzes war auch hier gerade in den ersten Jahren des Krieges immer wieder unter Verweis auf die deutschen »Kämpfer des Geistes« und ihren »Idealismus der Tat« unternommen worden.[307] Während aber in diesem vor allem mit England ausgefochtenen »Krieg der Philosophen« von Meister Eckhart bis Fichte und Hegel alles aufgerufen wurde, was sich nur irgendwie solcher »Tat« sowie einer »deutschen Staatsidee« aus Sozialismus, staatlicher Organisation und einer auf das organische Ganze hin orientierten »deutschen Freiheit« dienstbar machen ließ, spielten in dieser Auseinandersetzung – anders als zum Beispiel noch von Diederichs erhofft – weder die bis dahin so »verwandtschaftlich« gepflegte Nähe zur griechischen Antike noch Platon als dem philosophischen Ausgangspunkt aller organischen Staatslehre eine nennenswerte Rolle.[308]

307 Vgl. exemplarisch *Eucken*, Die Träger des deutschen Idealismus, hier Vorwort S. 9 sowie den Überblick bei *Hoeres*, Krieg der Philosophen, S. 51–64.

308 *Hoeres*, Krieg der Philosophen, S. 428. In Hoeres' Rekonstruktion der philosophischen Kriegsdebatten finden sich Hinweise auf Platon wenn überhaupt so fast ausnahmslos bei englischen Philosophen, vermittelt hauptsächlich über die aus Oxford kommende Linie zu Hegel prominent etwa bei Bernard Bosanquet. Vgl. ebd., S. 146. u. 332. Auf deutschsprachiger Seite anzuführen wäre allenfalls noch der als Philosoph, Jounalist und Pazifist bekannte Ludwig Stein, der in zwei Artikeln seiner Zeitschrift »Nord und Süd« sehr holzschnittartig den englischen mit dem deutschen Staatbegriff kontrastierte und den deutschen eben auf Platon und Aristoteles zurückführte (Nord und Süd 41 (1917), S. 5–12 u. 127–130). Der Wille zur »deutsch-englischen Verständigung«, für die sich Stein noch 1912 vehement eingesetzt hatte, kann allerdings auch bei ihm das dichotomische Denken nicht verhindern, schließt er doch wie folgt (ebd., S. 130): »In England dient der Staat dem Menschen behufs restloser Erfüllung seiner selbstischen Zwecke, in Deutschland dient der Mensch dem Staate behufs Bewältigung ewig gültiger sittlicher Aufgaben.« Eher eine Kuriosität in diesem Zusammenhang, sonst aber durchaus auf der Höhe des bürgerlich-feministischen Kriegsdiskurses ist *Schink*, Platon und die Frauenbewegung. Platon ist ihm der »Prophet der Frauenbewegung«, wie überhaupt »den Männern das größte Verdienst gebührt«, weil sie – und nicht die Frauen selbst! – »in der Gegenwart wie in klassisch-griechischer Zeit die Rechte des ›schwachen‹ Geschlechts in der Schrift begründet haben.« (Ebd., S. 434 u. 444) In Platons Staat nun finde sich die Gleichberechtigung als Grundforderung bereits verwirklicht, wie sie auch heute bereits sich abzeichne, denn schließlich »hat doch unser Krieg gezeigt, daß auch die Frau am Kampfe – um von anderem zu schweigen – insofern wirklich Anteil nimmt, als sie selbst bis in die Schützengräben hinein mit vorgeht, um den Kämpfenden Erfrischungen zu bringen und die Verwundeten zum Verbandsplatze zu geleiten. So können sie nicht ganz zu Unrecht auch φυλακιδες heißen.« (ebd., S. 438) Ungeachtet der durchgängig paternalistischen Haltung argumentiert Schink hier doch sehr offensiv gegen allzu entschiedene Gegner der »platonischen Frauenverteidigung«, allen voran gegen Wilhelm Windelbands Platon von 1899. Daß er sich dazu allerdings auch noch Kurt Hildebrandt und seine Einleitung zum Gastmahl zum Bundesgenossen macht, um mit ihm zu begründen, daß es gerade »das weibliche Wesen ist, dem Platon die tiefe Kenntnis der Liebe zuschreibt« (ebd., S. 442 f.), entbehrt nicht einer gewissen Komik.

Eine bedeutsame Ausnahme bildete hierbei in gleich mehrfacher Hinsicht die Position Hermann Cohens.[309] Beileibe kein Pazifist vertrat er auch im Krieg politisch linksliberale oder sozialdemokratische Positionen, argumentierte er getreu dem Marburger Sozialidealismus gegen den Kapitalismus als dem eigentlichen Hindernis zum »ewigen Frieden« sowie für einen Staatenbund unter deutscher Führung.[310] Wo er trotz seiner Ablehnung der Traditions- und Methodenvergessenheit der meisten neuidealistischen ›Kriegsphilosophen‹ dennoch genauso wie sie die Konfrontation zwischen einem »originären« deutschen Idealismus und einem englischen und französischen Sensualismus suchte oder wie in der stark rezipierten Abhandlung über »Deutschtum und Judentum« auch chauvinistische Töne anschlug, ja mit dem Sieg der deutschen Waffen messianische Hoffnungen verband, so wurde dies zum einen durch die Verpflichtung auf universalistische Werte stets doch wieder relativiert, durfte, so Cohens Mahnung, alle »nationale Bedingtheit [...] nimmermehr als Widerspruch gedacht werden gegen die einheitliche Menschheitlichkeit.«[311] Auf der anderen Seite aber stand hinter solchen Loyalitätsadressen an das »Deutschtum« immer auch Cohens Programm einer deutsch-jüdischen Kultursynthese, das ebenso optimistisch wie harmonisierend alle Erfolge deutscher Kultur auch als solche des hiervon nicht zu trennenden Judentums betrachtete und an dem Cohen auch über die berüchtige »Judenzählung« ab dem Herbst 1916 hinaus festhalten sollte:

»So sind wir in diesen Zeiten eines epochalen Völkerschicksals auch als Juden stolz darauf, Deutsche zu sein, denn wir werden uns der Aufgabe bewußt, die alle unsere Glaubensgenossen auf dem Erdenrunde von der religiösen Bedeutung des Deutschtums, von seiner Einwirkung, von seinem Rechtsanspruch auf die Juden aller Völker, und zwar ebenso für ihre religiöse Entwicklung, wie für ihre gesamte Kulturarbeit überzeugen soll. So fühlen wir uns als deutsche Juden in dem Bewußtsein einer zentralen Kulturkraft, welche die Völker im Sinne der messianischen Menschheit zu verbinden berufen ist; und wir dürfen den Vorwurf von uns abweisen, als ob es unsere geschichtliche Art wäre, die Völker und die Stämme zu zersetzen. [...] Wir leben in dem Hochgefühl des deutschen Patriotismus, daß die Einheit, die zwischen Deutschtum und Judentum die ganze bisherige Geschichte des deutschen Judentums sich angebahnt hat, nunmehr endlich als eine kulturgeschichtliche Wahrheit in der deutschen Politik und im deutschen Volksleben, auch im deutschen Volksgefühl aufleuchten werde.«[312]

309 Siehe vor allem *Cohen*, Deutschtum und Judentum, *ders.*, Der deutsche Idealismus und *ders.*, Das soziale Ideal. Letzteren, ursprünglich 1916 in Wien gehaltenen und erst posthum erschienenen Vortrag wiederholte Cohen noch einmal in der Berliner jüdischen Lehranstalt am 7.1.1918.

310 Vgl. zu Cohens Position im Krieg *Hoeres,* Krieg der Philosophen, S. 539ff., Sieg, Aufstieg und Niedergang, S. 393ff. sowie allgemein *ders.*, Jüdische Intellektuelle im Ersten Weltkrieg.

311 Cohen, Der deutsche Idealismus, S. 181, vgl. auch *ders.*, Deutschtum und Judentum, S. 44.

312 *Ders.*, Deutschtum und Judentum, S. 528 u. 530.

Was gerade im Hinblick auf die deutsch-jüdische Kultursynthese jedoch zumeist übersehen wird, was für Cohen in diesem Zusammenhang aber essentiell war und zugleich die Brücke schlug zur »Einigung des Menschengeschlechts« sowie konkret zur Möglichkeit einer europäischen Versöhnung, ist die Rolle, die er dabei der antiken Kultur, besonders aber der griechischen Philosophie und hier wiederum Platon einräumte.[313] Griechentum und Judentum, Platon und die Propheten, so Cohens Ceterum censeo, seien nämlich zusammen »die beiden wichtigsten Quellen der modernen Kultur«.[314] Ohne sie gäbe es weder Wissenschaft noch die in der Religion stabilisierte Sittenlehre, wäre all das, was insbesondere das »Deutschtum« und mit ihm einen Großteil der europäischen Kultur ausmache, also Idealismus und Reformation (als Folgen von Hypothesis und dem von ihr ausgelösten Rechtfertigungszwang), Musik und Humanität (Psalmen und Vernunftreligion) so nicht möglich gewesen. Zwar dürfte kaum eine der hierzu skizzierten Traditionslinien einer genaueren Überprüfung standhalten und erst recht natürlich nicht die Konsequenz, daß nämlich hieraus historisch eine »deutschen *Vormacht* [Herv. i. Orig.] in allen Grundlagen des Geistes- und des Seelenlebens« abgeleitet werden könne, die wenn auch als einen »Geist des Weltbürgertums und der Humanität« anzuerkennen für Cohen Bedingung jeder aufrichtigen Verständigung unter den europäischen Völkern sei.[315] Dennoch ist die Position Cohens zumindest bemerkenswert, weil sie ähnlich den Schulhumanisten während des Krieges auf die gesamteuropäische Kulturtradition als der Möglichkeit zur Verständigung und damit zur Überwindung nicht nur des Krieges, sondern auch der innergesellschaftlichen Konflikte, nicht zuletzt des Antisemitismus verweist, der sich allerdings postwendend gerade gegenüber dieser Position wieder geltend machen sollte.[316]

Hatte Cohen nun diesen übergreifenden Kulturzusammenhang in »Deutschtum und Judentum« mehr in Richtung der jüdischen Quellen entwickelt und daraus einige Forderungen nach noch weitergehender Gleichberechtigung und Integration der Juden in der Gesellschaft abgeleitet, so stellt das beinahe zeitgleich und, wie er betonte, »glaubensfreudig« geleistete Bekenntnis zur Antike vor dem Frankfurter »Bund der Freunde des humanistischen Gymnasiums«

313 *Ders.*, Der deutsche Idealismus, S. 182. Der so eigentlich griechisch-deutsch-jüdischen Kultursynthese schenken weder Sieg noch Hoeres nähere Aufmerksamkeit, genausowenig wie der ansonsten sehr lesenswerte Beitrag von *Otto*, Die hebräische Prophetie. Einzig *Flasch*, Die geistige Mobilmachung, S. 309ff. geht näher hierauf ein und weist zu recht auf die haltlosen Konstruktionen Cohens hin.

314 *Cohen*, Deutschtum und Judentum, S. 5f. u. *ders.*, Das soziale Ideal, S. 299.

315 *Ders.*, Deutschtum, S. 37 u. 44.

316 Gemeint ist hier die Auseinandersetzung um den Angriff Bruno Bauchs auf die jüdischen Neukantianer, in erster Linie aber auf Cohen, dessen Formalismus und die angebliche Unfähigkeit aller »Gastvölker«, die deutsche »Wesenheit«, zuletzt also auch Kant zu verstehen. Vgl. *Bauch*, Vom Begriff der Nation, sowie dazu *Sieg*, Deutsche Kulturgeschichte, und im größeren Kontext noch einmal *ders.*, »Deutsche Wissenschaft«.

gleichsam das humanistische Gegenstück dazu dar, das, wie sollte es auch anders sein, in erster Linie eines zu Platon als dessen hervorragendstem »Kampfobjekt« werden sollte.[317] An die klassischen Philologen und Gymnasien gerichtet erhob er in diesem Zusammenhang deshalb gleich zu Begin den allerdings wohlmeinenden Vorwurf,

»daß sie die Philosophie nicht als den Schutzgeist der Antike anerkannt und gehütet haben. Die praktischen Nützlichkeiten und die nationalen Überspannungen hätten von seiten der neueren Sprachen nicht so übermächtig gegen die klassischen Sprachen zu drücken vermocht, wenn man nicht nur, wenngleich mit vollem Rechte, den formalen Wert der Grammatik für die Geistesbildung und den ästhetischen Wert der Literatur hervorgehoben, sondern die Antike aus dem Zentrum ihrer Philosophie zum Kampfobjekt gemacht und die ganze Frage aus dem Gesichtspunkte verhandelt hätte: ob man *Platon* [Herv. im Orig.] für unser geistiges Fortleben ausstreichen oder nur aus dem Holzschnitt der Übersetzung unserer Zukunft überliefern; ob man ohne das platonische Herz der Antike fortleben will, oder aber ob man anerkennt, daß ohne echten und eigenkräftigen Platonismus die ganze klassische Philologie im griechischen Sinne nur ein Scheinleben führt, trotz allen Ausgrabungen, Textverbesserungen und politisch historischen Neuerwerbungen.«

Während die Philologen sich also ihrer eigenen Geschichte besinnen – »Platoniker und Kantianer waren die großen Pflanzer der Philologie und Altertumswissenschaft beinahe alle ohne Ausnahme« – und auch nicht vergessen sollten, daß »aus ihren Reihen heraus [...] der Pulsschlag des deutschnationalen Lebens hervor[ging]«, wandte sich Cohen auf der anderen Seite wieder gegen die »verfängliche Ankündigung eines Neu-Idealismus«, die diesen ganz um seine »historische Ursprünglichkeit« bringe.[318] Besonders gegen Windelbands Neuhegelianismus gewendet entfaltet er darum sein schon bekanntes methodisches Programm, zusammengefaßt also: »Der Idealismus ist der Idealismus der *Platonischen Idee,* und auch Kant hat seinen Idealismus mit historischem Tiefblick an Platon angeknüpft.« Es folgen weitere Erläuterungen zum genuinen Idealisten Platon und seiner Bedeutung für die philosophische Tradition, es gibt wie in seinen übrigen Platonschriften hier und da leise Kritik und Hinweise zur Erweiterung der platonischen Philosophie (etwa durch das stoische Naturrechtsdenken oder die jüdische Religiosität), und auch der Hinweis auf das Judentum als einer »Wurzelkraft unseres deutschen Idealismus« darf zum Schluß nicht fehlen.[319] Eine Kriegsphilosophie aber, und sei es nur eine prononcierte Abgrenzung des »deutschen Wesens« und seines Idealismus, wird aus Platon nicht mehr entwickelt. Daß solches gleichwohl möglich gewesen wäre, machte Cohen im dritten der hier einschlägigen Kriegsvorträge über »Das soziale Ideal bei Platon und

317 *Cohen*, Idealismus, S. 149 u. 151, dort auch das folgende Zitat.
318 Ebd., S. 152, dort auch das folgende Zitat.
319 Ebd., S. 181 f. u. 184.

den Propheten« immerhin deutlich, wenn er die strukturell dominierende Rolle des Kriegerstandes im platonischen Staatsmodell hervorhebt. Genauso deutlich aber wird dort, daß Cohen mit diesem *politischen* Platon von seinem gleichermaßen durch die Propheten geprägten und insofern dann eben doch alles andere als bellizistischen Standpunkt aus auch im Krieg nichts anzufangen wußte, weshalb er die Staatsgründung auf dem Kriegerstand ebenso wie die allein an dessen Fortbestand ausgerichtete Pädagogik auch für die große »Fehlkonstruktion« Platons hielt, ja auf diesen Umstand überhaupt »alle Schwächen und Mängel, alle Lücken und Widersprüche in Platons Staatslehre« zurückführen sollte.[320]

Die spürbare Reserviertheit Cohens, mit Platon in den »Krieg der Geister« zu ziehen, dürfte aus freilich entgegengesetzten Motiven schließlich auch bei vielen der meist konservativen Klassischen Philologen und Altertumswissenschaftler vorhanden gewesen sein. Zu verbreitet waren offenbar noch die oben skizzierten Vorbehalte gegenüber dem »Kommunismus Platons«, hatte auch der Begriff des Sozialismus trotz der »Ideen von 1914« und den beginnenden Debatten um den »Kriegs-« oder »nationalen Sozialismus« längst nicht genug von seinem proletarischen Schrecken verloren.[321] Hier bedurfte es noch einiger Jahre vor allem der Erfahrung einer straff durchorganisierten Kriegsgesellschaft sowie der Orientierungslosigkeit im Anschluß an die Niederlage, bevor dieses Odium etwas vertrieben und Platons Staatsmodell als zwar antiindividualistische, aber eben doch auch antiproletarische Alternative wahrgenommen werden sollte. Bis dahin aber spielte der *politische* Platon für die scheinbar von Sieg zu Sieg taumelnde deutsche Gegenwart noch kaum eine Rolle, boten sich dem nationalistischen und kriegsbegeisterten Engagement, zu dem sich auch hier viele Hochschullehrer federführend bereit fanden,[322] viel eher noch die näherliegenden Parallelen des Peloponnesischen Krieges sowie des Kampfes der Griechen gegen die Perser an.[323] Wer wie der für seine Sprachstatistik berühmt gewordene Phi-

320 *Ders.*, Das soziale Ideal, S. 328. Siehe auch oben Kap 2.1.2.

321 Siehe oben Kap. 1.2. Vgl. außerdem zu Plenges »organisatorischem Sozialismus« *Beßlich*, Wege in den »Kulturkrieg«, S. 302 ff. sowie zu den diversen Variationen aus »Kriegssozialismus«, »Staatssozialismus«, »nationalem Sozialismus« oder »Gemeinwirtschaft« den Überblick bei *Breuer*, Ordnungen der Ungleichheit, S. 209 ff.

322 Zum Engagement der Altertumswissenschaftler im Krieg vgl. *Marchand*, Down from Olympus, S. 228 ff. sowie besonders zu Wilamowitz Beteiligung am Aufruf *»an die Kulturwelt!«*, an der von ihm angeregten und verfaßten Erklärung der Hochschullehrer des Deutschen Reiches vom 16. Oktober 1914 sowie allgemein zu dessen politischer Kriegspropaganda *Brocke*, »Wissenschaft und Militarisumus«, u. *Wegeler*, Gelehrtenrepublik, S. 48 ff.

323 Siehe etwa den gedruckten offenen Brief von Ulrich von Wilamowitz-Moellendorf, An die Mitglieder und Freunde der deutsch-griechischen Gesellschaft in Hellas, München 1914 (Nachlaß von Ulrich von Wilamowitz-Moellendorff, SUB Göttingen, Cod. Ms. Wilamowitz 979), der fast wörtlich die Erklärung der Hochschullehrer des Deutschen Reiches vom Oktober 1914 aufgreift und um einige Vergleiche mit dem gegen die Perser siegreichen »Alt-Hellas« erweitert. Vgl. außerdem auch *Schmitz*, Die Krise der Klassischen Bildung.

lologe und Platonforscher Hans von Arnim dennoch mit Platon für den Krieg argumentierte, kam deshalb nicht umhin, eben auf die trotz allem fundamentalen Differenzen zwischen Platon und der Gegenwart eigens hinzuweisen. In einem Beitrag für die »Vierte Liebesgabe Deutscher Hochschüler« von 1915, in dem er mit »Plato über Militarismus« sinnierte, diente ihm dessen Unterscheidung zwischen einem guten und einem Militarismus »im üblen Sinn« deshalb zwar immerhin dazu, die Rüstungsziele Deutschlands und Englands einander gegenüber zu stellen und letzteren, weil sie lediglich von »Ehrgeiz und Herrschsucht« geleitet seien, anhand des Atlantis-Mythos im Kritias den Untergang zu prophezeien:

»Dieser Mythos sollte zeigen, wie es zuging, daß das nach Art des platonischen Idealstaates organisierte Altathen das an Größe, Reichtum und materieller Kultur ihm weit überlegene Inselreich im atlantischen Meere vermöge seiner auf der Idee der Gerechtigkeit beruhenden inneren Organisation doch schließlich zu besiegen vermochte, ganz so, wie Deutschland früher oder später das britische Inselreich, die neue Atlantis, besiegen wird.«[324]

Eine darüber hinausgehende inhaltlich positive Anknüpfung »unseres eigenen politischen Ideals« an Platon vermied er jedoch und zog sich ganz auf den historistischen Standpunkt zurück, daß dieser Idealstaat eben doch »nur aus den griechischen Zuständen des vierten Jahrhunderts v. Chr. verstanden werden« könne und dürfe. Was das eigene Ideal von demjenigen Platons trenne, wird dann an anderer Stelle deutlicher. In seiner Kaisergeburtstagsrede von 1916 stellte von Arnim nämlich noch einmal das »altgriechische Königsideal« Platons aus der Politeia vor und führt auf – denn immerhin: »der Abstand ist groß« –, was dessen Bild von dem Ideal eines Königs von Preußen und deutschen Kaisers unterscheiden sollte.[325] Interessanter Weise sind es nun aber fast ausschließlich formale oder methodische Motive, die er denn auch mehr vorschiebt als vorbringt: da ist also einmal die gänzlich »aus Begriffen konstruierende Methode«, die abseits der Wege der empirischen und historischen Betrachtungsweise liege, »auf denen wir zu den Höhen des Allgemeinen emporzusteigen versuchen würden«. Hinzu komme die noch viel zu geringe Erfahrungsgrundlage, erst recht aber der kleine soziale Rahmen der griechischen Polis, der seinem Ideal zugrunde liege und eine Übertragung erschwere. Schließlich kritisiert er sogar noch Platons Wissenschaftsbegriff, aus dem, weil er starr und systematisch angelegt sei, anders als aus einem »werdenden« nur der Absolutismus folgen könne und der, weil er gewisse »intuitive Momente« enthalte, dann auch nur persönlich vermittelbar, also nicht verallgemeinerbar sei. All diese ernsthaft als »für uns unannehm-

324 *Arnim*, Plato über Militarismus, S. 101–110, hier S. 109 f., dort auch das folgende Zitat.
325 *Arnim*, Königsideal, bes. S. 12 f., dort auch das Folgende.

bar« bezeichneten Motive sind dann aber letztlich eben doch nichts gegenüber dem einen inhaltlichen Vorbehalt, der genau Platons »kommunistische Organisation eines dem Wirtschaftskampf entzogenen privilegierten Standes« betrifft. In dem Moment aber, wo Platon im relativ späten Politikos – von Arnim war ja um die sprachstatistische Chronologie der Dialoge bemüht – dieses Mittel zur Wahrung der Einheit des Staates aufgibt und es durch ein »soziales Königtum« ersetzt, in dem nicht in erster Linie »Verfassungsparagraphen«, sondern der durch den Monarch gestiftete Geist der Gemeinschaft herrsche, da, so von Arnim, finde Platons Ideal auch in der Gegenwart wieder seine ihm gebührende Bedeutung – und dies zumal im Krieg, den auch dieser zur Abwendung erlittenen Unrechts der Entscheidung des Königs anheimgestellt und so ganz »den Geist gekennzeichnet hat, der das deutsche Volk in dem jetzigen Kriege erfüllt.«[326]

Wilamowitz endlich, der nicht nur aufgrund seiner Popularität, sondern aus tiefster Überzeugung mit an der Spitze der universitären Sinngeber und Kriegsbefürworter stand, betonte ebenfalls zwar die enge »geistige« Verbindung zwischen dem gegen die Perser siegreichen »Alt-Hellas« und dem gegenwärtigen Deutschland,[327] den »Geist« aber, an dessen großer Biographie er bald zu arbeiten beginnen sollte, zog auch er in solche Auseinandersetzungen vorerst gerade nicht mit hinein, ja er sollte, wie er in der noch während des Krieges verfaßten Widmung seines Platonbuches schrieb, ihm erst wieder den Weg zurück in die internationale Gelehrtenrepublik bahnen helfen. Tatsächlich finden sich denn auch in seinen originären Kriegsvorträgen der ersten Kriegsjahre nur wenige, meist abseitige Bezugnahmen auf Platon, so wenn es darum ging, den Heroismus zu schüren oder die gesellschaftliche Harmonie zu beschwören.[328] Erst in der Arbeit an seinem Platon-Buch und dann zum Kriegsende hin, als, wie Wilamowitz schrieb, »alle Grundlagen menschlicher Gesittung ins Wanken gekommen« waren und auch er selbst gegen das »Gefühl der Ungewißheit« nach Orientierung im »Seherblick« des »tiefen Denkers« suchte,[329] begann jene intensive Auseinandersetzung mit den politischen Motiven Platons, seiner Staatsphilosophie und ihrer Gegenwartsbedeutung, die noch undeutlich in der Biographie, um so stärker aber in den sie umgebenden Schriften zum Ausdruck kam.

Bis dahin aber, das sei noch einmal festgehalten, konnte bis auf die wenigen genannten Ausnahmen weder von einer wie auch immer gearteten politischen, auf die Gegenwart bezogenen Lektüre Platons die Rede sein noch gar

326 Ebd., S. 14.

327 *Wilamowitz*, An die Mitglieder, o. S.

328 Vgl. *Wilamowitz*, Reden aus der Kriegszeit, S. 114 (Heroentum) oder 141 f. (Die Harmonie der Sphären). Letztere kommt charakteristischer Weise ebenfalls nicht ohne den Hinweis von der gänzlichen Verschiedenheit der politischen Zustände aus.

329 *Wilamowitz*, Volk und Heer, S. 667 f.

von einer Rolle als »Kriegsphilosoph«, wie sie Fichte, Kant oder Hegel im »Krieg der Geister« auf beiden Seiten spielen sollten.[330] Eher erfüllte Platon hier noch seine traditionell »ideale« Rolle, hielt also eine ideale Gegenwelt zum Krieg offen, an die man sich erinnern oder in die man flüchten konnte, in dessen »reinen Äther« jedenfalls, wie Wilamowitz schrieb, »die Miasmen der Verwesung« nicht einzudringen vermochten.[331] Hinzu kam das lange Zeit gepflegte Bild des in politischen Fragen im besten Fall »naiven«, sonst aber als »kommunistisch« abgetanen Philosophen, das hier offenbar nachwirkte und das erst langsam im Laufe des Krieges – und nicht zuletzt wieder durch Wilamowitz und seine Neubewertung der platonischen Briefe als authentische Zeugnisse eines zwar tragisch gescheiterten, der Gegenwart darum aber um so näheren politischen Lebens – aufzubrechen begann. Daß dieser Wandel dabei, wie später behauptet wurde, im unmittelbaren Kriegserlebnis begründet gewesen sei, dürfte aus den oben genannten Gründen zwar eher unwahrscheinlich sein, die mehr ins allgemeine politische Bewußtsein reichende mentalitätsgeschichtliche Bedeutung des Krieges aber, und mehr vielleicht noch die der Niederlage kann für diesen Wandel allerdings kaum hoch genug verschlagt werden und ist nicht zuletzt bei Wilamowitz als lebensgeschichtlicher Bruch auch vielfach bezeugt.

2.4 Wilamowitz und die philologische Verlebendigung Platons

Wie viele andere prominente Vertreter deutscher Wissenschaft hatte sich auch der 1914 schon sechsundsechzigjährige Wilamowitz ganz in den Dienst des Krieges und der deutschen Propaganda gestellt. Es war schon die Rede von seiner maßgeblichen Beteiligung an der Erklärung der deutschen Hochschullehrer vom Oktober 1914 sowie am Aufruf der 93 »an die Kulturwelt!«, die zu seinem vielbeachteten Ausschluß aus der Pariser Akademie führte.[332] Besonders in den ersten Kriegsjahren folgten dann noch weitere Stellungnahmen und Aufrufe, vor allem aber zahlreiche Kriegsvorträge vor großem Publikum in Berlin und später auch hinter der Front, die immer wieder den Zusammenhang von »Militarismus und Wissenschaft« sowie die Einheit des Volkes unter der Führung

330 Vgl. noch einmal die klassischen ›Hilfstruppen‹ zusammenfassend *Hoeres*, Krieg der Philosophen, S. 585.

331 *Wilamowitz*, Platon, Nachwort zu Band II, o. S.

332 Wilamowitz hatte auf den Ausschluß reagiert, indem er fortan auf die Diplome seines Rektorats und noch auf seine Visitenkarten drucken ließ: »plerarumque in hoc orbe academiarum socius, e Parisina honoris causa eiectus.« Vgl. *Wilamowitz*, Erinnerungen, S. 316, die leicht variierte Fassung in *Rotheit*, Kernworte, S. 209 sowie zur Reaktion der Pariser Académie des Inscriptions et Belles-lettres *Ungern-Sternberg*, Der Aufruf, S. 96f.

von Kaiser und Generalstab beschworen.[333] Aber nicht nur in Vorträgen, sondern auch in seiner Funktion als Rektor der Berliner Kaiser-Wilhelm-Universität (1915/16), als Mitglied des Preußischen Herrenhauses (1917/18)[334] und ab 1917 auch in der Deutschen Vaterlandspartei[335] entfaltete Wilamowitz ein so zuvor nicht gekanntes politisches Engagement, das möglicherweise sogar diplomatische Geheimmissionen im Auftrag der Reichsregierung mit einschloß.[336]

Die starke Politisierung im Krieg, die sich in diesen Aktivitäten zeigte, war dabei für sich genommen zwar bemerkenswert, für einen »orthodoxen Mandarin« seiner Generation, wie Fritz Ringer ihn idealtypisch skizzierte, war dies aber keineswegs untypisch.[337] Schwieriger zu fassen ist dagegen seine konservative politische Haltung, die sich, wie Bernhard vom Brocke zu Recht betont hat,

333 So natürlich besonders die im Festsaal des Zoologischen Gartens Berlins am 20.11.1914 vor großem Auditorium mit dem Kronprinzen an der Spitze gehaltene Rede über »Militarismus und Wissenschaft«, in: *Wilamowitz,* Reden aus der Kriegszeit, S. 75–94. Vgl. hierzu und zum weiteren Engagement Wilamowitz' im Krieg *vom Brocke*, Militarismus.

334 Wilamowitz wurde als Nachfolger Gustav Schmollers durch die Universität Berlin präsentiert und gehörte dort dann zu den Freikonservativen bzw. zur Neuen Fraktion. Bis auf eine auch in der Bibliographie vermerkte Rede zum Kultusetat (unter dem Titel »Über die Überfüllung der Universität mit mangelhaft begabten Studentinnen«) am 10.06.1918 sind eigene Initiativen o.ä. für die kurze Zeit nicht belegt, sie entsprachen im allgemeinen aber auch nicht dem Selbstverständnis der »gouvernementalen Intelligenz« dort. Vgl. zu den Professoren *Spenkuch*, Das Preußische Herrenhaus, S. 365–382 sowie zu Wilamowitz *Mensching*, Röte, S. 123 f., der hier allerdings auch eher ein Forschungsdesiderat beschreibt.

335 Belegt sind Reden auf Veranstaltungen der Vaterlandspartei, etwa in der Philharmonie in Berlin am 20.01.1918 und die Beteiligung an Broschüren der Partei, so etwa *Wilamowitz*, Das deutsche Ziel. Über Wilamowitz' Rolle in der Partei gibt es unterschiedliche Angaben. Bei *vom Brocke*, Militarismus, S. 711 f. wird er neben Tirpitz, Kapp, v. Below u. a. zum Mitglied im »Direktions-Komitee« der Partei, *Wegeler*, Gelehrtenrepublik, S. 52 macht ihn gar zum »Direktoriumsmitglied« der Deutschen Vaterlandspartei. Beide Funktionen gab es in der Partei allerdings gar nicht, vorstellbar wäre lediglich, daß Wilamowitz im Direktorium einer Berliner Vortragsveranstaltung der Partei saß. Im Vorstand oder Reichsausschuß der Partei war er nachweißlich jedenfalls nicht und scheint über die öffentlichen Vorträge hinaus auch sonst keine nennenswerte Rolle in ihr gespielt zu haben. Vgl. schon *Wortmann*, Geschichte, der auch nur von Wilamowitz' Vortrag berichtet (S. 49) sowie *Hagenlücke*, Deutsche Vaterlandspartei, der ihn gar nicht mehr erwähnt.

336 So trotz Zweifeln *Canfora*, Wilamowitz in »diplomatischer Mission«, und *Calder*, Ecce Homo, bes. S. 105. Stattgefunden haben sollen diese im Frühjahr/Sommer 1916 und Wilamowitz sollte dabei im Auftrag Bethmann-Hollwegs über den belgischen König die Möglichkeit einer Friedenskonferenz sondieren. Die Quellen hierfür, das räumt auch Canfora ein: sind jedoch alles andere als zuverlässig und widersprächen auch Wilamowitz' zeitgleich im »Aufruf an unser Volk« geäußerten Kriegszielen und der dortigen Kritik an der Reichsregierung.

337 Vgl. *Calder*, Ecce Homo, S. 105, Anm. 193: »Before 1914 Wilamowitz' political engagement was that of the intelligent, critical citizen. One speaks of Wilamowitz the politician as of Churchill the painter.« Zur politischen Position der orthodoxen Mandarine und ihrer Entwicklung siehe zuerst *Ringer*, Die Gelehrten, S. 120 ff. u 169 ff. sowie allgemein die Beiträge in *vom Bruch*, Gelehrtenpolitik, bes. S. 9–168.

einer eindeutigen Festlegung immer wieder entzog, um dann mit Kriegsende und Revolution von der politischen Wirklichkeit gänzlich überholt zu werden.[338] In der Gründerzeit und durch Bismarck politisch geprägt blieb der Junker und spätere Wirkliche Geheime Rat Wilamowitz zeitlebens preußischer Patriot, überzeugter Etatist und ergebener Monarchist, mochten die konservativen Parteien, zu denen er hielt, auch wechseln.[339] Er identifizierte sich ganz mit dem wilhelminischen Obrigkeitsstaat als dem sichersten Garanten bildungsbürgerlicher Hegemonie und stellte darum auch wie die meisten »orthodoxen« Mandarine die »deutsche Freiheit« über Massendemokratie und Reichstagsmehrheit.[340] Außerdem, und da rundet sich das von Ringer gezeichnete Bild, waren ihm auch antikatholische sowie antisemitische Ressentiments vor allem gegen die sozialistische Intelligenz und das Ostjudentum nicht fremd, ohne daß er – immerhin der Schwiegersohn Theodor Mommsens – darum doch einem politischen oder akademischen Antisemitismus jemals das Wort geredet hätte.[341] Vor

338 Vgl. *vom Brocke*, Wissenschaft, S. 714, der das Inkommensurable an Wilamowitz' Position schon für die Zeit des Kaiserreichs betont und hier zur Differenzierung mahnt, was erst recht für die Zeit nach der Revolution gelten muß, wo der preußische Freikonservative Wilamowitz sich zwar an Vaterlandspartei und DNVP hielt, in deren »Radikalnationalismus«, noch gar »konservativ-revolutionären« Anstrichs aber längst nicht mehr aufging. Insofern ist Wilamowitz durchaus ein Beispiel für die von *Breuer*, Anatomie, S. 13 u. 188ff. beschriebene »Neustrukturierung der Rechten«, »in deren Verlauf genuin konservative Positionen mehr und mehr marginalisiert wurden«.

339 Vgl. *Wilamowitz*, Erinnerungen, S. 192f., wo er beschreibt, wie er zwischen Nationalliberalen und Freikonservativen stand. Im Herrenhaus zählte er sich dann zur freikonservativen bzw. Neuen Fraktion und unterstützte in Weimar anfangs die DNVP bei Veranstaltungen an der Hochschule, wobei aber nicht klar ist, ob er auch deren Mitglied wurde.

340 Vgl. zu diesem Topos den Aufruf der Deutschen Vaterlandspartei vom Oktober 1917, zit. nach *Wortmann*, Vaterlandspartei, S. 29–32, hier S. 31 und noch die Beiträge von Harnack und Troeltsch in: Die Deutsche Freiheit. Fünf Vorträge, hg. vom Bund deutscher Gelehrter und Künstler, Gotha 1917.

341 Ein beredtes Zeugnis dieser Form des bei *Ringer*, Die Gelehrten, S. 128f. beschriebenen bildungsbürgerlichen Antisemitismus bieten Wilamowitz' Erinnerungen, selbst wenn diese erst 1928 entstanden, wo antisemitische Äußerungen längst keine Ausnahme mehr waren. Er schreibt dort ebd., S. 41: »Ich brauche nicht zu sagen, daß es einen Antisemitismus, wie er sich später herausgebildet hat und auch von den Hakatisten vielfach geteilt ward, damals trotz allem Widerwillen gegen den physischen und moralischen Schmutz vieler Juden nicht gab, und daß er in unserem Hause und vollends bei mir nicht aufkommen konnte. Schwierig und nur in Generationen erreichbar war die Eindeutschung unserer jüdischen Landsleute gewiß, aber sie war im Gange und mußte erreicht werden. Treue Deutsche waren nicht wenige geworden; in der Wissenschaft, die ich zunächst übersehe, und die ihrem Wesen nach keine Rücksicht auf Herkunft oder Konfession nimmt, glänzen so manche Namen und wird der Friede weiter bestehen. Was von einem polternden, zum Rassenhaß ausgearteten Antisemitismus, was auch von jüdischer Seite gefehlt ist, will ich nicht hervorheben; zu bessern war auch da, und die Regierenden hatten manchmal Veranlassung, auf ihrer Hut zu sein. Jetzt ist alles verschoben, da die Novembermänner geradeso wie die Bolschewiki sich auf jenes glaubenlose, staatlose, gewissenlose Judentum stützten, dessen Presse längst unsere Brunnen vergiftete, und zu ihren

dem Hintergrund einer solchen politischen Kultur bedurfte es dann 1914 noch nicht einmal der sentimentalen Erinnerung an 1870/71 und an das damalige Defilee unter den »gütigen Augen« des Kaisers,[342] um nun, wo diese Kultur von außen und innen bedroht schien, ebenfalls in den »Krieg der Geister« einzutreten und in der Kriegszielfrage bald sogar zu den Ultra-Annexionsten zu zählen. Andererseits jedoch, und auch damit verkörperte er noch so etwas wie den liberal-konservativen Mehrheitskonsens des Kaiserreichs,[343] hatte ihn die Treue zu »seinem alten König« Wilhelm I. nicht daran gehindert, zugleich auf Wilhelm II. und seine Entourage herabzusehen oder unter Verweis auf die preußische »Tradition des freien Geistes« immer wieder nonkonformes politisches Verhalten an den Tag zu legen, weshalb ihn schon Theodor Mommsen nicht mit der »agrarischen Gaunerbande« unter den preußischen Konservativen verwechselt wissen wollte.[344] Ganz ähnlich verhielt es sich mit dem im Umfeld der Vaterlandspartei kultivierten Radikalnationalismus. Zweifellos teilte Wilamowitz den Annexionismus und die Siegfriedensphantasien dieser Sammlungsbewegung, zumal sie sich auch innenpolitisch wie er selbst vehement gegen die Demokratisierung Preußens und die Parlamentarisierung des Reiches stemmte. Gerade in der Polenfrage aber unterschied er sich doch deutlich von deren völkischer Tendenz und sollte sich vor dem Hintergrund seiner eigenen Heimat im »Grenzland« Posens auch in den »Erinnerungen« noch vehement gegen deren Chauvinismus abgrenzen.[345] Im Bereich der Wissenschaft schließlich galten

Helfern die Ostjuden hereingerufen haben, die wir weder vertragen noch loswerden können. Wie das werden soll, in der Welt und bei uns, nur ein Prophet könnte es künden, und glauben würde ihm niemand.« Gerade in den Briefen der Revolutionszeit findet sich immer wieder das Stereotyp von den »Juden und Judengenossen«, vgl. nur den Brief an Franz Boll vom 30.06.1920 zit. n. *Heilen*, Wilamowitz und Franz Boll, S. 137. Siehe zu diesem Komplex auch schon *Solmsen*, Wilamowitz, S. 118 sowie *Flaig*, Towards ›Rassenhygiene‹. Flaigs Versuch, den alten Wilamowitz der völkischen Rechten oder gar den Nationalsozialisten zuzuschlagen, schießt allerdings, noch dazu auf äußerst schmaler und selektiver Quellenbasis, weit über das berechtigte Ziel hinaus, das politische Versagen und den Antisemitismus schon der älteren Gelehrtengeneration in Weimar deutlich zu machen. Vgl. dazu schon *Solmsen*, Wilamowitz, S. 116f., der nach dem Zeugnis Eduard Nordens davon berichtet, daß Wilamowitz die Beteiligung seines Sohnes Hermann am Stahlhelm mit den Worten mißbilligte: »Da kann ich nicht mitmachen … das geht viel zu weit«, sowie *Rebenich*, Wissenschaftsgeschichte.

342 Vgl. *Wilamowitz*, Erinnerungen, S. 125.

343 Vgl. *vom Bruch*, Professoren im Deutschen Kaiserreich, in: *Ders.*, Gelehrtenpolitik, S. 11–25, hier S. 22.

344 Zitat und Beispiele bei *vom Brocke*, Wissenschaft, S. 714f.

345 Siehe schon *Wilamowitz*, Volk, Staat, Sprache, bes. S. 32f., wo Deutschland noch ganz als »Kultureinheit« aufgefaßt wird und er mit Blick auf Dänen sowie auf Polen und (offenbar auch) polnische Juden erklärt: »Wer diese Kultur bewußt oder unbewußt als ein Lebenselement in seiner Seele trägt, der ist ein Deutscher; Rasse, Sprache, Staatsangehörigkeit sind alle nicht entscheidend.« Von besonderer Bedeutung ist in diesem Zusammenhang auch *ders.*, Einleitung (zu Wilhelm Feldmann, Polen), wo er nicht nur vor dem Hintergrund der Errichtung des Königreichs Polen seine Sympathie gegenüber der polnischen Kultur bekundet und

abgesehen von einigen politischen Feindschaften (etwa nach 1918 zu Troeltsch oder Harnack) auch die eigenen Vorurteile stets weniger als die Sache: inhaltlich war er immer bereit umzulernen und konnte sich nach 1918 sogar noch für die wissenschaftliche Karriere seiner Mitarbeiterinnen am »Platon« einsetzen.[346] Hier galten außerdem ausdrücklich keine antisemitischen Ressentiments[347] und hier verlor er auch im »Krieg der Geister« nie die Hoffnung auf die baldige Wiederherstellung der res publica litterarum.[348]

In seinen wissenschaftlichen Arbeiten im engeren (positivistischen) Sinne schlug sich das politische Engagement während des Krieges denn auch erst einmal kaum nieder. Zwar hatte Wilamowitz selbst mit Heraklit den Krieg wenn nicht als Vater, so doch als »Geburtshelfer« seines 1916 erschienen Buches über »Die Ilias und Homer« bezeichnet,[349] doch war dies Thema eher zufällig den eigenen Lehrverpflichtungen entsprungen und auch dessen Behandlung, die abseits der homerischen Frage genug Raum für kriegerische Analogien geboten hätte, enthielt sich geradezu auffallend aller Aktualisierung. Was sich indes verändert hatte und was, wie er selbst andeutete, gleichwohl mit dem Krieg, dem kaum verwundenen Tod seines Sohnes Tycho sowie dem eigenen vorgerückten Alter zu tun hatte, war der mehr zusammenfassende Charakter seiner Studien, der Versuch also, Summen seiner langjährigen Arbeit auf den verschiedenen Gebieten der griechischen Philologie vorzulegen.[350] Wie schon die

geradezu ein Plädoyer für gegenseitigen Austausch und die Anerkennung der gar nicht aufzuhaltenden »Mischung der Völker« hält. Vgl. zu Polen außerdem *ders.*, Erinnerungen, bes. S. 28 ff., wo er noch einmal entschieden gegen den »Chauvinismus« der Hakatisten Stellung bezieht und sich überdies vorsichtig von seiner eigenen Rolle im Krieg und seiner Unterschrift unter den »Aufruf der 93« distanziert. Als »Radikalnationalist« firmiert er dagegen weiter etwa bei *Hardtwig*, Die Preußische Akademie, S. 44.

346 Vgl. *Wilamowitz*, Platon I, S. V, wo er Eva Sachs und Luise Reinhard für ihre Mitarbeit dankt. Beider Dissertationen hat er in seine »Philologischen Untersuchungen« aufgenommen, Eva Sachs wohl aus Krankheitsgründen nicht fertiggestellte Habilitation hat er ebenfalls unterstützt. Zur platonischen Liebe zwischen Sachs und Wilamowitz siehe auch *Calder*, Eva Sachs.

347 Siehe den Brief vom 19.09.1922 an Hans Lietzmann, in dem er auf dessen Empfehlung Eduard Fraenkels hin antwortete: »Gewiß macht uns alle die Zeit zu Antisemiten, aber in der Wissenschaft werde ich es nicht lernen«, zit. nach *Brocke*, Wissenschaft, S. 714. Tatsächlich hatte sich Wilamowitz, ohne und gegen den ein philologischer Lehrstuhl in Preußen nicht zu besetzen war, wiederholt für die Berufung katholischer (Wissowa) und jüdischer Ordinarien (zuerst bei Friedrich Leo) eingesetzt, so daß, wie *Bollack*, Juden, S. 179 urteilte, »die Juden, die später in der Klassischen Philologie im Gefolge von Leo ein Ordinariat erlangten, [...] fast ausnahmslos Wilamowitzianer« waren.

348 Vgl. wiederum die Widmung an Hermann Diels in *Wilamowitz*, Platon I, S. IV f.

349 *Wilamowitz*, Ilias und Homer, S. 1.

350 Ebd., S. 3. Zu nennen sind hier v. a. das Buch über »Griechische Verskunst« (Berlin 1921), der »Pindaros« (Berlin 1922), die zweibändige »Hellenistische Dichtung in der Zeit des Kallimachos« (Berlin 1924) sowie, ebenfalls zweibändig, aber unvollendet »Der Glaube der Hellenen« (Berlin 1931/32).

»Ilias und Homer« so war denn auch der um 1916 begonnene und 1919 in zwei Bänden erschienene »Platon« insofern zwar vom Krieg geprägt, ein propagandistisches »Kriegsbuch«, wie im Anschluß an Canfora vielfach behauptet wurde, war es jedoch keineswegs.[351] Schon die zentrale Erzählung des Buches vom zwar »tragisch«, aber eben doch *gescheiterten* Politiker und Staatsreformer war nämlich zur Fortsetzung der Kriegspropaganda mit wissenschaftlichen Mitteln wenig geeignet, und auch das Loblied auf die Symbiose von Wissenschaft und Militarismus, das er noch zu Beginn des Krieges angestimmt hatte, ist hier kaum mehr als ein bitterer Abgesang auf die weder am einen noch am anderen wirklich gebildete »Bureaukratie« seiner Zeit.[352] Gleichzeitig war der »Platon« aber eben auch nicht einfach bloß eine Summe der philologischen »Werkeltagsarbeit«.[353] Der weitgehende Verzicht auf Anmerkungen und griechische Zitate im ersten Band, aber auch der Umstand, daß die quellenkritischen und werkgenetischen Einzeluntersuchungen des zweiten Bandes erst mit einiger zeitlicher Verzögerung und separat erschienen, ließ schon äußerlich erkennen, daß Wilamowitz mit diesem Buch mehr wollte, als bloß der »Majestät der Wissenschaft« zu dienen.[354] In den drei zwischen Weihnachten 1917 und 1918 entstandenen Vor- und Nachworten deuteten sich denn auch bereits die verschiedenen Dimensionen an, unter denen das Buch gelesen werden konnte und sollte.

Gerichtet nicht in erster Linie an die eigenen »Fachgenossen«, sondern an eine breite gebildete, des Griechischen jedoch nur noch selten mächtige Leserschaft war der »Platon« zunächst ein durchaus *humanistisches* Buch in dem Sinne, daß es seine Leser an und durch Platon erziehen sollte. Angetreten nicht als Philosophiehistoriker, sondern als Philologe und »Dolmetscher« der Seele Platons wollte Wilamowitz mit seinem Buch nicht weniger erreichen, als

> »daß andere ihn lieben, wie ich ihn liebe, daß er andern für ihr Verhältnis zu dem Ewigen und dem Leben das werde, was er seit den Tagen seines Lebens unzähligen gewesen ist, heute aber, zumal unter uns Deutschen, zu wenigen ist.«[355]

Als Entdecker der Wissenschaft und damit als »unser aller Archeget«, genauso aber auch als Künder des »göttlichen«, über die Wissenschaft hinaus weisenden »Wahnsinns« sowie als geborener Dichter und Dramatiker erschien er Wilamowitz als der geeignetste Führer der Deutschen zu sich selbst – und tatsächlich ist es denn auch genau diese neuhumanistische Formel von der (nationalen) Selbstbildung durch Platon und die Griechen, die eine der Fluchtlinien des Werkes

351 Vgl. *Canfora*, Politik, S. 67 und etwa *Hardtwig*, Akademie, S. 43.
352 *Wilamowitz*, Platon, S. 444.
353 Vgl. *ders.*, Philologie und Schulreform, S. 108.
354 Ebd.
355 *Ders.*, Platon I, S. 1 u. 4.

darstellen wird.[356] Daß es dabei nicht blieb, sondern sich humanistisches Pathos mit einem geradezu wissenschaftsgläubigen *Historismus* verband, ja jener Humanismus erst durch konsequente Historisierung und philologische Kärrnerarbeit gerechtfertigt werden sollte,[357] machte eine weitere Dimension des Buches aus, die bei all jenen, die mit der Aktualisierung Platons den Historismus gerade überwinden wollten, für Spott und Widerstand gleichermaßen sorgte.[358] Der vielzitierte »Charme des Widerspruchs« bei Wilamowitz,[359] der in seiner Person positivistischen Historismus mit einem tiefverwurzelten »Portenser« Humanismus verband, kam im »Platon« dabei auch deshalb besonders zum Tragen, weil dieses sein bis dahin wohl *persönlichstes* Buch wurde. »Von den Intimen lange erhofft, für das weitere Publikum, auch der Fachgenossen, unerwartet« hatte der »greise Führer der deutschen Philologie« mit seinem »Platon« tatsächlich so etwas wie ein Lebenswerk vorgelegt.[360] Die in Pforte begründete Liebe zu Platon und der lebenslange Umgang mit ihm verlieh dem Werk unverkennbar autobiographische Züge, die Wilamowitz auch selbst andeutete und durch den Subjektivismus des biographischen Verstehenwollens noch zusätzlich legitimiert sah.[361] Eng verknüpft mit der persönlichen ist schließlich auch die *politische* Dimension des Buches. Konnte die Deutung Platons als eines zwar leidenschaftlichen, durch die Umstände aber immer wieder zum Rückzug in Theorie und Wissenschaft genötigten Politikers ursprünglich vor allem als ein Spiegel von Wilamowitz' eigenen Ausflügen in die Politik und als Versuch gelesen werden, das Kaiserreich wenn schon nicht politisch, so durch Erinnerung an Platon immerhin sittlich und pädagogisch zu erneuern, sprich: es von der »Wahrheit« zu überzeugen, daß stets nur »die Einsichtigen herrschen sollten«,[362] so veränderte sich der Charakter des Buches noch einmal durch die zeitliche Koinzidenz von Veröffentlichung, Kriegsniederlage und Revolution. Die einen, zu denen anfangs auch Wilamowitz selbst zählte, betrachteten den »Platon« politisch und methodisch als das »Testa-

356 Ebd., S. IV, 2 u. 758.

357 Ebd., S. 744 u. 750.

358 Bekannt sind die spöttischen Charakterisierungen des Buches im George-Kreis als eines »Platons für Dienstmädchen« in der Überlieferung bei *Wolters*, Stefan George, S. 487 und als des »Wilamowitzes [...] biographischer Roman für alte Jungfern« im Brief von Gundolf an Hildebrandt vom 22.07.1919, zit. nach *Groppe*, Macht der Bildung, S. 642, Anm. 66. Vgl. auch die einzige Rezension des Buches aus dem Kreis von Karl [d.i. Kurt] *Hildebrandt*, Rez. Wilamowitz. Kaum weniger scharf ist übrigens auch die Besprechung von *Natorp*, Rez. Wilamowitz, in der er ihm u.a. die »Vergleichgültigung« Platons und seine »Modernität von Gestern« zum Vorwurf macht.

359 *Reinhardt*, Die klassische Philologie, S. 348. Vgl. auch *Braun*, Griechisch.

360 So in der HZ Eduard *Schwartz*, Rez. Wilamowitz, S. 291 und mit Hinweis auf die autobiographischen Aspekte bereits *Pohlenz*, Rez. Wilamowitz, S. 1 u. *Strunz*, Rez. Wilamowitz, S. 115f.

361 *Wilamowitz*, Platon, S. 9.

362 Ebd., S. 755.

ment« einer untergegangenen Welt,[363] der angesichts der zur Herrschaft gekommenen »Ochlokratie« eigentlich nichts mehr bleibe als »abzusterben« oder sich in das von Platon erschlossene »Reich der ewigen Formen« wie in eine Gegenwelt zu flüchten.[364] Für die anderen dagegen wies es bereits wieder in die Zukunft, war es das kräftige »Symbol« dafür, »daß Deutschland als geistige Nation nicht aufgehört hat zu bestehen«[365] und sich gerade in den »geschichtsschweren Zeiten« auf die Vorschläge eines Staatsreformers besinne,[366] der schon einmal und in ähnlicher Situation das vermeintliche Unheil der Demokratie gesehen und – damals freilich vergeblich – einen Ausweg gewiesen hatte.

Daß sich solche und ähnliche politische Deutungsmuster etablieren konnten, lag natürlich nicht nur an Wilamowitz. Wie gesehen hatten bereits die Neukantianer versucht, Platon für ihre sozialpolitischen Vorstellungen fruchtbar zu machen, und auch im George-Kreis war die Nachfolge Platons und die Anlehnung an dessen Staatsterminologie von Beginn an ambivalent und machte in ihren Geltungsansprüchen keineswegs an den Grenzen des Kreises halt. Die Bedeutung, die Wilamowitz für die kommende Renaissance Platons auch und gerade als eines politischen Denkers zukommt, ist dennoch schon aufgrund seiner überragenden Popularität sowie seiner wissenschaftlichen Autorität kaum hoch genug zu veranschlagen. Sie wird allerdings erst recht deutlich, wenn man auch die anderen Dimensionen des Buches miteinbezieht und die Konfliktlinien berücksichtigt, die sich dadurch zu den beiden anderen großen Prätendenten auf dem Feld des Neoplatonismus ergaben.

2.4.1 Ein Lebenswerk

Eine Biographie im modernen Sinne zu verfassen, noch dazu eine über eine historische Figur der Antike, von der außer den – immerhin vollständigen – Werken und einigen Kopien späterer Portraitbüsten kaum mehr bekannt ist, als sich »auf ein Quartblatt schreiben« läßt,[367] erschien Wilamowitz selbst lange vermessen. Noch 1913 hatte er ja sein Bedauern darüber geäußert, daß die Person Platons ganz hinter dem Werk zurücktrete und weder die Dialoge, in denen er

363 *Petersen*, Platon (Hamburger Abendblatt). Vgl. auch die Erinnerungen von *Murray*, Memories S. 14, in denen dieser berichtet, wie seine Tochter 1923 den Freund ihres Vaters mit der Hoffnung auf die Wiederaufbau der Welt durch den Völkerbund aufzumuntern suchte und Wilamowitz nur antwortete: »Die Welt, die ich kannte, ist zerstört.«

364 *Wilamowitz*, Platon, Nachwort zu Band II., o. S. Vgl. auch den Brief an Werner Jaeger vom 26.11.1918, in: *Calder*, Correspondence, S. 323–325.

365 Paul Friedländer, Brief an Ulrich von Wilamowitz-Moellendorff vom 26.11.1918 in: *Calder*, The Wilamowitz in me, S. 133.

366 *Schwartz*, Rez. Wilamowitz, S. 296.

367 *Wilamowitz*, Platon I, S. 6.

selbst außer in einer unbedeutenden Nebenrolle nicht auftritt, noch die unter seinem Namen überlieferten, aus formalen Gründen aber verworfenen Briefe einen tieferen Einblick in die Persönlichkeit ihres Autors erlaubten: »Für uns, die wir ihn gern ganz kennen, gern auch im Schlafrock und in der Hoftracht sehen möchten wie Goethe, ist das sehr bitter: aber er hat es so gewollt.«[368] Andererseits, so Wilamowitz weiter, stehe da aber dies große Werk, das in seiner Breite und gedanklichen Tiefe, vor allem aber durch die sich entwickelnde dialogische Form so lebendig sei, daß er gar nicht anders könne, als stets »unmittelbar« auf das »innere Leben dieser Seele« zu schließen, die sich nicht hinter, sondern in diesem Stilwandel selbst ausdrücke:

»Große Stilisten, die ihr Handwerk gelernt haben und verstandesmäßig üben, verlernen die Weise, für die sie sich einmal entschieden haben, ihr Leben lang nicht. Isokrates und Demosthenes, Cicero und Seneca, Voltaire und Rousseau. Aber wem die Rede unmittelbar aus der Seele kommt, die Kunst Natur ist, der wird anders reden, wenn er anders geworden ist; sein Stil wird mit ihm altern, weil er mit ihm jung war. So ist es bei Goethe und bei Platon.«[369]

Die Stilanalyse der platonischen Dialoge, die in den Jahren zuvor vor allem durch sprachstatistische Verfahren große Fortschritte auf dem Weg zu einer relativen Chronologie der Dialoge oder Dialoggruppen erzielt hatte und durch äußere Anhaltspunkte auch einige konkrete Datierungen zuließ,[370] konnte jedoch selbst unter einer solch psychologischen Perspektive kaum zu dem Menschen führen, der Wilamowitz als Gegenstand seiner Biographie vorschwebte. Denn so »lebendig« einige dieser Dialoge auch sein mochten und so groß das psychologische Gespür, das die Zeichnung der dortigen Charaktere verriet, zum Kern historistischer Biographik, also zum verstehenden Nachvollzug dieses einen Lebens und seiner Motive, Hoffnungen und politischen Absichten mußten sie solange schweigen, wie der Autor nicht im eigenen Namen auftrat und also einen kleinen Einblick in die eigene Seele oder wenigstens in das eigene Verständnis seiner Autorschaft gestattete.

Hier nun kamen die Briefe Platons ins Spiel, vor allem der berühmte 7. Brief, in dem im Namen Platons Auskunft gegeben wird über dessen Leben, seine philosophische Schriftstellerei und nicht zuletzt auch über die gescheiterten politischen Ambitionen in Athen und Syrakus. Obschon der Brief im 19. Jahrhundert mehrheitlich für nicht authentisch gehalten wurde, anerkannte man seit Friedrich Ast doch wenigstens den biographischen Wert seiner Angaben, von

368 *Wilamowitz,* Griechische Literatur, S. 79. Vgl. auch die überarbeitete schon deutlich längere Passage zu Platon in der dritten Auflage von 1913, *ders.*, Griechische Literatur (1913), S. 129.

369 *Wilamowitz,* Griechische Literatur (1913), S. 128f.

370 Vgl. zur Geschichte der platonischen Sprachstatistik v.a. den Überblick bei *Brandwood,* Chronology.

der auch die antiken Viten Platons größtenteils abhängig waren.[371] Um 1900 war die Ablehnung der Briefe dann auch schon längst nicht mehr unumstritten, es mehrten sich vielmehr die Stimmen, die wenn schon nicht ihre Echtheit definitiv belegen, so doch die Einwände dagegen nach und nach entkräften konnten.[372] Wilamowitz selbst hatte die Briefe trotz dieser Stimmen noch lange Zeit, also wenigstens bis 1913, als unecht verworfen, »wesentlich aus dem Gefühle, daß es wider Platons Art ist, von sich zu reden.«[373] Der Umschwung dahin, immerhin die wichtigsten Briefe sechs bis acht anzuerkennen, kam dann erst im Laufe des Krieges und es war mitnichten nur die Sprachstatistik, die ihn hier eines besseren belehrte.[374] Wirklich »durchschlagend« war vielmehr, daß er nun die politische Haltung Platons in den Jahren 404–390 v. Chr. verstand,[375] als dieser sich nach dem Tode des Sokrates fragte, wie er leben solle, und trotz seines inneren Dranges zur Politik doch von dieser immer wieder Abstand nehmen, ja »bittersten Verzicht« üben mußte, weil er in den tiefen »Sumpf« aus Zügellosigkeit und kriegerischer Machtpolitik, die er während der Oligarchie der Dreißig genauso erfahren habe wie in der Demokratie, nicht hineinsteigen konnte und wollte.[376] Diese grundsätzlichen »Zweifel am Vaterland« seien es also gewesen, die den eigentlich zum Politiker bestimmten Platon den Weg über Philosophie und Pädagogik nehmen ließen und die wiederum Wilamowitz dann im Rückblick des 7. Briefes so getreu wiederzuerkennen meinte, daß sie Platon unmöglich von einem »Fälscher« untergeschoben sein konnten.[377]

Der Grund dafür, daß Wilamowitz erst jetzt die Zweifel Platons verstehen, mithin den Brief und seine politisch-philosophische Autobiographie als authentisch betrachten konnte, dürfte, folgt man seinem eigenen hermeneutischen Programm,[378] nicht zuletzt daran gelegen haben, daß auch ihn während des Krieges ähnliche »Zweifel am Vaterland« beschlichen. Nach den politischen Adressen und Reden des ersten Kriegsjahres, die ihn sogar noch den »glücklich-

371 Vgl. nur die Äußerung Eduard Meyers (*Meyer*, Geschichte, S. 287): »Natürlich sind sie, da sie Briefe sind, von den Neueren für gefälscht erklärt worden; den Alten haben sie immer als platonisch gegolten, und von der Biographie sind sie mit vollem Recht aufs Stärkste benutzt worden, wie denn auch kein neuerer Historiker den Werth Ihrer Nachrichten hat verkennen können, auch wenn er sie zur Salvirung seines Gewissens als Pseudoplato citirt.« Zur Geschichte der Echtheitsfrage siehe zuletzt *Knab*, Platons Siebter Brief, S. 1–7 u. 45 ff.

372 Vgl. außer den Arbeiten von Constantin Ritter noch *Raeder*, Über die Echtheit.

373 *Wilamowitz*, Platon II, S. 281.

374 *Ders.*, Platon I, S. 7.

375 *Ders.*, Platon II, S. 282.

376 *Ders.*, Platon I, S. 234 f.

377 *Ders.*, Platon II, S. 287.

378 Vgl. *ders.*, Platon I, S. 4 und bes. 9: »Ich glaube wirklich, man muß in stetem liebevollem Verkehr mit ihm [Platon, R. P.] jung gewesen, mit ihm gealtert sein: ehe man zu seiner Seele vordringt. Jetzt ist's für mich an der Zeit, denke ich, und ich darf mir auch erlauben zu sagen, wie ich ihn sehe, ohne viel darauf hinüber zu sehen oder zu schielen, wie er andern erscheint. Wenn ein Kunstwerk ein Stück Leben ist, gesehen durch ein Temperament, besser

sten Tod« seines Sohnes Tycho verherrlichen ließen, wird trotz allem polternden Annexionismus um 1916 herum nämlich auch bei Wilamowitz eine Desillusionierung spürbar, die sich zur Verbitterung erst über die Reichsregierung[379] und dann über das eigene Volk steigert, von dem er nach dem November 1918 schließlich sagen sollte, daß er es nun gänzlich »verachten gelernt« habe.[380] Die Sorgen Platons um den Verfall und die »Erschütterung« des Staates waren also auch hier zunächst die ganz eigenen Sorgen, war das Nacherleben des im Brief geschilderten Ringens Platons um Wirkung und sein Ausweichen auf Philosophie und Wissenschaft gespeist zunächst aus der eigenen Ohnmacht, nicht mehr wie noch 1870 mit »draußen« stehen oder die Dinge politisch entscheidend beeinflussen zu können, sondern den Umweg über die Wissenschaft gehen zu müssen.[381] Das Außergewöhnliche des 7. Briefes, »daß Platon hier, nur hier von

durch eine individuelle Menschenseele, so muß die rechte Interpretation eines ganzen Kunstwerkes dasselbe sein: und die Interpretation eines ganzen Menschenlebens erst recht. Daran ändert alles Streben nach wissenschaftlicher Objektivität nichts.«

379 Schon der zwar zurückgezogene, dann jedoch öffentlich gewordene Berliner Professoren-Aufruf vom Juli 1916, an dem Wilamowitz als Rektor maßgeblich beteiligt war, zielte mit seinen ultra-annexionistischen Forderungen und der Kritik am mangelnden Siegeswillen auf die Politik Bethmann-Hollwegs, wogegen sich denn auch Max Weber in seiner (anonym publizierten) Replik verwahrte. Siehe *Weber*, Professoren-Aufruf, S. 157. Deutlicher wurde Wilamowitz dann in den zu »Weihnachten 1917« verfaßten Vorwort zum »Platon«, wo er für die »Erschütterung unseres Staates [...] allein die Schwäche und Kopflosigkeit der Regierenden verantwortlich« (Platon I, S. 9) machte und hierbei nicht so sehr auf die heillos verworrene Kriegszieldiskussion und den Streit um die Friedensresolution des Reichstages vom Juli 1917, sondern letztlich wohl auf den Parteienstreit (und die in Aussicht stehende Wahlrechtsreform) im Krieg selbst zielte, den er mit seinem Engagement für die im September 1917 gegründete und dezidiert antiparlamentarische Deutsche Vaterlands-Partei überwinden wollte. Solches zumindest deutet auch der nach innen weisende und nicht nur zum eigenen Trost wieder mit Platons Staat verknüpfte Nachsatz an: »ob wir uns selbst zerstören, werden die Jungen erleben. Vielleicht mag man von Platon zur Zeit nichts hören. Dann muß ich mich mit dem Sokrates trösten, der seine Gedanken über den Staat zwar vorträgt, um andere zu überzeugen, aber es genügt ihm auch, daß seine Untersuchung als förderlich anerkannt werde, ›wenn wir in einem anderen Leben auf den Gegenstand zurückkommen‹.«

380 So im Brief an Hans Lietzmann vom 24.12.1918, zit. n. *vom Brocke*, Wissenschaft, S. 713, Anm. 109: »Ich habe leider mein Volk verachten gelernt.«

381 *Wilamowitz*, Platon I, S. 9. Autobiographische Anknüpfungspunkte bot auch das andere inhaltliche Argument für die Echtheit des Briefes, nämlich die Konfusion um den doppelten Anlaß des Briefes: »So wie das sich hier durcheinanderdrängt, konnte es nur aus der Feder und der Seele dessen kommen, dem Dions Tod und die Schmähschriften gleichermaßen an die Seele griffen.« (*Ders.*, Platon II, S. 299) Vergleichbares traf jedenfalls auch Wilamowitz im Vorfeld der Arbeit am »Platon«, wobei weniger der Tod seines Sohnes als vielmehr die Schmähschriften Kurt Hildebrandts gegen ihn im »Jahrbuch für die geistige Bewegung« mit dazu beigetragen haben könnten, die Intention des Briefes zu verstehen und damit auch dessen Authentizität zu akzeptieren. Daß er Hildebrandt bei seiner Arbeit durchaus im Blick hatte, deutet er ebenfalls im Vorwort (*Ders.*, Platon I, S. 3) an, wo von den »abscheulichen« Platon-Übersetzungen »affektierter Ignoranten« die Rede ist und eigentlich nur Hildebrandts Gastmahl-Übertragung von 1912 gemeint sein konnte.

sich redet« und seiner Philosophie letztlich eine ebensolche politische Rechtfertigung gab, konnte also über den Weg der eigenen politischen Erfahrungen nicht nur anerkannt werden – es mußte vielmehr, da war sich Wilamowitz der Tragweite seiner Neuinterpretation durchaus bewußt, gerade »der Stein, den wir Bauleute verwarfen, ein Eckstein werden« und sich also von hier aus ein neuer Zugang zu Platon und seinem Lebens entwickeln lassen.[382]

Die Vehemenz, mit der Wilamowitz nun für die Echtheit des Briefes und seine politisch-biographische Deutung eintrat, verfehlte ihre Wirkung nicht. Zwar waren die Akten über die Echtheit noch nicht endgültig geschlossen, Wilamowitz' fachinterne Autorität, mehr aber noch die pragmatisch-didaktischen Vorzüge seines zweifellos leichter faßbaren biographischen Ansatzes gegenüber der neukantianischen Tendenz, »Platon ziemlich ganz zum Logiker zu machen«, sollten die philologischen Zweifel an den Briefen jedoch bald zum Verstummen bringen.[383] Die Mängel dieser forciert politisch-biographischen Interpretation des 7. Briefes lagen und liegen freilich auf der Hand und seien kurz erwähnt. Die vielkritisierte Selbstbeschränkung des Biographen gegenüber den philosophischen Problemen im engeren Sinne, für die er – anders als für die Seele Platons – keinerlei Kompetenz beanspruchte und die er darum kurzerhand an die »Philosophen vom Fach« verwies,[384] mochte zwar erklären, warum weder dem philosophischen Exkurs des Briefes noch seiner schriftkritischen Kernaussage, daß es von Platon keine Schrift gebe über die Dinge, die ihm wichtig seien,[385] größere Beachtung geschenkt wurde, tatsächlich aber steht und fällt gerade damit doch der interpretatorische »Eckstein« seiner Biographie. Denn selbst wenn die auch aus dem Phaidros bekannte Schriftkritik nicht streng selbstreferentiell gelesen, sondern etwa nach späterer (Tübinger) Lesart »nur« auf eine noch vorenthaltene, ungeschriebene Lehre bezogen würde, kommt man hier um die Anerkennung einer souveränen Autorschaft doch nicht herum, verböte sich also schon aufgrund von Platons eigener Aussage jede »unmittelbare« Verknüpfung von Seele und Dialogen, ohne die Wilamowitz aber der Großteil seines Materials abhanden gekommen wäre.[386] Ähnlich liegen

382 *Ders.*, Platon II., S. 300.

383 Ebd., S. 282 u. *ders.*, Platon I, S. 8. Vgl. dazu auch *Leisegang*, Art. Platon, Sp. 2531: »Der [7., R. P.] Brief, den v. Wilamowitz […] als einen Baustein bezeichnet, der verworfen wurde, aber zum Eckstein werden müsse, ist für die neuere Forschung die wichtigste Quelle für Platons Leben, für das Verständnis seiner Philosophie überhaupt und besonders in ihrer letzten Fassung geworden.« Zu Wilamowitz' Rolle in der Debatte um den 7. Brief vgl. neben *Knab*, Siebenter Brief v. a. den Überblick bei *Tigerstedt*, Interpreting Plato, S. 40 ff.

384 *Wilamowitz*, Platon I, S. 2.

385 Ep. 7, 341c4–5.

386 Vgl. demgegenüber schon *Stenzel*, Literarische Form, der im Anschluß an Werner Jaeger (Studien zur Entstehungsgeschichte der Metaphysik des Aristoteles, Berlin 1912) und im Hinblick auf das Verhältnis von literarischer Form und philosophischem Gehalt die Dia-

die Dinge bei den autobiographischen Passagen des Briefes, also den Berichten über die frühen politischen Erfahrungen Platons, seinen hierdurch geprägten Weg zur Philosophie sowie die erfolglosen Versuche, das aus ihr gewonnene Reformprogramm – Stichwort: Philosophenherrschaft – in Syrakus erst über den dortigen Tyrannen Dionysios, dann durch den eigenen Vertrauten Dion zu verwirklichen. Statt nun diese Berichte umstandslos zu verwerten und die in ihnen dargestellte Motivation zum tragenden Lebensmotiv zu machen, geböte aber das Einmaleins der Quellenkritik, auch diese Stellen auf die Absicht des Briefes zu beziehen und also auch auf ihren offenkundig apologetischen Charakter hin zu befragen.[387] Möglicherweise hat solches der Eifer des in dieser Frage frisch Bekehrten verhindert. Ganz sicher aber wäre andernfalls auch der Biographie, der diese Schilderung den Rahmen und die innere Struktur geben sollte, abermals die Grundlage entzogen worden. Denn mehr noch als das Verhältnis Platons zu seinem Lehrer Sokrates, das auf Grundlage der Abfolge der Dialoge die Skizze einer philosophischen und biographischen Entwicklung ja durchaus zuließe und bis dahin auch die klassische biographische Erzählung bestimmte, war es für Wilamowitz das im 7. Brief herausgehobene Ringen um die rechte politische Wirksamkeit erst in Athen, dann in Syrakus, das erst eigentlich »Handlung in sein Leben« gebracht habe: »Auf die Welt, auf die Gegenwart wollte er wirken und empfand es bitter, daß sie ihn zwang, ein Lehrer zu bleiben, und widerstand bis zuletzt nicht der Hoffnung, mehr zu erreichen.«[388]

loge wieder in erster Linie als »Kunstwerke« (S. 141) verstanden wissen wollte, bei denen Platon durchaus »noch andere Gesichtspunkte gehabt hat, als nur den, seine Philosophie in ihrem jeweiligen Entwicklungsstand vorzuführen.« (S. 125) Stenzels Frage nach dem Warum der Form und seinen Hinweisen auf die Notwenigkeit, auch die mündliche Lehre innerhalb der Akademie für die Interpretation nicht nur der Spätphilosophie, sondern auch schon der Politeia zu berücksichtigen, ist denn auch für das »Tübinger« Paradigma wegweisend gewesen. Vgl. *Gaiser*, Das Platon-Bild, S. XIV.

387 Zur Kritik an den autobiographischen Passagen des 7. Briefes vgl. bereits *Howald*, Platons Leben, S. 46 f.: »Als Platon im höchsten Alter im sogenannten siebten Briefe eine Art Rechenschaftsbericht über sein Leben ablegte, hatte er keine ganz genaue Vorstellung mehr von seiner früheren Entwicklung. Begreiflicherweise kam es ihm so vor, als ob sein ganzes Leben im Dienste politischen Denkens gestanden hätte, da auf alle Fälle vor langer Zeit die leidenschaftlich betriebene Arbeit an der Reorganisation der staatlichen Gesellschaft völliges Zentrum seiner theoretischen Untersuchungen geworden war.« Tatsächlich aber, so Howald weiter, hätten gerade die Anfänge seines Philosophierens unter dem Eindruck des »gänzlich asozialen« sokratischen Denkens gestanden und es habe lange gebraucht, bis Platon das spätere Objekt seines Denkens überhaupt gefunden habe. Daß sich dies im Rückblick anders und zielgerichteter darstellte, sei aber alles andere als ungewöhnlich. Zur apologetischen Funktion der Autobiographie des 7. Briefes siehe zuletzt *Brisson*, La lettre VII de Platon, S. 22: »La lettre VII est donc bien une autobiographie, mais une autobiographie qu se veut une apologie, une apologie de Platon par lui-même et, par la même occasion, une apologie de celui qui fut son disciple, Dion.« u. *Erler*, Philosophische Autobiographie.

388 *Wilamowitz*, Platon I, S. 7.

Mit dem 7. Brief und seiner politisch-biographischen Interpretation waren nun also Handlung und bestimmendes Lebensmotiv gewonnen und damit der Boden bereitet, auf dem Wilamowitz sein eigenes Bild von Leben und Werk Platons entwerfen oder es doch dort, wo es an Quellen mangelte, mit stupender Gelehrsamkeit durch ein allgemeines Zeitbild ergänzen konnte.[389] Die beiden anderen Prämissen seiner Darstellung, die sie zu einem »Lebenswerk« im doppelten Sinne machen sollten, sind dabei ebenfalls schon angeklungen. Die eine betrifft die methodologischen Grundlagen des Historismus und dessen nicht nur in der Platonforschung eigentlich romantischen Ursprünge,[390] die auch bei Wilamowitz immer dort durchscheinen, wo er von Platons Autorschaft handelt. Denn so sehr er sich auch mühte, Platon als politischen Tatmenschen darzustellen, dem nichts ferner lag, als seine Gedanken »in der stillen Studierstube« bloß für Katheder und Lehrbücher auszubreiten, so kam er doch eben auch nicht umhin, ihn sich auf der anderen Seite als Dichter vorzustellen, der nicht nur seine besondere poetische »Inspiration aus dem Leben mit der Natur empfangen« habe, sondern dem – und hier macht sich das romantisch-hermeneutische Erbe Schleiermachers und Diltheys besonders bemerkbar – die Dialoge dann am Abend, nachdem in der Akademie der Trubel des Tages verklungen war, im freundlichen Schein einer Lampe nicht aus der Feder, sondern geradewegs aus der Seele geflossen seien.[391] Bezeichnend für diesen Kurzschluß von Erleben und Ausdruck ist die Interpretation des Phaidros, den Wilamowitz nach Abschluß der Politeia und der schriftstellerischen Höhepunkte in Phaidon und Symposion als einen besonderen Moment des dichterischen Innehaltens verstanden wissen wollte:

»Selbst erlebt ist alles, sicherlich nicht nur der Flug in die höchsten Sphären, sondern auch der siegreiche Kampf mit der Sinnlichkeit; auch daß ihm gerade das Beste in den Momenten gelang, wo der Verstand von der Begeisterung hingerissen war, hat er sich eingestanden. Es war wieder ein solcher glücklicher Moment, wo all dies, was in seiner Seele war, in eins zusammenschoß, in ein Gefühl zugleich und ein Wissen. *Das*

389 Ebd., S. 42.

390 Vgl. zu dieser zeitgenössisch von Georg von Below oder Friedrich Meinecke aktualisierten Traditionslinie *Oexle*, Meineckes Historismus, bes. S. 121 ff.

391 *Wilamowitz,* Platon I, S. 2, 6 f. u. 274. Beschränkte sich etwa August Boeckh noch darauf, die Individualität in der »Compositionsweise« eines Autors phänomenal aufweisen zu wollen, hypostasierte Wilamowitz die »psychologische Interpretation« Schleiermachers insofern, als er die Vorstellung vom einzelnen Text als »Lebensmoment des Redenden« verkürzend und unmittelbar auf dessen psychische Realität bezog, um schließlich – auf die romantische Unendlichkeit des Individuums verzichtend – dieses selbst und nicht den Text oder gar die eigene Selbsterkenntnis zum letzten Ziel des Verstehens zu machen. Vgl. hierzu sowie zur Theoretisierung des zeitgenössischen Vorurteils von der Dichtung als dem Ausdruck von Erlebnissen durch Wilhelm Dilthey (Das Erlebnis und die Dichtung, Leipzig 1906) *Hentschke/Muhlack*, Geschichte, S. 105 f.

mußte er sich von der Seele schreiben [Herv. R. P..], und so entstand ein neues Werk, unmittelbar nach dem Staat. Geboren ist es aus jenem Gefühle der Ermattung zugleich und Befreiung, den der Abschluß eines Lebenswerkes erzeugt: das ist die Erholung des wahrhaft produktiven Menschen. Freudigkeit, Wohlgefühl, Befriedigung durchzieht das Ganze. [...] Die Naturstimmung wird ihm in einem glücklichen Momente die Kraft verliehen haben, alles zusammenzufassen. So nenne ich denn dies Kapitel, das den Phaidros behandelt, einen glücklichen Sommertag. Man wird es schelten oder verlachen; ich kenne das; gleichviel: so sehe ich den Dichter, in dessen Seele ich mich einzufühlen versuche.«[392]

Die Vorstellung vom (philosophischen) Dichter als demjenigen, dessen eigenes Erleben sich nicht nur im Werk spiegele, sondern der sich dieses geradezu »von der Seele schreiben« müsse, gehörte wie der Gedanke der »Einfühlung« zu den hermeneutischen Grundüberzeugungen eines Historismus, denen sich Wilamowitz als Philologe noch weitgehend, wenn auch nicht mehr bar jeden Problembewußtseins verpflichtet wußte.[393] Gleiches galt, wenig überraschend, auch für den zugrundeliegenden Entwicklungsgedanken, der explizit bei Karl Friedrich Hermanns früherem Versuch anknüpfte, »Platons Leben und System geschichtlich zu behandeln«,[394] und der die Widersprüche zwischen den Dialogen überwiegend werkgenetisch, ihre Aussagen und Aporien aber vor allem psychologisch zu erklären suchte.[395] Im Unterschied zu Hermann zielte Wilamowitz

392 *Wilamowitz,* Platon I, SS. 459.

393 Vgl. bes. den 1908 in Oxford gehaltenen Vortrag *Wilamowitz*, Hellenische Geschichtsschreibung, S. 245, wo sehr klar auch das hermeneutische Dilemma des Historismus benannt wird: »Die Überlieferung ist tot, unserer Aufgabe ist es das vergangene Leben zu erwecken. Wir wissen es, daß die Schatten erst reden, wenn sie Blut getrunken haben, und die Geister, die wir rufen, fordern unser Herzblut. Das geben wir gern. Aber wenn sie uns dann Rede stehen, so ist etwas von uns in sie hineingekommen, etwas Fremdes, das wieder hinaus muß, um der Wahrheit willen hinaus muß.« Das Problem indes, daß die platonischen Dialoge nicht wie Dichtung primär unter der Kategorie des Ausdrucks aufgefaßt werden könnten, sah er nicht. Siehe dazu bereits *Patzer*, Wilamowitz, S. 254 f.

394 *Wilamowitz*, Platon II, S. 7. Gemeint ist hier Karl Friedrich Hermann, Geschichte und System der Platonischen Philosophie Bd.1, Heidelberg 1839. Zu Hermann als dem eigentlichen Ausgangspunkt der genetischen Platondeutung, der, Wilamowitz darin nicht unähnlich, Romantik und Positivismus verband, siehe *Tigerstedt*, Interpreting Plato, S. 27 ff. u. 40 f.

395 Vgl. nur den sprechenden Titel des Kapitels »Jugendübermut« und das dortige Urteil über den Ion (*Wilamowitz,* Platon I, S. 134): »Wir verzeihen dem Anfänger manche Unebenheit, vor allem, daß er seinen Sokrates mehr dozieren als fragen läßt, nicht weil er ihn als Lehrer einführen will, sondern weil er selbst der Kunst noch nicht mächtig ist, seine Gedanken in einem Frage- und Antwortspiel vorzutragen. Wenn wir allerdings die Karikatur des Ion nicht anerkennen [...], wenn wir's ernst nehmen [...], dann ist der Ion ein so törichtes Buch, daß man ihn beiseite werfen soll, einerlei, ob Platon ihn verfaßt hat oder ein anderer.« Ein anderes Beispiel ist der notorisch schwierige Parmenides. Für Wilamowitz war Platon nach Phaidon und Symposion sowie nach der ziemlich »enttäuschenden« Rezeption des Staates schriftstellerisch an einen »Wendepunkt« angekommen, habe er die Dialogform als

jedoch nicht in erster Linie auf den Philosophen – und erst recht nicht auf das System –, sondern zunächst auf den Dichter und Politiker, kurz: auf »den Menschen« Platon, der als »belebende« Einheit« hinter dem Werk stehe und denjenigen »zur Verzweiflung treibe, der ein geschlossenes System aus allen seinen Schriften destillieren« wollte:[396]

»Bei Platon ist es vollends notwendig, seine Werke als Äußerungen seines Lebens zu fassen. Denn er ist immer ein Werdender geblieben; wer das verkennt und sich berechtigt glaubt, die Erkenntnisse des Phaidros in den Ion, des Menon in den Protagoras, des Philebos in den Staat hineinzulegen, hat sich das Verständnis von vornherein verschlossen.«

Leben und Werk werden also als Einheit, gleichsam als eine politisch-philosophische Dichterbiographie behandelt, bei der literarische Form, politischer Wirkungswille und innere Gedankenentwicklung einander bedingen und in der Einheit des einen Lebens verstanden werden sollten. Für dieses Modell Pate gestanden hatte dabei zweifellos Goethe, der aufgrund des reicheren biographischen Materials und des so viel günstiger zu beobachtenden »Werdens seiner geistigen Person« immer wieder nicht nur als Motivgeber diente und zum Vergleich und Verständnis herangezogen wurde, sondern der bei Wilamowitz geradewegs zum dichterischen Alter Ego Platons avancierte.[397] Ganz im Sinne des Schulhumanismus[398] (und vom Traditionsverständnis des Geheimen Deutschland ebenfalls nicht allzuweit entfernt) war Goethe nämlich auch bei ihm der einzige, der Platons dichterische und denkerische »Doppelbegabung« teilte, seien die beiden »geliebten Großen« überhaupt von so verwandtem oder doch zumindest komplementärem Geist, daß sich die Analogien geradezu

»lästig« empfunden und sich selbst als dem sokratischen Dialog endgültig entwachsen. Produkt dieser Krise und der Suche nach neuen Formen sei dann ein »unerfreuliches, halbschlächtiges Ding, der Dialog Parmenides« gewesen, in dem Wilamowitz ungeachtet seiner zentralen Bedeutung für den Neuplatonismus, die Tradition der negativen Theologie usw. kaum mehr erkennen will als einen übriggebliebenen »Übungsstoff für Schüler«, der sich überdies auf zwei knappen Seiten abhandeln lasse: »mehr darf man nicht in ihm suchen.« *Ders.*, Platon I, S. 451 u. 511 f. Genauso psychologisierend wird mit dem Theaitetos verfahren, ebd., S. 531 f.: »Nur die Erfahrung, selbst nicht in die Welt zu passen, nur die Bitterkeit dieser Erfahrung konnte den Ausbruch dieses ingrimmigen Stolzes hervorrufen [d.i. u.a. den Theaitetos zur Zeit des Prozesses gegen Sokrates spielen zu lassen, R. P.], eine persönliche Erfahrung Platons.«

396 Ebd., S. 724, das folgende Zitat S. 6.

397 Die Goethezitate und -verweise übersteigen bei weitem die im Register angegeben Stellen, siehe daher nur für das Zitat S. 708 ff. sowie den Umstand, daß sämtliche Motti über den Kapiteln aus dem »Faust« stammten. Vgl. außerdem schon *ders.*, Einleitung in die griechische Tragödie, S. 18: »Platons entwickelung zu übersehen würde einen ähnlichen reichtum von psychologischer belehrung bieten wie die Goethes.«

398 Vgl. *Immisch*, Neue Wege, S. 546 u.ö. (Platon als der wie Goethe »niemals Fertige«).

aufdrängten[399] – oder aber, wo sie sich dann doch versagten, sich das Spezifische der hier unternommenen Platondeutung nur noch einmal unterstreichen ließe:

»Der junge Goethe hatte kein anderes Lebensziel als mit seinem Pfunde, seinem Talente zu wuchern: der Inhalt seines glücklichen und gesegneten Lebens ist Selbstentfaltung. Platon wollte auf die Welt und für die Welt wirken, politisch wirken, was sich dann zugleich verengte und erweiterte, als die Aufgabe zur Reform der Gesellschaftsordnung und zur sozialen Pädagogik ward. Die Verhältnisse haben ihm dieses Wirken eingeengt oder verkümmert, aber seinem Ziele ist er niemals untreu geworden.«[400]

Machte nun das unter den Prämissen des Historismus veranschlagte Ineinander von Leben und Werk, wie es dem Beispiel Goethes nachempfunden, hier aber unter den Leitstern des verhinderten Politikers und Staatsreformers gestellt wurde, aus dem »Platon« ein Lebenswerk im wörtlichen Sinne, so sollte dies auch noch unter einem anderen, persönlich-biographischen Gesichtspunkt gelten. Dies meint nicht, daß der »Platon« Wilamowitz' eigentliches Haupt- oder Lebenswerk gewesen wäre. Den Anspruch darauf dürfte, so überhaupt, eher noch das Buch über Herakles besitzen, das er vierzigjährig – auf der Akme seines Lebens[401] – fertiggestellt hatte und das Euripides ebenso zum Denkmal werden sollte wie seinem bewunderten Lehrer und Schwiegervater Theodor Mommsen. Was den »Platon« und mit ihm den »Herakles« allerdings vor allen anderen Werke auszeichnete, war deren ausgeprägte Bekenntnishaftigkeit, die sich zuerst in den fast gleichlautenden Widmungen an seine schon gegen den jungen

399 *Wilamowitz,* Platon I, S. 710, 713, vgl. auch S. 712: »Darin daß er Mathematiker ist, liegt sein wichtigster Unterschied von Goethe. Sie sind einander in so vielem ähnlich, gerade in dem, wie sie zu Gott und zu der Natur stehen und uns zur Andacht, zur frommen Ergebung in beider einträchtiges Wesen und Wirken führen, und doch stehen sie ganz verschieden zur Naturwissenschaft. Jedem fehlt etwas, und daher brauchen wir beide zur Ergänzung. Goethes Augen sehen all das unübersehbare einzelne, die Gesteine und die Pflanzen der Erde und die Wolken des Himmels, und alles was er sehen kann, verhört er, um Wesen und Werden zu erkennen, auch Tiergeripp und Totenbein. Goethe experimentiert. Aber er rechnet nicht. Platon findet, ohne selbst ein Beobachter zu sein: ohne auch nur eine naturwissenschaftliche Tatsache ermittelt zu haben, die entscheidende Wahrheit, daß die Gesetze, die alles Werden und Wandeln in der Natur beherrschen, erst dann erkannt sind, wenn sie sich mathematisch fassen lassen.«

400 Ebd., S. 711.

401 Vgl. *ders.*, Einleitung in die griechische Tragödie, S. 18: »die entwickelung ist für den animalischen menschen fertig, wenn der körper voll ausgereift ist, und bei dem durchschnitt ist dann auch die geistige entwickelung auf ihrem höhepunkt. die bedeutung des menschen aber bemißt sich danach, wie spät er klug wird, und es ist ein zeichen der geistigen kraft unseres deutschesten Stammes, daß er wie die Hellenen dazu 40 jahre brauchen soll, in Wahrheit bringen wol nur die allerhöchststehenden sterblichen die entwickelungsperiode zu solcher dauer. bei Goethe und bei Platon macht allerdings das vierzigste jahr epoche, da erst sind sie fertig.«

Nietzsche verteidigte »liebe Mutter Pforte« ausdrückte[402] und die sodann in den Vorworten sowie in den zahlreichen Verknüpfungen von Gegenstand und Gegenwart immer wieder durchschien. Zweifellos gehörten die (dabei viel zu oft schiefen) Analogien und begrifflichen Modernisierungen immer schon zum festen Bestand jener »Verlebendigung«, die Wilamowitz über die »Erkenntnis des Erkannten« hinaus zum Ziel der Altertumswissenschaften erhoben und gegen jeden aus seiner Sicht falschen Klassizismus in Stellung gebracht hatte.[403] Seinem historistischen Selbstverständnis nach war die Antike ja, war

»die Überlieferung tot: unsere Aufgabe ist es das vergangene Leben zu erwecken. Wir wissen es, daß die Schatten erst reden, wenn sie Blut getrunken haben, und die Geister, die wir rufen, fordern unser Herzblut. Das geben wir gern.«[404]

Daß in den »Platon« viel vom »Blut« des Autors, also: von Wilamowitz' Leben und Erleben eingegangen ist, gab dieser darum denn auch unumwunden schon in den Vorworten zu und ist von der Forschung an den vielen autobiographischen Aspekten des Buches aufgewiesen worden.[405] Auffallend ist jedoch, daß Wilamowitz trotz allem »Herzblut« weitgehend auf die sonst so grellen Modernismen verzichtet hat, er Platon also weder als »attischen Junker« noch Sokrates als »Wehrmann im 10. Regiment« auftreten lies.[406] Auch die Sottisen und die zuweilen tief in den Alltagsjargon abrutschenden Übersetzungen, für die Wilamowitz nachgerade berüchtigt war,[407] fehlten zwar nicht ganz, sie blieben aber wie fast jede gelehrte Polemik Ausnahmen, sollte, wie es das Nachwort vom Dezember 1918 vermerkte, aller »Haß und Neid [...] ἔξω θείου χοροῦ«, außerhalb dieses (für ihn) göttlichen Bezirkes bleiben.[408] Dies zeigt, daß es Wilamowitz um etwas Wichtigeres und Persönlicheres ging als nur um die Popularisierung dieses einen Stückes der Antike, nämlich um nichts weniger als

402 *Ders.*, Platon I, Nachwort zu Band II, o. S.: »Was der Knabe beim Scheiden seiner lieben Mutter Pforte versprach, wird er halten«, es folgt dann das griechische Zitat aus Euripides, Herakles V. 674 ff.

403 Vgl. dazu nur *Hentschke/Muhlack*, Geschichte, S. 97 ff.

404 *Wilamowitz*, Hellenische Geschichtsschreibung, S. 245.

405 So zuerst *Parente*, Rileggendo, und dann mit größerem Hang zur Allegorese *Calder*, Ecce Homo.

406 *Wilamowitz*, Griechen und Germanen, S. 96 f. (vgl. dort auch die Rede von Sappho als der Leiterin eines »Mädchenpensionats«) und *ders.*, Herrlichkeit, S. 44.

407 Vgl. *Schadewaldt*, Antike Tragödie, S. 50 f., der Wilamowitz' wirkungsidentische Übersetzungen (noch zurückhaltend) als »ein seltsames Gemisch von Schiller, Geibel, protestantischem Kirchenlied, spätgoethischen Rhythmen, Hebbelschem Dialog mit seltsamen Abstürzen in den Alltagsjargon« charakterisierte. Siehe zur zeitgenössischen Übersetzungstheorie und -praxis jetzt nur *Kitzbichler/Lubitz/Mindt*, Theorie der Übersetzung, bes. S. 196–235.

408 *Wilamowitz*, Platon I, Nachwort zu Band II, o. S. Bemerkungen wie die (ebd., S. 143, Anm. 1), »daß Sokrates sich, hoffentlich, gewaschen hat«, sind dann tatsächlich die Ausnahme.

darum, Zeugnis abzulegen sowohl über das eigene Leben und Werk wie auch über den ihn dabei seit seiner Portenser Zeit tragenden Glauben an Platon und seine Wissenschaft.

Das »fidem profiteor Platonicam«, das Wilamowitz schon einige Jahre zuvor gegenüber Eduard Norden bekannte[409] und das ihn offenbar seit Pforte leitete,[410] war dabei keineswegs als Kritiklosigkeit miß zu verstehen. Im Gegenteil waren Kritik und historische Kontextualisierung ja gerade unverzichtbare Bestandteile das Verstehens, weil sich nur hier, an den Unvollkommenheiten und Fehlern der Reiz des Verstehenwollens entzünde. Erst diese Lebendigkeit, sprich: die Entwicklungsgeschichte eines Gegenstandes machte ihn für Wilamowitz verständlich und ermöglichte auch so etwas wie die innerliche Bemächtigung des »Unsterblichen« an ihm.[411] Die Reihe der Vorhaltungen gegenüber Platon ist hier denn auch tatsächlich lang und reicht von stilistischen Fragen[412] über einige zeitbedingte und später von ihm selbst korrigierte »Irrtümer« und Einseitigkeiten seines Staatsentwurfes[413] bis hin zu den politischen Fehlentscheidungen und Selbsttäuschungen, denen Platon, obschon zur »Tat« berufen, in Wilamowitz' Augen immer wieder unterlag.[414] Doch wie wohl kein Glaube des sacrificium intellectus entbehren kann, so war die Liebe zu Platon auch hier über alle Kritik erhaben, ließen sich die herausgearbeiteten Wider-

409 Vgl. Norden, Worte des Gedächtnisses, S. 69: »›Fidem profiteor Platonicam‹, so sagte er in der Erwiederung [sic] auf eine lateinische Ansprache zu seinem 60. Geburtstage.«

410 Vgl. die kurze lateinische Autobiographie vom März 1928, abgedruckt in: *Calder*, An Unpublished Latin Autobiography, S. 42: »*Plato* autumno 66 Symposio me initiavit, subdidit. religionem dedit, qua omnino carueram. Christiana cor meum numquam intravere. in dies magis me tenuit tenebit. sed totus Plato, a Protagora ad Leges.«

411 *Wilamowitz*, Platon I, S. 750. Vgl. auch schon *Snell*, Klassische Philologie, S. 112f.

412 Neben der schon erwähnten Kritik an der Unausgereiftheit einiger Frühdialoge wird etwa beim *Sophistes* das Festhalten am Dialogstil und das Fehlen einer festen Terminologie kritisiert (*Wilamowitz*, Platon I, S. 561f.) und am »Altersstil« der Nomoi gar ihre »Sprachvergewaltigung« (S. 656f.).

413 Abgesehen von der Beurteilung der Politeia gerade nicht als völlig unrealistische Utopie, sondern als ein zwar nicht vollkommen durchführbarer, aber doch als ein Reformvorschlag, mit dem er durchaus »praktisch politische Ziele im Auge« gehabt habe (ebd., S. 425f.; vgl. dagegen aber S. 401), entsprachen Wilamowitz' Wertungen weitgehend dem politischen Platonbild des ausgehenden 19. Jahrhunderts, dies betrifft die Kritik an der Gleichstellung der Frau (schwere »Versündigung« an deren »Natur«, S. 398f.), die »Verleugnung der Individualitäten« der einzelnen Bürger (395), die Begrenzung auf den engen hellenischen Kreis (256f.) sowie die Mißachtung der »Macht« als entscheidendem »Lebensfaktor« des Staates (401). Die meisten dieser »Irrtümer«, allen voran die Schätzung der Freiheit als Lebensbedingung auch im wahren Staat, habe Platon dann jedoch im Politikos sowie in den Nomoi korrigiert und nach der sizilianischen Enttäuschung sogar die Idee der Philosophen-Könige fallen gelassen. Vgl. ebd., S. 558, 658, 667, 677f. u.ö.

414 Ebd., S. 442 (Selbsttäuschung über die athenische Demokratie), 490f. (Verlust der Fühlung mit der Zeitgeschichte), 555ff. (die politischen Fehler Dions und Platons).

sprüche ohne weiteres aushalten,[415] weil sie niemals den Kern jener religiösen Erfahrung berührten, die bei Wilamowitz am Anfang seiner »Berufung« zur Wissenschaft stand und unter die er sein eigenes wissenschaftliches Lebenswerk gestellt sehen wollte. Am Schluß des »Platon« beschreibt Wilamowitz diese Erfahrung ganz unverhüllt:

»Da liegt ein Knabe unter einer Buche an einem sonnigen Herbsttage und liest das Symposion. Seine Wangen flammen, seine Augen leuchten, denn unter den Worten Diotimas steigt Eros empor und küßt seine Seele wach. Hinauf, hinauf strebts; es schweben die Wolken abwärts, die Wolken neigen sich der sehnenden Liebe. Da hat Sokrates, hat Platon einen Jünger gewonnen, der nun weiß, wozu er auf Erden ist. Das ist Platons lebendige Wirkung; die ist mehr als alle Historie.«[416]

Und dieser Jünger Platons fährt geradezu »heilignüchtern« fort:

»Nicht seine Mathematik und Metaphysik, nicht seine Logik und Politik ist es, es ist die religiös-ethische Erweckung, die er bewirkt, was ihn über alle Philosophen erhebt, die potenzierte Sokratik, denn der Elenchos, der niederdrückende Zwang zum Erkennen und Anerkennen des Nichtwissens, der eigenen Unzulänglichkeit wird überwunden durch Eros, den Mittler zwischen Erde und Himmel. Wenn der delphische Gott mit dem ›erkenne dich selbst und deine Sterblichkeit‹ den Menschen niedergedrückt hatte, so lernt er sich und das Göttliche in seiner Seele nun recht kennen, und indem er seine Blicke auf das Ewige richtet, gewinnt er die Kraft, sich innerlich unsterblich zu machen und im Frieden Gottes zu handeln und zu wandeln. Das Ziel ist gezeigt: das Anschauen des Ewig-Wahren, Schönen, Guten, und die Zuversicht ist verliehen, du kannst, wenn du willst. Wollen mußt du freilich, weil du kannst. Lernen, arbeiten mußt du, denn nur auf dem Wege der Wissenschaft erreichst du es, Gott ähnlich zu werden, soweit es dem Sterblichen möglich ist. Diesen Glauben sollst du haben, aber mit dem Glauben ist es nicht abgetan, und helfen wird dir auch kein anderer, denn du kannst, wenn du willst.«

Statt aber, daß solches auf eine »prometheische Selbstüberhebung« hinausliefe, wie sie, so müßte man hier ergänzen, noch Nietzsche, der Antipode aus Jugendjahren, in kaum weniger predigendem Ton verkündet hätte, kam für Wilamowitz gerade darin die »ganze religiöse Größe« Platons an den Tag, daß er erfahren habe und wisse,

»daß dem Wissen, dem Streben das Entscheidende, das Letzte unerreichbar ist. Eros ist wohl ein Mittler, aber er ist nicht Gott. Das Ewig-Wahre, Gute, Schöne bleibt ›jenseits‹; aus dem Jenseits kommt Leben, kommt Erkennen. Erst wer das – nicht weiß, denn ein Wissen vom Jenseits gibt es nicht, – aber wer es erfahren hat, in sich erlebt hat, der ist

415 Ebd., S. 474f. Vgl. auch S. 653, wo es in Bezug auf den 7. Brief heißt: »wer ihn lieben gelernt hat, der nimmt auch gern an seinen Schmerzen teil; auch da wird er an ihm lernen.«

416 Ebd., S. 758f., dort auch die folgenden Zitate.

an dem Ziele, das dem Sterblichen zugänglich ist. Wissenschaft treiben, nie aufhören, diesem Streben kein ›bis hierher‹ zurufen, und doch sich bewußt sein, daß es der Ergänzung bedarf, die jenes Glauben, jene ›wahre‹ Meinung ist, die auf der inneren Erfahrung beruht, sei sie auch ein göttlicher Wahnsinn – das ist Platons Religion«

– und zu ihr zu bekehren und Platon so neue Jünger zuzuführen, das war es, worin Wilamowitz noch vor aller politischen Botschaft die vornehmste Aufgabe seines »Platon« sah.[417]

Es sei an dieser Stelle daran erinnert, daß der Verleger Eugen Diederichs mit seinem untrüglichen Gespür für die Nöte des »transzendental obdachlos« gewordenen Bildungsbürgertums ursprünglich gerade Wilamowitz für seine Antike-Reihe gewinnen wollte.[418] Und in der Tat hätte der Platoniker Wilamowitz mit solcherart religiösem Bekennertum gut in das Diederichsche »Warenhaus der Weltanschauungen« hineingepaßt – er hätte es sozusagen wie kein anderer mit garantiert echten, alten Sachen ausmöblieren können, wie sich Max Weber zeitgleich mokierte.[419] Und auch den Vergleich mit dem George-Kreis hätte er, was Jüngertum, religiöses Pathos und sogar die »Doppelbelichtung« des »Platon« anbelangt, nicht zu scheuen brauchen; dies zumal, da es ja auch inhaltlich und politisch einige Parallelen gab, für die jedoch, wie Stefan Rebenich zu recht festgestellt hat, durch die zum »Kulturdogma erhobene Wilamowitz-Invektive« auf beiden Seiten der Blick verstellt und, so kann man sicher ergänzen, die gleichwohl gefühlte Nähe zum Grund um so stärkerer Abgrenzung wurde.[420]

417 Ebd., S. 760.

418 Siehe zu dieser von Georg Lukacs stammenden Diagnose *Ulbricht*, »Transzendentale Obdachlosigkeit«.

419 Beide Zitate Webers bezogen sich auf die von Diederichs 1917 veranstaltete Lauensteier Kulturtagung wie auf den von ihm geführten Verlag. Die Rede vom »Warenhaus der Weltanschauungen« ist überliefert bei *Heuß*, Erinnerungen, S. 214, über die seelische Innenausstattung »manch moderner Intellektueller« handelt *Weber*, Wissenschaft als Beruf, S. 611 f. Zu einigen Parallelen zwischen Weber und Wilamowitz siehe auch *Braun*, »Kultur-« und »Fachmenschentum«.

420 Vgl. *Rebenich*, »Dass ein strahl von Hellas auf uns fiel«, S. 132 f. sowie zur Kritik an der »Wilamowitz-Invektive« *Harder*, Rez. Brecht, S. 976. Rebenich zielt hier auf das von beiden Seiten vertretene elitäre Staatsmodell und die Vorstellung von der Ungleichheit der Menschen, und man könnte hier genauso auch noch die gleichrangige Verehrung Goethes oder die bei Wilamowitz kaum weniger ausgeprägte Misogynie anführen, allerdings hatten sie all diese Vorstellungen ja nun auch nicht gerade exklusiv. Viel näher sind sich beide Seiten erstaunlicher Weise dort, wo Wilamowitz etwa in der Diotima-Rede die Grenzen »zergliedernder Betrachtung« betont oder generell an den Grenzen der Wissenschaft die Notwendigkeit von »innerem Erleben« sowie von Schau und Glauben hervorhebt (*Wilamowitz*, Platon I, S. 386 f. u. 422). Auch seine »Liebe« zum »Menschen Platon«, die der Interpretation zugrunde lag, war unbeschadet vom dann eigentlich erst sekundären Entwicklungsgedanken nicht so weit von der Grundhaltung der Gestaltbiographien des Kreises entfernt, selbst wenn dieser darin dann nur eine »Besudelung der großen Dinge« oder eben ein »Platon für Dienstmädchen« erkennen konnte. Vgl. *Wolters*, Stefan George, S. 487.

Andererseits aber, und hier hätte er den Kosmos Diederichs ebenso wie Georges dann doch verlassen, beinhaltete sein offensives »Zelotentum«[421] wie schon in »Philologie und Schulreform« eben auch ein rückhaltloses Bekenntnis zu einer Wissenschaft unter den Bedingungen der Spezialisierung und des fortschreitenden Überholtwerdens, wie es abermals bei Weber gefordert war, dort freilich unter dem Vorzeichen der »gottfremden, prophetenlosen Zeit«.[422] Wilamowitz dagegen hatte seinen Gott (oder wenigstens dessen Dolmetsch) in Platon gefunden und war daher bereit, wie es das Nachwort zum II. Band vom November 1918 martialisch ausdrückt, »unter dem Zeichen Platons [...zu] fechten, solange ich atme« – und das bedeute angesichts der Novemberrevolution und des Untergangs der Welt, wie er sie kannte, eben auch, dem gerade freigelegten politischen Platon zu folgen.

2.4.2 Platon und die Revolution

Für Wilamowitz wie für viele andere Mandarine und »Geisteskrieger« bedeuteten Kriegsniederlage, Revolution und Abdankung des Kaisers – und hier schlimmer noch: des preußischen Königs – trotz aller vorangegangenen Kritik an diesem eine schwere Erschütterung ihres politischen Selbst- und Weltbildes. Auf den nationalistischen Höhenflug folgte oftmals die tiefe Depression, vor der auch die schon vor Ende des Krieges entwickelten Stabilisierungsstrategien von Dolchstoß-Legende oder vermeintlicher »Trennung von Heer und Volk« kaum bewahren konnten.[423] Das schon mehrfach zitierte Nachwort zum »Platon« spricht diese geteilte Erfahrung aus:

> »Ich habe die Selbstzerstörung, Selbstentmannung meines Volkes erleben müssen. In der Ochlokratie und unter den feigen oder feilen Schmeichlern, die sie in allen Ständen findet, ist für einen alten Mann, der sich seine Preußenehre von keinem Gott und keinem Menschen aus dem Herzen reißen läßt, kein Platz mehr. Er hat nur abzusterben.«[424]

Noch in den »Erinnerungen« sollte Wilamowitz davon sprechen, daß er sich »in der verzweifelten Stimmung gleich nach dem Untergange« auch seinem eigenen Tod bereits nahe glaubte, wo er aber doch, so der bezeichnende Nachsatz, »die Ergebnisse von vierzig Jahren noch irgendwie zusammenfassen [wollte]«.[425] Of-

421 *Wilamowitz*, Platon I, S. 752 f., dort fällt auch der Begriff des »Zelos«.

422 *Wilamowitz*, Schulreform, S. 108 f. Vgl. auch *ders.*, Ilias, S. 25: »Ich hoffe und erwarte, daß die Wissenschaft gerade auf diesem meinem Wege über mich hinauskommen wird.«

423 *Ders.*, Volk und Heer, S. 672. Vgl. *Lipp*, Meinungslenkung, sowie zur Einschätzung der Nachkriegszeit durch die Berliner Professoren *Grüttner*, Nachkriegszeit, S. 24 f.

424 *Wilamowitz*, Platon I, Nachwort.

425 *Ders.*, Erinnerungen, S. 178 f.

fenbar waren es für ihn tatsächlich zuallererst sein Glaube an die Wissenschaft und an Platons »Reich der ewigen Formen«, von dem das Nachwort spricht, die ihm über diese politisch wie lebensgeschichtlich existentielle Krise hinweggeholfen haben. In einem Brief an Werner Jaeger vom 26. November 1918, in dem er von der Arbeit am 2. Band des »Platon« berichtet, heißt es denn auch vielsagend: »Ich flüchte mich in die reinen Höhen der Wissenschaft, eklipsire mich sonst, so viel ich kann« – während es zur Revolution nur noch lakonisch heißt: »1806.«[426] Vor diesem Hintergrund nimmt es nun nicht wunder, daß es auch in seinen Reden und Texten des Übergangs vom Kaiserreich in die Weimarer Republik immer wieder Platon war, den er sich und seinen Zeitgenossen zur historischen Orientierung und als Antwort auf die Revolution in Erinnerung rufen wollte. Doch worin bestand diese Antwort?

Der „Platon" selbst konnte sie zunächst kaum geben, bot er doch statt Zuspitzung eher den Bildungsroman eines zwar vom politischen Wollen bestimmten, sich darin jedoch nicht erfüllenden und also immer wieder auf Philosophie, Wissenschaft und Dichtung ausweichenden Lebens, das für Wilamowitz gerade dadurch »unsterblich« geworden war. Diesem Leben, dem er sich selbst so eng verbunden fühlte, ein »ewiges Gedächtnis« in den Wissenschaften zu sichern und beiden zugleich neue Jünger zuzuführen, war darum sein erklärtes Ziel.[427] Der politische Generalbaß der Biographie, den Wilamowitz als erster gleichsam wieder zu Gehör brachte, war dabei zwar deutlich vernehmbar, er diente aber noch weitgehend der Affirmation der bestehenden Ordnung und bestenfalls ihrer humanistischen Neubelebung. Der Apell am Schluß des »Platon« deutet dies an, wenn er in Argument und Diktion des traditionellen Neuhumanismus die Bedeutung Platons und des Hellenentums für die eigene Kultur und ihre weitere Selbstentfaltung betont:

> »Wir fühlen uns als Germanen und wollen keine Hellenen werden. Aber das Hellenentum ist für uns doch mehr als eine fremde große Kultur; es hat uns erst in seiner römischen Umgestaltung, dann selbst zur Entfaltung der unseren geholfen, ist also ein Stück unserer eigenen Vergangenheit geworden. Auch damit ist es nicht abgetan. Wir bedürfen seiner, werden seiner immer bedürfen, um Menschen zu werden, nicht bloß Germanen, aber auch um rechte Germanen zu bleiben. Wir haben es gerade jetzt dringend nötig. *Darum muß Platon, er vor allen, selbst vor Homer und der Tragödie unser Erzieher bleiben, vielmehr erst recht werden; er ist es noch viel zu wenig.*«[428]

Das letzte Wozu einer solchen Erziehung, das jenseits der individuellen »religiös-ethischen Erweckung« zur Wissenschaft eine die Gegenwart transzendierende gesellschaftliche Idee verlangt hätte und das bei Platon in der radikalen Utopie der Philosophenherrschaft durchaus angelegt war, sucht man bei Wila-

426 *Calder*, Correspondence, S. 324.
427 *Wilamowitz*, Platon I, S. 754f.
428 Ebd., S. 757f. [Herv. R.P.]

mowitz gleichwohl (oder vielmehr: ganz folgerichtig) vergeblich – und es war genau diese affirmative »Vergleichgültigung« gegenüber dem »Letzten« und »Radikalen« an Platon, die Natorp nach dem Krieg an diesem Buch so verstörte und es als »sinnlosen Traum« und als eine »Modernität von Gestern« geißeln ließ.[429] Die viel kritisierte Historisierung Platons, mit der Wilamowitz ja das vermeintlich »echte Hellenentum« von allem antikisierenden Firnis – aber eben auch von allen rückwärts gewandten Utopien – befreien und gerade damit erst wieder für die Gegenwart fruchtbar machen wollte, brachte so denn auch eher ein Nebeneinander unterschiedlicher Ordnungsentwürfe hervor, die nun nicht mehr als verschiedene Aspekte eines systematischen Zusammenhangs oder einer »Utopie« gedeutet wurden, sondern als konkrete Antworten auf eine sich verändernde Gegenwart bzw. als Reaktionen auf die persönlichen Krisen und Tragödien seines Lebens. Da gibt es dann den zwar undurchführbaren, die sittliche Aufgabe dafür aber in ihrer Reinheit darstellenden »Schönheitsstaat« der Politeia,[430] den im Hinblick auf Dion und die praktische Realisierbarkeit geschriebenen und darum für eine konstitutionelle Monarchie plädierenden Politikos[431] sowie schließlich die aus Resignation und Enttäuschung geborenen und darum eher zur Theokratie neigenden Nomoi.[432] Es fehlt hierbei jeweils nicht an Bewunderung für die bleibenden, geradezu modernen Prinzipien und Institutionen (von der Arbeitsteilung über Schul- und Wehrpflicht bis hin zu Kindergarten und Universität), doch hält sich dies weitgehend die Wage mit grundsätzlicher Kritik an so mancher Einseitigkeit und systemgefährdenden »Exzentrität«,[433] etwa im Hinblick auf die Gleichbehandlung und das Stimmrecht der Frauen oder auf die Mißachtung individueller Freiheiten und des Machtstaatsgedankens. Allenfalls der realistisch-moderate Politikos sticht deshalb heraus, konnte sich Wilamowitz in dessen »durch eine Verfassung gebundener Monarchie« noch am ehesten wiederfinden, wenn in ihr denn – und hier kommen wieder Bismarck und Wilhelm I. ins Spiel – Geist und Einsicht wirklich herrschten, und zwar beim König ebenso wie bei seinem ersten Minister und der leitenden, »wissenschaftlich gebildeten« Beamtenschaft.[434] Zwar bemerkte Wilamowitz auch hier noch die Einseitigkeit in der Bevorzugung der Verstandesbildung, hob er die sittliche Kraft auch »banausischen« Wissens und Könnens hervor, den platonischen Grundsatz, daß der gerechte Staat nur auf der »gemeinsamen Gesinnung« aller Teile des gesellschaftlichen Organismus gedeihen könne und sich Freiheit und politische Verantwortung in ihm nach dem Grade des Könnens und der Einsicht richten sollten, unterstrich er aber den-

429 *Natorp,* Rez. Wilamowitz.
430 *Wilamowitz,* Platon I, S. 401 u. 443.
431 Ebd., S. 583 ff.
432 Ebd., S. 673 u. 693 ff.
433 Ebd., S. 584.
434 Ebd., S. 583–585.

noch so nachdrücklich, daß man in ihm dann trotzdem so etwas wie das politische Programm des »Platon« erkennen kann.[435]

Wilamowitz jedenfalls hat dieses »Programm« an anderer Stelle auf die entsprechende Trias von Freiheit, Vernunft und Eintracht zurückgeführt,[436] die sich vor dem Hintergrund des Krieges sicher problemlos auch mit »Deutscher Freiheit«, Bildungsaristokratismus und Militarismus übersetzen und in die korporativen Ordnungsvorstellungen der »Ideen von 1914« einfügen ließen.[437] Bemerkenswert ist jedoch, daß Wilamowitz diese Übersetzung hier selbst nicht vornahm. Sicher konnte er auf den Verständnishorizont seiner Leser zählen und darauf vertrauen, daß diese die Analogien selbst zu ziehen vermochten – und das vielzitierte Nachwort von Dezember 1918 bot explizit ein Angebot zur Aktualisierung der Lektürehaltung. Andererseits war dies aber eben nicht die *einzige* und von ihm offenbar auch nicht intendierte *erste* Lesart des Buches, denn sonst hätte er wohl kaum gezögert, diese wie in den Broschüren und Vorträgen der Revolutionszeit stärker hervortreten zu lassen. Die verschiedenen Dimensionen des Buches blieben so jedenfalls erhalten und dürften, sieht man sich allein die inhaltliche Breite der Rezensionen und die hieran anknüpfenden Debatten an, für den Erfolg, oder besser: die Resonanz des Buches von entscheidender Bedeutung gewesen sein.

Mit Platon tatsächlich in den politischen Meinungskampf und dann in die Auseinandersetzung mit der Revolution trat Wilamowitz also an anderer Stelle – ohne daß sich dies jedoch ganz vom Platon-Buch trennen ließe. Während er in den Vorträgen der ersten Kriegsjahre noch kaum auf Platon zurückgegriffen hatte, änderte sich das nun mit dem Ostern 1918 bei den Hochschulkursen in Brüssel, also vor »militärischem Kreise« gehaltenen und noch während des Krieges in der »Internationalen Wochenschrift« veröffentlichten Vortrag über »Volk und Herr in den Staaten des Altertums«. Wilamowitz' Ausgangspunkt war hier das bereits angesprochene »Gefühl der Ungewißheit« über die nähere und fernere Zukunft, mit der er gar nicht so sehr den Ausgang des Krieges meinte – für Wilsons »gleisnerisches Programm« zum »Schutz der kleinen Nationen« hatte er hier jedenfalls nur Spott übrig –, sondern bei dem er in erster Linie auf die innere Zukunft des Reiches zielte.[438] Das »Gefühl, als seien alle

435 Ebd., S. 755.

436 Ebd., S. 667 f.

437 Vgl. *Bruendel*, Volksgemeinschaft, S. 258–289. Die dort vorgenommene Zuordnung Wilamowitz' zu den *exklusiven* Korporativisten, die übrigens parallel läuft zum Vorwurf des Radikalnationalismus, geht jedoch nicht auf. Denn die ständische Gliederung hatte er bei Platon gerade verworfen und auch die exklusive, völkische Gemeinschaftsvorstellung lag dem im polnischen »Grenzland« geborenen Wilamowitz zunächst fern. Wenigstens unklar ist auch seine unspezifische, aber doch positive Verwendung des »Volksstaats«-Begriffs in *ders.*, Staatsgedanke, S. 7 u. 24 f.

438 *Wilamowitz*, Volk, S. 667.

Grundlagen menschlicher Gesittung ins Wanken gekommen« ließ ihn nach historischen Analogien suchen, aus denen dann, so hoffte er, »Richtlinien für unser Erwarten, dann also auch für unser Handeln« zu gewinnen seien.[439] Mögliche Bedenken, daß solche Analogien aus der Luft gegriffen sein könnten, versuchte er dabei gleich zu Begin durch Verweis auf die größere Durchsichtigkeit der Verhältnisse des Altertums und auf den »Seherblick« Platons zu zerstreuen, dessen vermeintlich fern liegende Vorschläge – von Kindergärten unter weiblicher Leitung über den Wahlzwang für die Höherbesteuerten bis hin zu Einkommensbegrenzungen – gerade erst die politischen Debatten der Gegenwart zu prägen begönnen. Die eigentliche Differenz Platons, des ganzen Altertums und noch der »Natur« zur Gegenwart sei vielmehr, und hier kommt Wilamowitz zum Kern seines Vortrages, die »Ungeheuerlichkeit« der Trennung von Heer und Volk, von militärischer Führung und bürgerlicher Gesellschaft, wie sie gerade in Deutschland so verheerend sich ausgewirkt habe – und noch weiter wirke, wenn sie nicht aufgehoben würde, wofür Wilamowitz eindringlich warb.[440] Die Beispiele von Athen bis Preußen, die er dazu anführt, sollten jedenfalls darlegen, daß sich immer dort, wo sich »Wehrhaftigkeit und politische Rechte« auseinander entwickelten und etwa wie bei Scharnhorst und Boyen »der rechte Augenblick versäumt [wurde], den Staatsbürgern gleichzeitig die politischen Rechte zu verleihen«, es zu fatalen Entwicklungen der Staaten, zuletzt zu deren Untergang gekommen sei.[441]

Wenn Wilamowitz aus all dem dann schließt, daß die »Scheidewand zwischen den militärischen und den bürgerlichen Staatsämtern« als »künstliche« nicht aufrecht erhalten werden müsse, ja im Gegenteil schon Platon den militärischen Dienst neben der wissenschaftlichen Bildung zur Erziehung seiner Staatsbeamten gefordert habe,[442] dann zielte das vorderhand natürlich nicht auf eine umstandslose Demokratisierung des Reiches, auch wenn es ganz praktisch das bis dahin verwehrte Wahlrecht der Soldaten bedeutet hätte. Vor dem Hintergrund der anhaltenden Wahlrechtsdebatten, die zum Ärger der Konservativen ausgerechnet Wilhelm II. mit seiner Osterbotschaft vom April 1917 und dem Versprechen angeheizt hatte, nach dem Krieg das preußische Dreiklassenwahlrecht zu reformieren, ging es Wilamowitz zunächst viel eher darum, diese Debatten erst einmal bis auf die Zeit nach dem Krieg zu verschieben, denn im Kriege sei »das Volksheer unter Führung der Meister der Kriegskunst allein die wahre, natürliche Volksvertretung.«[443] Wenn der Krieg dann aber vorbei resp. gewonnen wäre, dürfe man dem »wehrhaften Mann« das »Recht darauf, an dem

439 Ebd., S. 668f., dort auch das Folgende.
440 Ebd., S. 672, 681 u.ö.
441 Ebd., S. 678, 681 u. 683f.
442 Ebd., S. 685f.
443 Ebd., S. 687f.

Staatsleben aktiv teilzunehmen«, allerdings auch nicht mehr verwehren[444] – und müßte es aus Sicht des Konservativen wohl auch nicht, denn der wirklich »wehrhafte Mann« wäre in seinen Augen ja gerade kein Pazifist oder Sozialdemokrat, und »natürlich« erst Recht keine Frau. Doch ist das nur die eine Seite seiner Forderung nach Aufhebung der Trennung militärischer und bürgerlicher Staatsämter. Die andere bezieht sich gerade auf jene »Meister der Kriegskunst«, die die »Fähigkeit zu herrschen« überhaupt erst durch die harte Schule des höchsten Offiziersdienstes verliehen bekommen hätten. Dieser Herrschaft und nicht dem Parlament oder dem Kaiser als oberstem Kriegsherrn zu vertrauen – »ihr allein«, wie Wilamowitz am Schluß noch einmal betont –, war nämlich ebenfalls die von vielen in der Vaterlandspartei offen und verdeckt geforderte »radikale« Lösung einer (zeitweiligen) Militärdiktatur, für die offenbar auch Wilamowitz sich einzusetzen gewillt war. Ob dies mit oder ohne Wilhelm II. geschehen sollte, blieb wie auch bei vielen anderen derartigen Plänen unklar.[445] Daß sich seine Loyalität zum Königtum allerdings kaum mit dem amtierenden König und Kaiser verband, steht außer Frage und wurde kurz vorher selbst noch in seiner Geburtstagsadresse vom Januar 1918 deutlich, wo es letztlich Friedrich der Große und »unser lieber, alter König Wilhelm« waren, *denen* die Treue zu halten er bei diesem »Nationalfest« die Deutschen in Ermangelung anderer Alternativen aufforderte.[446]

Wiederum zu Ostern, diesmal aber 1919, wo die Hoffnung auf das wahre »Volksheer« längst verflogen und die Vaterlandspartei in Liquidation begriffen war, Wilamowitz sich aber auch noch nicht ganz zum Rückzug aus den politischen Tageskämpfen entschlossen hatte,[447] sah er dann abermals allen Grund, in dem griechischen und platonischen Staatsgedanken nach Orientierung zu suchen. Die gleichnamige Broschüre, die wie eine Reihe anderer von ihm herausgegebener Vorträge in der »Zeit der Neubildungen in Staat, Kirche und Gesellschaft« eigentlich der »geschichtlichen Belehrung« dienen sollte,[448] ist dabei tatsächlich eher Ausdruck der politischen Orientierungslosigkeit und -suche auch ihres Verfassers, als daß sie bereits ein klar antidemokratisches Programm verfolgt oder gar schon, wie Canfora meinte erkennen zu können, die »Hitlersche Staatsauffassung« und die »nationalsozialistische Ideologe vorbereite[t]«

444 Ebd., S. 686f.

445 Vgl. hierzu nur *Wehler*, Gesellschaftsgeschichte IV, S. 106ff.

446 *Wilamowitz*, Das Nationalfest der Deutschen.

447 Vgl. nur den Brief an Franz Boll vom 30.06.1920, in: *Heilen*, Gelehrtenbriefwechsel, S. 137.

448 In der Reihe »Staat, Recht und Volk« kamen neben Wilamowitz noch der Germanist Gustav Roethe, der Kirchenhistoriker Karl Holl sowie die Juristen Otto von Gierke und Wilhelm Kahl zu Wort, wobei besonders der nationalliberale Straf- und Kirchenrechtler Kahl heraussticht, der zeitgleich die DVP mitbegründet hatte und auch die Weimarer Nationalversammlung als Ausschußvorsitzender mit prägen sollte. Zum Ziel der Reihe vgl. das Geleitwort von Wilamowitz in *Roethe*, Deutsche Dichter, o.S.

hätte.[449] Wilamowitz fragt hier nämlich angesichts des »Chaos«, »Taumels« und eines von der Revolution ausgelösten »Krieg[es] aller gegen alle«, was es mit dem denkwürdigen Ereignis überhaupt auf sich habe, daß hieraus nun der Sozialismus zur Herrschaft gelangt sei und selbst von Männern vertreten werde, »deren sittliche und nationale Gesinnung unsere volle Achtung« verdienten.[450] Müsse man dieser Gesellschaftsordnung nun nicht wenigstens »die Probe auf ihre Durchführbarkeit« zugestehen? Wilamowitz selbst vermochte solches jedenfalls nicht zu verneinen. Als Konservativer hoffte er mit Platon allenfalls, daß das nun rückläufige Pendel der »Weltbewegung« irgendwann auch wieder zur Ruhe kommen werde, und bis dahin sei es dann vielleicht doch immerhin »auch heute belehrend«, sich mit eben diesem als demjenigen Denker der Vergangenheit zu beschäftigen, auf den fast alle solche gesellschaftlichen Utopien zurückgingen und dem es entgegen dem geläufigen Mißverständnis mit seiner Reform ebenso »heiliger Ernst« gewesen sei wie nun den Sozialisten.

Weil es Platon also um eine Staatsreform für die Hellenen seiner Zeit gegangen sei, entwirft Wilamowitz zunächst das durchaus harmonisch gezeichnete Bild der gewachsenen Demokratie Athens zur Zeit des Perikles, dann zum Vergleich und, weil es für Platon zu einem »verzeihlichen« (!) Vorbild wurde, das Bild Spartas und schließlich dasjenige der nach Krieg und Bürgerkrieg restaurierten Demokratie zur Zeit Platons.[451] Während die militärische Ständegesellschaft Spartas trotz vermeintlich »einvernehmlicher« Herrschaft und strenger Lebensführung in allen Teilen der Gesellschaft nur kurz und angesichts der selbst hier noch anklingenden Loblieder auf den Militarismus erstaunlich verhalten abgehandelt wurde, dienen die perikleische und die restaurierte Demokratie als eigentliche Folie sowohl zur Darstellung der auch bei Platon zugrunde liegenden »Prinzipien des hellenischen Freistaates« – Freiheit, Rechtsgleichheit und »nationale Geschlossenheit« – wie auch seiner Degeneration in einen Zustand, unter dem nicht nur Platon jede eigene Beteiligung am Staatsleben »verschmäht« haben mußte,[452] sondern der auch Wilamowitz' eigenen Zuhörern und Lesern durchaus bekannt vorkommen sollte. Die Liste der Vorwürfe, die Platon überhaupt zur Erkenntnis dessen gebracht haben sollen, daß der Staat und seine Institutionen unbrauchbar, ja mehr noch die Menschen Athens, auf die es letztlich ankomme, sittlich »schlechter geworden« seien, liest sich mit seinen Vorwürfen gegen verantwortungslose Berufspolitiker und städtischen Mü-

449 Siehe *Canfora*, Politik, S. 74f. und *ders.*, Staatsdenken, S. 136f., der Wilamowitz hier immerhin noch einen »gemilderten Ton« zugesteht. Das Urteil Canforas ist später vielfach ungeprüft übernommen worden, so z. B. von *Orozco*, Platonische Gewalt, S. 44f. oder *Offermanns*, Die wussten, was uns gefällt, S. 83f. Auf den grob die Quellen verfälschenden »Unfug« Canforas hatte indes schon *Kassel*, Rez. Calder, S. 196 hingewiesen.

450 *Wilamowitz*, Staatsgedanke, S. 3f, dort auch das Folgende.

451 Ebd., S. 5–15. Zitat Sparta S. 9.

452 Ebd., S. 6 u. 14f., dort auch die folgenden Zitate.

ßiggang sowie der Klage über den Verlust von Flotte, Wehrpflicht, tauglichem Heer und überhaupt alles wehrhaften »alte[n] Geist[es]« im Volk jedenfalls wie ein Spiegelbild jenes eingangs von ihm selbst aufgerufenen und die Weimarer Republik von rechts stereotyp begleitenden Sittengemäldes.

Die Antwort Platons auf dieses »Chaos« und ein möglicher Hinweis, in welche Richtung auch das gegenwärtige zu überwinden sei, schildert Wilamowitz anschließend, ohne sich jedoch dessen Position ganz zu eigen zu machen. Denn obschon er die sittliche Aufgabe des Staates, die Menschen »gut« und erst dadurch glücklich zu machen, als von Platon erstmals richtig erkannt sah und darum den Übergang der Politik zu »sozialer Pädagogik« ebenso begrüßte wie die damit verbundene Zumutung, daß einzig die um dieses Gute Wissenden als Herrscher in Frage kämen, weist er doch einige der darin liegenden »extremen Forderungen« auch gleich wieder ab.[453] So hält er die von Sparta auf Platon einwirkende Ständeordnung nicht nur logisch für eine »Inkonsequenz«, weil sie mit der Pflicht der herrschenden Krieger zu wissenschaftlichen Studien dem eigenen, ohnehin »maßlos übertriebenen« Prinzip der Arbeitsteilung widersprach, sondern er befand sie auch geradewegs als »falsch und ungerecht«, weil sie den »Organismus des Staates« verkannt habe.[454] Zwar habe Platon selbst, so Wilamowitz' Einschränkung, die extremen Folgen dieses Gedankens, also die Kasernierung und den Eigentumsverzicht der »Krieger«, kaum in die Praxis überführen wollen, die logische Konsequenz seines idealen Staatsbaus habe ihn aber – wie übrigens auch den Sozialismus – hierzu ebenso gezwungen wie zur völligen Gleichstellung der Geschlechter, die Wilamowitz ebenfalls vehement ablehnte.[455] Die Kritik am Rigorismus Platons betrifft aber auch noch einen anderen, vielfach übersehenen Aspekt, nämlich dessen Festschreibung der Standes- und Begabungsunterschiede zu solchen der »Rasse«, in der Wilamowitz »nichts als schöne Worte« erkennen konnte und die er darum, anders als etwa Confora nahelegen wollte, auch ablehnte.[456] Dies meint nicht, daß Wilamowitz die Unterscheidung von »Rassen« in einem biologischen oder kulturellen Sinne grundsätzlich verworfen und etwa nicht an die Rolle der Vererbung von Begabung geglaubt hätte. Beide Glaubenssätze finden sich bei ihm tatsächlich immer wieder und das war es auch nicht, was er Platon vorhielt.[457] Ihm ging es vielmehr darum, daß dieser »nicht vor einer *rationellen* [Herv. R. P.] Züchtung der Men-

453 Ebd., S. 16f. u. 18.

454 Ebd., S. 18 u. 24. Vgl. dagegen *Canfora*, Staatsdenken, S. 134 u. 137, der Wilamowitz zwar ganz zu Recht eine Feindschaft gegen das Gleichheitsprinzip attestiert, daß er darum aber die »ständische Abstufung als unübertreffliches Ideal« verherrlicht, gar einen »rationell gezüchteten Herrenstand« propagiert habe, mag für Canfora zwar die gesuchte Nähe zur »NS-Staatsauffassung« herstellen helfen, mit den Quellen hat solches aber nichts zu tun.

455 *Wilamowitz,* Staatsgedanke, S. 18f. u. 24f.

456 Ebd., S. 19f.

457 Vgl. die Nachweise bei *Flaig*, ›Rassenhygiene‹.

schen zurückgeschreckt« wäre und also »Bestrebungen gehuldigt [habe], die in den letzten Friedenszeiten namentlich in England unter dem Namen Eugenik viel besprochen wurden.«[458] Denn auch diese »rationelle Züchtung« unterliege letztlich ja dem Gedanken »tyrannischer Gleichmacherei«, dem Wilamowitz hier im Namen der »natürlichen« Ungleichheit noch vor allem anderen den Kampf angesagt hatte. Die »arge Kurzsichtigkeit«, die er beispielsweise der neueren Pädagogik vorhielt, die alle Kinder für fähig halte, dieselbe Erziehung zu vertragen und sie nur nach ihrem Verstande sortieren und dann für den Beruf abrichten wolle, unterschied sich zumindest in diesem Punkt denn auch nicht vom eigentlichen »Hauptfehler« Platons, von dem es später heißt:

> »Er liegt darin, daß er die Bürger, an die er allein denkt, alle gleichmachen will. Er will Weise züchten, und wer das nicht voll erreicht, ist nur das unvollkommen, was er werden soll. Diese Verkennung der individuellen Persönlichkeit ist hellenisch; [...] Die Fülle individueller Persönlichkeiten ist doch unser Reichtum und soll es bleiben, trotz aller Gleichmacherei, soll unseren Volksstaat erst recht ganz und reich machen, in dem jeder freie Bürger, zur freiwilligen Einordnung in das Ganze erzogen, sein Eigenstes, sein Bestes bewahrt, indem er es in den Dienst der Allgemeinheit stellt.«[459]

Zwar mochte auch Wilamowitz' elitäre Verteidigung der Ungleichheit im Innern als Reservoir von »Talenten« und als Bedingung der »geistigen Kraft unseres Volkes« nicht ohne ein imaginäres Außen »undeutscher Bewohner« desselben Landes auskommen und also auf einer anderen (allerdings ebenfalls nicht »rassischen«) Ebene auf Homogenität oder eben »nationale Geschlossenheit« zielen,[460] sein Hauptakzent lag jedoch noch eher auf der Linie des alten Nationalismus und damit auf der Anerkennung und der staatlichen Moderation dieser Unterschiede, nicht auf ihrer volksgemeinschaftlichen Beseitigung. Dazu paßt auch, daß sich Wilamowitz mit seinem weiter an Platon entwickelten positiven Ideal eines »wirklichen Volksstaates« terminologisch gerade nicht den Radikalnationalisten anschloß,[461] sondern sich in Anlehnung an die frühe perikleische Demokratie – die ja, folgt man Thukydides, nur dem Namen nach demokratisch war, in der tatsächlich aber Perikles herrschte[462] – in eine eigene Traditionslinie stellte, bei der es nicht mehr auf den Namen der Staatsform, sondern auf deren Geist sowie die Weisheit ihrer Führer ankomme.

458 *Wilamowitz,* Staatsgedanke, S. 19f., dort auch das Folgende.

459 Ebd., S. 25.

460 Ebd., S. 7f. u. 19f. Wilamowitz argumentiert hier zwar für die Identität von »Volksstaat« und »Stamm« und läßt letzteren sich durch »wahre oder geglaubte Blutsverwandtschaft« auszeichnen, eine Aufnahme in dieses letztlich wohl doch vor allem »geglaubte« Kollektiv wäre aber auch als »Belohnung für den Übergang zu deutscher Sprache und Gesinnung« möglich.

461 Vgl. zu den semantischen Unterschieden und Übergängen, *Bruendel,* Volksgemeinschaft, S. 238–288.

462 *Wilamowitz,* Staatsgedanke, S. 13 u. Thuk. II 65.

Dieses im platonischen Politikos entwickelte Argument ist es denn auch, das Wilamowitz seiner »Belehrung« durch Platon und die griechischen Staaten vor allem abgewann: Solange es einen gebe, der wie bei Platon der Webermeister die Fäden des Staates zusammenhalte und am Gewand der Eintracht webe, oder besser noch, wie Wilamowitz das Bild übersetzt: als ein »Kapellmeister eines vielstimmigen Orchesters« zwar wie seine Musiker an die Partitur und die Gesetze gebunden sei, diese Partituren und Gesetze aber nur eine Stütze des gemeinsamen, von ihm angeleiteten Musizierens seien, solange sei es um Freiheit und Eintracht gut bestellt.[463] Und wenn man dem dann noch »in der Praxis« einen Namen geben wollte, dann komme man eben, so Wilamowitz, auf die konstitutionelle Monarchie. Sei man daher wie sie selbst 1919 »genötigt und gewillt«, ebenfalls einen solchen »freien Volksstaat« aufzubauen, dann, so sein Ratschlag, solle man sich doch an eben den in Athen entwickelten Prinzipen solcher Volksstaaten orientieren, also an der bereits andernorts genannten Trias aus Freiheit (hier: Aufhebung der Standesvorzüge), der völligen Rechtsgleichheit und der, wie es nun die »nationale Geschlossenheit« oder »Eintracht » interpretierend heißt, Lehre, »daß die Pflicht zum Waffendienst das Recht auf politische Geltung bedingt«.[464] Diese Prinzipien seien es auch, denen Platon gefolgt sei, der dazu aber noch erkannt habe, daß als letzte Aufgabe des Staates hinzukomme, sich »die Gesellschaft zu ihrem wahren Glücke selbst erziehen« zu lassen, der das Ganze also auch noch nach seiner gleichsam volkspädagogischen Seite weiterentwickelt habe.[465] Platon hierin nachzufolgen, ohne doch seine Tendenz zur intellektuellen »Gleichmacherei«, zur ständischen Festschreibung der Begabungsunterschiede sowie den daraus dann folgenden Übertreibungen zu übernehmen, das sei, so könnte man Wilamowitz' Schrift zusammenfassen, der Weg in den »wirklichen Volksstaat«, wie er ihn sich allein vorstellen könne. Was das außer konstitutioneller Monarchie – oder einer Demokratie mit einem entsprechend herrschenden Staatsmann – konkret heißen könnte, dazu äußerte sich Wilamowitz freilich nicht mehr, allenfalls ein bei »hohen« Entscheidungen »nationaler Ehre« und Tragweite gleiches Stimmrecht aller freien Bürger, also für »Mann *und* Weib«, stellte er noch in den Raum.[466]

Bis dahin war es für Wilamowitz angesichts der politischen Lage allerdings noch ein weiter Weg, bei dem es für den Einzelnen vorerst darauf ankomme, ähnlich Goethe und Platon im eigenen beschränkten Kreise durch »verständige und sachverständige freie Tätigkeit« selbst königlich zu wirken.[467] Die Parallele zu Webers Ausharren in »prophetenloser Zeit« drängt sich da auf und tatsäch-

463 *Wilamowitz,* Staatsgedanke, S. 23.
464 Ebd.
465 Ebd., S. 24.
466 Ebd., S. 24f. [Herv. R.P.]
467 Ebd., S. 26.

lich hoffte Wilamowitz – anders als Weber, aber gemeinsam mit vielen anderen abgestürzten Kathederpropheten – auf eben einen solchen politischen Retter und charismatischen Führer, der da kommen, sie von allem Elend erlösen und überhaupt erst wieder einen »Staat« zu schaffen vermöge.[468]

Beredtes Zeugnis solcher Hoffnung ist das Interview, das Wilamowitz im Oktober 1920 während einer Vortragsreise durch Schweden dem »Svenska dagbladet« gegeben hatte.[469] Zum Ende des auf schwedisch geführten Gesprächs zur akademischen und politischen Situation in Deutschland bricht sich dort nämlich urplötzlich eben dieser politischer Messianismus Bahn, wenn er, wie noch der Bericht vermerkt, »mit prophetischem Glanz in den Augen« auf Deutsch ausruft: »Ein Mann, ein Held muß kommen!« Gemeint sei damit, so versichert er gleich, kein »Übermensch«, sondern ein Mann, auf den die Menschen, auf den auch die Arbeiter sich verlassen könnten, ein schlichter, sozialer und dem Volk gegenüber verantwortungsvoller Mann, bei dem aber doch die Hauptsache sei, daß er über den rein sinnlichen Dingen stehe. Eine religiöse Erneuerung, wie die Interviewerin ganz richtig nachfragt, sei damit aber nicht gemeint, und überhaupt verhalte es sich hier doch wie mit den Staatsformen, wo man auch nicht sagen können, ob sie etwas taugten, wenn man es nicht auf eine Probe ankommen lasse. Auf den Namen dessen, was dieser »Held« bringe, komme es ihm jedenfalls nicht an.

Ganz ähnlich, nur diesmal wieder mit engerem Bezug zu Platon, formuliert es schließlich auch ein undatierter, aber aus dieser Zeit stammender Vortrag über den »Staatsmann und Erzieher«.[470] Wilamowitz geht auch hier wieder aus von der Beschreibung des rechten Staatsmannes im Politikos und beschreibt dessen Aufgabe als eine doppelte:

> »Wenn jene Religion, die seine [Platons, R. P.] Philosophie ist, in den Seelen der Bürger und erst recht ihrer Lenker herrschen muß, damit der Staat, die Gesellschaft, gedeihe, und wenn sie daher zu dieser Religion erzogen werden müssen, so ist es unvermeidlich, daß der Staatsmann Erzieher sein muß.«[471]

468 Zur weiten Verbreitung eines solchen politischen Messianismus nicht nur einstiger Kathederpropheten nach dem Krieg siehe *Schreiner*, Wann kommt der Retter Deutschlands?, S. 124 ff., der passender Weise auch Texte aus dem Umfeld des George-Kreises anführt, so daß sich auch hier wieder die schon beobachteten inhaltlichen Parallelen ergeben. Ähnliches hatte zeitgenössisch auch schon *Scheler*, Vorbilder und Führer, S. 257, diagnostiziert: »Es ist eine beispiellose Sehnsucht nach Führerschaft allüberall lebendig – so groß und mächtig, daß sie auch die verkehrtesten, windigsten und groteskesten Ausdrucksformen nicht verschmäht.«

469 *Quelqu'une [Märta Lindqvist]*, Wilamowitz i Stockholm, S. 3 u. 10. Vgl. zu den Hintergründen dieser Reise die spärlichen Informationen bei Mejer, Scandinavia, S. 536 sowie *Heilen*, Gelehrtenbriefwechsel, S. 139, Anm. 170.

470 *Wilamowitz*, Staatsmann und Erzieher. Der Vortrag wurde an dieser Stelle erstmals veröffentlicht, Angaben zu Ort und Datum des Vortrags fehlen jedoch und sind wie dieser selbst auch nicht verzeichnet in *Armstrong*, Bibliography. Die Bezüge auf Platon und die Revolution lassen indes vermuten, daß der Vortrag ebenfalls in den frühen 1920er Jahren gehalten wurde.

471 *Wilamowitz*, Staatsmann, S. 78, dort auch das folgende Zitat.

Daß dieser Gedanke ebenso wenig »verstiegen« sei wie der Satz von der Herrschaft der Philosophenkönige, die, richtig aufgefaßt, eigentlich »nur« die wissenschaftlich-militärische Bildung der jeweiligen Führer verlange, versucht er dann anhand eines kurzen Ritts durch die »Weltgeschichte« zu erweisen und kommt dabei schließlich auch zu den neueren politischen Erziehern der Deutschen und ihrem letztendlichen Scheitern. Die Gründe dafür, daß zuletzt auch Bismarck es nicht vermocht habe, die platonische Doppelrolle auszufüllen und den Deutschen wenigstens so viel »nationales Verantwortungsgefühl« zu verleihen, daß sie den Mut aufgebracht hätten, im Krieg die »zerfahrene Regierung nicht gewähren zu lassen«, lagen für Wilamowitz recht vage in der Größe und Weite des modernen Staates sowie irgendwo in den verpaßten Chancen der preußischen Reformen als zum letzten Mal mit Fichte, Hegel, Schleiermacher und Humboldt die »rechten Lehrer« bereitstanden, eine »auf dem historischen germanischen Boden [...] erwachsene Verfassung« zu schaffen.[472] Nun, wo eine solche Verfassung ferner sei denn je, man sich die »Spottgeburt des westlerischen Parlamentarismus« habe aufzwingen lassen und auch von den sog. »Gebildeten« vorerst keine Führung mehr zu erwarten sei, sieht Wilamowitz einen Ausweg allein noch in dem sich von unten gegen die herrschende Oberschicht wieder bemerkbar machenden Bildungsdrang.[473] Allein: für solche Hoffnung

»müssen wir Deutsche erst wieder einen Staat haben, und wie sollen wir ihn bekommen, wenn ihn nicht ein *Staatsmann* schafft? Und wie soll es gelingen, wenn das Volk nicht erzogen wird? *Auf die Formen kommt es gar nicht an*; aber besser kann es nicht werden, wenn der Blick sich nicht wieder sehnsuchtsvoll dem ewig Guten, ewig Schönen und Wahren«, sprich: auf die Ideale und Ideen Platons, »zuwendet, weg von Phrase und jener Vernunft, die den Menschen tierischer als jedes Tier macht. Wie wir Gott nennen, in welchen Formen wir ihn verehren, das ist Nebensache; [...] aber daß er als Maß der Dinge anerkannt und danach Staat und Erziehung geordnet wird, darauf kommt es an. Wo nicht, so wird das Menschengeschlecht in diesem Elend verharren und mag dann verkommen. *Platon behält vor der Weltgeschichte recht.*«[474]

Die Mischung aus Resignation, Trotz und Hoffnung auf den einen rettenden »Helden« und »Staatsmann«, die aus diesen Texten spricht, hatte Wilamowitz mit vielen anderen gescheiterten »Geisteskriegern« seiner Zeit gemein, und nur wenigen von ihnen sollte wie Troeltsch, Harnack oder Thomas Mann die überzeugte oder doch vernunftrepublikanische Neuorientierung gelingen. Inwieweit sich auch Wilamowitz in den Jahren 1919/20 tatsächlich um eine Ankunft in der Republik bemüht hat, ist schwer einzuschätzen. Die in den Texten artikulierte Offenheit gegenüber dem Sozialismus, einer stärker verfassungsmäßig gebundenen Monarchie oder gar einer gewachsenen »perikleischen« Demokratie deu-

472 Ebd., S. 91 f.
473 Ebd.
474 Ebd., S. 93 f. [Herv. R. P.]

ten seine Orientierungsversuche nach dem Zusammenbruch der alten Ordnung immerhin an und müssen keineswegs nur taktisch oder rhetorisch gewesen sein. Ebenso klingt Kritik an einigen längst nicht mehr »haltbaren« Zuständen des Kaiserreichs an, wenn er rückblickend die Abschottung der herrschenden Oberschicht oder die aus seiner Sicht unfähige »Bürokratie der Geheimräte« beklagt,[475] grundsätzlich aber sehnte Wilamowitz doch vor allem seinen geliebten König und Kaiser zurück,[476] weshalb er aus seiner Verachtung für die »Novembermänner« und den Weimarer Parlamentarismus auch nie einen Hehl machen sollte. Ob er dabei auch für eine konservativ-revolutionäre Beseitigung der Republik bereitgestanden und beispielsweise als Kultusminister im Kabinett Kapp fungiert hätte, wie auf dem Höhepunkt des Putsches am 15. März 1920 sein politischer Weggefährte Gottfried Traub gefordert haben soll, ist schwer zu sagen.[477] Wie die Stahlhelm-Episode seines Sohnes zeigt, hatte er solches später abgelehnt, an Sympathien für die Putschisten dürfte es indes nicht gemangelt haben und möglicherweise hätte es ihn wie Platon selbst auch in seinem Alter noch zur »Tat« gedrängt. Andererseits aber war *sein* »Kampf« derjenige in und für die Wissenschaft, war es diese »ecclesia militans« Platons, für die er zu »fechten« doch vor allem geschworen hatte, so daß keineswegs ausgemacht ist, daß er sich tatsächlich noch einmal am politischen Tageskampf beteiligt hätte.[478]

Unabhängig von solchen Überlegungen und von Wilamowitz' weiterer Haltung zur Republik[479] hatten die verschiedenen Platontexte dieser Zeit, und allen voran die zweibändige Biographie, eine kaum zu unterschätzende Orientierungsfunktion nicht nur für Wilamowitz selbst, sondern weit darüber hin-

475 Ebd., S. 76, Anm. u. 93.

476 Inwieweit dies die Person Wilhelm II. miteinschließt ist nicht ganz klar. Hatte er sonst immer, wo die Rede auf ihn kam, aus seiner Ablehnung keinen Hehl gemacht, so muß sich ebd., S. 91, wo ausgerechnet »König Wilhelm« als einer der wenigen erfolgreichen Erzieher der Deutschen geadelt wird, aber doch auf diesen beziehen, »denn ihm danken wir, daß wenigstens das deutsche Heer unbesiegt geblieben ist.« Oder handelt es sich hier bereits um Sarkasmus?

477 So legt es zumindest *Canfora*, Cultura classica, S. 29f. nahe, der als Quelle für den Vorschlag das »pamphlet satirico« eines Journalisten (»A« [Adolf Stein], Sieben-Tage-Buch. Kappregierung und Generalstreik 12.–18. März 1920, Berlin 1920, hier S. 25f.) sowie bestätigend die unveröffentlichten Lebenserinnerungen Traubs anführt. Der Schluß von diesem Vorschlag zur Wahrscheinlichkeit seiner Ausführung ist jedoch sehr kurz, wird er sonst schließlich nur noch gestützt durch die gemeinsame Zeit in der Vaterlandspartei und eine angebliche Beziehung »accademico-familiari« zwischen Kapp und Wilamowitz. Doch verwechselt er hier nicht vielmehr Ernst Kapp, den Philologen und Studienfreund Tycho v. Wilamowitz-Moellendorffs und Wolfgang Kapp?

478 Vgl. außer dem Nachwort zum *Platon* noch den Brief an Franz Boll vom 15.09.1920, zit. nach *Heilen*, Gelehrtenbriefwechsel, S. 144f.

479 In der Neujahrsumfrage der Deutschen Allgemeinen Zeitung vom 1.1.1924, an der sich auch Wilamowitz beteiligte, lehnte dieser die Perspektive des Untergangs jedenfalls schon wieder ab. Vgl. *Graf*, Optimismus, S. 123.

aus. Mochte nämlich ein Teil der wenigstens 35 Rezensionen des »Platon« (und die 6 der Platon-Broschüre) in Zeitschriften und Zeitungen[480] wegen des berühmten Namens und seiner innerakademischen Autorität zu erwarten gewesen sein, so deuten die selbst für Wilamowitz' Verhältnisse wohl ungeheuren Verkaufszahlen des »Platon« – vor März 1919 sollen bereits über 10.000 Exemplare abgesetzt worden sein[481] – doch an, daß hierin mehr lag oder mehr gesucht wurde als bloß historische Belehrung oder gar philologische Untersuchung. Wie gerade die Rezensionen außerhalb des engeren akademischen Besprechungswesens zeigen,[482] war dies eben die deutende Auseinandersetzung mit der eigenen Gegenwart aus Kriegsniederlage und Revolution sowie dann, das wird noch aus der Enttäuschung deutlich, die Hoffnung, hier auch noch letzte existentielle Lebensfragen beantwortet zu finden – eine Hoffnung, die aufgrund der Diederichschen Verlagsoffensive zu Platon vor dem Krieg nicht einmal aus der Luft gegriffen war.

Was Wilamowitz dabei anbot, ging über die konkrete Parteinahme für das im Politikos entwickelte Modell des konstitutionell gebundenen Staatsmannes oder Monarchen denn auch weit hinaus. In der Hauptsache dürfte es wohl die Parallelisierung der auf Krieg und Bürgerkrieg folgenden Demokratien und der zugleich idealen wie politisch-pädagogischen Antwort Platons gewesen sein, die aus dieser Darstellung für viele ein »Lehrgemälde für die Gegenwart« machte,[483] und tatsächlich war es vor allem dieses analogische Deutungsmuster, das in den Folgejahren und sogar noch im Kreis um George politisch »Karriere« machen sollte. Die hiermit einhergehende Politisierung Platons, die ihn aus dem Reich ferner Utopien ebenso wie aus den für viele unwirklichen Sphären neukantia-

480 Vgl. *Armstrong*, Bibliography, S. 75.

481 Vgl. in Ermangelung genauer Auflagen- und Absatzzahlen den Brief Eduard Nordens an Werner Jaeger vom 5.3.1919, zit. nach *Marchand*, Down from Olympus, S. 262, Anm. 148, der von bereits 10.000 verkauften Exemplaren spricht. So diese Zahl denn stimmt, wogegen außer den kriegs- und revolutionsbedingten Umständen und dem doch relativ hohen Preis (28 M für Band I, 16 M für die Beilagen) zunächst nichts spricht, kann sie sich allerdings nur (oder immerhin) auf den um Weihnachten 1918 ausgelieferten Band I beziehen, denn die Auslieferung der Beilagen erfolgte nicht vor dem 15.04.1920. Vgl. zum schleppenden Fortgang dieses Bandes, zu Wilamowitz' Depression und seinem Unwillen, sich weiter in die Politik ziehen zu lassen, die Briefe von Wilamowitz an Eduard Norden vom Dezember 1918 bis Juni 1919 (Nr. 181–191), in: *Calder/Huss*, Correspondence, S. 171–181. Allgemein zum Preisniveau sowie zum trotz allem marginalen Anteil philologischer und philosophischer Titel an der Gesamtproduktion des deutschen Buchhandels (0,5 bzw. 2,1 %) vgl. die Statistiken bei *Kastner*, Verlagswesen.

482 Siehe außer den genannten Besprechungen von Natorp und Petersen noch *Dyroff*, Ein neues Platonbuch (Kölnische Volkszeitung); *Rickenmann*, Der lebendige Platon (NZZ); *o. A.*, Rez. Wilamowitz, Platon (Hochland); *Doergens*, »Platon« und das Christentum (Kölnische Volkszeitung); *Howald*, Rez. Wilamowitz, Staatsgedanke, (Deutsche Revue); *Strunz*, Das Platon-Buch (Neue Freie Presse).

483 *Petersen*, Rez. Wilamowitz, Staatsgedanke, S. 759.

nischer Logik und Erkenntnistheorie zurückgeholt und nun wieder ganz in den Horizont der griechischen Poliskultur gestellt hatte, kam indes nicht nur einer um ihre »Gegenwartsbedeutung« besorgten Philologie entgegen,[484] sondern traf auch auf eine nicht minder politisierte bildungsbürgerliche (Teil-)Gesellschaft, deren ohnehin bestehende Empfänglichkeit für autoritäre und bildungsaristokratische Ordnungsentwürfe durch die Verunsicherung von Krieg und Revolution noch einmal zugenommen hatte.[485]

Der Platon aus der Feder Wilamowitz', der, wie es Eduard Schwartz beispielhaft zusammenfaßt, die tieferen Ursachen auch des gegenwärtigen »Chaos« schon damals erkannt und, weil ein besserer Staat nicht in Aussicht stand, einen solchen »für die Zukunft vorbereitet« habe, konnte noch einmal als letzte Bestätigung des eigenen humanistischen Weltbildes und seiner Deutungsmuster dienen, bot es doch zusätzlich auch Parallelen zu 1806 und zum »Preußen Steins und W. v. Humboldts«, wo dieser zukünftige Staat Platons bereits in ganz »ähnlichen Gedanken« kurzzeitig »lebendig gewesen« sein soll.[486] Denn selbst wenn Wilamowitz auf solch humanistischen Traditionslinien ob ihres oft klassizistischen Überbaus häufig geradezu allergisch reagierte und sie regelmäßig mit historischer Kritik zu durchkreuzen suchte, so gab er dieser Dimension durch die Amalgamierung Platons mit Goethe doch selbst immer wieder die nötige Nahrung.

Der subjektiv-biographische Zugriff schließlich, der das Vexierbild der beiden »geliebten Großen« (und noch ihres Biographen) überhaupt erst gestattete, darf ebenfalls nicht unterschätzt werden. Die große Leistung des »Platon« war es ja, das biographische Material erstmals in der ganzen Breite dargestellt und einer

484 Vgl. bes. den programmatischen Sammelband von *Boll*, Vom Altertum zur Gegenwart, von 1921 und dort das Geleitwort von Norden und Boll, ebd., S. III–VII, hier VI f.: »Viele Wege führen zu ihm [dem deutschen Menschen, R. P.], und allen geraden kommt Berechtigung zu, aber dem Hellenentum wird der Vorrang des königlichen gewahrt bleiben. *Platon* dessen Name der Leser neben denen Goethes und Humboldts am häufigsten genannt finden wird, *muß sich uns als sicherster Führer zum Heil bewähren.*« Und weiter heißt es Wilamowitz zitierend: »›Wir fühlen uns als Germanen und wollen keine Hellenen werden. Aber das Hellenentum ist für uns doch mehr als eine fremde große Kultur; es hat uns erst in seiner römischen Umgestaltung, dann selbst zur Entfaltung der unseren geholfen, ist also ein Stück unserer eigenen Vergangenheit geworden. Auch damit ist es nicht abgetan. Wir bedürfen seiner, werden seiner immer bedürfen, um Menschen zu werden, nicht bloß Germanen, aber auch um rechte Germanen zu bleiben. Wir haben es gerade jetzt dringend nötig. *Darum muß Platon, er vor allen, selbst vor Homer und der Tragödie unser Erzieher bleiben, vielmehr erst recht werden; er ist es noch viel zu wenig‹, diese Worte stehen auf einer der letzten Seiten* [S.757 f., R. P.] *eines Werkes (U. v. Wilamowitz, Platon I), das den kommenden Geschlechtern in ihrem schweren Emporringen aus dem Chaos zum Kosmos ein Leitstern werden wird.*« [Herv. R. P.]

485 Vgl. *Wehler*, Gesellschaftsgeschichte IV, S. 294 ff.

486 *Schwartz*, Rez. Wilamowitz, S. 292 u. 296 f. Vgl. wiederum das Geleitwort in *Boll*, Vom Altertum zur Gegenwart, S. III–VII, das denselben Dreischritt von Platon über Humboldt/Goethe/Fichte zum »Chaos« der Gegenwart vollzieht.

umfassenden entwicklungsgeschichtlichen Deutung unterzogen zu haben, deren popularisierbarer und didaktischer Wert auch recht schnell erkannt wurde.[487] Das genuin Philosophische interessierte Wilamowitz dabei, wie gesehen, nur am Rande und sofern es in Beziehung stand zum Milieu Platons, zu Anregungen oder persönlichen Erlebnissen.[488] Beides zusammen jedoch, die Materialfülle auf der einen und der offenkundige, Widerspruch geradezu provozierende Mangel auf der anderen Seite sollte in der Folge zu zahlreichen teils weiterführenden, teils fundamental Kritik übenden Untersuchungen und Deutungen führen, ohne die von einer »Platon-Renaissance« so sicher nicht hätte gesprochen werden können. Daß solche Einseitigkeit gerade bei Wilamowitz' Schülern zuweilen zu großer innerer Pein,[489] oft genug aber auch zu grotesken Verrenkungen führen sollte,[490] weil sie trotz ihrer inhaltlichen Ablehnung seines unphilosophischen Entwicklungsbegriffes die politische ebenso wie die autobiographische, ja existentielle Dimension des »Platon« sehr wohl erkannten und schätzten, gehört aber ebenfalls zur Wirkungsgeschichte dieses Buches und seines Autors. Der »Verlebendigung« Platons, vielleicht sogar der »Liebe« zu ihm tat solches zumindest hier keinen Abbruch, und auch darüber hinaus blieb das »Herzblut«, das Wilamowitz in den »Platon« gesteckt hatte, nicht ohne Wirkung. Denn auch wenn man sich fortan kritisch und ablehnend zu Wilamowitz äußern und sein Buch ein »Marlittbuch«, einen »Roman für alte Jungfern« oder ein »Platon für Dienstmädchen« heißen sollte, hinter dessen engagierten, bekenntnishaften Umgang mit Platon gab es nun erst einmal kein Zurück mehr.

2.5 Aspekte des Neoplatonismus

Die Wege der Neuaneignung Platons, die zwischen Jahrhundertwende und Revolution gegangen wurden, konnten auf den ersten Blick kaum unterschiedlicher sein: Suchten die Neukantianer Platon durch eine ahistorische Systematisierung philosophisch (und sozialpolitisch) zu rehabilitieren, setzte der philologische »Rückschlag«[491] durch Wilamowitz auf einen großangelegten biographischen Historismus, der alle genuin philosophischen Fragen ebenso ausschaltete wie er gleichzeitig die politischen Zumutungen Platons von der Gleichheit der Geschlechter bis zum Kommunismus der Wächter historisch relativierte und ins ruhige Fahrwasser konstitutioneller Monarchie zu lenken suchte. Beiden

487 Vgl. für die Pädagogik nur den Rückblick bei *Glaser*, Darstellung.

488 Vgl. auch *Snell*, Philologie, S. 113f., der Wilamowitz darum auch als unbrauchbar für jeden künftigen Platonismus bezeichnet.

489 Vgl. bes. den oben zitierten Briefwechsel Friedländers mit Wilamowitz sowie allgemein *Vogt*, Auseinandersetzung.

490 So bes. *Jaeger*, Platos Stellung, S. 135–139.

491 So *Jaeger*, Platos Stellung, S. 139.

trotz allem doch ihrer Wissenschaft verpflichteten Zugängen denkbar fern, ihnen in »Liebe« und Bekenntnis zu Platon aber wiederum gar nicht so unähnlich war sodann jener platonische Ästhetizismus, der nach 1900 und im frühen Diederichschen Programm seine Blüten trieb, der aber auch im George-Kreis vor dessen »Verstaatlichung« noch eine beträchtliche Rolle spielte. Zusammen mit Jugend-, freireligiöser und Homosexuellenbewegung bildete sich hier so etwas wie eine neohumanistische Fraktion von Platon-Schwärmern, die nicht nur der Kulturkritik als weiterer Resonanzraum diente, sondern die auch die im klassizistischen Schulhumanismus weitgehend verschütteten »anderen« Dimensionen Platons und der Antike wieder ins Bewußtsein brachte. Der George-Kreis schließlich sollte aus einigen Elementen dieses schwärmerischen Platonismus die gleichermaßen elitäre wie bildungsemphatische Kreisideologie entwickeln und über die Profilierung Platons zum Dichterherrscher seinen eigenen »geistigen« Staatsaufbau betreiben.

All diese Gruppen, die den Diskurs über Platon von der alten »platonischen Frage« nach der Reihenfolge der Dialoge gelöst und auf eine im weiteren Sinne kulturkritische Ebene gehoben haben, auf der mit Platon stets auch der Stellenwert der Antike als Leitepoche, der damit verbundene Bildungs- und Wissenschaftsbegriff sowie das mit beiden zunehmend fragil gewordene bildungsbürgerliche Selbstverständnis verhandelt wurde, können nun mit Fleck als mehr (George-Kreis, Neukantianer, die Wilamowitz-Schule) oder weniger (die Neoidealisten) stabile Denkkollektive begriffen werden, in denen sich bezogen auf die Wahrnehmung Platons entsprechend lose oder starke Denkstile herausbildeten, deren Zwänge sich wiederum an den Übergängen der stabilen Gruppen, konkret also bei Friedländer oder Friedemann besonders bemerkbar machten. Auch jene von Fleck beschriebene »Stimmungskameradschaft«, die wie im Falle des George-Kreises oder der Neukantianer zu einem besonders ausgeprägten Gruppenbewußtsein beitrug und sich noch dazu in einzelnen »Parolen« (Hypothesis, Gestalt u. a.) verdichtete, ließe sich hier geradezu idealtypisch aufweisen, vom Verhältnis esoterischer und exoterischer Kreise innerhalb dieser Gruppen ganz zu schweigen.

Doch nicht die teils von der Forschung ausführlich untersuchten Binnenverhältnisse der Gruppen sind das Entscheidende und auch nicht die harsche Polemik der Auseinandersetzungen zwischen ihnen, sondern vielmehr der Umstand ihrer Konkurrenz selbst. Faßt man nämlich das zu betrachtende »Denkkollektiv« etwas weiter und nimmt mit Fleck die Konkurrenz nicht als trennendes, sondern als verbindendes und selbst schon produktives Moment der Denkstilentwicklung ernst,[492] dann muß das Nebeneinander der verschiedenen Wege zu Platon sowie noch der außerhalb dessen liegende Faktor des Krieges (oder noch der des Buchmarktes) nicht gleichsam künstlich in Haupt- und Ne-

492 *Fleck*, Entstehung, S. 90f.

bengeleise, in materielle und ideelle Bedingungen einer historischen Erklärung geschieden werden, sondern kann ebensogut als wenn schon nicht gänzlich einheitliches, so doch gleichgerichtetes, mehr der »Stimmung« als dem Programm nach verbundenes Phänomen gewürdigt werden. Hierzu gehören dann die auf Platon bezogen eigentlich paradoxen Nachwirkungen Nietzsches im beschriebenen Diskursnetz der Jugendbewegung ebenso wie die akademische Autorität seines Antipoden Wilamowitz, haben philosophiehistorische »Sackgassen« wie die des Marburger Neukantianismus genauso ihren Platz in der Denkstilentwicklung wie all jene mediokren Schwärmer, die ansonsten unter dem Zwang des wissenschaftshistorischen Fortschrittsparadigmas Kuhns als bloße Irrationalismen durchs Erklärungsraster fielen.

Vor dem Hintergrund des zuweilen nicht einmal mehr höflichen Desinteresses, das Platon um die Jahrhundertwende selbst noch in der eigentlich um keine historische Analogie verlegenen Gymnasialapologetik entgegengebracht wurde, deutete sich also über alle Unterschiede der Gruppen und Niveaus hinweg eben doch schon hier – und nicht erst, wie später vielfach behauptet, unter dem Eindruck des Krieges und der Niederlage – jener neue Ton und »Stimmungswechsel« an, der sich dann allerdings nach dem Krieg erst zu einem umgreifenden Denkstil verfestigen und in der Ausdifferenzierung noch einmal deutlich an Sichtbarkeit gewinnen sollte. Der *Neoplatonismus*, wie diese neue Stimmung und dann der Denkstil in Anlehnung an Carola Groppes Konzept des Neohumanismus genannt werden soll,[493] zeichnete sich zunächst denn auch nicht durch ein gemeinsames inhaltliches Programm aus, sondern beschreibt überhaupt erst einmal eine neue, von allem Bisherigen unterschiedene *Haltung*. Hatten es schon die Neukantianer bei ihrer problemgeschichtlichen Wiederentdeckung nicht an »prophetischer Glut« und an Bewunderung für den »göttlichen Platon« mangeln lassen, wurden sie darin doch noch überboten von all den nun auftretenden Schwärmern, die Platon und die Griechen eher mit der Seele zu suchen begannen und ohne großen theoretischen Aufwand zwar, dafür aber mit um so größerem Enthusiasmus »Platons Mission für die Gegenwart« und seinen »ewigen Imperativ« beschworen, auf daß er sie von ihren seelischen und kulturellen Nöten befreie.[494] Im George-Kreis wiederum, wo man stets darum bemüht war, sich vom jugendbewegten und all zu offen homoerotischem Schwärmertum abzugrenzen, waren es eher Andacht und Ehrfurcht vor dem Heroentum Platons und seinem neben George »lebendig wirksamen« Vorbild, die man zu kultivieren und, gar nicht andächtig, gegen die Tendenzen der Fortschritts in Stellung

493 *Groppe*, Neohumanismus. Gleichzeitig soll der Begriff auch vom philosophisch-theologischen Neuplatonismus der spätantiken Tradition abgrenzen, der außer anfänglich in Diederichs kurzzeitiger Begeisterung für Plotin im ganzen Platondiskurs der Zwischenkriegszeit keine Rolle gespielt hat.

494 So mit Blick auf seine Leserschaft *Diederichs*, Wege zu deutscher Kultur, S. 84 u. [*Ders.*], Beiblatt.

zu bringen suchte.[495] Bei Wilamowitz schließlich wurde Platon zwar historisiert, dies jedoch wieder mit einem geradezu heiligen Ernst, mit allem persönlichen »Herzblut« und in der für viele paradox anmutenden Hoffnung, gerade dadurch auf seine Verlebendigung unter den Deutschen, auf eine neuerliche Identifikation, ja auf das Neuerwachen der Liebe zu ihm hinzuwirken.

Auf die Frage, warum der Neufichteanismus 1914 so umstandslos zur deutschen Weltkriegsphilosophie aufsteigen konnte, hat Hermann Lübbe einmal das »Fichtesche Pathos des Engagements« angeführt, das durch Verzicht auf alle historische oder theoretische Distanz zu seinem Gegenstand gerade den »Hunger« eines vom Staat entfremdeten liberalen Bürgertums »nach Anteil und Dabeisein«, nach vollständiger Identifikation mit der politisch-gesellschaftlichen Realität vorübergehend zu sättigen vermochte.[496] Gleiches trifft nun auch für das Bild Platons zu. Spätestens mit Wilamowitz' biographischer Deutung wurde auch seine Philosophie kaum noch als solche wahrgenommen und auf ihre Zusammenhänge und ihre Geltung hin untersucht, sondern sie wurde nun ebenfalls als Ausdruck seines »heroischen« Engagements für den Staat und seines »Leidens« an den Verhältnissen begriffen, spiegelte also ebenfalls die Sehnsucht nach mehr als nur »erdachten« philosophischen Antworten. Die Beschreibung Lübbes trifft aber genauso, wenn nicht noch viel eher die skizzierte Haltung seiner Rezipienten und neuerlichen Jünger selbst. Denn auch hier gab es diesen bald ebenfalls ins Politische umschlagenden Hunger nicht nach theoretischer, sondern nach »lebendiger«, alle historische Distanz aufhebender Identifikation mit einem nun wieder als vorbildlich empfundenen Gegenstand, und es war in erster Linie der dabei angeschlagene hohe oder weltanschauliche Ton, eben das »Pathos des Engagements«, das schon hier, erst recht aber nach dem Krieg den Platondiskurs auszeichnen sollte. Allein schon an den nun kommenden Titeln läßt sich solches ablesen: Wenn man nun Pläne zur »Wiedergeburt der platonischen Akademie« (Blüher) schmiedete oder »Moderne Gedanken über Staat und Erziehung bei Plato« (Sternberg) suchte, wenn »Der Platonismus und die Gegenwart« (Horneffer) oder »Platon und die europäische Entscheidung« (Singer) in der Hoffnung auf eine neue »Synthese« zusammengebracht oder wenigstens um der Schärfung des »Gegenbildes« einander gegenübergestellt wurden und wenn dann schließlich um 1933 herum mit Platon »Der Kampf des Geistes um die Macht« (Hildebrandt) ausgefochten oder »Hitlers Kampf und Platons Staats« (Bannes) angeglichen werden sollten, dann war damit jedenfalls auch in der Breite und auf allen intellektuellen Niveaus der nach 1900 einsetzende Stimmungswechsel manifest und selbst zu einem Signum des neuen Denkstils geworden.[497]

495 Zu dieser Tendenz der Jahrbücher siehe nur *Andreae,* Platons Poikilia.

496 *Lübbe*, Politische Philosophie, S. 205f.

497 Schon *Wundt*, Platons Leben, S. 1f. hatte den »Geist Platons« langsam wieder zum Leben erwachen sehen, nach 1918 gab es dann zahlreiche Versuche, die neue Stimmung zu

Ebenfalls eine Frage eher des Stils und ein weiteres Kennzeichen des Neoplatonismus war dessen neuartiger, eher auf Anschaulichkeit denn auf Reflexion setzender *Biographismus*. Auch dieser sollte sich nicht zuletzt als Reaktion auf den Neukantianismus schon vor dem Krieg abzeichnen und in Wilamowitz' großem Verlebendigungsversuch dann seinen weithin sichtbaren Höhepunkt finden. Die im Historismus ebenso wie in den verschiedenen Spielarten einer an Nietzsche und Dilthey orientierten Lebensphilosophie erwachsene Systemfeindlichkeit und das zunehmende Gewicht von Kategorien wie »Leben« und »Erlebnis« verdrängten zunehmend die Reflexion über die Argumente Platons. Das »logische Turnen«, wie Friedrich Wolters es nannte,[498] wurde durch die Anschauung des philosophischen Täters ersetzt, avancierte das »Leben« des Philosophen selbst zu dessen eigentlicher Philosophie. Dabei waren es nicht nur die Platon-Schwärmer, die statt der Lösung von Problemen lieber die »vorphilosophische Persönlichkeit« suchten, der man »nachfolgen« und sich als einem Vorbild vollen und hohen Lebens hingeben wollte.[499] Auch aus der Philologie kamen etwa mit Paul Wendland schon vor dem Krieg vereinzelte Stimmen, die auf die »Wiedergewinnung des echten Platonbildes« drängten und damit dem »auf persönliches Leben und sein Verständnis gerichtete[n] Streben unserer Zeit« entgegen kommen wollten.[500] Der »echte Philosoph«, so Wendland an anderer Stelle und doch schon ganz auf Wilamowitz weisend, sei denn auch nicht der »zum Systeme erfrorene Dogmatiker«, sondern die Einheit von Denker, Dichter und Staatsmann in einer »reichen Persönlichkeit«:

»Die neue Forschung will in Platon nicht mehr den Erfinder eines Systemes, sondern den ganzen lebendigen Menschen in allen seinen Beziehungen zu Familie und Staat, zu politischer, philosophischer, litterarischer Entwicklung seiner Zeit, mit dem Reichtum der sein geistiges Leben bestimmenden Motive sehen.«[501]

fassen, *Singer*, Griechentum, S. 14 spricht von der »neuen Denkart« und einer »Umkehr der Blickrichtung«; *Leisegang*, Neue Wege, will »Verständnis wecken für das Neue« und den einem anderen »Lebensgefühl« entspringenden »Stil«; *Andreae*, Staatsschriften. II/1, S. VIIf. macht mit Blick nicht zuletzt auf George ebenfalls ein neues »Gefühl« geltend, das sich ästhetisch, philosophisch und akademisch ausdrücke und erst den neuen »deutschen Ton« Platons möglich gemacht habe; *Horneffer*, Platonismus, S. 122, bemerkt ein »neues, wärmeres unmittelbareres Verhältnis zu antiken Philosophie und speziell zum Platonismus«, einen »frischen Zug« in der Platonforschung usw.

498 *Wolters*, Richtlinien, S. 145.

499 *Blüher*, Nachfolge, S. 595.

500 *Wendland*, Entwicklung, S. 194f.

501 *Ders.*, Aufgaben, S. 98, 100, 106 u. 111, dort auch der Hinweis auf Dilthey. Zu Paul Wendland und dessen Freundschaft mit Wilamowitz vgl. *Pohlenz*, Paul Wendland, sowie *Biester/Calder*, Briefe. Der in den »Preußischen Jahrbüchern« angedeutete Plan Wendlands, eine solche »verlebendigende« Biographie Platons zu schreiben, ist durch dessen Tod 1915 nicht mehr zu Stande gekommen. Gut möglich, daß dies der Anlaß war, daß Wilamowitz diese Aufgabe etwa zur selben Zeit in Angriff genommen hat.

Und auch wenn die im George-Kreis verehrte »Gestalt« Platons als Verkörperung des »Gesamtmenschlichen« von solcherlei Beziehungen gerade gereinigt und als überzeitliches Ideal hingestellt werden soll, darauf, daß es nicht allein mehr das Denken Platons sei, auf das es ankomme, sondern der »lebendige« Bildner und Täter, hätte man sich doch leicht verständigen können.[502]

Daß der zur Projektionsfläche unterschiedlichster Sehnsüchte verlebendigte Platon dabei durchgängig *modernitäts- und kulturkritisch* gestimmt und die neue Platon-Verehrung also von den weltanschaulichen Auseinandersetzungen der Jahrhundertwende und der Weimarer Republik nicht zu trennen war, ist schließlich das dritte markante Kennzeichen des Neoplatonismus und wohl auch der entscheidende Grund für die weitreichende Wahrnehmung dieser »Renaissance« Platons nach 1918.[503] Als Antwort auf das mit der gesellschaftlichen Differenzierung einhergehende Gefühl zunehmender Desintegration und damit als dezidiertes Gegenbild zur Moderne wurde Platon innerhalb weniger Jahre zu einem »Symbol« der Unzufriedenen,[504] auf das sich nicht nur die diversen Neohumanismen beziehen konnten, sondern das eben auch Anknüpfungsmöglichkeiten für verschiedenste politische, konfessionelle oder neuidealistische Strömungen vor allem des rechten Weimarer Weltanschauungsspektrums bot.

Diese so nicht zuletzt auch *politische Dimension* des Neoplatonismus, die in Weimar zu dessen vielleicht markantesten Kennzeichen werden und Platon vor allem als zwar verhinderten, gleichwohl wahren Politiker und Staatserzieher be-

502 Vgl. nur aus der späteren Literatur *Singer*, Gründer, S. 10 (der Täter und Bildner) u. 255 (Platon als Verkörperung einiger griechischer Haupttendenzen) oder die Nähe zu Wilamowitz bei *Salin*, Platon und die griechische Utopie, hier S. 276, Anm.: »Richtig aber ist, daß es möglich und notwendig ist, die ganzen Dialoge von innen her nachzuleben und so die Gesamtheit des Platonischen Lebens und Werkes als menschlich-dichterisch-prophetische Einheit nachzugestalten. Wenn in diesem Buche der Reichsgründer, der Erzieher seines Volkes und aller abendländischen Menschheit nach dem gewohnten Bilde des Philosophen hervortritt, so bleibt doch noch das Höhere zu leisten, das ganze Werk als wenn nicht Dichtung, so philosophischen Ausdruck eines Dichter-Weisen zu begreifen…« Daß auch der Gestaltbegriff dann nicht mehr ohne eine »lebendige Entwicklung« auskam, sei hier bereits angedeutet. Vgl. nur *Salin*, Rez. Ernst Karl Winter. Auf die Ähnlichkeit beider Ansätze hingewiesen hat zuerst *Stenzel*, Rez. Paul Friedländer, S. 410 sowie dann *Cherniss*, biographical fashion, bes. S. 287f.

503 Vgl. nur als ein Bsp. von vielen auf ein breiteres Publikum zielenden Wilamowitz-Rezensionen *Strunz*, Rez. Wilamowitz, S. 115: »Mit Stolz wird jeder Deutscher sich dieses Werkes über Platon freuen. Der größte Grieche und Enthusiast des Wissens wird uns wiedergeschenkt, durch eine seltsame Schönheit verklärt und doch durch eine bis zur Genialität gesteigerte Korrektheit und Klarheit der Darstellung in helles Licht gestellt. Nirgendwo wird Platon ins Wesenlose, Leere, Flache, Schwächliche d.h. ›Moderne‹ umgedeutet, es ist nicht der Platon affektierter Schriftsteller, sondern der ernste und klare Mann, der die Menschen sittlich erneuern will und dessen Lebensinhalt nie etwas anderes gewesen ist als Sehnsucht und Streben nach Weisheit und dem sittlichen Staat.«

504 *Jaeger*, Platos Stellung, S. 82.

handeln sollte, spielte dagegen, wie gesehen, vor und während des Krieges noch kaum eine Rolle. Abgesehen von der sich auch hier weitgehend als atypisch erweisenden Interpretation durch die Neukantianer, die die »Schattenseiten« platonischer Politik nicht leugneten, sie aber vom »göttlichen Platon«, dem Begründer der Ideenlehre gleichsam abzuspalten suchten, war der verhinderte Politiker Platon, waren dessen radikale Antworten auf die Niederlagen und Krisen seiner Zeit bis dahin noch fast ausschließlich auf der Ebene der Kleinwächterschen »Staatsromane« verhandelt worden, weit entfernt also davon, politisch ernst genommen oder sonstwie für relevant gehalten zu werden. Daß sie dann jedoch so schnell an Bedeutung für das »Niederlagendenken«[505] weiterer Kreise gewinnen sollten, dürfte indes auch Wilamowitz trotz seines großen Rehabilitationsprogramms eben dieser Dimension weder geahnt und noch gar erhofft haben.[506] Das Zusammentreffen der ersten Rezeptionswelle seines »Platon« mit den plötzlich als so ganz ähnlich empfundenen Ohnmachts- und Krisenerfahrungen der frühen Nachkriegszeit aber, die Verfügbarkeit eines einerseits grundstürzend neuen, und gleichzeitig doch in den Grundzügen vertrauten historischen Angebotes zur Überwindung oder kulturellen Kompensation der Niederlage war für die »Verlebendigung« Platons auf jeden Fall weit wirkungsvoller als alles philologische »Herzblut« es je vermocht und wie es sich auch ein Verlegergenie wie Diederichs kaum idealer hätte ausmalen können.

505 Vgl. in Anlehnung an *Schivelbusch*, Kultur der Niederlage, auch *Eckel*, Geist der Zeit, S. 44f.

506 So zumindest der Schluß des Vorwortes in *Wilamowitz*, Platon I, S. 9.

3. Fechter unter dem Zeichen Platons – Renaissancen und Deutungskämpfe in Weimar

3.1 Ein Krisenphilosoph

»Unter dem Zeichen Platons werde ich fechten, solange ich atme.« Wilamowitz' pathetisch angekündigter Kampf mit und um Platon sollte Revolution, Kapp-Putsch und Konsolidierung der Republik kaum überdauern. Währenddessen und noch am Anfang der 1920er Jahre gab es die erwähnten Vorträge sowie die Broschüre zum platonischen Staatsgedanken, es folgten auch noch zwei weitere Auflagen seines »Platon«, sonst aber ist der Rückzug in die Arbeit am weiteren Alterswerk unverkennbar, focht er nur noch im übertragenen Sinne für die Wissenschaft Platons.[1] Innerhalb von Fakultät und Akademie machte er seinen Einfluß gleichwohl weiter dort geltend, wo er dies konnte, und verhinderte nicht nur schon 1920 den Ruf Gundolfs nach Berlin,[2] sondern auch noch 1928 die dortige Habilitation Kurt Hildebrandts mit einer Arbeit über »Platons Weltverneinung und Weltbejahung«, wobei hier die persönliche Kränkung durch dessen provozierend aggressiven Jahrbuch-Aufsatz ebenso eine Rolle spielte wie die Absicht, durch die Ablehnung noch einmal ein Zeichen zu setzen gegen die Ausbreitung des neuen, im Kreis kultivierten Wissenschaftsverständnisses sowie gegen den Ansprüche der anderen Fächer auf die Behandlung Platons, den man, so die erklärte Position Wilamowitz' und Werner Jaegers, ganz für die Philologie reklamieren wollte.[3] Die Verhinderung der Habilitation Hildebrandts

1 In einem Brief an Julius Stenzel vom 27.04.1920, zit. nach: *Calder*, Letters to Julius Stenzel, S. 88, macht Wilamowitz dies deutlich: »Ich habe aber gesagt, was ich zu sagen hatte, und freue mich, wenn es so überwunden wird, wie Sie es durch den philosophischen Gedanken tun und tun werden. So wie ich einmal bin, muss ich rasch auf ein anderes Feld, da ackere ich seit langem mit saurem Schweiss; der Platon ist mir ziemlich in ein Nebelreich gerückt.« Zu den Früchten dieser Arbeit siehe oben Kap. 2, Anm. 350.

2 Um zu verhindern, daß Gundolf in Berlin in der Nachfolge von Erich Schmidt dessen germanistischen Lehrstuhl erhält, schrieben Wilamowitz und sechs weiteren Professoren an Carl Henrich Becker und argumentierten, daß Gundolf nun einmal kein Wissenschaftler und deshalb untragbar sei. Vgl. den Brief vom 5. März 1920, zit. nach *Höppner*, Eine Institution wehrt sich, S. 273f.

3 Vgl. *Hildebrandt*, Erinnerungen, S. 188f. u. 242, Anm. 6 sowie zu diesem Verfahren und dem Prinzipienstreit um Platon in der Fakultät *Groppe*, Die Macht der Bildung, S. 557–560. Hildebrandt, der als Vertreter des George-Kreises von Becker und Spranger in Berlin durchaus erwünscht war, scheiterte letztlich an Wilamowitz' zwar nur noch beratendem, aber doch

war in diesem Zusammenhang ein letzter und, wie sich zeigen sollte, doch nur ein Pyrrhussieg für Wilamowitz, denn Hildebrandt wurde vom Kultusminister Becker kurzerhand mit einem Lehrauftrag als Honorarprofessor versehen und sollte nach einem Vorsokratikerkolleg unter großem Zuspruch der Studenten und darum sogar im alten Auditorium Maximum 1928/29 über Nietzsche und 1930 schließlich auch über Platon lesen, was wiederum als eine letzte Provokation gegenüber Wilamowitz verstanden werden mußte, die dieser dann aber schon längst nicht mehr parieren konnte.

Während sich Wilamowitz nach seiner Zwangsemeritierung 1921 mehr und mehr aus den akademischen Kämpfen zurückzog bzw. ziehen mußte und nur noch über seine private Graeca sowie über seine Schüler wirkte, war der fachlich und rhetorisch unbestritten herausragende unter diesen, Werner Jaeger, längst nicht nur dessen Nachfolger auf dem Berliner Lehrstuhl geworden und ihm an institutionellem Einfluß sehr bald wenigstens ebenbürtig,[4] er wurde vielmehr auch zu dessen legitimem Erbe im Kampf unter dem Zeichen Platons, den er mit seinem Programm zur Erneuerung des Humanismus aufgenommen und, das zeigt auch die sich noch verlängernde Episode mit Hildebrandt,[5] in den verschiedenen Arenen des Krisendiskurses zu führen gewillt war.

Weltanschaulich aufgeladen schon in der Vorkriegszeit und durch Wilamowitz noch dazu politisch aktualisiert sollte der Neoplatonismus nach dem Krieg endgültig, ja sollte ein Gutteil des Diskurses über Platon überhaupt den engen Bezirk philologischer oder philosophiehistorischer Forschung verlassen und Teil jenes allgemeinen Krisen- oder Niederlagendenkens werden, aus dem die kulturellen Debatten der Weimarer Republik ihre Dynamik und ganz unterschiedliche »Renaissancen« ihre Legitimation bezogen.[6] Der Neoplatonismus

noch immer vorhandenem Einfluß sowie an Jaeger, über deren Maßstäbe es nicht nur in der Sitzung größere Auseinandersetzungen gab. Nach *Hildebrandt*, Erinnerungen, S.189, habe Spranger hier auf die Philologen erwidert, »bei derartigen philologischen Ansprüchen würde kein Philosoph je über Platon arbeiten dürfen. ›Das ist es ja, was wir wollen‹, antwortete Wilamowitz aufrichtig. (Spranger hatte mir schon vorher erzählt, in Leipzig habe er gern über Platon gelesen. In Berlin dürfe er sich das nicht erlauben). Sombart warf ein: ›Und wenn Platon selbst käme, würde man ihn bei solchen Anschauungen abweisen‹. Worauf ihm erwidert wurde, immerhin habe Platon solide Kenntnisse in der Mathematik gehabt.« Kultusminister Becker wiederum, den mit Wilamowitz eine innige Feindschaft verband, hatte Hildebrandt dafür umgehend mit einer Honorarprofessur für, wie es durchaus wieder provozierend hieß, allgemeine »Philosophie« ausgestattet.

4 Vgl. *Mensching*, Über Werner Jaeger, bes. die vergleichende Würdigung S. 108.

5 *Hildebrandt*, Erinnerungen, S. 189f.

6 Die quantitative Dimensionen des Platon-Diskurses während der Zwischenkriegszeit zu bestimmen, fällt schon wegen der Diversifikation des Zeitschriftenwesens nicht ganz leicht. Ulrike Zimbrich hat in ihrer Bibliographie zu Platons Staat für die Zeit zwischen 1918 und 1938 allein 440 Titel identifiziert, die sich inhaltlich nur auf die Politeia beziehen, hinzu kommen Neuauflagen, Textausgaben und Schullektüren. Nimmt man hingegen alle in der DNB erfaßten selbständigen Veröffentlichungen mit Platonbezug im Titel und zieht davon

stand insofern also durchaus in einer Reihe mit Hegel-[7], Fichte-[8] und Luther-Renaissance[9] oder gar noch mit dem Neuthomismus, war anders als die meisten dieser metaphysischen oder neuidealistischen Strömungen aber ganz auf Deutschland bzw. den deutschsprachigen Raum beschränkt und darin also dem 1914 zur Weltkriegsphilosophie stilisierten Neufichteanismus noch am ehesten zu vergleichen. Wie all diese Renaissancen reagierte auch der Neoplatonismus auf den um 1900 einsetzenden, nach 1918 aber noch einmal gesteigerten Bedarf an Weltanschauung und -deutung und bediente sich dazu aus demselben kulturkritischen Repertoire zur Überwindung des 19. Jahrhunderts, ohne darin doch aufzugehen.[10] Denn man teilte zwar ganz überwiegend die Gegnerschaft gegen Liberalismus und Demokratie, gegen Individualismus, Subjektivismus, Materialismus usw., gleichzeitig war der Neoplatonismus als Denkstil aber disparater und stärker von Auseinandersetzungen um seinen Gegenstand geprägt, was am Einfluß des sonst meist unisono abgelehnten Neukantianismus ebenso lag wie daran, daß sich mit Wilamowitz ein exponierter Vertreter jenes historischen Positivismus mit in das Ringen um die Renaissance Platons begeben hatte, der sonst als »leblos« ganz oben auf der Liste der Kulturkritik stand und als solcher denn auch hier teils angegriffen, teils verteidigt wurde. Ein fachliches Zentrum, das wie die Philosophie im Falle Fichtes oder Hegels oder die Theologie bei Luther oder Thomas der jeweiligen Renaissance einen gleichsam »natürlichen« Rahmen gegeben und sie nach Experten, Herausgebern, Popularisierern usw. strukturiert hätte, gab es ebenfalls nicht. Zwar zeigen die Umstände der gescheiterten Habilitation Hildebrandts, daß die Klassische Philologie sehr wohl noch Ende der 1920er Jahre das Deutungsmonopol auf Platon beanspruchte und solches über den institutionalisierten Humanismus in Vereinen und Gymna-

die Textausgaben ohne Übersetzungen ab, dann kommt man in diesem Zeitraum noch ohne Mehrfachauflagen auf 360 Titel, deren Erscheinungsverlauf größtenteils mit der Lage des allgemeinen akademischen Buchhandels, wie *Kastner*, Statistik, sie schildert, korreliert: d.h. nach einer Übergangsphase 1918 kam es zu einer kurzen Hausse von jährlich deutlich über 20 neuen Platontiteln, die durch den Kriegsüberhang aufgelaufener Dissertationen u.ä. wenigstens ebenso verursacht worden sein dürfte wie durch das hier behauptete neue Orientierungsbedürfnis. Mit Hyperinflation und Einbruch des Buchmarktes sank dann zwischen 1924 und 1926 die Zahl der Neuerscheinungen auf zwischen 10 und 13 Titel, um sich ab 1927 wieder etwa auf dem früheren Niveau zu stabilisieren. Ab 1933 sank dann die Zahl kontinuierlich auf durchschnittlich 13 Titel pro Jahr, allerdings gab es hier wie auch zuvor einige Ausschläge nach unten und oben.

7 Siehe allgemein zum auch in Holland, Italien und England auftretenden Neuhegelianismus *Kleiner*, Art. Neuhegelianismus. Zum spezifisch deutschen Rechtshegelianismus siehe *Kluck*, Der Staat als die wahre Volksgemeinschaft, bes. S. 93ff.

8 Vgl. hierzu *Lübbe*, Politische Philosophie, S. 196–207 sowie *Villacañas*, Ethischer Neu-Fichteanismus.

9 Vgl. auch zu den Verbindungen zwischen deutscher und schwedischer Lutherrenaissance *Assel*, Der andere Aufbruch.

10 Siehe zu diesem Repertoire nur *Bollenbeck*, Kulturkritik, S. 199–232.

sien auch zu verteidigen gewillt war,[11] gleichzeitig konnte von diesem Monopol aber traditionell durch die Philosophie (zuletzt durch den Marburger Neukantianismus) und aktuell durch die Ausdifferenzierung der philosophischen Fakultät und die dadurch befeuerte Fächerkonkurrenz um historische Legitimationsinstanzen (etwa mit den Pädagogen) kaum ernsthaft die Rede sein,[12] machte die Vehemenz des Anspruchs gerade ihr Schwinden deutlich. Bedenkt man zudem die Ausbildung unzähliger »Quasi-Philologen« an den Gymnasien des Kaiserreiches, die nicht nur der »Experten« zumindest bei der Lektüre getrost hätten entraten können,[13] sondern die sich vermittels ihres philologischen Rüstzeugs gerade auch gegen deren »verstaubte Ideale« (Benjamin) wenden sollten, dann wird deutlich, warum der Neoplatonismus keine Veranstaltung klassischer Philologen blieb, sondern weit darüber hinaus wirken konnte. Nimmt man schließlich noch den *in philologicis* dilettierenden George-Kreis hinzu, der, wie Gottfried Benn treffend formulierte, als »großartigstes Durchkreuzungs- und Ausstrahlungsphänomen« der Geistesgeschichte[14] über alle akademischen Fächerkonkurrenzen hinaus wirkte, dann wird der Unterschied in Reichweite und Wahrnehmung des Neoplatonismus gegenüber anderen Renaissancen vollends deutlich.

Daß Platon eher noch als Hegel oder Fichte zum Philosophen der Krise[15] und die Platon-Renaissance zu deren »Symptom« werden konnte,[16] lag indes nicht nur an der Reichweite des Diskurses. Es muß hier auch noch einmal an die anhaltende Prägung durch das neuhumanistische Ideologem von der deutsch-griechischen Verwandtschaft und der Selbstfindung der Deutschen durch die Griechen erinnert werden, das besonders kurz nach dem Krieg wiederbelebt wurde. Für Julius Stenzel etwa, zu dieser Zeit noch Oberlehrer in Breslau, war es geradezu »typisch«, daß sich »eine seelisch bewegte Zeit« wie die seine in historischen Gedankensystemen orientieren wolle und dazu statt Kant nun Platon als Führer auserkoren habe, denn:

11 Jaegers 1927 in München gehaltene Vorträge über »Platos Stellung im Aufbau der griechischen Bildung«, die gerade die Verteidigung des historisch-philologischen Zugangs Platons gegenüber den Ansprüchen der Philosophie oder einzelner Fachhistoriographien zum Ziel hatten, sind etwa nicht nur umgehend als Broschüre gedruckt worden, sondern Jaeger hat durch die Zweitveröffentlichung in der Antike auch dafür gesorgt, daß der Beitrag über die Gesellschaft für antike Kultur auch die diversen humanistischen Gymnasien und Gymnasialvereine erreichte, die die Zeitschrift als Mitglieder erhielten.

12 Vgl. hierzu *König/Lämmert*, Konkurrenten in der Fakultät.

13 Vgl. nur die Übersicht über die Berufsverteilung der Pforte-Abgänger der Jahre 1830–1890 bei *Cancik*, Klassische Philologie, S. 185, nach der von 2610 »Pförtnern« später nur 13,5 % auch wirklich Philologen wurden – und dies bei 99 Jahresstunden Latein und Griechisch.

14 *Benn*, Rede auf Stefan George, S. 36.

15 Vgl. auch schon *Orozco*, Platon-Rezeption, S. 150 und *Kim*, Plato, S. 187.

16 *Stenzel*, Rez. Horneffer, S. 308.

»gerade Platons weit ausgespannte, die mannigfaltigsten, ja entgegengesetzten Motive zur Einheit bringende Lehre hat schon wiederholt einem nach Erneuerung drängenden Zeitalter das Gefäß geboten, in dem es sein neues, ihm selbst noch unfaßbares Selbstgefühl formen, sich über sich selbst verständigen konnte.«[17]

Die Rede von Platon als dem Medium der Selbstfindung in »verwandter Not« findet sich in zahlreichen Texten der frühen 1920er Jahre,[18] die nicht zufällig auch bei Diederichs die Erfolgsjahre Platons waren,[19] während sie in und vor dem Krieg nur vereinzelt[20] und vor der Jahrhundertwende gar nicht auftauchte bzw. noch allgemein in der deutsch-griechischen Verwandtschaft aufging. Dabei war aber wohl gar nicht die Verwandtschaft selbst das gewichtigste Argument. Als ein schon wieder viel zu vertrautes, gar nach 19. Jahrhundert schmeckendes Deutungsmuster war dieses zwar stets abrufbar,[21] in der Zeit der Weimarer Republik spielte es jedoch verglichen mit seinem Wiederaufleben nach 1933, wo offenbar möglichst eingängige, am besten »blutige« Identifikationen gefragt waren, nur eine untergeordnete Rolle. Die Argumentationsfigur, der in der Zwischenzeit das meiste Gewicht beigemessen wurde, war vielmehr der Hinweis auf die »verwandte *Not*«, also auf den Umgang Platons mit einer als ganz ähnlich empfundenen Krise und seine so dem »Erleben« entsprungene und nicht bloß »erdachte« Antwort darauf.[22] Eine entscheidende Rolle spielte hierbei wiederum Wilamowitz' unmittelbar zuvor erschienene Deutung der philosophischen Schriftstellerei Platons als Reaktion auf Krise und Zerrüttung der athenischen Polis, und selbst wenn im George-Kreis auch weiter das »verwandte Leben« in den Kreisen der beiden »Meister« im Vordergrund gestanden haben mag, so sollten sich die stets mit dem Krieg einsetzenden Krisenanalogien Weimars und Athens doch von nun an stark ähneln.

17 Ebd., S. 307.

18 Vgl. nur aus den verschiedenen Kontexten *Singer*, Griechentum, S. 38 (Zitat), *Blüher*, Wiedergeburt, S. 29, *von der Pfordten*, Beamtenideal, S. 246 f. oder *Stählin*, Grundfragen, S. 3.

19 So auch *Heidler*, Diederichs, S. 332, Anm. 553, die auf die vergleichsweise hohen Verkaufszahlen der Platonausgaben Diederichs in den Jahren 1920/21 hinweist, wo von allen Ausgaben jeweils weit über tausend Stück verkauft wurden.

20 Vgl. *Wundt*, Platons Leben, S. 165 ff., *Boehm*, Sinn, S. 30 ff. oder *Reich*, Höhere Schule, bes. S. 753 f.

21 Vgl. nur *Pohlenz*, Staatsbürgerliche Erziehung, S. 36 u. 38, für den es schlicht »keines Wortes« bedurfte, daß das den Deutschen »wesensverwandte« Griechentum auch jetzt wieder den »politischen Sinn« der Jugend stärken könne.

22 Siehe in dieser Formulierung besonders prägnant *Friedländer*, Platon, S. 19, genauso aber auch *Andreae*, Staatsschriften I (Briefe), S. X f.: Gegenüber der herrschenden Vorstellung von Platon als »dem Theoretiker, dem weltfremden und vom staatlichen Leben entrückten Ideologen« sei es für Andreae nun »an der Zeit, darauf hinzuweisen und dazu hinzuführen, daß bei Platon wie vielleicht bei keinem anderen Philosophen aus dem persönlichen Erleben heraus die staatliche Haltung und die staatliche Lehre erwächst.« Vgl. zum Topos der »Not« auch *Landfester*, Die Naumburger Tagung, S. 14 f.

Werner Jaeger hat in dem dritten der etwas späteren Münchner Vorträge über »Platos Stellung im Aufbau der griechischen Bildung« von 1927/28 ein solches Krisenpanorama geradezu exemplarisch entworfen. Vorderhand eine Beschreibung der »allgemeinen Krisis am Ende des 5. Jahrhunderts v. Chr.« dürfte den Hörern und Lesern sehr schnell das Bild ihrer eigenen Zeit aufgestiegen sein, ist da doch vom viel zu langen und immer brutaler werdenden Krieg die Rede, der den »zerstörerischen Hader der politischen Parteien« und einen existentiellen »Wirtschaftskampf« hervorgebracht habe.[23] Gefolgt sei dann eine Demokratie, deren wechselnde Majoritäten erst die Gesetze »relativiert« und dann nur noch das »Recht des Stärkeren« als das vermeintlich natürliche übriggelassen hätten.[24] Auf den Wandel des öffentlichen Lebens, das, so Jaeger weiter, »in rapidem Tempo immer größere Verhältnisse annahm und an die intellektuelle Durchbildung und das rednerische Können der führenden Männer immer neue Forderungen stellte«, hätten sich dabei die Sophisten am schnellsten eingestellt, indem sie entweder hinter der Fassade demokratischer oder traditioneller Ideale eine »skeptisch-individualistische Aufklärung mit glänzender Formalbildung« anboten oder sich aber gleich als reine Formalisten zu erkennen gaben, auf jeden Fall aber mit Rhetorik und Grammatik, »also [durch] Technisierung der Bildung, ein skeptisches, skrupelloses Geschlecht« heranzogen. Letzten Endes, so Jaeger unter Berufung auf Platons »Zeitgemälde«, hätten sie also »zur allgemeinen inneren Unsicherheit und Unruhe der Zeit« wesentlich beigetragen, ja sie seien die eigentlich »charakteristischen Repräsentanten dieser Epoche in ihrem Glanz wie in ihrer zunehmenden Haltlosigkeit.«[25] Wenn Jaeger hiergegen nun »Platon als Erzieher« auftreten und im Sinne eines erneuerten Humanismus Antworten auf die politische Verrohung in der Demokratie, auf Relativismus, Beschleunigung, Formalisierung und Technisierung der Bildung finden läßt, dann macht er ausdrücklich klar, daß diese Antworten nicht nur für die Probleme des 5. Jahrhunderts gedacht waren. Platon nämlich stehe »innerhalb der antiken Philosophie an derselben Stelle, wo in der modernen Entwicklung aus dem Bedürfnis einer erzieherischen Kultursynthese die Geschichtsphilosophie als Problem auftaucht« – man kann auch sagen, wo die Krise des Historismus akut und eine Synthese mit den Mitteln »abstrakter Reflexion« nicht mehr erreichbar war – und wo nur noch die dem späten Goethe vergleichbare, »unmittelbar überwältigende, intuitiv bildende plasti-

23 *Jaeger*, Platos Stellung, S. 144f.

24 Ebd., S. 146f., dort auch das Folgende.

25 Mochte Jaeger hier auch einschränken, daß die Sophistik ein vielumstrittenes Phänomen sei und sich die Wahrheit über die Sophisten nicht auf einfache Formeln bringen lasse, so dienen sie doch auch bei ihm der Aufrichtung jenes asymmetrisch strukturierten Deutungsmusters, das Reinhard Laube analysiert hat. Vgl. *Laube*, Platon und die Sophisten, hier S. 142.

sche Gestaltungskraft« Platons helfen könnte – bzw. hätte helfen können, wenn er denn nur Gehör gefunden hätte.[26]

Unabhängig von den konkreten Antworten und der bei Jaeger ausdrücklich in den Bahnen der Wissenschaft verlaufenden synthetischen Erneuerung der Kultur war dies das nun durchaus typische Muster analogischer Vergegenwärtigung Platons: Aus eigenem Leid und Erleben geboren habe dieser eine politische, erzieherische oder einfach »synthetische« Philosophie als ein Heilmittel gegen die Tendenzen der Auflösung und Sophistik geschaffen und so ein Ideal und Menschenbild aufgerichtet, das wie er selbst vom 19. Jahrhundert noch verkannt werden mußte, das jetzt aber, wo auch Platon endlich geschichtlich (oder wo das nicht, dann »gestalthaft«) erkannt und durch Krieg und Krise auch wieder verstanden werden könne, seinen Kairos, sprich: den Augenblick seiner Verwirklichung gefunden habe.

Diese für den Neoplatonismus grundlegende Denkfigur hat nun je nach Akzentsetzung und inhaltlicher Bestimmung seiner »Antwort« in verschiedenen Kontexten seine Wirkung entfalten und zu dem Eindruck einer einheitlichen Platon-Renaissance führen können. Ob als politischer Führer und »Retter« oder als Archeget der Philologie und Symbol der dort Unzufriedenen, ob als Erzieher im Mittelpunkt des erneuerten Humanismus oder als Gründer und Meister jenes geistigen Reiches, das nicht nur die kleine Schar der Georgeaner suchte, sondern auch all jenen willkommen war, die nach einem geistigen oder idealistischen Gegengewicht gegen Materialismus und vermeintliche Verflachung in Staat und Gesellschaft Ausschau hielten – an *Platon* als der Antwort auf die Krise und als »Korrektiv der modernen Philosophie und Kultur« schlossen sich fortan ganz unterschiedliche Autoren und Programme an. Zwar kann man dabei kaum von den »ungezählten Scharen« sprechen, die Jaeger zu ihm hindrängen sah,[27] blieb die Auseinandersetzung mit Platon schon aufgrund der notwendigen Bildungsvoraussetzungen ein weitgehend bürgerliches Elitenphänomen. Und dennoch lassen sich wenigstens vier mehr oder weniger festumrissene Denkkollektive identifizieren, die sich in den weltanschaulichen Auseinandersetzungen nach 1918 ausdrücklich auf Platon berufen und ihn gleichsam ins Schaufenster ihrer Programmatik gestellt haben. Außer dem Kreis um George und den Nachlaßverwaltern des Marburger Neukantianismus waren dies der von Werner Jaeger ausgehende erneuerte oder, wie es später hieß, »Dritte Humanismus« sowie der im Vergleich zu diesen ausgesprochenen Programm-Platonismen zwar marginalere, dafür nicht minder einflußreiche und ähnlich gemeindlich auftretende Euckenkreis mit seinem neoidealistischen Programm.

26 *Jaeger*, Platos Stellung, S. 154f.
27 Ebd., S. 139.

Der persönliche wie der »Denkverkehr« zwischen diesen Gruppen war trotz, oder vielleicht besser: wegen der Nähe und der Konkurrenz ihrer auf die Vergegenwärtigung Platons bezogenen Denkstile äußerst gering. Ein Tagungswesen im modernen Sinne außerhalb von Akademien und Fachverbandstreffen, z. B. der zweijährlichen »Versammlung der Philologen und Schulmänner«, existierte noch nicht,[28] zu eigentlichen Fachtagungen etwa der Altertumswissenschaften sollte erst Jaeger die Anstöße geben, doch waren auch da sowie in den Veranstaltungen der ebenfalls von ihm angeschobenen »Gesellschaft für antike Kultur« so gut wie keine personellen Überschneidungen zu den anderen Gruppen zu verzeichnen.[29] Ähnlich verhält es sich mit den gruppenspezifischen Veröffentlichungsorten und Zeitschriften, die, was die Beiträger angeht, ebenfalls weitgehend abgeschlossen waren und zudem Ansätze zu entsprechenden Zitations- und Lobekartellen bildeten.[30] Schließlich gab es zwar ein reges,

28 Vgl. *Mensching*, Jaeger, S. 85 ff.

29 Der Plan, Friedrich Gundolf 1930 für einen öffentlichkeitswirksamen Vortrag der Gesellschaft in Köln zu gewinnen, zerschlug sich aus unbekannten Gründen. Im Mitgliederverzeichnis der Gesellschaft von 1928 findet sich ebenfalls niemand aus den übrigen Gruppen, Überschneidungen gibt es auch nicht mit dem Euckenbund. Das angebliche Werben Jaegers um den Kreis und um Hildebrandt, das in der möglichen Einladung Gundolfs zum Ausdruck kommen könnte, wenn man diesen denn noch als Repräsentanten des Kreises wahrgenommen hätte, von dem aber auch Wolters in einem Brief an George frisch nach Lektüre der ersten Ausgabe der »Antike« berichtet, ist an dieser Stelle nicht über zu bewerten, kann gar von einem »voluminösen Plagiat der elitären Politik des Kreises« durch den Neuen Humanismus, wie es *Hartmann*, Philologie, S. 1088 im Anschluß an die Deutung durch Wolters (»Also wir siegen!«) zu erkennen meint, nicht die Rede sein. Vgl. die Briefe von Wolters an George vom 25.03.1925 u. vom 14.02.1927, in: *George/Wolters*, Briefwechsel, S. 198 f. u. 218–220. Die »bitte zur mitarbeit«, die Jaeger anläßlich von Hildebrandts erstem Habilitationsbesuch an ihn und »andere freunde« gerichtet haben soll und auf die zu reagieren Wolters nun entweder durch »völlige enthaltsamkeit« oder durch offensives »umstempeln« der Zeitschrift durch eigene Beiträge erwog, mag wie die Einladung Gundolfs in der Hoffnung auf eine Bündelung aller für die Antike Streitenden sowie auf eine möglichst breite Wahrnehmung des neuen Humanismus und seiner Zeitschrift ausgesprochen worden sein, eine ernsthafte Zusammenarbeit aber kam schon mit Blick auf die Zusammensetzung der sie tragenden Gesellschaft für antike Kultur weder in Betracht noch auch deshalb später zustande, weil Jaeger das humanistische Engagement des Kreises zwar schätzte, er deren ostentative Wissenschaftskritik und den Führungsanspruch Georges aber ablehnen mußte. Vgl. *Jaeger*, Einführung, S. 3, wo er klarstellt, daß der bestimmende »Dichter und geistige Führer« eben noch fehle. In den Folgejahren sollte er sich dann eher um Georges Antipoden Borchardt und Hofmannsthal bemühen, die ja auch an der Zeitschrift mitarbeiten sollten.

30 Im George-Kreis hat, wie oben ausgeführt, vor allem Kurt Hildebrandt außer in seinen Büchern noch mit allein 8 Rezensionen und Literaturberichten auf die Einheit des eigenen und die Abgrenzung gegenüber anderen Platonbildern geachtet, dies jedoch in Ermangelung einer eigenen Zeitschrift an wechselnden Orten. Siehe außer den schon genannten Beiträgen für die »Grenzboten«, die »Preußischen Jahrbücher«, die »Österreichische Rundschau«, für »Der Ring« und die »Blätter für Deutsche Philosophie« noch *ders.*, Rez. Kuhn.

auch gegenseitiges Rezensionswesen, doch auch hier wurden in erster Linie die Unterschiede zwischen den Denkstilen markiert,[31] zeigte sich deutlich die Konkurrenz um das rechte Platonbild sowie später dann um die Urheberschaft der aus dieser Konkurrenz erwachsenen »Platon-Renaissance«. Stimmen, die wie Carl Heinrich Becker um eines »lebendigen Humanismus« willen alle Seiten zur Zusammenarbeit aufriefen,[32] waren da schon eher die Ausnahme, sie gehörten aber zusammen mit einigen weltanschaulichen[33] oder politischen[34] Sammlungsversuchen zum weiteren Umkreis der »Platon-Renaissance« und gaben ihr gerade mit ihren Popularisierungsversuchen erst das Gepräge eines letztlich doch einheitlichen Weges zur Lösung der »Weltanschaungskrisis«.[35] Daß es gleichwohl sehr unterschiedliche Fragen waren, die zu Platon führten und wiederum sehr disparate Platonbilder hervorbrachten, ist bereits auf den ersten Wegen zu ihm vor dem Krieg deutlich geworden. Diese dort eingeschlagenen Pfade sollen nun, so sie es zulassen, weiter verfolgt und zusammen mit den nach 1918 noch hinzukommenden Neoplatonikern auf die ihnen jetzt jeweils zugrundeliegenden Krisenwahrnehmungen hin befragt und in ihrer Konkurrenz ebenso wie in ihren denkstilgemäßen Ähnlichkeiten betrachtet werden.

Auch in der »Antike« wurde ab 1931 in einer Bibliographischen Beilage das »im Sinne der ›Antike‹ Fördernde« angezeigt, wobei die »in bestimmter Weise gerichteten Neuerscheinungen über Plato« den Anfang machten und vor allem gegenüber dem George-Kreis klar herausgestellt wurde, welche Schriften humanistisch und wissenschaftlich seien, nämlich die Jaegers, Stenzels und Friedlän*ders*. Vgl. *Brink*, Bibliographische Beilage I (1931), Zitate S. *1 u. *3 u. sowie z. T. noch schärfer Urheberschaft und die Führung der humanistischen Bewegung beanspruchend *ders.*, Bibliographische Beilage I (1932). Selbst die am meisten offenen und über den Kantianismus hinaus auch ein allgemeines philosophisches Forum bietenden »Kant-Studien« blieben, was Themen und Beiträger betrifft, weitgehend unter sich, einzig Julius Stenzel war auch dort ein regelmäßiger Beiträger. Ganz unter sich blieben schließlich auch die Beiträger der neoidealistischen »Tatwelt« des Euckenbundes.

31 Vgl. außer den Rezensionen Hildebrandts und der Beilagen von Brink besonders deutlich noch *Stenzel*, Rez. Singer.

32 *Becker*, Das Erbe der Antike, bes. S. 39f.

33 Vor allem die Brüder Horneffer sind hier zu nennen, letztlich gehören hierher aber auch die Popularisierungsbemühungen des Euckenbundes wie der Comeniusgesellschaft. Vgl. nur *Buchenau*, Plato-Forschung.

34 Besonders der Klassische Philologe Hans Bogner hat hier im Umfeld des Ring-Kreises und Papens für den Anschluß der humanistischen Bewegung an den christlichen Reichskonservatismus geworben und gleichzeitig auch Hildebrandt ein Forum gegeben. Vgl. *Bogner*, Der erneuerte Humanismus, *ders.*, Aktuelle Antike, und *ders.*, Die Bildung der politischen Elite, etwa S. 36. Jaeger immerhin ließ dem parteipolitischen Werben eine Absage erteilen, wenngleich und sicher nicht ohne seine Billigung das Bekenntnis zur »konservativen Revolution« Hofmannsthals folgte. Vgl. *Brink*, Bibliographische Beilage (1932), S. 5 u. S. 19f.

35 Vgl. *Burckhardt*, Weltanschauungskrisis, S. 7, 19 u. 159–204.

3.2 Der Bildner und Gründer – Platonbilder im George-Kreis

Wilamowitz und der George-Kreis waren bis zuletzt in innigster Feindschaft verbunden, das ist hier schon vielfach angesprochen und von der Forschung ja auch hinlänglich gewürdigt worden.[36] Ein Platon-Buch nun ausgerechnet aus seiner Hand, das sich nicht mehr nur an die Fachgenossen, sondern an ein breites gebildetes Publikum richtete und bei dem noch dazu ein ganzes Forscherleben mit in die Waagschale gelegt wurde, mußte bei den »affektierten Ignoranten«, auf die Wilamowitz im Vorwort anspielte,[37] denn auch wie die ultimative Herausforderung zur Klärung der Gegensätze und zum Kampf um das eigene Bild wirken, und tatsächlich sollte die Abgrenzung zu ihm ein geradezu konstituierendes Merkmal aller kommenden Platonschriften des Kreises werden.[38] Doch so wichtig die Gegnerschaft zu Wilamowitz hierbei auch sein mochte, als Erklärung für die nun erst richtig in Fahrt kommende und kontinuierliche Produktion an Platonbüchern und -broschüren, an Vorträgen, Artikeln, Übersetzungen und Textausgaben griffe sie doch zu kurz.[39]

Friedrich Gundolf hatte denn auch schon kurz nach Erscheinen des zweibändigen »Platon« geahnt, daß dieser mehr ein Symptom für erst noch Kommendes sei als der ja eigentlich ersehnte Schlußpunkt unter ein Jahrhundert der Platonphilologie.[40] In einem Brief an Kurt Hildebrandt heißt es darum:

36 Vgl. nur *Goldsmith*, Wilamowitz; Groppe, Die Macht der Bildung, S. 640–650 und *Schwindt*, Streit.

37 *Wilamowitz,* Platon I, S. 5.

38 Die oben schon erwähnten Stilfragen im engeren Sinne kamen hinzu: zwar wurde die Höhe und Esoterik des Friedemannschen »Gesangs« nicht mehr erreicht, Panegyrik blieben die meisten Schriften aber dennoch. Stilprägend waren dabei die typischen Deutungskategorien des Kreises (»Gestalt«, »Schau«, »Reich«, »Herrschaft und Dienst« etc.), das dazu passende Vokabular (»Tucht«, »Ewe«, »der ›Eine‹« etc.) sowie der letztbegründende Rang einzelner, natürlich unkommentierter Verse Georges. Die um der Geschlossenheit des Bildes geforderte Trennung von Untersuchung und Darstellung, der Verzicht auf oder die Ausgliederung von Anmerkungen und Forschungspositionen gehörten ebenfalls hier herein, sie waren jedoch – das zeigen gerade Wilamowitz und Friedländer – keineswegs exklusiv. Zum Stilwandel allgemein siehe zeitgenössisch schon *Leisegang*, Neue Wege.

39 Vgl. dagegen *Lane*, Politics, S. 146, die zwischen Salin und Singer, also zwischen 1921 und 1926/27 das Interesse des Kreises an Platon kaum dokumentiert findet. Es sei hier jedoch außer an die Veröffentlichungen Andreaes und Hildebrandts aus dieser Zeit auch an die verschiedenen akademischen Qualifikationsschriften aus dem Kreis erinnert, also etwa an *Liegle*, Lebensformen oder an Albrecht von Blumenthal, der sich 1922 über die Echtheit des 7. platonischen Briefes habilitierte, der diese Arbeit jedoch ebenso wie die in »Griechische Vorbilder« (S. 3) avisierte Deutung Platons als Heros und »geistigen Führer« nicht veröffentlicht hat.

40 So ja hymnisch *Petersen*, Platon (Hamburger Abendblatt), oder betont kritisch *Drerup*, Platon.

»Wenn nicht alle Zeichen trügen, so ist demnächst eine wahre Plato=Mode zu erwarten. [...] Das Marlittbuch des alten Wilamowitzes [sic], der biographische Roman für alte Jungfern, ist ein Anzeichen dafür. [...] Wertvoll bleibt er, weil er den reinen Widerinstinkt, das unfehlbare, *sichere* fehlgreifen vor seinen fach= und sinnesgenossen voraus hat: denn selbst das richtige Danebentappen setzt echte Plattfüße voraus, die den meisten bloßen Gliederpuppen und Hampelmännern fehlen.«[41]

Und auch Hildebrandt sollte das Buch kurz darauf in seiner Rezension eher als Teil und Symptom des »modernen Chaos« beurteilen und deshalb scharf ablehnen. Doch daß der »reine Widerinstinkt« eben auch das »richtige Danebentappen« bedeutet, sprich: er auch bei Wilamowitz zwar nicht als »Gestalt«, aber doch als »Mensch« so etwas wie »der Führer aus dem Chaos« sein sollte, wie Hildebrandt es ja propagierte,[42] das ging allenfalls dem nicht so sehr in die Gegnerschaft zu Wilamowitz verbissenen Gundolf auf, forderte wie auch gegenüber Jaeger die strukturelle Affinität der Denkstile den Tribut unbedingten Distinktionswillens.[43] Während nun hier wie dort in Platon der Führer aus der Krise gesucht und beide Seiten also gleichermaßen Anteil an der »Plato = Mode« hatten, unterschied sich beider Wahrnehmung des Chaos und der Tiefe der Krise doch deutlich. War es für Wilamowitz in erster Linie der sich schon im »Platon« andeutende politische Zusammenbruch, gegen den er anschrieb und angesichts dessen er praktisch die Orientierung am Politiker und geistig am Wissenschaftler und Philosophen als nutzbare Heilmittel anempfahl, so waren alle Heilungs- und Reformversuche der gesellschaftlichen Nöte in den Augen der Georgeaner von vornherein vergeblich, wenn sie nicht einen radikalen Bruch mit den verhaßten Tendenzen des ausgehenden 19. Jahrhunderts und also mit Individualismus, Relativismus, zersetzendem Protestantismus und Vermassung bedeuten sowie die Umwendung zu einem neuen bzw. »ewigen« Menschenbild vollziehen würden. Krieg, Revolution und Streit, »wie ihr ihn fühlt«,[44] waren in den frühen Platonschriften der 1920er Jahre jedenfalls noch kaum ein Thema, wurden politische Aktualisierungen einzelner platonischer Institutionen und Vorschläge, wie sie im Anschluß an Wilamowitz aufkamen,[45] vor dem Hintergrund der als noch fundamentaler empfundenen Krise des Menschenbildes ausdrücklich abgelehnt. Und selbst da, wo wie bei Hildebrandt schon früh die staatliche Selbstauslegung des George-Kreises das Platonbild bestimmte, bedeutete das Bekenntnis zum selbstgenügsamen und abgerundeten »geistigen Staat« erst

41 Brief von Friedrich Gundolf an Kurt Hildebrandt vom 22.07.1919; zit. nach *Groppe*, Die Macht der Bildung, S. 642, Anm. 66.

42 *Hildebrandt*, Rez. Wilamowitz, S. 270.

43 Vgl. *Kolk*, Literarische Gruppenbildung, S. 479.

44 *George*, Krieg, Vers 24.

45 Vgl. etwa *von der Pfordten*, Beamtenideal, *Coudenhove-Calergie*, Platons Staat und die Gegenwart, oder *Sternberg*, Moderne Gedanken.

einmal den Bruch mit der eigenen politischen Wirklichkeit und den Verzicht auf dessen schnelle, sokratisch-rationalistische Erneuerung.[46]

Noch während des Krieges hatte ja George den Sinn seines »Staates« darin gesehen, »dass für eine vielleicht nur kurze Zeit ein Gebilde da sei, das, aus einer bestimmten Gesinnung hervorgegangen, eine gewisse Höhe des Menschentums gewährleistet.«[47] Gerade aus solch kleinem weltabgewandten Kreise könne dann »ein ewiger Augenblick wie das griechische Jahrhundert«[48] werden und also immerhin die vermißte Norm wieder sichtbar werden, über deren weitere Verwirklichung dann aber nicht der Mensch, sondern der Kairos walte.[49] Auf einen ähnlich »archimedischen Punkt außerhalb des Zeitalters«, von dem aus das durch den Krieg nur noch deutlicher, keineswegs aber anders als in der Jahrbuchzeit sich darstellende Erneuerungswerk Georges betrieben werden sollte, hatte sich auch Gundolf 1920 mit seinem »George« gestellt, in dem er diesen kurzerhand selbst zur Norm und zur Verkörperung »antiken« oder, was hier dasselbe ist, »ewigen Menschentums« erhob und dessen Leben und Bilden der Jünger im Kreis zum Urbild »wiedergeborener Menschheit«.[50] Spätestens im »Stern des Bundes« sei George dabei zum »Dichter platonischen Wissens und Erneuerer seines Amts« geworden, weshalb, so Gundolf, der Weg zum Verständnis seines Menschentums am ehesten in platonischen Geleisen verlaufen müsse.[51] Im Mittelpunkt der frühen Weimarer Platonschriften des Kreises stand daher denn auch erst einmal noch Platon als der »Menschenbildner«, als derjenige, der sich in einem geradezu »heroischen« Akt den Verfalls- und Zersetzungstendenzen seiner Zeit entzogen und diesen in seinem Werk ein neues Menschenbild entgegengestellt habe, das als Norm und Ziel aller späteren Gründungen dienen sollte.

Die politische Anwartschaft auf das »Neue Reich«, wie sie Georges letzter Gedichtband von 1928 ambitioniert, aber bewußt mehrdeutig reklamieren sollte, war zwar hierin immer schon angelegt, dessen Kairos jedoch war im Kreis nach

46 *Hildebrandt*, Verfall, S. 27 u. 29. Vgl. auch zum Vorhergehenden ebd., S. 223: »Wir stehen mitten in der Katastrophe der ›modernen Zivilisation‹, von der der Weltkrieg nur ein Symptom war, und wir werden sie nicht aufhalten, ob wir nun deutschnationale Propaganda treiben oder unabhängige. Laues und feiges Friedensbedürfnis lügt sich um den Urteilsspruch herum, daß die europäische Menschheit ins Chaos zurückgeschlungen wird, wenn die zerstörerischen Kräfte hemmungslos weiterlaufen.«

47 *Landmann*, Gespräche, S. 40.

48 Ebd.

49 Zur Verbreitung des »kairologischen Zeitbewußtseins« in Lebensreform und den Avantgarden des frühen 20. Jahrhunderts siehe zuletzt *Oestersandfort*, Antike-Rezeption, S. 657–660 mit weiterer Literatur.

50 *Gundolf*, George, S. 22, 26 f. u. 267 f.

51 Ebd., S. 256 u. 244: »Von Platons ewigem Vorgang aus ist George leichter zu fassen als aus allen zeitlichen Voraussetzungen neuerer Literatur.«

dem Krieg durchaus umstritten und bot auch das innere Kreisgefüge alles andere als die vom neuen Leben kündende Geschlossenheit. Erst nachdem sich dann mit dem »grossen Aufräumen«[52] am Beginn der 1920er Jahre die Gewichte im Machtgefüge des Kreises zu Wolters hin verschoben hatten und damit schließlich auch im Innern der bei Gundolf artikulierte »soziale Ordnungsbedarf des Kreises« – zu dessen Leidwesen freilich – gestillt war,[53] sollte sich der »politische Platon«, wie ihn Hildebrandt schon früher propagiert hatte, als dominantes Bild weitgehend durchsetzen und schließlich auch mit dem Segen, d. h. dem Blättersignet Georges versehen werden.

3.2.1 Der Menschenbildner

Dafür, daß sich der Begriff des »Menschenbildners« um 1920 herum zur zentralen Deutungskategorie entwickelte, hat, wie erwähnt, Gundolfs »George« den Weg gewiesen. Unabhängig von der psychologischen Problematik des Buches und der Frage, ob es bereits die Abkehr von George oder aber einen letzten Akt der Unterwerfung und Disziplinierung darstellt,[54] bestand Gundolfs Leistung darin, vermutlich alle jemals im George-Kosmos entworfenen Helden-Attribute auf dessen Gestalt zu projizieren, sie dabei noch einmal zu steigern und schließlich, und das ist hier das Entscheidende, in der Formel des von ihm verkörperten »Gesamtmenschentums« zusammenzufassen.[55] Gerade die Rollenvielfalt aber und das integrale Menschenbild, das sich darin ausdrückte, hatte man im Kreis vor dem Krieg auch schon bei Platon entdeckt und bei ihm mehr als bei allen anderen »Ahnen« geschätzt, so daß der Schritt Gundolfs zur »Verbrüderung« Georges mit Platon und zur Spiegelung seines *Lebens*-werkes seit dem »Siebenten Ring« in demjenigen Platons eigentlich nur konsequent war:

> »In dem Maße als sein eigenes antikes Blutserbe ihm von innen her deutlicher, deutbarer wurde, fand seine Natur-Antike in der Geschichts-Antike mehr und mehr die ›ferne Ähnlung‹ und die verwandten Zeichen. Je mehr sein Wille ins Bewußtsein hinausstrahlte und lehrbar wurde, desto näher kam ihm von den Sehern und Sängern vor allem der Herrscher-weise und Menschenbildner *Platon*. Dessen *Werk* ist wohl das einzige aus dem Altertum das er brüderlich und nicht nur mythisch begreift, zugleich als einmalige persönliche Sprache und als ewige Gestalt.«[56]

52 So George 1922 zur Trennung von Liegle bei *Landmann*, Gespräche, S. 119. Vgl. auch *Karlauf*, Stefan George, S. 512–546.

53 *Braungart*, Gundolfs George, S. 418. Vgl. zu den verschiedenen Stufen der Dissoziation des Kreises *Egyptien*, Die ›Kreise‹, bes. S. 389 ff.

54 So *Raulff*, Der Bildungshistoriker, S. 133 u. *Braungart*, Gundolf, S. 421.

55 *Gundolf*, George, S. 27 f. u. 31.

56 Ebd., S. 52.

Damit hatte Gundolf endgültig und auch für alle Außenstehenden sichtbar die Optik für die platonisch-georgischen »Doppelbelichtungen« (Raulff) scharf gestellt und die heilsgeschichtliche Perspektive eröffnet, unter der beider »Ämter« gesehen werden sollten. In Zeiten der Zersetzung und Auflösung verkörperten sie allein die verlorene Einheit des »antiken Menschentums« und hätten es durch sich selbst erst in kleinem, dann in großem Kreise zu verwirklichen: »Die Gestaltung, die Gemeindung und – langsam stufenweise – die Volkwerdung des Ewigen Menschen, dessen letzter Ruf Nietzsche gewesen, und damit das Ende des Fortschritts, die Voll-endung des Gesamtmenschentums, das ist Georges besondere Sende.«[57]

Kurt Singer

Einer der ersten, der diese Perspektive auf Platon übertragen und der aktuellen »Sende« Georges die historische Tiefenschärfe geben sollte, war der Nationalökonom und Wirtschaftsjournalist Kurt Singer, der in der Jahrbuchzeit über Ernst Robert Curtius und Gundolf in Kontakt mit dem Kreis kam und zum Ende des Krieges auch George mehrfach besucht hatte.[58] Anders als Hildebrandt oder Friedemann, die ihre Platonbegeisterung schon in den Kreis mitbrachten, scheint Singer erst der Kontakt mit George zu einer intensiven Beschäftigung mit Platon geführt zu haben, und sein dringender Wunsch, sich am Aufbau seines neuen Staates zu beteiligen, »soweit ich mitzubauen wert bin«, hat dann gerade zu dessen persönlichem Assimilationsprojekt geführt.[59] Seine als Vortrag

57 Ebd., S. 31. Vgl. auch die hypertrophe, aber das Motiv des Kairos betonende Formulierung ebd., S. 257: »Keines Erziehers Ausstrahlung läßt sich in System und Anweisung fassen, er selbst ist der Weg, die Wahrheit und das Leben – nicht seine Lehren, nicht einmal sein Beispiel, sondern sein So- und Mitsein, seine kleinste Geberde und sein unnachahmlicher Tonfall so gut wie seine Kunde .. oder vielmehr erst aus diesem Munde, von dieser Stimme, zu dieser Stunde wird seine Lehre wirklich Lehre. Daß nun ein solches Liebe-Lenken im Stern des Bundes dichterisch gebannt, ein wirkliches Menschenbildnertum in magischen Augenblicken ἐν ἐνεργεια verewigt ist, darin liegt die weiterstrahlende, aber nicht ablösbare Kraft dieses Buchs, wie die Gegenwart und das Gespräch jedes hohen Menschen.« In ganz ähnlichem Sinne erscheint Platon dann auch bei *Blumenthal*, Vorbilder, S. 3.

58 Siehe zu Singer *Schönhärl*, Wissen und Visionen, S. 94–108 u. *Allert*, Pathos.

59 So Singer in einem Brief an Curtius vom 6.3.1914, zit. nach *Schönhärl*, Wissen und Visionen, S. 99. Für den gerade bei Singer ausgeprägten Assimilationswunsch und dessen Enttäuschung vgl. den bekannten Brief an Edith Landmann vom 4.8.1933, SUB Hamburg, Nachlaß Kurt Singer, B I 5, S. 6 f.: »Als ich zum Meister kam, brachte ich ein starkes gefühl meiner stammesart mit und glaubte ihm gerade kraft dieser art dienen zu können. Er aber wollte das nicht gelten lassen und verwies auf die wandlung des blutes durch den boden. Diesen glauben nahm ich an und habe bis heute darin gelebt. An der art aber, wie sich die Freunde heute verhalten, muß ich ablesen, daß sie in der tat anderer art sind. Sind wir nicht wert, daß einer die hand für uns ins feuer legt und sagt: diese sind unser und wir bürgen für sie?« Den jüdisch-georgisch-platonischen Assimilationsgedanken betont schon *Allert*, Pathos, S. 122 f., während *Schönhärl*, Wissen und Visionen, S. 116 ff. eher auf die Vereinbarkeit jüdischer und georgeanischer Identität Singers abzielt. Die Vision eines »Dritten Bundes«, die er später in

gekennzeichnete Broschüre über »Platon und das Griechentum« von 1920, die nach dem Krieg die Reihe der Platonschriften aus dem Kreis eröffnete, war dabei zwar nicht sein erster »Zugehörigkeitsnachweis« zum Kreis, auf jeden Fall aber war er das erste sichtbare Zeugnis seiner Versuche zur Anverwandlung Platons und Georges als den beiden verwandten »Menschenbildnern« ihrer Zeit.[60]

Ausgangspunkt Singers ist die gegenwärtige »Wendezeit«, wobei damit ausdrücklich kein »politisch-wirtschaftliches Ereignis«, also Krieg und Revolution gemeint sein sollte, sondern eine tiefer liegende Erschütterung, die »nur wenigen im Augenblick des Anhebens fühlbar« und von der Menge dann noch längst nicht erfaßt werde.[61] Gemeint ist die Umwandlung auf der Ebene eines als gültig empfundenen »Menschtums«, deren Wirkung zuerst im »Bild der Heroen«, d.h. in einem Wechsel der bestimmenden »Schau« und Denkungsart zu bemerken sei, die dann aber von dort weiter ausstrahle auf die Ansichten der Natur und des Staates und »endlich auch die ungefügen Massen des gesellschaftlich-wirtschaftlichen Lebens durchdringe«. Am deutlichsten sichtbar werde dieser Wechsel an Platon, der selbst ja bereits den Zusammenhang von Sein und Erkenntnis, von »Menschtum« und »Schau« betont und, so das im Kreis zentrale hermeneutische Motiv, Gleiches nur durch Gleiches wirklich erkannt wissen wollte.[62] Dieser Platon sonderte sich nun vom 19. Jahrhundert »wie ein Gast aus anderer Welt durch Wuchs und Haltung, Ton und Schimmer« und wurde von diesem doch ohne »Skrupel« zu einem »Glied der rationalisierenden Bewegung« gemacht. Dazu sollte er auf ein geschlossenes System von Begriffen und Theoremen zurechtgestutzt werden, was, so Singer, mehr schlecht als recht gelang, weshalb aber nicht an der eigenen Voraussetzung gezweifelt, sondern von »Störungen des Logikers Platon durch den Politiker, den Pädagogen oder den Religionsstifter« gesprochen worden sei.[63] Am Ende des Jahrhunderts sei Platon so

»Platon und die europäische Entscheidung« (S. 8) entwirft und für die Platon »Verheißung und Stachel« sei, deutet in er Tat eher auf letzteres, hebt es zugleich aber auch auf eine neue Stufe. Festzuhalten bleibt an dieser Stelle allerdings, daß der von Cohen und Singer erhoffte und von *Assmann*, Arbeit, S. 89 diskutierte neue Bund, der sich durch die Platon- und Griechenrezeption als gemeinsamer utopischer Gegenwelt von Deutschen und Juden zwischen ihnen hätte schließen können, tatsächlich eher eine Privatangelegenheit blieb. In den jüdischen Zeitschriften jedenfalls fand die Debatte um Platon, um einen neuen Humanismus und um ein neues Antike-Bild nämlich schlicht nicht statt. Ausnahme ist allein die Rezension von *Lachmann*, Rez. Brecht, S. 308, der es jedoch allein um die Verteidigung des neuen Geistes Georges gegenüber dem Heidegger-Schüler Brecht ging.

60 Zum Zugehörigkeitsnachweis vgl. *Allert*, Pathos, S. 122. Aus den Diskussionen mit George über Ernst Bertrams »Nietzsche« hervorgegangen war zuvor allerdings schon *Singer*, Das Problem Nietzsche. Das von Nietzsche kommende Motiv einer notwendigen »Wiederaufrichtung des antiken Menschenbildes« hat Singer schließlich auch schon 1914 herausgestellt, vgl. *ders.*, Nietzsches Vermächtnis, S. 1.

61 *Singer*, Griechentum, S. 5f.

62 Ebd., S. 7f., dort auch das Folgende.

63 Ebd., S. 9f.

selbst Nietzsche »zum Vorbild moderner Vielspältigkeit und tragischer Zerrissenheit« geworden und die Einheit seiner Gestalt aufgelöst zu einem

»Bündel von Teilpersonen: zwischen dem erkennenden und dem wollenden, dem dichterischen und dem staatsmännischen, dem lehrenden und dem prophetischen Platon tun sich unüberbrückbare Klüfte auf und zwingen den Betrachtenden, das Leben des Philosophen als eine Reihe mühsamer Kompromisse zu deuten.«[64]

Platon sei, so Singers Diagnose des modernen, ganz dem Fortschritt des Denkens verpflichteten Platon- und Menschenbildes, von einem Heros und Vorbild erst zu einem »Vorläufer« und am Ende des Jahrhunderts schließlich zum bloßen »geschichtlichen Beispiel erniedrigt« worden, habe man das »Andenken antiker Größe um das Linsengericht eines Axioms der Neuzeit« verkauft, seine schöpferische Gestalt »zerspellt« und sein Werk der »Entseelung« und dem Mißbrauch preisgegeben.[65]

Daß es nun der anfangs angedeutete Wandel des »Menschtums« sei, der hiergegen aufbegehren lasse, erschloß sich dem wohlwollenden Leser ohne weiteres, daß es aber George gewesen sei, der dieses aufgerichtet habe, nur demjenigen, der das aus »rauschhaftem Erfassen geborene Platon-Buch« Friedemanns[66] und die Deutungskategorien der Schau, der Gestalt und des allvermittelnden Eros einzuordnen wußte. Überhaupt ging die »verrätselte Deutung«, mit der Gadamer später Singers großes Platon-Buch charakterisieren sollte,[67] schon hier recht weit, wenngleich dann doch zwei Gedanken sehr konsequent durchgeführt werden. Der eine zielt darauf, daß es durchaus folgerichtig sei, wenn die auch für Singer unbedingt notwendige und von den logischen und klassizistischen Axiomen des 19. Jahrhunderts sich lösende Umwendung der »Denkart« zugleich eine Hinwendung zu Platon darstelle:

»Denn der geistige Gesamtzustand, den die Gegenwart darstellt und für ewig gültig erklärt, hat seine ersten Wurzeln in dem Zeitalter Platons: und dem Kampf gegen *diesen* Weltzustand ist die ganze leidenschaftliche Tatkraft des Philosophen gewidmet. Was sich in der sophistischen Bewegung vollzog und die Gegnerschaft Platons auf den Plan rief, war nicht eine Summe von erkenntnis-theoretischen, psychologischen oder sociologischen Tendenzen, sondern eben jener Verfall der aus der Bindung des altgriechischen Kosmos als eines wohlgefügten Baus des Weltalls und des Staates eben jenes anarchische Nebeneinander der Wertsphären entstehen ließ: die Zersplitterung des *einen* adligen Menschenbildes in ein Bündel von Funktionen und Ansprüchen […].«[68]

64 Ebd., S. 10.
65 Ebd., S. 12.
66 Ebd., S. 13.
67 *Gadamer*, Die neue Platonforschung, S. 65. Mit deutlicher Distanz vom »Verrätseln« gesprochen hatte allerdings auch schon *Andreae*, Rez. Gronau, Singer.
68 *Singer*, Griechentum, S. 15f.

Das, was Platon dem beginnenden Zerfall des kosmischen Gefüges und der heute ganz ähnlich empfundenen Zerrüttung entgegensetzt habe, sei darum auch »kein neuer Gedanke, ein Dogma oder eine Methode, sondern ein adliges Menschenbild,« das nicht weniger als »vollste Umkehr« verlange.[69]

Ein solches Menschenbild aber, und das ist der zweite, erst später auch politisch übersetzt werdende Gedanke, könne nicht ersonnen und gemacht werden, es müsse die »Verewigung eines Wirklichen sein«, und genau dies leisteten unter allen philosophischen Schriften einzig die platonischen Dialoge, indem sie die Figur des Sokrates nicht einfach literarisch darstellten und damit etwa eine Theorie allegorisch einkleideten, sondern ihn als lebendige Gestalt »feiern«:

»Er kann nicht *sagen*, was Tugend und Wissen von Tugend ist, wie die Sophisten. Aber er *erfüllt* in dieser absinkenden Zeit als einziger das alte griechische Maß von Adel, Festigkeit und Scheu, Tapferkeit und Weisheit. Seine Lehre lag nicht im Begriff – der war nur die *Waffe*, mit der das Schein-Reich der sophistischen Geistauflösung vernichtet werden mußte – sondern in seiner Gestalt, in dem heldischen *Leben*, das er unbeirrt und sorglos wie die Heroen der Urzeit gelebt hat [...].«[70]

Inhalt und Form der Dialoge bedingten deshalb einander wesenhaft, nirgends sei der Gedanke ablösbar vom Leben der ihn Denkenden dargestellt, sondern stets einmalige Verkörperung ewiger Logoi in zeitlicher Rede:

»Erst wer die dialektischen Kämpfe und die staatsbegründenden Normen nicht absolut, als Ausdrücke zeitlicher Wahrheit, sondern in ihrer Bedingtheit durch den gestaltenden Willen des Philosophen und durch den Stoff der Zeit erfaßt, kann die platonischen Werke als lebendiges Ganzes sehen, dessen Gefüge aus Herrschaft und Dienst erwachsen ist: in der Mitte des aus dem Eros wiedergeborene Menschtum, unter dem Himmel eines erneuerten Kosmos gestellt, der von der gleichen Weltkraft erzeugt ist; durch rächende Fehde und auswählendes Gesetz verwirkt in Zeit und Umwelt.«[71]

Weder, so die Kritik an den Platonbildern seiner Zeit,[72] lasse sich dieser also auf einzelne Teile seiner Lehre festlegen, denn die sei doch immer in die konkrete, vom Eros gelenkte Situation hinein gesprochen, noch dürfe man einzelnes wie die Idee des gebildeten Beamtentums oder das Bild Platons als des politischen Reaktionärs einfach herausgreifen und aktualisieren. Das Werk Platons müsse vielmehr im Menschen wie im Kosmos als eben solch eine Einheit von Eros und

69 Ebd., S. 18 u. 36.
70 Ebd., S. 18 u. 20.
71 Ebd., S. 34.
72 Singer, der sich hier ganz in den Bahnen Friedemanns bewegt, wollte sich messen nur mit den »anerkannten Vertretern des höchsten Standes, den die Platon-Forschung der vorigen Generationen in den nachkantischen Schulen als den vornehmsten Ausläufern des neunzehnten Jahrhunderts erreicht hat.« Hier waren dies vor allem Natorp und Windelband. Auf Wilamowitz' »Platon« weist hier noch nichts, vielleicht aber war gerade das schon das Signal.

Logos verstanden werden, deren Fehlen – und da kommt die Aktualisierung dann eben doch, wenn auch auf nächst höherer Ebene wieder hinein – heute wie damals »die *eine* Not« bedeute, die alle anderen Nöte bedinge, der aber nicht mehr durch Fortschritte der »Wirtschaftsverfassung, des Erziehungsapparates oder der individuellen Gesinnung« beizukommen sei, sondern nur durch jene »völlige Umwendung des geistigen Willens«, die eigentlich eine Verwandlung ist durch den, der hier nicht genannt wird, der aber nach Gundolfs »George« auch nicht mehr genannt werden braucht.[73] Habe man so nämlich »mit den Axiomen des 19. Jahrhunderts« gebrochen, »mit dem Herzen eines griechisch Gesinnten« an derselben Not wie der »Letzte der schöpferischen Griechen« gelitten und sich zuletzt »im Kern verwandeln« lassen durch die weltschaffende Kraft des Eros, dann, ja dann könne man

»erkennen: daß es der *griechische Leib* selbst ist, der in Platon Geist wird, fähig, in dieser stoffentbundenen Form die Jahrhunderte zu überfliegen und, nach der Fülle der Zeit, in neues Leben einzugehen: ein Vermächtnis und ein Richter, das Herz des Herzens antiker Menschheit.«[74]

Platon als derjenige, der schon einmal in »verwandter Not« und Zerrüttung einem »adligen« und ungeteilten Menschenbild ewigen Ausdruck gegeben habe, das nun, wenn Zeit und Umwelt es nicht verwehren, in neues Leben eingehen könne – das entsprach doch ganz dem von Gundolf entworfenen Bild der »Sende« Georges als dem Erneuerer der platonischen Amtes und lebte wie dieser auch noch ganz von der Gegnerschaft zum perhorreszierten »neunzehnten Jahrhundert«. Wichtig hervorzuheben ist dabei noch einmal, daß diese Gegnerschaft nicht ins Politische oder Metapolitische gewendet wird. Singer bleibt ob bei Platon oder der Gegenwart stets auf der Ebene des zu erneuernden »Menschtums«, wird wie zeitgleich und ausführlicher noch bei Salin eher das vermeintliche Nichthandeln Platons (und Georges) thematisiert und auf die fundamentalere Erneuerung verwiesen.

Wilhelm Andreae

Bei Wilhelm Andreae dagegen, dem schon bekannten Platoniker der Jahrbuchzeit, fand die Verknüpfung von Menschen- und Staatsbildung bereits ungleich stärkeren Ausdruck. Im Umfeld des ersten, die Briefe enthaltenden Bandes seiner ab 1923 bei Othmar Spann erscheinenden Neuausgabe von »Platos Staatsschriften« wird jedoch ebenfalls noch stark auf die Wiederherstellung des einheitlichen Menschenbildes in krisenhafter Zeit abgehoben. In einem – wohltuend konventionellen – Beitrag für den »Philologus«, in dem er »Die philosophischen Probleme in den Platonischen Briefen« und damit die für ihn wesent-

73 Ebd., S. 34, 36 u. 38.
74 Ebd., S. 38f.

liche Antwort auf deren Echtheitsfrage behandelte, rückte er dazu mit Gundolf die Forderung nach der Einheit menschlichen Seins und Sichverhaltens »ganz in den Mittelpunkt des Platonischen Werkes«.[75] Solche nicht zu erwerbende, sondern von der »sittlichen und intellektuellen Veranlagung« abhängende und vom Philosophen lediglich noch zu »entwickelnde« Einheit sei bei Platon nicht einfach ein Lehrsatz geblieben, sondern sie wurde hier ein letztes Mal noch in Akademie und Dialogen als ein »συμφιλοσοφεῖν« gelebt und dargestellt.[76] Es könne daher nicht verwundern, so seine Argumentation, daß auch die Briefe (hier der 2. und der 7.) solches und die sich hieraus ergebenden Rang- und Erkenntnisunterschiede, zuletzt die drei Stufen des Wissens voraussetzten, wie sie Dionys eben noch nicht durchlaufen habe bzw. nie durchlaufen könne – denn, so die am Ende dann doch deutliche Überblendung der beiden Künder solch adligerotischen Menschentums: »Die letzte kennt nur wen der gott beschlief.«[77]

In der ebenfalls bereits im Umfeld Spanns erschienenen Abhandlung über »Die Staatsidee in Platons Kunstlehre«, die die behauptete Einheit von Ethos, Kunst und Staat schon im Titel andeutete, war Platon dann ebenfalls der letzte »Menschenbildner« im Niedergang der Kultur, der »als Endglied in der Kette der großen schöpferischen Philosophen alle die schon teilhaft auseinanderstrebenden Kräfte des bereits abwärtssteigenden Hellenentums noch einmal gestaltend und gestalthaft zusammen[gefaßt]« habe.[78] Den durch Sophistik und »Ver-Ichung« in Kult, Gymnastik, Politik und Kunst verlorenen Zusammenhang von Wort und Tat, von Mensch und Werk wiederzufinden, ihn zu einer neuen »Haltung« zu bilden und ihr, weil der ethische Wille zugleich ein künstlerischer sei, in der »schönen Gestalt« Ausdruck zu verschaffen, das sei das große Werk Platons gewesen. Andreae geht es nun darum nachzuweisen, daß auch der platonische Staatsentwurf und erst Recht seine rigorose und vielgescholtene Dichter- und Bildungskritik nicht losgelöst von jenem »höheren Kunstanspruch« Platons gesehen werden dürfe, der zuletzt ja auf nicht weniger als auf die Umformung des ganzen Lebens zielte.[79]

Andreae bemüht hierzu die »alte Feindschaft zwischen Philosophie und Dichtung«, die zu Platons Zeit noch durch die neue euripideisch-sophistische Kunstauffassung eine weitere Front erhielt, und stellt Platon in diesem »Doppelkampf« einerseits als revolutionären »Neuerer und Umstürzler« der alten dichterischen Formen und poetologischen Gewißheiten dar, andererseits aber auch als einen Konservativen, der das den Urbildern Gemäße erhalten und das ge-

75 *Andreae*, Die philosophischen Probleme, S. 49. Erstaunlich ist, daß Andreae sich hier positiv sowohl auf Gundolf wie auch auf Wilamowitz beziehen konnte. Vgl. ebd., S. 78, Anm. 89.

76 Ebd., S. 46f. u. 56f., dort auch die im Kreis typische Abwertung des Peripatos.

77 Ebd., S. 86f., wo, natürlich ohne Angabe der Provenienz, zum Abschluß und gleichsam noch zur Beglaubigung die Stelle aus dem »Stern des Bundes« zitiert wird.

78 *Andreae*, Die Staatsidee, S. 312f.

79 Ebd., S. 313f. u. 316f.

fundene Maß für die Ewigkeit festschreiben wollte.[80] Indem er Platon hier zwischen »zerschwatztem und entweihtem« Mythos einerseits und aufklärerischem Rationalismus anderseits plaziert und ihn dagegen eine »intuitive Dichtung« und einen »göttlichen Logos« fordern läßt,[81] wird dieser zum großen Synthetiker, bei dem zum vorerst letzten Mal erotisch-dichterischer Enthusiasmus und intellektuelle Zucht zusammengekommen seien und der statt des alten »Homerischen Lebens«, das so nicht mehr möglich war, einem neuen Menschenideal in »lebendiger Gemeinschaft« Ausdruck verschaffen mußte:

»Platon war der Dichter, der sie schaffen wollte, er hatte auch den Heros, um den er sie schaffen konnte: den Helden in der heldenlosen Zeit, den einfachen unter den schillernden, den bewußten unter den taumelnden, den gehaltenen unter den der Haltung baren, den maßvollen unter den maßlosen, den Herrn der Stunde: SOKRATES.«[82]

Nach dem einfachen, alle »Poikilia« ablehnenden Bild des Sokrates habe Platon dann also die »Gesetze der edlen Haltung« geschaffen, sei ihm aus dessen Verehrung des Schönen die Ideenlehre und mit ihr das ganze »Ideenreich« erwachsen, das als Urbild staatlichen Lebens nachzuahmen der Dichtung einzig würdig und erlaubt sein sollte. Die Verbannung der Künste aus dem Staat, sofern sie nicht dem Ewigen, den Urbildern dienten, sei demnach, das ist ausdrücklich auch Andreaes Position, durchaus gerechtfertigt. Immerhin dürfe nicht vergessen werden, »daß kein Kunstwerk so frisch und unmittelbar zu uns redet, wie die Platonischen Dialoge«, weshalb man mit der Bewunderung der Platonischen Dichtung »die vorlaute Klage [darüber] in uns zu unterdrücken« habe! Doch damit nicht genug, ist das eigentliche Argument natürlich George selbst, denn:

»was wichtiger ist: gerade wir Heutigen haben einen Zugang zur platonischen Kunstlehre, denn wir erleben, wie ein neuer Dichter aufsteht mit denselben Forderungen der Keuschheit im Pathos, mit derselben verhaltenen Leidenschaft, wir hören wie aus einer neuen Gemeinschaft der verfallenden Zeit wieder dieselbe Warnung vor Poikilia in Leben und Kunst entgegendröhnt, und im neuen das alte Maß lebendig ersteht.«

Erst durch den neuen Dichter also sei das einheitliche Menschenbild Platons überhaupt wieder erkennbar und jenes – wohlwollend formuliert – »lebendige« Ineinander der sich daraus auch über Platon hinaus ergebenden Forderungen zu verstehen:

80 Ebd., S. 324 u. 343f. Das Syntagma der »konservativen Revolution«, auf das hier ganz offenbar angespielt wird, war da schon einige Zeit in Gebrauch, es sollte im George-Kreis jedoch trotz einiger Affinitäten nicht zum Topos werden. Vgl. zu den frühen Belegstellen bei Blüher, Mann und Pannwitz und Moeller van den Bruck *Breuer*, ›konservative Revolution‹ in Weimar? und zu den Differenzen und Annäherungsversuchen auf diesem Feld *ders.*, Phantome der ›Konservativen Revolution‹.

81 *Andreae*, Staatsidee, S. 326f.

82 Ebd., S. 331.

»Denn dies ist das ewig gültige Gesetz von Herrschaft und Dienst in Leben und Kunst, daß alle Kunst dient, das Leben auszudrücken, und daß alles Leben dient, Gott zu schaffen und zu verehren, so daß Gott und göttliche Menschen zum einzigen Gegenstand der Nachahmung werden, zum herrscherlichen Vorbild, nach dem sich das staatliche Leben gestaltet, aus dem allein die reichste Blüte der Kunst erblüht, und an der sich dann wieder das Leben beseelt und erhöht.«

Knapper läßt sich die ganzheitliche, zuletzt auf die Erhöhung des Lebens zielende Programmatik des Kreises sicherlich kaum darstellen, allerdings auch kaum gewalttätiger. Wenn Andreae nämlich anschließend von jener »Staatspyramide« schwärmt, auf deren »wohlbehauenen Stufen der streng gesonderten Klassen und des streng geregelten Dienstes allein [...] die Gemeinschaft das kultische Werk der Schönheit schaffen und darstellen« könne und in deren »dorischem Gefüge« jedem das Seine erstattet und jeder nach Maß seiner leiblichen und geistigen Kräfte zum Göttlichen und zur Schönheit gehoben werde, dann kann man erahnen, daß diese Vision der »KALLIPOLIS« längst über den Rand des Kreises hinaus und auf die Verwirklichung in einem anderen Staat drängte.[83] In der zeitgleich erschienenen Vorrede zu den Briefen Platons, die bereits Spann gewidmet waren,[84] spricht Andreae dies deutlich aus: Gleich Ficino, der mit den Briefen Platons seine Fürsten im staatlichen und philosophischen Denken bilden wollte, und, das ist entscheidend, auch gleich dem Wunsch Schlossers, mit den Briefen an den realistischen Politiker Platon zu erinnern und »seine Mitbürger über die ›zweideutigen Menschenverbesserer‹ zur Zeit der französischen Revolution aufzuklären«, so sollten schließlich auch die von ihm vorgelegten Übersetzungen und Kommentare als »lebendige Einwirkung auf unser Staatleben und Staatempfinden« gelesen und aufgenommen werden.[85]

Die eugenische Verwirklichung platonischer Menschenbildung indes, die Kurt Hildebrandt, Andreaes »Lehrer der Norm«, schon 1920 propagiert hatte,

83 Ebd., S. 346f.

84 *Andreae*, Staatsschriften I, o.S. [IV]: »Othmar Spann. Dem Förderer philosophischer Staatsbetrachtung«. Den Kreis der georgeanischen Platondeutung sollte Andreae dennoch nicht verlassen, was nicht nur daran lag, daß es, wie die Schriften der »Herdflamme« zeigen, für das Spannsche Programm näherliegende »ganzheitliche« Autoren gab, sondern auch daran, daß sich Spann in der Konzeption seines Ständestaat zwar stark an Platon anlehnte, ihm an entscheidender Stelle aber widersprach, weil er den Philosophen die Leitung des Staates gerade nicht anvertrauen wollte. Sie seien nun einmal Lehrer und hätten darum nicht die notwendige »Kälte des Adlerblicks«. Vgl. *Spann*, Der wahre Staat, S. 221f. Zum gemeinsamen, von George ausgehenden Platonbild sollte sich Andreae denn auch weiter bekennen, so etwa mit der Widmung des zweiten Bandes der Staatsschriften an Kurt Hildebrandt (»Einem Lehrer der Norm«) oder, wenn auch schon mit einer gewissen Distanz, in *Andreae*, Rez. Hildebrandt.

85 *Andreae*, Staatsschriften I, S. VIII. Die Aufnahme in der wissenschaftlichen Öffentlichkeit allerdings, und eine andere ist schwer zu beurteilen, fiel wenig günstig aus: Vgl. *Pohlenz*, Rez. Andreae. Zu Schlosser und einer interessanten Parallele politischer Platonrezeption vgl. *Bubner*, Vater aller Schwärmerei.

machte er sich auch hier – noch – nicht zu eigen. Erst im zwei Jahre später erschienenen zweiten Band der Staatsschriften sollte er mit Bezug auf Hildebrandt ein entsprechendes Kapitel einfügen und auch danach noch vereinzelt platonische Züchtungsgedanken entwickeln, ohne jedoch, wie Hans Blüher ebenfalls 1920 allerdings in anderem Zusammenhang gefordert hatte, sein platonisches Denken ganz zu einer »blutigen Sache« werden zu lassen, d. h. ohne gänzlich auf den »rassebiologischen« Diskurs einzuschwenken.[86]

Kurt Hildebrandt

Hildebrandt war derjenige im Kreis, der sich in seinen Schriften am ausführlichsten mit der Frage eines normativen Menschenbildes und den Möglichkeiten seiner platonischen Begründung auseinandergesetzt hat. Platonische Menschen*bildung* war für ihn, an dem die ästhetische-dichterische Erziehung im Kreis ein Stück weit vorbeigegangen war, allerdings kein bloß pädagogisches Projekt, sondern von Anfang an zugleich der Perspektive von Züchtung und Eugenik verpflichtet, wie denn auch die eugenische oder »rassebiologische« Bewegung Platon zu dieser Zeit und nicht nur in Deutschland längst als Referenzautor im Sinne eines »Auch-Platon-wußte-schon…« entdeckt hatte.[87]

In den zwischen 1911 und 1916 entstandenen und im Kreis die bekannt zwiespältigen Reaktionen hervorrufenden Büchern über »Norm und Entartung des Menschen« sowie über »Norm und Verfall des Staates« ging er der Frage nach, wie denn in »relativistischer Zeit« überhaupt noch von Norm und Entartung

86 *Blüher*, Wiedergeburt, S. 7, hier mit Bezug auf das vermeintlich zu »billig« gewordene Denken. Vgl. auch *Breuer*, S. 806 ff., der auch auf die Verschiebungen des »rassearistokratischen« Gedankens bei Andreae hinweist.

87 Um den Lesefluß nicht noch weiter zu stören, werden in der Folge die Anführungszeichen aller Komposita mit »Rasse« weggelassen, ohne daß dies eine implizite Zustimmung zu diesem Konzept bedeuten soll. Vgl. zu Hildebrandts rassebiologischen Ambitionen grundlegend *Breuer*, Eugenik u. noch einmal *ders.*, Politische Rezeption, S. 1189–1199. Zur Verbreitung Platons als Referenzautor vgl. *Roper*, Ancient Eugenics, bes. S. 42 ff., *Lenz*, Rassenwertung, oder *Hoffmann*, Rassenhygienische Gedanken, nach dem es in rassebiologischen Arbeiten bereits mehr als üblich geworden sei, auf Platon als den »geistigen Stammvater« zurückzugreifen. Daß er hier gleichwohl nur einer von vielen Kronzeugen war, zeigt die historische Tour d'horizon zur »Frage der Vernichtung lebensunwerten Lebens« bei *Malbin*, Historische Betrachtungen. *Günther*, Hüter des Lebens, ist da trotz der Prominenz, mit der hier Platon die Referenz erwiesen wurde, keine Ausnahme, denn letztlich ist es erst der sog. »Rassen-Günther«, der den bei Platon ausdrücklich vermißten systematischen Zusammenhang seiner Zuchtgedanken herstellt (S. 52 f.). Das Buch, das im Ganzen ein kaum erträgliches, vor argumentativen Inkonsequenzen und begrifflichen Unklarheiten nur so strotzendes Pamphlet ist, muß zudem wohl auch eher strategisch und als Teil jener zwischenzeitlichen Anbiederungsstrategie Günthers und der nordischen Bewegung verstanden werden (siehe den Hinweis auf Andreae, ebd., S. 69), von deren Seite aus dem »platonischen Denken« Hildebrandts trotz aller Differenzen mehrfach geradezu der Hof gemacht wurde. Vgl. hierzu wiederum *Breuer*, Rezeption, S. 1194 ff.

gesprochen werden könne.[88] Denn man »fühle« zwar, so Hildebrandt, allerorten das Fehlen jener und die Ausbreitung dieser, doch ob und inwiefern von beiden auch »empirisch« gesprochen werden könne, sei höchst unklar.[89] Der praktizierende Mediziner und einzige Naturwissenschaftler im Kreis, der sich später rühmen sollte, der einzige gewesen zu sein, dessen Arbeiten das bei Platon und Goethe noch »Ganze« der Wissenschaft umfaßt hätten,[90] wollte also das Gesetz und Maß, das gegenwärtig »von einem anderen Gestirn empfangen« werde,[91] auch auf jene »stofflichen« Bereiche des Lebens und die Wissenschaften übertragen, die diesem scheinbar am fernsten standen, die aber mit Macht darauf drangen, ihrerseits das Bild des Menschen zu bestimmen. Stieß nun schon genau diese Übertragung im Kreis einerseits auf heftigen Widerstand, weil sie trotz der schöpferischen Absicht eben doch ein »Mitschleppen der alten ›logischen‹ Wissenschaft« und einen sozialtechnologischen Einbruch ins Feld des Geistigen bedeutet habe,[92] so fanden sich andererseits auch jene, die sich wie Wolters begeistert zeigten von dem:

»geschlossenen Versuch die Sicht aller natur- und geisteswissenschaften nach dem neuen gesetze umzukehren und dessen Geltung nicht allein im logischen sondern auch im tatsächlichen vom dumpf-stofflichen bis zum menschlichbewußten nachzuweisen. Die ganze denkart der neueren zeit ist hier auf allen gebieten in ihr gegenteil verkehrt ohne doch die denkformen zu zerstören oder die sachlichen ergebnisse abzulehnen: das denken selbst wird umgedacht: und was ringsum noch norm ist erscheint als entartung und irrtum: das verschüttete bild des heldischen menschen wird norm vom stein bis zum gott.«[93]

In der Tat ging es Hildebrandt im ersten Band der Normbücher darum, jenes vom George erneuerte Maß auf die »Artnorm« des Menschen zu übertragen, wobei sich im Fahrwasser des rassebiologischen Diskurses und der Weismannschen Keimplasmatheorie zwar trefflich über die Gründe der »Entartung« und der pathologischen Mutationen spekulieren ließ, allein über ein »Durchschnittsbild«, das immerhin konzedierte Hildebrandt, war hier mit empirischen Methoden nicht hinaus zu gelangen, und sich dem Dogma der »Anpassung« zu verschreiben, kam für ihn ebenfalls nicht in Frage: »*Nicht Anpassung ist das Höchste, sondern Unabhängigkeit von den äußeren Bedingungen.* Nicht

88 *Hildebrandt,* Entartung, S. 13. Vgl. zu Hildebrandts rassebiologischen Ambitionen grundlegend *Breuer,* Eugenik u. noch einmal *ders.,* Politische Rezeption, S. 1189–1199.

89 *Hildebrandt,* Entartung, S. 13.

90 *Hildebrandt,* Erinnerungen, S. 125.

91 *Ders.,* Entartung, S. 15.

92 Vgl. die schon oben berührte Auseinandersetzung mit Salin bei *Hildebrandt,* Erinnerungen, S. 120.

93 So im Brief von Friedrich Wolters an Stefan George vom 4.12.1918, in: *George/Wolters,* Briefwechsel, S. 137 f.

sich den Bedingungen, sondern die Bedingungen sich anzupassen, weist die vitale Kraft aus!«[94]

Die »vitale«, »produktive« oder »schöpferische Kraft« sei es nämlich, die qua Mutation im »Stofflichen« wie im »Geistigen« die lebendige Welt erst erschaffe, und auch wenn sich über diese Kraft hier nicht viel sagen ließe, ihren Trieb immerhin, den Eros, kenne man seit Platons Symposion, weshalb auch die absolute Norm nirgends anders als hieraus entstehen könne.[95] Doch auch diese Norm entzöge sich, so Hildebrandt, wieder wissenschaftlicher Darstellung, sei allenfalls klar, daß nicht der »gewiß sehr respektable ›normale‹ Staatsbürger« dazu berufen sei sie darzustellen, sondern »nur der schöpferische Mensch, der Heros, kann leibhafte Norm sein«.[96] Da »sie leibhaft zu gestalten [...] Sache des Dichters und nicht der exakten Wissenschaft« sei, wie es später auch in den Kieler Vorträgen über »Staat und Rasse« heißt,[97] beschränkte sich Hildebrandt darauf, dessen Entartung zu beschreiben, wobei ihm neben der psychopathologischen vor allem die »Rassenentartung« wichtig war. Ganz auf der Höhe des rassenhygienischen Diskurses unterscheidet er darum auch hier wieder pathologische und relative Entartungen, also vererbliche »Mängel« ebenso wie die tendenzielle Zunahme der »Minderwärtigen« bei Abnahme alles »Höherwertigen«, kommt aber anders als das Gros der eher optimistischen Eugeniker zu dem Schluß, daß sich die Rasse allmählich, aber unaufhaltsam verschlechtere, weil die »moderne Zivilisation« auf lange Sicht die Chance zur »Ausmerze« übermäßig hemme.[98] Hiergegen nämlich könnten, so Hildebrandt, die bekannten volkshygienischen Maßnahmen von Antialkoholismus über Säuglingsfürsorge bis zum Versicherungswesen gerade nichts beitragen, weil sie »kontraselektorisch« wirkten, während die bei den pathologischen Entartungen eigentlich nötigen »harten Mittel«, die man noch in Sparta gepflegt und die auch Platon befürwortet hätte, aufgrund der modernen Kultur, ihrer »Humanität« und der sog. »Menschenrechte« leider wohl auf absehbare Zeit nicht zum Zuge kämen – dabei wäre es doch ein wichtiges »erzieherische[s] Symbol, daß nur der Vollwertige ein volles Anrecht auf das Leben innerhalb einer edlen Rasse habe«![99]

Es sollte noch ein paar Jahre dauern, bis die hier erhofften »harten Mittel« tatsächlich Gesetz wurden, und Hildebrandt war sich denn auch nicht zu schade, im Vorwort zur Neuauflage der Normbücher 1934 das entsprechende

94 *Hildebrandt,* Entartung, S. 76 u. 72 (Zitat im Orig. gesperrt).

95 Ebd., S. 74.

96 Ebd., S. 79.

97 *Ders.*, Verfall, S. 231 u. *ders.*, Staat und Rasse, S. 32.

98 *Ders.*, Entartung, S. 140 ff., 219 ff. u. 247.

99 Ebd., S. 250 ff. u. 268, dort heißt es auch: »Die ›Menschenrechte‹ werden nicht durch Geburt erworben, sondern durch biologische Vollwertigkeit. Humanität gegen die Entarteten ist ein Geschenk, kein Rechtsanspruch.«

Gesetz zur Verhütung des erbkranken Nachwuchses vom 14.07.1933 zu begrüßen.[100] Der Sinn seiner Ausführungen weist jedoch noch nicht unmittelbar auf die kommende nationalsozialistische Ideologie und deren, wie er später sagen sollte, »bösartige Rassenpolitik«.[101] Tatsächlich bleibt er bei der Rasse und ihrer Erhaltung nämlich nicht stehen:

»Die Rasse, die Norm als Anlage ist nur die notwendige materielle Grundlage der Norm als Erfüllung. Der Mensch, wie er in den höchsten Personen einer edlen Rasse gegeben ist, ist nur erst das Gefäß, in dem sich die Norm erfüllen kann [...] Die Erfüllung der Norm, diese schöpferische Aufgabe, ist damit nur vorbereitet.«[102]

Die Rasse, so wichtig sie Hildebrandt als Bedingung der Möglichkeit des Auftretens des schöpferischen Heros auch sei, soll also gerade nicht das letzte Wort haben, sei sie, wie er es in den Kieler Vorträgen entwickelt, erst durch die Idee der Nation, dann durch eine noch darüberhinausgehende, auf dem Weg des »deutschen Griechentums« liegende Norm zu »erfüllen« – und da nun kommt Platon wieder ins Spiel. Hatte er sich schon im ersten Normbuch das schöpferische Prinzip bei ihm entliehen, so sollte er in den Rasse-Vorträgen zum zentralen Argument dafür werden, daß es sich bei Zucht und Eugenik weder um »plumpen Materialismus« oder Naturalismus handele, sondern daß solches zur Erhaltung »edler« Rassenlinien oder gar zur Schaffung einer neuen »deutschen Mischrasse« vielmehr notwendig sei, weil nur auf deren Boden der »wahre«, allerdings nicht vererbliche, sondern immer nur im Kairos sich neubildende Adel gedeihen und aus ihm der wahrhaft schöpferische Mensch, der Heros entstehen könne.[103] Und daß es hierzu einer »Idee« bedarf, um der Zuchtwahl ein Ziel und dem Staat, in dem diese und die geistige Erziehung des Adels geschehen solle, eine Form zu geben, habe ebenfalls schon Platon gelehrt, auf dessen oberste Idee des »schönen Lebens« hin denn auch der entsprechende »Normale Staat« entfaltet wird.[104]

So sehr man angesichts solcher Rassezüchtungsphantasien und der sie begleitenden Ausfälle gegen die französische »Blutschmach«, gegen die »Vernegerung« und den drohenden »Rassentod« aber auch geneigt sein mag, Hildebrandt zum Rassisten und zum Vorläufer nationalsozialistischer Rassenpolitik zu ma-

100 *Ders.*, Norm – Entartung – Verfall, S. 10. Der Hinweis, daß damit noch nicht viel gewonnen, daß vielmehr erst der »Kampf des Geistes« und die Förderung der Tüchtigen über den »Wert der Rasse« entscheide, macht zwar seine Differenz etwa gegenüber dem Güntherschen Rassendeterminismus noch einmal deutlich, unerträglich bleibt es dennoch. Vgl. zur Neuausgabe auch *Breuer*, Eugenik, S. 305.

101 *Ders.*, Erinnerungen, S. 124, Anm. 20.

102 *Hildebrandt,* Entartung, S. 270.

103 *Hildebrandt,* Rasse, S. 9, 27f. u. 35f. Daß auch der von ihm verehrte schöpferische Mensch der gegenwärtigen »Rassenmischung« entsprang, ist da offenbar kein Gegenargument.

104 Ebd., S. 41ff. u. *ders.*, Verfall, S. 113–148.

chen, so ist mit Stefan Breuer doch noch einmal darauf hinzuweisen, daß dieser zwar eine Hierarchisierung der Rassen durchaus vornahm, daß er allen daraus abgeleiteten Purifizierungsideen (etwa der »Aufnordung« bei Hans F. K. Günther) aber sehr skeptisch gegenüber stand und dem Rassenbegriff auch nie die Funktion einer Letztbegründung zugestehen wollte, sondern dieser stets nur Erscheinung eines höheren Prinzips, eben der »schöpferischen Kraft« blieb.[105] Nicht zuletzt deshalb ging die Rassenbiologie seiner Zeit denn auch bald wieder auf merkliche Distanz zu ihm, waren ihnen dessen Metaphysik ebenso wie die »lebensfeindliche[n] Wertungen« samt ihrer sozialpolitischen Konsequenzen häufig doch »allzu Platonisch«.[106]

Als der Eugeniker unter den Neoplatonikern und als Platoniker unter den Rassebiologen hatte Hildebrandt gleichwohl eine wichtige Vermittlerrolle. Denn er half damit nicht nur, eugenische und rassenbiologische Gedanken »humanistisch« und philosophisch zu nobilitieren und zu popularisieren,[107] sondern er schlug ebenfalls eine Brücke vom George-Kreis in den späteren nationalsozialistischen Diskurs, die um 1933 dann eifrig begangen werden sollte.[108] So sehr sich Hildebrandt dabei aber auch um die rassenbiologische oder eugenische Fundierung des platonisch-georgischen Menschentums bemühte, so war dies, wie schon die Zweitteilung der Normbücher zeigt, bei ihm doch nur die eine Seite seines Platonismus, war die Anlage als Norm stets auf ihre Erfüllung im Staat ausgerichtet, war Platon der Menschenbildner in letzter Konsequenz immer auch der Staatsgründer und Politiker – und diesen Zusammenhang gefunden zu haben, sollte Hildebrandt sich und den anderen Platonikern des Kreises zuletzt vor allem zu Gute halten.

105 So *Breuer,* Eugenik, S. 303, Anm. 44 in Erwiderung auf *Orozco,* Gewalt, S. 29.

106 *Lenz,* Rez. Hildebrandt, u. *Lenz-von Borries,* Rez. Hildebrandt. Vgl. dazu auch *Breuer,* Rezeption, S. 1191 f.

107 Vor 1933 fanden entsprechende Kombinationen ihren Niederschlag etwa in *Stählin,* Grundfragen, S. 9 ff., *Zimmermann,* Geist und Schönheit, oder *Foerster,* Platon und die Körperkulturbewegung.

108 Vgl. nur *Hildebrandt,* Kulturkrise. Außer Hildebrandt und Albrecht von Blumenthal, von dem 1933 zwei entsprechende Rezensionen zu dessen Platon-Buch stammten, wäre auch noch *Andreae,* Ganzheit und Geistleiblichkeit, zu nennen, der mit seinen Ganzheitsvorstellungen zeitweise ebenfalls auf dem platonischen ›Rassenticket‹ fuhr, sowie aus der späteren Peripherie und dem Kreis um Frommel noch *Brodersen,* Zuchtgemeinschaft des Adels. Daß solch »ganzheitliche«, Geist und Rasse verbinden wollenden Konzepte von der nationalsozialistischen Sozial- und Rassenpolitik dann aber doch nicht goutiert wurden, steht auf einem anderen Blatt. Siehe zu diesem ebenfalls *Breuer,* Eugenik, S. 306 f.

3.2.2 Geistiges Reich und praktische Politik

Je mehr die Platonschriften aus dem Kreis von jener Norm sprachen, die es dem »Chaos« entgegenzuhalten gelte, und je mehr sie sich dabei den »staatlichen« Schriften Platons, also zunächst den Briefen, der Politeia, den Nomoi, später auch den »vaterländischen Reden«[109] in Kriton, Laches, Menexenos usw. zuwandten und so zumindest suggerierten, über die platonische Analogie von Individuum und Staat auch zur politischen Dimension des »Chaos« selbst etwas Substantielles beitragen zu können, desto mehr verfestigte sich die Ratlosigkeit selbst der geneigten, weil ebenfalls nach autoritären oder doch »anderen« Ordnungskonzepten verlangenden Leser.[110] Das lag einmal daran, daß George trotz aller staatlichen Selbstauslegung des Kreises doch in erster Linie Dichter, sein Staat ein »Künstlerstaat« war.[111] Sicherlich wies die von ihm gesetzte Norm in Richtung einer anderen oder überwundenen Moderne, doch was sollte diese außerhalb der Dichtung bedeuten? Auch, daß von seinem Bild des »schönen Lebens« und seinen Praktiken im Kreis eine starke gemeinschaftsbildende Kraft ausging, war eine für alle Jünger evidente Erfahrung, allein: wie sollte sich dieses außerhalb des kleinen Kreises entfalten, und sollte es dies überhaupt? Einen eigenen Staatsbegriff hat George jedenfalls nie entwickelt, hat er sich politischen, gar parteipolitischen Festlegungen immer entzogen. Seine politischen Vorstellungen lassen sich deshalb bis auf recht vage neoaristokratische Positionen auch kaum auf den Begriff bringen, blieb, was er anbot, eben ein »ästhetischer Fundamentalismus«.[112]

War vom Bild des Dichters her also kein Programm abzuleiten, das auf politische »Wirkung« zielte, wäre es dann von Platon her zu gewinnen? Davon, daß er »der politische Denker« sei, auf den es ankomme, daß er ein Führer und das Vorbild der Rettung sei, wurde zumindest unentwegt gesprochen. Das Problem bestand jedoch darin, daß man ja gerade das »Andere«, das »Fremde« an Platon

109 Vgl. die Ausgabe von 1936 durch Kurt Hildebrandt unter dem Titel: »Platons vaterländische Reden. Apologie, Kriton, Menexenos«.

110 Schon *Leisegang*, Platondeutung, S. 48 f. u. 172 ff. hatte auf die in »vage Allgemeinheiten« sich auflösende »neuromantische Deutung der Politeia« im Kreis verwiesen. *Steinbömer*, Rez. Hildebrandt, machte dann vom Standpunkt der Jungkonservativen klar, daß man platonische Akademie und das geistige Reich Georges als Normen des Staates gleichermaßen für »inadäquat« hielt. In diesem Sinne sollte auch Carl Schmitt allen Rückgriffen auf den »staats-« und »verwaltungslosen« Gesellschaftsentwurf Platons eine Absage erteilen. Vgl. dazu *Canfora*, Staatsdenken, S. 145 f.

111 Vgl. *Raulff*, Der Dichter als Führer.

112 Vgl. den Versuch einer politischen »Ortsbestimmung« zwischen »konservativer Revolution«, neuem Nationalismus und Faschismus in *Breuer*, Fundamentalismus, S. 226 ff. Vgl. zu den semantischen »Tricks« meisterlicher »Politik« auch *Raulff*, Kreis ohne Meister, S. 184–187.

schätzte, daß man alle Modernisierung und erst Recht jede Popularisierung verabscheute[113] und dennoch oder gerade darin dessen Aktualität oder besser: dessen »Weltstunde« behauptete.[114] Im kleinen Kreis, in der ähnlich der platonischen Akademie kultisch – erotisch – pädagogisch geprägten Gemeinschaft fiel das nicht ins Gewicht, da konnte man noch wahrhaft antik oder »ganz« sein, oder sich doch zumindest so geben. In Bezug auf die moderne, sich vor den – nicht einmal verschlossenen[115] – Augen des Kreises ausdifferenzierende Gesellschaft jedoch müßte jeder ernstgemeinte Rückgriff auf die gerade in ihrer Fremdheit geschätzte Polis, müßte erst Recht jede »geisterhafte« Beschwörung des zugleich »antibürgerlichen« und doch wahren Staatsmannes jenen bitteren »Geschmack der Lüge auf der Zunge« hinterlassen, von dem Hofmannsthal sprach.

Die sich oft schon im Titel politisch gebenden Platonschriften des Kreises waren also von vornherein auf eine eher vage und noch mehr als ohnehin auf Andeutungen und »Winke« verwiesene Metapolitik festgelegt, die die neue Norm zwar ständig umkreiste, sie aus ästhetischen und konzeptionellen Gründen aber nicht festlegen wollte und konnte, weil solches, wie Hildebrandt immer wieder ausführte, allein dem »Heros« obliege bzw. dieser selbst die Norm sei. Solche in die Geste der Fundamentalopposition gekleidete Scheu vor inhaltlicher Konkretisierung, die anhand des »Nichthandelns« Platons selbst geradezu obsessiv thematisiert wurde, ist sicher der Hauptgrund dafür, daß auch die Forschung bisher eher einen Bogen darum gemacht hat, Fragen des Transfers oder der exoterischen Umsetzung von im Kreis entwickelten und auf diesen bezogenen Normen zu untersuchen.[116] Der in allen Platonschriften thematisierte Übergang vom Menschenbildner zum Staatsgründer, die Spannung zwischen beiden und die Frage nach dem konkreten politischen Wollen Platons könnte jedoch ein Weg sein, sich diesen Fragen wenigstens von der konzeptionellen Seite und ihrer Verhandlung im Kreis zu nähern.

113 Vgl. nur *Hildebrandt*, Rez. Friedländer u. a., S. 319: »Es ist weder zu wünschen noch zu befürchten, daß Plato jemals im gemeinen Sinne populär wird.«

114 Schon *Wandrey*, Platon und Stefan George, S. 5 hat auf diesen Widerspruch anläßlich des Platon-Buches von Singer hingewiesen.

115 *Schönhärl*, Wissen und Visionen, hat dies am Beispiel der Ökonomen des Kreises eindrücklich gezeigt.

116 Vgl. *Schefold/Vitzthum*, Staatswissenschaften, S. 1151. Bezogen auf Platon wäre *Canfora*, Staatsdenken, S. 144 das treffende Beispiel, da er hier lediglich Hildebrandt und diesen auch nur im Zusammenhang der »nationalsozialistischen Usurpation Platons« thematisiert. Ebenfalls nur Hildebrandt greift auf *Orozco*, Platon-Rezeption. *Schönhärl*, Wissen und Visionen, untersucht immerhin Salin und Andreae, eine darüber hinaus gehende Skizze bietet *Rebenich*, »Dass ein strahl von Hellas auf uns fiel«, S. 128 ff.

Kurt Hildebrandt

Wieder ist es Hildebrandt, der eigentliche »plato redivivus« des Kreises, den das Problem der »Verstaatlichung« Platons resp. Georges am meisten umgetrieben hat und an dem sich daher auch hier besonders deutlich die Entwicklung des Platonbildes nach Friedemann verfolgen läßt. Daß es dabei eine solche Entwicklung gab, daß es, nachdem einmal »maaß und mitte der neuen Platondeutung« aufgerichtet waren,[117] überhaupt noch deren Erweiterung bedurfte, verstand sich dabei keineswegs von selbst, gab es etwa anläßlich der Gesamtdeutung von Singer 1927 auch deutliche Bedenken, ob denn überhaupt noch ein Buch über Platon erlaubt sei, damit es nicht den »ungerechtfertigten Ekel vor dem Geist« schüre.[118] Georges Rat an Singer, daß sich dessen Buch, wenn er es denn schreiben müsse, wie ein weiterer »Jahresring« um den »Baum« des Friedemannschen »Platon« legen sollte,[119] trifft dabei aber sehr gut das Verhältnis, in dem Hildebrandt und die anderen Platoniker auch weiterhin zu diesem standen. Friedemanns Leistung war es ja gewesen, Wolters' Konzept von »Herrschaft und Dienst« so zu »platonisieren« und auf das »geistige Reich« resp. den Kreis hin auszulegen, daß der »Herrscher« oder »Meister« nicht wie bei Gundolf Mittler zwischen Idee und Jüngern, sondern selbst die Inkarnation seiner eigenen Schöpfung sein sollte, der Philosoph oder Heros also die »Verleiblichung« der selbstgeschaffenen Ideenwelt, mithin ein »Täter« sei: »Die Geistige Tat«, so Wolters, »ist der inhalt der Herrschaft, durch welche der Herrscher, gleichgültig ob er ein überkommenes gut zu verwalten oder ein unerhörtes zu errichten hat […] mit innerem zwange die Ebenen des Reiches seiner Formung unterwirft.«[120] Daß der Heros sich sein geistiges Reich nur selbst schaffen könne und die Jünger statt in einer tendenziell freien Bildungsgemeinschaft nur in Dienst, Einordnung und Selbstaufgabe daran teilhaben und Erfüllung fänden, war dabei die asymmetrische Grundstruktur aller auf Friedemann folgenden und sich zu ihm bekennenden Platonauslegungen des Kreises, ob diese nun

117 *Hildebrandt*, Nachwort, S. 142.

118 Vgl. *Landmann*, Gespräche, S. 175 f., die diese Bedenken Georges wiedergibt: »Über das Platon-Buch von Singer: ›Man darf derlei nicht zu viel lesen, damit man nicht einen zu großen ungerechtfertigten Ekel vor dem Geist bekommt. Es steht im Ganzen nichts drin, was einen ärgern könnte. Viel Richtiges ist gesagt, aber das ist jetzt längst die Frage nicht mehr. Jetzt fragt man nicht: Ist das richtig? sondern: Darf er denn das?‹« Der sicher durch Hildebrandt genährten Skepsis gegenüber Singer gab auch *Andreae*, Rez. Singer, S. 203 f. Ausdruck, wenn er den Mangel an wirklich neuen Erkenntnissen als zuweilen »peinlich« moniert. Daß er dennoch ein »zuverlässiger Führer« zu Platon sei, liege dann einzig daran, daß er sich an Friedemann gebildet habe.

119 So Singer im Manuskript seiner Beiträge zur Kenntnis Stefan Georges vom Dezember 1960, zit. nach *Schönhärl*, Wissen und Visionen, S. 291.

120 *Wolters*, Herrschaft und Dienst, S. 11. Vgl. auch noch einmal die Unterscheidung zwischen den Haltungen bzw. Konzepten von Gundolf und Wolters bei *Groppe*, Widerstand oder Anpassung?, S. 75 f., nach der sich so die »politische Ästhetik« Wolters' durchgesetzt hatte.

die Gestalt des Sokrates (der erste Meister und die Verleiblichung der Norm), die Akademie (der Kreis/Staat des zweiten Meisters), den Kult (Platon als dessen Stifter), den (auch bei Platon asymmetrisch konzipierten) erotischen Trieb, die Rolle der Kunst (selbst als Ausdruck des Staates) oder die Funktion der Ideenlehre als urbildliche Präfiguration des auf das »schöne Leben« zielenden Reiches betraf.

Hildebrandt hatte diesem noch seine eigene »rassische« Fundierung der Norm hinzugefügt, blieb ansonsten aber weitgehend in den vorgezeichneten Bahnen des nicht zuletzt von ihm kanonisierten Friedemann. Zu diesen Bahnen gehörte nun neben der allgemein »schlüpfrigen« Rede von Platon[121] auch die Durchlässigkeit von Kreis- und Staatsterminologie, war die Aufrichtung eines normhaften Menschenbildes gegen Zersetzung und Chaos bereits eine schöpferische »Tat« im Sinne Wolters' und drängte insofern auf »staatliche« Verwirklichung. In »Norm und Verfall des Staates« von 1920 sollte ein solcher »Norm-« oder »Normalstaat« dann ganz nach platonisch-georgeanischem Muster entworfen werden, weshalb sich hier auch erstmals die Frage nach der »Seinsart« jener Tat und ihrer Reichweite stellte.[122] Mit Blick ausdrücklich auf Platon heißt es da nun aber doch noch sehr zurückhaltend, daß diesem – anders als dem »aktiven Heros« Alexander – als »geistigem Heros« gerade nicht daran gelegen war, »daß er selbst die Vollendung seines Werkes erlebt, wenn nur sein Wesen *rein* zur Auswirkung kommt.«[123] Nicht nach politischer Herrschaft, wie es später sein Mantra werden sollte, sondern nach reiner Darstellung der Idee und Wirkung im kleinen Kreise habe es ihn gedrängt: »So wirkt der Gründer unmittelbar gestaltend nur auf seine begrenzte Schar, und von dieser jeder wieder auf seine Gemeinde, so daß die Idee des Staates immer weitere Kreise zieht.«[124] Ganz deutlich steht da das Modell Georges im Hintergrund, ist Ideal und Fluchtpunkt nicht der Machtstaat, sondern die vom Eros – der »treibenden Herzkraft des Staates« – durchwirkte Kreis aus Freunden und Jüngern, der dann weitere Kreise bilden soll.[125] Dazu paßt auch die Perspektive am Ende des Buches, die freilich über Platon längst hinausgeht. In der gegenwärtigen »Katastrophe der ›modernen Zivilisation‹«, so Hildebrandt, heiße es erst einmal: »in Bereitschaft sein!«, gelte es »zu harren, bis es der schöpferischen Kraft gefällt, Mensch zu werden«, und müsse vorerst die zarte »Knospe schöpferischen Lebens« noch im »nährenden Dunkel« geweihter Sprache gepflegt werden.[126]

121 *Raulff*, Kreis ohne Meister, S. 123.

122 Vgl. *Hildebrandt*, Verfall, S. 113–148 u. 116. Besonders die soziale Gliederung des Normalstaates, ebd., S.140ff., scheint ohne Umwege der Politeia entsprungen zu sein.

123 Ebd., S. 116. Vgl. auch schon ebd., S.114: »Es bleibe aber dahingestellt, ob die Gründung des Staates der höchste und wesentliche Beruf des größten Menschen ist.«

124 Ebd., S. 118.

125 Ebd., S. 127.

126 Ebd., S. 223 u. 230f.

Denn auch wenn – ergänze: seit Platon – klar vor Augen stehe, wie der Heros in sich die allen gültige Norm verleibliche und daß sein Wesen sich im Staate aussprechen müsse, so sei die Bereitung des geistigen Staates vorerst doch noch »dichterischer Traum und prophetische Auflockerung«.

Denn erst: »wenn überall Freundschaft den Boden lockert, geistiger Eros die Jünglinge empfangend und schenkend bindet, daß von Stufe zu Stufe sich die Blicke auf die Mitte, die gestaltende Norm wenden und von ihr wieder das neue Feuer von Stufe zu Stufe überspringt, so kann die Wiedergeburt hereinbrechen, wie plötzlich der Seewind alle Segel des Schiffes zugleich schwellt.«[127]

1928 im Kieler Vortrag über »Die Wirkung der Idee im Aufbau des Staates« sollte das dann schon ganz anders klingen. Das doppelte Wesen der platonischen Idee sei es, so Hildebrandt dort, nicht nur der Erkenntnis die Einheit im Chaos zu bieten, sondern zugleich auch »das Bild zu sein, das wirklich real aus dem Chaos die lebendigen Gestalten hervorbringt«.[128] In einer nicht anders als hanebüchen zu nennenden Argumentation kommt er hier von vom rassischen Ausgangspunkt der Vorträge erst zur »Keimzelle«, die ihm innerhalb der irdischen Welt allen Ernstes nicht nur »das Symbol der ewigen Idee ist«, sondern »der Punkt, den die Idee in ihrer Verwirklichung durchlaufen muß«, und macht dann ein im Staat »identisches Lebensgesetz« aus, mit dem Unterschied allerdings, daß es sich hier um einen »Organismus zweiter Ordnung« handele, in dem die Idee nicht nur geheim wirke, sondern ins Licht des Bewußtseins treten müsse – und »welches ist nun die allgemeine Form solcher staatgründenden Ideen, staatgründend im schöpferischen Sinne [...]? Das kann nur die höchste Idee, die uns Menschen ganz faßbar ist, die Idee in menschlicher Gestalt sein.«[129] Der Heros sei also die Verleiblichung der platonischen Idee vom schönen Leben und, ob nur metaphorisch oder nicht, die Keimzelle des neuen Staates bzw. im Falle Platons des »geistigen Weltreiches« – und »in welchem Manne als gerade in ihm könnten wir bildhafter erkennen, daß im Leben des Staates der Eine göttliche Mann identisch ist mit der staatgründenden Idee selbst.«[130]

Lag solches durchaus noch auf der Linie Wolters-Friedemann, so deutet der Übergang vom geistigen zum realen Staat bereits auf jenen Platon von 1933, dem, wie schon Eugen Starke bemerkt hat, »die Herrschaft über Athen [...] das alleinige Ziel« wurde.[131] »Der staatgründende Heros«, so Hildebrandt weiter, »ist der Ausnahme-Mensch, der Mitte-Mensch, der in jedem Jahrhundert nur einmal erscheint,« und es komme darauf an, daß es eine Anzahl Menschen gebe, die,

127 Ebd., S. 230.
128 *Ders.*, Rasse, S. 44.
129 Ebd.
130 Ebd., S. 49.
131 *Starke*, Plato-Bild, S. 85 f.

selbst »nicht Organ des bestehenden Staates«, fähig und bereit seien, die mit ihm neuerwachte Idee wahrzunehmen und ihr zu dienen.[132] Aus diesem anfänglich noch langsamen Wirken und Wachsen des geistigen Staates, dessen »Ahnen« und Gesichter (Caesar, Augustus, Platon, Dante) gerade »in neueren Zeiten« aber bereits sichtbar geworden seien, könne dann »die Gründung des eigentlichen, des politischen Staates [...] plötzlich und gewaltsam im Verlauf weniger Wochen als das Werk des Täters, des Staatsmannes« hervorgehen.[133] Und damit es auch dem letzten seiner Hörer und Leser klar werde, daß es ihm damit ernst und die staatsbildende Idee kein »holder Allbeglückungs-Gedanke« sei, schließt er mit der Warnung vor der durchaus »schrecklichen Seite« des »Organ-Werdens« im Staate: »Die Idee ist kein schönes Spiel, das über die Dürre des Alltags hinwegträgt und tröstet, sie strebt ihrem Wesen nach nach wirklicher Herrschaft, sie ist eine unerbittliche Gewalt, die Leben und Tod spendet.«[134]

Die Zeit des dichterischen Träumens war bei Hildebrandt spätestens hier erkennbar vorbei und auch sein Platon war nun nicht mehr nur der König im Reich des Geistes, sondern der »Herrscherphilosoph«, dessen ganzes philosophisches und pädagogisches Wollen ein »Kampf des Geistes um die Macht« war, wie der Untertitel des letzten 1933 erschienenen Geistbuches aus dem Kreis klarmachte. Dieser »Platon« fügte sich dabei in das schon zuvor errichtete Bild nahtlos ein, spitzt es aber noch einmal zu. So wird Platon zu einer vom (gegenwärtigen) Dichter erst in seiner ganzen Tiefe erschlossenen Gesamtpersönlichkeit, deren »herrscherlicher Wille« sich einerseits in seinen Werken ausgedrückt habe, der aber von Beginn an, also auch schon in den Frühdialogen von einer durch und durch politischen Leidenschaft und Sendung getragen worden sei.[135] Hildebrandt sieht diese Sendung dann in der Politeia ihren Höhepunkt erreichen, bleibt aber nicht bei der Verwirklichung des darin entworfenen Normstaates durch den Herrscherphilosophen stehen, sondern läßt ihn, nachdem er den ausgeblieben Kairos erkannt und so erst richtig seinen »Sinn für die Wirklichkeit« bewiesen habe, trotz aller Kleinstaatsideale schließlich noch darüber hinausgehende imperiale Pläne schmieden – auch wenn man solche bisher bei ihm nicht vermutet habe: »Sein höchst realer Wille ein mächtiges hellenisches Reich zu bilden wird übersehen, gerade weil er aus politischen Gründen seine Pläne nicht verriet, ehe die Möglichkeit zum Handeln nahte.«[136]

So weit so durchsichtig. Ein Reich unter einem Alexander, aber ein wirklich hellenisches, d.h. nationales Reich, das sei also Platons Hoffnung gewesen, und

132 *Hildebrandt,* Rasse, S. 49 u. 51.

133 Ebd., S. 52.

134 Ebd., S. 53.

135 *Hildebrandt,* Der Kampf des Geistes um die Macht, S. 6, 12. Siehe bes. zu den Frühdialogen auch die Konkordanz bei *Starke,* Plato-Bild, S. 86, Anm. 1.

136 *Hildebrandt,* Der Kampf des Geistes um die Macht, S. 256, 270, 383.

um dies zu erreichen, so die letzte Volte Hildebrandts in Richtung der nun angebrochenen »Weltstunde«, sei er nicht einmal mehr vor dem »Gedanken der unbedingten Diktatur« zurückgeschreckt, hätte er im jungen Dion gern den Retter der Nation gesehen, allein: gegen das Ende der »heroischen hellenischen Kultur« hätte auch der geniale Staatsmann nicht ankämpfen können, hier bedurfte es noch einmal des langen Atems des Gründers und der Zucht eines kommenden Volkes und seiner Herrscher.[137] Die Tribute Hildebrandts und Georges – denn der war wie wohl auch Renata von Scheliha bis in einzelne Formulierungen hinein an diesem Buch beteiligt – an die nationalsozialistische »Weltwende« sind unübersehbar, war der Versuch, auch hier noch einmal eine »Ahnherrschaft« zu stiften, ebenfalls kaum zu leugnen.[138] Und obwohl dies noch nicht einmal die Spitze seiner platonischen Annäherung an das neue, nun nicht mehr nur geistige Reich war,[139] sollte Hildebrandts Weg der Aufweichung beider Grenzen und der Zurichtung Platons zum »Führer« und zum »Vorbild des Retters in Zei-

137 Ebd., S. 323, 325, 385.

138 Siehe den Briefentwurf Georges an Bernhard Rust vom 10.05.1933, in dem er das Angebot zur Aufnahme in die Preußische Akademie der Künste ausschlug, gleichzeitig aber seine »ahnherrschaft der neuen nationalen bewegung« nicht leugnen wollte, zit. nach *Karlauf*, Stefan George, S. 622. Zur Mitarbeit Schelihas vgl. den Bericht Momme Mommsens (Gedenkbuch, S. 18), nach dem die Verwechslung Platons und Hitlers jedoch der Punkt gewesen sein soll, an dem Scheliha, die von Hildebrandt noch den Anstoß zu ihrem »Dion« erhalten habe, auf Distanz zu dessen Deutung gegangen ist. Ihr Buch über Dion und »Die Platonische Staatsgründung in Sizilien« ist denn auch schon deutlich ambivalenter, im Vergleich zu Hildebrandt geradezu pessimistisch, rückt der berufene Täter wieder stärker in den Gegensatz zum »Haufe« und wird er zum einsamen Bild des hohen Lebens in einer verfallenden Umwelt. Ob je wieder ein Dion in gleicher schöpferischer Konstellation erstehen und den Kairos finden solle, um den Verfallsprozeß nicht zu stoppen, aber wenigstens zu verlangsamen, bleibt hier gerade offen – daß die platonischen Forderungen sich jedoch auch in der gerechten Herrschaft des Gesetzes (noch über jedes staatliche Amt) erfüllen könnten, wenn sie wie bei Timoleon mit Geist gefüllt würden, ist dagegen die nähere, nun wieder über den Führerstaat hinausweisende Perspektive. Vgl. *Scheliha*, Dion, bes. S. 85–107 u. 148.

139 Siehe bes. *Hildebrandt*, Einleitung, wo er, wie *Orozco*, Gewalt, S. 78ff gezeigt hat und wie man es um 1933 noch vielfach findet, die Biographien Hitlers und Platons ziemlich platt übereinander blendet. Die Aufgabe seines Platon machte er denn auch gleich zu Begin (S. VII) deutlich, wo es heißt: »In Wahrheit aber gibt es nicht viele Bücher, die in den Jahren des Aufbruchs, wenn die zur Macht gelangten Führer den höchsten Maßstab für die geistige Entfaltung und Durchgliederung des Volkes suchen, so entscheidend und fruchtbar werden können wie Platons Werke.« Vgl. außerdem die Einleitung zu *Hildebrandt*, Platons vaterländische Reden, S. 7–76, wo sich ebenfalls eine krasse Amalgamierung Platons und Hitlers bzw. beider »politischer Programme« findet und gleichzeitig auch terminologisch die Verbindungslinien zur Platondeutung des Kreis immer dünner werden. Den Endpunkt beider Entwicklungen markiert dann 1941 *ders.*, Platons Philosophie in politischer Sicht, wo schließlich nicht mehr der Dichter, sondern Weltkrieg und Versailles es sind, die die Augen für die neue politische Sicht auf Platon geöffnet hätten, und wo dieser nun zum Führer der »stärksten Wehrmacht Griechenlands« stilisiert wird, mit der er, der Kämpfer für die »Rasseneinheit und -reinheit« der Hellenen, diese »gegen die Semiten« anführen wollte.

ten der Auflösung und Zersetzung«[140] doch deutlich genug geworden sein, um von diesem »Normbild« die übrigen politischen Platonbilder des Kreises abheben zu können.

Wilhelm Andreae

Derjenige unter den Neoplatonikern des Kreises, der Hildebrandt politisch wie *in platonicis* am nächsten stand, war Andreae.[141] Von ihm gab es, wie oben beschrieben, in der ersten Hälfte der 1920er Jahre zahlreiche Platonarbeiten, mit dem Abschluß der Staatsschriften und der Umorientierung hin zu Spanns Universalismus, den er sich ganz zu eigen machte, brachen diese jedoch ab, sollte er sich später nur noch in zwei Rezensionen mit den Büchern von Singer und Hildebrandt auseinandersetzen. Verglichen mit der bei Hildebrandt erst allmählich ganz auf den Politiker zulaufenden Platondeutung hatte Andreae schon recht früh dessen besondere »staatliche Haltung« betont und mit ihr ja auch bereits selbst »Politik« gegen die »zweideutigen Menschenverbesserer« betreiben wollen.[142] Platons Eingriff in die politischen Verhältnisse seiner Zeit hat er in den Briefen denn auch ebenso hervorgehoben wie davor gewarnt, dessen »Politik als eine vom Gesamtmenschen losgelöste Einzelfunktion« anzusehen.[143] Daß er sich gleichwohl in Sizilien »jedes praktischen Eingriffs überhaupt enthalten« habe, weil er auch dort nicht den Kairos zur Verwirklichung seiner Pläne vorhanden sah, hätte Hildebrandt später schon nicht mehr unterschreiben können,[144] es paßt dafür aber zum Bild, das Andreae in der Einleitung des zweiten Teils der Staatsschriften entwirft. Dort wird Platon nämlich einerseits zwar die »staatsschöpferische Natur« attestiert, doch weil ihm auch in Athen bekanntlich der Kairos dafür versagt blieb, »schuf er mit seinen Schriften ein Werk, in dem er die ewigen Gedanken für seine Jünger und zur Fortwirkung auf alle Folgezeit niederlegte.«[145] Was bei Hildebrandt oder Singer die »Winke« in konkreter Situation wären, die man nicht verabsolutieren, sondern als lebendige Äußerungen des Heros eher ihrem Impuls denn ihrer Aussage nach zu verstehen hätte, blieb bei Andreae weitgehend in den Geleisen traditioneller Geistesgeschichte im Sinne eines ewigen Gesprächs großer Phi-

140 *Hildebrandt,* Platon-Bild, S. 190. Den »Führergedanken« bei Platon betont 1933 auch *Hildebrandt,* Individualität und Gemeinschaft, S. 26.

141 Siehe zum Einfluß Hildebrandts auf Andreae, der auch auf dessen unveröffentlicht gebliebenes Manuskript über »Platons Weltverneinung und Weltbejahung« für den letzten Band seiner Staatsschriften zurückgreifen konnte, auch *Breuer,* Andreae.

142 *Andrae,* Staatsschriften I, S. VII, XI.

143 Ebd., S. X.

144 Ebd., S. XXIV. Vgl. *Hildebrandt,* Der Kampf des Geistes um die Macht, S. 332: »Dies Schreiben [der 7. Brief, R. P.], umfangreicher und wichtiger als manche Dialoge, ist eine sehr reale Handlung mit dem Ziel, eine Platonische Verfassung in Sizilien einzuführen.«

145 *Andreae,* Staatschriften II/2, S. 36.

losophen, in der dann etwa auch Hegels »objektiver Geist« zur Erläuterung des Staates als »geistigem Kosmos« herangezogen werden konnte.[146] Unbeschadet weiterer durchaus mit Friedemann und Hildebrandt kompatibler Interpretamente sei die Hauptabsicht der Politeia denn auch nicht ihre Umsetzung: »*Die jeweilige Verwirklichung ist* gegenüber *der ewigen Wirklichkeit für den ›Staat‹ nebensächlich.*«[147] Platon habe, so Andreae an späterer Stelle noch einmal, aber im selben Sinne, eben doch einen Staat für »Göttersöhne« geschaffen, habe ihm »die Sinnhaftigkeit der Hypothesis mehr am Herzen« gelegen, als »daß er noch die Hoffnung gehabt hätte, selbst seinen Staat zu verwirklichen.«[148] Dies ist nun nicht die Gegenposition zur späteren Hildebrandts, denn auch er hatte ja, wenn auch erst für die Nomoi eine gewisse Resignation bei Platon eingeräumt, es legt aber doch merklich und bezogen auf Platon auch bedeutend früher den Schwerpunkt auf dessen nur *geistige* Wirkung. Da der anschließende Verweis auf den für die Wirklichkeit des Staates einzig genügenden Heros ebenfalls seltsam unverbunden zum Ganzen steht, bleibt am Ende trotz aller Beschwörung des politischen Willens doch der Eindruck eines an den eigenen Kreis gerichteten »Gegenbildes [schon] gegen das zeitgenössische attische Leben« zurück, das als solches erst recht nicht in falsche »modernistische Begriffe« übersetzt werden sollte.[149]

Edgar Salin

Wie später Andreae hatte auch Edgar Salin in seiner Habilitationsschrift über »Platon und die griechische Utopie« von 1921 Platons Politeia in erster Linie als Vor- oder Gegenbild aller philosophisch-politischen »*Spekulation*« behandelt, die bis heute als »Fibel und Bibel zugleich in alle große staatliche Besinnung, Dichtung, Tat hineingewirkt scheint.«[150] Ähnlich den zeitlich parallelen Deutungen der frühen 1920er Jahre sah er hierin zudem Platons Antwort auf Chaos und »Decadence« des beginnenden 4. Jahrhunderts, der dieser nun seinerseits eine »reichische Utopie« entgegengehalten habe, die in Schau, Gemeinschaft und organischem Bau ein ebenso harmonisch-ganzes wie hierarchisches Ideal darstellen sollte.[151] Das sphärisch-kultliche Reich, das er dabei beschrieb und als Ausgangspunkt einer ganzen Reihe griechischer Utopien präsentierte, griff in vielem auf Friedemanns »jugendlich-stürmende Deutung« zurück und war diesem in Sprache und Stil erkennbar verpflichtet.[152]

146 Ebd., S. 91 f.
147 Ebd., S. 106.
148 Ebd., S. 152.
149 Ebd., S. 82 f.
150 *Salin*, Platon und die griechische Utopie, S. 1 f. Zum Folgenden auch S. 3.
151 Ebd., S. 6. Vgl. dazu im Einzelnen auch *Schönhärl*, Wissen und Visionen, S. 248–257.
152 *Salin*, Platon und die griechische Utopie, S. 267.

Jenseits der inhaltlichen Ausgestaltung dieses »Reiches« aber, das im zugrunde gelegten Bild vom Vollmenschen und seiner kreishaften Architektonik kaum Überraschendes aufweist, ist nun interessant, daß und wie Salin das »politische Scheitern der Politeia« deutet.[153] Denn auch er geht einerseits vom Bild des bisher meist übersehenen Politikers aus, der hierin seinen politischen Willen und sein Programm geoffenbart habe, dies andererseits aber, so Salins Argument, in der Form einer Bekenntnis- und nicht der einer Kampfschrift, so daß zwar die »runde Gestalt« mit all ihren Attributen rein und leuchtend hervortrete, sie sich damit aber gleich wieder in den größten Abstand von aller politischen Gegenwart begeben habe und also »frei, beziehungslos und zeitlos im Raume« stehe:

»Dadurch ist nicht nur wie dort die Zweckmäßigkeit, sondern auch die Möglichkeit der Verwirklichung in Frage gestellt: denn da sie zunächst im geistigen Stoffe ausschließlich gezeugt ist, steht sie zur Reichswerdung vor dem Zwange zweiter Geburt, und da sie selbst in der fordernden, kompromißlosen Absolutheit der geistigen Offenbarung auftritt, ist ihr nur dann die Fähigkeit der zweiten Leibwerdung zu eigen, falls der politische Stoff sich den gleichen Gesetzen der formenden Zeugung beugt.«[154]

Nun gibt es, wie Kant mit Blick auf Platon gesagt hat, zwar nichts Schädlicheres und Unwürdigeres »als die pöbelhafte Berufung auf vorgeblich widerstreitende Erfahrung«,[155] allein das Problem, wie ein »geistiges Reich politische Realität« werden kann, ist damit auch für Salin noch nicht aus der Welt. Von den zwei möglichen Wegen, dem des langsamen, vom engsten Kreis der Jünger ausgehenden Weg des Geistes und dem der Macht, habe Platon jedenfalls »aus hellenischem Staatsgefühl« und eigenem »Tatwillen« den der Macht beschritten. Er habe, so Salins Deutung, wenigstens kurzzeitig geglaubt, daß eine solche Verwirklichung möglich sei, und ist, weil er selbst weder König war noch einen Herrscher fand, der bereit und fähig gewesen wäre, sein eigenes Reich nach Platons neuem Staatsbild umzuformen, letztlich an diesem Irrtum *gescheitert*.[156] Die explizite Mahnung war für Salin daher,

»im politischen Werk nicht die Eigenlebigkeit, die eigenen Schwingungen und Gesetze des politischen Stoffes […] zu übersehen. Kein Täter, sei er selbst von prometheischer Größe, vermag sein Werk zu gutem Gelingen zu führen, wenn nicht die Zeit dazu reif ist, d. h. wenn nicht die äußeren Bedingungen, das Volk, die Welt, ihn gleichsam rufen, auf ihn warten.«[157]

153 So das entsprechende Kapitel in *Salin*, Platon und die griechische Utopie, S. 46–53.
154 Ebd., S. 47 f.
155 Kant, KRV B 373 (AA III, S. 248).
156 *Salin*, Platon und die griechische Utopie, S. 49 f.
157 Ebd., S. 50 f.

Und auf Platon habe zu seiner Zeit nun einmal niemand mehr gewartet, habe sein »griechischer Kleinstaat mit einem eigenen Gott, in sich geschlossen, esoterisch, keine Stätte mehr in der Welt finden« können, an deren Horizont sich schon der Alexanderzug ankündigte.[158] Die implizite Mahnung Salins dürfte darum auch lauten, daß der Weg Platons und seines »Schönheitsreichs« nicht der der machtbewußten Setzung, sondern vielleicht doch eher der Weg des Geistes sein müsse, der, so sein Kern oder sein Gott nur stark genug sei, vorbildlich und verwandelnd von Kreis zu Kreis nach außen dringe, auf daß ihm schließlich auf diese Weise »als reife Frucht, im Geiste vorbereitet und ausgetragen, die Herrschaft zu [falle].«[159]

Eine solche Deutung Salins hätte sicher den Charme, ihn bezogen auf die Koordinaten des Kreises noch einmal auf das Lager Gundolfs festlegen zu können und auch seinen späteren, um 1930 einsetzenden politischen Gesinnungswandel vielleicht sogar schon angedeutet zu finden.[160] 1942 jedenfalls sollte er diesen auch platonisch mit einer kleinen, in Basel herausgegeben Anthologie dokumentieren, die – man beachte schon die Reihenfolge – unter dem Titel »Mensch und Staat« einen Raum eröffnete, in dem Platon trotz allen Abstands und bei allen Kämpfen und Krämpfen der sich auflösenden Welt doch »noch immer als vertraute Form und Vergegenständlichung eigenen Erlebens und Empfindens erscheinen« konnte.[161] Dem Denkstil und den Topoi des Kreises weiter verpflichtet[162] war diese Auswahl aus Platon einerseits eine vernehmliche Abrechnung nicht nur mit dem Nationalsozialismus und dem allenfalls »zeitlichen Triumph von Schurken und Mördern«, dem er den davon »unangetastet« strahlenden und auf Gesetzlichkeit und Frieden gegründeten »schönen Staat« Platons gegenüberstellte.[163] Anderseits aber muß das Buch auch als Versuch gelesen werden, eben diesen Platon auch von der eigenen Auslegungstradition zu retten,

158 Ebd., S. 52.

159 Ebd., S. 49.

160 Genauso wie Singer sollte auch Salin nicht nur von Hildebrandt sondern auch von Seiten Andreaes kritisiert werden Vgl. *Andreae*, Kommunismus, S. 59. Zum Gesinnungswandel Salins siehe *Schönhärl*, Wissen und Visionen, S. 276 ff.

161 *Salin*, Mensch und Staat, S. 148.

162 Dazu gehört die Wilamowitz-Kritik (»kein Meister der deutschen Sprache«), der Hinweis auf die Erneuerung der Dichtersprache, die erst wieder das Ohr für die Feinheiten Platons geöffnet habe (ebd., S. 153), sowie schließlich Interpretamente wie Gestalt und Heros, Idee als Urbild, Betonung von lautem Lesen der Dialoge, Begriffe wie »Tucht« usw.

163 Ebd., S. 83 ff., 115 f., 160. Vgl. auch ebd., S. 102, wo die Mahnung, daß, wer als Einzelner wie als Staat nicht die Tugenden von Besonnenheit, Tapferkeit und Hochherzigkeit achte und zu scheiden vermöge, sich »Lahme und Bastarde zu Freunden und zu Herrschern« mache, doch ziemlich unverhohlen auf Goebbels und Hitler zielte. Gleichwohl ist zu bemerken, daß die Kritik an der gegenwärtigen Tyrannis auch bei Salin nicht auf ein unumschränktes Lob der Demokratie hinauslief, sondern zwar auf die Herrschaft der Gesetze und der Gerechtigkeit abhob, die Möglichkeit des »königlichen Mannes« aber nicht ausschließen wollte. Vgl. ebd., S. 83 am Bsp. Nestors.

sei doch, so Salin, keine Zeit abgesehen vom Mittelalter »ihm so weit entfremdet [...] wie die eben vergehende«.[164] Und als hätte es die Kreis-Propaganda über die »neue Wirkung Platons« nicht gegeben, fährt er fort:

»daß daher eine Auswahl heute nicht Teile aus einem lebendigen und wirkenden Ganzen herausschneidet, sondern umgekehrt versuchen muß und darf, aufs Neue zu diesem Ganzen hinzuführen, das allzusehr zurückgetreten ist und doch als Vorbild und Lehre vielleicht mehr zu weisen hat als manches bekanntere Werk jüngster Vergangenheit.«[165]

Die Platonschriften der jüngsten Vergangenheit, die die lebendige Wirkung Platons auf die Gegenwart noch behaupteten, fanden bei ihm denn auch keine Erwähnung mehr. Abgesehen von einigen Textausgaben war es so nur noch der Hildebrandt, Andrae und den jungen Nazis im Kreis denkbar fern stehende Robert Boehringer, auf den hingewiesen wurde und mit dem sich Salin vorstellen konnte, am neuen Bild Platons zu wirken.[166]

Kurt Singer

Einer, auf den Salin bei der vorsichtigen Erneuerung eines vom politischen Zeitgeist fernen Platon auch hätte zurückgreifen können, wäre schließlich Kurt Singer gewesen, mit dem ihn auch beruflich einiges verband.[167] Singers Arbeiten zu Platon erstreckten sich wie diejenigen Hildebrandts ebenfalls über den ganzen Zeitraum der Weimarer Jahre und endeten erst mit seiner Übersiedlung nach Tokio, wo er 1931 das Angebot der Kaiserlichen Universität für eine Gastprofessur der Nationalökonomie annahm.[168] Die Motive des frühen Vortrags über »Platon und das Griechentum«, in denen die Notwendigkeit eines neuen, antiken, auf jeden Fall einheitlichen Menschenbildes betont und sich in Sprache und Semantik ebenfalls weitgehend an Friedemann angeschlossen wurde, sind auch später noch bestimmend, bekamen im Umfeld seines »Platon. Der Gründer« von 1927 aber einen deutlich größeren Umkreis. Julius Stenzel hat in einer ausführlichen und klugen Rezension darauf ebenso aufmerksam gemacht wie auf

164 Ebd., S. 141.

165 Ebd. Vgl. dagegen noch *ders.*, Rez. Winter, wo Friedemann und das neue von ihm ausgehende Platonbild noch vehement verteidigt werden.

166 *Ders.*, Mensch und Staat, S. 157. Gemeint war *Boehringer*, Bildnisse. Hinweisen können hätte er aber genauso gut auch auf *ders.*, Das Antlitz des Genius, wo (S. 9 u. 19 f.) in deutlicher Abkehr von der kulturkritischen und staatlichen Auslegung Platons dessen »erlesene urbanität« gefeiert, sein Verzicht auf staatliche Tätigkeit hervorgehoben und betont wurde, »daß der philosoph nur in seinem, dem platonischen staate wirken wird, in einem anderen aber nicht (Rep 592b).«

167 Vgl. zum Netzwerk der Ökonomen im Kreis *Schönhärl*, Wissen und Visionen, S. 122 ff.

168 Vgl. zum Komplex Singer und Japan den Sammelband von *Eschbach*, Interkulturelle Singer Studien.

die grundsätzliche Frage nach der Motivation immer weiterer Platondeutungen aus dem Kreis.[169] Singer selbst schrieb, daß es das Ziel seines Buches sei,

»durch Darstellung des platonischen Gründertums zu erweisen, daß sein Wesen und Werk in ihrer Einheit nur aus einem Geist begriffen werden können, der dem Leben unserer Zeit ebenso fremd wie not ist. Auf Auseinandersetzung mit anderen Schriften philosophischer und philologischer, geschichts- und gesellschaftswissenschaftlicher Forscher und der Verfasser verzichtet; aus Willen zu räumlicher Beschränkung und aus der Überzeugung, daß einem geschlossenen Bild stärkere Beweiskraft innewohnt als dem subtilsten kritischen Argument.«[170]

Stenzel wies nun, nachdem er noch einmal diesen wissenschaftskritischen Fehdehandschuh aufgenommen und auf den grundsätzlichen Unterschied der Denkstile hingewiesen hatte, auf die »Zwiespältigkeit« hin, die seit Friedemann alle Platon-Schriften des Kreises auszeichne, nämlich einerseits einen geistigen Standpunkt außerhalb der Zeit einnehmen zu wollen, der nur durch des Dichters Umgestaltung des eigenem Lebens möglich sei, andererseits aber – und das schon seit Friedemanns Zugeständnis an die Marburger Deutung der Ideenlehre – eben doch stets Rücksicht auf die sich wandelnde wissenschaftliche Platonforschung zu nehmen.[171] Singers Buch sei, so Stenzel, der nächste Schritt einer solchen Anpassung an die von der übrigen Forschung – und nicht zuletzt von ihm selbst – hervorgehobene politisch-pädagogische Dimension des Lebens Platons und gleichzeitig der Versuch, es mit dem von Friedemann gezeichneten und auf George zielenden Bild des gerade nicht eingreifenden, sich dem Getriebe entziehenden Weisen zu vermitteln, oder in Stenzels Worten:

»Platons politische Tätigkeit nun in ihrem ganzen Umfange mit ihrem problematischen Erfolge einzubeziehen in das Bild des Weisen, das mußte in einer Zeit politischer Erregung und Spannung, in der man von jedem Führer Eingriff und tätige Entscheidung erwartete, eine wichtige Aufgabe werden. Derjenige Weise, der dieser Erwartung nicht entsprechen sollte, kann aus Platons Leben gerechtfertigt und doch sein Anspruch auf eine Gestaltung und Durchdringung seines Kreises bis zu dem ›Rande, wo der dritte Stand, das Volk, sich breitet‹ (Friedemann), nun deutlicher begründet werden.«[172]

Ungeachtet der mit hineinspielenden Konkurrenz um die Urheberschaft des neuen Platonbildes hat Stenzel damit doch das Kernproblem der behandelten Platonschriften getroffen, das auch Singer umtrieb, nämlich die Frage danach, wie man die von George im literarischen Feld erprobte und anschließend als Selbstbild kultivierte Methode maximaler Wirkung durch maximale Distanz

169 *Stenzel*, Rez. Singer, S. 738.
170 *Singer*, Platon. Der Gründer, S. 259.
171 *Stenzel*, Rez. Singer, S. 737 f.
172 Ebd., S. 739.

verstehen und auch vor sich selbst als eigentliches geistiges Wirken und »Gründen« rechtfertigen könnte.[173] Ob man diese Distanznahme dann wie Hildebrandt selbst wieder politisch deutet, weil auch dieses Feld in den 1920/30er Jahre ähnlich dichotomisch und von Gegenbegriffen geprägt war, oder ob man es wie bei Salin und Andreae in der Sphäre des Geistigen hielt, lag letztlich wohl am jeweiligen Verständnis der Rolle des Dichters, Platon als Projektionsfläche bot jedenfalls für beides Anhaltspunkte. Bei Singer war es nun, wie erwähnt, eher der Rückzug des Weisen oder des Dichters, den es zu deuten und, wenn man Stenzel folgt, doch im Anspruch auf Wirkung zu halten galt.

In einem vermutlich im Umfeld der Buchpublikation 1927 ausgearbeiteten Vortrag über »Platon und die Politik« war denn auch die zentrale Frage die, ob Platon tatsächlich die Absicht realer Staatsgründung verfolgt habe und wie sein geistiger Staat, also Politeia und Akademie hierzu im Verhältnis standen.[174] In Athen, so Singer, habe Platon aufgrund der allgemeinen Auflösung sehr schnell eingesehen, daß sich sein

> »gründertum auf einer höheren ebene bewähren [mußte]: es galt eine neue gestalt des geistigen lebens ans licht zu führen, eine neue stufe des tuns zu beschreiben und masstäbe aufzurichten, die von keinem früheren erfüllt worden waren. diese Schöpfung ging nicht im blossen gedanken vor sich: sie war die entfaltung des Samenkorns, der Sokrates hiess.«[175]

In Dion habe er später dann aber alle »vorbedingungen heilen festen wesens, schönen masses, adliger gehaltenheit« gesehen, die seinen Maßstäben zur »Umlenkung des ganzen Menschen« genügten, und habe deshalb durch einmalige Verwirklichung alle Welt überzeugen wollen, daß nur unter solchen Bedingungen das Heil der Staaten zu sichern sei.[176] Da jedoch auch Dion scheiterte und sich ein solcher »Glücksfall der Schöpfung« vermutlich nicht so bald wiederholt hätte, sei Platon alle politische Tätigkeit »schlechthin sinnlos« geworden, habe er sich ganz auf die »geistige Staatsgründung« verlegt.

173 So *Raulff*, Kreis ohne Meister, S. 184 mit Blick auf das Nachleben Georges, es trifft aber genauso auch schon das letzte Jahrzehnt seines Lebens.

174 Kurt Singer, Platon und die Politik, SUB Hamburg, Nachlaß Kurt Singer, A I 23. Es handelt sich hierbei um ein undatiertes und unveröffentlichtes Vortragsmanuskript. Ob und wo der Vortrag gehalten wurde, ist unbekannt, die handschriftlichen Änderungen deuten aber darauf hin. Verweise im Text auf Salin lassen ihn ferner nicht vor 1921 entstanden sein, weitere Anhaltspunkte zur Datierung fehlen aber. Die drei Vorabdrucke seines »Platon. Der Gründer« von 1927 in verschiedenen Zeitungen und die wenigstens 30 recherchierten Rezensionen lassen jedoch eine verstärkte Buchwerbung in diesem Zeitraum erkennen, zu der auch entsprechende Vorträge gehört haben dürften. Vgl. auch die Vorabdrucke des gut vernetzten Journalisten: *Singer*, Der Sinn von Platons Gastmahl, *ders.*, Sokrates und Platon, u. *ders.*, Atlantis.

175 *Singer*, Platon und die Politik, S. 7.

176 Ebd., S. 12 u. 25.

Um nun jedoch nicht bei einer kontingenten Erklärung des Scheiterns stehen zu bleiben oder dieses gar wie das 19. Jahrhundert einfach der doktrinären Philosophie anzuhängen, fragt Singer weiter und kommt zu einer regelrechten Theorie der Verwirklichung des Geistes, die dann genau die Zwiespältigkeit offenbart, von der Stenzel sprach. Das beginnt mit der Politeia selbst: als »Urbild« geistiger Staaten sei sie nämlich kein Entwurf wirklicher Staatsgründung gewesen, auch kein Programm, sondern, und das sollte auch das Platon-Buch mehrfach wiederholen, ein »mythos der gründung des vollkommenen staates«, verkündet einmal um der Lehre vom rechten Sein willen, also als »Spekulation« im Sinne Andreaes, andererseits aber auch Ausdruck der »gegenbewegung des lebens selbst«, weshalb es wiederum nicht als Theorie, sondern allenfalls als »Wink« verstanden werden dürfe.[177] Gehe es nämlich, und da ist er dann doch wieder auf der Ebene der Theorie, um die »Bildung kleiner Lebensformen«, z. B. kleiner »moderner Territorialstaaten«, so stehe es dem Geist durchaus zu, »sich nach aussen zu werfen« und Verbindendes zu schaffen.[178] Dies sei, so Singer, in der Neuzeit auch immer wieder geschehen, konnte »in zeiten der kontraktionen der geist leicht als führer erscheinen und dem politischen wirken der geistigen steht wenig im wege«. Anders dagegen verhielte es sich im Athen Platons und in der Gegenwart, und es sei hier ausführlich die Aufgabe des Geistes dort zitiert, weil sie sehr schön nicht nur Singers Auffassung von der Rolle des Dichters wiederspiegelt, sondern auch die Verirrungen derer schildert, die dies mißachteten:

»*in den zeiten expandierenden lebens* aber fällt dem geist die aufgabe zu, abseits zu stehen, einen unabhängigen Stand zu schaffen, der den flutungen der oberfläche entrückt ist. verfährt er anders, so wird ihm das Schicksal derer zu teil, die zu führen glauben und die in Wirklichkeit geführt werden – ohne dass sie selber wissen wohin. in platonischer zeit ist es Isokrates, der von diesem schicksal betroffen ist. sein werk und sein leben zeigen deutlich, warum es keinen sinn hatte, in platonischer zeit politisch zu wirken. dies wird immer das geschick derer sein, die auf grund gefühlter oder auf dem wege der forschung gewonnener deutungen der gebote des zeitgeistes politisch wirken wollen. der geist aber hat die aufgabe sich entgegenzusetzen: er ist die dem leben innewohnende kaft der rettung vor den eigenen gefahren. das gesetz des zu tuenden aber nimmt dieser geist aus dem sein leibhafter menschen: der königlichen als mass, der zu bewirkenden als grenze. die zeitgenossen mögen ihn für weltfremd und unnütz halten, wenn er die jeweils aktuellen nöte nicht mit der gleichen Wucht empfindet wie sie selber. aber es müssen in jeder zeit und in krisenhafter zuhöchst menschen da sein, die nicht nach dem jeweils empfundenen fragen, sondern nach den grundlagen des weltzustandes. das tun der im dienst des politischen zeitgeistes stehenden wird hierdurch nicht vermindert, soweit es ein klares eindeutiges sachliches und anständiges tun ist. jede gute arbeit hat ihre ehre, nur müssen sie ein für alle mal den anspruch aufgeben staatsmann [gestr. führer] zu sein.«[179]

177 Ebd., S. 34f.
178 Ebd., S. 39.
179 Ebd., S. 40f.

Wer als nur vermeintlich Führender in der Gegenwart gemeint sein könnte, bleibt undeutlich, in Bezug auf Platon, um den es hier geht, könnte Wilamowitz ebenso im Blick gewesen sein wie Werner Jaeger, der zeitgleich ja ebenfalls mit Platon auf den Zeitgeist wirken wollte, dies jedoch ausdrücklich unter der Führung der Philologen.[180] Die angedachte Rolle Platons und des Gründers in der Gegenwart ist dagegen deutlich klarer: abseits von Zeitgeist und Politik und nur auf die Grundlagen des Weltzustandes schauend habe er einen unabhängigen Stand oder Kreis zu schaffen, um dort im Geistigen der eigentliche »Staatsmann« zu sein.

Im Kern war dies dann auch das Programm in »Platon. Der Gründer«, wenngleich dort natürlich deutlich breiter ausgeführt und Vermittlungen und Anpassungen auch in andere Bereiche der Platonforschung, etwa der Mathematikgeschichte suchend. Im Zentrum steht also ebenfalls die Politeia, ein Werk der Gründung, wie Singer betont, das wie Platon kein Werden gehabt habe, sondern »Eines« sei.[181] Ihr Ziel sei nicht der beste Staat, weder als Utopie noch als Programm, sondern Rettung der gefährdeten Einheit, die »schöne Fuge von innen und außen«, der »Gesamt-Mensch«.[182] Entsprechend sei auch seine Methode nicht der Syllogismus, sondern der Mythos, sei der entworfene Staat das »Urbild« aller »geistig-staatlichen Gestalt«, seine konkreten Einrichtungen aber nur »Winke und Zeichen in einer einmal einzigen Lage des Geistes«.[183] In immer neuen Anläufen läßt Singer so das Werk Platons zu einer mythischen Dichtung werden, sein Staat wird ein geistiger Staat und sein Leben zu einer über sich hinausweisenden, prophetischen Gestalt.[184] »Die Herrschaft über Athen zu gewinnen« habe er, so Singer, jedenfalls nie angestrebt und »keine Zeile seines Werkes erlaubt, ein solches Unternehmen zu vermuten.«[185] Seine Würde, sein Wissen um den fehlenden Kairos und die Ehrfurcht vor dem väterlichen Gemeinwesen hätten ihn sich zurückhalten lassen, habe er sich trotz zahlreicher Bitten um Rat in Staatssachen »nicht zum persönlichen Eingreifen aufgerufen« gefühlt.

Singer hält Platon, hält George also auch hier ganz im Reich des Geistes und in möglichst großer Distanz zur Sphäre konkreter Politik, und noch das Büch-

180 Daß Wilamowitz gemeint sein könnte, legen die dem Vortrag beigefügten Blätter mit Auszügen aus dessen »Platon« (Bd. I, S. 486, 488) nahe, nur zielen die dort zitierten Stellen nun gerade nicht auf solche Wirkung. *Stenzel*, Rez. Singer, S. 741, hat dagegen mit Blick auf das Platon-Buch Singers auf die auch von ihm selbst geteilte Gegenposition Jaegers hingewiesen. Sollte diese bei Singer gemeint sein, wofür einiges spricht, müßte allerdings auch der Vortrag deutlich später, nämlich eher auf das Ende der 1920er Jahre datiert werden. Könnte dann nicht aber auch schon Hildebrandt ins Blickfeld geraten sein als einer, der zu führen meint, in Wirklichkeit aber vom Zeitgeist geführt wird?

181 *Singer,* Der Gründer, S. 66.

182 Ebd., S. 80, 206, 249.

183 Ebd., S. 80, 118, 121.

184 Ebd., S. 255.

185 Ebd., S.159, das Folgende S. 162.

lein über »Platon und die europäische Entscheidung« von 1931 sollte daran trotz allem Aktivismus im Titel nichts ändern, war doch dort ebenfalls die zu entscheidende Krise zu allererst eine des Geistes und verlange Europa, für das Platon zum Erneuerer werden sollte, zuvörderst die »geistige Tat«.[186] Im Grunde war dies auch der gemeinsame Tenor aller Platon-Schriften des Kreises, von dem nur Hildebrandt ab Anfang der 1930er Jahre abweichen sollte. Seine immer extremer sich politisierende und zuletzt, ob mit oder ohne Georges Plazet, sogar parteipolitisch sich zuspitzende Platondeutung dennoch wie oft geschehen zum Maßstab des Platonbildes im Kreis zu nehmen, geht, das zumindest sollte hier gezeigt werden, nur seiner eigenen Propaganda auf den Leim und verkennt die Vielfalt im Ringen um die Deutung Georges schon zu dessen Lebzeiten. Als die »vertraute Form und Vergegenständlichung eigenen Erlebens und Empfindens«, wie Salin es noch 1942 ausdrückte, war die Deutung Platons im Kreis vielmehr ein höchst dynamisches und hier allenfalls ausschnitthaft beleuchtetes Geschehen. Das »steiffaltige archaisierende Gewand« der Sprache, in der das geschah,[187] mag solches lange überdeckt haben, bot das scheinbar uniforme Bild doch erkennbare Reibungsfläche, an dem sich nicht nur die Zeitgenossen ebenso abarbeiten wie erwärmen konnten. Gerade deshalb aber, weil es die vertraute Form und Platon die allen Georgeanern vertraute Vergegenständlichung ihrer Probleme war, bot es ihnen auch die Chance zur Artikulation ihrer dann eben doch sehr unterschiedlichen Sichtweisen auf den Dichter und seine Rolle in Kreis und Gesellschaft. Eine differenzierte Untersuchung dieser Selbstbilder und ihrer Spiegelung im »Kronzeugen« Platon,[188] die hier nur in ersten Ansätzen zu leisten war, bleibt daher weiter ein ebenso anspruchsvolles wie lohnendes Desiderat.

3.3 Platon und die Erneuerung des Humanismus

3.3.1 Werner Jaeger und der Dritte Humanismus

»Von Nietzsche zu Platon«[189] – mit dieser Formel hatte Kurt Weigand treffend den Weg beschrieben, auf dem sich die Entwicklung des George-Kreises vom amoralischen Subjektivismus der Jahrhundertwende über die kulturkritische Jahrbuchzeit bis hin zu jenem »Staat« nachvollziehen läßt, bei dem die Gren-

186 *Singer,* Entscheidung, S. 22. Singer antwortete hier noch einmal und recht verspätet auf Paul Valérys Essay über La crise de l'ésprit von 1919 und setzte dem westlichen Europa dasjenige Homers und Platons entgegen, das in Deutschland gerade erst gereinigt worden sei und dem die Krise nun nichts anhaben könne (ebd., S. 28 u. 30).

187 *Stenzel,* Rez. Singer, S. 737.

188 *Kolk,* Literarische Gruppenbildung, S. 465 ff.

189 *Weigand,* Von Nietzsche zu Platon.

zen zwischen geistigem und realem Reich am Ende nicht mehr für alle erkennbar waren. Auch der Weg des aus der Philologie kommenden »erneuerten« oder »Dritten Humanismus« hin zu Platon und über ihn hinein ins »Dritte Reich« hatte seinen Ausgangspunkt in Nietzsche – wenn auch mit der signifikanten Verzögerung und Zuspitzung, die dessen philologische Exkommunikation durch den jungen Wilamowitz bewirkt hat. Zwar wußte man in der universitären Philologie wie im Schulhumanismus längst um dessen bildungskritische Schriften und auch um die Fundamentalkritik an den fragilen normativen Grundlagen der historischen Wissenschaften, doch wirklich getroffen schien man davon lange nicht zu sein, weil man ihn ob der eigenen Erfolge entweder meinte ignorieren zu können wie in der älteren Philologengeneration um Wilamowitz und Diels, oder aber weil man sich im »Schulkrieg« die auf die Antike weisenden Verbündeten irgendwann nicht mehr aussuchen konnte.[190]

Auch in der jüngeren Philologengeneration aus der Wilamowitz-Schule war vor dem Krieg zwar ein Bewußtsein für das von Nietzsche aufgeworfene Historismus- oder Relativismusproblem zu spüren, doch daß es auch und vielleicht sogar besonders die Klassische Philologie berühre, das sah man nicht. In seiner Baseler Antrittsvorlesung von 1914 definierte Werner Jaeger den Philologen darum anders als den nur unterschiedslos erkennen wollenden Historiker gerade als einen »Mitträger der Überlieferung«, den sein Gegenstand nicht nur »antiquarisch« interessiere, sondern der ihm, obschon »genetisch« aufgefaßt, doch »höchstes Ziel der θεωρία« sei.[191] Schon weil ihre Gegenstände »unvergänglichen Wert« hätten und zu »den ältesten und zugleich formsichersten Elementen der Gesamtkultur Europas« gehörten, brauche man an der Aufgabe der Klassischen Philologie, die Kontinuität der Antike zu sichern und ihr »Gegenwartsleben« weiter zu kräftigen, nicht zu zweifeln.[192] Zwar gebe es, so konzediert er immerhin, auch hier den »Drang nach immer weiterer Ausbreitung«, doch könne dem durch Konzentration auf die klassische Zeit, deren »verehrende Kraft« und erzieherische Wirkung begegnet werden, damit das »Kapital von Einfluß«, das die Wissenschaft vom Altertum durch Schule und Universität noch immer in den gebildeten Schichten besitze, »als wertvollstes Unterpfand ihrer Wirksamkeit« weiter bewahrt würde.[193] Nur drei Jahre später und unter dem Eindruck des Krieges war dieses Kontinuitätsbewußtsein grundlegend erschüttert. In einem Brief an Wilamowitz vom 24. Juli 1917 schreibt der bereits nach Kiel berufene und zwar nicht eingezogene, dafür aber von einem »inneren Widerstreit« geplagte Jaeger:

190 *Immisch*, Erbe, S. 11. Vgl. auch *Cancik*, Der Einfluß Friedrich Nietzsches.

191 *Jaeger*, Philologie, S. 12. Hinweise auf Nietzsches Philologiekritik in der Rede zeigt auch *White*, Werner Jaeger's »Third Humanism«, S. 271.

192 *Jaeger*, Philologie, S. 14f.

193 Ebd., S. 15.

»Von Woche zu Woche reisst dieser Krieg tiefer die Fundamente auf, darauf das Leben bisher gebaut war, u. je prinzipieller u. quälender ich persönlich als junger Mensch die Probleme durchleben u. -kämpfen muss, je weniger ich irgendwo Festes um mich u. in mir gewahr werde, desto mehr verfalle ich dem Schweigen. Der Zweifel an allem, mir von Hause aus inwohnend, ist zeitweise so stark über die vor einigen Jahren zu schüchternen Flugversuchen ansetzende Schwungkraft Herr geworden, dass selbst die philologische Arbeit in Mitleidenschaft geriet.Wenn ich hoffen darf, des inneren Widerstreits einmal glücklich mich [zu] entledigen durch eine feste Stellungnahme in der Welt, zu der ich mich durcharbeite, dann hoffe ich auch, in diesen Jahren des inneren Krieges u. des endlosen Lernens u. Belehrtwerdens etwas Nützliches erlebt zu haben.«[194]

Die Erfahrung der Auflösung und des drohenden kulturellen Kontinuitätsbruchs, die schon im Brief Friedländers an Wilamowitz zum Ausdruck kam und sich nach dem Krieg und in Verbindung mit dem allgemeinen Krisenbewußtsein unter den Philologen noch epidemisch ausbreiten sollte, hatte deren gesellschaftliches Kapital unversehens dahinschmelzen lassen und Jaegers noch »schüchternem« Programm einer Wiederannäherung von Philologie und Humanismus vorerst allen Schwung genommen.

Schon während des Krieges hatte sich daher eine Debatte um den künftigen Bildungswert des Humanismus entzündet, aus der heraus auch Jaeger endlich jene »feste Stellungnahme in der Welt« gewann, auf die er anschließend Programm und Bewegung des »Dritten Humanismus« aufbauen sollte. Eduard Spranger, der sich 1910 mit einem Buch über Humboldts Bildungsreform als Historiker des Neuhumanismus profiliert hatte und später mit Jaeger zu einem der Motoren des Dritten Humanismus wurde, teilte die Zweifel Jaegers an der Kontinuität und der Kraft des Neuhumanismus und veröffentlichte 1916 die kleine Schrift über »Das humanistische und politische Bildungsideal im heutigen Deutschland«, in der er sich erstmals entschieden von dem nur auf individuelle Bildung gerichteten Ideal des Neuhumanismus zugunsten eines noch undeutlichen, aber um so politischeren verabschiedete, oder ersteres doch in letzterem, die Persönlichkeit im Staat der Sittlichkeit und kollektiven Machentfaltung aufgehoben sah.[195] Weil sich die »Kulturlage« im Krieg geändert habe, müsse sich auch, wolle man an der Antike als Gegenstand der Bildung festhalten, das Verhältnis zu ihr ändern, könne sie nicht mehr ästhetisch-idealisiert, sondern müsse sie nun, wie er das nannte, »geisteswissenschaftlich-historisch«, d.h. aus ihrem Nachwirken in der jüngeren Vergangenheit aufgefaßt und also unter dem Eindruck des Krieges politisch oder »staatlich« verstanden werden: denn »wenn das Schwert entscheidet, zieht sich alle Kraftentfaltung unmittelbar auf diesen Punkt des nationalen Lebens zusammen.«[196]

194 Zit. nach *Calder*, Correspondence, S. 313–317, hier S. 314.
195 *Spranger*, Bildungsideal, S. 32.
196 Ebd., S. 3, 18 u. 28f.

Solchem politischen Humanismus widersprach nun umgehend Ernst Troeltsch in einem Vortrag über »Humanismus und Nationalismus in unserem Bildungswesen« vom November 1916. Auch Troeltsch fand das tradierte Bildungsideal unbefriedigend und forderte für die humanistischen Gymnasien eine stärkere Ausrichtung an den Bedürfnissen der Gegenwart, Sprangers politischen Humanismus aber wies er energisch zurück:

»Der geistvolle Kenner und Darsteller Wilhelm v. Humboldts erkennt in dem humanistischen Ideal die Züge der beschaulichen Innerlichkeit [...], ein allzu genießerisches und selbstbezogenes Ideal, weshalb er ihm das politische gegenüberstellt [...]. Allein das ist doch überhaupt kein Bildungsziel, sondern allenfalls der Geist des politischen Gesamtlebens der Nation.«[197]

Schon hier hatte Troeltsch den wunden, weil inhaltlich leeren Punkt der rhetorischen Politisierung berührt, den später auch Bruno Snell in seiner Rezension des Jaegerschen Programms als »bloße Hexis« und reines Ethos, also recht eigentlich als unpolitische Politik entlarven sollte.[198] Bildung, so Troeltsch, müsse zwar humanistisch sein, diese jedoch habe ihr Fundament in der Menschenbildung:

»Gerade in der letzteren aber stecken die unentbehrlichen Gegengewichte gegen die Härten und Allgemeinbindungen des politischen Systems, dessen Kern, die politische Freiheit ja auch nicht gelehrt und darum nicht von der Schule anerzogen werden kann. Es ist ein alter deutscher Fehler, das, was ein starkes und bewegtes öffentliches Leben erzeugen soll, der Schule und der Doktrin aufzubürden.«[199]

Genau das aber, nämlich über die »staatsethische« Vergegenwärtigung der griechischen Antike und die Erneuerung der Bildungsziele ein ebenso staatsbürgerliches Bewußtsein, fürderhin eine nationale Gemeinschaft zu schaffen und damit auch die Antike für die Schule zu retten, war das Programm, das Spranger und Jaeger im Sinn hatten.[200] In Sprangers vielbeachtetem Vortrag über den »gegenwärtige[n] Stand der Geisteswissenschaften und die Schule« von 1921, der noch dazu Jaeger gewidmet war, heißt es dann auch erstmals in dieser Terminologie, daß in der Welt, in der es wogt und gärt, ein neuer Humanismus

197 *Troeltsch*, Humanismus und Nationalismus, S. 14.

198 *Snell*, Rez. Jaeger, S. 353. »Politisch indifferent« zu sein war auch der Vorwurf an das Paideia-Konzept von Helmut Kuhn, vgl. *ders.*, Humanismus in der Gegenwart, hier S. 337.

199 *Spranger*, Bildungsideal, S. 15.

200 Vgl. auch das Programm am Ende von *ders.*, Antike und der deutsche Geist, S. 202 f., wo Platon und die Antike als »Führer« agieren sollten zur Wiederentdeckung der Welt als »Stufenreich« bzw. beim Anerkennen einer »Rangordnung der Werte« und bei der Vermittlung einer neuen Idee des Staates. Gegen »Kulturkrisis und -müdigkeit« würden sie schließlich auch helfen, weshalb es die Aufgabe des Gymnasiums sei, das kulturelle Kontinuitätsbewußtsein wach zu halten.

entstehen müsse, »den man den dritten nennen könnte gegenüber jenem zweiten« Humboldts.[201]

Der Dritte Humanismus reagierte somit eigentlich auf vier Herausforderungen. Das ist einmal das Problem des Historismus, auf das Troeltsch mit seinem Programm zur Überwindung der Geschichte durch Geschichte antworten wollte, das aber, so viel kann schon aus dem Baseler Vortrag geschlossen werden, einmal durch die »Revindizierung klassischer Maßstäbe«[202] und sodann durch ein Ausweichen auf »das Politische« oder immerhin konkreter auf Bildungspolitik mehr beiseite geschoben denn gelöst werden sollte. Damit verbunden ist die ebenfalls durch Nietzsche motivierte neohumanistische Kritik am »verstaubten« oder »verwaschenen Humanismus« (Benjamin), zu der nun noch die Selbstkritik vor allem jüngerer Philologen und die Absage an den historischen Positivismus ihrer Lehrergeneration hinzu kam. Friedländers »Credo« hatte dies eindringlich formuliert, aber auch bei Spranger und (teilweise) bei Jaeger wurde dies im Bemühen deutlich, nun endlich – allerdings auf dem Boden der Wissenschaft – »tiefe« Deutungen und Synthese statt Analyse zu bieten.[203] Das dritte war dann die politische Umwälzung selbst, die mit der Revolution nicht nur eine neue Ordnung brachte, sondern die dazu auch noch jene Arbeiterparteien an der Macht partizipieren ließ, die man schon im Kaiserreich verdächtigt hatte, dereinst die Totengräber der humanistisch geprägten Kultur und ihrer institutionell gesicherten Antikerezeption in Schule und Universität zu werden.[204] Und tatsächlich sollten die von KPD und SPD bestimmten Landesregierungen in Thüringen und Sachsen auch umgehend den Abbau der alten Sprachen an den Schulen ihrer Länder einleiten. Auf nationaler Ebene drohte zudem die nach der Revolution vom Sozialdemokraten Heinrich Schulz geplante Reichschulkonferenz, von der radikale Änderungen im Bildungswesen je nach Standpunkt befürchtet oder erhofft wurden. Erst durch organisatorische Schwierigkeiten und dann noch einmal durch den Kapp-Putsch auf die Zeit nach der Reichstagswahl 1920 verschoben, war das revolutionäre Momentum jedoch erst einmal verpaßt worden, hatten sich die Schulhumanisten organisa-

201 *Ders.*, Stand der Geisteswissenschaften, S. 10.

202 *Mehring*, Humanismus als »Politikum«, S. 114.

203 Vgl. den »Aufruf an die Philologie«, in: *Spranger*, Stand der Geisteswissenschaften, S. 6–13, hier S. 12: »Aber was sollen wir denn tun? – Wir sollen nicht fürder im Monographischen und Spezialistischen versinken. Das Material liegt bereit. Jetzt heißt es zusammenfügen.« Ähnlich argumentiert auch *Jaeger*, Humanismus als Tradition und Erlebnis, S. 24, wenn er es als Aufgabe des »lebendigen Humanismus« bezeichnet, »zwischen der geschichtlichen Wissenschaft und dem heutigen Leben die Brücke« zu schlagen. Daß er, wenn er dabei den »erschwindelten Reichtum historischer Alleswisserei« ablehnt, auch gleich den »wissenschaftlich forschenden Blick« als ganzen aufgibt, wie *Orozco*, Platon-Rezeption, S. 148 behauptet, trifft aber gerade nicht die Intention Jaegers. Denn diese »Alleswisserei« sei ja gerade *nicht* das, was die *Wissenschaft* an die Stelle der »alten Humanitätsbildung« setzen wolle.

204 Vgl. *Landfester*, Humanismus und Gesellschaft, S. 122–132.

torisch schnell wieder sammeln und unter den neuen Mehrheitsverhältnissen ihren Einfluß soweit geltend machen können, daß größere Bildungsreformen zunächst ausblieben.[205] Was auf der Konferenz dennoch in der Koalition der Befürworter einer sog. »Einheitsschule« zu Tage trat und in der Frage des laut Reichsverfassung einzuführenden »staatsbürgerlichen Unterrichts« ebenfalls virulent wurde, war schließlich die Herausforderung durch den im Krieg erstarkten Nationalismus, der in seinen vielfältigen Ausprägungen den unbedingten Vorrang der deutschen Kultur auch und gerade gegenüber der antiken einforderte.[206]

Der Dritte Humanismus, wie er sich vorerst noch ohne theoretisches Konzept in den frühen 1920er Jahren entwickelte, kann nun ohne weiteres als ein Antwortversuch auf diese komplexe Krisensituation verstanden werden.[207] Jaeger selbst hatte den Begriff zwar nur zweimal gebraucht, dennoch sind Terminus und Konzept untrennbar mit seinem Namen verbunden, weil er jenseits seiner im engeren Sinne philologischen und philosophiegeschichtlichen Arbeiten entscheidend an der programmatischen Erneuerung des Humanismus, seiner wieder engeren Anbindung an die Wissenschaft und seiner organisatorischen Verankerung gewirkt hat.[208] Nicht nur vom preußischen Bildungs-

205 Vgl. zur Konferenz, ihren Folgen und zur Debatte um die Gymnasien *Preuße*, Humanismus und Gesellschaft, S. 104–127 und *Apel/Bittner*, Schuldbildung, S. 156–167. Von den 307 altsprachlichen Gymnasien Preußens sollten so tatsächlich nur 16 in Reform- oder Reformrealgymnasien umgewandelt werden!

206 Vgl. *Apel/Bittner*, Schulbildung, S. 156f.

207 So auch *Landfester*, Dritter Humanismus, Sp. 879.

208 Die beiden vergleichsweise späten Stellen, an denen Jaeger den Begriff gebraucht hat, finden sich in *Jaeger*, Erziehung des politischen Menschen, S. 45 sowie in der ersten Auflage von *ders.*, Paideia I, S. 16. Letzteres hat er in der zweiten Auflage von 1935 aber schon wieder gestrichen und nur noch vom »künftigen Humanismus« gesprochen. Erstmals gebraucht hat den Begriff *Spranger*, Stand der Geisteswissenschaften, S. 10 und Jaeger hat sich darauf auch im Artikel in »Volk im Werden« bezogen und ihn als vorliegend anerkannt, wenn er vom »heutigen neuen Humanismus« spricht, »den man den dritten genannt hat«. Bei *Spranger*, Antike und der deutsche Geist, S. 193 gibt es auch die erste, wenn auch noch unspezifische Verknüpfung von Humanismus und »drittem Reich«, das es durch die Neuaneignung der Antike mit zu schaffen gelte.

Jaeger selbst hat die Abgrenzung Sprangers gegen den Renaissancehumanismus und den Neuhumanismus der Goethezeit übernehmend stets nur vom »erneuerten« oder »neuen Humanismus« gesprochen, was insofern auch berechtigt ist, weil er den Humanismus als spezifisch »griechisches Bildungserlebnis« begriff und daher schon in Rom einen ersten ansetzen konnte. Vgl. *ders.*, Antike und Humanismus, S. 112: »Es gibt so viele Arten des Humanismus, wie es Renaissancen gibt, spätantiken, christlichen, karolingischen, byzantinischen, italienischen, deutschen usw. Humanismus ist mit anderen Worten keine vorübergehende Kulturerscheinung, sondern ein dauerndes Aufbauprinzip der abendländischen Kultur. Die Schöpfer und das Prototyp dieses an die Griechen anknüpfenden Kulturideals sind die Römer […]«. Entsprechend wurde mit Bezug auf Jaeger der Terminus auch lange nicht verwandt. Vgl. etwa *Immisch*, Die Erneuerung des Humanismus, S. 1, der in seiner programmatischen Ausein-

minister schon früh als »Wilamowitz der Zukunft« (Becker) gehandelt, war er die zentrale Figur der Klassischen Philologie in den 1920er Jahren und sollte dadurch, daß er Schulhumanismus und Philologie wieder enger aneinander binden konnte, bald zum »Führer« auf beiden Feldern avancieren, so daß schon die zeitgenössische Identifikation Jaegers mit dem Begriff alles andere als aus der Luft gegriffen war.[209] Am Dritten Humanismus Jaegers lassen sich nun drei Ebenen unterscheiden: eine konzeptionelle, die im Begriff der Paideia mündet, eine organisatorische, die vor allem mit der Gesellschaft für antike Kultur und der Zeitschrift »Die Antike«, seinem Renommierprojekt, verbunden ist, sowie schließlich eine bildungspolitische, zu der Jaegers Einfluß auf die Schulentwicklung ebenso gehört wie der Versuch von 1933, die »erzieherische« Rolle der Antike in Kultur und Bildungswesen auch im Nationalsozialismus zu sichern.

Paideia

Man hat sich angewöhnt, das Programm des Dritten Humanismus vom Begriff der Paideia her und diesen wiederum ausgehend vom ersten der drei ab 1934 erschienenen gleichnamigen Bände aufzufassen.[210] Das ist einerseits richtig, weil die führende Stellung Jaegers in diesem unbestritten war und die »Paideia« auch nach eigener Einschätzung sein humanistisches »Lebenswerk« werden sollte.[211]

andersetzung zwischen »altem« Schul- und »erneuertem« Humanismus auch nur von »manchen« spricht, die ihn verwenden würden. Auch *Rehm*, Neuhumanismus, S. 6 spricht mit Bezug auf Jaeger explizit nur vom »erneuerten Humanismus«.

Begriffsprägend geworden sein dürfte außer Spranger noch eine andere Seite des Humanismusdiskurses, nämlich diejenige, die sich auf George berufen hatte und mit Jaegers philologischem Programm nur auf den ersten Blick zu verwechseln war. So jedoch die Kritik von *Benda*, Bildung des dritten Reiches, der den »Dritten Humanismus« als das »bildungspolitische Korrelativ der staatstheoretischen Vision des ›Dritten Reiches‹« bezeichnet, als dessen »ursprüngliche Quelle« er dann aber doch den George-Kreis annimmt und sich in seiner Auseinandersetzung auch vor allem an Wolters' Blättergeschichte abarbeitet. Siehe zu Benda unten Kap. 3.5 sowie *Pohle*, Pädagogik, S. 1174 und *Fritsch*, »Dritter Humanismus« und »Drittes Reich«, S. 162–164. Weitere Nahrung für solche Identifikation gab auch *Helbing*, Der Dritte Humanismus oder *ders.*, Der Dritte Humanismus als Aufgabe.

209 Vgl. die Nachweise bei *Marchand*, Down from Olympus, S. 318 u. 320. *Immisch*, Erneuerung u. *Rehm*, Neuhumanismus, S. 6f., der gar vom »Sieg der neuen Richtung« auf dem Göttinger Philologentag 1927 spricht, machen auch deutlich, daß Jaeger den Zusammenschluß beider Richtungen und seine anschließende Position keineswegs kampflos erreicht hat.

210 Vgl. *Preuße*, Humanismus und Gesellschaft, S. 145; *Remme*, Paideia, *Schmidt*, Werner Jaegers ›Dritter Humanismus‹ oder *Erler*, Platon bei Werner Jaeger, S. 268.

211 Vgl. die Äußerung Jaegers in einem Brief an Herbert Cram vom DeGruyter-Verlag vom 18.10.1932, Staatsbibliothek Berlin, Dep. 42 (Briefarchiv Gr Jaeger), wo er in der Verhandlung um Preis des Buches und sein Honorar bemerkt: »Außerdem kann ich aber auch nicht wünschen, dass mein Lebenswerk ein Volksbuch wird zum Preis von 6 M. Auch wenn der Leserkreis weit über den eines gewöhnlichen gelehrten Werkes hinausgehen wird, so muss er sich doch notwendig immer auf eine gehobene Schicht beschränken.« Der Verkaufspreis des ersten Bandes lag 1934 schließlich bei 8 RM.

Andererseits aber muß hier wie kaum irgendwo sonst die kollektive Denkstilentwicklung unterstrichen werden, standen die bildungsphilosophischen Ideen Sprangers von einer wertenden und orientierenden Geistesgeschichte ebenso von Begin an Pate bei der Entwicklung des Programms[212] wie Julius Stenzel bei ihrer platonischen Fundierung.[213] Daß dann bei der »Paideia« selbst zwischen dem Erscheinen des ersten und des dritten Bandes nicht weniger als 10 bzw. 13 Jahre,[214] die vieldiskutierte[215] »Emigration« Jaegers in die USA 1936 und der zweite Weltkrieg lagen, paßt ebenfalls in dieses Bild, so daß eigentlich kaum verwundern kann, worauf Reinhard Mehring in seiner problemgeschichtlichen Lektüre unlängst hingewiesen hat, daß nämlich zwischen dem Programm einer platonischen Versöhnung von Individual- und Staatsethik, das auf die Krise der 1920er Jahre reagierte, und seiner Durchführung, die auf eine theozentrische Wendung des Humanismus hinausläuft, eine tiefe Kluft lag, die von Jaeger dann nur noch sehr notdürftig als eine Rückkehr zur alten Ordnung überspielt werden konnte.[216] Wenn in der folgenden Skizze dennoch von *einem* Konzept die Rede ist und dieses wiederum in erster Linie von Jaeger her entwickelt wird, so deshalb, weil er es war, der diese gemeinsamen Bemühungen um eine Erneuerung des Humanismus programmatisch zusammengefaßt hat und darum auch bald als derjenige erschien, der dessen »Fahne« ergriffen habe.[217] Der Zusammenhang der ebenso kollektiven wie kontinuierlichen Entstehung sei allerdings immer mit bedacht.

Im Zentrum des Konzeptes stand das als krisenhaft wahrgenommene Verhältnis von Einzelnem, Allgemeinheit und Staat und der Versuch, ihre Ansprüche so zu vermitteln, daß einerseits der Vorrang des Staates oder der Gemeinschaft vor den Individuen (wieder) hergestellt und gleichzeitig »die freie Entfaltung der menschlichen ἀρετή das Ziel« werde, an dem der Staat gemessen werden müsse.[218] Gegenüber der liberalen Individualethik des Neuhumanismus wurde darum – meist mit Hegel *und* Platon – einerseits die Notwendigkeit einer

212 Vgl. *Jaeger*, Begabung und Studium, S. 277 ff. sowie dazu *Follak*, Aufblick, S. 125 ff.

213 Das unterstreicht besonders der Nachruf von *Jaeger*, Julius Stenzel †.

214 Band 2 und 3 sind 1943 und 1944 erst auf englisch, 1944 und 1947 dann auch auf deutsch erschienen. Gegenüber dem ersten Band, der auch preislich noch ganz auf die »gehobene Schicht« abzielte, hatte Jaeger 1933, wo er den 2 Band plante, bereits ein anderes Zielpublikum vor Augen. In einem Brief an Cram vom 21.08.1933, Staatsbibliothek Berlin, Dep. 42 (Briefarchiv Gr Jaeger), legt er nämlich großen Wert darauf, daß das Buch »so billig wie möglich« herausgebracht werden solle, damit es auch Studenten, Lehrer und das Ausland lesen könnten.

215 Vgl. kritisch nur *Orozco*, Platonische Gewalt, S. 81–85 sowie abwägender *Marchand*, Down from Olympus, S.329, *Schmidt*, Werner Jaegers ›Dritter Humanismus‹, S. 199 f. oder *Schiller*, Historismuskrise, hier S. 85 f.

216 *Mehring*, Humanismus, S. 126 f.

217 *Rehm*, Neuhumanismus, S. 6.

218 *Jaeger*, Staat und Kultur, S. 202.

Bindung an den Staat betont: »Der einzelne Mensch empfängt sein Gepräge und das Ethos seiner Existenz durch den Geist des Staates, in den er durch seine Erziehung hineingeformt wird.« Und noch einmal: »Ohne die staatliche Autorität, die dem Philosophen auf den in den Staatsgesetzen investierten ewigen Normen beruht, ist für Plato das Individuum sittlich schlechthin entwurzelt, es gibt für ihn keine Individualethik neben und über der Staatsethik.«[219]Andererseits sollte der Staat aber auch kein abstraktes Gegenüber sein, sondern wurde – eigentlich ganz in der Tradition des alten Humanismus der Kaiserzeit, nur ohne Monarch und das Ideal freier Menschenbildung – als »Kulturstaat« verstanden und auf eine in der Antike begründete »Kulturmission« verpflichtet, auf daß in *ihm* das geistige und sittliche Dasein der Individuen seine Erfüllung finde, oder wie es in Jaegers Vortrag über »Staat und Kultur« vom Februar 1932 vor der Vereinigung für staatswissenschaftliche Fortbildung hieß:

»Die Entwicklung der Kultur von den rein vom Individuum aus gedachten Menschenrechten von 1789 zu der erneuten Einordnung in das überindividuelle Gefüge des Staates, wie sie dann in der Staatsphilosophie Hegels theoretisch begründet wird, bedeutet die Rückkehr von der spätantiken Stufe des kosmopolitischen, aufgeklärten Individualismus zum echten Staatsgeist der klassischen Periode des Griechentums. Er schwebte Hegel von Anfang an als Vorbild vor Augen. In dem antiken Staatsbegriff fand der die Form, die die überquellende Geistesfülle der neuerwachten deutschen Bildung zu bändigen und einem höheren Prinzip unterzuordnen vermochte. Der Staat erscheint hier als die konkrete geistig-sittliche Substanz, neben der die Kultur keinen selbständigen Platz zu beanspruchen hat, weil der Staat die Kultur in ihrer höchsten Form selber ist und alles kulturschöpferische Tun des Einzelmenschen unmittelbar ihn voraussetzt, ja auf ihn bezogen ist.«[220]

Kehrseite dieses auf Kultur und Wissenschaft begründeten Staates war dann sein ebenso elitärer wie pädagogischer Herrschaftsbegriff. Weil nicht alles Tun »kulturschöpferisch« sein könne und auch Wissen keine demokratische, sondern »bildungsaristokratische« Angelegenheit sei, hätte schon Platon gewußt, daß die Aufgabe nicht sein könne,

»die Menge durch eine sich ›an alle‹ wendende Heilsbotschaft zu beglücken, sondern nur geistige Auslese und Bindung der Erziehung an die tiefere Erkenntnis dieser Wenigen. Sein Staat ist die Aristokratie der zum Träger der höchsten schöpferischen Normerkenntnis in mühsamer, selbstloser, lebenslanger Wissensarbeit erzogenen Schicht.«[221]

219 *Ders.*, Platos Stellung, S. 150f. u. 152.

220 *Ders.*, Staat und Kutur, S. 198.

221 *Ders.*, Platos Stellung, S. 152. Vgl. auch *ders.*, Antike und Humanismus, S. 114: »Schließlich ist seit den Römern Bildung keine volkstümliche Sache mehr, es ist kein kollektiver geistiger Besitz, sondern sie ist getragen vom Pathos des persönlichen Erlebnisses, etwas von jedem Einzelnen geistig selbst Erarbeitetes. Der Humanismus wird Bildungsaristokratie.«

Das Verhältnis von Einzelnem und Staat war also pädagogisch – und damit auch asymmetrisch und elitär – zu verstehen, was aber, so Jaeger, schon bei Platon kein »Residuum ererbter Standesvorurteile« gewesen sei, sondern sich damals – wie in Weimar –»aus der erzieherischen Notlage eines ganzen Volkes, also aus dem ganz realen Bedürfnis des gesellschaftlichen Gesamtorganismus nach einem neuen, nicht ständisch, sondern rational begründeten Prinzip der Gliederung« ergeben habe.[222]

Die Erziehung des Einzelnen zum Staat spielte im Konzept des Dritten Humanismus demnach die entscheidende Rolle, während die ästhetische oder Selbstbildung nur einen abgeleiteten Wert hatte. Daß der ohnehin pädagogische Zug aller Humanismen nun aber eine politische Wendung bekommen und so gleichsam vom Kopf wieder auf die Füße gestellt werden sollte, begründete Jaeger mit der »eigenen geistigen Bewegung zum Staate hin«, die die Augen dafür geöffnet habe,

»daß ein staatsfremder Geist dem Hellenen der besseren Zeit ebenso unbekannt war wie ein geistfremder Staat. Die größten Werke des Griechentums sind Monumente einer Staatsgesinnung von einzigartiger Großartigkeit, deren Ringen sich in einer lückenlosen Reihe durch alle Stufen der Entwicklung entfaltet vom Heroentum der Gedichte Homers bis zu Platos autoritärem Staat der herrscherlichen Wissenden, in dem Individuen und soziale Gemeinschaft auf dem Boden der Philosophie ihren letzten Kampf ausfechten. Der kommende dritte Humanismus ist wesentlich an der Grundtatsache alles griechischen Erziehertums orientiert, daß die Humanität, das ›Menschsein‹ von den Griechen stets wesenhaft an die Eigenschaft des Menschen als politisches Wesen geknüpft ist.«[223]

Der Hinweis auf seine früheren Reden und Vorträge, mit dem Jaeger an dieser Stelle der »Paideia« die Kontinuität seiner Position auch über 1933 hinaus zu unterstreichen suchte, war dabei nicht einmal opportunistisch.[224] Abgesehen vom Terminus selbst, war dies der Kern des Konzeptes: angenommen wurde ein politisches Erziehertum, das die »beherrschende Gesamttendenz« des »klassischen«, sich organisch in seine einzelnen Teile entfaltenden Griechentums gewesen sei und das in Platon seine »höchste Stufe«, seine Erfüllung gefunden haben sollte.[225] Die Paideia sei also kein historisch kontingentes Konstrukt, sondern, und das ist der Punkt, mit dem Jaeger den Historismus zu überwinden meinte, der durch die geschichtliche und philologische *Forschung* erkannte Höhepunkt und das Ziel der griechischen und noch darüber hinaus *aller* abendländischen und vom griechischen Bildungserlebnis geprägten Kultur, sei hier der

222 *Ders.*, Platos Stellung, S. 152.

223 *Jaeger*, Paideia I, S. 16.

224 Vgl. zur weitgehenden Kontinuität der Ansichten Jaegers bei gleichzeitiger »Gleichgültigkeit« gegenüber den Nationalsozialismus *Näf*, Werner Jaegers Paideia S. 134ff.

225 *Jaeger*, Platos Stellung, S. 142.

»letzte Kampf« zwischen Individuum und Gemeinschaft schon ausgefochten und in die ewig gültige, »klassische« oder »urbildliche« Form gebracht worden. Hat man dieses Klassikmodell einmal akzeptiert, dann bräuchte man

»den besonderen Wert der Alten [...] nicht aus abstrakten Prinzipien zweifelhafter Herkunft philosophisch ableiten, sondern wir w[ü]rden seiner unmittelbar inne dadurch, daß durch die geschichtliche Erkenntnis der Alten unsere eigenen Werte auf die ursprünglichste Art in uns lebendig werden und wir sie als konstituierenden Teil unseres eigenen Wesens begreifen.«[226]

Vom Historismus seines Lehrers Wilamowitz war solches natürlich meilenweit entfernt. Abgesehen von der mehr politischen Deutung Platons hätte er weder eine »bestimmende Gesamttendenz« des Griechentums annehmen, ja voraussetzen können, wie Jaeger das trotz des Hinweises auf die geschichtliche Forschung mit der Paideia eben doch tat, noch hätte er deren teleologische Entfaltung auf Platon hin auch nur denken können. Der Klassikbegriff schließlich, der einerseits eine bestimmte griechische Epoche als gültigen Ausdruck des Griechentums hervorhob und die Schöpfungen dieser Epoche andererseits nicht nur über ihr kontinuierliches Weiterleben in den diversen Renaissancen und Humanismen, sondern als urbildliche Form der abendländischen Kulturidee auch als verbindlich für die Gegenwart behauptete[227] – bei diesem Klassikbegriff konnte Wilamowitz nur noch verständnislos abwinken, oder, wie er es laut Wolfgang Schadewaldt in der berühmten Wendung in einem Brief an ihn formulierte:

»Immer wenn ich ›Die Antike‹ lese, geht mir ein Mühlrad im Kopfe herum, aber Mehl mahlt das Rad nicht, für mich nicht. Ich habe eine Vorstellung davon, was klassische Physik ist, und klassische Musik gibt es auch. Aber sonst? [...] Ich habe mit dem Wort ›klassisch‹, das mir ein Greuel ist, nie etwas anfangen können, und so erwarte ich auch nicht, das andere es tun. Aber nichts für ungut, wie der Berliner sagt, oder zu meiner Zeit gesagt hat, die vorbei ist.«[228]

»Der Humanismus ist unbedingt ein Politicum.«[229] Für Jaeger und einen Großteil der Philologen seiner Generation war dies die »feste Stellungnahme in der Welt«, mit der sie den diversen Krisen und den Zweifeln am Wert der Antike und ihres

226 Ebd., S. 125.

227 Ebd., S. 119 u. *ders.*, Staat und Kultur, S. 202. Vgl. zum Klassikbegriff und seinen Problemen auch *Landfester*, Die Naumburger Tagung, S. 20ff.

228 [Ulrich von Wilamowitz-Moellendorf] an Wolfgang Schadewaldt [Dez 1930/Jan 1931], zit. nach *Calder*, Wilamowitz to Wolfang Schadewaldt, S. 455. Der Text ist nur in der aus dem Gedächtnis angefertigten Nachschrift Schadewaldts überliefert, die prägende Wendung vom Mühlrad, mit der er auf dessen Vortrag auf der Naumburger Tagung reagierte, ist aber ebenso markant wie passend, daß sie durchaus als authentisch gelten kann. Vgl. auch *Henrichs*, Wissenschaftsgeschichte, S. 447.

229 *Jaeger*, Geistige Gegenwart, S. 162.

wissenschaftlichen Tuns begegnen konnten. »Die Deuter und Vermittler der Antike«, so Manfred Landfester dazu, »hatten sich in einer Art kollektiver Psychose zum politischen Humanismus bekehrt, um den Vorwurf der Humanismusgegner, ins Leere laufen zu lassen, die Krise Deutschlands sei das Ergebnis der alten humanistischen Individualbildung.«[230] Es gab nur wenige unter den jüngeren, um 1890 geborenen Philologen, die wie Bruno Snell oder Karl Reinhardt auf Distanz blieben zu diesem Angebot unbedingter, wenn auch in der Argumentation höchst spekulativer Vergegenwärtigung der Antike.[231] Profitieren allerdings sollte von dieser Deutung die philologische Platonforschung, war deren Objekt doch dazu ausersehen, zum Mittelpunkt des Dritten Humanismus zu werden.

Jaeger als Organisator

Das institutionelle Gerüst des Dritten Humanismus war die im September 1924 auf Betreiben Jaegers gegründete Gesellschaft für antike Kultur. Im Weimarer Gründungsaufruf heißt es:[232]

»Die Gesellschaft setzt sich die Aufgabe, neue Wege zu finden, um die Menschen unserer Tage die Welt der antiken Kunst und Kultur wieder zugänglich zu machen und unserer von innerer Aushöhlung und äußerem Verfall bedrohten Bildung eine der Quellen offenzuhalten, aus denen sie in ihren besten Zeiten lebendige Kräfte des Geistes geschöpft hat.«

Weiter wird in Richtung der zahlreichen lokalen Vereine von Altertums- und Gymnasialfreunden, letztlich aber gegen den selten mehr als eigene Standesinteressen vertretenden Gymnasialverein ausgeführt:

»Unbeschadet der Wirksamkeit scheinbar ähnlicher bestehender Organisationen, die besonderen, zum Teil örtlichen Zwecken der praktischen Kunstpflege oder der Kulturpolitik dienen, will die Gesellschaft als umfassendster Zusammenschluß aller Freunde der Antike dem längst empfundenen Bedürfnis auch des *weiteren Kreises der Gebildeten* nach dauernder und intensiverer Berührung mit dem Geiste und den Schöpfungen des Altertums Nahrung bieten.«

Und schließlich wird auch das Mittel benannt, das dazu dienen soll:

»Sie gibt daher unter dem Titel ›Die Antike‹ eine sich vorwiegend an diese Kreise wendende, reich ausgestattete Zeitschrift für die Kunst und Kultur des klassischen Altertums heraus […]. Die Zeitschrift, die sich der Mitarbeit vieler herausragender Forscher der verschiedensten Wissenschaften erfreut, soll zugleich ein Sammelpunkt werden für die geistige Auseinandersetzung der Gegenwart mit dem Wesen und Wert der beiden großen Kulturen, die das innere Gefüge der modernen europäischen Welt tragen.«

230 *Landfester*, Die Naumburger Tagung, S. 27.

231 Vgl. dennoch die prinzipiellen Kritiken bei *Plessner*, Das Problem der Klassizität, *Reinhardt*, Das Klassische, bes. S. 350 u. *Patzer*, Der Humanismus als Methodenproblem.

232 Gesellschaft für antike Kultur, Bericht, S. 3.

Damit waren Ziel, Adressatenkreis und Form der Arbeit bestimmt: in einem gewissen Abstand zu den »kulturpolitischen«, d. h. schulpolitischen Fragen sollte hier gegen die »innere Aushöhlung« der Bildung vorgegangen und eine Sammlungsbewegung der Freunde der Antike begründet werden, die, und darauf deutet schon die »reiche Ausstattung« der geplanten Zeitschrift hin, nicht auf populäre Breitenwirkung, sondern zunächst auf die Selbstvergewisserung und die »persönliche Fühlung«, sprich: Vernetzung gewisser kultur- und gesellschaftstragender Eliten zielte.[233] Die großformatig und nobel ausgestattete »Antike« erschien ab April 1925 vierteljährlich im Verlag Walter de Gruyter, wo auch das eigentliche Büro der Gesellschaft angesiedelt war, und kostete bis 1933 40 RM, Mitglieder der Gesellschaft erhielten sie dagegen für die 30 RM ihres Jahresbeitrages. Diese Preisgestaltung, die erst 1933 auf (27 bzw. 36 RM) und dann noch einmal 1939 (16 bzw. 20 RM) deutlich nach unten korrigiert wurde, hatte einmal den Effekt, daß die Gesellschaft sehr schnell deutlich über 250 institutionelle Mitglieder, also Bibliotheken, Seminare, Institute, Gymnasialvereine usw. erhielt, denen es vorrangig um den Bezug der Zeitschrift ging, und gleichzeitig der Kreis der normalen Mitglieder, der zwischen 1925 und 1934 konstant zwischen 550 und 650 lag, sozial sehr homogen und vor allem einflußreich blieb.[234] Das erste auf den zunächst gegründeten Arbeitsausschuß folgende Präsidium der Gesellschaft spiegelte sehr schön die Zusammensetzung der Gesellschaft aus Professoren, hohen Beamten und diversen Räten und Direktoren wieder:[235] Vorsitzender war der im politischen Berlin gut vernetzte Staatssekretär

233 Ebd., S. 7.

234 Zum Ende des Jahres 1928 gab es 297 institutionelle und 641 natürliche Mitglieder. Die Mitgliederzahlen der Gesellschaft waren bei einem Höhepunkt 1928/30 relativ konstant und betrugen laut den Berichten der Jahre 1928 u. 1934 (Staatsbibliothek Berlin, Dep 42, 88,4):

1925:	776	1930 (Dez):	940
1926:	849	1932 (Januar):	880
1927:	888	1933:	828
1928:	938	1934:	741.

235 Von den 605 im Mitgliederverzeichnis 1928 aufgeführten natürlichen Mitgliedern waren laut Berufsangabe:
Hohe Ministerialbeamte, Diplomaten, Politiker, Generäle a.D.: 69 (11,40 %)
Direktoren, Bankiers, Kaufmänner, Verlagsleiter: 55 (9,09 %)
Universitätsprofessoren: 164 (27,10 %)
Privatdozenten, Privatgelehrte: 19 (3,14 %)
Rektoren, (Ober-)Studiendirektoren, Gymnasiallehrer incl. Studienassessoren: 123 (20,33 %)
Rechtsanwälte, Notare: 34 (5,45 %)
Ärzte, Zahnärzte: 20 (3,30 %)
Theologen: 13 (2,15 %)
Maler, Schriftsteller: 12 (1,98 %)
Bibliothekarinnen und Antiquare: 5 (0,83 %)
Ingenieure, Architekten, Chemiker: 5 (0,83 %)
Ohne Berufsangabe: 82 (13,55 %)
Differenz zur offiziellen Mitgliederzahl: 36 (nicht aufgeführt ist etwa Jaeger selbst!).

im Reichsfinanzministerium und spätere preußische Finanzminister Johannes Popitz, Werner Jaeger, der die »Antike« als alleiniger Herausgeber und das Programm inhaltlich verantwortete, war dessen Stellvertreter. Schatzmeister war der Leiter des DeGruyter-Verlages Herbert Cram, Generalsekretär der Archäologe Karl Lehmann-Hartleben. Außerdem waren im Vorstand vertreten der Zentrumspolitiker Heinrich Brüning, der Jurist, Gutsbesitzer und Präsident der Landwirtschaftskammer Schleswig-Holsteins Hans-Kaspar Graf zu Rantzau-Breitenburg, den Jaeger aus seiner Kieler Zeit als ebenfalls gut vernetzten Agrarier kannte, und sodann der Althistoriker Eduard Schwartz, Präsident der Bayerischen Akademie der Wissenschaften, und der Generalsekretär des Deutschen Archäologischen Instituts Gerhart Rodenwaldt.

Daß sich aus dieser Konstellation zwar gut eine große Tagung im Rahmen der Einhundertjahrfeier des Deutschen Archäologischen Instituts mit entsprechendem kulturellen Begleitprogramm organisieren ließ,[236] aber kaum aktive Ortsgruppenarbeit, ist einleuchtend, und wurde, wo solche denn entstand, auch mehr akzeptiert als gefördert.[237] In der Hauptsache war die Gesellschaft also ein von der »Antike« zusammengehaltenes Forum, in dem im Sinne des Jaegerschen Programms für die Einheit der altertumswissenschaftlichen Fächer geworben und versucht wurde, die »gewaltig erweiterte Kenntnis des Altertums, die durch die wissenschaftliche Arbeit eines Jahrhunderts seit den Tagen des Klassizismus gewonnen wurde, unserer geistigen Bildung von neuem organisch ein[zu]fügen« und so zu eigenen, neuen »Lebensnormen« zu finden.[238] Im selben Zusammenhang standen auch die von der Gesellschaft ausgerichteten und von Jaeger organisierten Arbeitstagungen, die wiederholt in Weimar und Naumburg stattfanden. Am bekanntesten ist dabei sicher die Naumburger Tagung von 1928 geworden, deren Beiträge Jaeger – anders als damals noch üblich – zusammen veröffentlichte und wo von verschiedener Seite und durchaus auch kritisch dem Jaegerschen Programm gegenüber »Das Problem des Klassischen und die Antike« verhandelt wurde.[239] Nimmt man dazu noch die nicht im engeren Sinne

236 Laut Einladung zur ersten allgemeinen Tagung der Gesellschaft für antike Kultur am 23. und 24. April 1929 (Privatbesitz, R. P.) wurde in Abstimmung mit den Veranstaltungen der »Jahrhundertfeier« im Plenarsitzungssaal des ehemaligen Preußischen Herrenhauses getagt, am darauffolgenden Tag standen erst ein Frühstück in den Räumen der »Deutschen Gesellschaft«, dann Besichtigungen des Pergamonmuseums und der Nationalgalerie und abends schließlich Glucks »Orpheus und Eurydike« als Festoper auf dem Programm. Vgl. hierzu auch den begleitenden Artikel von *Jaeger*, Antike und Gegenwart, sowie zur Tagung und zu den Aktivitäten der Gesellschaft *Mensching*, Jaeger, S. 92–99.

237 Ortsgruppen gab es nachweislich in Frankfurt/M. (1925 bis 1927), Görlitz und Köln. Diese organisierten Vorträge und Aufführungen antiker Tragödien oder Sprechchöre. Vgl. *Gesellschaft für antike Kultur*, Bericht, S. 5 u. zu Görlitz und Köln den Briefwechsel mit der Geschäftsstelle in: Staatsbibliothek Berlin, Dep. 42, 88,4.

238 *Jaeger*, Einführung, S. 3f.

239 Vgl. *ders.*, Das Problem des Klassischen, und dazu *Landfester*, Die Naumburger Tagung.

humanistischen Aktivitäten Jaegers hinzu, vor allem also die Gründung des »Gnomon«, das die allzu sehr auf die Breite der Lehrerschaft zielende »Philologische Wochenschrift« als fachliches Rezensionsorgan ablösen sollte, oder der »Neuen Philologischen Untersuchungen«, die wesentlich zur eigenen Schulbildung beigetragen haben, so wird verständlich, warum Jaeger in den 1920er Jahren mit dem Wort Richard Harders als der »Regulator der deutschen Altertumswissenschaft« wahrgenommen und auch sein Programm von vielen als wegweisend empfunden werden konnte.[240]

Bildung und Politik

Daß sich Jaeger mit seinem »erneuerten« Humanismus und dem Anspruch, Schule und Wissenschaft, Humanismus und Philologie wieder zu versöhnen, auch im engeren Sinne bildungspolitisch engagieren würde, war naheliegend – überraschend ist vielmehr, wie schnell sich seine Position dabei durchgesetzt hat. Die Arena, in der sich Jaegers Konzept behaupten und schließlich Eingang in die ministeriellen Richtlinien finden sollte, war die seit der Reichsschulkonferenz geplante Neuordnung des preußischen höheren Schulwesens 1924/25.[241] In einer Denkschrift des preußischen Ministeriums für Wissenschaft, Kunst und Volksbildung hatte Otto Boelitz 1924 bereits erste Hinweise auf deren inhaltliche Ausgestaltung gegeben und mit der Betonung der nur noch »kulturkundliche[n] Aufgabe des altsprachlichen Unterrichts« und der daran geknüpften »Bewegungsfreiheit« in der Lektüreauswahl bereits einen Reizpunkt gesetzt, an dem sich die Debatte um das Gymnasium neu entfachen sollte.[242] Die eigentlichen Richtlinien jedoch, die im Jahr darauf erlassen wurden und in denen für die alten Sprachen Walter Kranz mitverantwortlich zeichnete, gingen zwar auch von der Kulturkunde aus, verpaßten ihr aber bereits deutlich das Gepräge des Jaegerschen Konzepts, war doch nun von den allgemeinen »Formkräften« der griechischen Sprache die Rede, vom überzeitlichen »Wertaspekt« der größten ihrer Werke sowie erstmals auch von einem politischen Erziehungsauftrag zur Kräftigung der Volksgemeinschaft.[243] In einem begleitenden Kommentar hat Kranz dann versucht, diese Differenzen zwischen Denkschrift und Richtlinien zu erklären und gleichzeitig die zu erwartenden Proteste des alten Schulhumanismus dadurch zu entkräften, daß er ein großes Panorama der jüngsten, eigentlich aber seit Nietzsche bekannten Probleme skizzierte und die Antworten des darum notwendig gewordenen neuen Zugangs zur Antike mit Humboldt und dem Neuhumanismus zu versöhnen

240 So Harder zitierend *Schadewaldt*, Gedenkrede, S. 765.

241 Vgl. dazu ausführlich *Preuße*, Humanismus und Gesellschaft, S. 128–144 u. *Apel/Bittner*, Schulbildung, S. 167–185.

242 Zit. nach *Preuße*, Humanismus und Gesellschaft, S. 128 f.

243 Ebd., S. 130.

suchte.[244] Gleichwohl gab es eine große Pressekampagne des Gymnasialvereins gegen die Denkschrift ebenso wie gegen die neuen Ziele der Richtlinien und deren praktisch-organisatorische Folgen (vor allem im Hinblick auf die Stundenanzahl), woraufhin wiederum mit »Gegendenkschriften« der neuen Jaegerschen Richtung geantwortet wurde.[245] Auf der im April 1925 von Jaeger mitorganisierten Tagung über »Das Gymnasium«, der er mit seinem Vortrag über »Antike und Humanismus« inhaltlich die Richtung vorgab (Paideia, griechisches Erziehertum, normatives Menschenbild, Bindung des Einzelnen an das Ganze usw.[246]), formierte sich diese bildungspolitische Fraktion dann auch organisatorisch in der Gründung des Deutschen Altphilologen-Verbandes, dessen erster Stellvertreter Jaeger wurde. Der Verband war somit gleichsam das standespolitische Pendant zur Gesellschaft für antike Kultur und sollte den alten Gymnasialverein inhaltlich schon 1927 auf dem Göttinger Philologentag und faktisch dann auch 1929 durch Personalunion beider Vorsitzenden in Otto Regenbogen übernehmen.

Das Ergebnis der seit der Mitte der 1920er Jahre geführten Debatte um Richtlinien, Stundenzahlen und die Bildungsziele der Gymnasien war nichts weniger als ein eindeutiger Sieg des Dritten Humanismus, und der in der Praxis quasiverbindliche altsprachliche »Normallehrplan« für das »deutsche humanistische Gymnasium«, den der Altphilologen-Verband dann 1930 als inhaltliche Ausgestaltung der Richtlinien von 1924 vorlegte, war das Ausrufezeichen dieses Sieges.[247] Daß es zugleich der Doppelpunkt für seine Gleichschaltung drei Jahre später werden sollte, darauf deutet das nun formulierte Bildungsziel allen altsprachlichen Unterrichts hin:

> »Da den Griechen und Römern der klassischen Zeit der Mensch ein Gemeinschaftswesen war, wird die Beschäftigung mit ihren Werken dazu beitragen, den einzelnen zur Einordnung in die Gemeinschaft, vor allem in die Staats- und Volksgemeinschaft zu erziehen. Diese Wirkung ist heute wichtiger als je zuvor.«[248]

Der Prozeß der Gleichschaltung des Altphilologen-Verbandes im Frühjahr 1933 und die Rolle Jaegers dabei ist ebenso wie die Frage nach den »Assoziationen und Differenzen« zwischen Drittem Humanismus und dem »Dritten Reich« der Nationalsozialisten eine seit den späten 1970er Jahren kontrovers diskutierte, zuletzt aber über die Feststellung einer grundsätzlichen Ambivalenz im

244 *Kranz*, Richtlinien, bes. S. 6ff.

245 *Preuße*, Humanismus und Gesellschaft, S. 131ff.

246 *Jaeger*, Antike und Humanismus, S. 109f.

247 *Apel/Bittner*, Schulbildung, S. 182f.

248 [*Weinstock*], Altsprachlicher Lehrplan, S. 6. Der Lehrplan ging zurück auf Heinrich Weinstock, den *Wüst*, Die Erneuerung des Humanismus, S. 9 den gegenwärtig wohl »eifrigste[n] Verfechter der Jaegerschen Gedanken« nannte.

gegenseitigen Verhältnis kaum hinauskommende Frage.[249] Übergänge nämlich gab es hier an verschiedenen Stellen, und sie wurden von beiden Seiten aus immer dann begangen, wenn es opportun oder der eigenen Legitimation nützlich schien.[250] Genauso gab es aber eben auch fundamentale Differenzen gerade im Verhältnis von Rasse und Kultur, die, je länger die Nationalsozialisten an der Macht waren und sich auf den für die Humanisten wichtigen Feldern von Pädagogik, Antikenrezeption und Wissenschaftsverständnis so etwas wie ein verbindliche Matrix herauskristallisierte, wiederum auf beiden Seiten zu deutlichen Absetzbewegungen führte.

Es soll an dieser Stelle nun nicht noch eine weitere Liste der Ähnlichkeiten und Differenzen erstellt und beides ungeachtet des dynamischen Verhältnisses und der taktischen Überlegungen der Protagonisten während der Umbruchphase gegeneinander aufgerechnet werden.[251] Vielmehr sei noch einmal zurückgegangen auf den platonischen Kern des Paideia-Konzeptes und auf die Frage, ob und inwiefern sich von hier aus, also aus dem Zentrum dieses Denkstils ein solcher Übergang beobachten läßt.

3.3.2 Platonische Paideia

Werner Jaeger

Für Jaeger hätte es kaum eine größere Bühne geben können, um die Stellung zu bezeichnen, die Platon bei der Erneuerung des Humanismus seiner Ansicht nach zukommen sollte. In seinem Festvortrag auf der Berliner Tagung der Gesellschaft für antike Kultur im Jahr 1929, zu dem neben einem offenbar großen Teil der Mitglieder auch die Teilnehmer der Jahrhundertfeier des Archäologischen Instituts, insgesamt also »ein Kreis hochgestellter und hochangesehener Gästc aus Inland und Ausland« gekommen waren, wie es Johannes Popitz zufrieden feststellte,[252] hatte Jaeger also noch einmal die Ziele und die »Gesinnung« umrissen, die zur Gründung der Gesellschaft führten, und kam dann zu dem Punkt, an dem es galt, den Stellenwert der Antike im »Leben unserer Zeit« zu betonen. Im ehemals Preußischen Herrenhaus, in dem Wilamowitz noch als Mitglied gesessen hatte und als Mitglied der Gesellschaft wohl auch an diesem Tag saß, verkündete Jaeger:

249 Vgl. zuerst *Losemann*, Nationalsozialismus und Antike, sowie zum Folgenden den Überblick von *Näf*, Zu den Forschungen über Antike und Altertumswissenschaften. Siehe außer den schon genannten Arbeiten zu Jaeger und zum Dritten Humanismus noch *Kuhlmann*, Humanismus und Alte Sprachen, und *Losemann*, Classics in the second world war.

250 Vgl. nur mit Bezug auf Platon den Überblick bei *Touloumakos*, Anpassung und Kritik.

251 Vgl. zuletzt *Stiewe*, Humanismus, S. 285ff. sowie auf die grundsätzlichen Probleme eines solchen Vorgehens hinweisend schon *Näf*, Paideia, S. 130f.

252 *Popitz*, Ansprache, S. 161. Vgl. auch *Solmsen*, Erste allgemeine Tagung.

»Wer heute zur Antike geht, der legt damit ein Bekenntnis ab. Unser Humanismus ist in hohem Grade ethisch und praktisch gesinnt. Die Linie der Entwicklung unseres Verhältnisses zum Altertum heißt in Deutschland: Winckelmann – Goethe – Hölderlin – Nietzsche. Sie führt vom klassizistischen Formideal zur Kulturkritik.«[253]

Und nachdem er das »Ideehafte« und nicht mehr »naiv-unbewußte« Verhältnis der Gegenwart zum Formideal der Antike festgestellt hatte, hinter das man nicht mehr zurückkomme, machte er klar, worauf er mit der zugleich ethisch-praktischen Gesinnung hinauswollte, nämlich:

»[...] im Mittelpunkt steht unbestritten Plato für uns. Plato hat eine Auferstehung erlebt wie kein zweiter großer Vertreter des Altertums. Er steht eben wie kein zweiter im Brennpunkt unserer Auseinandersetzung mit der Antike überhaupt, denn er ist der umfassendste politische, dichterische und philosophische Repräsentant derjenigen Gestaltungskräfte, die für die lebendige Dauer der Antike im Aufbau unserer Kulturwelt bis heute ausschlaggebend sind und immer bleiben werden: der menschenbildnerischen Schöpferkräfte des griechischen Genius.«[254]

Bemerkenswert hieran ist zweierlei: Zum einen, daß er sich in dieser Konstellation offensiv zur Kulturkritik und zu Nietzsche bekennt, ihn also gleichsam wieder aufnimmt in die Gemeinde der Humanisten und Philologen, zum anderen aber die Hervorhebung Platons als dem Brennpunkt der eigenen Auseinandersetzung. Aus der späteren Perspektive der »Paideia« mag das nicht erstaunen, wird Platon da nahezu die Hälfte des gesamten Raumes einnehmen, doch hier war das in der Tat noch etwas Neues, war das »annus mirabilis« des humanistischen Neoplatonismus, in dem die drei großen programmatischen Neuzugänge zu Platon von Jaeger, Stenzel und Friedländer erschienen, gerade erst vergangen. Dasjenige nun, was Jaeger hier entdeckt zu haben meinte und gegenüber dem Klassizismus ebenso wie gegen die neohumanistischen Schwärmer derart in den Mittelpunkt rücken ließ, wird wenig später mit Bick auf die Gegenwart ausgeführt. Denn gerade in einer Zeit,

»wo wir aus der Kontinuität unserer Geschichte herausgerissen sind und neue Formen sich noch nicht gebildet haben, wird die Begegnung mit den Griechen uns von neuem ein Weg zur Selbstgestaltung. Nicht um die Entlehnung fertig vorgebildeter Form handelt es sich wie für den Klassizismus, es geht uns auch nicht wie Nietzsche oder Bachofen um die romantisierende Wiederentdeckung eines irrationalen, neudionysischen, »vorsokratischen« Menschentums inmitten einer intellektuell verdünnten, mechanisch gewordenen Kultur, sondern um das Selbstverständnis und um den Selbstaufbau des geistigen Menschen in der Grundstruktur seines Wesen. [...] Die Bedeutung der Griechen für uns liegt gerade in ihrer Objektivität. Sie sind die Schöpfer des objektiven, normativen Menschenbegriffs.«[255]

253 *Jaeger*, Gegenwart, S. 168.
254 Ebd.
255 Ebd., S. 172.

Weil der eigene Subjektivismus einen solchen normativen Begriff nicht mehr aus sich heraus bieten könne, sei da also das dauernde Bedürfnis so vieler, »an den Griechen wieder zum Ganzen zurückzufinden« – und Platon, weil er in analoger Lage zur Gegenwart dieses Problem von der Wurzel und die Wiederherstellung von Gemeinschaft und Staat von der Idee her angefaßt habe, biete sich dazu vor allen anderen und noch vor Aristoteles als Führer an, denn:

»Auch bei uns Deutschen findet der Wille zum Staat heute, wo seine traditionelle Form zerbrochen ist, in der Idee seine festeste Bindung. Plato gibt uns das Beispiel eines kritischen Denkens, das die Geschichte nicht rationalistisch auflöst, sondern aus der aufrichtigen Dialektik ihrer widerstreitenden Kräfte mit bildnerischer Gestaltungsmacht die versöhnende höhere Einheit formt. So wird Plato uns nicht nur der ewige Führer zur Philosophie und Wissenschaft in ihrem wahren und geistigen Sinne, sondern er ist uns der Erzieher zum Staat und zum bewußten Lebensaufbau, der gesetzgebende Schöpfer und Hüter des europäischen Kulturgedankens.«[256]

Jenseits allen rhetorischen Wortgeklingels, das für die »großen« humanistischen Reden nicht allein Jaegers typisch war, blieben also zwei Aufgaben Platons, die auch die beiden Schwerpunkte im Platonbild Jaegers beschreiben, nämlich einmal Führer zur Wissenschaft und dann zum Staat bzw. zu einer normativen, den Menschen umgreifenden Staatsethik zu sein.

Von letzterem war dabei bis etwa zur Mitte der 1920er Jahre noch nichts zu bemerken, spielte Platon trotz der bereits programmatischen Bemühungen um die Paideia[257] überhaupt noch nicht die herausgehobene Rolle, die ihm in den Münchner Vorträgen und in dem in Berlin zugedacht werden sollte.[258] Wenn Platon hier aber aufgegriffen wurde, so war es, um die nicht selten in dessen Namen geführten Angriffe auf Universität und Wissenschaft mit derselben Auto-

256 Ebd., S. 176, dort auch die Analogie noch einmal besonders hervorhebend.

257 Vgl. *ders.*, Humanismus und Jugendbildung, S. 44 oder *ders.*, Antike und Humanismus, S. 108, wo Platon auch nur beiläufig thematisiert wird.

258 Im Vorwort zur englischen Erstausgabe des 2. Bandes der »Paideia« von 1943 (S. X), das in die deutsche von 1944 bezeichnender Weise nicht aufgenommen wurde, heißt es denn auch, daß er erst »nearly twenty years ago« damit begonnen habe, sich um Platon zu bemühen, sprich: frühestens um 1924, dem Jahr des Vortrags über »Die griechische Staatsethik im Zeitalter des Plato«, wenngleich es dort eben auch noch nicht Platon selbst, sondern Hegel war, auf dessen Staatsbegriff die Argumentation hinauslief. Für die Behauptung von 1933 (*Jaeger*, Erziehung des politischen Menschen, S. 44, 46), daß sich seine Orientierung an Platon und das neue, vom Problem des Staates ausgehende Verständnis unmittelbar auf »das Erlebnis von Krieg und Zusammenbruch« gebildet habe, gibt es dagegen zumindest in den veröffentlichten Schriften kaum einen Anhaltspunkt. In der Absage an Jaegers »Gleichschaltungsversuch« wurde denn u.a. auch immer wieder hervorgehoben, daß es eben nicht das »Kriegserlebnis« gewesen sei, das ihn motiviert habe, sondern »nur« die wissenschaftliche Wertkrise. Vgl. *Drexler*, Der dritte Humanismus, S. 67 oder *Gohlke*, Die aristotelische Frage, S. 122f., der auch noch einmal betonte, daß Jaeger im Weltkrieg ja gar nicht gedient, »ja die Kriegszeit zu einem großen Teil im Ausland verlebt« habe. Darauf hingewiesen, daß Jaeger,

rität abzuwehren und die moderne Wissenschaft gegen etwaige Vitalismen und Subjektivismen abzusichern.[259] Nach dem Krieg aus der Deutschen Studentenschaft laut gewordenen Forderungen nach einer humanistischen Fakultät etwa, in der »Persönlichkeiten« gebildet statt nur »Brotstudenten« ausgebildet werden sollten,[260] erteilte er mit Hinweis ausgerechnet auf Platons Symposion eine scharfe Absage. Mit deutlichem Bezug auch auf Max Weber verteidigte er da die Spezialisierung der Wissenschaften und erteilte allen Hoffnungen eine Absage, die meinten, diese könne zu Mystik und Erlebnis führen. Wer überdies vom Humanismus spreche und dabei, so Jaeger, die stufenweise und »zielmäßige geistige Arbeit« durch die Fachwissenschaft hindurch verachte, der verkenne das Wissenschaftsideal, das Platon im Symposion gezeigt habe, und etwas später heißt es noch einmal: »Es gibt nur einen Humanismus, einen Kulturhumanismus, der aus dem Geist und Willen zur Arbeit erwächst.«[261] Im selben Sinne hält er 1923 eine Verteidigungsrede der Wissenschaft und der Universität gegen diejenigen, die sie mit wissenschaftsfremden Ansprüchen überfrachteten, und zitiert wiederum »gerade Plato als Eideshelfer der modernen Wissenschaft«.[262] Denn dieser mag zwar »das Symbol für die mit der heutigen Wissenschaft und Universität Unzufriedenen« sein, »die es ihr zum Vorwurf machen, daß sie in mechanischer Häufung des Wissenswustes ersticke und dem Menschen nicht mehr die ewigen Ziele weise«, doch tatsächlich habe »schon Plato [...] den Menschenverächtern und Wissenschaftsverächtern selbst die Schuld für ihre Enttäuschung zugeschoben«, weil sie aus »geistiger Unreife« eine »große Heilslehre« verlangten, die mit dem Segen der Philosophie oder Wissenschaft versehen jedoch nur Schaden brächte und insofern auch von ihm gerade nicht geschrieben worden sei. In einer langen und geradezu freundschaftlichen Rezension zu Julius Stenzels »Zahl und Gestalt bei Platon und Aristoteles« von 1924 lobte er schließlich ebenfalls dessen Bemühen, in »zäher Gedankenarbeit« den Marburger »Pfadfindern« der Platonforschung erst gefolgt zu sein und diese dann in philologisch sachlicher und »ausharrender« Interpretation zu einem neuen Typus der Philosophiegeschichte emporgehoben zu haben, statt die Abkürzung auf die »geistige Mitte« zu nehmen, wie die vielen »outsiders«, also die Journalisten, Ästheten, Kulturkritiker usw., die gegenwärtig für die »Reichhaltigkeit« der Platonliteratur stünden.[263]

obschon im selben Artikel noch »seine[r] ganz intimen Beziehungen zum Judentum und seine[r] zahlreichen jüdischen Schüler« geziehen, dennoch eher mit Samthandschuhen angefaßt und, wie es in einer geheimen Presseanweisung von 1941 wohl wegen seiner internationalen Reputation heißt, mit »äußerster Zurückhaltung« behandelt wurde, hat schon *Losemann*, Nationalsozialismus, S. 43 u. 204 hingewiesen.

259 Vgl. auch schon *Grossheim*, Neuhumanismus als Individualitätskritik, S. 202 ff.

260 Vgl. *Mahrholz*, Die humanistische Fakultät, oder *Selle*, Die humanistische Fakultät.

261 *Jaeger*, Humanismus, Wissenschaft und Philosophie, S. 45 f. u. 48.

262 *Ders.*, Platos Stellung, S. 82, dort auch das Folgende.

263 *Ders.*, Rez. Stenzel, S. 293 u. 295. Zu Stenzels Auseinandersetzung mit der Marburger Platondeutung siehe insb. *Stenzel*, Zum Problem der Philosophiegeschichte.

Die Tendenz, mit Platon die Wissenschaft vor den »wissenschaftlichen Propheten und Demagogen« bewahren zu wollen,[264] ist mit Blick auf die eigenen Ambitionen eines gerade von der Wissenschaft ausgehen sollenden Humanismus in den kommenden Jahren nicht wenig erstaunlich. Während sich dieses Motiv insbesondere bei Stenzel weiter durchalten wird, sollte Jaeger nämlich ebenfalls schon 1924 bei der Reichsgründungsfeier der Berliner Universität einen ersten »Ausflug« in Richtung platonisch-politischer Demagogie unternehmen und etwa von der »Vorsehung« schwadronieren, die Platon und Dionysios, den Philosophen und den Gewaltmenschen die Wege hat kreuzen und so sichtbar hat werden lassen, daß sein »Versuch einer Neubildung der Staats*substanz* [...] ein unmittelbares Staatsereignis von ungeheurer Tragweite« schon für seine Zeitgenossen gewesen wäre – aus der Erneuerung der »Staatsidee« oder des »Staatethos« also durchaus auch heute wieder ein Ringen um den »Staat im vollen Sinn« einsetzen könne.[265] Zwar hatte Jaeger allzu analogische Deutungen am Ende dann doch noch als ein »Schauspiel der Geschichte« wieder einzufangen versucht und auf die Distanz zu den Griechen hingewiesen, gleichzeitig aber sah er in dieser Geschichte auch die »Lehrmeisterin der Wahrheit«, so daß zum Schluß offen blieb, wie viel platonische Staatsethik es denn nun für ein neues – zweites – Deutsches Reich sein sollte.[266] Auf jeden Fall hatte er hier aber damit begonnen, Platon auf das erzieherische »Staatsproblem« festzulegen, um das sein Platonbild seitdem kreisen sollte.

Mit den 1928 veröffentlichten Münchner Vorträgen über »Platos Stellung im Aufbau der griechischen Bildung« war dann sichtbar dokumentiert, in welche Richtung Platon fortan interpretiert werden sollte. Nachdem Jaeger dort das humanistische »Wertverhältnis zur antiken Kultur« bekräftigt, deren in dieser Form einmaliges Kulturideal »menschlicher Vollkommenheit« (ἀρετή und παιδεία) als »spezifisch abendländisch« ausgezeichnet und dessen darin begründete »Struktureinheit« bekräftigt hat,[267] wollte er nun dieses Prinzip an Platon und der Entwicklung des Platonbildes demonstrieren. Ohne dessen Entwicklung hier im Einzelnen nachzeichnen und die Verrenkungen beschreiben zu müssen, die sein vorsichtiges Absetzen von Wilamowitz und die Hinwendung zur wieder philosophisch-philologischen Platondeutung Stenzels bedeuteten, sei doch auf eine markante Verschiebung zum bisherigen Bild hingewiesen. Wilamowitz' Leistung, die Platon für den Humanismus zurück gewonnen habe, sei es nämlich immerhin gewesen, mit der Darstellung des platonischen Lebens als »Wesensausdruck des philosophischen Logos« diesen aus den Fängen der Fachphilosophie zurückgeholt zu haben:

264 *Jaeger,* Platos Stellung, S. 81.
265 *Ders.*, Die griechische Staatsethik, S. 97 f.
266 Ebd., S. 100 f.
267 *Ders.*, Platos Stellung, S. 120 f., 129

»Denn so hoch uns der Wert steht, den Plato für die Fachphilosophie unserer Zeit oder für eine einzelne Schule hat, indem er als ihr Ahnherr erscheint und ihre Begriffe sich mit seinen berühren, *höher stellen wir, was er uns als Korrektiv der modernen Philosophie und Kultur bedeutet* [...].«[268]

Mit der Einbeziehung Platons in die Kulturkritik, die der Berliner Vortrag noch einmal deutlich wiederholen sollte, war die zuvor aufgerichtete Grenze zur Prophetie oder Demagogie eingerissen, und der dritte Vortrag über die platonische Paideia sollte sie mit der oben skizzierten Krisenbeschreibung Weimars und Athens und der für beide gültigen platonischen Antwort aus Staatsethik, einer ebenfalls auf den Staat, also *wert*-bezogenen Wissenschaftsidee sowie der Forderung nach einer bildungsaristokratischen, d.h. hier »rationalen« Gliederung des gesellschaftlichen Gesamtorganismus auch endgültig überschreiten.[269]

Ganz ähnlich den großangelegten Tragödiendeutungen Friedländers und Max Pohlenz'[270] wurde hier fortan auch und gerade Platon als Antwort auf jene der Gegenwart als analog empfundene Krise des 4. Jahrhunderts gelesen, in der das traditionelle Verhältnis von Polis und Individuum, von Gemeinschafts- und Einzelinteressen schon einmal auseinandergebrochen, dann aber im Moment der tiefsten Krise ein »neuer Typus des Menschen« in der Gestalt des Sokrates erst sinnfällig geworden und in der erzieherischen Staatsphilosophie Platons dann bewußt und begrifflich wiederaufgerichtet worden sein sollte.[271] Und »daß Plato in jenem kritischen Moment der Menschheitsentwicklung den hier zum erstenmal [sic] philosophisch erfaßten objektiven Kulturgedanken an den Staat geknüpft und an diesen die Forderung gestellt hat, sich zum Träger dieser geistigen Ordnung der Werte zu machen«, das war es für Jaeger, was an Platons »Lösungsversuch« die »zwingende Typik« ausmache und ihn selbst zum Erzieher der (abendländischen) Menschheit gemacht habe.[272]

Die »Paideia« schließlich wird diese Krise und die menschenbildnerischen Antworten bis hin zu Platon in aller Breite darstellen, dem Grundgedanken vom idealen Erziehungsstaat, der dem bestehenden als Kritik und als Modell allen künftigen Staatsaufbaus entgegengehalten wurde, bleibt jedoch auch sie treu.[273] Und es ist bezeichnend, daß sie, indem sie sich auf die Typik des »erzieherischen Phänomens« beruft, also die Erziehung selbst zur Norm erhebt, ohne sich auf konkrete, historisch kontingente Menschenbilder festzulegen, damit über

268 Ebd., S. 139. [Herv. R.P.]

269 Ebd., S. 144ff. Vgl. auch oben Kap. 4.1.

270 Vgl. *Landfester*, Die Naumburger Tagung, S. 38 sowie *Erler*, Platon S. 270f.

271 *Jaeger*, Staat, S. 206.

272 Ebd., S. 207f. und *ders.*, Platos Stellung, S. 143.

273 Vgl. zu weiteren Einzelaspekten nur der »Paideia« auch *Kahn*, Jaeger's Portrayal of Plato.

1933/34 und 1944/47 hinaus fast unverändert erscheinen konnte. Die »kleine«, aber entscheidende Änderung in bezug auf den *dritten* Humanismus, die 1935 erfolgte, zeigt immerhin an, daß Jaeger sich für kurze Zeit einer Identifikation seines platonischen Staates mit dem Dritten Reich nicht nur nicht sperrte, sondern diese anfangs aktiv betrieb. Ob dies aus Überzeugung,[274] aus echter Sorge um die Alten Sprachen und verbeamteter Loyalität[275] oder auch nur aus Gleichgültigkeit dem realen Staat und dem *Inhalt* seines (Un-)Menschenbildes gegenüber geschah,[276] ist aufgrund der Quellenlage gerade aus diesem Zeitraum mit letzter Gewißheit nicht zu entscheiden. Immerhin aber fehlen aus dieser Zeit auch die »platonischen« Zeugnisse der Anpassung, gab es gerade *keine* weiteren Überblendungen der platonischen und der nationalsozialistischen Antworten auf die eigene Krise, wie sie sonst um 1933 vielfach zu sehen waren. Der zweite und dritte Band der Paideia, in dem es dann erst um Platon gehen sollte, hätte hier definitiv Auskunft darüber geben können, ihr ganz anderer Entstehungskontext in den USA läßt auch sie diese Antwort jedoch gerade nicht geben.[277] Nach seinem Artikel in »Volk im Werden«, in dem er mit Platon noch die »Erziehung des politischen Menschen« gefordert und das humanistische Gymnasium dem neuen Staat als den hierfür »gegebenen Ansatzpunkt« angepriesen hatte,[278] und nach dem unmittelbar darauf folgenden Widerspruch durch Ernst Krieck, der Jaeger bedeutete, daß man die »Humanität« auch in Gestalt des Dritten Humanismus nicht länger »ertragen« (!) könne,[279] zog Jaeger sich vielmehr umgehend aus der Öffentlichkeit zurück und nahm 1934/35 erst die Sather-Gastprofessur in Berkeley, dann 1936 den Ruf nach Chicago an, wohin auszureisen ihm und seiner jüdischen Frau auch von höchster Stelle gestattet wurde. In den USA hat er sich dann ebenfalls nicht mehr politisch exponiert, ist allerdings auch in der Verwendung für verfolgte Schüler oder Freunde sehr zurückhaltend geblieben.[280] Sein »Lebenswerk«, die »Paideia«, hat nach dem Krieg dann noch einmal reüssieren können, weil sich sein Programm eines in der Antike fundier-

274 *Orozco*, Gewalt, S. 81 ff., die den »inoffiziellen Anschluß« Jaegers sogar schon 1932 erkannt haben will.

275 *Kuhlmann*, Humanismus, S. 430.

276 *Näf*, Paideia, S. 134

277 Ein für den NS immerhin fundamentaler Aspekt, nämlich der der auch im ersten Band thematisierten Bedeutung von Rasse und Eugenik, taucht dort dann zwar auch noch auf, er bleibt jedoch unverbindlich, oder wird in Bezug auf die platonische Paideia heruntergespielt. *Jaeger*, Paideia II, S. 271: »Die Züchtung eines höheren Menschentypus, von der der platonische Staat spricht, hat nichts zu tun mit dem Gesamtvolk als Rasse.« Und noch einmal S. 329: »Was diesem staatlichen Ganzen für Plato seinen Wert gibt, ist nicht das ethnische Material, aus dem es geformt wird, sondern seine Vollkommenheit als Ganzes.« Vgl. dazu auch *Näf*, Paideia, S.138 f.

278 *Jaeger*, Erziehung des politischen Menschen, S. 46 u. 48.

279 *Krieck*, Unser Verhältnis.

280 Vgl. hierzu jetzt *Obermayer*, Deutsche Altertumswissenschaftler, S. 24 ff.

ten »Abendlandes« gut in den konservativen Nachkriegsdiskurs einfügte, eine philologische oder philosophiegeschichtliche Rezeption im engeren Sinne blieb jedoch aus.

Julius Stenzel

Sieht man in der platonischen Paideia das Zentrum des Dritten Humanismus, dann gehört hierein ganz sicher auch der schon erwähnte Julius Stenzel. Der in Breslau habilitierte Philologe, der 1925 aber auf den philosophischen Lehrstuhl nach Kiel berufen, von dort dann 1933 aus politischen Gründen vertrieben und aufgrund einer Petition an das Ministerium doch noch einmal für zwei Jahre bis zu seinem plötzlichen Tod nach Halle »versetzt« wurde,[281] hatte sein Lebenswerk ebenfalls ganz unter das »Zeichen Platons« und die Erneuerung des Humanismus gestellt. Wenn ihn Albert Rehm darum 1933 noch kurz vor dessen Entlassung zum zweiten »Bannerträger« der Paideia als des weithin sichtbaren »Feldzeichens« der neuen humanistischen Bewegung machen wollte,[282] so ist das einerseits richtig, weil er zwischen 1925 und 1933 nicht nur immerhin fünf Beiträge für die »Antike« beisteuerte und 1928 mit seinem Buch über »Platon der Erzieher« ein, wie Jaeger es nannte, weithin sichtbares »Bekenntnis« zur platonischen Paideia ablegte,[283] sondern weil er es auch war, der, so wieder Jaeger, den philologischen Entwicklungsbegriff mit dem der »inneren Einheit« und dem philosophischen »Richtungssinn« Platons versöhnt und ihn damit für den neuen Humanismus erst wieder fruchtbar gemacht hatte.[284]

Andererseits aber war Stenzel nichts weniger als der »Bannerträger« eines genuin politischen Humanismus, und auch die Kulturkritik, auf die Jaeger diesen festlegen wollte, war seine Sache eigentlich nicht.[285] Was Stenzel und sein Platonbild vielmehr auszeichnete, war die stets differenzierende Arbeit am Begriff und die, gemessen nicht nur an Jaegers humanistischem Pathos, geradezu wohltuende Nüchternheit, mit der er gleichwohl entschieden die Möglichkeiten und Grenzen der Wissenschaft gegen die an sie herangetragen Ansprüche des »Lebens«, der Dichtung oder der Politik zu verteidigen suchte. Und gerade weil er hier anders als Jaeger auch in den späten 1920er und frühen 1930er Jahren so

281 Vgl. zu den Umständen der Beurlaubung und der Zwangsversetzung nach Halle *Losemann*, Nationalsozialismus, S. 144 u. 242 sowie *Calder*, Letters to Stenzel, S. 84f. Nachfolger Stenzels in Kiel wurde dann 1934 der nicht habilitierte Kurt Hildebrandt.

282 *Rehm*, Bildungskrisen, S. 3.

283 *Jaeger*, Platos Stenzel, S. 111.

284 *Ders.*, Stellung, S. 135f.

285 *Stenzel*, Gefahren des modernen Denkens, S. 42: »Wenn von Gefahren des modernen Denkens gesprochen wird, ist eine allgemeine Klage gegen den Zeitgeist nicht beabsichtigt. Ich wüßte nicht, woher man für eine wertende Kritik einen Standpunkt gewinnen könnte. Καλος ὁ κίνδυνος; Zeiten ohne Gefahren hat es nie gegeben, und wir Deutschen wissen, daß die Zeiten, deren Gefahren man nicht sah, die allergefährlichsten sind.«

entschieden für das Motiv des »ernsthaften Lernwillens« und exakter Wissenschaftlichkeit platonischer Paideia eintrat und damit vielleicht am deutlichsten auch die Differenz zum georgeanischen Neoplatonismus markierte, soll dieser Zug seines Platonbildes nun besonders deutlich gemacht werden.[286]

Nachdem Stenzel sich von seinem engeren Arbeitsgebiet zur platonischen Dialektik und Mathematik aus bereits mehrfach in Rezensionen mit der außerhalb der philosophischen Forschung aus metaphysischen und anderen Zeitbedürfnissen geborenen »Platonrenaissance« und ihrem teils ästhetisierenden Stil »peinvoll« auseinandergesetzt hatte,[287] greift er das Motiv erstmals 1925 in seinem ersten Beitrag für »Die Antike« auf. Die platonische Idee des Guten, in der er dort den griechischen Geistbegriff mit der sokratischen Suche nach Verständigung über die brüchig gewordenen Grundlagen der Gemeinschaft, also über ihre Begriffe vom Guten, Gerechten, Tapferen usw. aufgehen läßt, habe, so Stenzel, nämlich ebenfalls auf die gemeinsame Verständigung über die Ordnung der Welt und damit auf die Verwirklichung der Gemeinschaft gezielt und sei insofern das Ziel aller Paideia.[288] Gleichzeitig aber, und da sei er über Sokrates hinausgegangen, wollte er solche Verständigung nicht auf die Ebene der Sprache und der ethischen Begriffe beschränkt wissen, sondern habe die Notwendigkeit gesehen, sie auf die dialektische oder »*wissenschaftliche* Erfassung der Weltordnung« auszudehnen, weil nur der, der wisse, was die Arete und das Wesen eines jeglichen Dings sei, auch die eigene Arete verwirklichen könne und wolle.[289] Wenn Platon sich daher entschlossen habe, »den Begriff einer strengen Wissenschaft, die ihre Meinung unabhängig von der Deutung und dem Meinen des Einzelnen zu begründen sucht, in seine Paideia aufzunehmen«, so sei, auch darauf wird Stenzel immer hinweisen, damit nicht die Generierung toten »Buchstabenwissens« gemeint, sondern war dies stets eingebunden in die »lebendige Gemeinschaft der Forschenden«, deren gemeinsamer Sinn die Herstellung einer sich über ihre Grundlagen bewußten und darum einigen »Kulturgemeinschaft« gewesen sei.[290]

Als Auseinandersetzung mit denen, die Platon auf dem Wege der »Schau« bekommen wollten, war auch der zweite Beitrag in der Antike über »Den Begriff der Erleuchtung bei Platon« angelegt. Denn selbst wenn, wie es in er Salin-Rezension hieß, über das Schauen »Max Weber bereits das Nötige gesagt« habe,[291] so bot das platonische Werk, gerade weil es ja oftmals in »Mythen« ausläuft, im-

286 Zur Weite seiner Platonforschungen vgl. am besten *ders.*, Kleine Schriften, sowie *Gaiser*, Platon-Bild.

287 *Stenzel*, Rez. Horneffer u. *ders.*, Rez. Salin.

288 *Ders.*, Zur Entwicklung des Geistbegriffes, S. 268.

289 Ebd., S. 271.

290 Ebd., S. 271 f.

291 *Stenzel*, Rez. Salin.

mer wieder den Anhaltspunkt auch für »mystische« oder sonstwie individuelles Heil suchende Auslegung. Nichts jedoch, so Stenzel, habe Platon ferner gelegen:

»Die Erleuchtung über Gut und Böse bedeutet für Platon Erkenntnis der Welt durch sachlichste Wissenschaft; sie ist nicht Regung des verantwortlichen Gewissens, keine Erlösung durch göttliche Gnade, keine Leitung durch einen mit einem Charisma begnadeten Führer. Diejenige Ichvorstellung, die in den ebengenannten Begriffen beschlossen ist, fehlt dem Griechen, sie fehlt auch Platon. Gut handeln heißt für Platon die Bewegung der Welt, der Natur, der Polis, der Menschen in ihrer ganzen Fülle und ihren ewigen Gesetzen erkennen, diese Erkenntnis im Verein mit Menschen von gleichem Erkenntniswillen in unablässiger Verständigung prüfen und so die Bewegung des Alls und Aller als unwiderstehliche Kraft in den eigenen Willen aufnehmen. Die Erleuchtung über das, was für alle das Gute ist, ist in ihrem letzten Sinn aller Mystik, aller Ideologie abgewandt.«[292]

Ebenfalls auf unbedingte Wahrheitssuche verpflichtet, dabei aber den Zusammenhang von »Wissenschaft und Staatsgesinnung bei Platon« herstellend, ist die Kieler Universitätsrede zur Reichgründungsfeier 1927. Wieder ist das Motiv der Verständigung durch Wissen und Wissenschaft leitend, das auch Platons Begriff des gerechten und auf Recht gegründeten Staates bestimmt habe, weil nur das als richtig erkannte Recht »im vollen Sinne erkennbar, einsichtig, beweisbar und die unangreifbare Grundlage einer umfassenden Verständigung« der Gemeinschaft sein könne.[293] »Sokrates und Platon, beide sehen in der vollen, wirklich umfassenden Aufklärung den einzigen Weg, die frühere, zur Zeit der archaischen Polis noch urwüchsige Einheit und Totalität des Menschen in gänzlich veränderter Zeit wieder zu erreichen.« Und noch einmal, den Zusammenhang von Individual- und Staatsethik betonend:

»Wissen ist der Bereich, in dem der Mensch sich am stärksten zugleich selbst gehört, sein Eigenes erkennt und am sichersten mit anderen in Verständigung treten kann, weil es sich hier um die Wahrheit handelt. [...] für dieses Wechselverhältnis zwischen der Wahrheit des Individuums und der Wahrheit der Gemeinschaft hat Platon das Wort *Paideia*, was zugleich Erziehung für den Staat und Bildung zur Person bedeutet.«[294]

Wie Stenzel nun bei Platon die Verwirklichung dieses Wechselverhältnisses vorgestellt findet, wirft ebenfalls einen bezeichnendes Licht auf seine Position. Denn natürlich habe Platon ja einen umfassenden Erziehungsgang der Wächter seines Staates entworfen, dieser ziele jedoch nicht auf die Aufrechterhaltung einer autoritären Ordnung oder gar auf militärische Expansion, sondern sei ein Stand gerade der »Lernlustigen«, die, wenn sie zwischen dem 30. und 50. Lebensjahr in die Gesellschaft zurückentlassen werden, dort die Tauglichkeit des Gelernten und des

292 *Ders.*, Der Begriff der Erleuchtung, S. 257.
293 *Ders.*, Wissenschaft und Staatsgesinnung, S. 98, dort auch das folgende Zitat.
294 Ebd., S. 102.

als wahre Idee des Staates Angenommen prüfen sollen.[295] Und nur wer sich darin praktisch bewährt habe, könne später in den Rat der Alten aufgenommen werden, wo er sich der Erkenntnis der Idee des Guten widmen und seine Weisheit dann in Unterweisung und, wenn es sein muß, auch in der Regierung des Staates weitergeben könne. Ein Beispiel dafür sei nun ausgerechnet Aristoteles, den Stenzel entgegen aller sonst üblichen Verketzerung und auch an späterer Stelle noch zum wahren Platoniker und »verantwortlichen Erben« des Platonismus macht, weil er mit seiner Zeit in der Akademie, seiner Tätigkeit am makedonischen Hof und schließlich seiner eigenen Schulgründung genau dem platonischen Wächter- und Philosophenideal entsprochen habe.[296] Mit Blick besonders auf Aristoteles verstünde man erst, was Platon von den Auserwählten seiner Wächter verlangen konnte:

»Sie sollten auf der Höhe des Lebens zu einem Weltsinn der Wissenschaften gelangen, zu einer ihr innerstes Wesen erfüllenden und gestaltenden wissenschaftlichen, d.h. sachbegründeten und überall Sachlichkeit erzwingenden Gesinnung; allem ideologischen Schein abhold sollen sie die kräftige und starke Idee mit der Wirklichkeit und diese mit der Idee in Einklang zu bringen wissen. Als kraftvolle Leiter der Menschen und Ordner des Staates sollten sie […] alles Wesen und alle Wirklichkeit aus der umfassenden Einsicht in seine treibenden Kräfte zu verstehen und zu beherrschen vermögen.«[297]

Gerade für die Gegenwart aber, wo viele »die Nöte der Kultur ins Unabsehbare gestiegen« sähen und wo man ein Gegengewicht in Form »tiefer« und »schöner« Worte erhoffe, könne Platon und die Geschichte der Akademie so ebenfalls das vielleicht notwendige Gegengewicht sein, weil sie die Wirkung der Wahrheitssuche auf das Handeln und den Charakter zeige: »das Lernenwollen und Lernenkönnen in jenem hohen alt-akademischen Sinne […] muß jederzeit von einem dazu erzogenen, gebildeten Stande geübt werden, dessen Aufgabe zunächst die Erkenntnis ist, wie alles wirklich und wesentlich ist.«[298] Die verloren gegangene »Schätzung des Akademikers« und damit der vermißte »Gemeinschaftsgeist« werde sich jedenfalls nur durch die Echtheit solcher Gesinnung wieder einstellen und dadurch, daß »wir *das unsrige tun* und darin mit Platon die höchste Pflicht des Bürgers sehen.«[299]

295 Ebd.

296 Ebd., S. 104. Das andere Beispiel ist die ebenfalls aus der neuesten Aristotelesforschung, d.i. von Jaeger gezeigte politische Wirkung der Akademie in Kleinasien. Vgl. auch *Stenzel*, Was ist lebendig, S. 6.

297 *Stenzel*, Wissenschaft und Staatsgesinnung, S. 104.

298 Ebd., S. 107f.

299 Ebd., S. 108. Daß Wilamowitz die Rede denn auch »mit freudig klopfendem Herzen« gelesen hatte, wie er ihm schrieb, ist kaum verwunderlich: »was Sie der unwissenschaftlichen Wissenschaft der Gegenwart aus dem 7. Briefe vorhalten, ist ein Spiegel, der sie zur Besinnung führen sollte; aber sie werden nicht hineinsehen.« Vgl. den Brief an Stenzel vom 3.4.1927, zit. nach *Calder*, Letters to Stenzel, S. 91.

Daß es nur der platonische Weg der Phronesis und gemeinschaftlich betriebener Wissenschaft sein könne, auf dem sich die Verwirklichung sowohl des Einzelnen in allen seinen Möglichkeiten vollziehen und durch den sich der auch in der Gegenwart empfundene Riß zwischen Staat und »Gesinnungsgemeinschaft« überbrücken ließe,[300] ist dann auch die Jaeger zwar nicht widersprechende, aber doch einen eigenen Akzent setzende Perspektive sowohl seines Beitrages über »Die Gefahren des modernen Denkens und der Humanismus« wie auch seines Platonbuches von 1928. Einerseits geht es nämlich auch hier darum, mit der von Platon an Wissenschaft, Phronesis und »ernsthaften Lernwillen« gebundenen Erziehungsidee des Humanismus ein »Gegengewicht« gegen die Subjektivismen modernen Denkens und ein »verfließendes Selbstgefühl« zu setzen – ohne dieses Denken von Individuellen her gleichwohl aufgeben zu müssen oder auch nur zu können.[301] Andererseits aber dynamisiert oder diskursiviert er stärker als Jaeger den Gemeinschaftsgedanken, der bei diesem eher abstrakt und autoritär als Staat gegenübertritt. Für Platon wie auch für Stenzel gelte es vielmehr,

»unermüdlich alle Wirklichkeit zu durchdenken, durchzusprechen in lehrend-lernender Verständigung. In wohlwollendem, d.h. sachlichem Austausch von Wissen und Erfahrung, neidlosem, d.h. nicht an der Wirkung des eigenen Ich, des individuellen ›Seelchens‹ orientierten Zusammenleben in steter Frage- und Antwortbereitschaft« solle man die platonischen Stufen der Erkenntnis »›aneinanderreiben‹ bis der Funke der Erkenntnis aufleuchtet, dann bildet sich jenes Medium des wahre geistige Gemeinschaft stiftenden Lichtes freier Paideia.«[302]

Das Motiv der Versachlichung oder Reobjektivierung des eigenen Selbstverhältnisses, das Stenzel in dieser Zeit durch die Auseinandersetzung mit Heideggers »Sein und Zeit« aufgreift und über das gänzlich andere, nämlich »objektive« Menschenbild der Griechen humanistisch zu wenden versucht, geht dabei jedoch nie so weit, daß der Einzelne nur noch auf den Staat hin medialisiert oder in der Gemeinschaft aufgelöst würde. Gleichsam als ein »Kommunitarist avant la lettre«[303] betont Stenzel eher dessen Förderung durch diese und den aus der Einsicht in das Fragmentarische der Einzelexistenz geborenen Wunsch, »miteinander in ergänzende Gemeinschaft«, in »innerlich bejahte Arbeitsteilung« zu treten.[304] Daß solches in der modernen arbeitsteiligen Gesellschaft gleichwohl

300 *Stenzel*, Platon der Erzieher, S. 280. Vgl. zu diesem Aspekt auch Gaiser, Platon-Bild, S. XIf.

301 *Ders.*, Die Gefahren des modernen Denkens, S. 59f. u. 64f. Gemeint ist die Geschichtlichkeit des Denkens, der subjektive Begriff der Ästhetik sowie eine »verinnerlichte« Religion.

302 *Ders.*, Platon der Erzieher, S. 316f.

303 So *Großheim*, Neuhumanismus als Individualismuskritik, S. 211, der als einer der wenigen Stenzel im Kontext des Dritten Humanismus überhaupt berücksichtigt.

304 *Stenzel*, Platon der Erzieher, S. 235f.

schwer zu erreichen ist, ahnt auch er,[305] und daß der Weg wissenschaftlicher Paideia dem Bedürfnis nach »Innerlichkeit« und Erlebnis auf den ersten Blick zu widersprechen scheint ebenso. Dennoch hält er an dem Ziel der Entfaltung und der Einheit aller Kräfte des Menschen in »geistiger Gemeinschaft« fest, weil sich wenn überhaupt dann hier noch jenes »übermenschliche Wunder« erfahren lasse, das Platon als erster entdeckt und als dauernde philosophische Aufgabe hinterlassen habe:

»Er hat das Lernen als das ewige Wunder des Geistes begriffen, das gerade dann, wenn es ein bestimmtes Einzelnes klar erkennt, aus [der] Totalität der Physis stammt und zu dem anderen Wunder der im steten Werden sich gestaltenden Persönlichkeit, die Platon das Schöne nannte, führt. Platon hat – man darf diese Paradoxie wagen – den Mythos im Logos entdeckt, und dadurch erst dem Logos diejenige Tiefe und Weite gegeben, die ihn zum Gefäß auch des Schönen und Göttlichen tauglich macht.«[306]

Ein anderer Weg des Geistes und der Erziehung zu jenen letzten Wahrheiten, so heißt es auch 1930 in einem Oxforder Vortrag, sei heute jedenfalls nicht mehr gangbar, könne Platons Synthese aus Dichtung und Wissenschaft, die ein letztes Mal Mythos, die »Exaktheit« wissenschaftlicher Erkenntnis und Erziehung vereinigt habe, ohne eines von ihnen zu entstellen, nicht mehr wiederholt werden.[307] Was gleichwohl bleibe, sei die von ihm gestiftete europäische Bildungsidee, daß nämlich das Wissen um Staat und Mensch nicht nur auf eben solcher Wissenschaft aufgebaut werden müsse, sondern daß dies auch nur durch die schon einmal in der Akademie paradigmatisch gelebte »Zusammenarbeit der Wissenschaften«, ja in der »Einheit der europäischen Paideia« geschehen könne.[308]

Stenzels Platon, soviel kann bis hierher sicher festgehalten werden, hatte kaum etwas von jenem kulturkritischen oder gar politischen Erzieher, zu dem er bei Jaeger zuletzt wurde und wie er zum Bild des Dritten Humanismus so gut zu passen schien. Es ist denn auch kein Wunder, daß Stenzel in diesem Zusammengang bisher fast immer ignoriert wurde. Seine Arbeiten gehören aber, darauf hatte schon Rehm – zumindest noch Anfang 1933[309] –, später aber auch Jaeger im seinem Nekrolog hingewiesen, in die Mitte des Konzepts ebenso wie der Bewegung, wäre ohne die Betonung der *wissenschaftlichen* Fundierung aller Paideia weder die starke Konkurrenz zum Neoplatonismus des George-

305 Ebd., S. 275.

306 Ebd., S. 3 u. *ders.*, Gefahren des modernen Denkens, S. 65.

307 *Ders.*, Was ist lebendig, S. 4 f.

308 Ebd., S. 6.

309 In *Rehm*, Staat und Individuum, S. 5 f. ist dann zwar immer noch vom »dritten Humanismus« und sogar vom »deutschen Platon« die Rede, zu dem er sich bekannte, Stenzel (oder gar Friedländer) wird hier jedoch gar nicht mehr erwähnt. Opportun waren da nur noch Jaeger, Wolfgang Schadewaldt, Otto Regenbogen und Richard Harder.

Kreises zu erklären noch die Ablehnung des Dritten Humanismus als wesentlich intellektualistisch im Nationalsozialismus.[310] Stenzels Versuch, noch 1933 ebenso wie Jaeger eine Lanze für das humanistische Gymnasium zu brechen und dafür Platons unverändert geschildertes Wissenschaftsideal als »sachliche Zucht des Denkens« umzuetikettieren, wirkte denn auch noch unbeholfener und unglaubwürdiger als bei diesem und hat keine nachweisbare Wirkung mehr gezeitigt.[311]

Paul Friedländer

Das dritte Buch des Jahres 1928, das man dem erneuerten Humanismus zurechnen kann, war der erste Teil des »Platon« von Paul Friedländer.[312] Friedländer war wie der sechs Jahre jüngere Jaeger Wilamowitz' Schüler gewesen, stand zu diesen beiden und ihren Auffassungen darüber, was Philologie leisten könne und solle, aber in einem sehr spannungsreichen, von steter Anziehung und Abgrenzung geprägten Verhältnis, das durch die Gravitationskraft Georges noch eine zusätzliche Problematik erhielt.[313] Friedländers Platonschriften sind, selbst wenn man sie nicht psychologisierend liest, immer aus dieser Konstellation heraus als Versuche zu verstehen, sich zwischen diesen Denkstilen zu behaupten.

Die Suche nach einem neuen Weg der Philologie und der Erneuerung ihres Sinnes beginnt unmittelbar nach dem Krieg, und sein »Credo« brachte nur auf den Punkt, was in dieser Zeit seine Vorträge und Rezensionen bestimmte. Den

310 Vgl. nur die Vorwürfe in *Gieselbusch*, Humanistische Bildung im nationalsozialistischen Staate, S. 17, daß er nicht genug »volkbezogen« sei, daß sein bloß geistiges Reich oder Bildungsideal nicht als »Waffe« taugten oder daß durch die einseitige Konzentration auf die Wissenschaft letztlich Tinte und nicht Blut in den Adern ihres Menschenbildes flössen (S. 32). Auch *Berve*, Antike und nationalsozialistischer Staat, S. 264, würdigte zwar die »Vorarbeit« für das neue Verhältnis zu Antike, doch letztlich war auch dies noch »zu wenig vital« und zu theoretisch, fehlte einfach der »neue Glaube«.

311 *Stenzel*, Die nationale Aufgabe, S. 315 u. 320. Nicht nur der Versuch, die »Äußerungen der verantwortlichen Staatsmänner« gegen die Angriffe der »Tagespresse« auf den Humanismus auszuspielen und zu fordern, daß diese auch in der Schulfrage einmal »gründlich aufräumen« und »durchgreifen« – so daß das humanistische Gymnasium als die »Stätte einer charakteristischen geistigen Zucht« und »Gelehrtenschule« übrig bleibe –, wirkt unfreiwillig komisch, auch die Forderung nach »produktiver Vereinfachung« (ebd., S. 327) klingt angesichts der ein Jahr zuvor geäußerten Warnung vor der modischen »Einfachheit« wenig überzeugend. Vgl. *Stenzel*, Rez. Friedländer, S. 414.

312 Friedländer war Mitglied der Gesellschaft für antike Kultur und beteiligte sich mit mehren Beiträgen zur Tragödie und Komödie im Sinne Jaegers, d.h. mit Betonung ihrer erzieherischen Absicht als Antwort auf die Krise des 5./4. Jahrhunderts, auch an der »Antike«.

313 Vgl. dazu *Vogt*, Auseinandersetzung, S. 623–625. In Friedländers Arbeitszimmer in Los Angeles hingen später zwei Photographien: Wilamowitz und George. Eine bisher ungeschriebene Geschichte der Photographien in Professorenzimmern würde sicher noch weitere Beispiele solcher Selbstverortung belegen können.

von Jaeger mitinitiierten Sammelband »Vom Altertum zur Gegenwart« etwa begrüßte er nachdrücklich und hoffte auf die »revolutionierende, neugestaltende Kraft« des antiken Menschenbildes, das durch den von Platon hergestellten Zusammenhang von Erziehung, Gesinnung und Staat nun nicht mehr nur in der »kleinen Schar« (Georges) wirken, sondern vielmehr zur »Volkwerdung« beitragen könne.[314] Daß ein »Wandel der Gesinnung«, den die Antike bringen könne, allerdings auch einen »Wandel der Form«, also des Zugangs zu ihr und ihrer Darstellung erfordere, wird hier ebenfalls bereits angedeutet. Im programmatischen Vortrag über »Die Aufgaben der Klassischen Studien in der Universität« von 1921/22 heißt es denn auch bereits, daß im »philologischen Denken künftig [...] das Sein wichtiger wird als das Werden und Gewordensein«, daß also eine Abkehr vom (biographischen) Entwicklungsgedanken und eine neue Hinwendung zur »Mitte« oder zur »Gestalt« angezeigt sei, wie er es in seinem Buch »Der große Alcibiades« versuchte.[315] Dieser von Wilamowitz gerade noch als unecht verworfene Dialog sollte in seiner Echtheit folglich auch nicht »bewiesen« werden, sondern es sollte vielmehr »ein Bild des Dialoges [...] aufgerichtet« werden, an dem dann jeder Einwand »zerrinnen« und durch das, nach dem programmatischen Untertitel, auch wieder »ein Weg zu Platon« gewiesen würde.[316] Mit diesem eigentlich ästhetischen Zugang orientierte sich Friedländer deutlich am George-Kreis, was er durch die Kopie des Stils (Verzicht auf allen kritischen Apparat, »sparsame« Interpunktion), durch die Übernahme der geläufigen Interpretamente (Eros, Kairos, Meister/Jünger bzw. Herrschaft/Dienst) und auch Verweise auf Friedemann klar zu erkennen gab bzw. geben wollte. Auf die Frage des Dialogs danach, »wie der politische Mensch gebildet werde«, gibt dieser bzw. gibt Friedländer denn auch die entsprechende gestalthafte Antwort: »Die Begegnung mit dem Schönen: das ist der Dialog Alcibiades« – oder, etwas prosaischer ausgedrückt: der Ursprung jeder echten Politik liege im »hohen Augenblick« der Liebe zwischen Meister und Jünger.[317]

Die Reaktion auf das Buch, dem dann doch noch eine »kritische Erörterung« folgen sollte,[318] war entsprechend verhalten. Während man im George-Kreis sehr wohl registrierte, daß dort ein »ehemaliger Wilamowitz-Schüler« zu konvertieren beabsichtigte,[319] akzeptierten die Philologen solches gerade noch, weil im Gefühl eines Generationswechsels der neue Stil durchaus noch offen war und sich unter der georgeanischen Oberfläche eben doch auch philologische Argumente versteckten, ein »merkwürdiges Buch« aber blieb es ihnen sehr

314 *Friedländer,* Vom Altertum zur Zukunft.

315 *Ders.* Die Aufgaben der Klassischen Studien, S. 24.

316 *Ders.*, Der Grosse Alcibiades I, S. 6.

317 Ebd., S. 42, 46 u. 50.

318 *Ders.*, Der Grosse Alcibiades II.

319 So im Brief von Friedrich Wolters an Stefan George vom 25.3.1921, in: *George/Wolters*, Briefwechsel, S. 163 f.

wohl.[320] Ähnlich »gestalthaft« oder »von eigenem Wuchs«, wie Gadamer es ausdrückte,[321] sollte dann auch sein großes Platon-Buch von 1928 werden. In neun systematischen Kapiteln wird hier die Gestalt Platons umkreist, seine »Mitte« im »Sokrates-Erlebnis« ausgemacht und dabei unter einen Begriff der Paideia gestellt, der ähnlich schon dem »Alcibiades« die Erziehung zum Staat nur in einem Kreis des »liebend-lehrenden« Meisters und seiner »liebend-lernenden« Jünger erfüllt sah.[322] Das »fundamentale Rätsel des Phänomens Platon« allerdings, um das er sich dabei bemühte, wurde ausdrücklich vom Boden »der klassischen Philologie aus« in den Blick genommen, was zusammen mit der Widmung an Wilamowitz eben auch wieder eine Absage an die Auslegung des Kreises bedeutete.[323] Was Friedländer dabei macht und ob er einer These oder einem festumrissenen Platon-Bild folgt, ist schwer zu sagen. Es sind hier und mehr noch im zweiten Teil oftmals sehr feine und immer mehrere Ebenen gleichzeitig in der Schwebe haltende Interpretationen, die er liefert, die aber, darauf hat schon Stenzel in einer ausführlichen Rezension hingewiesen, letztlich vor dem »Rätsel« Platon verharren und dabei zwar dem Künstler der Dialoge gerecht werden, sich zur verhandelten Sache aber nicht durchringen.[324] Gleichwohl wird Friedländers Platon hier wie auch in der »Antike« einerseits als ästhetische Annäherung aufgefaßt, im Unterschied zu den Büchern des George-Kreises sei der Boden jedoch »wirklich wissenschaftlich«, bedeuteten seine Interpretation einen tatsächlichen »Fortschritt«.[325] Das Bemühen um Friedländer seitens der Humanisten wird überdeutlich, genauso wie die »Wissenschaftspolitik«, die Hildebrandt dabei vermutete. Tatsächlich aber ließ er sich weder Stenzels mehr die Wissenschaft betonendem noch Jaegers eher politischem Platon zuordnen, und auch auf die georgeanischen Doppelbelichtungen hat er sich trotz mancher Anklänge nicht eingelassen, so daß seine Interpretation letztlich unentschieden blieb, oder anders formuliert, offen für neue, »existentiale« Einflüsse.[326]

320 *Stenzel*, Rez. Friedländer (Alcibiades). Zum empfunden Generationswechsel vgl. etwa *Seeliger*, Rez. Salin, S. 1042.

321 *Gadamer*, Platoforschung, S. 221.

322 *Friedländer*, Platon, S. 38, 100, 104, 106, 114 u.ö.

323 Ebd., S. VIII. Gleichzeitig »bekennt« Friedländer aber weiter, daß er Friedemann viel zu verdanken habe, S. 20f., Anm. 1. *Hildebrandt*, Platon-Literatur, S. 315f. wollte Friedländer denn auch nicht einfach ziehen lassen, sondern stellte ihn weiter in die Wirkung Friedemanns und Wolters, obschon er sich mit Stenzel auf die nur scheinbar »goldene Mittelstraße« zwischen ihnen und Wilamowitz begeben habe.

324 Vgl. *Stenzel*, Rez. Friedländer/Singer, S. 408, der die Gefahr betont, sich in der Spannung der Interpretationsebenen im Unendlichen zu verlieren. Hieraus aber »gibt es nur den Ausweg in die λόγοι, in die Sache, um die es sich handelt, während alle die Schwebungen, Ober- und Untertöne in dem künstlerischen Gebilde des Dialogs durch keine ästhetische Reproduktion ausdrückbar und wiederholbar sind.«

325 Ebd., S. 402 u. 405 u. *Brink*, Beilage, S. *3.

326 *Friedländer*, Platon, S. VIII macht ausdrücklich auf die Marburger Anregungen von Heidegger, Bultmann, Gadamer u. a. aufmerksam. Vgl. auch *Hölscher*, Strömungen, S. 73f.

Friedländers Stellung innerhalb des Dritten Humanismus und der Einfluß seiner Platondeutung ist darum eher marginal. Daß er beider Anpassung an den Nationalsozialismus nicht aktiv betrieb, lag aber nicht ausschließlich an seiner jüdischen Herkunft, schließlich war er getauft und sah sich als Frontkämpfer zunächst nicht in Gefahr. Die Zurückhaltung spiegelte vielmehr noch einmal die Unentschiedenheit seiner philologischen wie politischen Position, die auch im »Platon« sich ausdrückte. In einem Brief an seinen Freund Rudolf Bultmann vom 2.6.1933 wird dies in der Verschränkung beider Ebenen sehr deutlich. Nachdem er dort seine scheinbar sichere Position an der Universität in Halle bedachte, wo er seit 1932 Professor war, schreibt er:

»Meine Haltung zu dem was geschieht, ist aus einem ebenso entschiedenen Ja und einem ebenso entschiedenen Nein gemischt, die Prozente schwanken, aber dabei ist die Überzeugung herrschend, dass es darauf ja im Grunde gar nicht ankommt, sondern darauf dass ich mit George zu sprechen ›im Raum den du mir maßest hafte‹ oder mit dem Kirchenlied ›mit Fleiß tue was mir zu tun gebühret.‹«[327]

Die Position Friedländers nicht eigentlich zwischen, sondern jenseits der Zustimmung und Ablehnung zur nationalsozialistischen »Revolution«, dann aber ebenso zwischen Georges »Sende« und den Anforderungen der Wissenschaft, könnte kaum prägnanter zusammengefaßt werden. Eine halbwegs klare Sicht auf die politischen Verhältnisse war hieraus jedoch ebenso wenig zu gewinnen wie eine programmatische Erneuerung sei es des Humanismus oder des Platon-Bildes. Daß er von Jaegers Versuchen, die alten Argumente in der Paideia »anzufrischen«, nichts hielt, ist immerhin überliefert,[328] genauso wie das verständliche Nichtverhältnis beider, nachdem Friedländer dem KZ Sachsenhausen 1938 noch einmal entkam und in die USA flüchten konnte.

Spranger, Pohlenz, Harder

Neben den großen Platonikern des Dritten Humanismus, die am Erzieher Platon jeweils auf ihre Weise einen anderen Zug freilegten, gab es, schließlich handelte es sich hier vorwiegend um klassische Philologen, noch zahlreiche weitere kleinere Platonbeiträge und -deutungen, die sich jedoch vor und nach 1933 wesentlich innerhalb des Rahmens bewegten, den Jaeger und Stenzel mit ihren Deutungen aufgespannt hatten.

Eduard Spranger etwa sollte sich 1922 ähnlich dem Vorgehen Stenzels auf das Symposion und auf Platon als »unseren Wahrsager« berufen, um mit ihm gegen die auch in Platons Namen gestiftete »Verwirrung« anzugehen, die in der Jugend-

327 Brief Paul Friedländers an Rudolf Bultman vom 2.6.1933, zit. nach *Obermayer*, Deutsche Altertumswissenschaftler, S. 603. Vgl. auch allgemein zu Friedländer, bes. aber zu seiner Zeit im Exil ebd., S. 595–670.

328 Vgl. *Calder/Braun*: »Tell it Hitler! Ecco!«, S. 221.

bewegung – gemeint sein dürfte Blüher und sein Umfeld[329] – über das »Erotische« herrsche.[330] Die Deutung, die er ihm dabei gab, bewegte sich einerseits in der traditionellen Auslegung des Eros als »geistigem Zeugungswillen«, andererseits thematisierte er aber auch den »sexuellen Einschlag« der sich auf den wahren »metaphysischen« Eros gründenden Verhältnisse und die Frage, in wieweit eine solche erotische Seelengemeinschaft durch eine »körperliche Vereinigung« ausgeschöpft werden könne.[331] Die Norm, das machte Spranger klar, sei dabei das »geistig-eheliche« Verhältnis, problematisch ist jedoch, daß und wie er die ausdrücklich zum Phänomen des Eros gezählte »Schwärmerei des jungen Mädchens für die geistige überlegene ältere Frau« und »die Liebe des Knaben und jungen Mannes zum fertigen Führer« miteinbezieht und legitimiert, wenn er schreibt:

»Ich wage nicht, über diejenigen zu urteilen, die den Weg von der Erotik zum sexuellen Akt auch in einem anderen als jenem geistig-ehelichen Verhältnis um der inneren Wahrhaftigkeit ihres Wesens willen gehen zu müssen glauben. Die Entscheidung liegt in ihnen selbst und kann nicht mißverstanden werden: Bewahren sie die reine ungebrochene Kraft des Eros auch in und nach jenem Schritt, so sind sie von der Natur selbst losgesprochen. Erlahmt aber die geistige Schwungkraft, indem sie sich am Einzelnen und Endlichen und Flüchtigen genügen läßt, so liegt darin der Spruch ihres inneren Schicksals.«[332]

Mit solchen Äußerungen lag Spranger, darauf hat unlängst Jürgen Oelkers noch einmal aufmerksam gemacht,[333] durchaus im »dunklen« Mainstream der Reformpädagogik seiner Zeit. Andererseits merkt man ihm aber doch auch das Bemühen an, den nach der Jahrhundertwende im Namen Platons entfesselten Eros wieder einzufangen und in die Zeugung von »Idealen« umzubiegen, die dann auch im Humanismus wieder Nahrung finden könnten. Im Kontext des Dritten Humanismus jedoch war dies die einzige Äußerung in dieser Richtung, spielte der Eros in der dort entwickelten Paideia jenseits des Gemeinschaftsgedankens keine hervorgehobene, auf jeden Fall keine andere als »ideale« Rolle.

Weit prominenter war da schon der von Jaeger propagierte politische Platon und dessen Erziehung zum Staat. Im Kontext der anhaltenden Lehrplandiskussionen für die alten Sprachen und dem Bedürfnis vieler Lehrer, klare Anhaltspunkte für die Umsetzung der geforderten »staatsbürgerlichen Erziehung« im Unterricht zu bekommen, lag es schon wegen der angestrebten Nähe von Gymnasium und universitärer Philologie nahe, dieses am neuentdeckten Platon zu

329 Vgl. außer den platonischen Schriften Blühers noch *Zeidler*, Vom erziehenden Eros.

330 *Spranger*, Eros, S. 257.

331 Ebd., S. 261 f.

332 Ebd., S. 261 f.

333 *Oelkers*, Eros und Herrschaft. Vgl. auch *Klinger*, Pädagogischer Eros, bes. S. 130 ff.

verdeutlichen, so daß eine ganze Reihe entsprechender Darstellungen und Beiträge entstanden. Max Pohlenz, auch ein Wilamowitz-Schüler und vor dem Krieg bereits mit einer soliden philologischen Untersuchung über »Platos Werdezeit« hervorgetreten, bezeichnet dabei die eine, gleichsam ältere und noch mehr historisch orientierte Richtung solcher Darstellung. Bereits 1923 hatte er in einem Büchlein über »Staatsgedanke und Staatslehre bei den Griechen« die platonische »Ethisierung der Polis« im Kontext ihres Niedergangs behandelt und dessen Politeia mit Wilamowitz als ein ideales »Aktionsprogramm« beschrieben, an dem sich zwar, wie er es auch tat, zahlreiche Einzelpunkte kritisieren ließen, doch

»wenn wir die Wahl hätten zwischen der Unterwerfung unter eine solche starke Regierung und der athenischen Demokratie, in der die politische Intelligenz als angeboren galt und jeder Zwanzigjährige an den wichtigsten politischen Entscheidungen mitwirken, jeder Vollbürger auch ohne Fachkenntnisse, wenn er nur gesinnungstüchtig war, in die höchsten Ämter gelangen konnte, wer weiß, wie wir uns da entscheiden würden.«[334]

»Vom Standpunkt des Humanismus aus«, so Pohlenz auch in einem Beitrag über die »Staatsbürgerliche Erziehung im griechischen Unterricht«, sei es jedenfalls zu begrüßen, daß man sich anhand der dort erstmals auftretenden politischen Probleme auch moderner Staaten der unmittelbaren Bedeutung des Griechentums für die Gegenwart vergewissern könne.[335] Die Anknüpfungspunkte, die Platon hierfür liefere, führt er dazu mit Blick auf die Wirkung bei den Primanern breit aus und betont vor allem wieder die »Ethisierung« des Staates, also den Ansatz, den Staat unter ethisch-pädagogischen Gesichtspunkten zu behandeln. Dazu gehöre dann das Gegengewicht gegen das Herrenmenschenideal des Alkibiades (und Nietzsches), aber auch die Förderung eines gemeinsamen »Staatsgeistes«, die Heranbildung und Auslese der Führer oder der sonst nirgends thematisierte Aspekt »sozialer Gerechtigkeit«.[336] Während der im besten Sinne idealistische Platon so für die innere Ausgestaltung des eigenen Staatslebens »unendlich viel zu sagen« habe, müsse ihm, gerade was die Außenpolitik betreffe, aber noch eine realistische Ergänzung an die Seite gestellt werden, denn »wir brauchen im Unterricht den theoretischen Idealismus Platos, aber auch die historische Betrachtung und die politische Erfahrung des Thukydides.«[337]

Auf die Bildung des rechten »Staatsgefühls« durch Antike und Platon setzte Pohlenz auch 1933, als er wie Jaeger und Stenzel zur Verteidigung des humani-

334 *Pohlenz*, Staatsgedanke, S. 73 ff. u. 92.
335 *Ders.*, Staatsbürgerliche Erziehung, S. 3 f.
336 Ebd., S. 9 f., 15 u. 17.
337 Ebd., S. 17.

stischen Gymnasiums anhob. Denn dessen Staatsideal möge zwar in seinen zeitbedingten Einzelheiten Kritik hervorrufen, seine Grundmotive seien jedoch lebenswichtig und »lebenswirkend«. Gemeint war damit die Bildung eines neuen Geschlechts durch »rücksichtslose Rassezüchtung« und die bei ihm geschilderte Bildung des Führertums, die jedoch, und hier bleibt er ganz auf der bildungspolitisch erfolglosen Linie des Dritten Humanismus, durch nichts anderes als durch »gründliche Wissenschaft« erfolge und erfolgen müsse.[338]

Der deutlich jüngere Richard Harder, der bereits ein Schüler Jaegers war, hatte demgegenüber weniger Anpassungsschwierigkeiten, wenngleich auch er bemüht war, den politischen Platon des Dritten Humanismus ins Dritte Reich hinüber zu retten. Als Herausgeber des Gnomon verteidigte er bereits 1929 die neue »kernhafte« Platondeutung Jaegers, Stenzels und Friedländers gegen die »Orgien des Irrationalismus« in der Nachfolge Friedemanns, und was er damit meinte, sollte er 1934 selbst darstellen. In seinem Vortrag über »Platon und Athen« pries er da nämlich die neue Verbundenheit des Dritten Reiches mit Platon:

> »Es hat den Anschein, als sei im neuen Deutschland Platos Stunde gekommen nachhaltiger vielleicht und lebendiger als je im Leben das deutschen Volkes. Denn noch nie war die Wirkung Platos in Deutschland so auf unser eigenes Leben und unseren eigenen Staat gerichtet wie heute. Der heutige deutsche Platonismus ist politischer Platonismus; denn er ist ein Platonismus der Politiker. [...] In die ganze Auseinandersetzung ist dadurch ein herzhafter und entschiedener Ton hineingekommen.«

Für die Aufgaben der Gegenwart sei er dabei nicht so sehr ein nachzuahmendes Vorbild als vielmehr ein Gegenbild, an dem zu messen schon die »innere Verwandtschaft« zu diesen »reichsten und härtesten, geisteskräftigsten und staatlichsten Denker[s] unseres Stammes« herausfordere. Die Platonforschung jedenfalls habe für diese Auseinandersetzung seit einigen Jahren »ja bereits das Bild eines politischen Plato anzubieten«, und es komme nun darauf an, dieses unter den neuen Bedingungen zu überprüfen. Das Problem, das Harder umtrieb, war nämlich, daß, wenn man ihn wie seit Wilamowitz mehr und mehr üblich als praktischen Politiker begreife, man in die »mißliche« Lage komme, »Plato gerade auf das Gebiet festzulegen, auf dem er am wenigsten Erfolg gehabt hat.« Für die Weimarer Neoplatoniker war solches ja noch unproblematisch, weil man selbst, wie oft beklagt, nicht einmal mehr einen Staat gehabt hätte, Platons Fundamentalopposition also ganz gut in das eigene Selbstbild gepaßt hatte. In dem Moment aber, wo das neue »Reich« da war, oder es doch behauptete, und es eben um den »kernhaften« Aufbau ging, da taugte ein solches Bild plötzlich nicht mehr zur Identifikation und Harders Forderung, die praktische Politik Platons endgültig wieder in eine »Randstellung« der Biographie zu rücken und mehr das »ewige Bild des wahren Staates« sowie des »echten politi-

338 *Ders.*, Das humanistische Gymnasium.

schen Menschen« zu betonen, muß daher auch als Versuch gelesen werden, die Platonforschung der letzten Jahre, von der er, das zeigen die Anmerkungen, keineswegs abrückte, auch ins neue Reich zu retten. Sein ebenfalls 1934 erschienener »Kriton« versuchte den gleichen Spagat, indem er mit kaum weniger Pathos das Bild zwar nicht des Politikers, wohl aber des politischen Platon verkündete, wie er in jüngerer Zeit und nicht erst nach der »nationalen Revolution« wiederentdeckt wurde:

»Es ist wie eine Erfüllung dieses deutschplatonischen Erbgeschenkes, wenn nun seit einer Generation gerade in Deutschland, vorbereitet und ermöglicht durch geschärftes geschichtliches Denken, in der Tiefe bewegt durch das große Wirklichkeits- und Gemeinschaftserlebnis des Krieges, entbunden und befruchtet durch das neue Trachten der Deutschen nach Staat und Volk, ein neues Platobild heranwächst, das Bild des politischen Plato. Plato als Staatstheoretiker nicht nur, sondern als Mensch mit politischem Wirkungswillen und als ›Polisgrieche‹, als Bürger seiner Stadt – von dieser Wesensseite her scheint sich uns heute das Gestalt Platons neu zu enthüllen.«[339]

Der politische Platon als das »deutschplatonische Erbgeschenk« – auch Formulierungen wie diese konnten kaum darüber hinweg täuschen, daß im neuen nationalsozialistischen Staat nicht auf ein platonisches Bildungsprogramm gewartet wurde, selbst wenn es sich politisch gab und auf den Staat zielte, denn das machten zwischen 1933 und 1935 beinahe alle Fächer.[340] Nicht einmal Heideggers Versuch, solches in seiner – von Harder im Gnomon gefeierten und von Jaeger vergeblich für den Abdruck in der Antike umworbenen[341] – Freiburger Rektoratsrede anzustoßen, hatte den erhofften Erfolg, ließen sich die realen Führer eben doch nicht so ohne weiteres vom »Vorbild des Retters« führen. Die Versuche, mit dem politischen Platon den Stellenwert des Humanismus oder wenigstens des Gymnasiums im Dritten Reich zu erhalten, gingen gleichwohl weiter und sollten, vor allem im Kontext der Schullektüren noch zu so manch kruder

339 *Harder*, Platos Kriton, S. 44.

340 Vgl. die ironische Schilderung der Situation an den Universitäten nach der »Erhebung« bei *Löwith*, Mein Leben, S. 76: »Nicht weniger kläglich war die allgemeine Anbiederung an die politische ›Weltanschauung‹. Das neue Vorlesungsverzeichnis wimmelte von Titeln, die den ›Staat‹ angehängt hatten: ›Die Physik und der Staat‹, ›Kunst und Staat‹, ›Philosophie und Politik‹, ›Plato und der Nationalsozialismus‹ usw. Die Folge war, daß im nächsten Semester vom Minister ein Schreiben kam, welches den Dozenten die politischen Themen verbot, soweit sie ihrem Fach nach nicht dafür zuständig waren. Zwei Jahre später war die Entwicklung so weit gediehen, daß der Minister aufgrund der miserablen Prüfungsergebnisse erklärte, er werde keine politisierenden Professoren mehr dulden. Die Resultate der volksnahen Wissenschaft führten zu einer Entpolitisierung, und zwar aus politischen Gründen, und der totale Staat wurde paradoxer Weise wieder zum Befürworter der Neutralität in geistigen Dingen!«

341 *Harder*, Rez. Heidegger. Zum Bemühen Jaegers vgl. *Petzet*, Auf einen Stern zugehen, S. 34.

Konkretion des »Politischen« führen.[342] Von einem »Gegenbild« im kritischen Sinne aber, an dem die Gegenwart tatsächlich gemessen werden konnte und wie es in Jaegers Konzept ja zumindest angelegt war, konnte keine Rede mehr sein – so der »politische« Platon denn überhaupt je einmal zur Schärfung des »staatsbürgerlichen« oder politischen Bewußtseins geführt hätte. Die »platonic religion« (Suzanne L. Marchand),[343] die nicht nur Wilamowitz sondern auch vielen anderen Humanisten zu einer Art Ersatz- oder Komplementärreligion wurde, hat außer vielleicht bei Stenzel nur selten zur Befassung mit den Realitäten der Gegenwart geführt. Der von Friedländer auf den Punkt gebrachte Gedanke solcher »Religion«, daß es auf die wirkliche Politik im Grunde gar nicht ankomme, weil, wie schon Wilamowitz hoffte, das geistige Reich Platons von den »Miasmen der Verwesung« unberührt bleibe, hat einer ohnehin verbreiteten politischen Naivität politisierender Professoren nur noch weitere Nahrung gegeben.

3.3.3 Platon und das Gymnasium II

Ob und wie sich der erneuerte oder dritte, auf jeden Fall aber »politische« Humanismus Jaegers auf die Behandlung und das Bild Platons an den Gymnasien der Weimarer Republik selbst ausgewirkt hat, ist nur schwer zu beurteilen. Wenn Hans Scharold 1930 von Bayern aus beklagte, daß dort die »Zeichen der neuen Zeit« noch längst nicht erkannt würden, sprich: Platon als Mitte des »erneuten oder ›Dritten Humanismus‹« noch kaum wahrgenommen, geschweige denn im Unterricht eingesetzt würde, so zeigt dies immerhin die beiden Ebenen, die hier auseinandergehalten werden müssen, nämlich die der Debatten und Konzepte und die der Lehrerschaft bzw. der Unterrichtswirklichkeit.[344]

Auf der Ebene der humanistischen Bildungsziele und der auf ihnen aufbauenden Lehrpläne war bereits in den für die preußischen Provinzen maßgeblichen Richertschen »Richtlinien« von 1925 das neue Konzept zumindest in Ansätzen erkennbar, sollten dort doch die »Formkräfte« des Griechentums und die in sich »wertvollen« großen Werke für die staatsbürgerliche Erziehung der

342 Eine kleine Auswahl: *Mader*, Platon und wir, S. 137: »Was Platon als Mythos und Logos gedichtet hat, ein großer Teil davon ist heute [...] Wirklichkeit geworden.« *Wöhe*, Platons Politeia im griechischen Unterricht, S. 35–37, sieht bei Platon die »einzig günstige Gelegenheit [...] die Schüler mit einem »großen Philosophen nordischer Rasse« bekanntzumachen. *Raddatz*, Platonlektüre, S. 9, 32, 39 u.ö. findet hier bereits den »totalen Führerstaat«. Besonders hervorgetan hat sich hier auch der an verschiedenen Thüringer Schulen tätige Herbert *Holtdorf*, der sich 1933 noch an Jaeger und den Dritten Humanismus anschließt, diesen 1934 aber aufgibt und ganz auf die Linie Kriecks und Günthers einschwenkt. Vgl. *ders.*, Humanismus und völkischer Staatsgedanke, *ders.*, Plato und Fichte, *ders.*, Platon im Kampf gegen die Entartung der nordischen Rasse, u. *ders.*, Platon-Lektüre im Dienste der Wehrerziehung.

343 *Marchand*, Down from Olympus, S. 358.

344 *Scharold*, Platonlektüre, S. 321 u. 324.

Gegenwart fruchtbar gemacht werden, was im »Normallehrplan« des Altphilologen-Verbandes von 1930 dann noch einmal unterstrichen werden sollte. Im Gegensatz zu den Lehrplänen des Kaiserreichs spielte Platon hierbei nun eine entscheidende Rolle, hatte nämlich auch Richert (bzw. Kranz) bei der staatsbürgerlichen und philosophischen Vertiefung des Unterrichts, die nun gefordert war, vor allem an ihn gedacht, sollten am Gorgias die Epoche der griechischen Aufklärung und der Sophistik und dann die verschiedenen platonischen Antworten darauf in Apologie, Menon, Phaidon, Symposion oder Teilen der Politeia vorgestellt werden.[345] Genau das – abzüglich vielleicht des Krise-Reaktions-Schemas – hatte aber auch schon Wilamowitz in seinem Platon angeregt: »Weil sie die entscheidende Wirkung ausüben, hinzuführen zu Platons Religion, die zugleich potenzierte Sokratik ist, sind Apologie und Gorgias, Phaidon und Symposion – und noch einige Teile des Staates und des Phaidros – [...] die ewig lebendigen Schriften.«[346] Die Richtlinien betonten diese Herkunft ausdrücklich und wiesen ebenso wie Kranz selbst, der sich immer wieder als ausgesprochener Vermittler der verschiedenen humanistischen Strömungen erwies, auch auf Wilamowitz hin. Da eine solche Zusammenstellung jedoch noch lange kein zu verwirklichendes Konzept war, standen viele Lehrer recht ratlos vor diesen Richtlinien,[347] weshalb Kranz in Bezug auf Platon noch einige Erläuterungen hinterherschicken mußte – und der signifikante Unterschied dieser Erläuterungen von 1926, 1928 und 1929 liegt nun genau auf der Linie des sich politisierenden und Platon in den Mittelpunkt stellenden Humanismus.[348]

Standen nämlich 1926 in seinem Richtlinienkommentar und auch noch 1928 in der Aufbereitung der platonischen Ideenlehre für den Unterricht ganz deutlich das »Ringen mit dem sophistischen ethischen Relativismus« und die sokratisch-platonische Erkenntnis im Mittelpunkt, »daß das denkende Gewissen Maßstab aller Handlungen und Fundament der Persönlichkeit« werden müsse,[349] sollte diese im besten Sinne, weil auf Goethe und Schiller weisende »idealistische Philosophie« als Gegenstand und Ziel des Unterrichts in der späteren Handreichung von 1929 durch jenes neue »Platonbild« abgelöst werden, »das unsere Zeit sich geformt« habe.[350] So verschieden die Aspekte dieses neuen, um 1928 markant werdenden Bildes dabei auch noch aufgefaßt würden,

> »gemeinsam liegt ihnen zugrunde die Erkenntnis, daß die platonische Wissenschaft nicht etwas dem Leben abgewandtes, daß die Akademie nicht zur Förderung der Erkenntnis als eines letzten Zieles gegründet ist, sondern als eine Zelle zum Wieder-

345 Vgl. *Apel/Bittner*, Schulbildung, S. 175 u. 179.
346 *Wilamowitz*, Platon I, S. 748.
347 So *Apel/Bittner*, Schulbildung, S. 176.
348 *Kranz*, Richtlinien, bes. S. 133–141, *ders.*, Die Bedeutung der platonischen Ideenlehre u. *ders.*, Platon im Gymnasium.
349 *Ders.*, Richtlinien, S. 136.
350 *Ders.*, Platon im Gymnasium, S. 12.

aufbau der Menschheit und des Staates, nachdem es sich als unmöglich erwies, im politischen des nachsokratischen Athens selbst zu wirken. Es bedurfte der höchsten Not unseres eigenen Volkes, um uns diese Lehre gewinnen zu lassen, und wenn nach Nietzsche man nur aus der höchsten Kraft der Gegenwart heraus die Vergangenheit deuten soll, so kann eben auch die höchste Not diese Kraft spenden.«[351]

Und besonders eindrücklich für den in eben diesen Jahren sich vollziehenden Umschwung des humanistischen Platonbildes vom idealistischen Philosophen zum Staatsgründer und -bildner sind die Hinweise, die Kranz dann für die schulpraktische Umsetzung der Lektüre gab. Er selbst habe in den letzten Jahren nämlich öfter das Glück gehabt, in der Prima (freilich Schulpfortes) drei platonische Werke lesen zu können: »Gorgias, Symposion, Phaidon, welche *eine*, nicht *die* Summe darstellen der ethischen, ästhetischen, erkenntnistheoretischen Einsichten Platons und zeigen πῶς βιωτεόν και πῶς θνητέον«, also wie man leben und wie man sterben müsse.[352] »In der Lektüre des Staates« dagegen »fehlt es mir noch an Unterrichtserfahrung, und gerade nach dieser Seite hin bedürfte unserer Betrachtung hier eine dringende Ergänzung.« Wohl höre man von einigen fruchtbaren Versuchen eine Auswahl herzustellen und diese wie von Wilamowitz vorgeschlagen mit Aristoteles zu ergänzen,

»aber vielleicht könnten die neu gewonnenen Einsichten in die Ziele Platons des Gründers und des Staatenbildners, verbunden mit dem neuerwachten Sinn der Jugend für die Aufgaben des Gemeinschaftslebens, dieser Lektüre einen solchen Impuls geben, *daß alles andere dahinter zurücktreten müßte*. Dann könnte es geschehen, daß die neukommende Generation dem Platonunterricht eine ganz andere Prägung gibt, als wir es vermögen.«

Die Hinweise auf die aktuelle Literatur und das zeitgleich in der Portenser Schulzeitung erschienene Bekenntnis zur »Bewegung« Jaegers, seiner Zeitschrift und sogar noch der Gesellschaft für antike Kultur[353] zeigen deutlich, daß Kranz ganz unmittelbar auf den durch Jaeger angestoßenen Wandel des Platonbildes reagierte und diesen – obschon selbst noch ohne eigene Erfahrung im Unterricht – zur praktischen Umsetzung empfahl.

351 Ebd. Beigetragen zu diesem neuen Bild hätten neben Wilamowitz v. a. Jaeger, Friedländer und Stenzel, wohingegen Singer zwar ebenfalls und »in edler Sprache« die Wahrheit von Platon als dem Neugründer der sich auflösenden athenischen Gemeinschaft verkünde, sein Buch dabei aber »nicht stark und urtümlich genug« sei, »um fruchtbar auf uns einzuwirken« (ebd., S. 10 f.).

352 Ebd., S. 15., dort auch das Folgende.

353 Vgl. *ders.*, Pforte, S. 1 f.: »Woher nehmen wir die Kraft, auch im Zeitalter des Subjektivismus, in der ›Moderne‹ die Bildung der Jugend zu gründen auf die Kulturwerte der Antike? Wir werden getragen von einer Bewegung, die zwar nur einen winzigen Teil des heutigen Deutschland und einiger Nachbarländer erfaßt, die aber doch von einer nicht zu verachtenden inneren Stärke ist. Man hat ihr wohl gelegentlich den Namen ›Junghumanismus‹ gegeben und als ihr Kennwort kann man den Spruch des Dichters Stefan George bezeichnen, der ver-

Ob er damit eher die Ausnahme oder eher die Regel war, ist die Frage der zweiten oben angesprochene Ebene der Wirkung auf die Lehrerschaft und der Unterrichtswirklichkeit, und da vergleichbare Quellen und Lektüreeindrücke von Pädagogen dieses Zeitraums fehlen, müssen allgemeine Erwägungen an deren Stelle treten. Betrachtet man allerdings nur den vergleichsweise hohen Anteil von Lehrern und Gymnasien unter den Mitgliedern der Gesellschaft für antike Kultur (123 verzeichnete Lehrer und 128 Gymnasien und angeschlossene Vereine), und unterstellt, daß dieser nicht nur Ausdruck der Attraktivität der so deutlich günstiger zu beziehenden »Antike« war, so kann bei etwa 300 humanistischen Gymnasien allein in Preußen am Ende der 1920er Jahre schon insofern von einer relativ hohen Reichweite und, nimmt man Kranz' Identifikation mit der Bewegung zum Maßstab, auch Resonanz der hier veröffentlichten Platondeutungen Jaegers und Stenzels ausgegangen werden. Bedenkt man dazu noch deren und anderer Engagement bei den verschiedenen Tagungen und Studienwochen zur Lehrerfortbildung, auf denen Platon als das »Kernstück des griechischen Unterrichts« und besonders dessen »Staatsidee« im Zusammenhang besprochen wurden,[354] dann wird immerhin wahrscheinlich, daß sich das Bild des politischen Platon von der Ebene der Universitätsphilologie auch in der Schule fortsetzte. Ob und inwieweit das nur eine jüngere Generation der Philologen betraf, wie Kranz und Scharold andeuteten,[355] bleibt zwar offen, gleichzeitig aber waren beide ja das Beispiel, daß dem selbst längere Erfahrung im Schuldienst und im Falle Kranz' auch die Prägung durch Wilamowitz nicht im Wege stehen mußten.

Wie die einzelnen Dialoge dabei nun aber auch immer verstanden und unter welcher »Idee« sie behandelt wurden, *daß* sie im Vergleich zum Kaiserreich in den humanistischen Gymnasien überhaupt wieder vermehrt gelesen und im Laufe der 1920er Jahre zudem die primären griechischen Abiturtexte wurden, kann als gesichert gelten.[356] Ob sie dabei jedoch tatsächlich eine »Auferstehung«

kündet: ›Eine kleine Schar zieht stille Bahnen [...] Hellas ewig unsere Liebe.‹ Selbst wenn sie auf verlorenem Posten stünden, würden die Junghumanisten diese Fahne nicht sinken lassen, denn sie glauben an den ewigen Wert ihrer Sache.« Und zur Eingrenzung dieser Bewegung heißt es dann weiter, daß sie sich »die schöne, auch für den gebildeten Laien bestimmte Zeitschrift ›Die Antike‹ geschaffen und die Gesellschaft für antike Kultur hervorgerufen hat.«

354 Vgl. *August*, Griechische Studienwoche, S. 350, *Rehm/Stroux*, Ferienkurs, und *Groß*, Altsprachliche Studienwoche. Teilgenommen hatten jeweils 20 bis 25 Altphilologen aus unterschiedlichen preußischen Provinzen oder Bayern. Ein Schwerpunkt lag dabei auf Platon, dessen »Staatsidee« Rehm und Jaeger jeweils an zwei Tagen im Zusammenhang besprachen.

355 *Scharold*, Platonlektüre, S. 321: »Auch heute, wo man nicht nur innerhalb einer neuen Philologengeneration vom erneuten oder ›Dritten Humanismus‹ spricht, ist Platon in den Mittelpunkt und Vordergrund nicht nur der philologischen Forschung und Beschäftigung gerückt, er hat weiteste Kreise des geistigen Lebens erfaßt [...].«

356 Vgl. *Apel/Bittner*, Schulbildung, S. 210. Im Vergleich zum Kaiserreich ist ihre Untersuchung beim Griechischunterricht der 1920er Jahre jedoch bestenfalls kursorisch, fehlen wirklich belastbare Zahlen. Die Dominanz Platons in den Abituraufgaben der späten 1920er Jahre bestätigt jedoch auch die unten gemachte Stichprobe.

feierten, wie Scharold es ausdrückte, um gleichzeitig zu beklagen, daß an bayerischen Gymnasien nur etwa 5 von 20 humanistischen Anstalten außer der Apologie noch einen zweiten (meist kleinen) Dialog läsen,[357] darf bezweifelt werden, waren da die immer noch obligatorische Homer- oder neuerdings auch die thematische Lektüre nach dem Lesebuch von Wilamowitz vor. Immerhin aber, und das kann als Ausweis der »Platon-Renaissance« auch an der Schule durchaus festgehalten werden, wurden von Platon laut Lehrplan nun wenigstens drei Dialoge in den Oberklassen gelesen, deren Auswahl und Deutung allerdings weiterhin dem Fachlehrer oblag. Und auch wenn in der bisherigen Forschung dazu bisher noch keine belastbaren Zahlen vorliegen, so lassen die jährlichen Lektürepläne der drei griechisch verpflichtend anbietenden Gymnasien in Merseburg, Naumburg und Halle a. d. Saale für die Jahre 1925 bis 1934 doch vermuten, daß diese wenigstens drei Dialoge in Obersekunda und den beiden Primen wirklich gelesen wurden, wobei zur obligatorischen Apologie wechselnde Dialoge, meist aber in U I Kriton oder Gorgias, in O I dann oft Phaidon, Symposion oder, Anfang der 1930er Jahre eben auch eine Auswahl aus der Politeia kamen.[358] Dieser Eindruck, der noch eine genauere Untersuchung erfordern würde, unterstreicht so aber einmal die auch bei Kranz gemachte Beobachtung, daß nämlich Platon nicht nur mehr, sondern auch anders, nämlich zum Anfang der 1930er Jahre »politischer« gelesen wurde.

3.4 Platonischer Neoidealismus

Gegenwarts- und Krisenbewältigung durch Klassiker-Philologie betrieben nicht allein die Neoplatoniker in George-Kreis und Drittem Humanismus. Mochten diese trotz aller Binnendifferenzen nach außen hin äußerst stabilen Denkstile mit ihren programmatischen Ansprüchen den Diskurs bestimmt und sich gegenseitig den Primat am neuen, tendenziell politischen Platon-Bild streitig gemacht haben, so fanden sich jenseits dieser aufgeregten Debatte immerhin noch wenigstens zwei Gruppen, die ihrerseits Platon mit der Gegenwart in Verbindung setzen und dort seinen »Idealismus« fruchtbar machen wollten. Sieht man dabei von vereinzelten Stimmen wie derjenigen Coudenhove-Kalergies ab, die in der Not des Staates einfach die Hilfe aller »großen Geister« zur »Welterneuerung« anriefen und also auch auf Platon kamen,[359] sind es vor allem die ver-

357 *Scharold*, Platonlektüre, S. 324.

358 Staatliches Domgymnasium Merseburg: Berichte über die Schuljahre 1924/25–1934/35, Stiftisches Domgymnasium zu Naumburg (Saale): Berichte über die Schuljahre 1924/25–1934/35 u. Lateinische Hauptschule der Franckeschen Stiftungen zu Halle an der Saale: Berichte über die Schuljahre 1924/25–1934/35.

359 *Coudenhove-Calergie*, Platons Staat.

sprengten Reste des Marburger Neukantianismus, die sich in den 1920er Jahren noch verstärkt um Platon bemühten, sowie einige im Euckenbund organisierte Autoren, die ebenfalls auf Platon als die (neben Eucken) notwendige Antwort auf die Krise des Geistes setzten.

3.4.1 Platon nach dem Neukantianismus

Das Ende des Marburger Neukantianismus als Schulzusammenhang und philosophischer Denkstil hatte sich schon 1912 mit dem Weggang Cohens nach Berlin abzuzeichnen begonnen.[360] Der kritische Idealismus, der um die Jahrhundertwende ähnlich wie später Heidegger am selben Ort viele der begabtesten Studenten aus allen Teilen Deutschlands und Europas anzog, hatte wegen seiner Verengung auf erkenntniskritische Fragen längst auch in den eigenen Reihen Widerspruch provoziert, doch so lange der alternde Cohen die Führung der Schule in der Hand hielt, wurde solches kaum offen geäußert. Mit dessen Weggang aus Marburg jedoch und vollends mit dessen Tod 1918 zersprang das logische und konzeptionelle Korsett der Schule und zusammen mit der Erfahrung des Weltkrieges und seiner »Philosophie« brach sich nun eine neue Metaphysik Bahn, der Nicolai Hartmann ebenso folgte wie Heinz Heimsoeth, die aber auch den »Platorp« der Schule und deren Platondeutung nicht unberührt ließ.

Paul Natorp

Natorp selbst begann um 1912 ebenfalls die Fühler in andere Richtungen auszustrecken, hatte er in seiner »Allgemeinen Psychologie« das Subjekt für sein systematisches Philosophieren wiederentdeckt und sich zudem pädagogisch der Jugendbewegung angenähert, wovon auch seine Wilamowitz-Besprechung zeugen sollte. Im Krieg und unter dem Eindruck der »Ideen von 1914« sollte er dann zu einer tragischen und gerade nicht mehr fortschrittsoptimistischen Deutschtums- und Gemeinschaftsmetaphysik finden, die ihm einerseits und besonders in der Depression des Kriegsendes viel Zuspruch einbrachte, die ihn sich andererseits aber auch weit vom bisherigen Marburger Weltbild entfernen ließ und zu großen systematischen Umbauten seiner Philosophie veranlassen sollte.[361]

Sichtbarster Ausdruck solcher Umbauten war die oben schon[362] angedeutete Neuauflage seines Platonbuches 1922, die im Text weitgehend unverändert blieb,

360 Vgl. *Sieg*, Aufstieg und Niedergang, S. 479 f.

361 Vgl. zu Natorps Kriegsengagement und den philosophischen Folgen *Sieg*, Realitätsferner Utopismus, S. 264 ff.

362 Vgl. Kap. 3.1.1.

die aber einen »metakritischen Anhang« enthielt, der die »neue Stellung zu Platon« klar machen und das Signal zur Historisierung des eigentlichen »Marburger« Platon geben sollte.[363] Ohne daß die näheren, über die Hinwendung zur Metaphysik im Krieg hinausgehenden Gründe dafür bekannt wären, setzte bei Natorp im Frühjahr 1920 eine radikale, bald von Plotin flankierte Neulektüre ein,[364] die zwar nicht alles bisherige in Frage stellen, die Auffassung der platonischen Idee als Hypothesis jedoch als zu einseitig kritisieren und letztlich als nur abgeleitet von einem letzten, nur noch »mystisch« oder religiös zu fassenden »Ur-Gesetz« begreifen sollte. Ganz ähnlich vielleicht dem Bedürfnis Jaegers nach einer »festen Stellungnahme in der Welt« sollte auch bei Natorp die Idee nicht mehr wie vormals als unendlich gedachte Grundlegung verstanden werden, also als Seins-Unterstellung in der Hypothesis, deren Annahme dann irgendwann als Gesetz bewiesen würde, sondern nun war der Ursprung selbst gefragt, bedurfte es einer auch noch ontologischen Fest-Stellung des letzten Grundes aller Erkenntnis und Gesetzlichkeit.[365] »Die Idee«, so Natorp in Umkehrung seiner bisherigen Blickrichtung, »ist somit nicht bloß (wie oben gesagt wurde) Durchschau zur Totalität, Hineinschau alles teilhaft Einzelnen oder besonderen in sie« – also nicht mehr nur ein ›Werkzeug‹ der Erkenntnis –,

»sondern An- und Einschau von der Totalität aus, die aus dem Zentrum des Ursprungs alles irgend noch Peripherische oder nach der Peripherie hin Gerichtete nicht bloß erfaßt, sondern hervorgehen läßt […]. Als das Ur-Gesetz, ganz im aktiven Sinne des Setzens, nicht des bloß Gesetzten, entspricht es der Erzeugung des Umkreises vom Zentrum her; es schließt in sich das Moment des Bewegens und doch im Bewegten selbst Ruhens; es ist ›Zum-Sein-Werden‹ […] und ruhendes Sein des Werdens, mit dem es ebendamit konkret eins ist und immer bleibt.«[366]

Das »letzthin Ungeschiedene, Ur-Eine und Ganze« als Ziel und Zentrum der platonischen Philosophie, für das er nun dessen Spätphilosophie, v.a. aber die Mythen und sogar den zuvor verworfenen 7. Brief in Anschlag bringt, weil dort ja die Sprachlosigkeit der Philosophie angesichts des Letzten und Unsagbaren beteuert würde, läuft somit deutlich auf eine henologische Mystik oder eine negative Theologie in neuplatonischem Sinne hinaus, und Natorp gab solches auch unumwunden zu bzw. stellte es als eine Überwindung der früher unnötigerweise gemachten Trennung zwischen dem Ideenlehrer und dem Mystiker Platon dar.[367] Psyche und Eros, die beiden neben dem Logos anderen Prinzi-

363 *Natorp*, Platons Ideenlehre, S. 460 u. 462.

364 Vgl. den Brief an Görland vom 14.2.1920, zit. nach *Lembeck*, Platon in Marburg, S. 324: »Jetzt ganz in Plato versenkt, den ich lese als hätte ich ihn noch nie gelesen.«

365 Vgl. zum neuen, erweiterten Ideenbegriff auch *Lembeck*, Platon in Marburg, S. 325ff.

366 *Natorp*, Platons Ideenlehre, S. 472f.

367 Ebd., S. 467, 473 u. 488f. Vgl. zur Plotinlektüre Natorps *Lembeck*, Platon in Marburg, S. 322ff. u. 334ff.

pien des neuen Denkens, sind dann ebenfalls Teil dieser Mystifizierung und des Aufstiegs zu diesem »Letztletzten«, sie bleiben jedoch, und das ist der interessante Aspekt der Friedemann-Kritik des Anhangs, strikt geschieden von jenem göttlichen »Ur-Einen«, das zwar alles umschließe, und insofern keine »falsche Jenseitigkeit« meine, das aber doch nicht vom Menschen her, sondern zuletzt »göttlicher, ja übergöttlicher Herkunft« sei.[368] Für den Anthropozentrismus Friedemanns und die »fast fanatische Anklammerung an das Diesseits«, die sich in dessen Rede vom »Kultischen« und der »selbstherrlichen geistigen Führerrolle« ausdrücke, die dem *einen* »Philosophen« – eigentlich dem selbst göttlichen »εἷς κοίρανος«, dem Alleinherrscher – zugesprochen werde, hatte er darum nur Spott übrig – ein Spott freilich, den Hildebrandt und die Georgeaner später geflissentlich übergingen und nur auf den »guten Grund« verwiesen, mit dem, so die nicht wenig selbstbewußte Deutung, erst Friedemann ihm das Ungenügen der alten Fassung der Ideenlehre offenbart habe.[369]

Das Auslaufen der Marburger Platondeutung in einen höchst spekulativen, letztlich mystischen Idealismus, wurde auch außerhalb des George-Kreises zwar durchaus begrüßt, weil es die alte Einseitigkeit behoben habe,[370] eine Wirkung konnte von solchem jedoch kaum noch ausgehen. Denn eine »gewaltige Abstraktion« Platons blieb auch diese Deutung,[371] und da der erkenntnistheoretische Zugang und der Logizismus ja weiter Geltung besitzen und, in der Tat gut platonisch, dem Aufstieg zur Idee vorgeschaltet bleiben sollten, ging, wer in dieser Zeit »Schau« und »Mythos« suchte, entweder ins Lichtspiel, wie Weber sarkastisch bemerkte, oder nahm, wenn er solches bei Platon zu finden hoffte, gleich den Weg zu den echten »Schauplatonikern« im Anschluß an Friedemann.[372] Da auch Natorps politische Pädagogik der Nachkriegszeit mit ihrem Konzept einer idealistischen Rätedemokratie ideengeschichtlich eher ein Solitär blieb[373] und anders als der geistige »Staatsgründer« Platon wenig Ansätze zur heroischen Identifikation bot, verfestigte sich auch hier der Eindruck vom Ende dieses einst zu Platon überhaupt erst wieder führenden Denkens.

Heinrich Barth

Daß Natorps letztlich religionsphilosophisch gewendeter Idealismus dennoch eine kurze platonische Fortsetzung fand, lag an seinem Schüler Heinrich Barth, der heute, wenn überhaupt, dann nur noch als Bruder und Vermittler des neukantianischen Platon an Karl Barth sowie als Vertreter einer christlichen Exi-

368 Ebd., S. 472 u. zu Friedemann S. 509–513, dort auch das Folgende.

369 Vgl. *Wolters*, Stefan George, S. 483, *Hildebrandt*, Platon-Bild, S. 196 u. *ders.*, Erinnerungen, S. 144f.

370 *Philippson*, Platon-Literatur, S. 170 u. 173.

371 *Gadamer*, Philosophische Lehrjahre, S. 66f.

372 Vgl. *Seeliger*, Rez. Salin, S. 1033f.

373 Vgl. *Sieg*, Realitätsferner Utopismus, S. 274f. u. 281.

stenzphilosophie bekannt ist.[374] Nach einem Studium der Philologie und der Philosophie bei Cohen und Natorp und der Dissertation über das Erkenntnisproblem bei Descartes hatte Barth sich 1921 in Basel mit einer Arbeit über »Die Seele in der Philosophie Platos« habilitiert, wo er das von Natorp im »metakritischen Anhang« skizzierte Wechselverhältnis von Logos und Psyche, von Idee und Seele bei Platon und darüber hinaus systematisch untersucht hat. War er den Themen Natorps und ihrer Entwicklung hierin weitgehend gefolgt, so mangelte es bis weit in die 1920er Jahre hinein ebenfalls nicht an Bekenntnissen gegenüber dem Marburger Neukantianismus, und auch das »systematisch orientierte historische Verfahren« der Philosophiegeschichte als eines »Nach- und Mitdenkens überlieferter Gedanken« bewegte sich ganz in diesen Bahnen.[375] Im Rahmen unserer Frage nach der Renaissance Platons sind nun die Artikel von besonderer Bedeutung, die Barth in den folgenden Jahren in der »Christlichen Welt« und der »Zeitwende« veröffentlicht hat, griff er dort doch nicht nur immer wieder den neuerlichen Platonismus auf, sondern führte er auch die Frage Natorps nach dem ganz anderen Ursprung der Idee und dessen Frontstellung gegen die bloß »ästhetische Platondeutung« weiter.

In der »Christlichen Welt« nimmt er diese Perspektive erstmals 1922 in einem Beitrag über »Plato und die Lage der Gegenwart« auf. Barths Ausgangspunkt war schon hier die gegenwärtige Erneuerung des Platonismus und die gleichzeitig vielfach verbreitete Vorstellung, daß dieser doch »längst in die wohltuende Ferne unschädlicher Klassizität« gerückt sei, sich also klassische Schöngeister und Ideenschwärmer ebenso wie Wesensschauer, Mystiker und Erotiker aller Art bei ihm gern einen »gewisse[n] altklassische[n] Unterton« abholen und »mit ihrer Begeisterung das bunte Bild unserer gegenwärtigen Kulturlage bereichern« dürften.[376] Doch genau diese ästhetische Haltung, besser: »Haltlosigkeit« sei das Problem, so Barth, sei solche Beliebigkeit Ausdruck der »allgemeinen Zersetzung« und des »Chaos unseres Geisteslebens«, der gegenüber man die »platonischen Wahrheiten« überhaupt erst wieder in ihrer Dringlichkeit zu Gehör bringen müsse. Immerhin: die »religiöse Welle« und der »Ruf nach radikaler Negation« schien hierfür den Boden zu bereiten, und tatsächlich, so Barth, genügten die platonischen Ideen, anders als eben gemeinhin vermutet, der jetzt wieder gestellten »Anforderung des ›unbedingt Andern‹«.

Ohne Natorp zu erwähnen entwickelt er darum in aller Kürze einmal dessen Begriff der platonischen Ideen als transzendente »Voraussetzungswahrheiten«,

374 Vgl. *Soentgen*, Der vergessene Bruder, sowie den Überblick bei *Lohmann*, Karl Barth, bes. S. 6ff. und zu Heinrich Barth S. 164–205.

375 *Barth*, Descartes' Begründung, S. 29. Vgl. auch *ders.*, Die Seele, S. 3, wo er seine Arbeit als ein »Weiterforschen auf der von Natorp, Platons Ideenlehre, neu befestigten Grundlage« verstanden wissen wollte. Auch die Antrittsvorlesung (*ders.*, Das Problem des Ursprungs) bewegt sich ganz auf der aktuellen Fragerichtung Natorps.

376 *Barth*, Plato und die Lage der Gegenwart, Sp. 403f. Dort auch das Folgende.

also als Hypothesen, und stellt dabei besonders die letzte, die Idee des Guten, als das unbedingte, aber nicht leere Jenseits heraus, das die Daseinsproblematik der Gegenwart transzendieren könnte: »Die platonische Idee, erwogen in ihrer tiefsten Bedeutung, bietet diese Transzendenz. Sie vertritt ein Jenseits, das mehr ist als ein sublimiertes Diesseits, mehr als die Fortsetzung der diesseitigen Möglichkeiten in metaphysischem Bereiche.«[377] Daß sich hierüber dann ein neuer Begriff Gottes und des christlichen Jenseits entwickeln ließe, ist die klar formulierte Hoffnung, die er mit Blick auf die Theologie seines Bruders mit Platon verband:

»Sollen wir es erst noch aussprechen, daß für die Entfernung Gottes von der Daseinswirklichkeit einzig die Distanz des unbedingten Jenseits in Betracht fallen kann? Wissen wir es doch im Grunde sehr wohl, daß in allem Glauben an übersinnliche Mächte, denen wir im Raume des Daseins als Partner gegenübertreten können, Götzendienst getrieben wird; göttliche Wesenheit als ein dies und das, als dann und dort ist Gegenstand der Lust und der Beängstigung. *Es fehlt in ihm die richtende und befreiende Negation*, die allein in einem Überschreiten der Daseinsschranke ihre Voraussetzung haben kann.«[378]

Da Welt und Menschheit in »abgründige Unsinnigkeit« versinken müßten, wenn Gott und die Götter »bloß als mitbeteiligte Faktoren am Weltgeschehen« auf den Plan träten, bräuchte es vielmehr wieder das Bewußtsein klarer Gottesferne, und solches habe Plato gelehrt – bzw. die jüngste Volte der Marburger Ideenlehre. Um nun im publizistischen Flaggschiff des Kulturprotestantismus nicht zu viel »Jenseitsstimmung« zu verbreiten, beeilt sich Barth noch, mit Verweis auf das Symposion auch die Leib- und »Kulturbejahung« Platons nicht zu vergessen, doch letztlich geht es ihm darum, das Christentum der Gegenwart »aus seiner Anpassung an die Kultur zu seinem eigenen Ernste« zurück und die falsche Kommensurabilität von Diesseits und Jenseits in Erinnerung zu rufen:

»Allein von Plato könnten wir es lernen, daß das Jenseits etwa Anderes ist als ein ›Drüben‹, um das wir uns mehr oder weniger kümmern müssen. Und mit dem Jenseits tritt auch das Diesseits aus jener gehaltlosen Koordination heraus. Auf das diesseitige Leben fällt jenes scharfe Licht, das nur von der platonischen Jenseitswahrheit ausgehen kann. Sie hat für das Diesseits die Bedeutung der *kritischen Negation*.«[379]

Um nun dieses kritische Potential des platonischen Idealismus nicht verloren zu geben, führte er den Kampf Natorps gegen jene Ästheten weiter, die in der Folge Friedemanns mit ihm die »Apotheose des Menschentums« betrieben, wie es im Zeitenwende-Aufsatz von 1926 heißt.[380] Unter dem Titel »Platonische Wahrheit« unternahm er dort deshalb ebenfalls eine »Apologie des Platonismus«, und

377 Ebd., Sp. 405.
378 Ebd., Sp. 406.
379 Ebd., Sp. 407.
380 *Barth*, Platonische Wahrheit, S. 293.

zwar nicht so sehr gegen jene, die diesen als Heidentum oder als »pathetisch-spirituelle Weltanschauung« mißverstünden – das ließe sich durch den Hinweis auf das Verhältnis von Mensch und Idee bei Platon leicht widerlegen[381] –, sondern recht eigentlich gegen zwei andere Gegner, von denen der eine, das »jubelnde Ästhetentum«, aufgrund der Umschreibungen (Schau, Gestalt, Kult) deutlich benannt ist, während das andere, nämlich der sich gerade formierende Dritte Humanismus, immerhin angedeutet wird. An letzterem, der sein »selbstsicheres Humanitätsbewußtsein« auf Platon gründen wolle, kritisiert er vor allem den »menschlichen Vernunft- und Kulturdünkel«, der kein Recht habe, sich auf Platon zu berufen: »Platonische Philosophie gebärdet sich nicht prometheisch; sie ist der durchdachte Hinweis der Erkenntnis auf Gott.«[382] Auch hier gibt es dann zwar noch den Versuch, die Kultur über den ästhetischen oder »Gestaltungssinn« der Idee wieder einzufangen, doch letztlich bedürfe es zunächst einmal der scharfen Antithese, müßten vor allem »immanenzphilosophische Undurchsichtigkeiten etwa Schleiermacherscher Provenienz« scharf zurückgewiesen werden.[383] Diese Umkehrung »kopernikanischen Charakters«, daß also nicht der Mensch im Mittelpunkt der platonischen Philosophie stehe, sondern die Idee und zuletzt Gott als deren Voraussetzung, müsse den Ästheten gleichermaßen entgegengehalten werden, schließlich folgten sie einem genauso »anthropozentrischen Denken«, ganz abgesehen noch davon, daß sie mit ihrem Enthusiasmus die Ideenlehre grob entstellen und eben nicht als Prinzipienlehre anerkennen würden.[384] Zwar könne dann auch die »platonische Wahrheit« nicht die letzte Schranke jeder Philosophie durchbrechen, das ganze Gewicht »existenzieller Lebenswahrheit« auf sich zu nehmen, doch immerhin deute sie selbst ja diese Existenzialität an, könne sich mit ihr also, wenn überhaupt in einer Philosophie, die neue »Dimension einer Gottesgeschichte« erfüllen.[385]

Der zweite und letzte Beitrag der Zeitwende von 1928 war schließlich eine große Sammelrezension (»Plato im Spiegel neuester Darstellungen«), die deshalb angezeigt gewesen sei, weil hier, so Barth, die prinzipielle Auseinandersetzung der Gegenwart um Logos und Mythos stattfände.[386] Drei Brennpunkte machte er dabei aus: die Philologie seit Wilamowitz, die die geschichtliche Individualität Platons suche, dann die kultisch-mythische Schau Platons im Anschluß an Friedemann und Hildebrandt sowie schließlich die denkerische Durchdringung der platonischen Probleme, wie sie Natorp angestoßen habe, wie sie aber mittler-

381 Ebd., 300 u. S. 293: »Die grundlegende Aussage der platonischen Philosophie ist nicht dahin festzulegen, daß der Mensch durch die Idee bereichert und ausgestattet wird. Sondern sein Menschentum weist zurück auf die Idee, die seine Voraussetzung ist.«

382 Ebd., S. 294f.

383 Ebd., S. 299.

384 Ebd., S. 292 u. 295f.

385 Ebd., S. 300f.

386 *Barth*, Plato im Spiegel, S. 428.

weile, das räumt auch Barth ein, nicht mehr sehr hoch im Kurs stünde.[387] Barth bekennt sich hier nun noch einmal klar zu letzterem und zur »denkenden Verarbeitung Platos« und verteidigt sie gegen den »kurzsichtigen Widerstand gewisser Philologen« ebenso wie gegen jene, die solch kritisch-abstraktes Tun als bloßes Handwerk abtun, doch – und das paßt gut zur Historisierung des Marburger Platon und dessen religionsphilosophischer Erweiterung – zumindest die letzteren Einwände seien nicht zu Unrecht vorgebracht worden, stehe auch der an Kant orientierte Forscher, obschon er sich »in platonischer Spur« bewege, doch im »Zwielicht« jenes Widerstreits zwischen Logos und Mythos.

Die Rezensionen von Hermann Kutter, Julius Stenzel, Edgar Salin, Karl Reinhardt und Kurt Singer bewegen sich dann auch zwischen diesen Polen, und es kann wenig überraschen, daß Stenzel dabei mit seinem Beharren auf der Wissenschaftlichkeit auch platonischen Erziehertums gleichsam den Siegeskranz davonträgt.[388] In der Hauptsache ging es Barth jedoch um Singer und jene, die den platonischen Mythos nachschauend und nachschaffend vergegenwärtigen wollten. Die Frage sei dabei nämlich, ob der »Geist sokratischer Erprobung vor den Pforten der Tiefenwelt« haltmache, oder ob »es ihm verstattet [sei], auch in diese heiligen Bezirke einzudringen.«[389] Die Antwort Barths ist ebenso erwartbar wie deutlich: auch in den Mythen Platons behielten die Krisis, Erkenntnis und Entscheidung stets das letzte Wort, sei die »mythische Gestalt nicht Urwirklichkeit, sondern Möglichkeit« zur Entscheidung, werde stets auf ein Maß und Angelpunkt jenseits mythischer Möglichkeiten gezielt, »an dem allein die messende Erwägung der Seele möglich wird.«[390] Der Versuch Singers, statt dessen die »chtonische Verwurzelung menschlichen Adels als letztes, determinierendes Prinzip« anzunehmen, sei darum nichts als eine »archaisierende Ideologie der Urgründe«, die mit Platon nichts zu tun habe:

»Der Boden unter den Füßen schiene uns zu wanken, wenn die Berufung auf die angeborene ›Tucht‹ der letzte Sinn platonischer Gründung wäre. Wo sollten wir Zuflucht nehmen, wenn uns der Mythos seine schreckliche Seite offenbaren sollte? So hat denn Plato seinen Schülern mit gutem Grund nicht Mythos, nicht Dämonologie, sondern Wissenschaft, Erkenntnis der Idee gelehrt.«[391]

Platon dürfe also getrost »anders verstanden werden«, müßten weder angeborener Adel noch Eros oder »Kosmos« das letzte Wort haben: »Im ›überhimmlischen Orte‹ liegt der Drehpunkt des platonischen Gedankens«, gebe es auch bei ihm ein

387 Ebd., S. 427f., dort auch das Folgende.

388 Ebd., S. 429f.: »wohltuendes Gleichgewicht« zwischen Philosophie und Kulturgeschichte, insgesamt ein sehr »lehrreiches« und »schönes Buch«, dessen Metaphysik der Gemeinschaft sich mit der Metaphysik der Seele treffe.

389 Ebd., S. 434.

390 Ebd., S. 436.

391 Ebd., S. 437.

»Gesetz«, dessen Wesen weder Göttern noch Seele zugehöre, »sondern aus einem fernen ›Außerhalb‹ ihnen ihren Blickpunkt schenkt.«[392] Insofern habe die mythologische Deutung Plato zwar ihre Berechtigung, soweit sie auf die Untergründe des Mythos hinweise und das Gesamtbild bereichere, doch der Logos und die durch ihn aufgerichtete »Weltgrenze« dürfe dabei gerade nicht vergessen werden, liefe man sonst doch endgültig Gefahr, »sich Plato dem Denker zu entfremden.«

Barths im Vollsinn theo-logische Deutung Platons sollte außerhalb der dialektischen Theologie keinen Widerhall finden. Seine christliche Existenzphilosophie, die sich mit dem Erscheinen von Heideggers »Sein und Zeit« ohnehin auch ganz andere Fragehorizonte erschloß, war ähnlich vielleicht dem Buch Friedländers zu weit von den dominierenden, trotz aller Historismus-Kritik doch weiterhin geschichts*immanenten* Denkstilen entfernt, als daß sie dort breiter hätte rezipiert werden können. Daß ihm zudem noch das Odium des doch eigentlich überwundenen Neukantianismus anhaftete und er dieses ja auch selbst immer wieder thematisierte, dürfte ein weiterer Grund gewesen sein. In der Tradition eines von Schulbindungen befreiten kritischen Idealismus stand Barths Platondeutung gleichwohl nicht ganz allein, sollte sich vor allem Kurt Sternberg noch aus dieser Perspektive um Platon bemühen und dabei dessen praktische Seite in den Vordergrund stellen.

Kurt Sternberg

Der bei Alois Riehl und Friedrich Paulsen promovierte und in den 1920er Jahren viel im Umfeld der Kantstudien und liberaler Zeitungen publizierende Philosoph Kurt Sternberg ist ebenfalls ein heute kaum noch bekannter Vertreter des Neukantianismus. Zwischen dem Kritizismus Riehls und der Marburger Richtung stehend sollte auch er sich nach dem Krieg für dessen programmatische Erneuerung und die Erweiterung seines vermeintlichen »Logismus« einsetzen, was für ihn nicht nur die vorsichtige Öffnung zu Metaphysik und Religion hin, sondern auch die Hinwendung zu pädagogischen und »staatsphilosophischen« Fragen bedeutete.[393] In der »Gärung« des gesamten kulturellen und politischen Lebens sollte so nun nicht nur die Rolle kritischer Kantischer Vernunft gestärkt, sondern auch geprüft werden, welche der »modernen«, sich in der Frage des Staats bündelnden Gegenwartsprobleme nicht bereits der »platonische Idealismus« gelöst habe und inwiefern man hieraus »Anregung und Belehrung empfangen« könne.[394]

392 Ebd., S. 438, dort auch das Folgende.

393 Vgl. *Sternberg*, Der Neukantianismus, und in Erweiterung dessen *ders.*, Neukantische Aufgaben.

394 *Ders.*, Moderne Gedanken, S. 14 u. 16 u. *ders.*, Neukantianismus, S. 396. Gegenüber der ersten Auflage von 1920 war die zweite wesentlich erweitert und wurden die »modernen« politischen und pädagogischen Prinzipien noch einmal stärker aus dem »platonischen Idealismus« abgeleitet. Vgl. *ders.*, Moderne Gedanken, S. 8 f.

Um den gleichermaßen kritischen wie moralischen Idealismus Platons (und mit ihm immer auch Kants) in Erinnerung zu rufen, präsentierte Sternberg einen ganzen Katalog »Moderne[r] Gedanken über Staat und Erziehung bei Plato«, der so gar nichts mit dem zu tun hatte, was bald unter dem Etikett des »politischen Platon« firmierte, ja in fast allem genau die gegenteiligen Konsequenzen zog – und insofern vielleicht das prägnanteste Beispiel dafür war, wie jener »Stimmungswechsel« in der Platondeutung zumindest dort zur völligen Inkommensurabilität des neukantianischen Denkstils führte. Während die übrigen politischen Neoplatoniker Sternbergs Feststellung, daß der »Ewigkeitsgehalt« der platonischen Staatslehre in seiner Unterordnung unter die moralische Idee und damit in seinem schärfsten Gegensatz zur »Manchesterdoktrin« liege, nämlich wohl noch unterschrieben hätten, wäre ihnen die weitergehende Deutung und die Kritik an dieser »moralischen Anstalt« im Sinne Schillers sicher schon nicht mehr durchgegangen.[395] Denn so sehr Sternberg die Sittlichkeit der Staatsidee und ihre Unterordnung unter eine vernünftige, d.i. idealistische Begründung lobt, ja Platon hier wie auch noch andernorts zum »Vorgänger Kants« erhebt, so ist ihm die »Verquickung von Ethik und Ästhetik« doch ein systematisches, die Eigengesetzlichkeit beider bedrohendes Ärgernis, das bei Schiller durch den »segensreiche[n] Einfluß Kants« noch gemildert, bei Platon aber aufgrund der wesentlich »künstlerischen Grundeinstellung des griechischen Altertums« noch voll zum Tragen gekommen sei. »Aber wie dem nun auch ist«, so Sternbergs für das Buch symptomatischer Abbruch aller weiteren Diskussion, immerhin habe er ja die sittliche und harmonische Einheit des Staates gelehrt, und auf diese und auf Platons »geistige Führerschaft« dazu komme es gerade jetzt an, wo das deutsche Volk »zerklüftet und zerspalten« sei wie nie zuvor.[396] Wenn nun andernorts ganz auf den »Parteienhader« abgehoben oder das »geistige Chaos« beschworen würde, sieht Sternberg das zugrundeliegende Problem ganz woanders, nämlich im derzeitigen »Unterschied zwischen Reich und Arm«, gegen den schon Platon das Wort geführt und darum die »weitgehende soziale Ausgleichung« verlangt habe, ohne dabei doch auf einen sozialistischen Radikalismus und eine »Kommunisierung des Besitzes« aller zu verfallen.[397] Im Gegenteil anerkenne Platon durchaus den Wert des Strebens nach individuellem Besitz als Triebkraft des Wirtschaftslebens, sei dessen Ausschaltung, so die dann doch wieder sehr nach Schiller klingende Interpretation Sternbergs, das notwendige sittliche Opfer der Wächter und Herrscher, »damit die Gesamtheit glücklicher werde.«

Interpretationen dieser Art, die mit Platon und erst Recht mit den anderen Deutungen seiner Zeit nur wenig, mit den liberalen und demokratischen Ambi-

395 *Ders.*, S. 19f. u. 23f., dort auch das Folgende. Als »Vorgänger Schillers« wird er auch ebd., S. 90 bezeichnet, als »Vorgänger Kants« noch S. 93, 121 u.ö.

396 Ebd., S. 25f.

397 Ebd., S. 27f. u. 63ff., dort auch das Folgende.

tionen Sternbergs dagegen sehr viel zu tun hatten, gab es noch zahlreiche weitere: So wird Platon zum Entdecker nicht nur der Prinzipien von Arbeitsteilung, Spezialisierung und Differenzierung. Auch das Gegengewicht dazu habe er mit seinem universalistischen Bildungssystem bereits entworfen, und was sei solches – ausgerechnet die Paideia! – denn eigentlich anderes als »unser modernes Volksbildungs-, insbesondere Volkshochschulwesen«?[398] Als Erfinder der Gewaltenteilung sei er zudem der »Vorläufer Montesquieus« und Lockes gewesen, habe er bereits erkannt, daß Kriege vor allem aus wirtschaftlichen Motiven geführt und daß ein »vaterländischer Aufklärungsunterricht« bei den Truppen nötig sei, damit diese, anders als bisher in Deutschland, ein zuverlässiges Instrument des Staates würden.[399] Auch seine Philosophenherrschaft wird auf die Verwaltung durch »[schlechtweg] wissenschaftlich Gebildete« heruntergebrochen, weil ein »Philosoph von Sanssouci«, dem das Regieren ein sittliches Opfer gewesen sei, eben doch ein allzu seltenes Glück sei.[400] Und da auch Platon, solches einsehend, schon in den Nomoi nur noch von der Herrschaft der Besten, das meint: der »Vertrauensleute des Volkes« gesprochen, und also letztlich eine repräsentative Demokratie befürwortet habe, sei ohne weiteres auch eine Brücke zu schlagen zwischen ihm und der Demokratie, oder, wie Sternberg es formuliert:

»Es klafft kein unüberbrückbarer Riß zwischen der Demokratie und einer Aristokratie des Wissens und der Tugend. Wo das Volk seinen geistig und sittlich höchststehenden Söhnen die Leitung der Staatgeschäfte übergibt, da ist die platonische Aristokratie der intellektuellen und moralischen Tüchtigen hergestellt.«[401]

Daß das übrigens nicht nur »Söhne« sein müßten, machte Sternberg ebenfalls und unmißverständlich klar, denn immerhin habe Platon ja »die volle Gleichberechtigung der Geschlechter, auch und gerade in politischer Beziehung« verlangt, genauso wie er auch Säuglingsheime und Kindergärten sowie die moderne Koedukation erfunden habe.[402]

Das rein demokratische Florilegium, das Sternberg präsentierte und das in der Platonliteratur so noch viele Jahrzehnte einmalig gewesen sein dürfte, ließ sich gleichwohl nicht bis zum Ende durchhalten. Denn dort, wo es um die »Erziehung zur sittlichen Ordnung« des Staates ging, dort also, wo nach kantianischem Verständnis durchaus ein moralischer Fortschritt zu verzeichnen sein müßte, werden auch einige Defizite benannt, nicht ohne freilich wieder auf die Modernität des Grundgedankens zu verweisen. Die Eugenik etwa und die platonische Forderung nach der »Ausrottung der für den Staat körperlich Unbrauchbaren«

398 Ebd., S. 29ff.

399 Ebd., S. 34ff.

400 Ebd., S. 44f Von einigen »guten Seiten des preußischen Militarismus« spricht er auch später noch und weist auch dort auf die »denkbar innigsten Beziehungen« zu Platon hin (81).

401 Ebd., S. 48f. u. 58.

402 Ebd., S. 68f. u. 72.

würde zwar gegenwärtig viel diskutiert, sie sei aber eher eine lässliche »Überspannung« des »große Theoretiker[s]«, für die die »moderne Kulturmenschheit, die durch die Schule des Christentums gegangen ist, gewißlich kein Verständnis« mehr haben könne.[403] Auch sein Verständnis einer eigengesetzlichen Ästhetik sei trotz der hervorragenden künstlerischen Qualitäten als Schriftsteller noch ebenso wenig entwickelt gewesen wie die Vorstellung einer von Moral und Pädagogik unabhängigen Religion, wobei er letzteres immerhin mit Kant und noch mit einigen Neukantianern teile: »aber es würde zu wünschen sein, daß er gerade an diesem Punkte weniger modern wäre.«[404] Bei der Wissenschaft schließlich war Platon für Sternberg aber wieder im besten Sinne »modern«, weil er nicht nur die Wahrheitssuche um ihrer selbst willen gefordert, sondern auch ihre Theoretisierung und Mathematisierung vorangetrieben habe, wie sie sich zuletzt endgültig durch die Marburger Neukantianer (und das behauptet er 1924) durchgesetzt hätte.[405]

Modernität also, wohin man bei Platon auch schauen sollte, und daß er, wie das Fazit Sternbergs es formuliert, durch ein »geistiges Band« mit der neuesten Zeit nicht nur verbunden sei, sondern die ganze Entwicklung der Kultur davon abhänge, ob sie den Weg zum »originalen Idealismus Platos« – oder zum »modernere[n], uns Heutigen vielleicht noch angemessenere[n]« Kants – finde, konnte den, der bis hierher bereit gewesen war, dem Autor zu folgen, dann kaum noch überraschen.[406]

Hatten, wie Kurt Weigand treffend formulierte, die Platonbilder des George-Kreises mit diesem etwa so viel zu tun wie die Pferdebilder von Marck und Macke mit echten Pferden, so könnte man dies ohne weiteres auch von diesem Bild sagen. Sternbergs neukantianischer Platon war, obschon aus völlig entgegengesetzten Motiven entstanden, gleichsam eine Gestalt von links, eine kantianische Doppelbelichtung also, die sich ebensowenig wie jene der Georgeaner um die das eigene Bild störenden Momente kümmerte, ja auf eine Deutung Platons recht eigentlich verzichtete und darum auf knapp 130 Seiten zwar zweimal Schiller und einmal Riehl zitieren, aber ohne auch nur ein einziges Platonzitat auskommen konnte. Gleichzeitig war dieses Bild keineswegs bloß eine Idiosynkrasie, wie es diese unter dem Schlagwort des Idealismus in dieser Zeit einige gab.[407]

403 Ebd., S. 83.

404 Ebd., S. 94 u. 98.

405 Ebd., S. 101 f.: »In der modernen Wissenschaftstheorie ist – besonders durch die Untersuchungen der Marburger Neukantianer – der intellektualistische Standpunkt zum Siege gelangt, und es zeigt sich wiederum, wie nahe Plato den heutigen Anschauungen kommt.«

406 Ebd., S. 114 u. 128.

407 So etwa die Bücher des Schweizer Theologen und religiösen Sozialisten Hermann Kutter (Plato und wir, München 1927) oder Karl Gronaus (Platons Ideenlehre im Wandel der Zeit, Braunschweig 1929), beides mehr oder weniger populäre Vergegenwärtigungen Platons, von deren »Naivität« sich sowohl die Georgeaner als auch die Dritten Humanisten und die Neukantianer in einigen Rezensionen deutlich distanzierten.

Mochte sich die Marburger Schule als Denkkollektiv im engeren Sinne auch aufgelöst haben, so wirkte der von ihr entwickelte Denkstil in den Reservaten des Neukantianismus doch noch weiter, wurde auch Sternbergs Deutung hier durchaus rezipiert und gelobt.[408] Eine Modernisierung Platons in den Bahnen eines nun freilich in weiterem Sinne verstandenen »idealistischen« Kants war so also durchaus noch eine verbreitete Lesart, die jedoch vom Hauptstrom der Platonforschung und mehr noch von dem der auf die Gegenwart wirken wollenden neuen Platon*deutung*[409] kaum noch wahrgenommen wurde – oder (wie Fleck sagen würde) konnte. Im Kontext des Neoidealismus jedoch, zu dem dann auch der Kreis um Rudolf Eucken gehörte, konnte sehr wohl noch einige Zeit mit Platon *und* Kant gegen »Fortschrittsübermut«, Materialismus oder falsche metaphysische Dogmen argumentiert werden.[410] Warum das zum Ende der 1920er Jahre hin beinahe vollständig aufhörte, hatte im Einzelfall ganz verschiedene Gründe, ist etwa auch an das philosophische Ereignis zu denken, das das Erscheinen von Heideggers »Sein und Zeit« bedeutete.[411] Gleichzeitig aber gewann eben auch jenes Bild vom politischen Platon zunehmend an Kontur, das nicht mehr in erster Linie den idealistischen Philosophen, sondern den politischen und pädagogischen Täter herausgestellte, so daß bei dieser Denkstilentwicklung ebenso an den ihn begleitenden »sanften Zwang« zu denken ist, der schließlich zur weitgehenden Homogenisierung des Platonbildes führen sollte.

3.4.2 Platon und der Euckenkreis

Der vermeintlich ursprüngliche und den Einseitigkeiten der philosophischen Schulbildungen des 19. Jahrhunderts noch vorangehende Idealismus Platons war nicht nur den Neukantianern ein Orientierungspunkt in der Krise ihres Denkens, auch der außerakademische und bereits weltanschaulich gewordene Neoidealismus im Kreis Rudolf Euckens fand hier eine »Quelle« seiner Anschauungen und ein »Vorbild« für den »Aufbau einer wahren, wesenhaften, metaphysisch begründeten und ethisch vertieften Geisteskultur«.[412] Solchem geistigen Aufbau in Form philosophischer Gesamtdeutung der als zerrissen und sinnentleert empfundenen Welt hatte sich Eucken schon seit den 1890er Jah-

408 Vgl. *Marck*, Rez. Sernberg, S. 449f. und *Liebert*, Platon und die Gegenwart.

409 So auch die Unterscheidung bei *Hoffmann*, Rez. Gronau.

410 Vgl. *Wichmann*, Platon und Kant, *ders.*, Platons Bedeutung, S. 1–3 (Zitat) und *Grimme*, Platon und Kant.

411 Vgl. nur *Gadamer*, Philosophische Lehrjahre S. 30. Während Natorp 1924 gestorben war, orientierte sich nämlich nicht nur Heinrich Barth erkennbar in Richtung Existenzphilosophie, auch Sternberg sollte außer religionsphilosophischen Arbeiten nun u. a. ein Büchlein über »Die Geburt des Etwas aus dem Nichts« (Berlin 1933) verfassen.

412 *Hagen*, Platon als ethischer Erzieher, S. 11.

ren verschrieben.[413] Auf Pfaden jenseits des »konventionellen und offiziellen Idealismus«[414] wollte er der Universitätsphilosophie den bloß empiristischen Positivismus, den Kritizismus und die Beschränkung auf Erkenntnistheorie austreiben und sie so abermals zur Leitdisziplin der Einzelwissenschaften und zu einer Instanz machen, die auch darüber hinaus wieder den Glauben an die idealen geistigen Güter stiften können sollte. Die dazu angebotene Synthese war jedoch weder wissenschaftstheoretisch ausgerichtet noch sonstwie revolutionär, sondern bot in erster Linie moralische Apelle wie denjengen an die »ewigen Ordnungen der Moral« (Plural!), die sich wie ein bürgerlich-protestantischer Gegenentwurf zu Nietzsche lesen lassen, denn:

»aus ihrem wahren Wesen verstanden, hat die Moral nie zur Schwächung, sondern nur zur Kräftigung des Handelns und Wesens gewirkt. Man betrachte die Männer, deren Lebensarbeit mit besonderem Nachdruck für eine ursprüngliche und wesenbildende Moral eingetreten ist, Männer wie Sokrates, Plato, Luther, Kant, Fichte, Männer, welche im sicheren Besitz einer überlegenen Ordnung die vorgefundene Welt aus den Angeln zu heben vermochten, und vergleiche sie mit den sensiblen ›Übermenschen‹ des modernen Subjektivismus, kann man zweifeln, auf welcher Seite die wahre Kraft, die wahre Größe ist?«[415]

Mit einer solchen um kraftvolle Wertungen nie verlegenen Verweltanschaulichung seiner Philosophie stieß Eucken, wie zu erwarten, weniger innerhalb als vielmehr außerhalb der akademischen Philosophie auf große Resonanz.[416] Seine Bücher, die die bildungsbürgerliche Modernitätsskepsis aufgriffen und in einen »geistig« oder »idealistisch« geläuterten Positivismus umzuwenden verstanden, waren – auch aufgrund ihrer dann eben doch wieder konventionellen Moral – ungemein populär. Seine trotz ihrer Länge von über 500 Seiten nicht anders als erbaulich zu bezeichnenden »Lebensanschauungen der großen Denker«, die nicht weniger als die »Entwicklung des Lebensproblems der Menschheit von Plato bis zur Gegenwart« zu schildern und zu lösen versprachen, erreichten bis 1908, dem Jahr seines Nobelpreises, allein 7 und danach noch einmal 13 Auflagen. Er selbst wurde zu einem gefragtem Vortragsredner, der mangels akademischen Einflusses konsequent auf die »Verbühnung« (Graf) und Popularisierung seiner Philosophie setzte und damit zum Teil jenes Kulturbetriebes wurde, den er selbst so beredt zu kritisieren vermochte.[417]

Schon vor dem Krieg in zahlreichen Vereinen und Bünden aktiv sollte Eucken schließlich auch die Institutionalisierung seiner eigenen neoidealistischen Welt-

413 Vgl. zu Euckens weltanschaulichem Programm *Graf*, Die Positivität des Geistigen, *Beßlich*, Wege in den Kulturkrieg, S. 45–118, u. *Sieg*, Geist und Gewalt, S. 59–102.

414 *Eucken*, Lebenserinnerungen, S. 78.

415 *Ders.*, Der Kampf um einen geistigen Lebensinhalt, S. 365.

416 Vgl. *Sieg*, Geist und Gewalt, S. 75 ff.

417 *Graf*, Positivität des Geistigen, S. 78.

anschauung vorantreiben und 1919/20 der Gemeinde, die sich um ihn gescharrt hatte, die organisatorische Basis geben. »Das Bedürfnis nach mehr geistiger Einheit des menschlichen Lebens und die Bestrebungen nach mehr moralischer Stärkung des deutschen Lebens« hätten, so der Initiator, zur Gründung des Eucken-Bundes geführt,[418] wobei die ersehnte Einheit, darauf hat schon Hermann Lübbe hingewiesen, in der Person Euckens selbst und seiner als Heilslehre aufgefaßten Weltanschauung lag.[419] Dem Orientierungsbedürfnis der in den ersten Jahren der Weimarer Republik bis zu 2.500 Mitglieder sollte der Bund dabei außer in den jährlichen Euckentagen in Jena vor allem in den zahlreichen Ortsgruppen nachkommen, in denen die Schriften Euckens gemeinsam gelesen und entsprechende Vortragsveranstaltungen organisiert wurden, über deren Aktivitäten jedoch bisher noch kaum etwas bekannt ist.[420]

Offensichtlich zur Flankierung solcher Lektüren und zur weiteren Verbreitung seiner »Lehre« diente auch die Schriftenreihe des Bundes, deren ganz auf Eucken zugeschnittene Titel noch einmal den Eindruck des gepflegten Führerkultes bestätigen.[421] Wo dagegen nicht in erster Linie Eucken ausgelegt, sondern in seinem Sinne der Idealismus gestärkt werden sollte, gerieten mit Platon, Luther und Kant die drei »Koryphäe[n] der moralischen Idee« in den Blick,[422] und hier war es wiederum Platon, um den sich gleich drei Autoren bemühten.

Theodor von der Pfordten

Der erste der drei war der Münchener Landgerichtsrat Theodor von der Pfordten. Bekannt eigentlich als einer der sog. »Blutzeugen der Bewegung«, weil er beim Hitlerputsch 1923 ums Leben gekommen und möglicherweise sogar als Justizminister der neuen Putschregierung vorgesehen war,[423] ist von diesem nämlich auch ein Bekenntnis zum »praktischen Idealismus« Euckens und Platons erhalten, das erst 1924 – und nicht frei von Ironie – unter dem Titel »Die Tragik des Idealismus« veröffentlicht wurde.[424]

418 *Eucken*, Lebenserinnerungen, S. 114.

419 *Lübbe*, Politische Philosophie, S. 179.

420 Vgl. zum Euckenbund bisher lediglich den Bericht zum Nachlaß von *Dathe*, Der Nachlaß Rudolf Euckens, bes. S. 294ff.

421 *Graf*, Positivität des Geistigen, S. 84f. Vgl. auch den Bericht zur 1. Generalversammlung von *Sellner*, Der Euckenbund, S. 43, der Euckens Vortrag darüber, was der Bund wolle, »andächtig lauschend« gefolgt sei und dann bekräftigte: »Eine geweihte Feierstunde bedeutete es für uns alle, ist doch schon die Persönlichkeit und das ganze Leben des Meisters der beste Beweis der Wahrheit und Kraft seiner Ideen, die auf eine ideale Lebensauffassung und -gestaltung hinweisen.«

422 *Eucken*, Ein Wort zur Ehrenrettung der Moral, S. 14.

423 Vgl. zu von der Pfordten auch *Meinl*, Antisemitische Wirtschaftspropaganda, S. 44f.

424 *von der Pfordten*, Die Tragik des Idealismus. Länge und Stil deuten darauf hin, daß es sich hier um einen Vortrag im Euckenkreis gehandelt haben könnte. Ob dieser noch vor dem Tod von der Pfordtens in Druck ging, worauf die Berufsbezeichnung im Titelblatt schließen läßt, oder erst angesichts des Todes, also gleichsam als frühes Vermächtnis, ist unklar.

Hatte er schon unmittelbar nach der Revolution versucht, mit dem von Wilamowitz geschilderten Platon und der »überraschenden Ähnlichkeit« der Zeiten einen neuen »Beamtenadel« zu begründen und ausführlich für dessen platonisch-humanistische Ausbildung als Antwort auf die von Revolution und Niederlage verursachten Nöte plädiert,[425] so sollte auch der Beitrag für den Euckenbund Platon als einen der Kronzeugen des neuen Idealismus anführen. »Für den wollenden und fühlenden Menschen«, so von der Pfordten im Anschluß an Eucken, genüge der bloß erkenntnistheoretische Idealismus nämlich längst nicht mehr, sollte er vielmehr in die Metaphysik ausgreifen, d.h. »sich zu dem Glauben durchringen, daß die in uns angelegten Ideen auch in einer höheren Ordnung des Weltganzen begründet sind.«[426] An dieser Stelle ist es dann Platon, der »in einer für alle Zeiten vorbildlichen Art den Weg dafür gewiesen« habe, »wie wir die Ideen in diesem Sinne aufzufassen haben.«[427] Nicht als bloße Begriffe, sondern als »in die Welt hineinwirkende göttliche Gedanken« seien die Ideen bei ihm nämlich Ideale oder »Zweckgedanken«, die zu immer größerer Vervollkommnung anleiten sollten. Daß daraus zugleich ein »praktischer Idealismus, der Idealismus der Tat« erwachse, auf den es von der Pfordten schließlich ankam, weil er zum Kampf gegen die »dunklen Gewalten« befähige, die Deutschland beherrschten, sei ebenfalls schon bei Platon angedeutet, wenn dieser vom Eros gesprochen habe und damit nicht eigentlich die »Liebe«, sondern »das Streben nach dem Wahren, Guten und Schönen« gemeint habe, mithin »die Sehnsucht, den durch unserer Eingliederung in das natürliche Leben getrübten Zusammenhang mit der Gotteswelt wieder anzuknüpfen und [den] Gottesgedanken auf Erden zu verwirklichen«.[428]

Statt nun aber dabei stehen zu bleiben, entwickelt von der Pfordten die ebenfalls fast schon wieder Schillersche Theorie, daß der Idealismus für den Einzelnen zwar notwendig sei, um nicht in den »Strudel des sinn- und zwecklosen Geschehens« hineingerissen zu werden, daß der Idealist aber ebenso sicher zur »tragischen Persönlichkeit« werden müsse, weil er bei der Verwirklichung an der Welt und an den Idealen nicht anders als scheitern könne.[429] Die Beispiele für solche Idealismen, von denen er auch noch einige »falsche« unterscheidet, weisen deutlich auf die Ahnengalerie Euckens, werden doch neben Platon und Bru-

425 *Ders.*, Beamtenideal, S. 246f., 249 u. 268f. Vgl. dazu auch den im Rahmen der von ihm herausgegebenen »Zeitschrift für Rechtspflege in Bayern« erschienenen Beitrag von *Kobler*, Neuordnung der Staatsprüfung, S. 1, der wie von der Pfordten fordert: »Wir sollten von Platon lernen.« Kritisch zu von der Pfordten erstmals *Hoernlé*, Plato, S. 178, der ihn neben H.F.K. Günther und Hans Grunsky unter die »N.-S. Thinker« einreiht, obwohl er dort ja kaum mehr als die Rettung durch den »Staatsmann« befürwortete.

426 *von der Pfordten*, Tragik, S. 7.

427 Ebd., S. 7f., dort auch das Folgende.

428 Ebd., S. 8 u. 24.

429 Ebd., S. 9 u. 23.

tus noch Luther bzw. der Protestantismus, Goethe und Bismarck als solch tragische Erscheinungen geschildert und, weil der Mensch zu einem »folgerichtigen Idealismus« nun einmal nicht befähigt sei, auch wieder gerechtfertigt, oder »mit anderen Worten: wir sollen rein bleiben in der Gesinnung, aber wir dürfen und sollen auch Realisten sein in der Arbeit für unsere Ziele. Es mag dieser Gedanke mit ausgeprägt sein in dem Worte Jesu: ›Seid klug wie die Schlangen und ohne Falsch wie die Tauben.‹«[430]

Wenn von der Pfordten schließlich meint, daß die Philosophie Euckens eine solche Art des Idealismus lehre, »die den Lebenskämpfen gewachsen« sei, weil sie kein »rosiges Weltbild« zeichne und auch die Härten und Verwicklungen des Daseins nicht verschweige, gleichzeitig aber zu deren Überwindung aufrufe,[431] dann zeigt dies einmal sicher die Dürftigkeit, besser: Gewaltsamkeit des Gedankengangs, denn zu so einem Schluß der Rechtfertigung allen Handelns durch beliebige Ideale hätte es weder Platons Ideen noch einer Theorie des Tragischen bedurft. Gleichzeitig zeigt es aber auch, daß Euckens »Lehre« genau für solche Auslegungen anfällig war, weil sie zwar beständig einen Idealismus predigte, diesen aber mit der metaphysischen oder moralischen Überwindung der Erkenntnistheorie inhaltlich nicht mehr füllen konnte, also über den Apell an die »Haltung« des Einzelnen und die Orientierung an den ewigen oder dem noch lebenden Vorbild kaum hinaus gelangte.

Benno von Hagen

Mochte von der Pfordten eher zur Peripherie des Bundes zu zählen und auch sein Platonbild wenig konsistent gewesen sein, so gehörte Benno von Hagen als Mitglied der Bundesleitung einerseits ganz in dessen Zentrum, andererseits war er auch als Schulphilologe und Platonübersetzer bzw. -herausgeber bereits verschiedentlich aufgetreten.[432] Sein Buch über »Platon als ethischer Erzieher«, das er Eucken, »dem Kämpfer für ethischen Aktivismus und Erneuerung deutschen Geisteslebens«, zum 80. Geburtstag gewidmet hatte, war denn auch ganz auf dessen Programm, also auf den metaphysischen Idealismus und auf die Popularisierung Euckens und seines »geistigen Ahnen« in möglichst weite Volkschichten gerichtet.[433]

Um dies zu erreichen, beschränkte sich Hagen sowohl thematisch als auch in der Art der Darstellung. Als Erneuerer des ethischen und staatsbürgerlichen Lebens wollte er Platon zeigen, weil sich von hier aus eine Brücke zum jüngst erwachten Interesse zu ihm schlagen lasse und er außerdem jene geistige

430 Ebd., S. 19f.

431 Ebd., S. 23.

432 Vgl. nur *Hagen*, Das Glücksproblem, u. die von ihm herausgegebene und übersetzte Ausgabe von Laches und Euthyphron (Leipzig 1918).

433 *Ders.*, Platon als ethischer Erzieher, S. [5] u. 105.

Aufbauarbeit leisten könne, die Eucken gefordert und die gegenwärtig besondere Bedeutung habe.[434] Daß er damit nicht die Arbeit im Sinne der Republik meinte, macht er gleich zu Beginn klar, wenn er das neue Interesse an Platon nicht mehr in erster Linie auf ästhetische oder erotische Probleme der »künstlerisch stark empfindenden Naturen« zurückführt, sondern voller Stolz von den Schülern seines Gymnasiums berichtet, die plötzlich entdeckt hätten, wie »zeitgemäß« dieser sei, nachdem sie ab etwa 1920 begonnen hätten, die Revolution nicht mehr als »Errungenschaft« oder gar als ein »Ruhmesblatt der deutschen Geschichte« zu begreifen, »sondern in ihr aller Übel Anfang und in staatsbejahender Aufbauarbeit – aus heißer Liebe zum geschändeten Vaterlande – ihr höchstes Ziel« sahen.[435] Diesen »Wandel in der Schätzung Platons« zu einem »politischen Reformator« und »Führer zur Erneuerung des staatsbürgerlichen Lebens« auch über Fachwissenschaft und Schule hinaus zu verbreiten und also »auch denen Wege zu Platon zu weisen, die von ihm nur unklare oder falsche Vorstellungen haben«, sei nun, so Hagen, die genuine »Pflicht« des Euckenbundes, gehe es doch beiden darum, eine metaphysische begründete Geisteskultur aufzubauen.[436]

Die Darstellung folgte dann ebenfalls dem Gedanken der Popularisierung. Da Platon nämlich nicht für die Fachgelehrten da sei, sondern »der Menschheit« gehöre, müsse der Einzelne hier besonders davor bewahrt werden, in der »Büchersintflut« zu ertrinken oder von zu viel Stoff auf einmal überhäuft zu werden.[437] Um also der Gefahr der Zersplitterung der Kultur zu begegnen, sollte Platon in seinem »Syntagma« – d. i. bei Eucken das jeweilige »Lebenssystem« – dargestellt, sprich: er sollte »als ein großes Ganzes« gewürdigt werden, selbst wenn dies die Fachgelehrten, wie zu erwarten, als Dilettantismus abtäten.[438]

Soweit das Programm. Tatsächlich wird auch Hagen eine weitere, wenn auch populäre, auf alle griechischen Vokabeln verzichtende Deutung vorlegen, und er wird sich dabei ganz praktisch an den klassischen Schuldialogen orientieren, d. h. an Apologie, Kriton, Euthyphron, Phaidon und am Höhlengleichnis der Politeia. Die neuerliche Orientierung am »politischen Reformator«, die er angekündigt hatte, wird also gerade doch nicht nachvollzogen, sollten vielmehr auch die Volksschichten des Euckenbundes, die ihn noch nicht kennengelernt hätten, erst einmal an den alten, zu »Idealen« erziehenden Schulautor herangeführt und dieser als der ethische »Führer« hingestellt werden, dem man »vom gesunden deutschen Standpunkt aus« einfach folgen müsse.[439]

434 Ebd., S. 7 u. 12.
435 Ebd., S. 8 f.
436 Ebd., S. 11 f. u. 103.
437 Ebd., S. 13 u. 103.
438 Ebd.
439 Ebd., S. 15 f. u. 105.

Am Beispiel der Politeia läßt sich das gut illustrieren. Dort wird der Satz von der Philosophenherrschaft zwar als Mitte des Werkes und der Philosophie Platons herausgestellt, doch interessiert ist von Hagen nicht an politischen Fragen im engeren Sinne – daß allein »konservativ-wesenhafte Naturen« für die Staatslenker in Frage kämen, verstand sich für ihn ohnehin. Worum es ihm ging, war vielmehr die »metaphysische Stellung des Staatslenkers« und seine leicht verständliche Schilderung im Höhlengleichnis.[440] Die metaphysische Haltung sei bei Platon nämlich der »Grund- und Eckstein seiner gesamten Anlage«, laufe auf die Schau der Idee des Guten oder des – wieder äußerst vage gehaltenen – »Letzten« alles hinaus. Sei dieses dann aber »geschaut«, dann, so der charakteristische Schluß der Euckenianer, gehe daraus auch die erhoffte »große ethische Wirkung« hervor, und: »wahrhaftig und der niederen Sinnlichkeit abhold sieht der philosophische Staatsmann klar seinen Weg vor sich.«[441] Er sei nun maßvoll und beherrscht, könne ihm der »Kleinkram des Lebens« genausowenig mehr etwas anhaben wie Feigheit und Todesfurcht. Außerdem entwickle er – durch die Schau der Ideen – Lerneifer und Gedächtnisstärke, und sogar eine »Anmut erweckende Sinnesart« solle er nun haben, weshalb von Hagen vor lauter, alle Logik fahren lassender Begeisterung seinen Seufzer über die so ganz andere Gegenwart nicht unterdrücken kann:

»Wenn doch nur ein Bruchteil davon Wirklichkeit wäre in den heutigen Staaten! Wenn doch die Frage nach dem metaphysischen Charakter des Staatsmannes, seiner Stellung zu den letzten Gründen des Seins allen anderen vorangestellt würde, die heute bei der Verteilung von Ämtern und der Besetzung von leitenden Stellen Behörden und – Wähler nur allzu oft leiten!«[442]

Zum Glück gibt es dann ja das Höhlengleichnis, in dem von Hagen nicht nur die Wendung vom Höhlen- zum »Höhenmenschen« geschildert findet, die er noch mit allerlei, offenbar in der Schule erprobten aktuellen Beispielen (Lichtspieltheater) zum besseren Verständnis anreichert. Auch die erhoffte »ethische« Wirkung der Schau finde sich ausgeführt, über die dann zwar gerade nicht Platon, aber doch er sagen konnte, daß sie »Mitleid und Pflichtgefühl« hervorrufe und die »Höhenmenschen« so wieder zurück in das Dunkel der Höhle gehen lasse.[443] Auch Platon habe nämlich »zu keiner Zeit seines langen Lebens in vornehmer Zurückhaltung gelebt, sondern immer den Drang empfunden, in der Welt [...] zu wirken und zu schaffen. Die Metaphysik ist eben für Platon keine Lehre, sondern ein Stück Lebensüberzeugung.« Und weil er so ein »ethischer Aktivist« gewesen sei, habe er den »Glauben an den Aufstieg auch der Höhlen-

440 Ebd., S. 87 u. 95.
441 Ebd., S. 87f.
442 Ebd., S. 88.
443 Ebd., S. 97, dort auch das Folgende. Vgl. dagegen Resp. 517d, 519e, 520e u.ö.

menschen« nie aufgegeben, sondern darauf gleich seine Staatslehre gegründet, oder wie es von Hagen zusammenfaßt:

»Die metaphysische Wendung selbst ist die ethische Tat, ethische Wirkungen ergeben sich, wie von selbst, aus der metaphysischen Grundeinstellung: es schwinden dem metaphysischen Staatsmann die trügerischen Hoffnungen auf äußeren Erfolg und Befriedigung seines Ehrgeizes, es erlischt die Gier nach Gold und Macht, es klären sich die Begriffe, es weiten sich Ausblick und Erkenntnis, Überblick und Einsicht. Die Vorteile solcher inneren Wandlung genießt der Staat. [...] Platon hat diese Zusammenhänge aufs klarste erkannt, er hat nicht in ohnmächtigem Zorn nach dem starken Mann gerufen und das Schlagwort der Persönlichkeit gebraucht. Er hat die letzten und tiefsten Erkenntnisse seiner Seele in überzeugenden Darstellung gebracht und [...] darüber hinaus der Menschheit das Geheimnis letzter *großer* Erfolge verraten und die Haltlosigkeit aller ethischen Forderungen ohne den wertvermittelnden, ewigkeitserfüllten metaphysischen Hintergrund erwiesen. Sein offenes und lautes Bekenntnis zur Metaphysik macht ihn zum ethischen Erzieher der Menschheit. Auch unserer durch positivistische und materialistische Ziele matt und selbstsüchtig gewordenen nationalen Politik möge er als Fackelträger neue Bahnen zeigen!«[444]

Mit den inhaltlich ähnlich vagen, aber den ethischen Aktivismus fordernden Lehren Euckens paßten solche und ähnliche Apelle an den »metaphysischen Staatsmann«, die »metaphysische Bildung«, die »metaphysische Richtung« usw. natürlich gut zusammen. »Letzten Endes«, so von Hagen diese Parallele dann selbst ziehend,

»ist beiden Denkern gemeinsam *der Kampf* gegen den matten und dabei selbstherrlichen Zeitgeist, der im Menschen, im Bloßmenschlichen ›das Maß aller Dinge‹ sieht, *der Glaube* an eine metaphysische Tiefe des Lebens, mag sie nun als Welt der Ideen oder als ›Geistesleben‹ (Tatwelt) aufgefaßt werden, gemeinsam ist ihnen *die Ehrfurcht* vor den Mächten, die unser Leben tragen[,] und *das Streben* nach ethischem Wirken an sich und anderen.«[445]

Kampf gegen den Zeitgeist, Glaube an die Tiefe des Lebens, Ehrfurcht vor den lebenstragenden Mächten und Streben nach ethischem Wirken – wahrscheinlich läßt sich die »Weltanschauung« des Euckenbundes kaum unbestimmter und inhaltsleerer, darum aber auch kaum treffender beschreiben.[446] Ob Plato dabei ein legitimer »geistiger Ahne« Euckens war, sei dahin gestellt, vom langsamen, nur Wenigen vergönnten Aufstieg zur Idee durch strenge Wissenschaft liest man hier jedenfalls nichts. Statt dessen: immer wieder Apelle an eine vage metaphysische oder ethische »Haltung« und die Aufforderung zum Widerspruch gegen

444 Ebd., S. 102 f.
445 Ebd., S. 105.
446 Vgl. auch *Sieg*, Geist und Gewalt, S. 85 f. und dessen vergeblichen Versuch, in Euckens »Entwurf einer neuen Lebensanschauung« eine ebensolche zu finden.

den kaum weniger konkreten materialistischen »Zeitgeist«, in die Platon dann ebenso einfach einzufügen war wie Luther, Kant oder, und das offenbar nicht erst 1933, eben auch Hitler.[447]

Ernst von Hippel

Ob der ein Jahr nach von Hagen erst in der »Tatwelt« und dann noch in der Reihe des Euckenbundes erschienene Beitrag des Heidelberger Rechtsphilosophen Ernst von Hippel über »Den Sinn des Staates und die Lehre von den Staatsformen bei Platon« Ordnung in diese Vagheit bringen oder doch zumindest die von Hagen gelassene Lücke ergänzen sollte? Es steht zu vermuten, denn das, was Hippel machte, war größtenteils klassische Verfassungstypologie, die jedoch, und da ist wieder das Eucken und Platon verbindende Motiv, in einer Wendung hin zur Metaphysik gipfelte.[448]

Ausgangspunkt Hippels war die längst nicht mehr originelle, aber immer noch fast jede Berufung auf Platon legitimierende »Krise des Geistes«, in der die Staatsphilosophie Platons seine »vorbildliche Bedeutung« entfalten könne.[449] Daß man dabei geradezu von einer »Neuentdeckung« sprechen müsse, sieht Hippel dennoch sehr richtig, wenn er einerseits den Abbruch der »lebendigen Beziehung« zu Platon in der Mitte des 19. Jahrhundert schildert und bis hin zu Jellinek und Weber eine Traditionslinie jener zieht, die mit Fragen des metaphysischen Sinns des Staates nichts mehr anfangen konnten oder wollten, und solchen andererseits das von Krieg- und Nachkriegszeit »wachgerüttelt[e]« »Streben nach sinnhafter Orientierung« entgegenstellt, für das ihm Salins Platonbuch als generationstypisches Beispiel steht.[450]

In die Reihe derer, denen der Verzicht auf Wertfragen »seelisch unerträglich und wissenschaftlich problematisch« geworden sei, reiht nun auch Hippel sich ein, will er darlegen, in welcher Weise die platonische Staatslehre an einem »Unbedingten« oder an der Idee hänge.[451] Diese Darstellung, die den Sinn des Staates über dessen besondere Arete an die Idee des Guten bindet, ihn somit auf eine ethische bzw. psychologische Grundlage stellt und den wahren Staat als die Norm aller bei Platon sich historisch entfaltender Verfassungsformen so-

447 Vgl. *von Hagen*, Wege zu einem Humanismus, S. 17f., wo dem neuen Reich mit demselben Aktivismus »Werte« dargebracht werden sollten und Einsatzbereitschaft signalisiert wurde: »Bereitsein ist alles.« Zum Werben des Euckenbundes um Anschluß an das »idealistische Streben« der Nationalsozialisten schon um 1930 siehe bisher nur die Hinweise bei *Dathe*, Nachlaß, S. 296.

448 *Hippel*, Der Sinn des Staates. Ursprünglich war dies die Antrittsvorlesung Hippels von 1923 und erschien zuerst um aktuelle Platonliteratur (Jaeger, Stenzel) ergänzt in der Tatwelt (Jg. 3 (1927), S. 55–62), wo er auch sonst noch verschiedentlich veröffentlichte.

449 *Hippel*, Der Sinn des Staates, S. 5.

450 Ebd., S. 6ff.

451 Ebd., S. 8.

dann aus dieser Ethik dialektisch hervorgehen läßt, ist ebenso wie die Verfassungstypologie und die platonische Bewertung der Staatsformen durchaus präzise und kohärent, letztlich aber doch ganz konventionell. Das, worauf es ihm dabei ankam, weil es sich gegen Jellineks Rechtspositivismus wenden ließ, war dann auch vielmehr, daß Platon die Zahl der Herrschenden nur als abgeleitetes, von der »Notwendigkeit des Lebens« bestimmtes Kriterium gelten lassen wollte – schließlich müßte ja immer wenigstens einer oder mehrere oder alle herrschen –, während die eigentliche Rangordnung in der Verwirklichung der Idee des Guten, also im Gesamtzustand des Staates und seiner Bewohner, zu suchen sei.[452]

»Platons Staatsformenlehre«, so Hippels knappes Fazit, »*wurzelt* so im Boden historisch-soziologischer Erfahrung, ja vielleicht einer phänomenologischen Erfahrung. Sie *gipfelt* in einer Ethik und Metaphysik, die als konkrete Leistung allerdings historisch bedingt ist.« So weit, so gut, so historisch kaum anfechtbar, doch Hippel beläßt es nicht bei der Historisierung. Ganz unvermittelt, aber mit Blick auf Eucken nicht unerwartet, heißt es nämlich: »Dagegen bleibt, durch die Zeit unaufgehoben, für jede wissenschaftliche Staatslehre und Politik die Forderung schlechthin bestehn, in einer neuen Ethik und Metaphysik ihre Stellungnahmen zu rechtfertigen.« Eine Begründung dafür bedurfte es offenbar nicht mehr, schien die »Unhaltbarkeit« des positivistischen Vorgehens Jellineks, Staatsformen bloß formal zu unterscheiden, wohl evident. Sein Schluß jedenfalls, daß Platon durch das Streben der Gegenwart nach der »Einheit sinnerfüllten Werdens« mit dieser endlich wieder in »lebendiger Beziehung stünde«,[453] war kaum mehr als eine weitere Begründungshülse aus dem Arsenal Euckenscher Weltanschauung und konnte die Frage, warum gerade Platon in der »Krise des Geistes« die vorbildliche Antwort geben sollte, nur noch denen liefern, die ohnehin schon daran »glaubten«.

Über die unmittelbare »Gemeinde« des Euckenkreises hinaus ist dann auch tatsächlich keine dieser Schriften weiter rezipiert worden. Der »Dilettantismus«, den von Hagen als Vorurteil in den Raum gestellt hatte, mag daran seinen Anteil gehabt haben, vermutlich aber noch mehr die enge Bindung an die populäre Weltanschauung und den geistigen Führerkult Euckens. Gerade im Hinblick auf die Popularität des Euckenbundes aber und den hohen Grad seiner Vernetzung dürfte dies dennoch eine nicht unbedeutende Vermittlungsinstanz des sich ja ebenfalls weltanschaulich entwickelnden Platonbildes gewesen sein und so wenigstens ein Stück weit die sonst verbreitete Scheu vor jeglicher Popularisierung Platons aufgewogen haben.

452 Ebd., S. 20 f., dort auch das Folgende.
453 Ebd., S. 22.

3.5 Jenseits des Neoplatonismus

Konnte man in Deutschland zu Begin der 1930er Jahre Humanist und klassischer Philologe sein und kein Platoniker? Konnte man sich unter dem Eindruck des eigenen »Zeitgeschicks« und der ihr erwachsenen »neuen Platoforschung«[454] noch einen anderen Platon vorstellen als den Erzieher, Gründer oder Staatsmann, der den Weg aus den geistigen Krisen und Nöten der Gegenwart weisen sollte? Und mochte es schließlich noch irgendwo Absolventen humanistischer Gymnasien gegeben haben, die nicht mit einem solchen Platon gegen den materialistischen Zeitgeist und die Demokratie geimpft worden wären?

Angesichts des geschilderten Wandels des Platonbildes, der Dominanz seiner Verfechter im akademischen und humanistischen Feld und der Bereitschaft, ja des Bedürfnisses gerade auch vieler Lehrer, sich hinter einem antimodernen »Feldzeichen« wie dem Platons zu sammeln,[455] kann man sich solches kaum vorstellen – und es ist mehr als bezeichnend, daß die entschiedensten Kritiker Platons und seiner neoplatonischen Nachfolger vor und nach 1933 sämtlich nicht aus Deutschland kamen, sondern von außen, von Österreich und der Schweiz aus auf diese deutsche Entwicklung blickten und vor ihr warnten.[456] Dem Amicus plato, magis amica veritas, das seit Aristoteles die Spannung aller Platonrezeption kennzeichnete, schien in Deutschland tatsächlich für einige Jahre die *größere* Liebe zur Wahrheit abhanden gekommen zu sein, es ist zumindest nicht leicht, im Platondiskurs zwischen den Weltkriegen Stimmen zu finden, die sich kritisch und argumentativ mit ihm auseinandersetzten oder ihn gar, wie noch zur Jahrhundertwende, überwinden wollten.

Sicherlich gab es hier wie zuvor auch schon jene betont nüchternen philosophiehistorischen Darstellungen, die die seit Aristoteles bekannten Standardargumente gegen die Ideenlehre referierten, den großen Überblick verschaffen oder sich ihm problemorientiert nähern wollten.[457] Doch eine kritische Auseinandersetzung mit den neuen, nicht erst von Gadamer beobachteten »Programmen und

454 *Gadamer*, Platoforschung, S. 212.

455 Vgl. nur noch einmal die hymnische, die »Krise des Historismus« nun für beendet erklärende Rezension des Jaegerschen Platonbildes beim Breslauer Lehrer Erwin Lebek.

456 Später waren es vor allem Karl Popper und Otto Neurath, die die aus ihrer Sicht verhängnisvolle Rolle Platons nicht zuletzt auch im deutschen Bildungswesen scharf kritisierten. Vgl. *Popper*, The open Society I sowie *Neurath/Lauwerys*, Nazi Text-Books u. *dies.*, Platos »Staat«.

457 Vgl. etwa *Ritter*, Platon, *ders.*, Kerngedanken der Platonischen Philosophie, und dazu den Kommentar von *Hildebrandt*, Platonliteratur, S. 319, der sich nur noch wunderte, wie »die Weltkatastrophe an ihm vorübergegangen« sein konnte. Siehe außerdem *von Aster*, Plato, der ob der Unhaltbarkeit der Zweiweltenlehre versuchte, eine nominalistische Auslegung der Ideenlehre stark zu machen, oder die problemorientierte und noch ganz dem Marburger Platon verpflichtete Darstellung bei *Cassirer*, Geschichte der antiken Philosophie.

Wegen zu Plato« war hier ebenso wenig zu verzeichnen wie in der Philologie vor 1933. Die deutlichste Kritik an Platon, vor allem aber an seinen Erneuerern kam da noch von theologischer Seite. Schon das Platon-Buch von Wilamowitz hatte hier ja Kritik auf sich gezogen, weil es den »Weg, der aus dem Reiche der ewigen Ideen und Formen Platons in das Christentum führt«, bewußt durchtrennt und zudem noch beim »Nationallaster« der Griechen und bei Platons grundsätzlich falscher »Sexualethik« über Gebühr Nachsicht geübt hätte.[458] Als Antwort auf die »mächtige Werbekraft«, die die platonische Weltanschauung gegenwärtig erlebe, sollte sich dann auch der Fundamentaltheologe Wenzel Pohl daran machen, den »theozentrischen« Idealismus Platons und seine darauf gründende »antimaterialistische« Pädagogik mit der katholischen Philosophie in Einklang zu bringen, allein um entsprechende »Korrekturen« kam er doch nicht herum, sei Platons Kosmogonie doch ebenso abzulehnen wie dessen Seelenlehre oder die bei ihm vollzogene Abwertung des Individuums gegenüber den sozialen Verbänden, denen es angehört.[459] An anderer Stelle stand dann wieder der schon bei Barth thematisierte Anthropozentrismus der Georgeaner und Humanisten im Fokus. Die Berufung auf das »schöpferische Menschtum« als dem Maßstab aller Schau und Wahrheit der Platondeutung, so heißt es etwa im »Philosophischen Jahrbuch der Görres-Gesellschaft«, sei eine (schriftwidrige) Selbstüberhöhung des Kreises und führe letztlich wieder in den »historischen Agnostizismus« und damit in den eigentlich zu überwindenden Relativismus hinein.[460]

Die »Stellungnahme des evangelischen Glaubens« zu Platon, so der Lutherforscher Rudolf Hermann, konnte ebenfalls nicht dessen pädagogischen, aber ins Jenseits übergreifenden Intellektualismus gutheißen, so sehr dieser auch den eigenen, abendländischen Menschentypus geformt habe.[461] Seine Überschätzung des Geistes, der Bildungsaristokratie und des Philosophentums verkenne nämlich nicht nur die, theologisch gesprochen, sündhafte Natur des Menschen und die darum notwendige Gnade, sondern es mißachte auch die anderen geschichtlichen Mächte (Tradition, Erinnerung, Familien- und Volksgeist usw.), so daß sein Ideal sich gewaltsam vereinseitigt und »zur Vergewaltigung des Individuellen durch den Staat« geführt habe.[462] Die Unterdrückung der Individualität bei Platon mit all ihren Folgen ist also der eine, die auch von der dialektischen Theologie monierte Vergottung des Menschen der andere Vorwurf, auf den von Seiten des Dritten Humanismus dann sogar einmal vermittelnd einge-

458 *Doergens*, Wilamowitz.
459 *Pohl*, Platonische Erziehungsweisheit, S. V, 189 u. 193f.
460 *Schoemann*, George, S. 340f.
461 *Hermann*, Problem der theologischen Würdigung, S. 116, 118, 120.
462 Ebd., S. 124f., 127f. u.ö. Hermann bezieht sich hierbei mehrfach auch auf Andreaes Kommentar zum platonischen Staat und macht sich dabei auch das Argument Spanns zu eigen, daß die Philosophen geradezu ungeeignet seien, mit Macht und Gewalt umzugehen. Vgl. zur Kritik am platonischen Staat von katholischer Seite auch *Jansen*, Die Staatsphilosophie Platons.

gangen wurde – wenngleich mit dem für die »platonic religion« tatsächlich bezeichnenden Eingeständnis, daß »unser Humanismus, wenn er auch genug Elemente religiös indifferenter Wissenschaft enthält, im Kern ganz und gar kein Adiaphoron sein [wolle]; er will auch nicht einen – angenommen es gäbe das – isolierten Seelenbezirk ausbilden, *sondern den ganzen Menschen.*«[463]

Dieser grundsätzliche und hier von Rehm noch einmal mit Platon unterstrichene Totalitätsanspruch des Humanismus aber, der ohne weiteres auch im George- und Euckenkreis hätte erhoben worden sein können, war es nun, von dem auch die entschiedensten Kritiker dieser Bewegungen und ihrer Neoplatonismen ausgingen, die hier darum noch einmal ausführlich zu Wort kommen sollen.

Ernst Howald

Der seit 1918 in Zürich lehrende klassische Philologe Ernst Howald war der seinerzeit wohl scharfzüngigste Kritiker aller neuerlichen »Platophilie«, gleich ob sie von Wilamowitz ausging oder von George-Kreis oder Drittem Humanismus.[464] Das heißt nicht, daß er ein ausgesprochener »Inimicus Plato« gewesen sei, wie es vom polnischen Logiker Alfred Tarski überliefert ist.[465] Im Gegenteil rang er über viele Jahre mit ihm, gab er unter anderem dessen Briefe heraus und gestand auch jedem zu, in ihm sein persönliches »Lebensvorbild« zu finden.[466] Allein, da diese »überwissenschaftliche Verehrung« bald mehr wollte und in eine »intolerante Begeisterung« für ihn umschlagend auch auf die Wissenschaft Platons oder der Akademie übertragen werden sollte, um darin ein Modell für oder gegen deren gegenwärtige Verfaßtheit abzuleiten, da war für Howald doch die Grenze überschritten, an der er um der Wahrheit und Wissenschaftlichkeit willen auf die aus seiner Sicht gesammelten Unzulänglichkeiten und Pathologien Platons hinzuweisen nicht mehr umhin kam.

Seine nicht ohne Ironie als »akademisch« bezeichnete Rede über »Die platonische Akademie und die moderne Universitas Litterarum« von 1921 richtete sich dabei in erster Linie noch gegen jene, die wie Wilamowitz in Platon den »Universitätsprofessor« und in seiner Akademie die moderne Universität vorgebildet, ja gerechtfertigt fanden.[467] Ausgehend von dieser Annahme prüft Howald also die Zeugnisse, die dafür sprechen könnten, kommt aber, nicht ohne sich ausführliche Umwege über die in der attischen Komödie karikierten akademischen Definitionsversuche etwa des Kürbis als rundes Gemüse zu ge-

463 *Rehm*, Humanismus und evangelisches Christentum, S. 259f. [Herv. R.P.]

464 So bereits *Howald*, Griechische Philologie, S. 49. Vgl. zu Howald auch *Haffter*, Klassische Philologie in Zürich, der ebenfalls das »Unbotmäßige« Howalds betont hat.

465 Vgl. *Weidemann*, Platon, S. 268.

466 So *Howald*, Rez. Salin, dort auch das Folgende.

467 Ebd. u. *Howald*, Die platonische Akademie, S. 3.

statten, zu dem Schluß, daß alle externen Zeugnisse über deren Tätigkeit letztlich wertlose Legenden seien und zumindest von nennenswerter Natur- oder auch nur Spezialwissenschaft dort nie habe die Rede sein können.[468] Von der Struktur her war die Akademie eher eine Sekte, zusammengehalten durch einen Musen- und Eros-Kult, der wohl schon bald nach seinem Tod in regelrechte »Frömmelei« ausgeartet sei, weshalb – »ohne jedes Werturteil« – die Frage zu klären sei, ob *er* denn wenigstens »Geist von unserem Geiste sei, nur quantitativ verschieden, ob er, wie behauptet wird, wirklich als Rettung aus dem sokratischen Nihilismus die Wissenschaft und die Mentalität der Wissenschaft, wie wir sie in unseren Universitäten pflegen, in die Welt eingeführt habe.«[469] Und auch hier war die Antwort wenig schmeichelhaft: Platon selbst, so Howald, sei eher ein Prophet denn ein Wissenschaftler gewesen, seine Philosophie »so antiwissenschaftlich wie nur möglich« und er selbst Idealist im schlechtesten Sinne: »Für die Wissenschaft ist der Einzelfall das ὄν, die ἀλήθεια, das Objekt ihrer ἐπιστήμη, sie ist – jetzt mit moderner Verwendung des Ausdrucks – realistisch. Für Platon ist es der Begriff; er ist idealistisch, unwirklich, unwissenschaftlich – in jeder Hinsicht.«[470]

Überall sei er von Axiomen ausgegangen, die er vernünftig genannt habe, die aber doch willkürlich gewesen seien. Als Ethiker habe er so die Naturbedingtheit des Menschen verkannt, als Soziologe eine »unmögliche Idealgemeinschaft« postuliert, die nicht nur »in der praktischen Politik ärgsten Schiffbrauch« erleiden mußte, »sondern auch in der Theorie historischen Wahngebilden, wie den längst vermoderten Politien von Sparta und Kreta« nachgehangen habe, und als Psychologe schließlich habe er alle irrationalen, auch künstlerischen Elemente verbannt, »weil sie seinen irrealen und rationalistischen Gedankengängen ihre Daseinsberechtigung nicht erweisen konnten.« Platon ging, so Howalds Fazit bis hierher,

> »recht eigentlich der Sinn für das Richtige ab, für den Indikativ ›es ist‹; er ist eine Imperativnatur: ›so soll es sein‹, indem die dem klaren Auge sichtbaren Hindernisse und Unmöglichkeiten einfach geleugnet und dadurch aus dem Weg geräumt werden. Er ist ein Prophet, denn in der Propheten Wesen liegt es ja auch nicht, das Richtige zu verkünden, sondern durch die geniale Kraft ihres Glaubens das scheinbar Unmögliche als möglich hinzustellen und möglich zu machen. Es tauchen von Zeit zu Zeit solche Prophetennaturen in der Wissenschaft auf, nie kommen sie mit ihr aus: Prophetie und Wissenschaft geht nicht zusammen.«

Da ihm schließlich auch noch für die Mathematik zwar nicht das Interesse, wohl aber jede Begabung gefehlt habe und er seine Schüler eher durch »Scherze«

468 *Ders.*, Die platonische Akademie, S. 9 f.
469 Ebd., S. 10 f. u. 13.
470 Ebd., S. 14 f., dort auch das Folgende.

und eine »mathematica mystica« verblüfft haben mußte, sei für Howald jedenfalls »das Märchen von der platonischen Universität erledigt.«[471] Es tauge zwar, wie derzeit vielfach geschehen, als Kritik am Bildungswesen, sei aber letztlich doch »wider den Geist der Zeit« und deshalb zum Scheitern verurteilt:

»Alle Wiederbelebungsversuche akademischer Gemeinschaft, wie sie da und dort vorgenommen werden, führen zu Karikaturen, deshalb, weil die Akademie einen Platon, *einen* Platon an ihrer Spitze haben mußte, weil sie ein Jüngertum an einen Heiland bedeutet, wir Gelehrte aber (den Namen Sophisten wollen wir uns ja nicht gerade geben, aber Peipatetiker wollen wir stolz uns nennen) immer stärkere Arbeitsteilung vornehmen können, ohne daß der aristotelische Geist dabei Schaden litte.«[472]

Bekenntnisse dieser Art, die den »Verzicht auf Platon« zwar für künstlerisch schmerzhaft, ihn – »magis amica veritas« – aber für notwendig hielten und statt dessen die Orientierung an Aristoteles, ja an Demokrit empfahlen, waren unter Philologen der Zeit nicht gerade wohl gelitten, und es ist kaum verwunderlich, daß Howalds Vorwürfe von diesen stets mit gleicher Münze zurückgezahlt, seine philologischen oder historischen Arbeiten also durchweg verrissen wurden.[473] Seine Platonkritik im engeren Sinne war dabei zwar scharf und gerade in der doppelten Konfrontation gegen gleichermaßen platonbegeisterte Philologen und Antiphilologen auch noch einmal besonders pointiert, letztlich aber waren es doch die alten Argumente der Jahrhundertwende, die er vorbrachte und die er allenfalls noch einmal von einem bewußt nominalistischen Standpunkt aus vorbringen sollte. Das eigentlich neue Motiv Howalds, das ihn wohl endgültig nicht nur der alten, sondern auch gleich der »neuen Philologengeneration« entfremden sollte, auf die er damit doch zielte,[474] kam dann erst 1923 in der »geistigen« Biographie, im Buch über »Platons Leben« hinzu.

Ausgehend vom Ungenügen vor allem dieser jüngeren Philologen an der Biographie Wilamowitz', die an der Folge von Bildern des athenischen Lebens das Fehlen einer inneren Einheit und Folgerichtigkeit schmerzlich empfunden hätten, wollte er hier ein neues Bild vorlegen, das auf diese Einheit zielte:

»Diese Einheit, von der wir träumen, ist eine psychologische, nicht im Sinne einer durch Analyse zu gewinnenden Summe stabiler psychischer Eigenschaften, sondern als nachempfindbare, psychologisch geschlossene Lebenslinie, also Bewegung. Eine solche geistige Biographie arbeitet mit wenigen zentralen Erlebnissen, wobei deren nach außen zutage tretende Größe oder Kleinheit belanglos ist, und sie mißtraut

471 Ebd., S. 17 u. 21.
472 Ebd., S. 22.
473 Vgl. nur *Jaeger*, Rez. Howald, o. *von Arnim*, Rez. Howald.
474 Vgl. *Leisegang*, Platondeutung, S. 36f., der klarzustellen sucht, daß Howalds »Seelengeschichte […] nicht das Ideal einer ›neuen Philologengeneration‹, sondern das Programm des heute fast eine Sekte bildenden Kreises der Psycho-Analytiker« sei.

aufs stärkste den vielen oberflächlichen Kleinzügen, deren Kenntnis uns zudem noch durch einen unberechenbaren Zufall vermittelt wird. Direkt findet sie also ihr Material nicht in den Texten, sie ist – horribile dictu – eine Deutung.«[475]

Philologie ohne Texte, dafür mit viel »Deutung« – also doch noch eine Gestaltbiographie im Sinne der Georgeaner? Ganz und gar nicht. Schon der Hinweis auf die Psychologie stand solchem deutlich entgegen, vor allem aber die Auswahl und Deutung der beiden »zentralen Erlebnisse«. Was Howald nämlich interessierte, war die besondere, ja in der Geistesgeschichte einmalige »Lebenslinie Platons«, die zwar einer inhaltlichen Richtung folgte, deren drei Phasen aber so gar nicht der »gewöhnlichen menschlichen Entwicklung« von jugendlichem Sturm und Drang, formaler Meisterschaft und langsamer Alterung entsprochen hätten. Statt dessen gebe es hier erst eine Phase der »reifen und sichern Kunst«, auf die dann plötzlich eine zweite Schaffensperiode folgte, »die nicht nur die allervollendetsten Schöpfungen hervorbringt«, also Phaidon und Politeia, Symposion und Phaidros, »sondern es sind diese selben Werke auch zugleich ebensoviele Proben einer gänzlich unverbrauchten, ja eigentlich noch ungebrauchten künstlerischen Zeugungskraft. In ihrem leidenschaftlichen Pathos sind sie Erstlinge nur ohne die Fehler von solchen. Es ist so«, und da liegt das für die meisten wohl Unbotmäßige dieser Deutung, »wie wenn eine zweite Pubertät über Platon gekommen wäre – oder vielmehr, wie wenn plötzlich Hemmnisse weggefallen wären, die sein eigentliches Können bis dahin zurückgehalten und unterdrückt hatten« und die dann einige Jahre später plötzlich wieder aufträten oder doch zumindest den ins Übermenschliche gesteigerten Lebensausdruck wieder in sich zusammen fallen und Platon wieder »alt und starr« werden ließen.[476]

Der – für Howald allein künstlerische – Höhepunkt platonischen Schaffens, so kann man seine Deutung wohl zusammenfassen, sei damit die Folge einer einst langen »Wesensverdrängung« durch Sokrates, einer durch ihn bedingten jahrelangen »Verkümmerung des Gefühlslebens«, die ihn sich zunächst in einen übermäßigen Individualismus und Rationalismus, ja in eine schließlich verhängnisvolle »Weltfremdheit« hineinsteigern ließ, die aber – durch eine »in unseren Augen pathologische Veranlagung in höherem Grade [...] für diese Dinge disponiert« – immer wieder eine »unnennbare erotische Stimmung« annahm und schon damit deutlich zu erkennen gab, daß hier eine ungeheure »Sublimierung« des Erotischen vorgelegen haben muß.[477] Die Entdeckung der Ideenlehre war so das Ergebnis jahrelang unterdrückter Spannung, und auch wenn man den Moment des erotisch-mystischen Erlebnisses nicht festmachen könne – die Begegnung mit Dion deutet Howald jedoch mehrfach an –, so muß hierin doch

475 *Howald*, Platons Leben, S. 10.
476 Ebd., S. 12 f.
477 Ebd., S. 14, 17, 24 f. u. 33.

der Auslöser für den »Ausbruch und Ausdruck einer unterdrückten seelischen Kraft« gesehen werden, »die, da eine adäquate diesseitige Betätigung verwehrt ist, ihr Feld ins Jenseits verlegt«, was sie, so Howalds alte Kritik, für die Welt eigentlich noch untauglicher, weil zu jenseitig und zu statisch werden ließ.[478] Für Platon jedoch hatte sie nun endlich das Gefühl des »Entdeckerglücks« gebracht, dem er so lange entbehren mußte: »jetzt lebt er endlich sein eigenes Leben, er lebt jetzt auch das Leben des Künstlers«.[479]

Dies ist gleichsam der Kern der psychologisierenden, ja psychoanalytischen »Deutung« Platons, in die dann auch noch der Tod Dions als jähes Ende jener Phase des Glücks und als Anlaß für den Umschlag Platons in die Mystik hineingehört. Die Ideenlehre sei also die gewaltige Sublimation einer sich nicht entfalten könnenden »pathologischen« und politischen Veranlagung – nicht umsonst die beiden Geheimnisse des Kreises um George! –, der es jedoch in Folge der sokratischen »Asozialität« lange am Inhalt mangelte, die deshalb nicht zu Ende gedacht war und die darum, wie die korrespondierende Staatslehre bar jeden »Wirklichkeitssinns«, ein »metaphysisches Postulat« bleiben mußte.[480] Eine solch psychologische ›Entlarvung‹ Platons, denn auf nichts anderes zielte Howald, wenn er immer wieder auf die verhängnisvollen Wirkungen jener einseitigen Steigerung des platonischen Lebens zurückkam, ließ von diesem dann auch nichts mehr übrig als jene mystische Seite, von der allein er sich noch eine Wirkung auf die Gegenwart vorstellen mochte.[481] Alles andere aber, also vor allem die Ideen- und Staatslehre sei kaum dafür geeignet, zumal jetzt, wo ihre Genese »gedeutet« war.

»Wer von der Richtigkeit der Darstellung Howalds überzeugt ist«, so schon Hans Leisegang die Intention dieser Deutung ganz richtig erfassend und sie zurück gegen Howald wendend, »für den ist – um mit den Psycho-Analytikern zu reden – der Komplex Platon für immer zerfallen. Er ist erkannt und durchschaut, und darum beunruhigt er uns nicht mehr. Platon ist tot und ein für allemal erledigt. Eine Beschäftigung mit ihm hat eigentlich nur noch für den Arzt Wert, der ihn studieren muß, um alle Platoniker von ihrem Wahn zu heilen. Wenn moderne Gelehrte sich dieser Methode bedienen, um die großen Gegenstände ihrer Wissenschaft in nichts als in etwas mehr oder weniger Erotik aufzulösen und sie so der allgemeinen Verachtung preiszugeben, so versteht man nicht, warum sie dieser Wissenschaft selbst noch dienen.«[482]

478 Ebd., S. 55 u. 57.

479 Ebd., S. 59.

480 Ebd., S. 41, 45 u. 52.

481 Ebd., S. 108 f. Die Vorwürfe ziehen sich durch das ganze Buch und decken sich in etwa mit denen aus dem vorangegangen Vortrag: die Ideenlehre sei zu statisch, untauglich (47), bloß metaphysisch (57), die Staatslehre ebenfalls ohne jeden geschichtlichen Wirklichkeitssinn (51), phantastisch, rücksichtslos und doktrinär (88), das mythische Denken des Alters logisch nachlässig (96) und sich auf willkürliche Zahlenspekulation stützend (101).

482 *Leisegang*, Platondeutung, S. 41. *Täubler*, Rez. Howald, ahnte offenbar nicht zu Unrecht, daß angesichts dieses Bildes »so manche gelehrte Brille [...] mit Empörung überhauchen«

Der Komplex Platon war, um mit Leisegang zu sprechen, für Howald allerdings noch so lange nicht tot, wie es Platoniker gab, die sich ihm weiterhin verschrieben, noch dazu, wenn es »nicht nur wissenschaftlich, sondern auch menschlich so hervorragende Persönlichkeiten« seien, wie diejenigen, die sich gerade um die Erneuerung des Humanismus aus platonischem Geist bemühten.[483]

Seine Kritik an diesem Humanismus war folglich eine an der »starken Dosis Platonismus«, die diesem verabreicht wurde, die aber, und hier irrten deren »Führer«, wenn sie das Ethisch-Pädagogische erst für ihren reklamieren wollten, eigentlich allen Humanismen eigen gewesen sei: »Platon dem die Welt nur eine große Erziehungsanstalt war, lebt weiter in jedem Humanisten.«[484] Wie der »platonische Mensch« die Ideen als ewig objektive Gegebenheiten und einziges Wissensziel anerkennen müsse, so seien auch den Humanisten die Griechen die einzigen Vorbilder, und während es früher die griechischen Dichtwerke waren, die als unerreichbar galten, so sei es eben »heute mehr das griechische Denken (d. h. das platonische), das in seiner Objektivität, in seiner Abkehr von den Gefahren des Subjektivismus, dem modernen Denken a priori überlegen ist und dem Humanisten eine Rettung bietet gegenüber den ›Gefahren des modernen Denkens‹ (Stenzel).«

War für Howald solches für sich genommen also eigentlich nicht überraschend und vor allem nicht eigentümlich für den »neuesten« Humanismus, so sei es doch, und das wäre der dritte Punkt seiner Platon- resp. Humanismuskritik, um so gefährlicher sowohl für ihn selbst als auch für das geistige und politische Europa. Denn der Platonismus dieses Humanismus sei zugleich seine Schwäche, verschreibe er sich damit doch einem »magischen«, weil bestimmten Fiktionen ewigen Seinscharakter zuschreibenden Denken, das aufgrund seiner gleichsam religiösen Grundierung Toleranz gar nicht kennen könne, ja das nicht zur Verständigung, sondern zur Rivalität in Europa beitrage und in Verbindung mit einem ebenso magischen Nationalismus bereits beigetragen habe. Aus dieser »Weltbetrachtungsweise« herauszukommen, wie Nietzsche es versucht habe, würde die Humanisten mit ihrem Platonismus jedenfalls nicht gelingen, weshalb, so Howalds schonungsloses Fazit, das Altertum wohl für einige Zeit für »die Prätentionen seiner allzu fanatischen Verehrer« büßen und der Humanismus erst eine Art Säkularisierungsprozeß durchmachen müsse, bevor die Alten den künftigen Europäern zwar nicht mehr Vorbild, aber mit

dürfte. Vgl. dagegen jedoch *Stenzel*, Rez. Howald, der sehr nobel das philosophisch »Anregende« des Buches betonte, noch mehr aber und nicht zu Unrecht vor den »Möglichkeiten starker Fehlgriffe« und der »Unzulänglichkeit gewisser psychologischer Kategorien« warnte, wollte man sie unversehens auf eine Leben wie dasjenige Platons anwenden – zumal, so ist man geneigt hinzuzufügen, sich dessen biographisches »Quartblatt« seit Wilamowitz ja auch nicht weiter gefüllt hatte.

483 *Howald*, Humanismus und Europäertum.

484 Ebd., S. 155 f., dort auch das Folgende.

Nietzsche doch immerhin wieder Ausgangspunkt und Objekt steten Interesses sein könnten.[485]

Howalds Platonkritik war sicher unmäßig und übertrieben, in den psychologischen Kategorien sich vergreifend und über Gebühr nur die »Schattenseiten« des Platonismus (Cohen) zuspitzend – daß sie, was die Konsequenzen des Neoplatonismus anging, als eine der wenigen hellsichtig auf dessen dezidiert antiliberalen »Propagandafaktor«[486] hingewiesen und schon deshalb immer wieder vor ihm gewarnt hatte, hebt sie gleichwohl noch einmal heraus aus dem Kreis derer, die vielleicht das Humanismuskonzept Jaegers oder die Gestaltdeutungen des George-Kreises abgelehnt hatten, die letztlich aber nur dessen inhaltliche Leere kritisierten und nicht die strukturell »magische« und gerade darum gefährliche Grundierung dieser »platonic religion« erkannt hatten.

Hans Kelsen

Die drei Punkte Howalds, also die Kritik an der vermeintlichen Unwissenschaftlichkeit Platons, dessen psychoanalytische »Erledigung« und die Warnung vor der politischen Dimension seines zuletzt ins Mystische sublimierten Eros waren 1933 auch die Themen zweier Aufsätze des Staatsrechtlers Hans Kelsen in den »Kant-Studien« und in Freuds »IMAGO«.

Die Texte über »Die platonische Gerechtigkeit« und »Die platonische Liebe« entsprangen dabei demselben bzw. besser: denselben beiden Zusammenhängen. Einmal war dies die in den späten 1920 Jahren intensivierte Auseinandersetzung mit den Ursprüngen des seiner positiven Rechtslehre widerstreitenden Naturrechts bei den Griechen, an die sich eine Beschäftigung mit der nicht nur, aber vor allem platonischen Annahme absoluter Gerechtigkeit und aller sich darauf gründenden Sozialphilosophie anschloß.[487] Kurz gefaßt ging es hier darum, die irrationalen Ursprünge der Naturrechtslehre offenzulegen, sie also als metaphysisch zu demaskieren und dadurch der »primitiven Horde« den Weg in die moderne »vaterlose Gesellschaft«, d.h. wissenschaftstheoretisch in den Positivismus und politisch in die Demokratie zu eröffnen.[488] Hinzu kam dann ein anderer, aufgrund des ähnlich (spät-)aufklärerischen Demaskierungsgestus aber durchaus verwandter Kontext, nämlich die Psychoanalyse Freuds, mit dem er gut bekannt war und dessen Theorien oder Narrationen sich auch bei Kelsen vielfach finden lassen.[489] Während nun dem platonischen Eros seit der Jahrhundertwende von verschiedenster Seite gehuldigt, er dabei aber meist »vergeistigt« wurde als Drang entweder zu Philosophie und Wissenschaft (Wilamowitz, Ritter) oder man ihn, wenn er doch »verleiblicht« werden sollte, als einen

485 Ebd., S. 158 u. 164f.
486 So *Howald*, Platon der Führer.
487 Vgl. auch zu den zahlreichen Manuskripten dieser Zeit *Jabloner/Zeleny*, Kelsen.
488 Vgl. *van Ooyen*, Der Staat der Moderne, S. 79ff.
489 Siehe hierzu den Überblick bei *Adamovich*, Kelsen und die Tiefenpsychologie.

letztlich philosophisch-pädagogischen Trieb darstellte (Spranger, Hildebrandt), hatten ihn auch psychoanalytisch orientierte Autoren wie Howald oder Rolf Lagerborg als einen historisch interessanten Gegenstand entdeckt, ohne daß dies im Rest des ganz in politisch-pädagogischen Bahnen laufenden Platondiskurses doch rezipiert, geschweige denn goutiert wurde.[490]

Hier nun setzte Kelsen an, weil er in der bei Howald, vor allem aber bei Lagerborg gefundenen Deutung des spezifisch platonischen Eros als einer mit seiner Umwelt in Konflikt stehenden homosexuellem Päderastie den Ansatzpunkt gefunden zu haben glaubte, um sowohl dessen Sozialphilosophie als bloß ideologisches Ergebnis einer aus jenem Konflikt geborenen Verdrängung kritisieren und zugleich auch die modernen Platoniker durch die Provokation vielleicht nicht zum Umdenken bewegen zu können, aber doch zumindest auf die von ihnen verschleierten reaktionären Tendenzen aufmerksam zu machen.[491]

Die – fraglos höchst spekulative und historisch wie philologisch wiederum kaum haltbare[492] – psychoanalytische These Kelsens in beiden Aufsätzen ist denn auch kurz gesagt die, daß Platon das Gefühl seines »Andersseins« und die als »Sünde« begriffene Schande der Polis gegenüber, ihr keine Nachkommenschaft schenken zu können,[493] »unter dem Druck der gesellschaftlichen Anschauung und der eigenen sittlichen Überzeugung völlig sublimiert«,[494] ja überkompensiert habe, indem er sich erst einer pessimistischen Weltflucht und dem ihr eigentümlichen – zuletzt wissenschaftsfeindlichen – Dualismus hingab,[495] dann aber, mit seinem literarischen Coming out im Symposion, schließlich doch noch den Mut gefunden habe, sich zu diesem Eros zu bekennen und von da an seine ganz Kraft auf das Diesseits und dessen Beherrschung zu werfen.[496]

490 *Lagerborg*, Die Platonische Liebe. Vgl. auch außer der Abgrenzung bei Leisegang die Bemerkungen über die modernen psychoanalytischen »Umdeutungen« Platons bei *Nestle*, Rez. Leisegang.

491 Zum Motiv der Provokation siehe auch *Pechriggl*, Wie undogmatisch ist Kelsens Platon?, S. 42 f.

492 Vgl. etwa *Kelsen*, Liebe, S. 49, 53, 65, 85 u.ö., wo die Dialoge nicht anders als bei vielen Neoplatonikern der Zeit als Ausdruck unmittelbaren, eigenen Erlebens gelesen werden, ohne auch hier in Rechnung zu stellen, daß sie zunächst doch Literatur waren – und wo selbst das nicht das Erwünschte ergab, traten (z.B. ebd., S. 43) Wendungen hinzu wie diese: »Wenn es Platon auch nicht ausdrücklich erklärt, so kann doch kein Zweifel daran bestehen…« Daß schließlich die Übertragung theologischer Moralbegriffe auf Platon (Sünde, Schuld, Gewissen) höchst problematisch ist, muß ebenfalls nicht weiter erläutert werden.

493 Ebd., S. 37 u. 64.

494 *Ders.*, Gerechtigkeit, S. 98.

495 Ebd., S. 91, 94 u.ö.

496 Ebd. u. *ders.*, Liebe, S. 65 ff. u. 75. Vgl. auch kurz und bündig *Mehring*, Antipodische Polemik, S. 267: »Seine quasi-psychoanalytische Narration (mit Psychoanalyse teilt Kelsen nur den tiefenhermeneutischen Anspruch, nicht die Methode) heißt: Platon war ein homosexueller Päderast. Deshalb brachte er es nicht zur Wissenschaft, sondern wurde nur ein tyrannischer Politiker und religiöser Mystiker.«

Die spezifische Dualität der platonischen Philosophie ergab sich für Kelsen so denn auch ohne weiteres aus der

»Eigentümlichkeit dieses Eros, daß er [nämlich] zwiespältig, ebenso wie gesellschaftsfeindlich, ja weltverneinend, zur Flucht vor der sozialen Welt, so auch umgekehrt nach einer erhöhten Stellung in der Gesellschaft, nach Macht und Herrschaft über sie und so zur Überwindung des Gegensatzes zu ihr, des pessimistischen Dualismus überhaupt, drängt. Das Schuld- und Minderwertigkeitsgefühl wird durch ein von sozialem Ehrgeiz gesteigertes Selbstbewußtsein kompensiert, ja überkompensiert. Es ist gerade der politische Trieb und die ihm verwandte pädagogische Leidenschaft, die in dieser seelischen Atmosphäre besonders gedeihen; aus der eben darum auch das Bedürfnis nach Rechtfertigung und damit das ethische Problem, die Frage nach der Gerechtigkeit hervorgeht, die die Legitimation der Herrschaft ist.«[497]

Daß diese Herrschaft für Platon dabei nur konservativ und reaktionär sein konnte, ergebe sich aus der Sehnsucht des »vom Schuldgefühl Gequälten« nach der vom Vater behüteten Kindheit, und ihre aristokratische und antidemokratische Grundeinstellung aus demselben Gefühl, daß die Eigenart des eigenen Eros die Ausnahme bleiben und diese Sonderstellung um des Fortbestandes der Gesellschaft willen rechtlich fixiert werden müsse:

»Dem homosexuellen Eros kann, angesichts der fundamentalen Ungleichheit, die er mit seiner Existenz beweist, nichts verhaßter, nichts widernatürlicher, nichts ungerechter scheinen, als die Gleichheit der Demokratie. Und so wie er auf der einen Seite zu einer durchaus konservativen, ja reaktionären Gesinnung neigt, so muß er sich doch auch auf der anderen Seite – zwiespältig und in sich widerspruchsvoll –, sofern er nach *Gerechtigkeit* sucht, von allen ihren Formulierungen gerade zu jener am meisten hingezogen fühlen, die – ganz revolutionär – alles Heil nur von einer völligen *Umkehr* erwartet. Mag das nun die innere Umkehr seelischer Wandlung, mag das die radikale Umkehrung der bestehenden gesetzlichen Verhältnisse sein, wonach die Ersten die Letzten und die Letzten die Ersten, oder gerade die zur Herrschaft berufen sein werden, die man jetzt dafür für völlig ungeeignet hält: die Philosophen.«[498]

Das Provokante an der Deutung Kelsens war dabei nicht so sehr, daß er den platonischen Eros wirklich nur als homosexuelle Knabenliebe verstanden und dessen Philosophie als deren Rechtfertigung gelesen wissen wollte, denn das hatte man bisher vielleicht nicht in der Deutlichkeit wie bei ihm, aber doch auch mehr oder weniger bereits eingestanden und sich über die »ideale« oder pädagogische Wendung leidlich gut damit abfinden können. Das, was seine Kritik über diejenige Howalds hinaus auszeichnete, war vielmehr, daß er dies in direkter Auseinandersetzung mit den versammelten Neoplatonikern geschehen ließ[499] und

497 *Kelsen*, Liebe, S. 37.

498 Ebd., S. 39.

499 Kelsen zitiert neben Howald, Lagerborg und Heinrich Gompertz sonst noch Friedemann, Brecht, Hildebrandt, Salin, Friedländer, Jaeger, Wilamowitz usw., macht aber gleich

also nicht nur Platon – das auch –, sondern eigentlich jenen und ihren Interpretamenten (vom Tatmenschen, von der Paideia, vom Gründer usw.) den reaktionären Spiegel und die Konsequenzen vorhielt, die diese ursprünglich aus der spezifisch-individuellen Spannung zwischen dem tyrannischen Charakter Platons und seinem »Ideal-Ich« geborene »Staatsphantasie« hätte, würde man solche Hypertrophie an herrschaftlichem Willen wirklich ernst nehmen:[500] dann nämlich, und das war 1933 eben alles andere als bloße Phantasie, würde eine »erbarmungslose Unterdrückung« und ein »beispielloser Gesinnungsterror« um sich greifen und würden die Menschen nur noch als »Drahtpuppen« oder als »Material« eines pädagogischen und politischen Gestaltungsdranges behandelt, oder, wie Kelsen es pointiert zusammenfaßte: »Darüber, daß Platon die Menschen in der ›Politeia‹ wie Sklaven behandelt, kommt man auch dadurch nicht hinweg, daß er die Galeere, an die er sie schmiedet, für einen Idealstaat hält.«[501]

Oskar Benda

Wie Kelsen kam schließlich auch Oskar Benda aus Österreich, seine Stellung als Deutschlehrer und dann ab 1925 als Wiener Landesschulinspektor hob ihn aber noch einmal ab von den gleichwohl wenigen anderen kritischen Philologen und Philosophen des Platondiskurses. Was ihn dabei noch auszeichnete, war die dezidiert »praktische Absicht« seiner schon 1931 veröffentlichten Warnung vor der »Bildung des Dritten Reiches«. Denn da »der deutsche Bürger oder Arbeiter, den der akademisch gebildete Jüngling im Namen des Dritten Reiches niederschlägt«, wahrscheinlich nicht so ohne weiteres »den psychologischen Zusammenhang dieser ›heldischen Tat‹ mit so subtilen Fragen wie der Autonomie des Geistes oder der Neubegründung des Staates auf Platos Idee der Gerechtigkeit [...] durchschauen« dürfte, obliege es, so Benda, schon jetzt dem »Sozialpsychologen« auf diese Zusammenhänge zu stoßen, wisse dieser doch um die »unterirdischen Leitungsdrähte«, sprich: die »pädagogischen Fernwirkungen« solchen »Geistesaristokratismus«.[502] Seine Kampfschrift wider den Dritten Humanismus wollte also

»jene Pädagogen warnen, die, geblendet vom Glanz dieses ›Geistes‹, aber ohne Bewußtsein der sozialpsychologischen Sinngehalte, die er verdeckt, ihre pädagogische Theorie oder ihre pädagogische Praxis auf ihn und seine ›Ausgliederungen‹ gründen.

zu Beginn (ebd., S. 37) klar, daß er sich mit »jenen Kreisen« auseinandersetzen wolle, die gegenwärtig zwar die »Apotheose« Platons und insbesondere seiner sozialen Theorie betrieben, es dabei aber an der »objektiv-kritischen Deutung« mangeln ließen und – obwohl sie es zweifellos erkannt hätten – insofern gerade das Spezifische des platonischen Eros verfehlten.

500 Ebd., S. 236.

501 Ebd., S. 250f.

502 *Benda*, Die Bildung des dritten Reiches, S. 5.

Insbesondere richtet sie ihren Mahnruf zur Selbstbesinnung an jene [...] wahrhaft bewundernswürdige ›kleine Schar‹, auf deren Fahnen die Losung leuchtet: ›Hellas ewig unsere Liebe!‹ [...] Aber wo sie zur Zeit im Winde wehen, locken sie auf falsche Bahnen: nicht zum neuen Aufstieg zur Menschheitssonne ›Humanitas‹, sondern zu ihrem unwiederruflichen Untergang. Denn ihre Gefolgschaft glaubt, mit dem ›Dritten Humanismus‹ ›Geist‹ zu säen, und ernten würde sie, wenn die Saat in die Halme schösse, das ›Dritte Reich‹.«[503]

Um also vor solchem zu bewahren, demaskierte Benda zunächst sehr klar und fern aller »Kulturkrisenpsychose« die sozialgeschichtliche Funktion des von ihm sogenannten, die Philologen ebenso wie den George-Kreis umfassenden »Dritten Humanismus« als »Rechtfertigungsideologie des humanistischen Gymnasiums«.[504] Deren primäre Absicht, die »pädagogische Aussonderung einer bildungsaristokratischen Oberschicht«, verbänden sie dabei aber, so Benda mit Blick über die Lehrpläne in Österreich hinaus, mit einem inhaltlichen Bildungsziel, dessen »vitale ›Mitte‹« unzweifelhaft Platon sei, »jener Dichterphilosoph, der die Restauration der oligarchischen Despotie gegenüber der demokratischen Polis ideologisch begründet.« Nicht nur um »formale Zucht« gehe es hier also, sondern darum, daß in den Schülern »bestimmte intellektuelle, ethische, politische, künstlerische, durch ihre Ausrichtung auf Plato hinreichend konkretisierte und dauern festgelegte Erlebnisse und Wertungsdispositionen herangezüchtet werden« sollen, die weit über jede notwendige »kulturphilosophische Bildung« hinaus reichten und eben auf eine bestimmte platonische Bildungsgesinnung zielten, die mit dem, was man Humanismus nenne, nicht mehr viel zu tun hätte.

Die »ursprünglichen Quellen« dieser Ideologie sieht Benda indes nicht bei den Pädagogen oder Schulhumanisten selbst. Wie man um 1800 nicht bei Niethammer oder Thiersch, sondern bei Goethe oder Humboldt suchen müsse, so seien es auch jetzt nicht die Schriften Jaegers oder des Altphilologen-Verbandes, sondern die des George-Kreises seit den 1890er Jahren, in denen die Ideologie gebildet worden und zudem noch ungebrochen zu beobachten sei. Mit ihnen wollte er sich darum in der Folge hauptsächlich auseinandersetzen, wobei dies abgesehen von einigen Gedichten Georges erkennbar Wolters gerade erschienene Blättergeschichte war, an der er sich abarbeitete.[505] Es führte zu weit, alle Vorwürfe an den Kreis darzustellen, reichen sie doch von einfacher »Amoralität« in den Gedichten über »Subjektivierung der Wissenschaft« und »Entbürgerlichung des Bürgers« bis hin zum Hauptvorwurf, nämlich der Vorbereitung der Diktatur des »Dritten Reiches« durch »Erzeugung einer geistigen Atmosphäre, der mit der entsprechenden Theorie der zünftlerischen ›Dichter‹ auch die ent-

503 Ebd., S. 6.
504 Ebd., S. 5 u. 9 f., dort auch das Folgende.
505 Ebd., S.14.

sprechende Tat des ›Helden‹ entspringen würde.«[506] Daß dieser Held nur mehr Hitler sein konnte, galt Benda aufgrund der großen Affinität zwischen dem Bildungsprogramm dieses »Dritten Humanismus« und der »staatstheoretischen Vision des ›Dritten Reiches‹« jedenfalls als ausgemacht – genauso wie auch die Rolle, die der »Befruchter Plato« bei der Schaffung dieser geistigen Atmosphäre und ihrer ideologischen Begründung spiele.[507] Seine These, daß es hierbei vor allem um die »Vermählung Dantes mit Plato«, also um einen »verchristlichten und nationalisierten Humanismus« gehe – oder doch wenigstens um ein »taktisches Bündnis der Bildungsaristokratie mit den Kirchen zum Zwecke der ›heldischen Tat‹« –, mochte dabei zwar mehr auf Österreich gezielt und die oft lediglich »platonische Religion« der meisten Humanisten ebenso wie der Georgeaner gründlich verkannt haben, seine Warnung davor, daß hier zum ersten Mal der »moderne Diktator ›vergottet‹ und ›verleibt‹« und also das ganze pädagogische Programm der Humanisten auf die Diktatur hinauslaufen würde,[508] hatte er nicht anders als Kelsen oder Howald, aber doch schon um einiges früher als diese, sehr deutlich gesehen.

506 Ebd., S. 18, 21, 22, 25, 29. Damit aber nicht genug, denn »auch die Dolchstoßlegende [scheint] im George-Kreis entstanden oder zumindest die Sanktion des ›Geistes‹ empfangen zu haben.« (S.18, Anm.9).

507 Ebd., S. 14, Anm. 7, 16, u. 30.

508 Ebd., S. 27 f., u. 29.

4. Platon als Erzieher oder unbürgerliche Bürgerlichkeit

Die Renaissance Platons und die Umstilisierung des Platonbildes zwischen Jahrhundertwende und Nationalsozialismus war, um es noch einmal zu betonen, keine Sache bloß der Experten in Philologie und Philosophie. Mochten diese aufgrund ihrer fachlichen oder wissenschaftspolitischen Autorität auch die Zentren einzelner Denkkollektive besetzt und die Wissenschaftlichkeit ihres Bildes betont haben, so wurde der um Platon geführte Deutungskampf doch nie nur oder gar in erster Linie als ein Fachdiskurs betrieben. Von Anfang an machten die Kenner und Liebhaber, die gymnasial gedrillten Quasiphilologen ebenso wie die Dichter, Erotiker und Pädagogen ihr Recht auf einen je eigenen Zugang geltend, wurde Platon oftmals geradezu als Autorität *gegen* Philologie und universitäre Wissenschaft angerufen und damit gegen all das, wofür diese standen: gegen das Spezialistentum und das vermeintlich alles relativierende historische Denken, gegen die »Vermassung« des höheren Bildungswesens und die »alte Deutschbürgerlichkeit« (Gundolf) des Wilhelminismus mit seiner Doppelmoral (»der ganze Platon...«) und gesellschaftlichen Bigotterie.

Bürgerliche Diskurse

So auf der Grenze gelegen zwischen Weltanschauungsliteratur und Wissenschaft, zwischen kulturkritischem Räsonnement und dem gleichwohl vorhandenen Anspruch, auch in der Sache Substantielles zum Verständnis Platons und, das ist das Entscheidende, damit der Gegenwart beizutragen, wirkte der Neoplatonismus weit hinein in die bildungsbürgerliche Öffentlichkeit, war er, wie der Erfolg nicht nur des Diederichs-Verlages zeigte, ein durchaus attraktives Angebot für die »unruhige Seele des Kulturbürgers« und die Probleme, die diesen umtrieben. »Kultur-« oder bildungsbürgerlich war dieser Diskurs dabei schon von seinen Voraussetzungen her. Da wären einmal die beteiligten Akteure. Unabhängig davon, ob diese bereits arrivierte und wie Natorp, Wilamowitz oder Jaeger über ihre Fächer hinaus strahlende Ordinarien waren oder aber ob ihre akademischen Karrieren noch am Anfang standen, ob sie schriftstellernde ›Rentnerexistenzen‹ (Max Weber) waren oder lohnschreibende bzw. viel öfter noch darbende Feuilletonisten und philosophische Schriftsteller – sie alle verband das gemeinsame, noch immer solide Fundament gymnasialer und universitärer Bildung, wobei wiederum die altsprachliche Schulbildung nicht selten die einzige »fachliche« Voraussetzung der Platonlektüre war. Außer im George-Kreis, wo die geradezu obligatorische Arbeit an der »Gestalt« Platons ein wichtiger Teil der individuellen Bildung wie auch der des Kreises war, läßt sich dies vor allem an den Rändern und Übergängen der Denkstile beobachten sowie dort, wo angeregt durch die Wiederentdeckung Platons und das Diederichsche Programm historische Rückversicherungen zu verschiedensten Zwecken gesucht wurden.[1] Daß Platon außerhalb des gymnasialen Bildungskosmos, gar in proletarischen oder sozialistischen Zusammenhängen dagegen keinerlei Rolle spielte und auch die Debatten um Platon hier erst mit der politischen Engführung von platonischem und Drittem Reich zum Anfang der 1930er Jahre vereinzelt thematisiert wurden (etwa bei Halbwachs, Benda oder Kelsen), bestätigt noch einmal, daß es sich um eine spezifisch bildungs- oder eben »kulturbürgerliche« Veranstaltung handelte.

Kaum anders stellt sich dieser Befund dar, wenn man die Medien und die Orte des Diskurses betrachtet. Im Mittelpunkt standen hier neben einigen Broschüren und wenigen akademischen Qualifikationsarbeiten zunächst die großen deutenden Monographien, die stets nicht nur für ein Fachpublikum geschrieben wurden, sondern die, das zeigen darstellerische Konzessionen wie der weitgehende Verzicht auf originalsprachliche Zitate (bei allerdings konventioneller Stephanus-Paginierung), mit einem breiteren Leserkreis rechneten und auf eine bildungsbürgerliche Allgemeinverständlichkeit setzten. Daß diese gleichwohl keine »Volksbücher« wurden, wie Werner Jaeger es für seine »Paideia« perhorresziert hatte, sondern auf die von ihm anvisierte »gehobene Schicht« beschränkt blieben,[2] war angesichts des Themas, seiner Voraussetzungen und nicht zuletzt der Buchpreise dennoch wenig überraschend. In dieselbe Richtung deutet dann auch der andere große Bereich des Diskurses. Abgesehen von den fachlichen Kommunikations- und Rezensionsorganen im engeren Sinne (DLZ, Philologische Wochenschrift, Gnomon etc.) sowie der Standes- oder Verbandspresse (v.a. Das humanistische Gymnasium) springt nämlich die Rolle der großen Zeitungen (etwa Vossische Zeitung, Frankfurter Zeitung, Neue Zürcher Zeitung, Der Tag, Kölnische Volkszeitung) sowie der seit der Jahrhundertwende im bildungsbürgerlichen Kommunikationssystem zunehmend wichtiger werdenden »Kulturzeitschriften« ins Auge,[3] in denen die Renaissance Platons nicht nur beachtet und in Rezensionen begleitet wurde, sondern denen die Auseinandersetzung erst einen Gutteil ihrer Polemik verdankte. Mochten die Grenzen zwischen Fach-, Verbands- und (politischen) Kulturzeitschriften

1 Siehe außer den Autoren des Eucken-Kreises noch *Foerster*, Koerperkulturbewegung oder *Coudenhove-Calergie*, Platons Staat. Interessant ist auch das Beispiel des promovierten Juristen und erfolgreichen Tiefbauunternehmers Carl Vering, der ganz im Sinne der Diederichschen Bemühungen zum »Wiederaufbau einer neuen deutschen Kultur« [sic] und zur »Erneuerung unseres Volkstums« drei deutende Platon Übersetzungen beisteuerte. Vgl. *Vering*, Platons Staat, (Zitate S. 5f.), *ders.*, Platons Gesetze, u. *ders.*, Platons Dialoge.

2 Siehe oben S. 255, Anm. 211.

3 Vgl. *vom Bruch*, Kunst- und Kulturkritik.

auch fließend gewesen sein und etwa die Neuen Jahrbücher für das klassische Altertum (bzw. später für Wissenschaft und Jugendbildung) oder die Jaegersche Antike mehrere Kreise und Zwecke bedient haben, so waren Zeitschriften wie Avenarius' Kunstwart, Diederichs' Tat und Carl Muths Hochland, die schon älteren Grenzboten und Preußischen Jahrbücher oder aber später dann dezidiert politische Zeitschriftenprojekte wie Der Ring doch maßgebliche Orte wenn nicht der unmittelbaren Auseinandersetzung zwischen den Gruppen und Denkstilen, dann doch immerhin der Sichtbarmachung der Konfliktlinien.[4] Trotz wiederholter Kritik am Medium und an der »Journalisierung« der Antike überhaupt war es dabei gerade der Kreis um George, der abgesehen noch von der Gründung des eigenen Jahrbuchs besonders durch Hildebrandt, Singer und Andreae für eine breite Streuung des Diskurses und – viel Feind viel Ehr – immer wieder für dessen polemische Zuspitzung sorgte. Inwiefern die Leserschaft solche Auseinandersetzungen goutierte, ist unklar. Leserbriefe, Erwiderungen oder Richtigstellungen etwa gab es nur vereinzelt (Hoffmann – Singer, Dyroff – Doergens), was mit den unterschiedlichen Vorstellungen wissenschaftlicher Satisfaktionsfähigkeit wohl ebenso zusammenhing wie mit der Bereitschaft und Fähigkeit, eine Auseinandersetzung über die Grenzen der jeweiligen Denkstile hinweg zu führen.

Was nun die soziale Verortung der Leserschaft und die Verbreitung jener Zeitschriften und Journale anging, so kommt man hier aufgrund der meistenteils fehlenden Abonnentenlisten und der bei Periodika dieser Art ohnehin feststellbaren Diskrepanz zwischen Käufer- und Leserkreis schnell an die Grenze valider Aussagen.[5] Die in Sperlings Adressbuch deutschsprachiger Zeitungen und Zeitschriften mit Blick auf potentielle Werbekunden geschalteten Anzeigen des Hochland oder der Grenzboten aber, die die herausragende akademische »Güte« ihrer Leserschaft priesen und unter ihnen »bestsituierte und vor allen Dingen auch wirklich kaufkräftige Kreise« vertreten sahen,[6] dürften mit ihrer Einschätzung indes nicht völlig fehl gegangen sein, die oben analysierten Abonnenten der Antike hätten sie damit zumindest gut charakterisiert. Und auch wenn man hier wie bei der Antike durch die institutionellen Abonnenten eine

4 Auffällig wenngleich nach dem bisherigen wenig überraschend ist auch das politische Spektrum der Zeitschriften und Zeitungen. Unter den (politischen) Kulturzeitschriften und akademischen Blättern dominieren die eher konservativen, während die liberaleren Rundschauen und Revuen offenbar von den Autoren gemieden wurden und ihrerseits auch keine einschlägigen Rezensionen o.ä. druckten. Eine Ausnahme bei den Zeitungen ist die Vossische Zeitung, in der neben Neukantianern wie Arthur Liebert regelmäßig auch Walter Tritsch über George und die Platonschriften des Kreises schrieb, und wo Paul Friedländer 1919 enthusiastisch die revolutionäre Kraft des antiken Menschenbildes und des programmatischen Aufbruches der Altertumswissenschaften unter Jaeger begrüßte.

5 *vom Bruch*, Kunst- und Kulturkritik, S. 359f.

6 Vgl. Sperlings Zeitschriften- und Zeitungs-Adressbuch 44 (1908), S. 147f., 46 (1911), S. 166 u. 49 (1915), S. 179.

hohe Streuung der Leserschaft annähme, so bleibt es doch wahrscheinlich, daß es mit Ausnahme eines kleinen Teils der Volksbildung verschriebener Druck- und Zeitschriften (Geisteskultur, Schriften aus dem Eucken-Kreis) eben jene »höchsten Kreise« des akademisch gebildeten Bürgertums blieben, die in den Diskurs involviert waren und deren Probleme dort stets mit verhandelt wurden.

Die Antworten des Unbürgers

Was waren nun aber diese hier verhandelten Probleme? Was begründete die große Aufmerksamkeit jener Debatte? Und vor allem, warum war es der von Hofmannsthal ganz treffend so genannte »Unbürger« Platon, der hier entdeckt und wo nicht als Retter Deutschlands da doch als Erneuerer von Kultur und Bildung gepriesen wurde? War die Renaissance Platons also womöglich doch der Versuch, mit der verhaßten »Deutschbürgerlichkeit« auch den Bürger in sich selbst auszubrennen, wie man mit Gundolf sagen könnte? Oder war es doch eher der Schwanengesang eines sich auflösenden Bildungsbürgertums, das sich noch einmal an seine vornehmsten Bildungsinhalte klammerte oder doch in ihnen diese Auflösung reflektierte?

Der Aufstieg und die Formierung des Bildungsbürgertums von einem anfangs kaum mehr als durch die gemeinsamen Probleme und ihre kulturelle Bewältigung bestimmten Bewegungsraum hin zu einer selbstbewußten Reflexions- und Deutungselite ist seit dem Beginn der neueren Bürgertumsforschung in den 1980er Jahren vielfach beschrieben und vor allem dort, wo sich Bildung mit Besitz oder politischem Einfluß paarte, aus verschiedensten Perspektiven untersucht worden.[7] Die Auflösung oder, überblickt man den längeren Bogen, der Form- und Problemwandel dieser Gruppe, ihre erst »kulturelle Enteignung« durch Prozesse der Bildungsdemokratisierung und die immer schneller sich ablösenden kulturellen Avantgarden[8] sowie dann ihre gleichsam materielle Enteignung durch den Verlust der Kriegsanleihen und die Inflation ist dagegen vergleichsweise wenig thematisiert und noch weniger empirisch untersucht worden – und dies obwohl die vielen (und ja auch vieluntersuchten) Krisendiskurse seit der Jahrhundertwende wesentlich der reflexiven Verarbeitung dieses Dekompositionsprozesses und des mit ihm verbundenen Verlustes an kulturhegemonialer Deutungskompetenz dienten.[9] Schon Anfang der dreißiger Jahre hatte dagegen der Theologe Martin Dibelius das in diesen Diskursen zum

7 Die Beschreibung des Bürgertums als Bewegungsraum und Problemzusammenhang zuerst bei *Eibl*, Entstehung der Poesie, S. 196 ff. Zu den verschiedenen Bürgertumsprojekten vgl. demnächst die Überblicke in *Hettling/Pohle*, Bürgertum.

8 *Langewiesche*, Bildungsbürgertum, S. 166 ff.

9 Vgl. zunächst mit Blick speziell auf die »Mandarine« *Ringer*, Die Gelehrten, sowie dann die bereits klassischen Aufsätze von *Mommsen*, Auflösung, und eher den Formwandel betonend *Tenfelde*, Stadt und Bürgertum. An Tenfelde schlossen sich zuletzt an auch *Schumann*, Einheitssehnsucht, u. *Molthagen*, Ende der Bürgerlichkeit.

Ausdruck kommende Unsicherheitsgefühl in seltener Nüchternheit analysiert und auf die »Zersetzung des Bürgertums« und seiner kulturellen Bindungen zurückgeführt.[10] Er hat dabei mit Staat, Besitz, Familie, Kirche und Bildung fünf, unterschiede man von letzterer noch die Kunst, sechs Dimensionen benannt, in denen sich die Bürgerlichkeit des 19. Jahrhunderts entfaltet und, eine Formulierung Alfred Momberts aufgreifend, zugleich die »gefestigten Uferformen« gefunden hatte,[11] zwischen denen das bürgerliche Leben mit all seinen Chancen, aber auch seinen individuellen Zumutungen auf und ab wogte. Die Sicherheit dieser Uferformen, die nicht nur als Landmarken zur Orientierung dienten, sondern die, um im Bild zu bleiben, den seelischen Stürmen immer auch konkret erreichbare Häfen bedeuteten,[12] sah er nun durch einen »tiefgreifenden, schon vor dem Krieg einsetzenden Strukturwandel« teils bedroht teils zerstört, war jede dieser, wenigstens als Möglichkeit Sekurität versprechenden Bindungen für sich problematisch, zusammen aber und als »Ideologie des alten Bürgertums« vollends unmöglich geworden.[13]

Nimmt man nun an, daß die »Zersetzung« der hier angezeigten bürgerlichen Bindungen und damit das »Aufhören jeder Lebenssicherung«[14] nicht nur jenes Deutungs- und Selbstverständigungsbedürfnis evoziert haben dürfte, das dem ubiquitären Krisendiskurs zugrunde lag, sondern daß dies bei vielen Bildungsbürgern gerade im Modus der Erinnerung an die Bestände der eigenen Bildungstradition geschah, so liegt es nahe, auch die Renaissance Platons auf die bei Dibelius skizzierten Dimensionen zu beziehen und nach der oben schon angedeuteten »kulturbürgerlichen« Problembewältigung zu suchen.

Hierbei fällt zunächst einmal auf, daß in Dibelius' Analyse dem im 18. Jahrhundert entwickelten spezifisch bürgerlichen Modus der Welt- und Selbstreflexion, nämlich dem der Literatur und Kunst kein eigener Bereich und damit offenbar auch keine Bindungskraft mehr zugetraut wurde.[15] Zwar taucht die Kunst als Teil der Bildung durchaus noch auf, wird an die »geheime Solidarität« derer erinnert, »die *Kunst* verstehend zu genießen wußten«, allein hier, so Dibelius, sei die Zerstörung aber auch besonders augenfällig.[16] Er selbst unterstreicht das

10 Siehe die Edition des gleichlautenden Vortrages im Marianne-Weber-Kreis bei *Graf*, Dibelius.

11 Ebd., S. 138 f.

12 Außer an die Ehe (nicht nur bei Thomas Mann oder Hofmannsthal) ist hier seit der Romantik immer auch an die (katholische) Kirche als letztem, auch für Weber noch intellektuell redlichen Rückzugshafen zu denken, vom meist ererbten Besitz ganz zu schweigen. Zur Seefahrt als Metapher bürgerlicher Lebensentwürfe siehe auch *Hettling/Hoffmann*, Wertehimmel.

13 *Graf*, Dibelius, S. 140 u. 152.

14 Ebd., S. 138.

15 Zur konstitutiven Rolle von Literatur und Poesie bei der Herausbildung des Bürgertums als Problemzusammenhang vgl. *Eibl*, Entstehung der Poesie.

16 *Graf*, Dibelius, S. 151.

dann noch, indem die Kunst auch beim ihm nur mehr als passiv zu konsumierendes Objekt auftaucht und nicht mehr der Raum ist, in dem noch im 19. Jahrhundert die bürgerlichen Lebensentwürfe verhandelt, ungelöste Probleme formuliert oder zumindest die »Nichtwelt« thematisiert werden konnte.[17] Genau dieser Bedarf an Nicht- oder Gegenwelt jedoch war es, der am Beginn der Renaissance Platons stand. Eingebettet in die ungleich breitere Faszination für eine »andere«, archaische und ungezügelte Antike war auch das »andere«, nicht mehr schulmäßige oder stilometrische Interesse an Platon zunächst ja ein im weitesten Sinne ästhetisches. Beim jungen Gundolf etwa war es die geradezu »goethische Heiterkeit« der platonischen Dialoge, der unverbrauchte und »frische«, einfach »aus dem gesellschaftlichen Gespräch« hervorgegangene Denkstil, der ihn anzog und den er den logischen und ästhetischen »Verwirrungen« der Zeit ebenso vorzog wie den kaum weniger unfreien Gegenreden eines Schopenhauers und Nietzsches. Auch Walter Pater und sein Verleger Diederichs folgten diesem originär romantischen Zugang. Auch sie suchten in Platon jenen Dichterphilosophen, der die zentrifugalen Probleme der Moderne und den Verlust der gemeinsamen Ideenwelt schon einmal theoretisch, vor allem aber ästhetisch gebannt zu haben schien und dessen vermeintliche »Mission«, nämlich die »Gemütsart« seiner Leser durch die Kunst seiner Dialoge vor Materialismus und Individualismus zu bewahren, darum kurzerhand mit der Gegenwart und dem in seiner Seele und damit auch in seinen ästhetischen Urteilen unsicher gewordenen Kulturbürger kurzgeschlossen werden konnte.

Der Apell an eine ideale, von Platon entdeckte »Ideenwelt« hatte dabei natürlich nicht nur eine ästhetische Dimension. Dem Schulhumanismus der Jahrhundertwende war Platon ja trotz aller moralischer Bedenken immer noch wertvoll genug, um den Schülern die »ideale Richtung« zu geben,[18] und auch der Neuidealismus des Kaiserreichs schöpfte auf der Suche nach »gemeinsamen Idealen« und neuer Weltanschauung kräftig aus den Quellen des Platonismus. Eine wirkliche platonische Gegenwelt, in die sich zuletzt vielleicht Wilamowitz vor der Novemberrevolution flüchten wollte, bedeutete solches zwar kaum, hoffte man hier und erst recht nach der breiten Politisierung Platons auf ganz diesseitige Wirkungen. Und dennoch zielten auch diese Bezugnahmen letztlich auf dasselbe, zuerst auf dem Feld der Künste wahrgenommene Problem der kulturellen Fragmentierung der Moderne, in der das bildungsbürgerliche, akademisch geschulte Deutungsmonopol nicht mehr galt.[19] Die von Platon erhoffte Antwort lag darum zunächst in der nicht nur den jungen Franz Rosenzweig völlig befriedigenden »Lehre vom Schönen«, d.h. in einem noch einmal wohl-

17 *Eibl*, Entstehung der Poesie, S. 195.

18 *Bock*, Stoffauswahl, S. 3 u. *Martens*, Platonlektüre, S. 1 u. 6f

19 Den Zusammenhang ästhetischer, sozialer und politischer Opposition zeigt am Beispiel des Ring-Kreises auch *Petzinna*, Erziehung zum deutschen Lebensstil.

geordneten, stabilen Kosmos des Guten und Schönen. Mochte in solchen Hoffnungen zunächst nur noch wenig von jenem »Abgrund mit Geländer« zu ahnen sein, mit dem sich einst via Poesie und Kunst das bürgerliche Erregungspotential kultivieren ließ,[20] so weist die Wiederentdeckung platonischer Kalokagathie zugleich doch auch auf zwei weitere, damit verbundene Problemdimensionen hin, die sich tatsächlich wie Abgründe vor der modernen Bürgerseele auftaten, nämlich die des Eros und des Mythos, der instabil gewordenen Familien- und Geschlechterordnung auf der einen und des kirchlich-religiösen Bindungsverlustes auf der anderen Seite.

Was Dibelius nun also zweitens mit der Auflösung der starken bürgerlichen Familientraditionen, mit dem Verlust der einstigen Verkehrs- und Heiratskreise sowie der Erosion von Familienstolz und -sitte umschrieb, war fraglos ein historisch wie soziologisch weiter reichendes Phänomen, als daß man es allein auf die erotischen Irritationen der Jahrhundertwende oder die mit Platon wiederentdeckte Macht des Eros beziehen könnte.[21] Und dennoch bezeichnen die beiden von Dibelius hierfür ursächlich gemachten Faktoren, nämlich die Frauen- und die Jugendbewegung wichtige Stränge des neuen Platondiskurses, in denen ausgehend von Begriffen der Schönheit und des Eros die Krise des bürgerlichen Familien- und Geschlechtermodells thematisiert werden konnten. Deutlich wird dieser Zusammenhang, wenn man sich etwa die Veränderung der platonischen »Frauenfrage« vergegenwärtigt. Lange Zeit war die sog. »Weiber- und Kindergemeinschaft« der Politeia und die daraus abgeleitete Gleichbehandlung der Frauen der Punkt, an dem sich liberale (»Zwangsanstalt«) und konservative (»Heiligkeit der Ehe«) Platonkritiker treffen und die eigene Überlegenheit, gar den moralischen Fortschritt ebenso demonstrieren wie der aufkommenden Frauenbewegung bedeuten konnten, daß sie sich, sollte sie in Platon einen Fürsprecher suchen,[22] mit ihm schuldig macht an der Abschaffung von Ehe und Familie. Blieb dieser Aspekt auch bei den »Neoplatonikern« durchaus weiter präsent und die platonische »Sozialpolitik« jenseits der Erfindung von Arbeitsteilung und Kindergarten ein steter Stachel seiner Ausleger, so kam im Umfeld der Homosexuellenbewegung eine weitere Spielart des Antifeminismus hinzu, die nun *mit* Platon, aber mit anderen Dialogen, d.h. mit Lysis, Phaidros und Symposion und nicht mehr mit der Politeia, die »Männerfrage« aufwarf und die Bedeutung einer hypervirilen Kultur hervorhob.

Die Argumente der Maskulinisten, die gestützt auf Platon die »edlere« Schönheit des Mannes gegenüber der lediglich »sinnlich-dekadenten« der Frau her-

20 *Eibl*, Entstehung der Poesie, S. 191 u. 194. Vgl. auch *Nipperdey*, Wie das Bürgertum die Moderne fand, S. 85f.

21 *Graf*, Dibelius, S. 146f. Inwiefern sich in diesen erotischen Irritationen des Alltags eine Antwort auf den modernen Sinnverlust, gar die Möglichkeit innerweltlicher Erlösung gewinnen ließe, hatte allerdings schon Max Webers »Zwischenbetrachtung« zu ergründen gesucht.

22 Vgl. nur *Schink*, Frauenbewegung.

vorhoben und die damit verbundene »Wiedergeburt hellenischer Schönheitsideale« zur Voraussetzung kultureller und staatlicher Größe machten, zielten zunächst auf die Anerkennung der Homosexualität und die Abschaffung ihrer Strafbarkeit, sie dienten gleichzeitig aber, und da knüpften sie an einem breiteren Diskurs an, der Abwehr zunehmender und als bedrohlich empfundener weiblicher Ansprüche auf gesellschaftliche Teilhabe. Im George-Kreis fanden sich dann unter dem Stichwort der »geistigen Zeugung« ganz ähnliche Argumentations- und Exklusionsmuster, war, wie der empörte Brief Gundolfs an Sabine Lepsius zeigt, Platon vom Befreier der Frauen zum Bürgen männlicher Exklusivität und homoerotischer Gemeinschaft geworden.[23] Daß es hierbei um einen dezidierten Gegenentwurf zur Enge der bürgerlichen Ehe ging, hatte Kurt Hildebrandt in der Einleitung zum Symposion bereits herauszuarbeiten versucht – oder zumindest doch ein Jahr vor seiner eigenen Heirat die Möglichkeit und Notwendigkeit ihrer »übergeschlechtlichen« Ergänzung.[24] Die »bürgerliche Aphrodite«, wie er da das ganze Bedeutungsspektrum dieses schillernden Begriffs aufrufend die Aphrodite Pandemos aus der Rede des Pausanias übersetzte, stand bei ihm nämlich notwendig der »himmlischen«, mit Knabenliebe, schönem Leib und »geistiger Zeugung« assoziierten Aphrodite Urania gegenüber, ohne diese an »Höhe« je einmal erreichen zu können. Beide Ideale, so kann man die Einleitung wohl verstehen, seien nun durchaus legitim und je nach Perspektive für die Gesellschaft auch geboten, ein wirklich »hohes Leben« jedoch, das erst die Kompensation der bürgerlichen Normalwelt versprach, würde nur unter dem Zeichen der letzteren und unter Vermittlung des Dichters zu erreichen sein. Daß schließlich auch die Jugendbewegung dort, wo sie wie bei Hans Blüher und anderen über die Denkfigur des pädagogischen Eros in männerbündische Erziehungs- und Lebensgemeinschaften mündete, ganz ähnliche Kompensationsversprechen bot und dabei wiederum in Platon die argumentative Stütze fand, war angesichts der Ausstrahlungskraft des George-Kreises gerade in diesem Diskursnetz kaum überraschend. Und doch unterstreicht es noch einmal die Beobachtung, daß sich mit Platon nun auf ganz unterschiedlichen Ebenen mit der beschriebenen Krise des bürgerlichen Familienmodells und möglichen Alternativen auseinandersetzen ließ.

Weniger krisenhaft als vielmehr von einem langen Entfremdungsprozeß gezeichnet war sodann drittens das Verhältnis gerade des kulturprotestantischen Bürgertums zur Kirche. Ohne die Dynamiken und Gründe dieses Prozesses hier beleuchten zu müssen,[25] waren dessen Folgen, nämlich die von

23 *Gundolf*, Briefe, S. 63–71.

24 *Hildebrandt*, Platons Gastmahl (Einleitung), S. 26f. u. 39.

25 Vgl. mit Blick auf die Bürgertumsforschung einerseits *Hölscher*, Religion, der den Prozeß der Entkirchlichung betont, und *Blaschke*, konfessionelles Zeitalter, u. *ders.*, Bürgertum, der demgegenüber die Resistenz des Konfessionalismus hervorhebt.

Lukács diagnostizierte »transzendentale Obdach-« oder »Heimatlosigkeit« und die daran anschließende Suche nach anderen religiösen, weltanschaulichen und später politischen Bindungs- und Sinnangeboten, auch im Diskurs über Platon allenthalben zu beobachten – und dies verglichen mit den konkurrierenden philosophischen Rezeptionsphänomenen (Neufichteanismus, Neuhegelianismus etc.) vielleicht sogar noch einmal besonders ausgeprägt, weil hier in der Tradition neuhumanistischer Bildungsreligion ein breites Reservoir an quasireligiösen Pathosformeln und, man denke nur an die Vorträge und szenischen Lesungen in den Gymnasialvereinen, auch Praxisformen zur Verfügung stand, an das nun angeknüpft werden konnte. Glaubensbekenntnisse wie das »Fidem profiteor Platonicam« eines Wilamowitz, die wiederholten, zum Teil auch steingewordenen Huldigungen an den »göttlichen Platon« bei Cohen oder Pater und die vielen »glaubensfreudigen«, auf »Epiphanie« und »Auferstehung« Platons hoffenden Stimmen aus dem Umfeld des Dritten Humanismus standen zweifellos in dieser Tradition und deuten mit ihrer Aktualisierung die auch religiöse Sinnsuche an, die nun ganz konsequent wieder zu Platon führte.[26] Denn nicht nur für die poetischen Remythisierungs- und Selbstermächtigungsprojekte der Jahrhundertwende war der »Mythenerfinder« Platon, wie Hofmannsthal ihn nannte, ein attraktiver Bundesgenosse, sondern auch für diejenigen, die wie Diederichs auf den »Mittelstand« zielten und diesen für die vortheoretische Philosophie und Mystik Platons (und die paßgenauen Ausgaben des Verlages) begeistern wollten.[27] Als »Fackelträger« der Metaphysik erschien er denen berufen zu sein, die aus unterschiedlichsten Gründen an Positivismus, Materialismus und »religiöser Krisis« verzweifelten und nun Trost bei einen anderen »Religionsstifter« oder, wo das nicht, dann doch bei einem Erneuerer des Christentums suchten.[28] Und auch dort, wo auf den Spuren Nietzsches und Fichtes an der Reintegration von Wissenschaft und Leben, von apollinischer Vernunft und dionysischem Rausch gearbeitet wurde, war seine vermittelnde »Vernunftkunst«[29] ebenso willkommen wie bei denen, die zwar weiter den unendlichen Fortgang der Wissenschaft betreiben und an der radikalen Voraussetzungslosigkeit des Denkens festhalten wollten, die bei ihm am Ende aber

26 *Norden*, Worte, S. 69, *Cohen*, Idealismus, S. 149, *Scharold*, Platonlektüre, S. 323, *Horneffer*, Platonismus, S. 137, *Rehm*, Humanismus, *Jaeger*, Gegenwart, S. 168. Zur Auseinandersetzung zwischen Humanismus und Christentum im 19. Jahrhundert vgl. ausführlich *Landfester*, Humanismus und Gesellschaft.

27 *Diederichs*, Wege zu deutscher Kultur, S. 78.

28 Vgl. *Hagen*, Erzieher, S. 103, *Horneffer*, Platonismus, S. 14ff. u. 144f., oder *Kindt*, Platon-Brevier, S. 11 u. 17, der seine Anthologie als philosophisch-religiöses »Andachts- und Trostbüchlein« konzipiert hat. Auf Erneuerung des Christentums setzten z.B. *Barth*, Lage der Gegenwart, *ders.*, Platonische Wahrheit, u. *Gabler*, Platon der Führer, auf »Bundesgenossenschaft« zum Christentum *Ritter*, Platonismus und Christentum, u. *Rehm*, Humanismus, zum Judentum *Cohen*, Das soziale Ideal.

29 *Horneffer*, Platonismus, S. 151f.

doch wieder die Ergänzung sei es um die göttliche Mania, sei es um das »Urlebendige« oder den »Allzusammenhang« suchten.[30]

So unterschiedlich diese »platonischen« Antworten auf den Verlust oder die Transformation kirchlicher oder religiöser Bindungen also auch sein mochten[31] und so schwer sie auf einen gemeinsamen Nenner zu bringen wären, Anleitungen zu radikaler Weltflucht und Askese, die im Neuplatonismus immer eine starke Tradition hatten, waren sie nie. Die platonische Gegenwelt war oft genug zwar ein geistiger Fluchtpunkt, aber eben doch in der Funktion eines Gegengewichtes oder einer idealen, Orientierung verschaffenden Ordnung. Der Neoplatonismus behielt, selbst dort noch wo er von der dialektischen Theologie gesucht wurde, einen ausgesprochen diesseitigen Charakter, hatte er stets eine auf Balance und Ausgleich zielende und in diesem Sinne »bürgerliche« Tendenz, die sich auch beim vierten zentralen Problemfeld der Bildung zeigen sollte.

»Die bürgerliche Bildung ist nicht mehr was sie war. Ihre adelnde Wirkung ist unterbunden, aber auch ihre persönlichen Voraussetzungen sind untergraben.«[32] Wie ein Stoßseufzer bricht hier aus Dibelius heraus, was so auch über den meisten Texten der Neoplatoniker, ja eines Großteils aller Krisendebatten dieser Zeit stehen könnte. Angesichts der schon im Kaiserreich längst ubiquitär gewordenen und darum auch nicht mehr schichtbildenden bürgerlichen Kulturwerte und der durch Spezialisierung und Differenzierung rapide versiegenden bildungsbürgerlichen Legitimationsquelle, nämlich aufgrund des erlangten Bildungswissens so etwas wie eine »kulturelle Generalkompetenz« beanspruchen zu können, rührte die Rede von der »Krise der Bildung« an den Kern bildungsbürgerlicher Problemwahrnehmung und Statusangst.[33] Für Dibelius hatte dieser für die Zerstörung des gesamten Bürgertums zentrale Prozeß zwei auch den Platondiskurs bestimmende Dimensionen.

So habe einmal die »adelnde Wirkung« akademischer Bildung, die auch den gesellschaftlichen Aufsteiger zur »geistigen Bürgeraristokratie« gehören ließ, durch das geradezu »unheimliche Maß« ihrer Ausdehnung und Nivellierung an Schulen und Hochschulen an Kraft eingebüßt, würden dort zwar die »›höhere‹ Bildung« und die damit verbundenen Berechtigungen gemehrt und so auch insgesamt das geistige Niveau des Volkes gesteigert, eine »hohe Geistigkeit« aber, bei der auch das innere Wesen erfaßt und aus der »Barbarei« empor-

30 *Wilamowitz*, Platon I, S. 758 f. u. *Natorp*, Platons Ideenlehre (Metakritischer Anhang), S. 467 u. 469.

31 Daß sie sehr wohl als solche verstanden wurden, zeigen im übrigen die eindringlichen Warnungen kirchennaher Autoren vor dem neuen Platon-Kult, also etwa *Doergens*, Rez. Wilamowitz, oder *Schoemann*, George, S. 340 f.

32 *Graf*, Dibelius, S. 151, dort auch das folgende Zitat.

33 Vgl. *Langewiesche*, Bildungsbürgertum, S. 166 ff. Auf die Diskrepanz solcher Problemwahrnehmung zum tatsächlichen Strukturwandel hingewiesen hat bereits *Tenfelde*, Stadt und Bürgertum, S. 328 ff.

gehoben wäre, sei damit dann nicht mehr zu erreichen. Der hier herausgestellte Zusammenhang von Bildungsexpansion und akademischer Überfüllungskrise auf der einen und der Angst vor dem Verlust oder eher noch dem Nichterreichen des hoch aufgeladenen Erlebniskomplexes »Bildung« und der dazu äquivalenten gesellschaftlichen Position war sicherlich eine alle Denkstile umgreifende Klammer des Neoplatonismus. Von der Idee einer humanistischen Nationalbildung bereits weit entfernt warnte ja schon Paul Natorp 1901 eindringlich vor allem »Kommunismus der Bildung«.[34] Das Vermächtnis Platons, nach dem nur dem »edlen Radikalismus« der Wissenschaft und der Sittlichkeit die Führung der menschlichen Angelegenheiten anheimgestellt werden sollte, erfordere vielmehr, so Natorp, einen vorerst sogar noch zu steigernden Bildungsaristokratismus, in dem sich nur einige wenige die »besten«, das meint: griechischen Bildungsgehalte wirklich zu eigen machen und daraus dann ihren Führungsanspruch ableiten dürften. Ähnlich gelagerte Versuche, mit Platon dieses elitäre Bildungserlebnis zu »retten«, mehrten sich dann in den Jahren vor und nach dem Krieg noch einmal deutlich. In der zweiten und dritten Generation des George-Kreises etwa zielte die ästhetische Erziehung aus dem Geiste Platons mit ihren Praktiken des Dichtens und den kanonischen Lektüren, mit Lesefesten und sokratischen Gesprächen, aber auch mit der gemeinsamen, eine hohe Selbstdisziplin und strenges Leistungsethos voraussetzenden wissenschaftlichen Arbeit zunächst ebenfalls ganz auf eine Wiedergewinnung oder »Rekonstitution der Bildung« (Groppe) als eines noch einmal um eine neue Mitte geordneten Reflexionsraumes in Distanz zur modernen, fragmentierten Gesellschaft. Gleichzeitig aber, und das erklärt auch die große Ausstrahlungskraft des Kreises im Bildungsbürgertum, sollte das in ihm gepflegte »schöne Leben« nicht völlig aus der normalen Welt der bürgerlichen Karrieren herausführen, sondern vielmehr den dort empfundenen Erlebnis- und Sinnverlust kompensieren, sollte aus der geistigen, vom Dichter gestifteten Distanz zum bloß »höheren« Bildungswissen eine neue Souveränität im Umgang mit den verschiedenen gesellschaftlichen Wertordnungen und damit auch ein neuer Führungsanspruch, wenn man so will eine neue »Generalkompetenz« erwachsen.[35] Mit der »Entdeckung« des politischen Platon nach 1918 ließ sich dieser implizite, aber weit über den Kreis hinaus geteilte Anspruch dann auch offensiv als kulturpolitisches Programm formulieren, wurde Platon zum »Kampfobjekt« (Cohen) erst in der schulpolitischen Auseinandersetzung um den Erhalt des humanistischen Gymnasiums, dann in den Projektionen eines bildungsaristokratischen Kulturstaates, in dem

34 *Natorp*, Was uns die Griechen sind, S. 16f. u. 19f.

35 Vgl. *Groppe*, Bürgerliche Lebensführung, bes. S. 146ff. Insofern trifft der Vorwurf Oskar *Bendas*, Bildung, S. 19–23, der Kreis betreibe im Dienste der »Hochbourgeoisie« die »Entbürgerlichung des Bürgers« und einen »Imperialismus des Geistes«, durchaus den Kern des Programms.

wie schon bei Platon erst die »geistige Auslese« und dann die »Bindung der Erziehung an die tiefere Erkenntnis dieser Wenigen« die Not des Staates überwinden sollten.[36]

In solch platonischem Bildungsaristokratismus, wie ihn sich hier Jaeger und andere als Antwort auf die Gefährdung bildungsbürgerlicher Exklusivität vorstellten, begegnete dann auch schon die zweite von Dibelius angedeutete Dimension zerstörter Bürgerlichkeit, nämlich jene ihrer untergrabenen persönlichen Voraussetzungen. Gemeint war damit der Anspruch, daß nicht allein die bürgerliche Bildungsaristokratie, sondern eigentlich jeder Bürger die Spannung zwischen alter Bindung und neuer Setzung jeweils individuell zu bewältigen hätte, daß also die inneren intellektuellen Kämpfe immer wieder neu in Freiheit und persönlicher Selbständigkeit auszufechten seien, mochten ihre Ergebnisse auch die Anerkennung der alten Bindungen bedeuteten.[37] Dieses Moment reflexiver und autonomer Selbstbildung, das der Neuhumanismus in den modernen Bildungsbegriff eingeschrieben und ihn mit der damals neuen bürgerlichen Lebensführung verknüpft hatte,[38] erfuhr nun im Neoplatonismus eine signifikante, gleichsam »unbürgerliche« Verschiebung. Diese betraf gar nicht das eigentliche Bildungsziel, denn weder der in seinen Wertungen souveräne, am platonischen Urbild der Kalokagathie orientierte »Gesamtmensch« des George-Kreises[39] noch das »objektive«, auf die Entfaltung und die Einheit aller Kräfte des Menschen zielende Menschenbild des dritten Humanismus bedeuteten ja grundsätzlich eine Absage an das zwar individuelle, aber ebenfalls nicht musterlose Bildungsideal des Neuhumanismus.[40] Die »unbürgerliche« Verschiebung fand vielmehr im vorgestellten Bildungsgang selbst statt. War das Konzept der Selbstbildung um 1800 zunächst als ein Akt der Befreiung aus ständischer und geistiger Unmündigkeit begriffen worden, erschien dieses hier und

36 *Jaeger*, Platos Stellung, S. 152. Vgl. auch schon *ders.*, Antike und Humanismus, S. 114: »Schließlich ist seit den Römern Bildung keine volkstümliche Sache mehr, es ist kein kollektiver geistiger Besitz, sondern sie ist getragen vom Pathos des persönlichen Erlebnisses, etwas von jedem Einzelnen geistig selbst Erarbeitetes. Der Humanismus wird Bildungsaristokratie.«

37 *Graf*, Dibelius, S. 151 f. Zur Notwendigkeit reflexiver und individueller Lebensführung vgl. auch *Hettling*, Bürgerliche Lebensführung.

38 *Koselleck*, Einleitung, S. 20 ff.

39 Vgl. die Programmatik der Jahrbücher zusammenfassend *Andreae*, Platons Poikilia, S. 263 f. sowie *Gundolf*, George, S. 27.

40 Bei allen Unterschieden zwischen Jaeger und Stenzel in der Frage, ob der Mensch erst im Staat oder auch in anderen, vorrangig geistigen oder akademischen Gemeinschaften zu sich komme und so dem »objektiven« und für das Abendland normativen Menschenbild entspreche, blieb beiden diese zurückzugewinnende Einheit des Menschen das Ziel aller humanistischen Bemühungen. Die Verwandtschaft dieses Bildungsideals mit dem Neuhumanismus haben dann gerade die Nationalsozialisten immer wieder herausgestellt und auch bemerkt, daß bei Jaeger der Staat vor diesem Hintergrund eigentlich eine beliebig auszufüllende Leerformel blieb. Vgl. *Krieck*, Unser Verhältnis, *Berve*, Antike, S. 264 f. o. *Nebel*, Paideia.

unter den Bedingungen einer krisenhaften Moderne als gefährdet, ja selbst als gefährlich. Die vielbeschriebenen »Gefahren des modernen Denkens« (Stenzel), die Diagnosen entfremdeter und entgrenzter Subjektivität, die Ängste vor innerer und äußerer Vereinzelung, kurz: vor den »Poikilia« des modernen Lebens (Andreae) ließen sich nämlich für viele nicht einfach mehr durch Begrenzung, Objektivierung und Diskussion – also im Modus reflexiver Bildung – bannen. Und auch Dibelius sah, daß gerade den »gebildeten jungen Menschen« hier oft nur noch der Sprung ins Kollektiv, die Flucht ins metaphysische oder politische Gehäuse blieb: »An die Stelle der Diskussion ist die Demonstration getreten.«[41] Während solches nun aber bei Dibelius gerade »das Ende jener bürgerl[ichen] Bildung« bedeutete, sollte es bei denen, die bei Platon ein »objektives«, wissenschaftliches, gestalthaftes oder einfach ideales Gehäuse zu finden hofften, vielmehr der Sicherung dieser Bildung dienen. Wenn Platon als Erzieher, als berufener Führer, Vorbild oder Menschenbildner entdeckt und beschworen wurde, so ging es ähnlich dem Gang vieler seiner Dialoge um so etwas wie eine geführte Selbstbildung oder, anders ausgedrückt, um das Bedürfnis, zu seelischer und geistiger Autonomie und Souveränität erzogen zu werden.[42] Der Widerspruch, der darin lag, war offenkundig und in den prekären pädagogischen Beziehungen des George-Kreises ebenso zu erkennen[43] wie in der vielkritisierten Schwierigkeit des dritten Humanismus, die mehr »staatliche« oder gemeinschaftliche Bindung der Paideia inhaltlich konkret zu füllen und die gebildete Individualität dabei gerade nicht völlig in der Gemeinschaft aufgehen zu lassen. Sofern es bei beiden Projekten aber darum ging, die Spannung zwischen Individualität und Gemeinschaft, zwischen Selbstbildung und Bindung bewältigen zu helfen, und solange Platon dabei, wie es bei Salin hieß, immer noch als die »vertraute Form und Vergegenständlichung eigenen Erlebens und Empfindens« erscheinen konnte,[44] mochten seine Antworten zwar die eines »Unbürgers« sein. »Antibürgerlich« in dem Sinne, daß sie die Spannung zugunsten der Einordnung ins Kollektiv auflösen und auch die übrigen bürgerlichen Bindungen kappen sollten, waren sie dabei aber nicht.

Seine Bestätigung findet diese Beobachtung schließlich auch in Bezug auf das hiermit eng verwandte Problem des Staates. Diese für Dibelius einst »sicherste der ›gefestigten Uferformen‹« bürgerlicher Existenz konnte, wie besonders bei Wilamowitz gesehen, nach der Revolution kaum neue Bindekraft entfalten, blieben vielen Bürgern und »Mandarinen« nicht nur die neuen Symbole und die hinzugekommenen politischen Akteure fremd, sondern verabscheuten sie

41 *Graf*, Dibelius, S. 152, dort auch das folgende Zitat. Zu den zahlreichen Varianten solcher Fluchten vgl. *Großheim*, Politischer Existentialismus.

42 Vgl. dagegen die bei *Asmuth*, Interpretation, S. 17 geschilderte Rolle Platons um 1800, wo man mit ihm gerade das »Heiligtum« *eigenen* Denkens betreten wollte.

43 Vgl. nochmals *Groppe*, Bürgerliche Lebensführung, S. 150.

44 *Salin*, Mensch und Staat, S. 148.

auch das Kräftespiel der Politik als solches. In diesem Gefühl politischer »Heimatlosigkeit«, das sie, so Dibelius weiter, erst für scheinbar unpolitische Parolen (Antimarxismus, nationale Überparteiligkeit, Volksgemeinschaft etc.) empfänglich werden und dann den »unbürgerl[ichen] Mächten« ganz in die Arme laufen ließ, war es dann auch nicht mehr überraschend, daß der ebenfalls die eigene (demokratische) Vaterstadt gleichsam königlich verachtende »Unbürger«, daß also der neuentdeckte politische Platon auf so große Resonanz stoßen konnte. Die schnell konstruierten Analogien aus Kriegsniederlage und Revolution und das Anknüpfen an die deutsch-griechischen Verwandtschaftstopoi mögen das ihre dazu beigetragen haben, daß er auch breiteren bürgerlichen Kreisen jenseits der Altertumswissenschaften, also z. B. den vielen von der Autoritätskrise des Staates verunsicherten Beamten, wieder als »nächster Fremder« erschien.[45] Zum »Retter« des Kulturbürgers aber und seines verloren geglaubten bzw. immer erhofften »Kulturstaates« dürfte ihn vor allem die Neubewertung seiner politischen Biographie und – erst danach – seiner Philosophie als eines Projektes staatlicher Reidentifikation qualifiziert haben. Die »auf Platos hohen Wegen« gewonnene und die Analogie der Politeia ebenso wie die Semantik des George-Kreises aufgreifende Doppelformel Eduard Sprangers von der »Durchseelung des Staates und der Durchstaatlichung der Seele« bringt dies auf den Punkt.[46] Die Rettung des individuellen Bildungsprozesses und -erlebnisses durch dessen Bindung an ein »objektives«, gestalthaftes oder auf verschiedenste Art »metaphysisch« verbürgtes Menschenbild verband sich mit der Hoffnung auf eine analoge Wiederherstellung des Vernunft- und Kulturstaates, in dem wie bei Platon dann die Philosophen bzw., wie es gern übersetzt wurde, die wissenschaftlich Gebildeten herrschen oder doch zumindest die staatsunmittelbare Klasse stellen sollten. Und so lange solch beinahe magischem Analogiedenken der Kairos, also die Verwirklichung versagt blieb, so lange wirkte der Intellektualismus Platons, der zwischen noetischer und praktischer, zwischen wissenschaftlicher und politischer Vernunft gerade nicht unterschied, immerhin noch als Begründung bildungsbürgerlicher Generalkompetenz. Wie es freilich um diese Kompetenz im Frühjahr 1933 bei Friedländer, Jaeger und vielen weiteren – wenn auch nicht allen – Neoplatonikern bestellt war, ist oben jeweils kurz skizziert worden und muß nicht wiederholt werden. Die These Fritz Sterns vom Idealismus als gefährlichem Politikersatz, ja letztlich als Politikverweigerung findet ihre Bestätigung jedenfalls auch in dessen neoplatonischen Varianten.[47]

45 Die Aktualisierung von Platons Beamtenstaat versuchten demgemäß *von der Pfordten*, Beamtenideal, oder *Kobler*, Neuordnung, Kritik daran übte schon *Singer*, Griechentum, S. 33. Vgl. zur Krisenwahrnehmung der Beamten auch *Föllmer*, Verteidigung der bürgerlichen Nation, bes. S. 197 ff.

46 *Spranger*, Bildungsideal, S. 71.

47 Vgl. *Stern*, The Political Consequences of the Unpolitical German.

Und auch noch eine andere Beobachtung zur Krise des Bildungsbürgertums läßt sich hier erhärten. Im Kaleidoskop bürgerlicher Bindungsverluste hatte Dibelius dessen staatliche Heimatlosigkeit noch eng mit dem ökonomischen Strukturwandel, der Zerstörung seines gesicherten Besitzes im Krieg und der damit zusammenhängenden Verschiebung seines Arbeitsbegriffes verknüpft.[48] Im Platondiskurs indes fehlte diese zentrale fünfte Dimension bürgerlicher Lebensführung fast völlig oder war doch höchstens mittelbar zu erahnen, was um so erstaunlicher ist, als sie am Ende des 19. Jahrhunderts noch den Hauptpunkt der Auseinandersetzung mit Platon ausgemacht hatte. Waren dort der platonische Kommunismus und die pädagogische, jede ökonomische Initiative verhindernde Zwangsanstalt noch die Hauptargumente gegen jede Aktualisierung Platons, so spielten weder solch ökonomische Fragen noch gar die »Not der geistigen Arbeiter« in Weimar eine Rolle, waren sie höchstens noch ein ungenannter Teil jener als »verwandt« empfundenen Notlage Athens und Weimars.[49] Klaus Tenfelde hatte nun schon vermutet, daß die in solchen und ähnlichen Krisendebatten verhandelten Probleme des Bildungsbürgertums tatsächlich mehr in deren Köpfen als in den Haushalten stattfanden, die Wahrnehmung der Bildungskrise also größtenteils von existenzgesicherten, weil staatsalimentierten Bildungsbürgern getragen war, die vergleichsweise gut durch die »Not« der Nachkriegsjahre gekommen waren – und die noch dazu den Verlust der nie besessenen Selbständigkeit am wenigsten zu beklagen hatten.[50] Die weitgehende Nichtthematisierung des Ökonomischen hier paßt denn auch zu dieser Beobachtung, schien die Frage der bürgerlichen Existenz im engeren Sinne keine Frage der nicht nur von Jaeger umworbenen »gehobenen« und meist tatsächlich verbeamteten Schicht gewesen zu sein, zumindest aber doch keine, über die sich *mit* Platon reden ließ.[51]

48 *Graf*, Dibelius, S. 143 f.

49 Sieht man von den allgemeinen geldpolitischen Erörterungen der Ökonomen im George-Kreis einmal ab, die, wie *Schönhärl*, Wissen und Visionen, S. 384 ff. herausgearbeitet hat, trotz ihres geldtheoretischen Ausgangspunktes beim Staat eben nicht mit Platon argumentierten, so war *Sternberg*, Moderne Gedanken, S. 61–65, der einzige, der aus Platon auch so etwas wie wirtschaftspolitische Forderungen ableitete. Es ist gleichwohl bezeichnend für die bildungsbürgerliche Distanz zu allem »Materialismus«, daß auch Sternberg, der sich außer mit Honoraren noch mit Vorlesungen an der Volkshochschule Charlottenburg sowie als Wäschevertreter durchschlagen mußte, in erster Linie auf die moralische Dimension der platonischen Gütergemeinschaft und das »sittliche Opfer« des Verzichtes abhob, während dem Privateigentum lediglich eine – angesichts des hier oft ostentativen ›horror pecuniae‹ vielleicht besser: immerhin – volkswirtschaftliche Bedeutung zugestanden wurde.

50 *Tenfelde*, Stadt und Bürgertum, S. 328.

51 Zu Jaegers Zielgruppe vgl. oben S. 261 f. Auch im George-Kreis waren die berüchtigten ›Rentnerexistenzen‹ Max Webers eher die Ausnahme, gingen die meisten der Jünger regulären und oft akademischen Berufen nach. Josef Liegles finanzielle Not während der Promotion dürfte denn auch die Ausnahme gewesen zu sein, allerdings scheint hier über Geld außerhalb allgemeiner geldpolitischer Erörterungen ebensowenig offen gesprochen worden zu sein wie über die anderen beiden großen Geheimnisse des Kreises, die Politik und den Sex.

Sieht man nun also von letzterer Dimension ab, so diente Platon in der hier verhandelten Krise des Bildungsbürgertums doch über alle Denkstile hinweg und in ganz verschiedenen Hinsichten als dessen unbürgerlicher Erzieher, konnte er sowohl noch einmal zur Sicherung bildungsbürgerlicher Status- und Exklusivitätsansprüche wie auch schon als Verbündeter im Kampf gegen die spießige »alte Deutschbürgerlichkeit« herangezogen werden. Daß beides wiederum nur auf dem Boden und unter Voraussetzung einer spezifischen bürgerlichen Lebensform geschehen konnte, also unter den besonderen bildungs- und problemgeschichtlichen Bedingungen der Jahrhundertwende sowie auf Basis einer nicht nur in der Breite so kaum je wieder erreichten sprachlichen Verständigungsfähigkeit, verleiht der Debatte sicherlich ein Stück weit das Gepräge eines bildungsbürgerlichen Schwanengesanges. Blickt man dann jedoch auf die damit wenn auch vielleicht nicht unausweichlich verbundene, hier aber doch unübersehbare Preisgabe erst methodischer und dann auch politischer Vernunft, dann muß das endgültige Verklingen jenes Gesanges heutigen Platonlektüren keineswegs zum Nachteil gereichen.

Schluß

»Zurück zu Platon!«[1] Der Gedanke, der Paul Hensel 1914 noch ebenso absurd erschien wie wohl den meisten versammelten Schulhumanisten, vor denen er dies äußerte, war einen Weltkrieg, eine »Kulturkrisenpsychose«[2] und eben eine Platon-Renaissance später alles andere als aus der Zeit gefallen. Schon 1929 hatte Hans Leisegang in seinem Panorama gegenwärtiger Platondeutungen bemerkt, »wie heute Platon zum Kommunismus und Sozialismus ebenso in Beziehung gebracht wird, wie neukantianisch philosophierende Demokraten, Neumystiker und Neuromantiker, neukonservative Soziologen und deutschvölkische Rassentheoretiker alle irgendwie auf Platon zurückgehen und Wert auf seine Bundesgenossenschaft legen«[3] – und es sollten, wenn auch gerade nicht von links, in den Jahren bis 1933/34 noch unzählige weitere Versuche folgen, den eigenen Weg aus der Krise und hinein in den Führerstaat als einen Weg zurück zu Platon und auch insofern als eine eminent »konservative Revolution« zu beschreiben.[4]

Die Wege, Motive und Strukturen solcher zuletzt immer »politischer« werdenden Rückgänge zu Platon und die Versuche, ihn aus dem »Massengrab der ›Stylometrie‹«[5] regelrecht auferstehen und unmittelbar auf die Probleme der Gegenwart antworten zu lassen, hat die vorliegende Arbeit darzustellen versucht. Dabei hat sich gezeigt, daß die Wege zu Platon, die in den Jahren vor und nach dem ersten Weltkrieg zu dessen Renaissance führten, anfänglich sehr verschieden waren und auf ganz unterschiedliche Probleme und Bedürfnisse reagierten. Da waren zunächst die systematischen Bemühungen der Neukantianer, mit Platon philosophisch über Kant und sozialpolitisch über die Gesellschaft des Kaiserreichs hinauszugelangen, zu denen sich um 1900 erste ästhetische, erotische und im weitesten Sinne kulturkritische Aneignungen gesellten. Ohne Beziehung zum Philosophieren Cohens und Natorps, dafür aber dem »verwaschenen« und »verstaubten« Antike- und Platonbild der Gymnasien in um so leidenschaftlicherer Opposition entwachsen, wurden hier, von Diederichs hell-

1 *Bavink*, Zurück zu Platon!

2 So treffend *Benda*, Bildung, S. 5.

3 *Leisegang*, Platondeutung, S. 181. Für den »Kommunismus« mußte allerdings noch einmal Pöhlmann sowie ein Schulbuch des 19. Jahrhunderts herhalten, neueres war nämlich in der Tat nicht zu finden.

4 Vgl. nur noch *Papen*, Rede, S. 149, der forderte, daß »wir […] uns wieder zu dem platonischen Begriffe der Politik durchringen« müßten, um so »alle Kräfte der geistigen konservativen Revolution [zu] entfachen«.

5 *Jaeger*, Stellung, S. 135.

sichtig bedient, erstmals seit der Romantik und entgegen dem Verdikt Nietzsches wieder die Umrisse eines »anderen« Platon sichtbar, in dem man sich mit der Sehnsucht nach der Überwindung der Wissenschaft und der ästhetischen Steigerung des eigenen Lebens ebenso wiederfinden konnte wie in der Opposition zu den »deutschbürgerlichen« Konventionen der Zeit.

Im Umfeld Georges wurden diese Sehnsüchte dann teils aufgegriffen und verstärkt, teils aber Platon bereits den Ambitionen Georges zur »Verstaatlichung« des Kreises angepaßt und so jene charakteristischen »Doppelbelichtungen« entworfen, die nicht nur zwischen George und Platon, sondern auch zwischen Dichter- und realem Staat oszillierten. Wilamowitz' starkes Platon-Bekenntnis am Ende des Krieges, das ebenfalls, wenn auch auf gänzlich anderer Grundlage, den Menschen und den Staatsmann als Antwort auf die »Novembermänner« präsentierte, sollte schließlich als Anreger und Gegenbild gleichermaßen jene »Plato=Mode« innerhalb und außerhalb von Philologie und Philosophie anstoßen, die dann Jaeger und andere zur programmatischen und zuletzt politischen Erneuerung des Humanismus ausweiteten.

In der Platon-Renaissance, die sich ohne die Konkurrenz dieser Wege zu ihm kaum erklären und auch nur im Gegen- und Miteinander der verschieden Denkstile adäquat in ihrer Dynamik beschreiben läßt, konnten so unterschiedlichste bildungsbürgerliche Gruppen ihre »verwandte Not« verhandeln und in Platon als dem Erzieher (zum Staat, zum Idealismus, zur Wissenschaft, zum »hohen Leben« usw.) ein Deutungsmuster entwickeln, das nicht nur ihren ästhetischen oder humanistischen »Gegenweltbedarf« (Nipperdey) befriedigte, sondern das sich auch in vom 19. Jahrhundert noch »unverbrauchte« pädagogische und politische Programme übersetzen ließ. Die biographische und politisch-pädagogische Verkürzung der platonischen Frage, die vielfach, wenngleich nicht überall, vorgenommen wurde, erleichterte dabei die Übertragbarkeit in verschiedene Kontexte, nicht zuletzt den der Schule.

Will man nun die Gründe dafür auf den Punkt bringen, warum die Aktualisierung dieses Erziehers gelingen und eine so breite bürgerliche Resonanz erfahren konnte, warum also, um noch ein letztes Mal Salin zu zitieren, Platon hier trotz allem und »noch immer als die vertraute Form und Vergegenständlichung eignen Erlebens und Empfindens« betrachtet wurde, so lassen sich außer dem Rechtfertigungsbemühen der Philologen noch wenigstens fünf Momente benennen, die hier zusammenkamen und die diese Renaissance maßgeblich befördert haben:

Da wären *erstens* die institutionellen Voraussetzungen, vor allem die Prägekraft des humanistischen Gymnasiums, das auch und besonders in der Schulkonkurrenz die Eingangsschwelle ins Bildungsbürgertum definierte. Selbst wenn hier nicht reihenweise »junge Griechen und Römer« erzogen worden sind, wie Wilhelm II. befürchtete, so schuf doch die extensive sprachliche Bildung und der Lektürekanon der oberen Klassen jenen gemeinsamen Horizont, der es nicht nur den klassischen Philologen möglich machte, sich in der platonischen Welt wiederzufinden, sondern genauso auch einem entsprechend vorgebildeten Juristen und Tiefbauunternehmer, von den dichtenden Chemiefabrikanten, Nationalökonomen und Ärzten im Kreis Georges ganz zu schweigen. In dem Maße, wie die verbreitete altsprachliche Vorbildung hierbei die Reichweite und Anschlußfähigkeit der Platonrenaissance bedingte, schloß sie diese gleichzeitig nach unten ab, blieb diese Form der Problemartikulation und Selbstverständigung eine bürgerlich exklusive und auch darum attraktive.

Auf der semantischen Ebene kam der Platonrenaissance *zweitens* zugute, daß sich bei ihr auf tief verankerte und aktualisierbare Deutungsmuster zurückgreifen ließ. Das um 1800 entstandene Ideologem von der deutsch-griechischen Verwandtschaft kam dabei ebenso zum Tragen wie der Mythos von der kulturellen Auferstehung Preußens aus dem staatlichen Zusammenbruch, bei dem die Griechen schon einmal Pate gestanden hätten. Weil zudem die Klassikerlektüre noch immer der Modus bildungsbürgerlicher Krisenbewältigung war, konnte die Erneuerung deutscher Kultur und Bildung, um die es den Neohumanisten ging, als ein »Zurück zu Platon« inszeniert und auch verstanden werden.

Von großer Bedeutung war sodann *drittens* die methodische »Innovation«, die mit dem Vordringen des Lebensbegriffs verbunden war. Wo zwischen Antike und Gegenwart bis dahin ein »himmelweiter Abgrund« klaffte, konnte dieser nun mit Verweis auf einen verbindenden »Lebensstrom« geschlossen und vor aller historischen Kritik eine neue Unmittelbarkeit behauptet werden. Der »Verlebendigung« Platons, der sich besonders Wilamowitz verschrieben hatte, kam dabei zugute, daß auch die Echtheit des 7. Briefes durchgesetzt werden konnte. Nicht nur gab es nun also die in ihrer »Lebendigkeit« aller Universitätsphilosophie unverdächtigen Dialoge, sondern mit der politisch-philosophischen Biographie aus der Feder Platons endlich auch ein »authentisches« Zeugnis von dessen Wollen und Fühlen, das den Politiker, Erzieher und Gründer hinter dem Philosophen sichtbar werden, ja nicht selten seine Philosophie gänzlich dahinter zurücktreten ließ.

Solch oft irrationaler Biographismus paßte *viertens* zur Suche vieler Deutscher nach Vorbildern und Führung. Die bis dahin »beispiellose Sehnsucht nach Führerschaft«, die Max Scheler diagnostizierte, und die Bereitschaft in einer nicht mehr überschaubaren, zunehmend entpersönlichten und rationalisierten Gesellschaft auf charismatische Helden oder Erlöser zu setzen, fand ihren Ausdruck auch in den Angeboten des Neoplatonismus. Denn nicht der Philosoph, noch gar der Theoretiker Platon wurde hier wiederentdeckt, sondern der politische Führer in verwandter Not, der Dichter des »Helden in heldenloser Zeit« oder aber das »Vorbild des Retters in Zeiten der Auflösung und Zersetzung«.

Daß Platon zu einem solchen Vorbild werden und auch jenseits der Wissenschaft eine Wiedergeburt erleben konnte, hatte schließlich *fünftens* mit der Konkurrenz der auf Platon bezogenen Denkstile zu tun. Ohne die Prominenz der Akteure und die Dynamik zunächst völlig inkommensurabler, dann polemisch aufeinander bezogener und schließlich in Stil und politischer Programmatik sich annähernder Platonismen wäre die Debatte um Platon jedenfalls kaum über die einschlägigen Rezensionsjournale der Philologen und Pädagogen hinaus gelangt, wäre von einer »Platon-Renaissance« gar nicht zu reden gewesen. So aber durften sich gerade die seit dem Ende des 19. Jahrhunderts unter massivem Rechtfertigungsdruck stehenden Philologen und Humanisten noch einmal in einen regelrechten Relevanzrausch versetzt gefühlt haben, von dessen Folgen sich jedoch, wie Howald nicht ganz zu Unrecht argwöhnte, der Humanismus und auch Platon so schnell nicht mehr erholen sollten.

Zwei offene Fragen bleiben am Schluß. Die eine, nach den Übergängen der einzelnen Neoplatoniker in den Nationalsozialismus, die nach 1933 noch einmal eine neuerliche, wenn auch kurze Flut platonisch-humanistischer Programmschriften geführt hatte, konnte hier nur in Ansätzen weiterverfolgt werden, weil, darüber sollten die anfängliche Kontinuität und Anpassungsbereitschaft nicht hinwegtäuschen, tatsächlich nur in wenigen Fällen, etwa bei Hildebrandt, Hans Bogner oder Albert Rehm, noch über das Jahr 1935 hinaus platonische Gegenwartsdeutung betrieben wurde oder werden konnte. An die Stelle der emigrierten, verfolgten oder toten Platoniker (Jaeger, Friedländer, Stenzel, Singer, Sternberg u. a.) traten dann andere, genuine NS-Philosophen wie der »Parteigenosse Plato« Hans Heyse,[6] doch einen nennenswerten Einfluß auf die Humanisten schienen diese, so muß entgegen der älteren Forschung wohl angenommen werden, gerade nicht mehr gehabt zu haben, ließ sich die »platonic religion« des Humanismus offenbar auch weiterhin nicht als eine Teilethik in den nationalsozialistischen Weltanschauungsrahmen integrieren.[7] Wenn also auf programmatischer und personeller Ebene nach 1933/34 tatsächlich ein Abbruch zu konstatieren sein mochte, so dürften die neoplatonischen Deutungsmuster bis dahin gleichwohl wirksame Instrumente gewesen sein, mit denen sich gerade Bildungsbürger in eine »geistige Auseinandersetzung« mit dem Nationalsozialismus und dem »Führer« begeben und ihn als den »Staatsmann« anerkennen konnten, der mit Platon bereits philosophisch vorbereitet wurde – allein, diese Vermutung zu prüfen, steht ebenso noch aus wie die Frage, inwiefern und unter welchen Bedingungen Platon auch als Argument gegen den Führerstaat Verwendung finden konnte.[8]

6 Zum Spitznamen Heyses vgl. *Dahms*, Lebensphilosophie, S. 304.

7 Vgl. dazu schon *Apel/Bittner*, Schulbildung, S. 299 und zuletzt noch einmal mit Nachdruck *Kuhlmann*, Humanismus.

8 Material zu erster Frage gibt es zumindest reichlich, sind Titel wie die von Joachim Bannes zu »Hitler und Platon« oder zu »Hitlers Kampf und Platons Staat« keineswegs die Ausnahme. Zu letzterer mögen die Hinweise als Ausgangspunkt dienen, die *Touloumakos*, Anpassung und Kritik, gegeben hat und die sich entlang der Spannungen von Rasse und Kultur oder aber von Gemeinschaft und Individuum deutlich verlängern lassen.

Die andere, damit zusammenhängende Frage betrifft schließlich das Verhältnis der deutschen Platon-Renaissance zur bisher allenfalls in Ansätzen zu überblickenden Platon-Debatte im angelsächsischen Kontext. Denn so sehr der programmatische Neoplatonismus tatsächlich ein genuin deutsches Phänomen blieb, das in den anderen europäischen Ländern ohne »wesensverwandte« griechische Vergangenheit keine Parallele fand, so setzte doch in England zeitlich etwas versetzt ab den 1930er Jahren eine massive Platon-Kritik ein,[9] die sich einerseits negativ auf den Nationalsozialismus als einem Beispiel platonischer Tyrannis bezog, bei der aber unklar ist, ob und inwiefern sie auch auf den deutschen Neoplatonismus reagierte, der nicht zuletzt durch die Literaturberichte Arthur Lieberts ja durchaus bekannt war.[10] Hier müßten über die wenigen bereits vorliegenden Studien hinaus[11] weitere Forschungen zum transatlantischen Ideentransfer ansetzen und dabei besonders auch die Spur der platonischen »Inimici« aus dem Umfeld des Wiener Neopositivismus verfolgen, aus dem ja nicht nur die Kritik Kelsens erwuchs, sondern auch die Otto Neuraths und vor allem diejenige Karl Poppers, deren nicht immer faire Abrechnungen mit dem politischen Platon auch noch dessen heutiges Bild bestimmen.

9 Vgl. die prominente Kritik bei *Crossmann*, Plato Today sowie *Fite*, Platonic Legend, und *Winspear*, The Genesis of Plato's Thought.

10 Liebert, der wie Sternberg aus dem Marburger Neukantianismus kam, veröffentlichte in »The Philosophical Review« ab 1927 jährlich Berichte unter dem Titel »Contemporary German Philosophy«, in denen Platon als das Symbol einer neuen Weltanschauung vorgestellt und auch die Rolle des George-Kreises oder des Jaergerschen Humanismus beleuchtet wird. Vgl. *Liebert*, Contemporay German Philosophy (1931), S. 32 ff. und *ders.*, German Philosophy (1935), S. 27 f.

11 Siehe außer *Lane*, Plato's Progeny sonst bisher nur noch *Demetriou*, A ›Legend‹ in Crisis.

Danksagung

Das vorliegende Buch ist die für den Druck überarbeitete Fassung meiner an der Martin-Luther-Universität Halle-Wittenberg eingereichten und im Juni 2015 verteidigten Dissertation. Eine solche nicht über Platon, sondern über diejenigen seiner Rezipienten zu schreiben, die sich mit ihm aus der »Krise« zu lesen versuchten, ist eine zuweilen undankbare Angelegenheit. Denn wo auch mich ursprünglich einmal die platonischen Texte selbst lockten und durch das Studium begleiteten, begegnen einem nun, mit Whitehead zu sprechen, oft genug doch nur noch dessen mediokre »Fußnoten«, die als historische Gegenstände und Symptome bildungsbürgerlicher Orientierungssuche zwar aller Lektüre wert waren, ein »Weg zu Platon« aber waren sie mir leider viel zu selten.

Um so mehr gilt mein Dank Prof. Dr. Manfred Hettling, der mich immer wieder ermutigt hat, der platonischen Spur durch die Krise bis zuletzt zu folgen, der mir gleichzeitig aber die Freiheit ließ, auch intellektuelle Seitenwege der Arbeit zu erkunden. Weiterhin gilt mein Dank denen, die mich auf diesem meinem akademischen Weg begleiteten und denen ich nicht nur hier viele Anregungen zu verdanken habe. Dies waren zunächst in Rostock Prof. Dr. Michael Großheim und Prof. Dr. Wolfgang Bernard und dann in Halle u. a. Prof. Dr. Andreas Mehl und Prof. Dr. Patrick Wagner, der so freundlich war, das Zweitgutachten zu übernehmen. Unter vielen anderen sei hier in besonderer Weise auch Dr. Steffen Kluck gedankt für die wertvollen Gespräche und nicht zuletzt für seine Bereitschaft zur kritischen Lektüre des Manuskripts.

Diese Arbeit ermöglicht haben durch ihre Promotionsstipendien außerdem das Ev. Studienwerk Villigst und das Internationale Graduiertenkolleg »Formwandel der Bürgergesellschaft. Japan und Deutschland im Vergleich«, den Druck gefördert hat die Geschwister Boehringer Ingelheim Stiftung für Geisteswissenschaften. Ihnen allen sowie den Herausgebern der Reihe »Bürgertum. Neue Folge« einen herzlichen Dank. In je eigener Weise ermöglicht und begleitet haben diese Arbeit schließlich Friederike und unsere drei wunderbaren Kinder Luise, Friedrich und Johannes. Ihnen allen sei für ihre Geduld gedankt und für das Verständnis, daß dies nun doch leider kein Kinderbuch geworden ist. Dafür sei es ihnen gewidmet.

Abkürzungen

A&A	Antike und Abendland
AKG	Archiv für Kulturgeschichte
ASPR	American Political Science Review
AU	Der altsprachliche Unterricht
CP	Castrum Peregrini
DNP	Der Neue Pauly
DVjs	Deutsche Vierteljahrsschrift für Literaturwissenschaft und Geistesgeschichte
FAZ	Frankfurter Allgemeine Zeitung
FZ	Frankfurter Zeitung
GG	Geschichte und Gesellschaft
GGA	Göttingische Gelehrte Anzeigen
GGr	Geschichtliche Grundbegriffe
GHb	George-Handbuch
GJb	George-Jahrbuch
GRBS	Greek, Roman and Byzantine Studies
HG	Das humanistische Gymnasium
HZ	Historische Zeitschrift
IZPH	Internationale Zeitschrift für Philosophie
MGM	Militärgeschichtliche Mitteilungen
NZZ	Neue Zürcher Zeitung
ÖZG	Österreichische Zeitschrift für Geschichtswissenschaften
RE	Paulys Realenzyklopädie der classischen Altertumswissenschaft
Rez.	Rezension
VSWG	Vierteljahrschrift für Sozial- und Wirtschaftsgeschichte
WJ	Würzburger Jahrbücher für die Altertumswissenschaft
ZfP	Zeitschrift für Politik
ZfPäd	Zeitschrift für Pädagogik
ZNThG	Zeitschrift für Neuere Theologiegeschichte

Quellen- und Literaturverzeichnis

Archivalien

Staatsbibliothek Berlin
Nachlaß der Gesellschaft für antike Kultur
Briefarchiv DeGruyter

SUB Göttingen,
Nachlaß Wilamowitz

SUB Hamburg
Nachlaß Kurt Singer

Quellen

o. A., Plato, in: Die Grenzboten 64 (1905), S. 411–419.

o. A., Rez. Wilamowitz-Moellendorff, Platon, in: Hochland 17 (1919/1920), S. 355 f.

o. A., Rez. Brecht, Platon im George-Kreis, in: Das neue Reich 12 (1930), S. 415–416.

Adler, Georg, Platos Idealstaat, in: Zeitschrift für Sozialwissenschaft 1 (1898), S. 329–339.

Adler, Joseph, Modernes Theater, in: Der Sturm. Wochenschrift für Kultur und die Künste 2 (1911), S. 635–636.

Aly, Friedrich, Humanismus oder Historismus, Marburg 1902.

Andreae, Wilhelm, Platons Poikilia und das Jahrbuch für die geistige Bewegung, in: Magdeburgische Zeitung 33–35 (1913), S. 263–264, 271–272, 279–280.

- Die philosophischen Probleme in den Platonischen Briefen, in: Philologus 78 (1923), S. 34–87.
- Die Staatsidee in Platons Kunstlehre, in: Zeitschrift für Volkswirtschaft und Sozialpolitik NF 3 (1923), S. 312–347
- Platons Staatsschriften I. Briefe, Jena 1923 (Die Herdflamme 5).
- Die Staatsidee in Platons Kunstlehre, in: Zeitschrift für Volkswirtschaft und Sozialpolitik NF 3 (1923), S. 312–347.
- Der sogenannte Kommunismus in Platos Staat, in: Schmollers Jahrbuch 49 (1925), S. 55–64.
- Platons Staatsschriften II/2. Einleitung und Erläuterungen, Jena 1925 (Die Herdflamme 6).
- Platons Staatsschriften II/1. Vorwort, Text und Übersetzung, Jena 1925 (Die Herdflamme 6).
- Platons Staatsschriften III. Der Staatsmann, Jena 1926 (Die Herdflamme 13)
- Rez. zu, Karl Gronau, Platon und wir, und zu, Kurt Singer, Platon, der Gründer, in: Blätter für Deutsche Philosophie 2 (1928), S. 202–204.
- Rez. Kurt Hildebrandt, Platon. Der Kampf des Geistes um die Macht, in: Zeitschrift für deutsche Kulturphilosophie 1 (1935), S. 210–218.
- Ganzheit und Geistleiblichkeit, in: Jahrbücher für Nationalökonomie und Statistik 146 (1937), S. 155–170.

Arnim, Hans von, Über den Bildungswert des griechischen Unterrichts, in: Mitteilungen des Vereins der Freunde des humanistischen Gymnasiums in Wien 1 (1906), S. 27–38.

- Plato über Militarismus, in: Unter deutschen Eichen. Vierte Liebesgabe Deutscher Hochschüler (1915), S. 101–110.
- Ein altgriechisches Königsideal. Rede zur Kaisersgeburtstagsfeier am 27. Januar 1916, Frankfurt/M. 1916 (Frankfurter Universitätsreden 4).
- Die Platonbiographie Ulrichs v. Wilamowitz, in: Internationale Monatsschrift für Wissenschaft, Kunst und Technik 14 (1919), S. 1–30.
- Rez. Ulrich v. Wilamowitz-Moellendorff, Platon, in: DLZ (1920), S. 38–42, 60–64.
- Rez. Ernst Howald, Die Anfänge der europäischen Philosophie, in: Gnomon 2 (1926), S. 625–645

Aster, Ernst von, Platon, Stuttgart 1925.

August, W., Griechische Studienwoche in Templin, in: Gnomon 5 (1929), S. 349–351.

Bab, Edwin, Frauenbewegung und männliche Kultur, in: Der Eigene NF 2 (1903), S. 393–407.

Baker, Joseph E., Plato as a Contemporary Essayist, in: The Classical Journal 22 (1926), S. 210–220.

Bannes, Joachim, Hitler und Platon. Eine Studie zur Ideologie des Nationalsozialismus, in: Geisteskultur 42 (1933), S. 97–113.

- Hitlers Kampf und Platons Staat. Eine Studie über den ideologischen Aufbau der nationalsozialistischen Freiheitsbewegung, Berlin 1933.

Banselow, Max, Philosophen als Pädagogen, in: Blätter für Deutsche Philosophie 4 (1930), S. 390–401.

Barion, Jakob, Platons Sendung und Werk in ihrer geschichtlichen Stellung, 1941 (Anhang zum Vorlesungsverzeichnis der Staatlichen Akademie Braunsberg WS 1941/42).

Barth, Heinrich, Descartes' Begründung der Erkenntnis, Bern 1913.

- Die Seele in der Philosophie Platons, Tübingen 1921.
- Das Problem des Ursprungs in der platonischen Philosophie. Antrittsvorlesung, gehalten am 23. Nov. 1920, München 1921.
- Plato und die Lage der Gegenwart, in: Die Christliche Welt 36 (1922), S. 403–407.
- Platonische Wahrheit, in: Zeitwende 2 (1926), S. 291–302.
- Plato im Spiegel neuester Darstellungen, in: Zeitwende 4 (1928), S. 426–439.

Bavink, Bernhard, Zurück zu Platon! Zu Hermann Friedmanns ›Die Welt der Formen‹, System eines morphologischen Idealismus, in: Neue Jahrbücher für Wissenschaft und Jugendbildung 7 (1931), S. 466–777.

Bauch, Bruno, Vom Begriff der Nation. Ein Kapitel zu Geschichtsphilosophie, in: Kant-Studien 21 (1916), S. 139–162.

- Rez. Hans F. K. Günther, Platon als Hüter des Lebens, in: Deutsche Blätter für Philosophie 3 (1929/30), S. 143.

Becker, Carl Heinrich, Das Erbe der Antike im Orient und Okzident, Leipzig 1931.

Beckerath, Erwin von, Rez. Paul W. Junker, Die Weltanschauung des Marxismus und Platons Staatsidee, in: DLZ (1928), S. 777–779.

Benda, Oskar, Die Bildung des dritten Reiches. Randbemerkungen zum gesellschaftsgeschichtlichen Sinnwandel des deutschen Humanismus, Wien, Leipzig 1931.

Bengel, Hans, Platons Forderungen zur Rassenpflege und Rassenhygiene, in: Deutsche Höhere Schule 3 (1936), S. 368–371.

- Platons Forderungen zur Rassenpflege und Rassenhygiene, in: Deutsche Höhere Schule 3 (1936), S. 368–371.

Benjamin, Walter [Ardor], Über das humanistische Gymnasium, in: Der Anfang 1 (1913), S. 69–72 (=GS II/1, S. 39–42).

Benn, Gottfried, Rede auf Stefan George (1934), in: Wuthenow, Ralph-Rainer (Hg.), Stefan George und die Nachwelt. Dokumente zur Wirkungsgeschichte II, Stuttgart 1981, S. 34–45.

Berve, Helmut, Antike und nationalsozialistischer Staat, in: Vergangenheit und Gegenwart 24 (1934), S. 257–272.
– Rez. Renata von Schelia, Dion, in: Gnomon 13 (1937), S. 465–474.
Bethe, Erich, Wissenschaft und Staat. Rede zum Rektoratswechsel an der Universität Leipzig vom 31.10.1927, Leipzig 1927.
Biese, Alfred, Aus dem Unterricht in Kriegszeit, Plato, in: Deutsches Philologenblatt 25 (1917), S. 395–396.
Blistain, Thea, Platos Ochsen, in: Arbeiterjugend 1 (1909), S. 252.
Blüher, Hans, Führer und Volk in der Jugendbewegung, Jena 1917.
– Die Nachfolge Platons, in: Die Tat 11 (1919), S. 589–602.
– Die Nachfolge Platons. Eine akademische Sache, Prien 1920.
– Die Wiedergeburt der platonischen Akademie, Jena 1920.
Blumenthal, Albrecht von, Griechische Vorbilder. Versuch einer Deutung des Heroischen im Schrifttume der Hellenen, Freiburg 1921.
– Der politische Platon, in: DAZ vom 26.07.1933.
– Platon, Der Kampf des Geistes um die Macht, in: Berliner Börsen Zeitung vom 10.09.1933.
Bock, Alfred, Über die leitenden Gesichtspunkte bei der Stoffauswahl für die Platolektüre auf dem Gymnasium, in: Bericht über das Königliche Katholische Gymnasium zu Gross-Glogau für das Schuljahr 1911/12, S. 1–12.
Boehm, Max Hildebert, Der Sinn der humanistischen Bildung, Berlin 1916.
Boehringer, Robert, Platon. Bildnisse und Nachweise, Breslau 1935.
– Das Antlitz des Genius. Platon, Breslau 1935.
– Ewiger Augenblick (1944), Düsseldorf 1965.
– Mein Bild von Stefan George, 2 Bde., Düsseldorf ^{2}1967.
Boll, Franz u. a., Vom Altertum zur Gegenwart, Leipzig, Berlin ^{2}1921.
Bölte, Felix, Das klassische Altertum und die höhere Schule, in: HG 10 (1899), S. 161–173.
Bogner, Hans, Die verwirklichte Demokratie. Die Lehren der Antike, Hamburg 1930.
– Die Zersetzung des griechischen Nomos, in: Deutsches Volkstum 13 (1931), S. 854–861.
– Der erneuerte Humanismus, in: Deutsches Volkstum 13 (1931), S. 805–806.
– Aktuelle Antike, in: Der Ring 5 (1932), S. 485–487.
– Die Bildung der politischen Elite, Oldenburg 1932.
– Platon im Unterricht, Frankfurt/M. 1937 (Auf dem Wege zum nationalpolitischen Gymnasium 1).
– Das doppelte Gesicht der Demokratie. Platon und die Lehre der Antike, in: Reich und Reichsfeinde 1 (1941), S. 141–159.
Rudolf Borchardt, Das Gespräch über Formen und Platons Lysis deutsch, Leipzig 1905.
– Nachwort zu Joram, in: Ders., Gesammelte Werke in Einzelbänden. Prosa 1, hg. von Marie Luise Borchardt, Stuttgart 1957, S. 319–328.
Bork, Arnold, Der Lehrer des Griechischen, in: Die Erziehung 13 (1938), S. 291–305.
Bois-Reymond, Emil du, Goethe und kein Ende, Leipzig 1883.
Brachmann, Wilhelm, Der gegenwärtige Humanismus, in: Kant-Studien 44 (1944), S. 15–64.
Brand, Adolf, Über unsere Bewegung, in: Der Eigene 2 (1898).
Brecht, Franz-Josef, Platon und der George-Kreis, Leipzig 1929.
– Rez. Kurt Hildebrandt, Platon. Der Kampf des Geistes um die Macht, Berlin 1933, in: Kant-Studien 40 (1935), S. 292–294.
Bredau, Friedrich, Gegenwart im Altertum. Ein Gang durch die altsprachliche Schullektüre, Breslau 1935.
Brink, Karl Oskar, Bibliographische Beilage I (1931), in: Die Antike 7 (1931), S. *1–*14.
– Bibliographische Beilage I (1932). 3.Wirkungsgeschichte des Altertums, Humanismus, in: Die Antike 8 (1932), S. *1–*20.

Brodersen, Arvid, Von der Zuchtgemeinschaft des Adels in Platons Staat, Trondheim 1934 (Det Kgl Norske Videnskabers Selskabs Skrifter).
Buchenau, Artur, Plato-Forschung und Plato-Bild der Gegenwart, in: Geisteskultur 37 (1928), S. 129–136.
– Rez. zu, Julius Stenzel, Platon der Erzieher, Leipzig 1928, in: Geisteskultur 37 (1928), S. 153–156.
– Rez. zu, Werner Jaeger, Platos Stellung im Aufbau der griechischen Bildung. Ein Entwurf, Berlin 1928, in: Geisteskultur 37 (1928), S. 322–323.
– Rez. zu Franz Josef Brecht, Platon und der George-Kreis, in: Geisteskultur 40 (1931), S. 258–260.
Bucherer, Fritz, Zum fünfundzwanzigjährigen Jubiläum des Deutschen Gymnasialvereins, in: HG 27 (1916), S. 1–12.
– Paideia. Ein Bericht, in: HG 45 (1934), S. 131–152.
Bund deutscher Gelehrter und Künstler (Hg.), Die Deutsche Freiheit. Fünf Vorträge, Gotha 1917.
Burckhardt, Georg, Weltanschauungskrisis und Wege zu ihrer Lösung I, Leipzig 1925.
Busse-Wilson, Elisabeth, Stufen der Jugendbewegung, Jena 1925.
Cassirer, Ernst, Eidos und Eidolon. Das Problem des Schönen und der Kunst in Platons Dialogen, in: Vorträge der Bibliothek Warburg 2 (1922/23), S. 1–27.
Ders.; Hoffmann, Ernst, Die Geschichte der antiken Philosophie, in: Dessoir, Max (Hg.), Lehrbuch der Philosophie, Berlin 1925, S. 7–253.
Cauer, Paul, Wissenschaft und Schule in ihrem Verhältnis zum klassischen Altertum, Berlin 1910.
– Das Altertum im Leben der Gegenwart, Leipzig [2]1915.
Cherniss, Harold, The biographical fashion in literary criticism, in: UCPCP 12 (1944), S. 279–291.
Clar, M., Platons Staatslehre, in: Gelbe Hefte 15 (1939), S. 449–451.
Cohen, Hermann, Die platonische Ideenlehre psychologisch entwickelt, in: Zeitschrift für Völkerpsychologie und Sprachwissenschaft 4 (1866), S. 403–464.
– Kants Theorie der Erfahrung, Berlin 1871 (Werke, Bd. 1.1).
– Platons Ideenlehre und die Mathematik (1878), in: Ders., Schriften zur Philosophie und Zeitgeschichte I, hg. v. Görland, Albert; Cassirer, Ernst, Berlin 1928, S. 336–366.
– Das Prinzip der Infinitesimal-Methode und seine Geschichte. Ein Kapitel zur Grundlegung der Erkenntniskritik, Berlin 1883 (Werke Bd. 5.1).
– Einleitung mit kritischem Nachtrag zur »Geschichte des Materialismus« von F. A. Lange, Leipzig 1896, [3]1914 (Werke Bd. 5.2).
– Logik der reinen Erkenntnis Berlin [2]1914 (Werke Bd. 6).
– Deutschtum und Judentum, Gießen 1915 (Werke Bd.16, S. 465–560).
– Der deutsche Idealismus und die Antike. Vortrag, gehalten in der Versammlung des »Bundes der Freunde des humanistischen Gymnasiums in Frankfurt a. M. und den Nachbarstädten« am 11. Dezember 1915, in: HG 27 (1916), S. 17–31.
– Das soziale Ideal bei Platon und den Propheten, Vortrag gehalten 19.10.1916 auf der 101. Gesellschaftsversammlung der Wiener »Soziologischen Gesellschaft«, in: Der Jude 7 (1923), S. 618–636 (Werke Bd. 17, S. 298–335).
– Zur Kontroverse zwischen Trendelenburg und Kuno Fischer, in: Ders., Schriften zur Philosophie und Zeitgeschichte. 2 Bde., hg. v. Görland, Albert; Cassirer, Ernst, Berlin 1928, S. 336–366.
Coudenhove-Calergie, Richard von, Platons Staat und die Gegenwart, in: Die Erde 1 (1919), S. 42–47.
Cronheim, Fritz, Rez. Heinrich Friedemann, Platon, in: Die Hilfe 37 (1931), S. 1038–1039.
Crossmann, Richard H. S., Plato Today, Oxford 1937.

Curtius, Ludwig, Die Antike und wir, in: Jahrbuch des Freien Deutschen Hochstifts (1912), S. 122–141.
Dames, Hermann, Satzungen und Programm des Bundes für allseitige Lebensreform des gesamten Deutschtums, in: Hellas. Illustrierte Schriftenfolge für Natur und Kultur, Kunst und Schönheit, Wissenschaft und Sozialleben 1 (1907), S. 127–128.
Dahmen, Hans, Ein neues Platon-Bild, in: Hochland 26 (1929), S. 329–332.
Deutscher Altphilologen-Verband, Die Gegenwartsbedeutung des deutschen Gymnasiums, in: HG 44 (1933), S. 209–211.
Diederichs, Eugen, Der Verlag Eugen Diederichs in Jena, Verlagskatalog 1904.
– Wege zu deutscher Kultur. Eine Einführung in die Bücher des Verlags Eugen Diederichs in Jena, Jena o.J. [1908].
– Verlagsbericht für April 1914, in: Die Tat 6 (1914), o.S.
– Leben und Werk, hg. von Lulu von Strauß und Torney-Diederichs, Jena 1936.
– Aus meinem Leben, Jena 1938.
– Selbstzeugnisse und Briefe von Zeitgenossen, zusammengestellt und erläutert von Ulf Diederichs, Düsseldorf, Köln 1967.
Dilthey, Wilhelm, Das Erlebnis und die Dichtung, Leipzig 1906.
Doergens, Heinrich, Ulrich v. Wilamowitz-Moellendorffs »Platon« und das Christentum, in: Kölnische Volkszeitung vom 28.07.1920.
Drerup, Engelbert, Platon, in: Literarischer Handweiser 55 (1919), S. 529–534.
Drexler, Hans, Der dritte Humanismus. Ein kritischer Epilog, Frankfurt [2]1942.
Dyroff, Adolf, Ein neues Platonbuch, in: Kölnische Volkszeitung vom 24.09.1919.
Eberhardt, Walter, Die Antike und Wir, in: Nationalsozialistische Monatshefte 6 (1935), S. 115–127.
Eggerding, Fritz, Die Feuerprobe des humanistischen Gymnasiums, in: Die Grenzboten 73 (1914), S. 20–27.
Eichler, Ulrich, Platons »Staat«, ein Pflichtlesestoff des nationalpolitischen Gymnasiums, in: Die Höhere Schule 15 (1937), S. 282–284.
Eucken, Rudolf, Der Kampf um einen geistigen Lebensinhalt. Neue Grundlegung einer Weltanschauung, Leipzig 1896.
– Ein Wort zur Ehrenrettung der Moral (1898), in: Ders., Gesammelte Aufsätze zur Philosophie und Lebensanschauung, Leipzig 1903, S. 1–16.
– Die Träger des deutschen Idealismus, Berlin 1915.
– Lebenserinnerungen. Ein Stück deutschen Lebens, Leipzig [2]1922.
Feller, Theodor, Der Gedanke der Erziehung bei Platon und ihre Bedeutung, in: HG 40 (1929), S. 197–205.
Fite, Werner, The Platonic Legend. A criticism of current interpretations of Plato's writings, New York 1934.
Field, Guy Cromwell, Plato's Political Thought and its Value To-Day, in: Philosophy. The Journal of the British Institute of Philosophy 16 (1941), S. 227–241.
Foerster, Georg, Platon und die Körperkulturbewegung, in: Die Freude. Monatshefte für freie Lebensgestaltung 5 (1928), S. 529–541.
Fraenkel, Eduard, Rez. Werner Jaeger, Humanismus und Jugendbildung, in: DLZ (1921), S. 578–585.
Friedemann, Heinrich, Platon. Seine Gestalt, Berlin 1931 (Genauer Abdruck der Erstausgabe der Blätter für die Kunst 1914 mit einem Nachwort von Kurt Hildebrandt).
Friedensburg, Ferdinand, Der Humanismus als Weltanschauung, in: HG 20 (1909), S. 19–24.
– Erwiderung, in: HG 18 (1907), S. 23–27.
Friedländer, Benedict, Die Renaissance des Eros Uranios, Schmargendorf-Berlin 1904.
– Die Liebe Platons im Lichte der modernen Biologie, Treptow bei Berlin 1909.
Friedländer, Paul, Vom Altertum zur Zukunft, in: Vossische Zeitung vom 10.10.1919.

- Der Grosse Alcibiades. Ein Weg zu Plato, Bonn 1921.
- Der Grosse Alcibiades. Zweiter Teil, Kritische Erörterung, Bonn 1923.
- Die Aufgaben der Klassischen Studien in der Universität, in: Ders., Walter Kranz, Die Aufgaben der Klassischen Studien an Gymnasium und Universität, Berlin 1922, S. 21–34.
- Platon, Bd. 1. Eidos – Paideia – Dialogos, Berlin, Leipzig 1928.

Friedrich, Gustav, Die höheren Schulen und die Gegenwart, Leipzig 1896.

Fritsch, Adolf, Das Gymnasium und der Krieg, in: HG 25 (1914), S. 161–163.

Fritz, Kurt von, Franz Josef Brecht, Platon und der George-Kreis, in: Gnomon 7 (1931), S. 56–363.
- Die neue Interpretationsmethode in der Klassischen Philologie, in: Neue Jahrbücher für Wissenschaft und Jugendbildung 8 (1932), S. 339–354.

Furtwängler, Adolf, Über griechische Kunst, in: Deutsche Rundschau 123 (1905), S. 45–59.

Gabler, Karl, Platon der Führer, in: HG 43 (1932), S. 158 f.

Gadamer, Hans-Georg, Philosophische Lehrjahre, Frankfurt 1977.
- Die neue Platonforschung (1933), in: Ders., Griechische Philosophie I, Tübingen 1985, S. 212–229.
- Platos Staat der Erziehung, in: Ders., Griechische Philosophie I, Tübingen 1985, S. 249–262.
- Rez. zu, Kurt Hildebrandt, Platon, der Kampf des Geistes um die Macht, Berlin 1933, in: Ders., Griechische Philosophie I, Tübingen 1985, S. 331–338.

George, Stefan, Der Krieg, Berlin 1917
- Gesamtausgabe der Werke, Berlin 1927 ff.

Ders.; Gundolf, Friedrich, Briefwechsel, hg. v. Boehringer, Robert; Landmann, Georg Peter, München, Düsseldorf 1962.

Ders.; Wolters, Friedrich, Briefwechsel 1904–1930, hg. von Michael Philipp, Amsterdam 1998.

Gesellschaft für antike Kultur (Hg.), Bericht 1924–1928, Berlin 1929.

Geyer, Fritz, Griechische Staatstheorien. Platon und Aristoteles, München, Berlin 1926 (Dreiturmbücherei 26).

Gieselbusch, Hermann; u. a., Humanistische Bildung im nationalsozialistischen Staate, Leipzig, Berlin 1933 (Neue Wege zur Antike Reihe 1, H.9).

Gieseke, B., Die innere Berechtigung der Realschule, in: Central-Organ für die Interessen des Realschulwesens 1 (1873), S. 6–11.

Glaser, Konrad, Die Darstellung von Platons Leben durch Wissenschaft und Schule, in: Jahresbericht des Staatsgymnasiums im 6. Wiener Bezirk Mariahilf (1932/33), S. 3–7.
- Platons nordischer Glaube, in: Rasse, Monatsschrift für den nordischen Gedanken 9 (1942), S. 212–221.

Gleichen-Rußwurm, Alexander, Die Antike in der modernen Welt, in: Der Kunstwart 21 (1908), S. 269–279.

Glöckner, Ernst, Begegnung mit Stefan George, Auszüge aus Briefen und Tagebüchern, hg. von Friedrich Adam, Heidelberg 1972.

Goedeckemeyer, Albert, Platon, München 1922.

Gohlke, Paul, Die aristotelische Frage, in: Die Alten Sprachen 4 (1939), S. 119–124.

Gothein, Percy, Das Seelenfest. Aus einem Erinnerungsbuch, in: Castrum Peregrini 21 (1955), S.7–55.

Gottlieb, E., Philosoph und Tyrann, in: Die Hilfe 47 (1941), S. 37–42.

Graevell, Harald, Die Bedeutung des Griechentums für unsere Kultur, in: Bayreuther Blätter 28 (1905), S. 31–45.

Graevell, Harald, Die Bedeutung des Griechentums für unserer Kultur, in: Der Eigene NF 3 (1905), S. 118–139.

Grimme, Adolf, Platon und Kant, in: Monatsschrift für höhere Schulen (1924), S. 71–75.

Gronau, Karl, Platons Ideenlehre im Wandel der Zeit, Braunschweig 1929.
Grunsky, Hans, Seele und Staat. Die psychologischen Grundlagen des national-sozialistischen Siegs über den bürgerlichen und bolschewistischen Menschen, Berlin 1935.
Grunsky, Hans, Platons Begriff des Staatsmannes und die deutsche Gegenwart, in: Deutsche Kultur im Leben der Völker 13 (1938), S. 332–341.
Gumplowicz, Ludwig, Geschichte der Staatstheorien, Innsbruck 1905.
Gundolf, Friedrich, Wesen und Beziehung, in: Jahrbuch für die geistige Bewegung 2 (1911), S. 10–35.
– Vorbilder, in: Jahrbuch für die geistige Bewegung 3 (1912), S. 1–20.
– Tat und Wort im Krieg, in: Frankfurter Zeitung vom 11.10.1914.
– George, Berlin 1920.
– Briefe. Neue Folge, hg. von Wolfgang Frommel u. Claus Victor Bock, Amsterdam 1965.
Ders./Wolters, Friedrich, Ein Briefwechsel aus dem Kreis um Stefan George, hg. und eingeleitet von Christophe Fricker, Köln 2009.
Günther, Hans F. K., Platon als Hüter des Lebens, München 1928.
Gomperz, Heinrich, Die Lebensauffassung der griechischen Philosophen und das Ideal der inneren Freiheit, Jena 1904.
– Die deutsche Literatur über die Sokratische, Platonische und Aristotelische Philosophie (1901–1904), in: Archiv für Geschichte der Philosophie 19 (1906), S. 545–547.
Groß, A., Altsprachliche Studienwoche in Ihlfeldt, in: Gnomon 6 (1930), S. 105–107.
Hagen, Benno von, Das Glücksproblem in Platons Staat, in: Jahresbericht über das Gymnasium Carolo-Alexandrinum zu Jena (1914/15), S. 3–19.
– Platon als ethischer Erzieher, Langensalza 1926 (Schriften aus dem Euckenkreis 20).
– Wege zu einem Humanismus im Dritten Reich, in: Gieselbusch, Hermann (Hg.), Humanistische Bildung, Leipzig 1933, S. 17–22
Hagen, Wilhelm, Entwicklung und Bücher, in: Führerzeitung für die deutschen Wandervogelführer (1917), S. 84–86.
Halbwachs, Maurice, Die Politik und die ökonomischen Verhältnisse nach Plato und Aristoteles, in: Archiv für die Geschichte des Sozialismus und der Arbeiterbewegung 13 (1928), S. 22–64.
Harder, Richard, Rez. zu, Franz-Josef Brecht, Platon und der George-Kreis, Leipzig 1929, in: DLZ (1930), S. 972–982.
– Rez. zu Martin Heidegger, Die Selbstbehauptung der deutschen Universität, in: Gnomon 9 (1933), S. 440–442.
– Platon und Athen, in: Neue Jahrbücher für Wissenschaft und Jugendbildung 10 (1934), S. 492–500.
– Platos Kriton. Text, Übersetzung, Nachwort, Berlin 1934.
Hartmann, Nicolai, der philosophische Gedanke und seine Geschichte (1936), in: Ders., Kleinere Schriften II, Berlin 1957, S.1–48.
Hasse, Karl Paul, Von Plotin zu Goethe. Die Entwicklung des neuplatonischen Einheitsgedankens zur Weltanschauung der Neuzeit, Jena 1909.
Haug, Otto, Rez. zu, Neue Wege zur Antike I–VIII, in: Aus Unterricht und Forschung. Wissenschaftliche Zeitschrift auf nationalsozialister Grundlage 6 (1934), S. 199–201.
Heine, Gerhard, Platons Gastmahl und unsere Zeit, in: HG 39 (1928), S. 97–106.
Heinemann, Fritz, Rez. Edgar Salin, Platon und die griechische Utopie, in: Kant-Studien 29 (1924), S. 526–528.
Helbing, Lothar [Wolfgang Frommel], Der Dritte Humanismus als Aufgabe unserer Zeit, in: Ders. (Hg.), Vom Schicksal des deutschen Geistes, Berlin 1934, S. 125–140.
Ders./Bock, Claus Victor/Kluncker, Karlhans (Hg.), Stefan George. Dokumente seiner Wirkung, aus dem Friedrich Gundolf Archiv London, Amsterdam 1974.
Hegel, Georg Wilhelm Friedrich, Werke, Frankfurt/M 1979.

Hensel, Paul, Die Bedeutung der antiken Philosophie für die moderne Bildung, in: HG 25 (1914), S. 47–56.
Hermann, Rudolf, Zum Problem der theologischen Würdigung von Platons »Staat«, in: Neue Kirchliche Zeitschrift 44 (1933), S. 113–135.
Heuß, Theodor, Erinnerungen 1905–1933, Tübingen 1963.
Heyse, Hans, Die Idee der Wissenschaft und die deutsche Universität, Rede, geh. bei der feierlichen Übernahme d. Rektorates d. Albertus-Univ. zu Königsberg am 4. Dez. 1933, Königsberg 1934.
- Idee und Existenz, Hamburg 1935.
Hildebrandt, Kurt, Hellas und Wilamowitz, in: Die Grenzboten 69 (1910), S. 412–421.
- Hellas und Wilamowitz (Zum Ethos der Tragödie), in: Jahrbuch für die geistige Bewegung 1 (1910), S.64–117.
- Plato für die Gegenwart, in: Die Grenzboten 69 (1910), S. 449–455.
- Romantisch und Dionysisch, in: Jahrbuch für die geistige Bewegung 2 (1911), S.89–115.
- Platons Gastmahl, neu übertragen und eingeleitet, Leipzig 1912 u.ö.
- Norm und Verfall des Staates, Dresden 1920.
- Norm und Entartung des Menschen, Dresden 1920.
- [Karl Hildebrandt], Rez. Wilamowitz, Platon, in: Preußische Jahrbücher 186 (1921), S. 268–270.
- Nietzsches Wettkampf mit Sokrates und Plato, Dresden 1922 (2.Aufl.).
- Bemerkungen über die neue Wirkung Platos, in: Österreichische Rundschau 19 (1923), S. 847–849.
- Der Gelehrte, in: Jahrbuch der Charakterologie 1 (1924), S. 153–185.
- Die Schöpfungsgeschichte in Platons Timaios, Halle/Werkstätten Burg Giebichenstein 1925.
- Staat und Rasse, Breslau 1928 (Veröffentlichungen der schleswig-holsteinischen Universitätsgesellschaft 19).
- Nation und Rasse, in: Ders., Staat und Rasse, Breslau 1928, S. 7–19.
- Rassenhygiene und geistige Erziehung, in: Ders., Staat und Rasse, Breslau 1928, S. 23–37.
- Die Wirkung der Idee im Aufbau des Staates, in: Ders., Staat und Rasse, Breslau 1928, S. 41–53.
- Die Wirkung der Idee im Aufbau des Staates, in: Der Ring 1 (1928), S. 313–317.
- Stefan George und unsere Generation, in: Der Ring 1 (1928), S. 537–543.
- Neue Plato-Literatur, in: Der Ring 2 (1929), Nr. 9), S. 177–178.
- Das neue Platon-Bild. Bemerkungen zur neueren Literatur, in: Blätter für Deutsche Philosophie 4 (1930/31), S. 190–202.
- Platonliteratur, in: Blätter für Deutsche Philosophie 5 (1931), S. 315–320.
- Individualität und Gemeinschaft, Berlin 1933.
- Platon. Der Kampf des Geistes um die Macht, Berlin 1933.
- Einleitung in: Platon, Der Staat, übers. von August Horneffer, Leipzig 1933, S. VII–XXXVI.
- Norm – Entartung – Verfall. Bezogen auf den Einzelnen, die Rasse, den Staat, Berlin 1934.
- Platon als Lehrmeister des neuen Deutschland, in: Das Werk, Monatsschrift der »Vereinigte Stahlwerke Aktiengesellschaft« 14 (1934), S. 189.
- Kulturkrise in Gegenwart und Antike, in: Odal. Monatsschrift für Blut und Boden 4 (1935), S. 10–21.
- Platons vaterländische Reden. Apologie, Kriton, Menexenos, Leipzig 1936.
- Rez. Helmut Kuhn, Sokrates; Joachim Bannes, Platon, in: Blätter für Deutsche Philosophie 10 (1936), S. 88–90.
- Platons Philosophie in politischer Sicht, in: Europäischer Wissenschaftsdienst 1 (1941), S. 6–7.
- Platon. Logos und Mythos, Berlin ^{2}1959.
- Erinnerungen an Stefan George und seinen Kreis, Bonn 1965.

Hiller, Kurt, Spann, in: Die Weltbühne 29 (1933), S. 54–58.
Hippel, Ernst von, Der Sinn des Staates und die Lehre von den Staatsformen bei Platon, Langensalza 1927 (Schriften aus dem Euckenkreis 31).
Hönn, Karl, Die alten Sprachen, in: Friedrich Wilhelm Foerster u. a., Der Weltkrieg im Unterricht. Vorschläge und Anregungen zur Behandlung der weltpolitischen Vorgänge in der Schule, Gotha 1915, S. 88–111.
Hoernlé, Alfred, Would Plato Have Approved of the National-Socialist State?, in: Philosophy. The Journal of the British Institute of Philosophy 13 (1938), S. 166–182.
Hoffmann, Ernst, Platonismus in Frankreich, in: Internationale Monatsschrift für Wissenschaft, Kunst und Technik 7 (1913), S. 1140–1147.
– Der gegenwärtige Stand der Platonforschung, in: Zeller, Eduard, Die Philosophie der Griechen in ihrer geschichtlichen Entwicklung II,1, Leipzig 1922, S. 1051–1105.
– Platon der Gründer, in: NZZ vom 26.07.1927.
– Pädagogische Probleme der deutschen Demokratie. Drei Vorträge, gehalten in der Ausländerkursen der Unversität Heidelberg 2. bis 4. Juli 1930, in: Badische Schulzeitung 68 (1930), S. 469–471, 490–492, 501–504.
– Rez. Karl Gronau, Platons Ideenlehre im Wandel der Zeit, in: DLZ (1931), S. 1059–1063.
– Julius Stenzel †, in: HG 47 (1936), S. 41–42.
– Platon und der Platonismus. Ein Vortrag, in: HG 47 (1936), S. 69–82.
– Platons Staatsphilosophie, in: Die pädagogische Hochschule 1 (1929), S. 160–174.
– Rez. Karl Gronau, Platons Ideenlehre im Wandel der Zeit, in: DLZ (1931), S. 1059–1063.
Hoffmann, Géza von, Rassenhygienische Gedanken bei Platon, in: Archiv für Rassen- und Gesellschaftsbiologie 11 (1914), S. 174–183.
Hofmannsthal, Hugo von, Augenblicke in Griechenland, in: Ders., Gesammelte Werke in zehn Einzelbänden Bd. VII. Erzählungen, Erfundene Gespräche und Briefe, Reisen, Frankfurt/M. 1979, S. 603–628.
– Der Dichter und diese Zeit (1906), in: Ders., Reden und Aufsätze 1 (Gesammelte Werke in zehn Einzelbänden Bd. 8), Frankfurt/M 1979.
– Gedichte von Stefan George (1896), in: Ralph-Rainer Wuthenow (Hg.), Stefan George in seiner Zeit. Dokumente zur Wirkungsgeschichte Bd.1, Stuttgart 1980, S. 7–14.
Ders.; Zifferer, Paul, Briefwechsel, hg. v. Hilde Burger, Wien 1983.
Holtdorf, Herbert, Humanismus und völkischer Staatsgedanke, in: Deutsches Philologenblatt 41 (1933), S. 539–541.
– Plato und Fichte an die deutsche Jugend der Gegenwart, in: HG 45 (1934), S. 20–25.
– Platon im Kampf gegen die Entartung der nordischen Rasse, eine Mahnung an die Jugend der deutschen Gegenwart, in: Deutsches Philologenblatt 42 (1934), S. 269–272.
– Platon-Lektüre im Dienste der Wehrerziehung, in: Neue Jahrbücher für Antike und deutsche Bildung 4 (1941), S. 207–217.
Horn, Heinz, Die Antike im Weltbild der deutschen Lebensphilosophie, in: Die Antike 12 (1936), S. 310–327.
Horneffer, Ernst, Der Platonismus und die Gegenwart, Erfurt ^{3}1927.
Howald, Ernst, Griechische Philologie, Gotha 1920 (Wissenschaftliche Forschungsberichte, Geisteswissenschaftliche Reihe 1914–1918).
– Die platonische Akademie und die moderne Universitas Litterarum. Eine akademische Rede, Bern 1921.
– Rez. Edgar Salin, Platon und die griechische Utopie, in: NZZ vom 05.06.1921.
– Rez. Wilamowitz-Moellendorff, Der griechische und der platonische Staatsgedanke, in: Deutsche Revue 46,4 (1921), S. 91 f.
– Platons Leben, Zürich 1923.
– Humanismus und Europäertum, in: Neue Schweizer Rundschau 23 (1930), S. 171–184 (ND in: Hans Oppermann, Humanismus, Darmstadt 1970 (WdF 17), S. 150–165).

- Platon und der Georgekreis, in: NZZ vom 19.01.1930.
- Platon der Führer, in: NZZ vom 25.08.1933.

Huemer, Kamillo, Plato als Erzieher, in: Zeitschrift für die österreichischen Gymnasien 62 (1911), S. 289–302.

Ilberg, Johannes, Rez. Vom Altertum zur Gegenwart, Leipzig 1919, in: Neue Jahrbücher für das klassische Altertum, Geschichte und deutsche Literatur und für Pädagogik 22 (1919), S. 382–384.

Immisch, Otto, Die Klassische Philologie als Schulwissenschaft, in: Neue Jahrbücher für das klassische Altertum 2 (1898), S. 241–261.
- Zum gegenwärtigen Stande der platonischen Frage, in: Neue Jahrbücher für das klassische Altertum, Geschichte und deutsche Literatur 3 (1899), S. 440–465, 549–561, 612–628.
- Wie studiert man klassische Philologie? Ein Überblick über Entwicklung, Wesen und Ziel der Altertumswissenschaft nebst Ratschlägen zur zweckmässigen Anordnung des Studiengangs, Stuttgart 1909.
- Das Erbe der Alten. Sein Wert und seine Wirkung in der Gegenwart, Berlin 1911.
- Neue Wege der Platonforschung, in: Neue Jahrbücher für das klassische Altertum, Geschichte und deutsche Literatur und für Pädagogik 18 (1915), S. 545–572.
- Rez. zu, Edgar Salin, Platon und die griechische Utopie, München 1921, in: Vierteljahrschrift für Sozial- und Wirtschaftsgeschichte 16 (1922), S. 451–456.
- Antike Denker als Erzieher zum öffentlichen Leben. Ein Vortrag, in: HG 38 (1927), S. 3–13.
- Die Ernerung des Humanismus, in: HG 39 (1928), S. 1–15.

Jaeger, Oskar, Bleibendes und Vergängliches am humanistischen Gymnasium, in: HG 2 (1892), S. 72–79.
- Politik und Schule, in: HG 10 (1899), S. 6–15

Jaeger, Werner, Philologie und Historie (1914), in: Ders., Humanistische Reden und Vorträge, Berlin [2]1960, S. 1–16.
- Begabung und Studium, in: Neue Jahrbücher für Pädagogik 22 (1917), S. 265–282.
- Der Humanismus als Tradition und Erlebnis (1919), in: Ders., Humanistische Reden und Vorträge, Berlin [2]1960, S. 17–30.
- Humanismus und Jugendbildung (1921), in: Ders., Humanistische Reden und Vorträge, Berlin [2]1960, S. 41–67.
- Humanismus, Wissenschaft und Philosophie, in: Humanismus, Hochschule und Student. Die erste Ausſprache in der Deutschen Studentenschaft über den Plan einer humanistischen Fakultät, Göttingen o. J. [1921], S. 44–54.
- Rez. Edgar Salin, Platon und die griechische Utopie, München 1921, in: Weltwirtschaftliches Archiv 19 (1923), S. 172–175.
- Stellung und Aufgaben der Universität in der Gegenwart (1923), in: Ders. (Hg.), Humanistische Reden und Vorträge, Berlin 1960, S. 68–86.
- Die griechische Staatsethik im Zeitalter des Plato (1924), in: Ders., Humanistische Reden und Vorträge, Berlin [2]1960, S. 87–102.
- Rez. Ernst Howald, Die Briefe Platons, in: DLZ (1924), S. 895–901.
- Rez. Julius Stenzel, Zahl und Gestalt bei Platon und Aristoteles, in: DLZ (1924), S. 2046–2055, (Scripta Minora I, Rom 1960, S. 293–301).
- Antike und Humanismus (1925), in: Ders., Humanistische Reden und Vorträge, Berlin [2]1960, S. 103–116.
- Einführung, in: Die Antike 1 (1925), S. 1–4.
- Rez. A. E. Taylor, Plato, the man and his work, in: Gnomon 4 (1928), S. 1–11.
- Platos Stellung im Aufbau der griechischen Bildung. (1928), in: Ders., Humanistische Reden und Vorträge, Berlin [2]1960, S.117–157.
- Antike und Gegenwart, in: Der Tag vom 21.04.1929, S. 4 (Beiblatt).

- Die geistige Gegenwart der Antike (1929), in: Ders., Humanistische Reden und Vorträge, Berlin ²1960, S.158–177.
- Die Antike und das Problem der Internationalität der Geisteswissenschaften, in: Inter-Nationes. Zeitschrift für die kulturellen Beziehungen Deutschlands zum Ausland 1 (1931), S. 91–94.

Ders. (Hg.), Das Problem des Klassischen und die Antike. 8 Vorträge auf der Fachtagung der klassischen Altertumswissenschaft zu Naumburg 1930, Leipzig 1931 (ND Darmstadt 1961).
- Staat und Kultur (1932), in: Ders., Humanistische Reden und Vorträge, Berlin ²1960, S. 195–214.
- Die Erziehung des politischen Menschen und die Antike, in: Volk im Werden 1,3 (1933), S. 43–49.
- Paideia. Die Formung des griechischen Menschen 3 Bde., Berlin, Leipzig 1934–1947.
- Classical Philology and Humanism, in: Transactions and Proceedings of the American Philological Association 67 (1936), S. 363–374.
- Julius Stenzel †, in: Gnomon 12 (1936), S. 108–112.
- The Problem of Authority and the Crisis of the Greek Spirit, Camebridge/Mass. 1937 (Harvard Tercentenary Conference of Arts and Sciences).

Jahrbuch des Pädagogiums zum Kloster Unser Lieber Frauen in Magdeburg, Magdeburg NF 64 (1900).

Jansen S. J., Bernhard, Die Staatsphilosophie Platons, in: Stimmen der Zeit 129 (1935), S. 169–175.

Jegel, August, Platos Stellung zu Erziehungsfragen, in: Archiv für Geschichte der Philosophie 26 (1912), S. 405–430.
- Zusammenhang von Rassenpflege und Staatsumbildung bei dem griechischen Denker Plato, in: Rasse 3 (1936), S. 121–133.

Joel, Ernst (Hg.), Platon. Von den königlichen Philosophen, Jena 1915 (Flugblätter an die deutsche Jugend 2).

Josch, Wilfried von, Ein seltsamer Staat. Der Staat Platons in völkischer Betrachtung, München 1940.

Jung, Edgar Julius, Die Herrschaft der Minderwertigen. Ihr Zerfall und ihre Ablösung durch ein Neues Reich, ²1930.

Kahler, Erich von, Der Beruf der Wissenschaft, Berlin 1920.

Kapp, Ernst, Platon und die Akademie. Die Wissenschaft im Staat der Wirklichkeit, in: Mnemosyne 3/4 (1936/1937), S. 227–246.

Kaßner, B., Die deutsche Realschule vom Standpunkt der nationalen Staatsidee betrachtet, in: Pädagogisches Archiv 13 (1871), S. 259–300.

Kellermann, Hermann, Der Krieg der Geister. Eine Auslese deutscher und ausländischer Stimmen zum Weltkriege 1914, Weimar [1915].

Kelsen, Hans, Die platonische Gerechtigkeit, in: Kant-Studien 38 (1933), S. 91–117.
- Die platonische Liebe, in: Imago 19 (1933), S. 34–98, 227–255.

Kertbeny, Karl Maria, Platonismus (mit einer Vorbemerkung von Manfred Herzer), in: Capri. Zeitschrift für schwule Geschichte (1998), S. 20–22.

Kindt, Karl (Hg.), Platon-Brevier, Leipzig 1939.

Kitir, Josef, Mond und Tag. Lyrische Seele aus 6 Büchern, Leipzig, Wien 1919.
- Gedicht »Eros im Bordell«, in: Der Eigene NF 1 (1899), S. 10f.

Kleinwächter, Friedrich von, Die Staatsromane. Ein Beitrag zur Lehre vom Communismus und Socialismus, Wien 1891.

Kobler, Hans, Zur Neuordnung der Staatsprüfung, in: Mitteilungen des bayerischen Rechtspraktikanten-Verbandes 2 (1920), Sp. 1–6.

Koch, Carl, Rez. Kurt Hildebrandt, Platon. Der Kampf des Geistes um die Macht, in: Blätter für Deutsche Philosophie 8 (1934/35), S. 240–244.

Koehler, Wilhelm, Hellenischer Adel im Kampf. Platons Ringen um den Adelsstaat, in: Deutsches Adelsblatt 53 (1935), S. 469–472.

Korrodi, Eduard, Stefan George als historische Figur, in: NZZ vom 19.01.1930.

Krafft-Ebings, Richard von, Zur »conträren Sexualempfindung« in klinisch-forensischer Hinsicht, in: Allgemeine Zeitschrift für Psychiatrie 38 (1882), S. 211–227.

Kranz, Walther, Die neuen Richtlinien für den lateinisch-griechischem Unterricht am Gymnasium, Berlin 1926.

– Die Bedeutung der platonischen Ideenlehre für das Gymnasium, in: Neue Jahrbücher für Wissenschaft und Jugendbildung 4 (1928), S. 8–18.

– Platon im Gymnasium, Leipzig, Berlin 1929 (Neue Wege zur Antike VIII).

– Die neue Pforte, in: Der alte Pförtner 6,4 (1929), S. 1–4.

Krieck, Ernst, Unser Verhältnis zu Griechen und Römern, in: Volk im Werden 1 (1933), S. 77–78.

Kuhn, Helmut, Humanismus in der Gegenwart. Zu Werner Jaegers Werk »Paideia. Die Formung des griechischen Menschen«, in: Kant-Studien 39 (1934), S. 328–338.

Kupffer, Elisar von, Die ethisch-politische Bedeutung der Lieblingsminne, in: Der Eigene NF 1 (1899), S. 182–199.

– »Lieblingsminne und Freundesliebe in der Weltliteratur«, Leipzig 1900.

Kutter, Hermann, Plato und wir, München 1927.

Lachmann, Eduard, Rez. Franz Josef Brecht, Platon und der George-Kreis, in: Der Morgen 6 (1930), S. 308.

Lagerborg, Rolf, Die Platonische Liebe. Mit einer Einführung von Richard Müller-Freienfels, Leipzig 1926.

[Langbehn, Julius], Rembrandt als Erzieher, von einem Deutschen, Leipzig [16]1890.

Lange, Friedrich, Reines Deutschtum. Grundzüge einer nationalen Weltanschauung, Berlin [5]1904.

Landmann-Kalischer, Edith, Rez. Heinrich Friedemann, Platon. Seine Gestalt, in: Preußische Jahrbücher 161 (1915), S. 331–341.

– Gespräche mit Stephan George, Düsseldorf, München 1963.

Landry, Harald, Platon, Sokrates und der Mythos, in: Vossische Zeitung vom 27.07.1928.

Landsberg, Paul Ludwig, Wesen und Bedeutung der platonischen Akademie. Eine erkenntnissoziologische Untersuchung, Bonn 1923 (Schriften zur Philosophie und Soziologie, hg. von Max Scheler).

Lateinische Hauptschule der Franckeschen Stiftungen zu Halle an der Saale, Berichte über die Schuljahre 1924/25–1934/35.

Lebek, Erwin, Rez. Werner Jaeger, Platos Stellung im Aufbau der griechischen Bildung, in: Philologische Wochenschrift 49 (1929), S. 305–309.

Lehmann, Rudolf, Philosophische Propädeutik, in: Neue Jahrbücher für das klassische Altertum, Geschichte und deutsche Literatur und für Pädagogik 29 (1912), S. 122–129.

Leisegang, Hans, Neue Wege zum klassischen Altertum, in: Neue Jahrbücher für das klassische Altertum, Geschichte und deutsche Literatur und für Pädagogik 25 (1922), S. 1–15.

– Die Platondeutung der Gegenwart, Karlsruhe 1929.

– Rez. Paul Friedländer, Platon, Julius Stenzel, Platon der Erzieher, in: Philologische Wochenschrift 49 (1929), S. 337–346.

– Art. Platon, in: RE XX (1950), Sp. 2342–2537.

Lengsteiner, Josef, Plato als Erzieher, 1898 (Jahresbericht des Privat-Gymnasiums der Gesellschaft Jesu in Kalksburg mit dem Rechte der Oeffentlichkeit für das Schuljahr 1898–1899).

Lenz, Fritz, Rassenwertung in der hellenischen Philosophie, in: Archiv für Rassen- und Gesellschaftsbiologie 10 (1913), S. 749–768.

– Rez. Hildebrandt, Norm und Entartung des Menschen, in: Archiv für Rassen- und Gesellschaftsbiologie 18 (1926), S. 121–126.

Lenz-von Borries, Kara, Rez. Hildebrandt, Staat und Rasse, in: Archiv für Rassen- und Gesellschaftsbiologie 22 (1930), S. 221–223.
Levinson, Ronald Bartlett, in: Defense of Plato, Cambridge 1953.
Liebert, Arthur, Plato und die Gegenwart, in: Vossische Zeitung vom 06.06.1920.
– Platon und Sokrates, in: Vossische Zeitung vom 20.02.1921.
– Rez. Paul Ludwig Landsberg, Wesen und Bedeutung der Platonischen Akademie, in: Kant-Studien 35 (1930), S. 309–310.
– Contemporary German Philosophy, in: The Philosophical Review 40 (1931), S. 32–47.
– Contemporary German Philosophy, in: The Philosophical Review 44 (1935), S. 24–45.
Liegle, Josef, Untersuchungen zu den platonischen Lebensformen, Diss. Heidelberg 1923.
Liermann, Otto, Politische und sozialpolitische Vorbildung durch das klassische Altertum, in: HG 12 (1901), S. 18–36.
Maaß, Otto, Platons Staat. Text und Kommentar, Bielefeld u.a. 1934 (Zweite, neubearbeitete Aufl.).
– Platons Staat in unserer Zeit, in: Deutsches Philologenblatt 42 (1942), S. 196–198.
Mader, Ludwig, Platon und wir, in: Neue Jahrbücher für Wissenschaft und Jugendbildung 11 (1935), S. 126–138.
Mahrholz, Werner, Die humanistische Fakultät, in: Ders., Röseler, Hans (Hg), Neuer Humanismus, Berlin 1921, S.52–58.
Malbin, Israel, Historische Betrachtungen zur Frage der Vernichtung lebensunwerten Lebens, in: Archiv für Frauenkunde und Eugenetik 8 (1923), S. 127–141.
Marck, Siegfried, Rez. Kurt Sernberg, Moderne Gedanken über Staat und Erziehung bei Plato, in: Kant-Studien 25 (1920), S. 449f.
Martens, Ludwig, Platonlektüre am Gymnasium, Elberfeld 1906 (Beilage zum Jahresbericht des Elberfelder Gymnasiums).
Meister, Richard, Der humanistische Unterricht als Kriegserzieher, in: HG 26 (1915), S. 193–194.
– Die gegenwärtige Problemlage der humanistischen Bildungsidee, in: HG 41 (1930), S. 65–71.
Messer, August, Die Reformbewegung auf dem Gebiete des preußischen Gymnasialwesens von 1882 bis 1901, Leipzig, Berlin 1901.
Metzner, Karl, Über Platons Stellung zur exakten Wissenschaft, in: Neue Jahrbücher für Wissenschaft und Jugendbildung 5 (1929), S. 465–472.
Mewaldt, Johannes, Kampf der Weltanschauungen in Hellas, in: Wiener Studien 55 (1937), S. 1–21.
Meyer, Eduard, Platons Staatsideal in geschichtlicher Bedeutung (Platon als Politiker), in: Blätter für höheres Schulwesen 28 (1911), S. 97–100.
– Geschichte des Altertums Bd. III, Stuttgart, Berlin [2]1915.
Meyer, H., Stefan George als Gymnasiast, in: Deutsches Philologenblatt 42 (1934).
Mohl, Robert, Die Staatsromane. Ein Beitrag zur Literatur-Geschichte der Staatswissenschaften, in: Zeitschrift für die gesamte Staatswissenschaft 2 (1845), S. 24–74.
Mommsen, Theodor, Akademische Antrittsrede (1858), in: Ders., Reden und Aufsätze, Berlin 1905, S. 35–38
– Ansprache am Leibnizschen Gedächtnistage (1895), in: Ders., Reden und Aufsätze, Berlin 1905, S. 196–198.
Morrow, Glenn R., Plato and the rule of law, in: The Philosophical Review 50 (1941), S. 105–126.
Müller, Hermann Friedrich, Phädon als Schullektüre, in: Jahresbericht über das Herzogliche Gymnasium zu Blankenburg am Harz (1907/08).
Müller, Hermann Ferdinand, Platon und die philosophische Propädeutik, in: Sokrates. Zeitschrift für das Gymnasialwesen 67 NF 1 (1913), S. 65–82.
Müller, Paul, Stefan George und die Antike, in: Das Gymnasium 48 (1937), S. 9–24.
Murray, Gilbert, Memories of Wilamowitz, in: A&A 4 (1954), S. 9–15.

Natorp, Paul, Platos Staat und die Idee der Sozialpädagogik (1895), in: Ders. (Hg.), Gesammelte Abhandlungen zur Sozialpädagogik, Stuttgart 1907, S. 1–36.
- Sozialpädagogik. Theorie der Willenserziehung auf der Grundlage der Gemeinschaft, Stuttgart 1899.
- Was uns die Griechen sind. Akademische Festrede zur Feier des 200jährigen Bestehens des Königreichs Preussen, gehalten am 18. Januar 1901, Marburg 1901 (Marburger akademische Reden 4).
- Platon, in: von Aster, Ernst (Hg.), Große Denker, Leipzig 1911, S. 92–152.
- Über Platos Ideenlehre, Berlin 1914 (Philosophische Vorträge der Kantgesellschaft 5).
- Rez. zu Max Wundt, Platon, in: Literarisches Zentralblatt 65 (1914), Sp.1315–1307.
- Student und Weltanschaunng, Jena 1918.
- Rez. Ulrich v. Wilamowitz-Moellendorff, Platon, in: Frankfurter Zeitung vom 26.06.1921.
- Platons Ideenlehre. Eine Einführung in den Idealismus, Hamburg [2]1922 (ND Darmstadt 1961).

Nebel, Gerhard, Paideia, in: Blätter für Deutsche Philosophie 9 (1935/36), S. 92–97.

Nestle, Wilhelm, Rez. Hans Leisegang, Die Platondeutung der Gegenwart, in: Philologische Wochenschrift 50 (1930), S. 1009–1012.
- Der Führergedanke in der platonischen und aristotelischen Staatslehre, in: Das Gymnasium 48 (1937), S. 73–89.

Neurath, Otto; Lauwerys, Joseph Albert, Nazi Text-Books and the Future, in: The Journal of Education 76 (1944), S. 521–522, 574–576.
- Platos »Staat« und die deutsche Erziehung I/II/III, in: Ders., Gesammelte philosophische und methodologische Schriften, hg. von Rudolf Haller u. Heinrich Rutte, Wien 1981, S. 983–996.

Nietzsche, Friedrich: Sämtliche Werke, Kritische Studienausgabe (KSA), München 1980 u. ö.

Norden, Eduard, Worte des Gedächtnisses an Ulrich von Wilamowitz-Moellendorff. Gesprochen im »Rundfunk« am 25. September 1931, in: Classical Philology 27 (1932), S. 66–69.

Oesterreich, Traugott Konstantin, Die deutsche Philosophie des 19. Jahrhunderts und der Gegenwart, Berlin [12]1923 (Friedrich Ueberwegs Grundriß der Geschichte der Philosophie 4).

Papen, Franz von, Rede an die deutschen Studenten am 21. Februar 1933, in: Der Ring 6 (1933), S. 149–151.

Pater, Walter, Plato und der Platonismus. Vorlesungen, aus dem Engl. von Hans Hecht, Jena, Leipzig 1904.
- Griechische Studien, aus dem Engl. von Hans Hecht, Jena 1904.

Paulsen, Friedrich, Geschichte des gelehrten Unterrichts, Bd.2, Berlin, Leipzig [3]1921.

Pavlu, Josef, Rez. Kurt Hildebrandt, Platons Gastmahl, in: Philologische Wochenschrift 33 (1913), S. 1379–1381.
- Neue Literatur zur Platon und Aristoteles, in: Zeitschrift für die österreichischen Mittelschulen 2 (1925), S. 105–112.
- Rez. Hermann Kutter, Plato und wir, in: Philologische Wochenschrift 49 (1929), S. 243–245.

Petersen, Carl, Lehre und Leben bei Plato, in: Preußische Jahrbücher 155 (1914), S. 405–414.

Petersen, Peter, Plato und Aristoteles im Unterricht höherer Lehranstalten, in: Lehrproben und Lehrgänge aus der Praxis der höheren Lehranstalten (1915), Nr. 125.
- Platon, in: Hamburger Nachrichten vom 29.06.1919.
- Rez. Wilamowitz-Moellendorff, Der griechische und der platonische Staatsgedanke, in: Literarisches Zentralblatt 70 (1919), S. 759.

Pfeiffer, Rudolf, Rez. Werner Jaeger, Paideia, in: DLZ (1935), S. 2126–2134, 2169–2178, 2213–2219.

Pfordten, Theodor von der, Das Beamtenideal bei Plato und seine Bedeutung für die Gegenwart, in: Annalen des Deutschen Reiches für Gesetzgebung, Verwaltung und Volkswirtschaft 52/53 (1919/20), S. 245–269.
- Die Tragik des Idealismus, Langensalza 1924.

Philippson, Robert, Platon-Literatur, in: Archiv für Geschichte der Philosophie 35 (1923), S. 163–175.

Platonis Opera, Rec. Joh. Burnet, Oxford 1900 ff.

Plessner, Helmuth, Das Problem der Klassizität für unsere Zeit (1936), in: Ders., Politik – Anthropologie – Philosophie. Aufsätze und Vorträge (Hrsg. von Salvatore Giammusso und Hans-Ulrich Lessing), München 2001, S. 87–99.

Pohl, Wenzel, Platonische Erziehungsweisheit, Regensburg 1926.

Pohlenz, Max, Aus Platos Werdezeit, Berlin 1913.

– Paul Wendland, in: Neue Jahrbücher für das klassische Altertum 19 (1916), S. 57–75.

– Rez. Ulrich von Wilamowitz-Moellendorff, Platon, in: GGA 183 (1921), S. 1–30.

– Staatsgedanke und Staatslehre bei den Griechen, Leipzig 1923.

– Staatsbürgerliche Erziehung im griechischen Unterricht, Leipzig 1925 (Neue Wege zur Antike III).

– Rez. Wilhelm Andreae, Platons Staatsschriften, in: Zeitschrift für die gesamte Staatswissenschaft 83 (1927), S. 386–389.

– Das humanistische Gymnasium und das neue Reich, in: Hannoverscher Kurier vom 03.05.1933 (auch in: HG 44 (1933), S. 199–200).

Pöhlmann, Robert von, Das klassische Altertum in seiner Bedeutung für die politische Erziehung des modernen Staatsbürgers (1891), in: Ders., Aus Altertum und Gegenwart, München 1895, S. 1–33.

– Die Geschichte der Griechen und das neunzehnte Jahrhundert, in: Ders., Aus Altertum und Gegenwart. Neue Folge, München 1911, S. 277–322.

– Die Bedeutung der Antike für staatsbürgerliche Belehrung und Erziehung, in: HG 25 (1914), S. 1–24.

– Geschichte der sozialen Frage und des Sozialismus in der antiken Welt Bd.2, München ^{3}1925.

Popitz, Johannes, Ansprache, in: Die Antike 5 (1929), S. 161–166.

Popper, Karl, The open Society and its Enemies 1. The Spell of Plato, London 1945.

Prang, Helmut, Rez. Horst Rüdiger, Wesen und Wandlung des Humanismus, in: Die Erziehung 13 (1938), S. 271–274.

Preußisches Ministerium der geistlichen, Unterrichts- und Medizinal-Angelegenheiten (Hg.), Verhandlungen über Fragen des höheren Unterrichts, Berlin, 4.–17. Dez. 1890, Berlin 1891.

Quelqu'une [Märta Lindqvist], Wilamowitz i Stockholm, in: Svenska Dagbladet vom 5.10.1920.

Raab, Die Bedeutung Platos für die staatsbürgerliche Erziehung der Gegenwart, in: HG 39 (1928), S. 81.

Raddatz, Georg, Die Platonlektüre am Gymnasium, Berlin 1940 (Die Werkstatt der Höheren Schule).

Raeder, Hans, Über die Echtheit der platonischen Briefe, in: Rheinisches Museum für Philologie NF 61 (1906), S. 427–471 u. 511–542.

Rehm, Albert, Die Antike und die deutsche Gegenwart, München 1923.

Ders.; Stroux, Johannes, Ein bayerischer Ferienkurs im August 1928, in: *Gnomon* 5 (1929), S. 591–592.

– Neuhumanismus einst und jetzt, München 1931 (Rede zum Antritt des Rektorats, gehalten am 29.November 1930).

– Humanismus und evangelisches Christentum, in: Zeitwende 17 (1931), S. 254–262.

– Bildungskrisen im Altertum und ihre Bedeutung für die Gegenwart, Würzburg 1933 (Werbeschriften des Landesverbandes der Vereinigungen der Freunde des humanistischen Gymnasiums in Bayern).

– Staat und Individuum bei Platon, in: HG 46 (1935), S. 4–13.

– Platon im Gymnasium, in: Das Gymnasium 49 (1938), S. 53–63.

Reich, Hermann, Höhere Schule, Einheitsschule und Platons Politeia, in: Deutsches Philologenblatt 24 (1916), S. 715–719, 731–733, 751–754, 771–774, 793–796.

Reinhardt, Karl, Akademisches aus zwei Epochen. Wie ich klassischer Philologe wurde, in: Ders., Vermächtnis der Antike. Gesammelte Essays zur Philosophie und Geschichtsschreibung, hg. von Carl Becker, Göttingen ²1966, S. 380–388.

– Die klassische Philologie und das Klassische, in: Ders., Vermächtnis der Antike. Gesammelte Essays zur Philosophie und Geschichtsschreibung, Göttingen ²1966, S. 334–360.

Rickenmann, Julius, Der lebendige Platon, in: NZZ vom 10.09.1919.

Riehl, Alois, Plato. Ein populär-wissenschaftlicher Vortrag, Halle 1905.

– Humanistische Ziele des mathematischen und naturwissenschaftlichen Unterrichts, Berlin 1909.

– Führende Denker und Forscher, Leipzig 1922.

Riehl, Hans, Rez. Kurt Hildebrandt, Platon. Der Kampf des Geistes um die Macht, in: Blätter für Deutsche Philosophie 9 (1935/36), S. 322–324.

Ritter, Constantin, Platon. Sein Leben, seine Schriften, seine Lehre 2 Bde., München 1910 u. 1923.

– Bericht über die in den letzten Jahrzehnten über Platon erschienenen Arbeiten. 3. Übersetzungen, Inhaltsauszüge, Einleitendes, in: Jahresbericht über die Fortschritte der klassischen Altertumswissenschaft 47 (1921), S. 1–227.

– Die Kerngedanken der Platonischen Philosophie, München 1931.

– Platonismus und Christentum. 3 Vorträge, Tübingen 1934.

Roethe, Gustav, Humanistische und nationale Bildung, Berlin 1906.

– Deutsche Dichter des 18. Und 19. Jahrhunderts und ihre Politik. Ein vaterländischer Vortrag (Staat, Recht und Volk I), Berlin 1919.

Roper, Allen, Ancient Eugenics, Oxford 1913.

Rosenzweig, Franz, Briefe und Tagebücher (Gesammelte Schriften Bd.1,1), hg. von Rachel Rosenzweig u. a., Den Haag 1979.

Rotheit, Rudolf, Kernworte des Weltkrieges, Berlin 1916.

Ryle, Gilbert, Rez. zu, Karl Popper, The Open Society and its Enemies, London 1945, in: Mind 56 (1947), S. 167–172.

Salin, Edgar, Platon und die griechische Utopie, München 1921.

– Rez. Ernst Karl Winter, Platon. Das Soziologische in der Ideenlehre, in: Zeitschrift für die gesamte Staatswissenschaft 90 (1931), S. 171–173.

Ders. (Hg.), Platon. Von Mensch und Staat, Basel 1942.

– Um Stefan George. Erinnerung und Zeugnis, Müchen, Düsseldorf ²1954.

– Platon Dion Aristoteles, in: Boehringer, Erich; Boehringer, Robert; Hoffmann, Wilhelm (Hg.), Robert Boehringer, Eine Freundesgabe, Tübingen 1957, S. 525–542.

Schadewaldt, Wolfgang, Einzelner und Staat im politischen Denken der Griechen, in: Vergangenheit und Gegenwart 24 (1934), S. 16–32.

Scharold, Hans, Platonlektüre, in: Bayerische Blätter für das Gymnasialschulwesen 66 (1930), S. 321–329.

Scheliha, Renata von, Dion. Die platonische Staatsgründung in Sizilien, Leipzig 1934.

Scheller, Will, Platon, der Wirkliche, in: Magdeburgische Zeitung vom 08.09.1933.

Schenkl, Heinrich, Der Kanon der altsprachlichen Lektüre am österreichischen Gymnasium, Leipzig, Wien 1906.

Schink, Willi, Platon und die Frauenbewegung, in: Sokrates. Zeitschrift für das Gymnasialwesen 69, NF 3 (1915), S. 432–444.

Schmidt, Max C. P., Realistische Stoffe im humanistischen Unterricht, Leipzig 1900.

Schmoller, Georg, Rez. zu Georges Blondel, De l'enseignement de droits dans les universités allemandes, Paris 1885, in: Schmollers Jahrbuch 10 (1886), S. 612–614.

Schneider, Gustav, Lesebuch aus Platon, Leipzig, Wien 1906.

Schneider, Rez. Pater, Plato und der Platonismus, in, Philologische Wochenschrift 25 (1905), Sp. 1553–1563
Schöber, Robert, Das Staatsideal Platons, in: Beilage zum Osterprogramm 1901 des Realgymnasiums zu Elbing (1901), S. 3–25.
Schoemann, Johann Baptist, Stefan George verdeutlicht durch Kurt Singers Platon, in: Philosophisches Jahrbuch 42 (1929), S. 323–341.
Schönemann, Julius, Rez. Franz Josef Brecht, Platon und der George-Kreis, in: Philologische Wochenschrift 50 (1930), S. 929–938.
– Rez. Walter Kranz, Platon im Gymnasium, in: Philologische Wochenschrift 49 (1930), S. 1480–1485.
Schrader, Wilhelm, Zum Jahreswechsel, in HG 10 (1899), S. 1–5.
Schröder, Wolfgang, Platonische Staatserziehung, Leipzig 1907.
Schwartz, Eduard, Rez. Wilamowitz, Platon, in: HZ 122 (1920), S. 290–300.
Schwyzer, Hans-Rudolf, Die Formung des griechischen Menschen. Zum neuen Werke Werner Jaegers, in: NZZ vom 21.01.1934.
Seeliger, Konrad, Rez. Kurt Singer, Platon und das Griechentum, in: Philologische Wochenschrift 41 (1921), S. 553–555.
– Rez. Edgar Salin, Platon und die griechische Utopie, in: Philologische Wochenschrift 41 (1921), S. 1033–1042.
– Rez. Kurt Sternberg, Moderne Gedanken über Staat und Erziehung bei Plato, in: Philologische Wochenschrift 45 (1925), S. 145–150.
Selle, Götz von, Die humanistische Fakultät (Schriften der Deutschen Studentenschaft 1–3), Göttingen 1919/21.
Sellner, Willi, Der Euckenbund, in: Zeitschrift für den evangelischen Religionsunterricht an höheren Lehranstalten 32 (1921), S. 43–44.
Shorey, Paul, Rez. zu, Paul Friedländer, Platon I, Berlin 1928, in: Classical Philology 23 (1928), S. 293–297.
Shorey, Paul, Rez. Franz Josef Brecht, Platon und der George-Kreis, Leipzig 1929, in: Classical Philology 25 (1930), S. 304.
Singer, Kurt, Nietzsches Vermächtnis, in: Hamburgischer Correspondent vom 15.10.1914, S. 1.
– Das Problem Nietzsche, in: Die Neue Rundschau 30 (1919), S. 497–503.
– Platon und das Griechentum, Heidelberg 1920.
– Der Sinn von Platons Gastmahl, in: Hamburger Fremdenblatt vom 11.05.1927, S. 1.
– Atlantis, in: Hamburgischer Correspondent vom 09.06.1927, S. 2.
– Platon, der Gründer, München 1927.
– Sokrates und Platon, in: DAZ vom 15.05.1927.
– Zum Platonbild des George-Kreises, in: NZZ vom 16.2.1930.
– Platon und die europäische Entscheidung, Hamburg 1931.
– Die geistesgeschichtliche Bedeutung des italienischen Faschismus, in: Spiethoff, Arthur (Hg.), Festgabe für Werner Sombart zur 70. Wiederkehr seines Geburtstages 19. Jänner 1933, München 1933, S. 363–381.
Sisson, Edward O., Human nature and the present crisis, in: The Philosophical Review 49 (1940), S. 142–162.
Skutella, Martin, Platon in der wissenschaftlichen Bildung und Forschung, in: HG 49 (1938), S. 188–194.
Snell, Bruno, Rez. Kurt Singer, Platon der Gründer, in: Hannoverscher Kurier vom 03.04.1928.
– Klassische Philologie im Deutschland der zwanziger Jahre. Vortrag, gehalten in Amersfoort 1932, in: Ders., Der Weg zum Denken und zur Wahrheit. Studien zur frühgriechischen Sprache, Göttingen 1978, S. 105–121.
– Rez. Werner Jaeger, Paideia Bd.1, Berlin 1933, in: GGA 197 (1935), S. 329–353.

Solmsen, Friedrich, Erste allgemeine Tagung der Gesellschaft für antike Kultur, in: Gnomon 5 (1929), S. 348–349.

Sombart, Werner, Händler und Helden. Patriotische Besinnungen, München, Leipzig 1915.

Spann, Othmar, Der wahre Staat, Leipzig 1921.

Sporn, Carl, Werner Jaeger, in: Frankfurter Zeitung vom 16.08.1936, S. 4.

Spranger, Eduard, Humanismus und Jugendpsychologie, Berlin 1922.

- Der gegenwärtige Stand der Geisteswissenschaften und die Schule. Rede gehalten auf der 53. Versammlung deutscher Philologen und Schulmänner in Jena am 27. September 1921, Berlin 1922.
- Eros, in: Der Kunstwart 35 (1922), S. 257–263.
- Der Anteil des Neuhumanismus an der Entstehung des deutschen Nationalbewußtseins, Rede zur Reichsgründungsfeier der Friedrich-Wilhelms-Universität zu Berlin, Berlin 1923.
- Die Antike und der deutsche Geist, in: Bayerische Blätter für das Gymnasialschulwesen 61 (1925), S. 193–204.
- Das deutsche Bildungsideal der Gegenwart in geschichtsphilosophischer Beleuchtung, Leipzig ²1929.

Staatliches Domgymnasium Merseburg, Berichte über die Schuljahre 1924/25–1934/35.

Stählin, Otto, Grundfragen der Erziehung und Bildung bei Platon und in der Gegenwart. Rede beim Antritt des Rektorates der bayerischen Friedrich Alexanders-Universität Erlangen am 4. Nov. 1921, Erlangen 1921.

[Stein, Adolf], Sieben-Tage-Buch. Kappregierung und Generalstreik 12.–18. März 1920, Berlin 1920.

Steinen, Helmut von den, Platonica I. Kleitophon, Theages. Eine Einführung bei Sokrates, hg. von Torsten Israel, Germersheim 2012.

Steinbömer, Gustav, Rez. Hildebrandt, Norm und Verfall des Staates, in: Der Ring 1 (1928), S. 449–450.

Stenzel, Julius, Literarische Form und philosophischer Gehalt des platonischen Dialogs (1916), in: Ders., Studien zur Entwicklung der platonischen Dialektik von Sokrates zu Aristoteles, Leipzig 1931, S. 123–141.

- Rez. Ernst Horneffer, Der Platonismus und die Gegenwart u. Ottomar Wichmann, Platon und Kant, in: DLZ (1921), S. 306–312.
- Zum Problem der Philosophiegeschichte, in: Kant-Studien 26 (1921), S. 416–453.
- Rez. Paul Friedländer, Der große Alcibiades, in: DLZ (1922), S. 495–497.
- Rez. Edgar Salin, Platon und die griechische Utopie, in: DLZ (1922), S. 1108–1110.
- Rez. Ernst Howald, Platons Leben, in: Kant-Studien 30 (1925), S. 515–516.
- Zur Entwicklung des Geistbegriffes in der griechischen Philosophie, in: Die Antike 1 (1925), S. 244–272.
- Rez. Paul Ludwig Landsberg, Wesen und Bedeutung der platonischen Akademie, in: DLZ (1926), S. 800–802.
- Der Begriff der Erleuchtung bei Platon, in: Die Antike 2 (1926), S. 235–257.
- Wissenschaft und Staatsgesinnung bei Platon. Rede zur Reichsgründungsfeier der Christian-Albrechts-Universität, Kiel 1927 (hier in: Gaiser, Konrad, Das Platonbild. Zehn Beiträge zum Platonverständnis, Hildesheim 1969, S. 96–108).
- Platon der Erzieher, Leipzig 1928 (Die grossen Erzieher, ihre Persönlichkeit und ihre Systeme Bd. 12).
- Die Gefahren des modernen Denkens und der Humanismus, in: Die Antike 4 (1928), S. 42–65.
- Rez. Kurt Singer, Platon, der Gründer, in: DLZ (1930), S. 737–742.
- Was ist lebendig und was ist tot in der Philosophie des Klassischen Altertums? Versuch einer Geschichtsphilosophie der Philosophiegeschichte, in: Neue Jahrbücher für Wissenschaft und Jugendbildung 7 (1931), S. 1–6.

- Rez. Hans-Georg Gadamer, Platons dialektische Ethik, in: DLZ (1932), S. 2309–2313.
- Rez. Paul Friedländer, Platon 2 Bde. und Kurt Singer, Platon und die europäische Entscheidung, in: Gnomon 8 (1932), S. 401–417.
- Die nationale Aufgabe des humanistischen Gymnasiums, in: Neue Jahrbücher für Wissenschaft und Jugendbildung 9 (1933), S. 315–328.
- Platonismus einst und jetzt, in: Huber, Max (Hg.), Festschrift Heinrich Zangger II. Teil, Zürich u.a. 1935, S. 1025–1032.
- Kleine Schriften zur griechischen Philosophie, hg. von Bertha Stenzel, Darmstadt 1956.

Sternberg, Kurt, Rez, Wilamowitz-Moellendorf, Der griechische und der platonische Staatsgedanke, in: Kant-Studien 25 (1920), S. 450–451.
- Der Neukantianismus und die Forderungen der Gegenwart, in: Kant-Studien 25 (1920), S. 396–410.
- Moderne Gedanken über Staat und Erziehung bei Plato, [2]1924.
- Rez. Kurt Singer, Platon der Gründer, München 1927, in: Kant-Studien 35 (1930), S. 311–312.
- Neukantische Aufgaben, Berlin [2]1930.

Stiftisches Domgymnasium zu Naumburg (Saale), Berichte über die Schuljahre 1924/25–1934/35.

Stolzmann, Rudolf, Rez. Kurt Sternberg, Moderne Gedanken über Staat und Erziehung bei Plato, in: Jahrbücher für Nationalökonomie und Statistik 124 (1926), S. 611–612.

Strunz, Franz, Rez. Ulrich von Wilamowitz-Moellendorff, Platon, in: Theologische Literaturzeitung 47 (1922), S. 115 f.

Strunz, Franz, Das Platon-Buch, in: Neue Freie Presse (Wien) vom 20.08.1922.

Sztern, Mieczyslaw, Hermann Lotze. Zu seinem hundertstem Geburtstag, 21.Mai 1917, in: NZZ vom 23.05.1917.

Täubler, Eugen, Rez. Ernst Howald, Platons Leben, in: NZZ vom 15.12.1923.

Taylor, Alfred Edward, Some works on ancient philosophy, in: The Classical Review 41 (1927), S. 182–184.

Taylor, Alfred Edward, Rez. Stenzel, Plato der Erzieher, in: Litteris. An international critical Review of the humanities 6 (1929), S. 198–195.

Treitschke, Heinrich von, Politik. Vorlesungen gehalten an der Universität zu Berlin, hg. von Max Cornicelius Bd. 1, Leipzig [2]1899.

Troeltsch, Ernst, Humanismus und Nationalismus in unserem Bildungswesen, Berlin 1917.

Tillich, Paul, Rez. Ernst Horneffer, Der Junge Platon, in: Kant-Studien 28 (1923), S. 437.

Tönnies, Ferdinand, Gemeinschaft und Gesellschaft. Grundbegriffe der reinen Soziologie, ([8]1935), Darmstadt [4]2004.
- Rez. zu Paul Natorp, Sozialpädagogik, in: Archiv für Soziale Gesetzgebung und Statistik 14 (1899), S. 445–462.

Tritsch, Walter, Das künstlerische Element in der platonischen Philosophie als erste der drei idealistischen Formen des Daseinsproblems, Jena 1917 (Diss. Jena).
- Die Kerngedanken der platonischen Philosophie, in: Vossische Zeitung vom 08.03.1931.
- Das Bild des Bildners, in: Vossische Zeitung vom 10.05.1931.
- Erneuerung einer Nation. Die Deutschen und ihr Staat, Potsdam 1931.

Uhlig, Gustav, Die Ansprache des Kaisers an die Primaner des Casseler Friedrichs-Gymnasiums, in: HG 23 (1912).

Uxkull-Gyllenband, Woldemar, Das Bildungs- und Wissenschaftsideal im Altertum, Stuttgart 1933 (Die Universität 1, Öffentliche Vorträge der Universität Tübingen).

Vallentin, Berthold, Gespräche mit Stefan George, 1902–1931, Amsterdam 1967.

Verein Deutscher Ingenieure, Die Reform des höheren Schulwesens auf der 32. Hauptversammlung des VDI, in: Pädagogisches Archiv 34 (1892), S. 553–566.

Vering, Carl, Platons Staat. Der Staat der königlichen Weisen, Frankfurt/M. 1925.
- Platons Gesetze. Die Erziehung zum Staate, Frankfurt/M. 1926.

– Platons Dialoge in freier Darstellung, Frankfurt/M. 1929.
Vourveris, Konstantin, Platon und die Barbaren. Vortrag geh. im Philol. Verein zu Berlin, Athen 1938.
Wagner, Aemilian, Eine moderne deutsche Platondeutung, in: Zeitschrift für deutsche Geistesgeschichte 1 (1935), S. 106–107.
Wagner, Richard, Rez. Werner Jaeger, Das Problem des Klassischen und die Antike, in: Philologische Wochenschrift 52 (1932), S. 330–333.
Wahl, Adalbert, Rez. Boll u. a., Vom Altertum zur Gegenwart, in: DLZ (1920), S. 239–242.
Wandrey, Conrad, Friedrich Gundolf und Stefan George, in: Der Neue Merkur 5 (1921/22), S. 245–263.
– Neuer Umkreis der George-Bewegung, in: Der Neue Merkur 7 (1923), S. 148–154.
– Platon und die Gegenwart, in: Magdeburgische Zeitung vom 03.11.1927.
– Platon und Stefan George. Rez. von Kurt Singer, Platon der Gründer, in: Die literarische Welt 3 (1927), S. 5.
– Stefan George und sein Kreis, in: Deutsche Rundschau 216 (1928), S. 54–67.
– Von Griechentum und Deutschtum, in: Deutsche Rundschau 241 (1934), S. 45–47.
Weber, Max, Der Berliner Professoren-Aufruf, in: Frankfurter Zeitung vom 28.07.1916, zit. n. Ders., Gesammelte politische Schriften, hg. von Johannes Winckelmann, Tübingen [5]1988, S. 157.
– Wissenschaft als Beruf (1917/19), in: Ders., Gesammelte Aufsätze zur Wissenschaftslehre, hg. von Johannes Winckelmann, Tübingen [6]1985, S. 582–613.
– Wirtschaft und Gesellschaft. Grundriß der verstehenden Soziologie 2 Bde., hg. von Johannes Winkelmann, Tübingen [6]1976.
[Weinstock, Heinrich], Altsprachlicher Lehrplan für das deutsche humanistische Gymnasium, vorgelegt vom Deutschen Altphilologen-Verband, Berlin 1930.
– Platonische Rechenschaft. Platons 7. Brief übersetzt und ausgelegt, Berlin 1936.
Wendland, Paul, Entwicklung und Motive der platonischen Staatslehre, in: Preußische Jahrbücher 136 (1909), S. 193–220.
– Die Aufgaben der platonischen Forschung, in: Nachrichten der Königlichen Gesellschaft der Wissenschaften zu Göttingen, geschäftliche Mitteilungen (1910), S. 95–114.
– Die griechische Literatur und die Schullektüre, in: HG 24 (1913), S. 185–207.
Wichmann, Ottomar, Platon und Kant. Eine vergleichende Betrachtung, Berlin 1920.
– Platons Bedeutung für moderne Weltanschauung, in: Deutsche Akademische Rundschau 8 (1926), S. 1–3.
Wilamowitz-Moellendorff, Ulrich von, Volk, Staat, Sprache (1898), in: Ders., Reden und Vorträge II, Berlin [4]1926, S. 18–34.
– Der griechische Unterricht auf den Gymnasien, in: Preußisches Ministerium der geistlichen, Unterrichts- und Medizinal-Angelegenheiten (Hg.), Verhandlungen über Fragen des höheren Unterrichts, Berlin, 6.–8. Juni 1900, Halle 1902, S. 205–215.
– Griechisches Lesebuch, Berlin [2]1902.
– Die griechische Literatur des Altertums, in: Paul Hinneberg (Hg.), Die griechische und lateinische Literatur und Sprache. Berlin u. a. [2]1907 (Die Kultur der Gegenwart. T.1, Abt. 8), S.1–236.
– Einleitung in die griechische Tragödie, Berlin 1907 (= Ders., Euripides Herakles I, Kap I–IV, Berlin 1889).
– Das Griechentum als lebendige Kraft, Wien, Leipzig 1909.
– Über das Symposion des Platon, in: Sitzungsberichte der königlich preussischen Akademie der Wissenschaften 21 (1912), S. 333.
– Die griechische Literatur des Altertums, in: Paul Hinneberg (Hg.), Die griechische und lateinische Literatur und Sprache. Berlin u. a. [3]1913 (Die Kultur der Gegenwart. T.1, Abt. 8), S. 3–318.

- Philologie und Schulreform, in: Ders., Reden und Vorträge, Berlin [3]1913, S. 98–119.
- Von des attischen Reiches Herrlichkeit, in: Ders., Reden und Vorträge, Berlin [3]1913, S. 30–66.
- Reden aus der Kriegszeit, Berlin 1915.
- Die Ilias und Homer, Berlin 1916.
- Einleitung, in: Wilhelm Feldmann, Polen. Wege zur polnischen Seele, Berlin 1917, S. 3–7.
- Volk und Heer in den Staaten des Altertums, in: Internationale Monatsschrift für Wissenschaft, Kunst und Technik 12 (1918), S. 667–688.
- Das deutsche Ziel, in: Alexander von Kluck u.a., Das deutsche Volk und der Friede. Dreissig Stimmen über die Ziele der Deutschen Vaterlands-Partei, Berlin 1918, S. 6–7.
- Das Nationalfest der Deutschen, in: Norddeutsche Allgemeine Zeitung vom 27.01.1918.
- Der griechische und der platonische Staatsgedanke, Berlin 1919.
- Platon, 2 Bde., Berlin [2]1920.
- Griechen und Germanen (1923), in: Ders., Reden und Vorträge II, Berlin [4]1925, S. 95–110.
- Hellenische Geschichtsschreibung, in: Ders., Reden und Vorträge II, Berlin [4]1926, S. 216–246.
- Staatsmann und Erzieher, in: Ders., Reden und Vorträge II, Berlin [4]1926, S. 74–94.
- Erinnerungen 1848–1914, Leipzig [2]1928.

Windelband, Wilhelm, Ueber Sokrates. Ein Vortrag, in: Ders., Präludien. Aufsätze und Reden zur Einleitung in die Philosophie, Freiburg 1884, S. 54–87.
- Platon, Stuttgart [3]1901.

Ders.; Hoffmann, Ernst, Art. Platon, in: Elster, Ludwig; Weber, Adolf; Wieser, Friedrich (Hg.), Handwörterbuch der Staatswissenschaften Bd. 6 (1925), S. 877–883.

Winspear, Alban, The Genesis of Plato's thought, New York 1940.

Wisenthal, Max, Friedrich Nietzsche und die griechische Sophistik, in: HG 14 (1903), S. 153–172.

Witkop, Philipp (Hg.), Kriegsbriefen gefallener Studenten, Leipzig 1916 u.ö.

Wöhe, Kurt, Die Deutung von Platons Politeia im griechischen Unterricht, in: HG 47 (1936), S. 35–37.

Wolfskehl, Karl, Offener Brief an Romain Rolland, in: Frankfurter Zeitung vom 12.11.1914.

Ders.; Wolfskehl, Hanna, Briefwechsel mit Friedrich Gundolf, hg. von Karlhans Kluncker, Amsterdam 1977.

Wolters, Friedrich, Herrschaft und Dienst, Berlin [3]1923.
- Richtlinien, in: Jahrbuch für die geistige Bewegung 1 (1911), S. 128–145.
- Stefan George und die Blätter für die Kunst, Berlin 1930.

Wortmann, Karl, Geschichte der Deutschen Vaterlands-Partei 1917–1918, Halle 1926.

Woyte, Curt (Hg.), Platon. Erziehung zum politischen Menschen. Auswahl aus Platons Staat und Gesetzen, Leipzig 1937.

Wundt, Max, Platons Leben und Werk, Jena 1914.
- Platon als völkischer Denker, in: Aus Unterricht und Forschung. Wissenschaftliche Zeitschrift auf nationalsozialistischer Grundlage 6 (1934), S. 124–128.
- Die Wiederentdeckung Platons im 18. Jahrhundert, in: Blätter für Deutsche Philosophie 15 (1941), S. 149–158.

Wüst, Ernst, Die Erneuerung des Humanismus, in: Bayerische Blätter für das Gymnasial-Schulwesen 45 (1929), S. 1–13.

Zeller, Eduard, Der platonische Staat in seiner Bedeutung für die Folgezeit, in: HZ 1 (1859), S. 108–126.

Zeidler, Kurt, Vom erziehenden Eros, Hamburg 1919.

Ziegler, Theobald, Die geistigen und sozialen Strömungen Deutschlands im neunzehnten Jahrhundert, Berlin 1911.
- Nietzsche gegen Sokrates, in: Süddeutsche Monatshefte 10 (1913), S. 277–289.

Zimmermann, Felix, Geist und Schönheit (Dem kommenden Neuhumanismus), in: Die Schönheit. Mit Bildern geschmückte Zeitschrift für Kunst und Leben 20 (1924), S. 3–5.
Zimmermann, Hugo, Zwei Platonvorträge in Karlsruhe, in: HG 35 (1924), S. 81–84.

Literatur

Adamovich, Ludwig, Kelsen und die Tiefenpsychologie. Stattgefundene und nicht stattgefundene Begegnungen, in: Walter, Robert/Jabloner, Clemens (Hg.), Hans Kelsens Wege sozialphilosophischer Forschung, Wien 1997 (Schriftenreihe des Hans Kelsen-Instituts, Band 20), S. 129–141.
Allert, Tilman, Das gebrochene Pathos der Auserwähltheit. Zwischen Stefan George und Georg Simmel. Eine intellektuelle Biographie Kurt Singers, in: Saeculum. Jahrbuch für Universalgeschichte 51 (2000), S. 100–157.
Alwast, Jendris, Akademische Philosophie im »Dritten Reich« und ihr Beitrag zur Normalisierung von Inhumanität, in: Prahl, Hans-Werner (Hg.), Uni-Formierung des Geistes. Universität Kiel und der Nationalsozialismus Bd. 2, Kiel 2007, S. 8–59.
Andres, Jan, »Hellas ewig unsre liebe« Erlesenes und erlebtes Griechenland bei Rudolf Fahrner, in: Kambas, Chryssuola/Mitsou, Marilisa (Hg.), Hellas verstehen. Deutsch-griechischer Kulturtransfer im 20. Jahrhundert, Köln 2010, S. 73–94.
– Pädagogik. Die ästhetische Erziehung aus dem Geist Platons, in: GHb II, S. 736–750.
Anton, John P., Plato as Critic of Democracy, Ancient and Contemporary, in: Philosophical Inquiry 20 (1998), S. 1–17.
Apel, Hans Jürgen/Bittner, Stefan, Humanistische Schulbildung 1890–1945. Anspruch und Wirklichkeit der altertumskundlichen Unterrichtsfächer, Köln 1994 (Studien und Dokumentationen zur deutschen Bildungsgeschichte 55).
Arendt, Hannah, Was ist Autorität? in: Dies., Zwischen Vergangenheit und Zukunft, München, Zürich 1994, S. 159–200.
Armstrong, Michael, Ulrich von Wilamowitz-Moellendorff Bibliography 1867–2010, 2. ed. further rev. and expanded after Friedrich Freiherr Hiller von Gaertringen and Günther Klaffenbach, Hildesheim 2012.
Ash, Mitchell G., Wissenschaft und Politik als Ressourcen für einander, in: vom Bruch, Rüdiger/Kaderas, Brigitte (Hg.), Wissenschaften und Wissenschaftspolitik. Bestandsaufnahmen zu Formationen, Brüchen und Kontinuitäten im Deutschland des 20. Jahrhunderts, Stuttgart 2002, S. 32–51.
– Wissenschaft und Politik. Eine Beziehungsgeschichte im 20.Jahrhundert, in: Archiv für Sozialgeschichte 50 (2010), S. 11–46.
Asmuth, Christoph, Interpretation – Transformation. Das Platonbild bei Fichte, Schelling, Hegel, Schleiermacher und Schopenhauer und das Legitimationsproblem der Philosophiegeschichte, Göttingen 2006.
Assel, Heinrich, Der andere Aufbruch. Die Lutherrenaissance – Ursprünge, Aporien und Wege. Karl Holl, Emanuel Hirsch, Rudolf Hermann (1910–1935), Göttingen 1994.
Assmann, Aleida, Arbeit am nationalen Gedächtnis, eine kurze Geschichte der deutschen Bildungsidee, Frankfurt/M. 1993 (Edition Pandora 14).
Aurnhammer, Achim/Thomas Pittrof (Hg.), »Mehr Dionysos als Apoll«. Antiklassizistische Antike-Rezeption um 1900, Frankfurt/M. 2002.
Ders./Braungart, Wolfgang/Breuer, Stefan/Oelmann, Ute (Hg.), Stefan George und sein Kreis. Ein Handbuch, 3 Bde., Berlin 2012.
Babich, Babette, From Fleck's Denkstil to Kuhn's paradigm, conceptual schemes and incommensurability, in: International Studies in the Philosophy of Science 17 (2003), S. 75–92.

Bambach, Charles R., Heidegger's roots, Nietzsche, National Socialism, and the Greeks, Ithaca 2003.

Bambrough, Renford (Hg.), Plato, Popper and Politics, Cambridge 1967.

Baumann, Günter, Wolfgang Frommel und die Runde (1931–43). Betrachtungen zu einem national-humanistischen Verlag, in: Philobiblion 40 (1996), S. 215–235.

– Der George-Kreis, in: Faber, Richard/Holste, Christine (Hg.), Kreise – Gruppen – Bünde. Zur Soziologie moderner Intellektuellenassoziation, Würzburg 2000, S. 65–84.

Bast, Rainer A., Die Philosophische Bibliothek. Geschichte und Bibliographie einer philosophischen Textreihe seit 1868, Hamburg 1991.

Benz, August, Popper, Platon und das »Fundamentalproblem der politischen Theorie«, eine Kritik, in: Zeitschrift für Politik 46 (1999), S. 95–111.

Biester, Björn/Calder III., William M., Briefe und Postkarten von Ulrich von Wilamowitz-Moellendorff an Paul Wendland 1886 bis 1915. In: Quaderni di storia 61 (2005), S. 137–200.

Bisno, Adam, Stefan George's Homoerotic Erlösungsreligion, 1891–1907, in: Lane, Melissa S./Ruehl, Martin (Hg.), A Poet's Reich. Politics and Culture in the George Circle, Rochester 2011, S. 37–55.

Blaschke, Olaf, Das 19.Jahrhundert: Ein Zweites Konfessionelles Zeitalter?, in: GG 26 (2000), S. 38–75.

– Bürgertum und Bürgerlichkeit im Spannungsfeld des neuen Konfessionalismus 1830 bis 1930, in: Gotzmann, Andreas/Liedtke, Rainer/van Rahden, Till (Hg.), Juden, Bürger, Deutsche. Zur Geschichte von Vielfalt und Differenz 1800–1933, Tübingen 2001, S. 33–66.

Bluhm, Harald, Straussiana. Lesarten von Leo Strauss und Konturen seines Spätwerks, in: NPL 46 (2001), S. 53–66.

– Die Ordnung der Ordnung. Das politische Philosophieren von Leo Strauss, Berlin 2002 (Politische Ideen Bd.13).

Boeschenstein, Bernhard/Egyptien, Jürgen/Schefold, Bertram/Graf Vitzthum, Wolfgang (Hg.), Wissenschaftler im George-Kreis. Die Welt des Dichters und der Beruf der Wissenschaft, Berlin 2005.

Bollack, Jean, Juden in der Klassischen Philologie vor 1933, in: Barner, Wilfried/König, Christoph (Hg.), Jüdische Intellektuelle und die Philologien in Deutschland 1871–1933, Göttingen 2001, S. 165–186.

Bollenbeck, Georg: Bildung und Kultur. Glanz und Elend eines deutschen Deutungsmusters, Frankfurt/M. 1996.

Ders./Knobloch, Clemens (Hg.), Semantischer Umbau der Geisteswissenschaften nach 1933 und 1945, Heidelberg 2001.

– Eine Geschichte der Kulturkritik, München 2007.

Borchardt, Rudolf, Nachwort zu Joram, in: Ders., Gesammelte Werke in Einzelbänden. Prosa 1, hg. von Borchardt, Marie Luise, Stuttgart 1957, S. 319–328.

Brandwood, Leonard, The Chronology of Plato's Dialogues, Cambridge 1990.

Brasch, Hans, Bewahrte Heimat. Aus dem Nachlass hg. von Landmann, Georg Peter, Düsseldorf, München [2]1971.

Braun, Eugen, »Kultur-« und »Fachmenschentum«. Altertumswissenschaftliche Marginalien zu Max Weber als Erzieher, in: A&A 52 (2006), S. 147–182.

Braun, Hermann, Art. Materialismus – Idealismus, in: Brunner, Otto/Conze, Werner/Koselleck, Reinhart (Hg.), Geschichtliche Grundbegriffe Bd.3, Stuttgart 1982, S. 977–1019.

Braun, Maximilian, Wozu lernen wir Griechisch? Wilamowitz zwischen Klassizismus und Historismus, in: Müller, Markus (Hg.), Wilamowitz und kein Ende (FS W. C. Calder III), Hildesheim 2003, S. 37–50.

Braungart, Wolfgang, Gundolfs George, in: Germanisch-romanische Monatsschrift 43 (1993), S. 417–442.

Braungart, Wolfgang/Boeschenstein: Bernhard (Hg.), Stefan George, Werk und Wirkung seit dem »Siebenten Ring«, Tübingen 2001.

Bremer, Dieter, Platonisches, Antiplatonisches. Aspekte der Platon-Rezeption in Nietzsches Versuch einer Wiederherstellung des frühgriechischen Daseinsverständnisses, in: Nietzsche-Studien 8 (1979), S. 39–103.

Breuer, Stefan, Ästhetischer Fundamentalismus. Stefan George und der deutsche Antimodernismus, Darmstadt 1995.

– Stefan George und die Phantome der ›Konservativen Revolution‹, in: George-Jahrbuch 2 (1997/1998), S. 141–163.

– Gab es eine ›konservative Revolution‹ in Weimar?, in: Internationale Zeitschrift für Philosophie 9 (2000), S. 145–156.

– Ordnungen der Ungleichheit. Die deutsche Rechte im Widerstreit ihrer Ideen 1871–1945, Darmstadt 2001.

– Ästhetischer Fundamentalismus und Eugenik bei Kurt Hildebrandt, in: Boeschenstein, Bernhard/Egyptien, Jürgen/Schefold, Bertram/Graf Vitzthum, Wolfgang (Hg.), Wissenschaftler im George-Kreis. Die Welt des Dichters und der Beruf der Wissenschaft, Berlin 2005, S. 291–309.

– Zeitkritik und Politik, in: GHb II, S. 771–826.

– Politische Rezeption, in: GHb II, S. 1176–1225.

– Wilhelm Andreae, in: GHb III, S. 1254–1257.

– Carl Petersen, in: GHb III, S. 1578–1579.

Breysig, Kurt, Begegnungen mit Stefan George, in: Breysig, Kurt, Stefan George. Gespräche, Dokumente, Amsterdam 1960 (Castrum Peregrini 42), S. 9–32.

Brisson, Luc, La lettre VII de Platon, une autobiographe?, in: Ders., Lectures de Platon, Paris 2000, S. 15–24.

Brocke, Bernhard vom, Wissenschaft und Militarismus, Der Aufruf der 93 an die Kulturwelt! und der Zusammenbruch der internationalen Gelehrtenrepublik im Ersten Weltkrieg, in: Calder III., William M./Flashar, Helmut/Lindken, Theodor (Hg.), Wilamowitz nach 50 Jahren, Darmstadt 1985, S. 649–719.

– »Von des Attischen Reiches Herrlichkeit« oder die »Modernisierung« der Antike im Zeitalter des Nationalstaats, mit einem Exkurs über die Zerschlagung der Wilamowitz-Schule durch den Nationalsozialismus, in: HZ 243 (1986), S. 101–136.

Bruch, Rüdiger vom, Kulturstaat – Sinndeutung von oben?, in: Ders./Graf, Friedrich Wilhelm/Hübinger, Gangolf (Hg.), Kultur und Kulturwissenschaften um 1900, Bd. 1. Krise der Moderne und Glaube an die Wissenschaft, Stuttgart 1989, S. 63–101.

– /Graf, Friedrich Wilhelm/Hübinger, Gangolf (Hg.), Kultur und Kulturwissenschaften um 1900. Bd.1, Krise der Moderne und Glaube an die Wissenschaft, Stuttgart 1989.

– Kunst- und Kulturkritik in führenden bildungsbürgerlichen Zeitschriften des Kaiserreichs, in: Ders., Bürgerlichkeit, Staat und Kultur im Kaiserreich, hg. v. Hans-Christoph Liess, Stuttgart 2005, S. 350–394.

– Gelehrtenpolitik, Sozialwissenschaften und akademische Diskurse in Deutschland im 19. und 20. Jahrhundert, hg. von Hofmeister, Björn/Liess, Hans-Christoph, Stuttgart 2006.

Bruendel, Stefan, Volksgemeinschaft oder Volksstaat. Die »Ideen von 1914« und die Neuordnung Deutschlands im Ersten Weltkrieg, Berlin 2003.

Brumlik, Micha, Wolins Gadamer – ein alter Bekannter, in: IZPH (2001), S. 66–68.

Bruhn, Nils, Vom Kulturkritiker zum »Kulturkrieger«. Paul Natorps Weg in den »Krieg der Geister«, Würzburg 2007.

Bruns, Claudia, Politik des Eros. Der Männerbund in Wissenschaft, Politik und Jugendkultur (1880–1934), Köln 2008.

– Der homosexuelle Staatsfreund. Von der Konstruktion des erotischen Männerbundes bei

Hans Blüher, in: zur Nieden, Susanne (Hg.), Homosexualität und Staatsräson, Männlichkeit, Homophobie und Politik in Deutschland 1900–1945, Frankfurt/M. 2005, S. 100–117.
- Eros, Macht und Männlichkeit. Männerbündische Konstruktionen in der deutschen Jugendbewegung zwischen Emanzipation und Reaktion, in: Jahrbuch des Archivs der Deutschen Jugendbewegung NF 8 (2011), S. 25–54.

Bubner, Rüdiger, Platon – der Vater aller Schwärmerei. Zu Kants Aufsatz »Von einem neuerdings erhobenen vornehmen Ton in der Philosophie«, in: Ders. (Hg.), Antike Themen und ihre moderne Verwandlung, Frankfurt/M. 1992, S. 80–93.

Calder III., William M., Ulrich von Wilamowitz-Moellendorff to Wolfang Schadewaldt on the Classic, in: Greek, Roman and Byzantine Studies, 16 (1975), S. 451–457.
- The Correspondence of Ulrich von Wilamowitz-Moellendorff with Werner Jaeger, in: Harvard Studies in Classical Philology 82 (1978), S. 303–347.
- The Letters of Ulrich von Wilamowitz-Moellendorff to Julius Stenzel, in: A&A 25 (1979), S. 83–96.
- Doceat Mortuus Vivos, In quest of Ulrich von Wilamowitz-Moellendorff, in: Emerita 48 (1980), S. 209–227.
- Ulrich von Wilamowitz-Moellendorff, An Unpublished Latin Autobiography, in: A&A 27 (1981), S. 34–51.
- /Flashar, Helmut/Lindken, Theodor (Hg.), Wilamowitz nach 50 Jahren, Darmstadt 1985.
- Ecce Homo. The Subjective in Wilamowitz' Scholarly Work, in: Ders./Flashar, Helmut/Lindken, Theodor (Hg.), Wilamowitz nach 50 Jahren, Darmstadt 1985, S. 80–107.
- Eva Sachs on Ulrich von Wilamowitz-Moellendorff, in: Illinois Classical Studies 13 (1988), S. 203–216.
- (Hg.), Werner Jaeger reconsidered. Proceedings of the Second Oldfather Conference, held on the campus of the University of Illinois at Urbana-Champaign, April 26–28, 1990, Atlanta 1992 (Illinois Classical Studies, Suppl. 3).
- Ulrich von Wilamowitz-Moellendorff's Obituary for Himself, in: Philologus 138 (1994), S. 353–358.
- /Braun, Maximilian, »Tell it Hitler! Ecco!« Paul Friedländer on Werner Jaeger's Paideia, in: Quaderni di Storia 22[43] (1996), S. 211–248.
- /Huss, Bernhard (Hg.), »Sed serviendum officio …«. The Correspondence between Ulrich von Wilamowitz-Moellendorff and Eduard Norden (1892–1931), Hildesheim 1997.
- /Huss, Bernd (Hg.), »The Wilamowitz in me«. 100 letters between Ulrich von Wilamowitz-Moellendorff and Paul Friedländer (1904–1931), Los Angeles 1999.

Cancik, Hubert, Der Einfluß Friedrich Nietzsches auf Berliner Schulkritiker der wilhelminischen Aera, in: AU 30 (1987), S. 55–74.
- Der Einfluß Friedrich Nietzsches auf klassische Philologen in Deutschland bis 1945, in: Flashar, Hellmut (Hg.), Altertumswissenschaft in den 20er Jahren, neue Fragen und Impulse, Stuttgart 1995, S. 381–402.
- »Wie die europäischen Menschen Griechentum in ihr Werk versponnen.« Hellenisches bei Walter Benjamin: in: Garber, Klaus (Hg.), Global Benjamin Bd. 2, München 1999, S. 856–871.
- Klassische Philologie: Graecistik, Latinistik, in: König, Christoph/Lämmert, Eberhard (Hg), Konkurrenten in der Fakultät. Kultur, Wissen und Universität um 1900, Frankfurt/M. 1999, S. 181–190.
- Jugendbewegung und klassische Antike (1901–1933), in: Seidensticker, Bernd/Vöhler, Martin (Hg.), Urgeschichten der Moderne. Die Antike im 20. Jahrhundert, Stuttgart 2001, S. 114–135.

Canfora, Luciano, Cultura classica e crisi tedesca. Gli scritti politici di Wilamowitz 1914–1931, Bari 1977.
- Platon im Staatsdenken der Weimarer Republik, in: Funke, Hermann (Hg.), Utopie und Tradition. Platons Lehre vom Staat in der Moderne, Würzburg 1987, S. 133–147.

– Die klassische Antike und ihre Rezeption in der Moderne, in: Ders. (Hg.), Politische Philologie. Altertumswissenschaften und moderne Staatsideologien, Stuttgart 1995, S. 195–210.
– Wilamowitz, »Politik« in der Wissenschaft, in: Ders., Politische Philologie. Altertumswissenschaften und moderne Staatsideologien, Stuttgart 1995, S. 71 f.
– Wilamowitz und die Schulreform, Das ›Griechische Lesebuch‹, in: Ders., Politische Philologie, Stuttgart 1995, S. 90–110.
– Wilamowitz in »diplomatischer Mission« und der Umschwung von 1917, in: Ders., Politische Philologie, Stuttgart 1995, S. 111–121.
Chołuj, Bożena/Joerden, Jan C. (Hg.), Von der wissenschaftlichen Tatsache zur Wissensproduktion, Ludwik Fleck und seine Bedeutung für die Wissenschaft und Praxis, Frankfurt/M. 2007.
Christ, Herbert/Rang, Hans-Joachim (Hg), Fremdsprachenunterricht unter staatlicher Verwaltung 1700–1945, 7 Bde., Tübingen 1985.
Christ, Karl, Von Gibbon zu Rostovtzeff. Leben und Werk führender Althistoriker der Neuzeit, Darmstadt 1972.
– Hellas. Griechische Geschichte und deutsche Geschichtswissenschaft, München 1999.
Curtius, Ludwig, Deutsche und antike Welt, Stuttgart 1958.
Dahms, Hans-Joachim, Aufstieg und Ende der Lebensphilosophie. Das philosophische Seminar der Universität Göttingen zwischen 1917 und 1950, in: Becker, Heinrich/Dahms, Hans-Joachim/Wegeler, Cornelia (Hg.), Die Universität Göttingen unter dem Nationalsozialismus, München ^{2}1998, S. 287–317.
Dathe, Uwe, Der Nachlaß Rudolf Euckens. Eine Bestandsübersicht, in: Zeitschrift für neuere Theologiegeschichte 9 (2002), S. 268–301.
Demetriou, Kyriacos, George Grote and the Platonic Revival in Victorian Britain: in: Quaderni di Storia 24 (1998), S. 17–59.
– A ›Legend‹ in Crisis, The Debate over Plato's Politics, 1930–1960, in: Polis 19 (2002), S. 61–91.
Detering, Heinrich, Das offene Geheimnis. Zur literarischen Produktivität eines Tabus von Winkelmann bis zu Thomas Mann, Göttingen 1994.
Dietz, Bernhard, Gab es eine ›Konservative Revolution‹ in Großbritannien? Rechtsintellektuelle am Rande der Konservativen Partei 1929–1933, in: Vierteljahrshefte für Zeitgeschichte 34 (2006), S. 607–639.
Döpp, Siegmar, Spätrömische Literatur als Paradigma der Dekadenz. Zu Joris-Karl Huysmans, Walter Pater, Stefan George, in: Mölk, Ulrich (Hg.), Europäische Jahrhundertwende. Wissenschaften, Literatur und Kunst um 1900, Göttingen 1999, 282–308.
Dönt, Ernst, Platon und der Mythos, in: Wiener humanistische Blätter, Sonderheft »Zur Philosophie der Antike« (1995), 7–20.
Dowling, Linda C., Hellenism and homosexuality in Victorian Oxford, Ithaca 1994.
Ebbersmeyer, Sabrina, Homo agens. Studien zur Genese und Struktur frühhumanistischer Moralphilosophie, Berlin 2010.
Eckel, Jan, Deutsche Geschichtswissenschaften 1870–1970. Institutionelle Entwicklungen, Forschungskonzeptionen, Selbstwahrnehmung, in: NPL 51 (2006), S. 353–395.
– Geist der Zeit. Deutsche Geisteswissenschaften seit 1870, Göttingen 2008.
Edel, Geert, Kantianismus oder Platonismus? Hypothesis als Grundbegriff der Philosophie Cohens, in: Il Cannocchiale. Rivista di studi filosofici (1991), H. 1/2, I filosofi della scuola di Marburgo, S. 59–87.
Eder, Franz (Hg.), Historische Diskursanalysen. Genealogie, Theorie, Anwendungen, Wiesbaden 2006.
Edler, Frank H. W., Heidegger and Werner Jaeger on the Eve of 1933, A Possible Rapprochement?, in: Research in Phenomenology 27 (1997), S. 122–149.
Egloff, Rainer (Hg.), Tatsache – Denkstil – Kontroverse, Auseinandersetzungen mit Ludwik Fleck, Zürich 2005 (Collegium Helveticum 1).

Egyptien, Jürgen, Die Haltung Georges und des George-Kreises zum 1. Weltkrieg, in: Braungart, Wolfgang/Oelmann, Ute/Böschenstein, Böschenstein (Hg.), Stefan George. Werk und Wirkung seit dem »Siebenten Ring«, Tübingen 2001, S. 197–212.
- Die ›Kreise‹, in: GHb I, S. 365–407.

Eckermann, Johann Peter, Gespräche mit Goethe in den letzten Jahren seines Lebens, mit einer Einführung hg. v. Ernst Beutler, München 1976.

Eibl, Karl, Die Entstehung der Poesie, Frankfurt/M. 1995.

Eichler, Klaus-Dieter, »Politischer Humanismus« und die Krise der Weimarer Republik. Bemerkungen zu W. Jaegers Programm der Erneuerung des Humanismus, in: Bialas, Wolfgang/Iggers, Georg G. (Hg.), Intellektuelle in der Weimarer Republik, Frankfurt/M. 1996, S. 269–289.

Eidemüller, Gisela, Die nachgelassene Bibliothek des Dichters Stefan George, der in Bingen aufbewahrte Teil, Heidelberg 1987.

Erler, Michael, Philosophische Autobiographie am Beispiel des 7. Briefes Platons, in: Reichel, Michael (Hg.), Antike Autobiographien, Köln 2005, S. 75–92.
- Platon bei Werner Jaeger, in: Ders./Neschke-Hentschke, Ada (Hg.), Argumenta in dialogos Platonis II. Platoninterpretation und ihre Hermeneutik vom 19. bis zum 21. Jahrhundert, Basel 2012, S. 266–283.

Eschbach, Achim (Hg.), Interkulturelle Singer Studien. Zu Leben und Werk Kurt Singers, München 2002.

Etzemüller, Thomas, »Ich sehe was, was Du nicht siehst« Wie entsteht historische Erkenntnis?, in: Eckel, Jan/Etzemüller, Thomas (Hg.), Neue Zugänge zur Geschichte der Geschichtswissenschaft, Göttingen 2007, S. 27–68.

Fertig, Ludwig, Zeitgeist und Erziehungskunst, Darmstadt 1984.

Flaig, Egon, Towards ›Rassenhygiene‹. Wilamowitz and the German new right, in: Gildenhard, Ingo/Ruehl, Martin (Hg.), Out of Arcadia. Classics and Politics in Germany in the Age of Burckhardt, Nietzsche and Wilamowitz, London 2003, S. 105–127.

Flasch, Kurt, Die geistige Mobilmachung. Die deutschen Intellektuellen und der Erste Weltkrieg, Berlin 2000.

Flashar, Hellmut, Aufführungen von griechischen Dramen in der Übersetzung von Wilamowitz, in: Calder III., William M./Flashar, Helmut/Lindken, Theodor (Hg.), Wilamowitz nach 50 Jahren, Darmstadt 1985, S. 306–357
- (Hg.), Altertumswissenschaft in den 20er Jahren. Neue Fragen und Impulse, Stuttgart 1995.

Fleck, Ludwik, Entstehung und Entwicklung einer wissenschaftlichen Tatsache. Einführung in die Lehre vom Denkstil und Denkkollektiv, hg. von Schäfer, Lothar/Schnelle, Thomas, Frankfurt/M. 1980.
- Erfahrung und Tatsache. Gesammelte Aufsätze, mit einer Einleitung hg. von Schäfer, Lothar/Schnelle, Thomas, Frankfurt/M. 1983.
- Denkstile und Tatsachen. Gesammelte Schriften und Zeugnisse, hg. v. Werner, Sylwia/Zittel, Claus u. a., Berlin 2011.

Follak, Andrea, Der »Aufblick zur Idee«, eine vergleichende Studie zur Platonischen Pädagogik bei Friedrich Schleiermacher, Paul Natorp und Werner Jaeger, Göttingen 2005.

Föllmer, Moritz, Die Verteidigung der bürgerlichen Nation. Industrielle und hohe Beamte in Deutschland und Frankreich 1900-1930, Göttingen 2002.
- /Graf, Rüdiger (Hg.), Die »Krise« der Weimarer Republik. Zur Kritik eines Deutungsmusters, Frankfurt/M. 2005.

Forti, Simona, The Biopolitics of Souls. Racism, Nazism, and Plato, in: Political Theory 34 (2006), S. 9–32.

Frank, Manfred, Dionysos und die Renaissance des kultischen Dramas (Nietzsche, Wagner, Johst), in: Ders., Gott im Exil. Vorlesungen über die Neue Mythologie, 2.Teil, Frankfurt/M. 1988.

Franke, Norman P., »Divina Commedia teutsch«? Ernst H. Kantorowicz, der Historiker als Politiker, in: HZ 291 (2010), S. 297–330.

Friedensburg, Ferdinand, Der Humanismus als Weltanschauung, in: Das humanistische Gymnasium 20 (1909), S. 19–24.

Fritsch, Andreas, »Dritter Humanismus« und »Drittes Reich« – Assoziationen und Differenzen, in: Dithmar, Reinhard/Apelt, Walter (Hg.), Schule und Unterricht in der Endphase der Weimarer Republik. Auf dem Weg in die Diktatur, Neuwied 1993, S. 152–173.

– Ein kritischer Rückblick auf den Dritten Humanismus in der ersten Hälfte des 20. Jahrhunderts, in: Wiersing, Erhard (Hg.), Humanismus und Menschenbildung. Zu Geschichte, Gegenwart und Zukunft der bildenden Begegnung der Europäer mit der Kultur der Griechen und Römer, Essen 2001, S. 224–242.

Fritzen, Florentine, Gesünder leben. Die Lebensreformbewegung im 20. Jahrhundert, Stuttgart 2006, S. 34–36.

Führ, Christoph, Die preußischen Schulkonferenzen von 1890 und 1900. Ihre bildungspolitische Rolle und bildungsgeschichtliche Bewertung, in: Baumgart, Peter (Hg.), Bildungspolitik in Preußen zur Zeit des Kaiserreichs, Stuttgart 1980, S. 189–223.

– Gelehrter Schulmann – Oberlehrer – Studienrat. Zum sozialen Aufstieg der Philologen, in: Conze, Werner/Kocka, Jürgen (Hg.), Bildungsbürgertum im 19. Jahrhundert. Bildungssystem und Professionalisierung in internationalen Vergleichen, Stuttgart 1985, S. 417–457.

Fuhrmann, Manfred, Die ›Querelle des Anciens et des Modernes‹, der Nationalismus und die Deutsche Klassik, in: Schmidt-Biggemann, Bernhard Fabian/Vierhaus, Rudolf (Hg.), Deutschlands kulturelle Entfaltung. Die Neubestimmung des Menschen, München 1980 (Studien zum achtzehnten Jahrhundert, Bd. 2/3).

Funke, Hermann (Hg.), Utopie und Tradition. Platons Lehre vom Staat in der Moderne, Würzburg 1987.

Gaiser, Konrad, Das Platon-Bild Stenzels und seine wissenschaftliche Bedeutung, in: Stenzel, Julius, Platon der Erzieher, Hamburg 1961, S. V–XXV.

Gigon, Olof, Werner Jaeger zum Gedenken, in: ZphF 18 (1964), S. 156–164.

Glucker, John, Plato in England. The Nineteenth Century and after, in: Funke, Hermann (Hg.), Utopie und Tradition. Platons Lehre vom Staat in der Moderne, Würzburg 1987, S. 149–210.

Goldschmidt, Victor, Platonisme et pensée contemporaine, Paris 1990.

Goldsmith, Ulrich K., Wilamowitz and the Georgekreis. New Documents, in: Calder III., William M./Flashar, Helmut/Lindken, Theodor (Hg.), Wilamowitz nach 50 Jahren, Darmstadt 1985, S. 583–612.

Gran, Michael, Das Verhältnis der Pädagogik Hermann Nohls zum Nationalsozialismus, Hamburg 2005.

Graf, Friedrich Wilhelm, Die Positivität des Geistigen. Rudolf Euckens Programm neoidealistischer Universalintegration, in: Bruch, Rüdiger vom/Graf, Friedrich Wilhelm/Hübinger, Gangolf (Hg.), Kultur und Kulturwissenschaften um 1900, Bd. II. Idealismus und Positivismus, Stuttgart 1997, S. 53–85.

– Martin Dibelius über die Zerstörung der Bürgerlichkeit. Ein Vortrag im Heidelberger Marianne-Weber-Kreis 1932, in: ZNThG 4 (1997), S. 114–153.

Graf, Rüdiger, Die Mentalisierung des Nirgendwo und die Transformation der Gesellschaft. Der theoretische Utopiediskurs in Deutschland 1900–1933, in: Hardtwig, Wolfgang (Hg.), Utopie und politische Herrschaft im Europa der Zwischenkriegszeit, München 2003, 145–173.

– Optimismus und Pessimismus in der Krise. Der politisch-kulturelle Diskurs in der Weimarer Republik, in: Hardtwig, Wolfgang (Hg.), Ordnungen in der Krise. Zur politischen Kulturgeschichte Deutschlands 1900–1933, München 2007, S. 115–140.

– Either-Or, The Narrative of »Crisis« in Weimar Germany and in Historiography, in: Central European History 43 (2010), S. 592–615.

Groppe, Carola, Die Macht der Bildung, das deutsche Bürgertum und der George-Kreis 1890–1933, Köln 1997 (Bochumer Schriften zur Bildungsforschung 3).
– Widerstand oder Anpassung? Der George-Kreis und das Entscheidungsjahr 1933, in: Rüther, Günther (Hg.), Literatur in der Diktatur. Schreiben im Nationalsozialismus und DDR-Sozialismus, Paderborn 1997, S. 59–92.
– »Dein rechter lehrer bin ich wenn ich liebe, mein rechter hörer bist du wenn du liebst.« Erziehungskonzept und Erziehungsformen im George-Kreis, in: George-Jahrbuch 2 (1997/1998), S. 107–140.
– Neubeginn durch einen Dritten Humanismus? Der Preußische Kultusminister C. H. Becker und der George-Kreis in der Weimarer Republik, in: CP 49 (2000), S. 41–61.
– Neohumanismus, in: DNP 15/1 (2001), S. 883–894.
– Diskursivierungen der Antikerezeption im Bildungssystem des deutschen Kaiserreichs, in: Aurnhammer, Achim/Pittrof, Thomas (Hg.), »Mehr Dionysos als Apoll«. Antiklassizistische Antike-Rezeption um 1900, Frankfurt/M. 2002, S. 21–44.
– Stefan George, der George-Kreis und die Reformpädagogik zwischen Jahrhundertwende und Weimarer Republik, in: Boeschenstein, Bernhard/Egyptien, Jürgen/Schefold, Bertram/Graf Vitzthum, Wolfgang (Hg.), Wissenschaftler im George-Kreis. Die Welt des Dichters und der Beruf der Wissenschaft, Berlin 2005, S. 311–327.
– Bürgerliche Lebensführung im Zeichen der Balance. Funktionen und Ideale der Bildung in der Theorie und Praxis des George-Kreises in der Weimarer Republik, in: Köster, Roman/Plumpe, Werner/Schefold, Bertram/Schönhärl, Korinna (Hg.), Das Ideal des schönen Lebens und die Wirklichkeit der Weimarer Republik. Vorstellungen von Staat und Gemeinschaft im George-Kreis, Berlin 2009, S. 137–150.
Großheim, Michael, Politischer Existentialismus. Subjektivität zwischen Entfremdung und Engagement, Tübingen 2002.
– Neuhumanismus als Individualitätskritik. Eine Debatte zwischen Altphilologen und Philosophen, in: Wirkus, Bernd (Hg.), Die kulturelle Moderne zwischen Demokratie und Diktatur, die Weimarer Republik und danach, Konstanz 2007, S. 180–232.
– /Hennecke, Hans Jörg (Hg.), Staat und Ordnung im konservativen Denken, Baden-Baden 2013.
Gründer, Karlfried, Der Streit um Nietzsches »Geburt der Tragödie«. Die Schriften von E. Rohde, R. Wagner und U. v. Wilamowitz-Moellendorff, Hildesheim 1989.
Grüttner, Michael, Das Scheitern der Vordenker. Deutsche Hochschullehrer und der Nationalsozialismus, in: Ders./Hachtmann, Rüdiger/Haupt, Heinz-Gerhard (Hg.), Geschichte und Emanzipation. FS für Reinhard Rürup, Frankfurt/M. 1999, S. 458–481.
– Die nationalsozialistische Wissenschaftspolitik und die Geisteswissenschaften, in: Dainat, Holger/Dannenberg, Lutz (Hg.), Literaturwissenschaft und Nationalsozialismus, Tübingen 2003, S. 13–39.
– Nachkriegszeit, in: Bruch, Rüdiger vom/Tenorth, Heinz-Elmar (Hg.), Geschichte der Universität Unter den Linden 1810–2010, Bd. 2., Die Berliner Universität zwischen den Weltkriegen 1918–1945, Berlin 2012, S. 7–65.
Gutschker, Thomas, Aristotelische Diskurse. Aristoteles in der politischen Philosophie des 20. Jahrhunderts, Stuttgart, Weimar 2002.
Habermas, Jürgen, Wahrheitstheorien, in: Ders., Vorstudien und Ergänzungen zur Theorie des kommunikativen Handelns, Frankfurt 1995, S.127–186.
Hachtmann, Rüdiger, Wissenschaftsgeschichte in der ersten Hälfte des 20. Jahrhunderts, in: Archiv für Sozialgeschichte 48 (2008), S. 539–606.
Hacohen, Malachi Haim, Karl Popper – the formative years, 1902–1945. Politics and philosophy in interwar Vienna, Cambridge 2000.
Haffter, Heinz, Ernst Howald und die klassische Philologie in Zürich. Erinnerungen und Betrachtungen, in: Schweizer Monatshefte 47 (1967/68), S. 683–693.

Hagenlücke, Heinz, Deutsche Vaterlandspartei. Die nationale Rechte am Ende des Kaiserreichs, Düsseldorf 1997.

Hallowell, John H., Plato and his Critics, in: The Journal of Politics 27 (1965), S. 273–289.

Hänel, Michael, Problemgeschichte als Forschung, Die Erbschaft des Neukantianismus, in: Oexle, Otto Gerhard (Hg.), Das Problem der Problemgeschichte 1880–1932, Göttingen 2001, S. 85–127.

Hartmann, Christoph, 6.3. Wissenschaftliche Rezeption, Klassische Philologie, in: GHb II, S. 1083–1090.

Hartmann, Heiko, Helmut von den Steinen, in: GHb III, S. 1683–1684.

Hartung, Gerald, Theorie der Wissenschaften und Weltanschauung. Aspekte der Aristoteles-Rezeption im 19. Jahrhundert, in: ZphF 60 (2006), S. 290–309.

Hardtwig, Wolfgang, Die Preußische Akademie der Wissenschaften in der Weimarer Republik, in: Wolfram Fischer (Hg.), Die Preußische Akademie der Wissenschaften zu Berlin 1914–1945, Berlin 2000, S. 25–51.

– (Hg.), Ordnungen in der Krise. Zur politischen Kulturgeschichte Deutschlands 1900–1933, München 2007.

Haubfleisch, Dietmar/Ritzi, Christian, Schulprogramme – zu ihrer Geschichte und ihrer Bedeutung für die Historiographie des Erziehungs- und Bildungswesens, in: Siebert, Irmgard (Hg.), Bibliothek und Forschung. Die Bedeutung von Sammlungen für die Wissenschaft, Frankfurt/M. 2011, S. 165–206.

Hausmann, Frank-Rutger, Unwahrheit als Methode? Zu Hans-Georg Gadamers Publikationen im ›Dritten Reich‹, in: IZPH (2001), S. 33–54.

Heftrich, Eckhard/Klussman, Paul Gerhard/Schrimpf, Hans Joachim (Hg.), Stefan-George-Kolloquium, Köln 1971.

Heidler, Irmgard, Der Verleger Eugen Diederichs und seine Welt (1896–1930), Wiesbaden 1998.

Heilen, Stephan, Wilamowitz und Franz Boll. Ein Gelehrtenbriefwechsel, in: Mülke, Markus (Hg.), Wilamowitz und kein Ende (FS William Calder III), Hildesheim 2003, S. 87–159.

Hennis, Wilhelm, Max Weber als Erzieher, in: Rudolph, Hermann (Hg.), Den Staat denken, Theodor Eschenburg zum Fünfundachtzigsten, Berlin 1990, S. 241–264.

Heinssen, Johannes, Ein Indikator für die Probleme der Problemgeschichte, Kulturkritische Entdifferenzierung am Ende des 19. Jahrhunderts, in: Oexle, Otto Gerhard (Hg.), Das Problem der Problemgeschichte 1880–1932, Göttingen 2001, S. 39–84.

Henrichs, Albert, Philologie und Wissenschaftsgeschichte, Zur Krise eines Selbstverständnisses, in: Flashar, Hellmut (Hg.), Altertumswissenschaft in den 20er Jahren. Neue Fragen und Impulse, Stuttgart 1995, S. 432–457.

Hentschke, Ada/Muhlack, Ulrich, Einführung in die Geschichte der klassischen Philologie, Darmstadt 1972.

Herrmann, Ulrich, Pädagogisches Denken und Anfänge der Reformpädagogik, in: Berg, Christa (Hg.), Handbuch der deutschen Bildungsgeschichte Bd. 4. 1870–1918. Von der Reichsgründung bis zum Ende des Ersten Weltkriegs, München 1991, S. 147–178.

Herzog, Reinhart, Antike-Ursupationen in der deutschen Belletristik seit 1866, in: A&A 23 (1977), S. 10–27.

Hettling, Manfred/Jeismann, Michael, Der Weltkrieg als Epos. Philipp Witkops Kriegsbriefe gefallener Studenten, in: Hirschfeld, Gerhard/Krumeich, Gerd/Renz, Irina (Hg.), Keiner fühlt sich hier mehr als Mensch. Erlebnis und Wirkung des Ersten Weltkriegs, Essen 1993, S. 175–198.

Hettling, Manfred/Hoffmann, Stefan-Ludwig, Der bürgerliche Wertehimmel. Zum Problem individueller Lebensführung im 19. Jahrhundert, in: GG 23 (1997), S. 333–359.

Hettling, Manfred, Die persönliche Selbständigkeit. Der archimedische Punkt bürgerlicher Lebensführung, in: Ders./Hoffmann, Stefan-Ludwig (Hg.), Der bürgerliche Wertehimmel, Göttingen 2000, 57–78.

– Bürgerliche Lebensführung in der Moderne, in: Pyta, Wolfram/Kretschmann, Carsten (Hg.), Bürgerlichkeit. Spurensuche in Vergangenheit und Gegenwart, Stuttgart 2016 (Nassauer Gespräche der Freiherr-vom-Stein-Gesellschaft 9), S. 11–36.
– /Pohle, Richard (Hg.), Bürgertum. Alte Fragen, neue Perspektiven?, Göttingen 2017.
Hewitt, Andrew, Political Inversions. Homosexuality, Fascism, & the Modernist Imaginary, Stanford 1996.
– Die Philosophie des Maskulinismus, in: Zeitschrift für Germanistik, NF 1 (1999), S. 36–56.
Hoeres, Peter, Krieg der Philosophen. Die deutsche und britische Philosophie im Ersten Weltkrieg, Paderborn 2004.
Hölscher, Lucian, Die Religion des Bürgers. Bürgerliche Religiosität und protestantische Kirche im 19. Jahrhundert, in: HZ 250 (1990), S. 595–630.
Hölscher, Uvo, Karl Reinhardt, in: Ders., Die Chance des Unbehagens. Drei Essais zur Situation der klassischen Studien, Göttingen 1965, S. 31–52.
– Ulrich von Wilamowitz-Moellendorff, in: Ders., Die Chance des Unbehagens. Drei Essais zur Situation der klassischen Studien, Göttingen 1965, S. 7–30.
– Strömungen der deutschen Gräzistik in den zwanziger Jahren, in: Flashar, Hellmut (Hg.), Altertumswissenschaft in den 20er Jahren. Neue Fragen und Impulse, Stuttgart 1995, S. 65–85.
Holzhey, Helmut, Cohen und Natorp, 2 Bde., Basel 1986 (Der Marburger Neukantianismus in Quellen).
– Platon im Neukantianismus, in: Kobusch, Theo/Mojsisch, Burkhard (Hg.), Platon in der abendländischen Geistesgeschichte. Neue Forschungen zum Platonismus, Darmstadt 1997, S. 226–240.
Höppner, Wolfgang, Eine Institution wehrt sich. Das Berliner Germanische Seminar und die deutsche Geistesgeschichte, in: König, Christoph/Lämmert, Eberhard (Hg.), Literaturwissenschaft und Geistesgeschichte, Frankfurt/M. 1993, S. 262–280.
Isnardi Parente, Margherita, Rileggendo il Platon di Ulrich von Wilamowitz-Moellendorff, in: Annali della Scuola Normale Superiore di Pisa, Classe di Lettere e Filosofia Ser. III,3 (1973), S. 147–167.
Jabloner, Clemens/Zeleny, Klaus, Kelsen und die griechische Philosophie – eine Einführung, in: Walter, Robert/Jabloner, Clemens/Zeleny, Klaus (Hg.), Griechische Philosophie im Spiegel Hans Kelsens, Wien 2006, S. 1–13.
Janka, Markus/Schäfer, Christian (Hg.), Platon als Mythologe, Darmstadt 2002.
Jacob, Joachim, Hymnen, Pilgerfahrten, Algabal, in: GHb I, S. 107–121.
Jeismann, Karl Ernst, Das preußische Gymnasium in sozialgeschichtlicher Perspektive, in: VSWG, Beiheft 148 (1999), S. 139–159.
Jenkyns, Richard, The Victorians and Ancient Greece, Cambridge/Mass. 1980.
Kahn, Charles H., Werner Jaeger's Portrayal of Plato, in: Calder III., William M. (Hg.), Werner Jaeger reconsidered. Proceedings of the Second Oldfather Conference, held on the campus of the University of Illinois at Urbana-Champaign, April 26–28, 1990, Atlanta 1992, S. 69–81.
Karlauf, Thomas, Stefan George. Die Entdeckung des Charismas, München 2007.
Kassel, Rudolf, Rez. Calder, Wilamowitz nach 50 Jahren, in: GGA 239 (1989), S. 188–228.
Kastner, Barbara, Statistik und Topographie des Verlagswesens, in: Georg Jaeger u. a. (Hg.), Geschichte des deutschen Buchhandels im 19. und 20. Jahrhundert. Bd. 2.1, Berlin 2007, S. 341–378.
Keilson-Lauritz, Marita, Maske und Signal – Textstrategien der Homoerotik, in: Kalveram, Maria/Popp, Wolfgang (Hg.), Homosexualitäten – literarisch. Literaturwissenschaftliche Beiträge zum Internationalen Kongress »Homosexuality, Which Homosexuality?«, Amsterdam 1987, Essen 1991, S. 63–75.
– Hellas und Jerusalem. Ein Versuch über Männerliebe und Judentum, in: Mattenklott, Gert/Philipp, Michael/Schoeps, Julius H. (Hg.), »Verkannte Brüder«? Stefan George und

das deutsch-jüdische Bürgertum zwischen Jahrhundertwende und Emigration, Hildesheim 2001, S. 69–82.

- Maske und Signal. Ein Modell homoerotischen Schreibens und Lesens im 19. und 20. Jahrhundert, in: Rösch, Gertrud Maria (Hg.), Codes, Geheimtext und Verschlüsselung, Tübingen 2005, S. 99–110.
- Tanten, Kerle und Skandale. Die Geburt des »modernen Homosexuellen« aus den Flügelkämpfen der Emanzipation, in: zur Nieden, Susanne (Hg.), Homosexualität und Staatsräson, Männlichkeit, Homophobie und Politik in Deutschland 1900–1945, Frankfurt/M. 2005 S. 81–99.

Kerkhecker, Arnd, Joesef Liegle (1893–1945), in: Ivo De Gennaro, Hans Christian Günther (Hg.), Artists and Intellectuals and the Request of Power, Leiden 2009, S. 19–24.

Kiesewetter, Hubert, The Birth of Karl Popper's The Open Society and Its Enemies, in: Markl, Peter/Kadlec, Erich (Hg.), Karl Popper's Response to 1938, Frankfurt/M. 2008, S. 45–106.

Kim, Alan, Plato in Germany. Kant – Natorp – Heidegger, Sankt Augustin 2010 (International Plato Studies Vol 27).

Kitzbichler, Josefine/Lubitz, Katja/Mindt, Nina (Hg.), Theorie der Übersetzung antiker Literatur in Deutschland seit 1800, Berlin 2009 (Transformationen der Antike Bd. 9).

Kleiner, Heinrich, Neuhegelianismus, in: Ritter, Joachim (Hg.), Historisches Wörterbuch der Philosophie Bd. 6, Basel 1984, Sp. 742–747.

Klingemann, Carsten, Eine vergleichende Betrachtung der NS-Wissenschaftspolitik gegenüber Altertums- und Sozialwissenschaften, in: Näf, Beat (Hg.), Antike und Altertumswissenschaft in der Zeit von Faschismus und Nationalsozialismus, Kolloquium Universität Zürich 14.–17. Oktober 1998, Mandelbachtal 2001, S. 181–202.

Klinger, Magdalena, Pädagogischer Eros. Erotik in Lehr-/Lernbeziehungen aus kontextanalytischer und ideengeschichtlicher Perspektive, Berlin 2011.

Knab, Rainer, Platons Siebter Brief. Einleitung, Text, Übersetzung, Hildesheim 2006.

Knobloch, Clemens, ›Rasse‹ vor und nach 1933 – vornehmlich in den Geisteswissenschaften, in: Müller, Ernst (Hg.), Begriffsgeschichte im Umbruch, Hamburg 2004, S. 113–129.

Kobusch, Theo/Mojsisch, Burkhard (Hg.), Platon in der abendländischen Geistesgeschichte. Neue Forschungen zum Platonismus, Darmstadt 1997.

Köhnke, Klaus Christian, Entstehung und Aufstieg des Neukantianismus, Frankfurt 1986.

Koch, Manfred, Hugo von Hofmannsthal, in: GB III, S. 1445–1455.

Kolk, Rainer, Literarische Gruppenbildung. Am Beispiel des George-Kreises 1890–1945, Tübingen 1998.

König, Christoph/Lämmert, Eberhard (Hg), Konkurrenten in der Fakultät. Kultur, Wissen und Universität um 1900, Frankfurt/M. 1999.

Koselleck, Reinhart, Erfahrungswandel und Methodenwechsel. Eine historisch-anthropologische Skizze, in: Meier, Christian/Rüsen, Jörn (Hg.), Historische Methode, München 1988, S. 13–61.

- Einleitung – Zur anthropologischen und semantischen Struktur der Bildung, in: Ders. (Hg.), Bildungsbürgertum im 19. Jahrhundert II. Bildungsgüter und Bildungswissen, Stuttgart 1990, S. 11–46.

Köster, Roman/Plumpe, Werner/Schefold, Bertram/Schönhärl, Korinna (Hg.), Das Ideal des schönen Lebens und die Wirklichkeit der Weimarer Republik. Vorstellungen von Staat und Gemeinschaft im George-Kreis, Berlin 2009 (Wissenskultur und gesellschaftlicher Wandel Bd. 33).

- Universalismuskonzepte in der Nationalökonomie der Weimarer Republik, in: Ders., Plumpe, Werner/Schefold, Bertram/Schönhärl, Korinna (Hg.), Das Ideal des schönen Lebens und die Wirklichkeit der Weimarer Republik. Vorstellungen von Staat und Gemeinschaft im George-Kreis, Berlin 2009, S. 47–61.

Krämer, Hans, Fichte, Schlegel und der Infinitismus in der Platondeutung, in: DVjs 62 (1988), S. 583–621.
Kranz, Walter, Die neue Pforte, in: Der Alte Pförtner 6,4 (1929), S. 1–4.
Kraus, Hans-Christof, Das Geheime Deutschland. Zur Geschichte und Bedeutung einer Idee, in: HZ 291 (2010), S. 385–417.
Krebs, Diethart/Reulecke, Jürgen (Hg.), Handbuch der deutschen Reformbewegungen, Wuppertal 1998.
Krumeich, Gerd, Kriegsfront – Heimatfront, in: Hirschfeld, Gerhard (Hg.), Kriegserfahrungen. Studien zur Sozial- und Mentalitätsgeschichte des Ersten Weltkriegs, Essen 1997, S. 12–19.
Kuhlmann, Peter, Humanismus und Alte Sprachen im Dritten Reich, in: AKG 88 (2006), S. 409–432.
Kuhn, Helmut, Das geistige Gesicht der Weimarer Zeit, in: ZfP 8 (1961), S. 1–10.
Kuhn, Thomas S., Die Struktur wissenschaftlicher Revolutionen, Frankfurt ²1976.
Kullmann, Wolfgang, Platons Schriftkritik, in: Hermes 119 (1991), S. 1–21.
Lammel, Hans U., August Bier und der Dritte Humanismus, in: Fischer, Klaus-Dietrich (Hg.), Text and tradition, studies in ancient medicine and its transmission, Leiden 1998, S. 187–214.
Lane, Melissa S., The Platonic Politics of the George Circle, A Reconsideration, in: Dies./Ruehl, Martin (Hg.), A Poet's Reich. Politics and Culture in the George Circle, Rochester 2011, S. 133–163.
Landfester, Manfred, Ulrich von Wilamowitz-Moellendorff und die hermeneutische Tradition des 19. Jahrhunderts, in: Flashar, Hellmut/Gründer, Karlfried (Hg.), Philologie und Hermeneutik im 19. Jahrhundert, Göttingen 1979, S. 156–180.
– Humanismus und Gesellschaft im 19. Jahrhundert, Darmstadt 1988.
– Die Naumburger Tagung ›Das Problem des Klassischen und die Antike‹ (1930). Der Klassikbegriff Werner Jaegers, seine Voraussetzung und seine Wirkung, in: Flashar, Hellmut (Hg.), Altertumswissenschaft in den 20er Jahren. Neue Fragen und Impulse, Stuttgart 1995, S. 11–40.
– Griechen und Deutsche, Der Mythos einer »Wahlverwandtschaft«, in: Berding, Helmut (Hg.), Mythos und Nation. Studien zur Entwicklung des kollektiven Bewußtseins in der Neuzeit III, Frankfurt 1996, S. 198–219.
– Art. Dritter Humanismus, in: DNP 13 (1999), Sp. 877–883.
– Nietzsches Geburt der Tragödie, Antihistorismus und Antiklassizismus zwischen Wissenschaft, Kunst und Philosophie, in: Aurnhammer, Achim/Pittrof, Thomas (Hg.), »Mehr Dionysos als Apoll«. Antiklassizistische Antike-Rezeption um 1900, Frankfurt/M. 2002, S. 89–111.
Landmann, Georg Peter (Hg.), Einleitungen und Merksprüche der Blätter für die Kunst, Düsseldorf 1964.
– Nachwort, in: Ders. (Hg.), Der Georgekreis. Eine Auswahl aus seinen Schriften, Stuttgart 1980.
Landmann, Michael, Erinnerungen an Stefan George. Seine Freundschaft mit Julius und Edith Landmann, Amsterdam 1980 (CP 141/142).
Langewiesche, Dieter, Bildungsbürgertum und Liberalismus im 19. Jahrhundert, in: Ders., Liberalismus und Sozialismus. Gesellschaftsbilder – Zukunftsvisionen – Bildungskonzeptionen, Bonn 2003, S. 153–176.
– Rektoratsreden. Ein Projekt in der Abteilung Sozialgeschichte, in: Jahresbericht der Historischen Kommission bei der Bayerischen Akademie der Wissenschaften 2006 (2007), S. 47–60.
Latzel, Klaus, Vom Kriegserlebnis zur Kriegserfahrung. Theoretische und methodische Überlegungen zur erfahrungsgeschichtlichen Untersuchung von Feldpostbriefen, in: MGM 56 (1997), S. 1–30.

Laube, Reinhard, Platon und die Sophisten, in: Lehmann, Hartmut/Oexle, Otto Gerhard (Hg.), Nationalsozialismus in den Kulturwissenschaften Bd. 2, Göttingen 2004, S. 139–164.

Lembeck, Karl-Heinz, Cohens frühe Platon-Deutung und seine Quellen, in: Il Cannocchiale. Rivista di studi filosofici 1/2 (1991), S. 89–116.

– Platon in Marburg, Platon-Rezeption und Philosophiegeschichtsphilosophie bei Cohen und Natorp, Würzburg 1994 (Studien und Materialien zum Neukantianismus 3).

Lepsius, Oliver, Die gegensatzaufhebende Begriffsbildung. Methodenentwicklungen in der Weimarer Republik und ihr Verhältnis zur Ideologisierung der Rechtswissenschaft im Nationalsozialismus, München 1994.

– Erkenntnisgegenstand und Erkenntnisverfahren in den Geisteswissenschaften der Weimarer Republik, in: Ius Commune 22 (1995), S. 283–310.

Lipp, Anne, Meinungslenkung im Krieg. Kriegserfahrungen deutscher Soldaten und ihre Deutung 1914–1918, Göttingen 2003.

Lipphardt, Veronika, Denkstil, Denkkollektiv und wissenschaftliche Tatsachen der deutschen Rassenforschung vor 1933. Zur Anwendbarkeit des wissenschaftshistorischen Ansatzes von Ludwik Fleck, in: Egloff, Rainer (Hg.), Tatsache – Denkstil – Kontroverse, Auseinandersetzungen mit Ludwik Fleck, Zürich 2005, S. 63–70.

Lohmann, Johann Friedrich, Karl Barth und der Neukantianismus. Die Rezeption des Neukantianismus im »Römerbrief« und ihre Bedeutung für die weitere Ausarbeitung der Theologie Karl Barths, Berlin 1995.

Löwith, Karl, Mein Leben in Deutschland vor und nach 1933. Ein Bericht, mit einem Vorwort hg. v. Koselleck, Reinhart, Stuttgart 1986.

Losemann, Volker, Nationalsozialismus und Antike. Studien zur Entwicklung des Faches Alte Geschichte 1933–1945, Hamburg 1977.

– Die Dorier im Deutschland der dreißiger und vierziger Jahre, in: Calder III., William M./Schlesier, Susanne (Hg.), Zwischen Rationalismus und Romantik, Karl Otfried Müller und die antike Kultur, Hildesheim 1998, S. 313–348.

– Aspekte der Standortbestimmung der Altertumswissenschaften in »Umbruchszeiten«, in: Bruch, Rüdiger vom/Kaderas, Brigitte (Hg.), Wissenschaften und Wissenschaftspolitik. Bestandsaufnahmen zu Formationen, Brüchen und Kontinuitäten im Deutschland des 20. Jahrhunderts, Stuttgart 2002, S. 310–323.

– Classics in the second world war, in: Bialas, Wolfgang/Rabinbach, Anson (Hg.), Nazi Germany and the Humanities, Oxford 2007, S. 306–340.

Lottes, Günther, »The State of the Art«. Stand und Perspektiven der »intellectual history«, in: Kroll, Frank-Lothar (Hg.), Neue Wege der Ideengeschichte. FS für Kurt Kluxen zum 85. Geburtstag, München 1996, S. 27–45.

– Neue Ideengeschichte, in: Eibach, Joachim/Lottes, Günther (Hg.), Kompass der Geschichtswissenschaft. Ein Handbuch, Göttingen [2]2006, S. 261–269.

Lübbe, Hermann, Politische Philosophie in Deutschland. Studien zu ihrer Geschichte, Basel 1963.

Maclean, Ian, The Process of Intellectual Change. A Post-Foucauldian Hypothesis, in: Neubauer, John (Hg.), Cultural History after Foucault, Berlin 1999, S. 163–176.

Mannheim, Karl, Konservatismus. Ein Beitrag zur Soziologie des Wissens, hg. von Kettler, David/Meja, Volker/Stehr, Nico, Frankfurt/M. 1984.

Maiatsky, Michail, Platon – penseur du visuel, Paris, 2005.

Marchand, Suzanne L., Down from Olympus. Archaeology and philhellenism in Germany 1750–1970, Princeton 1996.

Marwitz, Herbert, Stefan George und die Antike, in: WJ 1 (1946), S. 226–257.

Marx, Wolfgang, Die philosophische Entwicklung Paul Natorps im Hinblick auf das System Hermann Cohens (1964), in: Ollig, Hans-Ludwig (Hg.), Materialien zur Neukantianismus-Diskussion, Darmstadt 1987, S. 66–86.

Mattenklott, Gert, »Die Griechen sind zu gut zum schnuppern, schmecken und beschwatzen«. Die Antike bei George und in seinem Kreis, in: Seidensticker, Bernd/Vöhler, Martin (Hg.), Urgeschichten der Moderne. Die Antike im 20. Jahrhundert, Stuttgart 2001, S. 234–248.
– /Philipp, Michael/Schoeps, Julius H. (Hg.), »Verkannte Brüder«? Stefan George und das deutsch-jüdische Bürgertum zwischen Jahrhundertwende und Emigration, Hildesheim 2001.
Maurer, Michael, Die Biographie des Bürgers. Lebensformen und Denkweisen in der formativen Phase des deutschen Bürgertums (1680 bis 1815), Göttingen 1996.
Maurer, Reinhart, Platons ›Staat‹ und die Demokratie. Historisch-systematische Überlegungen zur politischen Ethik, Berlin 1970.
Mazza, Mario, Crisi tedesca e cultura classica, Intellettuali tra reazione e rivoluzione, in: Studi Storici 21 (1980), S. 255–272.
Mehring, Reinhard, Humanismus als »Politikum«. Werner Jaegers Problemgeschichte der griechischen Paideia, in: A&A 45 (1999), S. 111–128.
– Antipodische Polemik. Zur Kontroverse zwischen Hans Kelsen und Carl Schmitt, in: Walther, Manfred (Hg.), Religion und Politik. Zu Theorie und Praxis des theologisch-politischen Komplexes, Baden-Baden 2004, S. 265–272.
Meid, Christopher, Griechenland-Imaginationen. Reiseberichte im 20. Jahrhundert von Gerhart Hauptmann bis Wolfgang Koeppen, Berlin 2012.
Meinl, Susanne, »Das gesamte bewegliche und unbewegliche Vermögen der in Deutschland aufhältlichen Angehörigen des jüdischen Volkstums ist beschlagnahmt«. Antisemitische Wirtschaftspropaganda und völkische Diktaturpläne in den ersten Jahren der Weimarer Republik, in: Wojak, Irmtrud; Hayes, Peter (Hg.), »Arisierung« im Nationalsozialismus. Volksgemeinschaft, Raub und Gedächtnis, Frankfurt/M. 2000, S. 31–58.
Mejer, Jørgen, Wilamowitz and Scandinavia. Friendship and Scholarship, in Calder III., Wiliam M./Flashar, Helmut/Lindken, Theodor (Hg.), Wilamowitz nach 50 Jahren, Darmstadt 1985, S. 513–537.
Mensching, Eckart, U. von Wilamowitz-Moellendorff, W. Kranz und das »Dritte Reich«, in: Hermes 116 (1988), S. 357–376.
– Über Werner Jaeger im Berlin der zwanziger Jahre anhand des Briefwechsels mit Joh. Stroux, in: Ders., Nugae zur Philologie-Geschichte IV, Berlin 1991, S. 25–116.
– Wilamowitz und ein ›leichter Hauch von Röte‹, in: Ders., Nugae zur Philologie-Geschichte VI, Berlin 1993, S. 123 f.
Merklin, Franziska, Heinrich Friedemann, in: GHb III, S. 1363–1365
Meyerhoff, Hans, Plato among friends and enemies, in: Bambrough, Renford (Hg.), Plato, Popper and Politics, Cambridge 1967, S. 187–198.
Möller, Torger, Kritische Anmerkungen zu den Begriffen Denkkollektiv, Denkstil und Denkverkehr – Probleme der heutigen Anschlussfähigkeit an Ludwik Fleck, in: Chołuj, Bożena/Joerden, Jan C. (Hg.), Von der wissenschaftlichen Tatsache zur Wissensproduktion, Ludwik Fleck und seine Bedeutung für die Wissenschaft und Praxis, Frankfurt/M. 2007, S. 397–413.
Mößner, Nicola, Paradigms and Thought Styles – a Comparative Study of Ludwik Fleck and Thomas S. Kuhn, in: Studies in History and Philosophy of Science 42 (2011), S. 362–371.
Molthagen, Dietmar, Das Ende der Bürgerlichkeit? Liverpooler und Hamburger Bürgerfamilien im Ersten Weltkrieg, Göttingen 2007.
Mommsen, Momme, Renata von Scheliha zum Gedenken, in: Ders., Renata von Scheliha 1901–1967. Gedenkbuch, Amsterdam 1972 (CP 104/105), S. 7–26.
Mosse, George L., Das Bild des Mannes. Zur Konstruktion der modernen Männlichkeit, Frankfurt/M. 1997.
Most, Glenn W., Die Entdeckung der Archaik. Von Ägina nach Naumburg, in: Seidensticker, Bernd/Vöhler, Martin (Hg.), Urgeschichten der Moderne. Die Antike im 20. Jahrhundert, Stuttgart 2001, S. 20–39.

Motzkin, Gabriel, Comment on Richard Wolin's ›Untruth and Method‹, in: IZPH (2001), S. 78–85.

Münkler, Herfried, Krieg und Frieden bei Clausewitz, Engels und Carl Schmitt. Dialektik des Militarismus oder Hegung des Krieges, in: Leviathan 10,1 (1982), S.16–40.

– Über den Krieg, Stationen der Kriegsgeschichte im Spiegel ihrer theoretischen Reflexion, Weilerswist 2002.

Müller, Detlef K., Sozialstruktur und Schulsystem. Aspekte zum Strukturwandel des Schulwesens im 19. Jahrhundert, Göttingen 1977.

– Qualifikationskrise und Schulreform, in: ZfPäd, Beiheft 14 (1977), S. 13–35.

– /Zymek, Bernd, Sozialgeschichte und Statistik des Schulsystems in den Staaten des Deutschen Reiches 1800–1945, Göttingen 1987 (Datenhandbuch zur deutschen Bildungsgeschichte Bd. 2,1).

Müller, Sven, Der nicht geleistete Eid des Rostocker Griechisch-Professors Kurt von Fritz auf Adolf Hitler – »Preußisch-starre Haltung« oder staatsbürgerliche Verantwortung von Wissenschaft?, in: Zeitgeschichte regional. Mitteilungen aus Mecklenburg-Vorpommern 9 (2005), S. 67–77.

Müller-Seidel, Walter, Krisenjahre des Humanismus. Wissenschaften und Literatur in der Weimarer Republik, in: Jahrbuch der Akademie der Wissenschaften zu Göttingen (1998), S. 73–134.

Näf, Beat, Von Perikles zu Hitler?, Die athenische Demokratie und die deutsche Althistorie bis 1945, Bern 1986 (Europäische Hochschulschriften, Reihe 3, Geschichte und ihre Hilfswissenschaften), S. 308–332.

– Werner Jaegers *Paideia*, Entstehung, kulturpolitische Absichten und Rezeption, in: Calder III., William M. (Hg.), Werner Jaeger reconsidered. Proceedings of the Second Oldfather Conference, held on the campus of the University of Illinois at Urbana-Champaign, April 26–28, 1990, Atlanta 1992, S. 125–146.

– Zu den Forschungen über Antike und Altertumswissenschaften in der Zeit von Faschismus und Nationalsozialismus, in: Ders. (Hg.), Antike und Altertumswissenschaft in der Zeit von Faschismus und Nationalsozialismus. Kolloquium Universität Zürich 14.–17. Oktober 1998, Mandelbachtal 2001, S. 15–70.

Nethercott, Frances, Russia's Plato. Plato and the platonic tradition in Russian education, science and ideology (1840–1930), Aldershot 2000.

Nipperdey, Thomas, Deutsche Geschichte, 1800–1866. Bürgerwelt und starker Staat, München 1983.

– Wie das Bürgertum die Moderne fand, Berlin 1988.

– Deutsche Geschichte, 1866–1918, Bd.1. Arbeitswelt und Bürgergeist, München 1990.

Nobel, Nehemiah, Denken und Halakhah, in: Gesammelte Schriften (Hebr.), hg. von Yeseyahu Aviad, Jerusalem 1969.

Norton, Robert E., Secret Germany. Stefan George and His Circle, Ithaca 2002.

Novotný, Frantisek, The Posthumous Life of Plato, Prag 1977.

Obermayer, Hans Peter, Deutsche Altertumswissenschaftler im amerikanischen Exil, Berlin 2014.

Oelkers, Jürgen, Eros und Herrschaft. Die dunklen Seiten der Reformpädagogik, Weinheim 2011.

Oestersandfort, Christian, Platonisches im ›Teppich des Lebens‹, in: GJb 7 (2008/2009), S. 100–114.

– Antike-Rezeption, in: GHb II, S. 647–671.

Oexle, Otto Georg, Meineckes Historismus. Über Kontext und Folgen einer Definition, in: Ders., Geschichtswissenschaft im Zeichen des Historismus. Studien zu Problemgeschichten der Moderne, Göttingen 1996, S. 95–136.

– Die Fragen der Emigranten, in: Ders./Schulze, Winfried (Hg.), Deutsche Historiker im Nationalsozialismus, Frankfurt/M. 2000, S. 51–62.

– Von der völkischen Geschichte zur modernen Sozialgeschichte, in: Duchhardt, Heinz/ May, Gerhard (Hg.), Geschichtswissenschaft um 1950, Mainz 2002, S. 1–36.

– Krise des Historismus – Krise der Wirklichkeit. Eine Problemgeschichte der Moderne, in: Ders. (Hg.), Krise des Historismus – Krise der Wirklichkeit. Wissenschaft, Kunst und Literatur 1880–1932, Göttingen 2007, S. 11–116.

Offermann, Alexandra, Die wussten, was uns gefällt. Ästhetische Manipulation und Verführung im Nationalsozialismus, Münster 2004.

Oosterhuis, Harry, »Plato war doch gewiß kein Schweinehund« Richard von Krafft-Ebing und die homosexuelle Identität, in: ÖZG 9 (1998), S. 358–383.

Orozco, Teresa, Die Platon-Rezeption in Deutschland um 1933, in: Korotin: Ilse Erika (Hg.), »Die besten Geister der Nation«, Philosophie und Nationalsozialismus, Wien 1994, S. 141–185.

– Paradigmenwechsel in der Humanismusdiskussion 1918–1950, in: Bollenbeck, Georg/ Knobloch, Clemens (Hg.), Resonanzkonstellationen, die illusionäre Autonomie der Kulturwissenschaften, Heidelberg 2004, S. 67–89.

– Platonische Gewalt. Gadamers politische Hermeneutik des NS-Zeit, Hamburg [2]2004 (Ideologische Mächte im deutschen Faschismus 7).

Otto, Eckart, Die hebräische Prophetie bei Max Weber, Ernst Troeltsch und Hermann Cohen. Ein Diskurs im Weltkrieg zur christlich-jüdischen Kultursynthese, in: Schluchter, Wolfgang/Graf, Friedrich Wilhelm (Hg.), Asketischer Protestantismus und der »Geist« des modernen Kapitalismus. Max Weber und Ernst Troeltsch, Tübingen 2005, S. 201–253.

Ooyen, Robert Christian van, Der Staat der Moderne. Hans Kelsens Pluralismustheorie, Berlin 2003.

Pankow, Christiane, Stil als wissenschaftshistoriographische Kategorie. Zur Konzeption des wissenschaftlichen Denkstils bei Ludwik Fleck, in: Robering, Klaus (Hg.), ›Stil‹ in den Wissenschaften, Münster 2007, S. 117–135.

Patzer, Harald, Der Humanismus als Methodenproblem der klassischen Philologie, in: Studium Generale 1 (1948), 84–92.

– Wilamowitz und die klassische Philologie, in: Kusch, Horst (Hg.), Festschrift Franz Dornseiff zum 65. Geburtstag, Leipzig 1953, S. 244–257.

Patzig, Günther, »Furchtbare Abstraktionen«. Zur irrationalistischen Interpretation der griechischen Philosophie im Deutschland der 20er Jahre, in: Thadden, Rudolf von (Hg.), Die Krise des Liberalismus zwischen den Weltkriegen, Göttingen 1978, S. 193–210.

Pechriggl, Alice, Wie undogmatisch ist Kelsens Platon? Drei Annäherungen an Die Illusion der Gerechtigkeit, in: Walter, Robert/Jabloner, Clemens (Hg.), Griechische Philosophie im Spiegel Hans Kelsens, Wien 2006, S. 31–49.

Petrow, Michael, Der Dichter als Führer? Zur Wirkung Stefan Georges im »Dritten Reich«, Marburg 1995.

Peukert, Detlev, Die Weimarer Republik. Krisenjahre der klassischen Moderne, Frankfurt/M. 1987.

Petzet, Heinrich Wiegand, Auf einen Stern zugehen. Begegnungen und Gespräche mit Martin Heidegger, 1929–1976, Frankfurt 1983.

Petzinna, Berthold, Erziehung zum deutschen Lebensstil. Ursprung und Entwicklung des jungkonservativen »Ring«-Kreises 1918-1933, Berlin 2000.

Plessner, Helmuth, Das Problem der Klassizität für unsere Zeit (1936), in: Ders., Politik – Anthropologie – Philosophie. Aufsätze und Vorträge, hg. von Giammusso, Salvatore/Lessing, Hans-Ulrich, München 2001, S. 87–99.

Preuße, Ute, Humanismus und Gesellschaft. Zur Geschichte des altsprachlichen Unterrichts in Deutschland von 1890 bis 1933, Frankfurt/M. 1988.

Pohle, Richard, Das Deutschland des Altertums. Nationale Identitätsbildung durch die Griechen, in: Discussions 1 (2008) (URL, http://www.perspectivia.net/content/publikationen/discussions/discussions-1-2008/pohle-deutschland.doc)

- Max Weber und die Krise der Wissenschaft. Eine Debatte in Weimar, Göttingen 2009.
- Rez. Alexandra Gerstner, Neuer Adel. Aristokratische Elitekonzeptionen zwischen Jahrhundertwende und Nationalsozialismus, Darmstadt 2008, in: VSWG 96 (2009), S. 257.
- Pädagogik, in: GH II, S. 1167–1173.

Planert, Ute, Antifeminismus im Kaiserreich. Diskurse, soziale Formation und politische Mentalität, Göttingen 1996.

- Kulturkritik und Geschlechterverhältnis. Zur Krise der Geschlechterordnung zwischen Jahrhundertwende und »Drittem Reich«, in: Hardtwig, Wolfgang (Hg.), Ordnungen in der Krise. Zur politischen Kulturgeschichte Deutschlands 1900–1933, München 2007, S. 191–214.

Raphael, Lutz, Diskurse, Lebenswelten und Felder. Implizite Vorannahmen über das soziale Handeln von Kulturproduzenten im 19. und 20. Jahrhundert, in: Hardtwig, Wolfgang/ Wehler, Hans-Ulrich (Hg.), Kulturgeschichte heute, Göttingen 1996, S. 165–181.

Raulff, Ulrich, Der Bildungshistoriker Friedrich Gundolf, in: Friedrich Gundolf, Anfänge deutscher Geschichtsschreibung von Tschudi bis Winckelmann (1938), aufgrund nachgelassener Schriften Friedrich Gundolfs bearb. und hg. von Wind, Edgar, Frankfurt/M. 1992, S. 115–154.

- Der Dichter als Führer, Stefan George, in: Ders. (Hg.), Vom Künstlerstaat, ästhetische und politische Utopien, München 2006, S. 127–143.
- Kreis ohne Meister. Stefan Georges Nachleben, München 2009.

Rebenich, Stefan, Art. Historismus, in: DNP 14 (2000), Sp. 469–485.

- »Unser Werk lobt keinen Meister.« Theodor Mommsen und die Wissenschaft vom Altertum, in: Wiesehöfer, Josef (Hg.), Theodor Mommsen, Gelehrter, Politiker und Literat, Stuttgart 2005, S. 185–205.
- Zur Wissenschaftsgeschichte der Altertumswissenschaften, in: sehepunkte 5 (2005), Nr. 11 [15.11.2005], URL, http://www.sehepunkte.de/2005/11/9486.html.
- »Dass ein strahl von Hellas auf uns fiel«. Platon im George-Kreis, in: GJb 7 (2008/2009), S. 115–141.

Reibnitz, Barbara von, Nietzsches ›Griechischer Staat‹ und das Deutsche Kaiserreich, in: AU 30 (1987), S. 76–89.

Remme, Marcel, Paideia. Werner Jaegers Bildungsphilosophie, in: Baumbach, Manuel (Hg.), Tradita et inventa. Beiträge zur Rezeption der Antike, Heidelberg 2000, S. 515–530.

Reulecke, Jürgen, Das Jahr 1902 und die Ursprünge der Männerbundideologie in Deutschland, in: Ders., »Ich möchte einer werden so wie die…« Männerbünde im 20. Jahrhundert, Frankfurt/M. 2001, S. 35–46.

Riedel, Volker, Antikenrezeption in der deutschen Literatur vom Renaissance-Humanismus bis zur Gegenwart, Stuttgart 2000, S. 266–317.

Riegger, Wilhelm/Weise, Otto, Stefan George und die Jugendbewegung. Begegnungen und Kontakte, in: Jahrbuch des Archivs der Deutschen Jugendbewegung 13 (1981), S. 129–134.

Ringer, Fritz, Die Gelehrten. Der Niedergang der deutschen Mandarine 1890–1933, Stuttgart 1983.

Rinn, Gregor, Der Kampf um das Subjekt. Politische Mobilisierung der deutsch-sprachigen Universitätspsychologie zwischen 1918 und 1933, in: Hardtwig, Wolfgang (Hg.), Politische Kulturgeschichte der Zwischenkriegszeit 1918–1939, Göttingen 2005, S. 343–374.

Rosenzweig, Franz, Briefe und Tagebücher, hg. von Rachel Rosenzweig, Den Haag 1979 (Gesammelte Schriften Bd. 1,1).

Rüegg, Walter, Die Antike als Leitbild der deutschen Gesellschaft des 19. Jahrhunderts, in: Ders., Bedrohte Lebensordnung. Studien zur humanistischen Soziologie, Zürich 1978, S. 93–105.

- Die Antike als Begründung des deutschen Nationalbewußtseins, in: Schuller, Wolfgang (Hg.), Antike in der Moderne, Konstanz 1985 (Xenia 15), S. 267–287.

Sarasin, Philipp, Geschichtswissenschaft und Diskursanalyse, Frankfurt/M. 2003.
- Infizierte Körper. Metaphern als Gegenstand der Wissenschaftsgeschichte, in: Ders., Geschichtswissenschaft und Diskursanalyse, Frankfurt/M. 2003, S.191–230.

Schiller, Kay, Historismuskrise und ›Dritter Humanismus‹, Werner Jaegers Beiträge zum Humanitätsdiskurs, in: Hartung, Gerald (Hg.), Weltoffener Humanismus, Philosophie, Philologie und Geschichte in der deutsch-jüdischen Emigration, Bielefeld 2006, S. 71–89.

Schadewaldt, Wolfgang, Gedenkrede auf Werner Jaeger. 30. Juli 1888–19, Oktober 1961, in: Schweizer Monatshefte 42 (1962/63), S. 755–769.
- Antike Tragödie auf der modernen Bühne. Zur Geschichte der Rezeption der griechischen Tragödie auf der heutigen Bühne, in: Sitzungsberichte der Heidelberger Akademie der Wissenschaften (1995/56), S. 37–64.

Schefold, Bertram/Graf Vitzthum, Wolfgang, Staatswissenschaften (Nationalökonomie, Staats- und Völkerrecht), in: GHb II, S. 1147–1158.

Scheler, Max, Vorbilder und Führer, in: Ders., Schriften aus dem Nachlaß I. Zur Ethik und Erkenntnislehre (Gesammelte Werke, Bd. 10), Bonn 1986, S. 257–344.

Schings, Hans-Jürgen, Hier oder nirgends. Hofmannsthals Augenblicke in Griechenland, in: Hildebrand, Olaf/Pittrof, Thomas (Hg.), »... auf klassischem Boden begeistert.« Antike-Rezeptionen in der deutschen Literatur, Freiburg 2004.

Schivelbusch, Wolfgang, Die Kultur der Niederlage. Der amerikanische Süden 1865. Frankreich 1871. Deutschland 1918, Berlin 2001.

Schlieben, Barbara/Schneider, Olaf/Schulmeyer, Kerstin (Hg.), Geschichtsbilder im George-Kreis. Wege zur Wissenschaft, Göttingen 2004.

Schmidt, Ernst A., Werner Jaeger and Rudolf Borchardt, Correspondence 1929–1933, in: Calder III., William M. (Hg.), Werner Jaeger reconsidered. Proceedings of the Second Oldfather Conference, held on the campus of the University of Illinois at Urbana-Champaign, April 26–28, 1990, Atlanta 1992, S. 161–208.

Schmidt, Ernst A., Werner Jaegers ›Dritter Humanismus‹. Analyse des Programms, der Stimmen der Kritiker und ihrer Positionen, in: Internationales Jahrbuch für Hermeneutik 2 (2003), S. 193–223.

Schmidt, Jens-Uwe, Platon und die nationale Erziehung, in: Wort und Dienst. Jahrbuch der Kirchlichen Hochschule Bethel NF. 20 (1989), S. 53–77.

Schmidt-Dengler, Wendelin, Der Österreichische Platon, in: Dvorák, Johann (Hg.), Radikalismus, demokratische Strömungen und die Moderne in der österreichischen Literatur, Frankfurt/M. 2003, S. 209–220.
- Das Fin de siècle – Ende eines Bildungsideals? Zur Antiken-Rezeption im Kreis des ›Jung Wien‹, in: Neohelicon 9 (1982), S. 61–85.

Schmitt, Arbogast, Die Moderne und Platon, Stuttgart 2003.

Schmitz, Markus, Plato and the enemies of the open society. Ein Beitrag zur politischen Theorie in Bezug auf die Platon-Deutung der NS-Zeit sowie Karl R. Poppers vor dem Hintergrund der (Ir-) Rationalismusproblematik in der Philosophie des beginnenden 20. Jahrhunderts, in: Näf, Beat (Hg.), Antike und Altertumswissenschaft in der Zeit von Faschismus und Nationalsozialismus, Mandelbachtal, Cambridge 2001, S. 465–485.

Schmitz, Thomas A., Die Krise der Klassischen Bildung während des Ersten Weltkriegs, in: Chaniotis, Angelos/Kuhn, Annika/Kuhn, Christina (Hg.), Applied Classics. Comparisons, Constructs, Controversies, Stuttgart 2009, S. 151–166.

Schnädelbach, Herbert, Philosophie in Deutschland 1831–1933, Frankfurt/M. 1983.

Schneider, Wolfgang Christian, Staat und Kreis, Dienst und Glaube. Friedrich Wolters und Robert Boehringer in ihren Vorstellungen von Gesellschaft, in: Köster, Roman/Plumpe, Werner/Schefold, Bertram/Schönhärl, Korinna (Hg.), Das Ideal des schönen Lebens und die Wirklichkeit der Weimarer Republik. Vorstellungen von Staat und Gemeinschaft im George-Kreis, Berlin 2009, S. 97–122.

Schnelle, Thomas, Ludwik Fleck – Leben und Denken. Zur Entstehung und Entwicklung des soziologischen Denkstils in der Wissenschaftsphilosophie, Freiburg 1982.
Schönhärl, Korinna, Wissen und Visionen. Theorie und Politik der Ökonomen im Stefan George-Kreis, Berlin 2009 (Wissenskultur und gesellschaftlicher Wandel 35).
Schöttler, Peter, Wer hat Angst vor dem »linguistic turn«?, in: GG 23 (1997), S. 134–151.
Schreiner, Klaus, »Wann kommt der Retter Deutschlands?« Formen und Funktionen des politischen Messianismus in der Weimarer Republik, in: Saeculum 49 (1998), S. 107–160.
Schulthess, Peter, Platon. Geburtsstätte des Cohenschen Apriori?, in: Reinhard, Brandt/Orlik, Franz (Hg.), Philosophisches Denken – politisches Wirken, Hildesheim, New York 1993, S. 55–75.
Schumann, Dirk, Einheitssehnsucht und Gewaltakzeptanz. Politische Grundpositionen des deutschen Bürgertums nach 1918 (mit vergleichenden Überlegungen zu den britischen »middle classes«), in: Mommsen, Hans (Hg.), Der Erste Weltkrieg und die europäische Nachkriegsordnung. Sozialer Wandel und Formveränderung der Politik, Köln 2000 (Industrielle Welt, Bd. 60), S. 83–105.
Schwindt, Jürgen Paul, (Italo-) Manie und Methode, Stefan Georges und Ulrich von Wilamowitz-Moellendorfs Streit um das »richtige« Griechenbild, in: Lange, Wolfgang/Schnitzler, Wolfgang (Hg.), Deutsche Italomanie, in: Kunst, Wissenschaft und Politik, München 2000, S. 21–39.
– Plato, die »Poesie der Kakerlaken« und das »Literaturbonzentum«, Stefan Georges und Ulrich von Wilamowitz-Moellendorfs Streit um das »richtige« Griechenbild, in: Braungart, Wolfgang/Bernhard Boeschenstein (Hg.), Stefan George, Werk und Wirkung seit dem »Siebenten Ring«, Tübingen 2001, S. 240–264.
Scott, Cyril, Die Tragödie Stefan Georges, Eltville a. Rh. 1952.
Seekamp, Hans-Jürgen/Ockenden, Raymond C./Keilson-Lauritz, Marita, Stefan George – Leben und Werk. Eine Zeittafel, Amsterdam 1972.
Sieg, Ulrich, Deutsche Kulturgeschichte und jüdischer Geist. Ernst Cassirers Auseinandersetzung mit der völkischen Philosophie Bruno Bauchs. Ein unbekanntes Manuskript, in: Bulletin des Leo Baeck Instituts 34 (1991), S. 59–91.
– Aufstieg und Niedergang des Marburger Neukantianismus. Die Geschichte einer philosophischen Schulgemeinschaft, Würzburg 1994.
– Jüdische Intellektuelle im Ersten Weltkrieg. Kriegserfahrungen, weltanschauliche Debatten und kulturelle Neuentwürfe, Berlin 2001.
– »Deutsche Wissenschaft« und Neukantianismus. Die Geschichte einer Diffamierung, in: Lehmann, Hartmut/Oexle, Otto Gerhard (Hg.), Nationalsozialismus in den Kulturwissenschaften, Bd. 2, Leitbegriffe – Deutungsmuster – Paradigmenkämpfe, Göttingen 2004, S. 199–222.
– Realitätsferner Utopismus oder hellsichtige Gegenwartskritik? Zur politischen Philosophie des späten Natorp, in: ZNThG 12 (2006), S. 262–286.
– Geist und Gewalt. Deutsche Philosophen zwischen Kaiserreich und Nationalsozialismus, München 2013.
Soentgen, Jens, Der vergessene Bruder. Über den Philosophen Heinrich Barth, in: NZZ vom 27./28.11.1999, S. 84.
Solmsen, Friederich, Wilamowitz in his Last Ten Years, in: GRBS 20 (1979), S. 89–122.
– Classical Scholarship in Berlin Between the Wars, in: GRBS 30 (1989), S. 117–140.
Sombart, Nicolaus, Männerbund und Politische Kultur in Deutschland, in: Knoll, Joachim H./Schoeps, Julius H. (Hg.), Typisch deutsch, Die Jugendbewegung. Beiträge zu einer Phänomengeschichte, Opladen 1988, S. 155–176.
Sophia, Esther, Griechensehnsucht und Kulturkritik. Die deutsche Rezeption von Wickelmanns Antikenideal 1840–1945, Berlin 2005.
Soulez, Antonia, Does Understanding Mean Forgivness? Otto Neurath and Plato's Republic

in 1944–45, in: Nemeth, Elisabeth/Heinrich, Richard (Hg.), Otto Neurath, Rationalität, Planung, Vielfalt, Wien 1999, S. 167–183.

Spenkuch, Hartwin, Das Preußische Herrenhaus. Adel und Bürgertum in der Ersten Kammer des Landtages 1854–1918, Düsseldorf 1998.

Starke, Ernst Eugen, Das Plato-Bild des George-Kreises, Diss. Köln 1957.

Steinhaußen, Jan, »Aristokraten aus Not« und ihre »Philosophie der zu hoch hängenden Trauben«. Nietzscherezeption und literarische Produktion von Homosexuellen in den ersten Jahrzehnten des 20. Jahrhunderts, Thomas Mann, Stefan George, Ernst Bertram, Hugo von Hofmannsthal u. a. Stuttgart 2001.

Stern, Fritz, The Political Consequences of the Unpolitical German, in: History 3 (1960), S. 104–134.

– Kulturpessimismus als politische Gefahr. Eine Analyse nationaler Ideologie in Deutschland, München 1986.

Stiewe, Barbara, Der »Dritte Humanismus«. Aspekte deutscher Griechenrezeption vom George-Kreis bis zum Nationalsozialismus, Berlin 2011.

Stümke, Hans-Georg, Homosexuelle in Deutschland. Eine politische Geschichte. Frankfurt/M. 1989.

Sullivan, Robert R., Gadamer and National Socialism. A Response to Richard Wolin: in: IZPH (2001), S. 55–64.

Sünderhauf, Esther Sophia, Griechensehnsucht und Kulturkritik, die deutsche Rezeption von Wickelmanns Antikenideal 1840–1945, hg. v. Winckelmann, Johann Joachim, Berlin 2005.

Szlezák, Thomas Alexander, Platons ›undemokratische‹ Gespräche, in: Perspektiven der Philosophie. Neues Jahrbuch 13 (1987), S. 347–368.

– Friedrich Schleiermacher und das Platonbild des 19. und 20. Jahrhunderts, in: Jan Rohls, Gunther Wenz (Hg.), Protestantismus und deutsche Literatur, Göttingen 2004 (Münchener Theologische Forschungen, Bd. 2), S. 125–144.

Taminiaux, Jacques, The Platonic Roots of Heideggers's Political Thought, in: European Journal of Political Theory 6 (2007), S. 11–29.

Tenfelde, Klaus, Stadt und Bürgertum, in: ders./Wehler, Hans-Ulrich, Wege zur Geschichte des Bürgertums, Göttingen 1994 (Bürgertum 8), S. 317–353.

Tigerstedt, Eugène Napoléon, Interpreting Plato, Stockholm 1977.

Titze, Hartmut, Das Hochschulstudium in Preußen und Deutschland 1820–1944, Göttingen 1986 (Datenhandbuch zur deutschen Bildungsgeschichte I,1).

– Der Akademikerzyklus. Historische Untersuchungen über die Wiederkehr von Überfüllung und Mangel in akademischen Karrieren, Göttingen 1990.

Touloumakos, Johannes, Anpassung und Kritik gegenüber der NS-Diktatur durch die griechische Staatstheorie, in: Schuller, Wolfgang (Hg.), Politische Theorie und Praxis im Altertum, Darmstadt 1998, S.231–277.

Treiber, Hubert, Der »Eranos« – Das Glanzstück im Heidelberger Mythenkranz?, in: Schluchter, Wolfgang/Graf, Friedrich-Wilhelm (Hg.), Asketischer Protestantismus und der ›Geist‹ des modernen Kapitalismus. Max Weber und Ernst Troeltsch, Tübingen, 2005, S. 75–153.

Triebel, Florian, Der Eugen Diederichs Verlag 1930–1949. Ein Unternehmen zwischen Kultur und Kalkül, München, 2004.

Trojanowski, Marek, Platon jako Führer. Polityczny platonizm w Niemczech 1918–1945, Berlin 2006.

Tschudow, Roman, Das marxistisch-leninistische Platon-Bild, in: Gymnasium 101 (1994), S. 457–460.

Ulbricht, Justus H., »Meine Seele sehnt sich nach Sichtbarkeit deutschen Wesens.« Weltanschauung und Verlagsprogramm von Eugen Diederichs im Spannungsfeld zwischen Neuromantik und ›Konservativer Revolution‹, in: Hübinger, Gangolf (Hg.), Versamm-

lungsort moderner Geister. Der Eugen Diederichs Verlag – Aufbruch ins Jahrhundert der Extreme, München 1996, S. 335–374.
– »Transzendentale Obdachlosigkeit«. Ästhetik, Religion und »neue soziale Bewegungen« um 1900, in: Braungart, Wolfgang/Fuchs, Gotthart/Koch Manfred (Hg.), Ästhetische und religiöse Erfahrungen der Jahrhundertwenden, Band II, Um 1900, Paderborn 1998, S. 47–67.
Ulf, Christoph, Ideologie als Grundlage für Abgrenzung und Spezifik der Antike bei Ed. Meyer, H. Berve, E. Kornemann, W. Jaeger und V. Ehrenberg, in: Näf, Beat (Hg.), Antike und Altertumswissenschaft in der Zeit von Faschismus und Nationalsozialismus, Kolloquium Universität Zürich 14.–17. Oktober 1998, Mandelbachtal 2001, S. 305–434.
Ulrich, Bernd/Ziemann, Benjamin (Hg.), Krieg im Frieden. Die umkämpfte Erinnerung an den ersten Weltkrieg. Quellen und Dokumente, Frankfurt/M. 1997.
– Die Augenzeugen. Deutsche Feldpostbriefe in Kriegs- und Nachkriegszeit 1914–1933, Essen 1997.
Ungern-Sternberg, Jürgen von, Der Aufruf »An die Kulturwelt!« Das Manifest der 93 und die Anfänge der Kriegspropaganda im Ersten Weltkrieg. Mit einer Dokumentation, Stuttgart 1996.
Vanca, Tomas, Der Schulkrieg 1870–1901. Der Humanismus-Realismus-Streit im höheren Schulwesen Preußens am Ende des 19. Jahrhunderts, Berlin 2006.
Verhey, Jeffrey, Der »Geist von 1914« und die Erfindung der Volksgemeinschaft, Hamburg 2000.
Villacañas, José L., Ethischer Neu-Fichteanismus und Geschichtsphilosophie. Zur soziopolitischen Rezeption Fichtes im 20. Jahrhundert, in: Fichte-Studien 13 (1997), S. 193–219.
Voegelin, Eric, Rev. of John Wild, Plato's Modern Enemies and the Theory of Natural Law and Ronald B. Levinson, In Defense of Plato, in: APSR 48 (1954), S. 859–862.
Vogt, Ernst, Wilamowitz und die Auseinandersetzung seiner Schüler mit ihm, in: Calder III., William M./Flashar, Helmut/Lindken, Theodor (Hg.), Wilamowitz nach 50 Jahren, Darmstadt 1985, S. 613–631.
Volke, Werner, Unterwegs mit Hofmannsthal. Berlin – Griechenland – Venedig. Aus Harry Graf Kesslers Tagebüchern und aus Briefen Kesslers und Hofmannsthals, in: Hofmannsthal-Blätter 35/36 (1987), S. 50–104.
Wallach, John R., Rez. zu, Melissa Lane, Plato's Progeny, How Plato and Socrates Still Captivate the Modern Mind, in: Mind 112 (2003), S. 151–156.
Walter, Franz, Tanzen sieben Zwerge, bummsfallera, in: FAZ vom 10.06.2013, S. 7.
Warnke, Georgia, Pace Wolin: in: IZPH (2001), S. 69–77.
Wehler, Hans-Ulrich, Deutsche Gesellschaftsgeschichte III, München ²2005.
– Deutsche Gesellschaftsgeschichte IV. Vom Begin des Ersten Weltkriegs bis zur Gründung der beiden deutschen Staaten 1914–1949, München ³2008.
Wegeler, Cornelia, »... wir sagen ab der internationalen Gelehrtenrepublik.« Altertumswissenschaft und Nationalsozialismus. Das Göttinger Institut für Altertumskunde 1921–1962, Wien 1996.
Weidemann, Hermann, Platon über die Dialektik von Freundschaft und Liebe (Lysis 212a8–213d5), in: Rainer Enskat (Hg.), Amicus Plato Magis Amica Veritas. FS Wolfgang Wieland, Berlin 1998, S. 268–276.
Weigand, Kurt, Von Nietzsche zu Platon. Wandlungen in der politischen Ethik des George-Kreises, in: Heftrich, Eckhard/Klussman, Paul Gerhard/Schrimpf, Hans Joachim (Hg.), Stefan-George-Kolloquium, Köln 1971, S. 67–99.
Werle, Dirk, Stil, Denkstil, Wissenschaftsstil. Vorschläge zur Bestimmung und Verwendung eines Begriffs in der Wissenschaftsgeschichte der Geisteswissenschaften, in: Danneberg, Lutz/Höppner, Wolfgang/Klausnitzer, Ralf (Hg.), Stil, Schule, Disziplin. Analyse und Erprobung von Konzepten wissenschaftsgeschichtlicher Rekonstruktion, Frankfurt/M. 2005, S. 3–30.

Werner, Meike G., Moderne in der Provinz. Kulturelle Experimente im Fin de Siècle Jena, Göttingen 2003.

Westphalen, Klaus, Hat »Unrat« wirklich gelebt? Zur Typisierung des Gymnasiallehrers in wilhelminischer Zeit, in: AU 30 (1987), 45–54.

White, Donald O., Werner Jaeger's »Third Humanism« and the Crisis of Conservative Cultural Politics in Weimar Germany, in: Calder III., William M. (Hg.), Werner Jaeger reconsidered. Proceedings of the Second Oldfather Conference, held on the campus of the University of Illinois at Urbana-Champaign, April 26–28, 1990, Atlanta 1992, S. 267–288.

Widdig, Bernd, »Ein herber Kultus des Männlichen.« Männerbünde um 1900, in: Erhart, Walter/Herrmann, Britta (Hg.), Wann ist der Mann ein Mann? Theoretische und historische Perspektiven der Männlichkeit, Stuttgart 1996, S. 235–248.

Wolin, Richard, Unwahrheit und Methode. Gadamer und die Zweideutigkeiten der ›inneren Emigration‹, in: IZPH (2001), S. 7–32.

Wolzogen, Christoph von, Schöpferische Vernunft. Der Philosoph Paul Natorp und das Ende des Neukantianismus, in: FAZ vom 17.3.1984 (Bilder und Zeiten, S. 4).

Würffel, Bodo, Wirkungswille und Prophetie. Studien zu Werk und Wirkung Stefan Georges, Bonn 1978.

Zimbrich, Ulrike, Bibliographie zu Platons Staat, die Rezeption der Politeia im deutschsprachigen Raum von 1800 bis 1970, hg. v. Neschke-Hentschke, Ada Babette, Frankfurt/M. 1994.

Zimmer, Hasko, Von der Volksbildung zur Rassenhygiene, Hermann Nohl, in: Rülcker, Tobias/Oelkers, Jürgen (Hg.), Politische Reformpädagogik, Bern 1998, S. 515–540.

Register

Personenregister

Sachregister